张西平　主编　　顾钧　杨慧玲　整理

《中国丛报》篇名目录及分类索引

List of Articles and Subject Index of *Chinese Repository*

GUANGXI NORMAL UNIVERSITY PRESS
广西师范大学出版社
·桂林·

图书在版编目（CIP）数据

《中国丛报》篇名目录及分类索引 / 张西平主编；顾钧，杨慧玲整理．—桂林：广西师范大学出版社，2008.6
ISBN 978-7-5633-7506-6

Ⅰ．中…　Ⅱ．①张…②顾…③杨…　Ⅲ．中国丛报—篇名索引　Ⅳ．Z87：G219.2

中国版本图书馆 CIP 数据核字（2008）第 073803 号

广西师范大学出版社出版发行
（广西桂林市中华路 22 号　邮政编码：541001
网址：http://www.bbtpress.com）
出版人：何林夏
全国新华书店经销
广西民族印刷厂印刷
（广西南宁市明秀西路 53 号　邮政编码：530001）
开本：880 mm×1 240 mm　1/16
印张：30　　字数：462 千字
2008 年 6 月第 1 版　　2008 年 6 月第 1 次印刷
印数：0 001~1 000 册　　定价：148. 00 元

目录

前言

整理说明

篇名总目录 ／1

篇名分类索引 ／153

原目录及索引 ／303

前　言

《中国丛报》（*The Chinese Repository*）[①]是由美国传教士裨治文（Elijah Coleman Bridgman，1801—1861）在广州创办、向西方读者介绍中国的第一份英文刊物。它创办于1832年5月，停办于1851年12月，共20卷232期。《中国丛报》在长达20年的时间里详细地记录了第一次鸦片战争前后中国的政治、经济、文化、宗教和社会生活等方方面面的内容，这些记录均来自早期传教士的耳闻目睹，都是第一手的材料。特别重要的是，作为鸦片战争的目击者，传教士以及其他在华西方人在《中国丛报》中留下了大量关于第一次鸦片战争和五口通商的珍贵史料，对于清史研究具有特别重要的意义。

19世纪以来西方人陆续在中国出版各种西文报刊，近代中国最早的西文报纸是《蜜蜂华报》（*A Abelha da China*，1822—1823），在澳门出版，为葡萄牙文。在《中国丛报》之前出版的英文报纸有两份，一是《广东纪录》（*Canton Register*，1827—1843），一是《华差报与东钞报》（*Chinese Courier and Canton Gazette*，1831—1833），[②]《中国丛报》则是近代以来在中国出版的最早的英文期刊。两家英文报纸虽然创办早于《中国丛报》，但其中大部分是有关商业的内容，《华差报与东钞报》创办不久就停刊的一个重要原因，是因为刊载了反对英国东印度公司在华专利权的文章。从份量上看，《中国丛报》每卷大约600页，并不少于报纸，而从内容上看则要丰富得多，几乎涵盖中国的方方面面，它出版后很快成为西方人了解中国的最重要的信息来源。

1829年裨治文来华前夕，美部会（American Board of Commissioners for Foreign Missions）在给他的指示中提出这样的要求："在你的工作和环境允许的情况下，向我们报告这个民族的性格、习俗、礼仪——特别是他们的宗教如何影响了这些方面。"[③]显然，当时的西方人士对于这些方面的情况是了解很少的。裨治文来华后，更加深切地感觉到西方人关于中国知识的贫乏，中西之间的交流基本还是停留在物质层面，"思想道德层面的交流少之又少"，这样的状况不仅让他感到"吃惊"，更使他感到"遗憾"。虽然明清之际的天主教传教士关于中国写过不少报道和文章，但在裨治文看来，它们不仅鱼龙混杂，还有不少相互矛盾的地方，而且毕竟是多年前的信息了。他希望对中国进行全面的报道，提供更新和"不带任何偏见"的信息。他的想法得到了伦敦会（London Missionary Society）传教士马礼逊（Robert Morrison，1782—1834）的支持。马礼逊是近代最早来华的传教士（1807年），早在1817年5月他就曾支持另外一位伦敦会传教士米怜（William Milne，1785—1822）在马六甲创办了英文季刊《印支搜闻》（*The Indo-Chinese Gleaner*，1817—1822），其内容包括："来自中国和其邻近国家的各种消息；与印度、中国等国家相关的历史、哲学、文学等方面的杂文逸事；译自汉语、马来语等语言的翻译作品；关于宗教的文章；关于印度基督教传道差会的工作进展；基督教世界的普遍状况。"[④]这份坚持了5年的刊物对于英国

---

① *The Chinese Repository* 原无中文名，故有多种译法：《中国文库》、《华事汇报》、《中华丛刊》等等。《中国丛报》是目前国内比较通行的译法。

② Frank H. H. King, ed., *A Research Guide to China-Coast Newspapers* 1822—1911 (Harvard University Press, 1965), pp.33—34; 41—45.

③ Report of the American Board of Commissioners for Foreign Missions (Boston, 1829), p. 96.

④ 关于《印支搜闻》的详细情况，参见米怜《新教来华最初十年》（*A Retrospect of the First Ten Years of the Protestant Mission to China*, Malacca: The Anglo-Chinese Press, 1820)一书第16章。

人和其他欧洲人了解中国起到了一定的作用，1822年米怜去世后停刊。1827年马礼逊计划在马六甲再次创办一份名为《印支丛报》（*Indo-Chinese Repository*）的季刊，“刊载有关印度、中国等国家的语言、哲学、习俗、文化的论文以及各地最新和有趣的信息”。之所以选择马六甲首先是因为它是英国的势力范围，伦敦会传教士在那里已经打下了一些工作的基础，此外马六甲当地有不少华侨，与广州的往来也十分便捷，有利于收集和传递有关中国的信息。[①]但《印支丛报》的计划后来未能实施，这也就不难理解为什么马礼逊会大力支持裨治文创办《中国丛报》，因为这实际上也是在实现他自己早年的计划。裨治文办刊物的想法也得到了当时在广州的商人们的支持，特别是奥立芬（D. W. C. Olyphant，？-1851）尤为积极，正是由于他的努力才使广州传教站得到了所需的印刷设备，印刷机于1831年12月运抵广州，铅字也在数月后到达，这样就解决了刊物的印刷问题。裨治文一开始不仅负责《丛报》的编辑，也负责印刷。1833年10月卫三畏（Samuel Wells Williams，1812-1884）作为传教士印刷工到达中国后，从裨治文手中接过了印刷工作，此后也参与《中国丛报》的编辑。1844年11月卫三畏回美国休假后，裨治文接管了卫三畏的工作。1847年5月裨治文去上海参加《圣经》修订，将《中国丛报》交给自己的弟弟负责，直到1848年9月卫三畏返回广州为止。此后《中国丛报》完全由卫三畏负责，直到停刊。《中国丛报》最初是在广州印刷，1836年印刷所搬至澳门，1844年10月搬至香港，1845年7月再次搬回广州，直到停刊。

促使裨治文办刊的一个更为直接的原因是德国传教士郭实腊（Karl Gutzlaff，1803—1851）的日记。1831年郭实腊不顾清政府的禁令乘船沿中国海岸航行，从曼谷出发直到天津，历时半年（6月至12月），他的日记详细记录了沿途的所见所闻。1832年1月裨治文结识了郭实腊，当时郭实腊刚刚结束了第一次冒险，又在准备第二次冒险（后来又有第三次）。[②]郭实腊的日记引起了裨治文的兴趣，在当时外国人的活动范围只能局限在广州、澳门的情况下，此日记无疑具有很高的资料价值，裨治文希望为这份难得的目击实录尽快提供一个发表的场所。[③]《中国丛报》创刊后，郭实腊的日记以连载的形式与读者见面，成为最初几期的主要文章。

1834年以前《中国丛报》各期的体例基本固定统一，主要由以下几个栏目组成：（1）书评（Review），是对西方有关中国的新旧出版物的学术评论；（2）上述出版物的内容节选，通常以游记和日记为主；（3）杂记（Miscellanies），篇幅较短带有知识性的各类文章以及读者来信；（4）宗教消息（Religious Intelligence），关于各地传教活动和宗教事务的报道；（5）文艺通告（Literary Notices），各地有关教育、文艺和出版等的近况；（6）时事报道（Journal of Occurrences），相当于新闻报道，一般篇幅短小，仅有个别的比较详尽，信息的主要来源之一是报道清政府消息的《京报》。“《京报》所载，首宫门抄，次上谕，又次奏摺，皆每日内阁所发抄者也。以竹纸或毛太纸印之，多者十余页，少者五六页；以黄色纸为面；长达六寸，宽约三寸。”[④]在翻译《京报》方面马礼逊的贡献最大。1834年5月以后《中

① 详见卓南生《中国近代报业发展史，1815—1874》（增订版），中国社会科学出版社2002年版，第15—16页。

② 1832年2月26日至9月5日；第三次远至满洲里，时间为1832年10月20日至1833年4月29日。

③ Michael C. Lazich, E. C. Bridgman (1801-1861), *America's First Missionary to China* (The Edwin Mellen Press, 2000), pp.84-85.

④ 戈公振《中国报学史》（插图整理本），上海古籍出版社2003年版，第48页。

国丛报》不再按栏目划分，而是以第一篇、第二篇、第三篇……来标注文章，但书评、文艺通告、时事报道、宗教消息等基本栏目都予以保留，没有什么变化，比较显著的变化是宗教消息逐渐减少，而书评和其他有关中国社会、文化的内容不断增多。所刊文章涉及的范围包括中国政治、经济、地理、历史、法律、博物、贸易、语言等方方面面。所以《中国丛报》虽然是传教士所办，投稿者也主要是传教士，但宗教内容不是主要的，重点是对中国国情的报道和介绍。随着时间的推移和中国的开放，《中国丛报》的作者队伍逐渐扩大，传教士之外，外交官、商人、旅行家、军事将领等也纷纷投稿。一位研究者指出，20年来《中国丛报》的“作者名单完全就是当时在华的英美中国研究者的名单”。①

《中国丛报》第1、2卷每期各印刷400册，第3卷增加到800册，第4卷后增加到1000册。这是一个不小的数量，因为当时西方著名的刊物如《北美评论》（*North American Review*）和《西敏寺评论》（*Westminster Review*）的印刷量大约在3000册左右。《中国丛报》采取销售和赠送结合的发行方式，读者对象主要是在中国、美国和欧洲的西方人士。以1836年为例，《中国丛报》在中国的发行量是200册，美国154册，英国40册。但数字不能说明一切，因为《中国丛报》的赠送对象包括上述两家著名杂志及其他多家西方杂志，它们常常转载和引用《中国丛报》上的内容，使许多没有看到《中国丛报》的人也同样能够了解鸦片战争前后中国的情况。②但100多年后的今天，这份杂志已非常难得一见了。

《中国丛报》的停刊，无论对于创办者、编辑者还是作者们来说都是一件遗憾的事情。停刊的原因有多个，最重要的是经济原因，《中国丛报》的资金一方面来自于销售所得，另外则来自于商人的资助，特别是奥立芬的大力资助。1851年奥立芬在回美国途中去世，使裨治文和卫三畏失去了坚强的经济后盾，成为《中国丛报》停刊的直接原因。《中国丛报》在前10年还可以依靠销售收入自给自足，但从1844年开始便逐年亏损，每年约300–400美元，最后一年（1851）只有300位订户，实在难以为继。③裨治文的离去也使卫三畏越来越感到独木难支，1851年底，卫三畏决定停刊，给这份重要的刊物划上了句号。

在《中国丛报》创办之前，欧洲已经出版有多种亚洲研究刊物，如伦敦的《皇家亚洲学会通讯》（*Transactions of the Royal Asiatic Society*），巴黎的《亚洲学刊》（*Journal Asiatique*），但正如它们的标题所显示的，它们是以“亚洲”作为研究对象，中国只是其内容的一部分。前文提到的《印支搜闻》虽然给中国以不小的篇幅，但南亚、东南亚的情况也是其关注的范围。《中国丛报》是西方第一份主要以中国为报道、研究对象的刊物，它的出版无疑具有重大的历史意义。

《中国丛报》的价值在于它为研究1832–1851年间的中国史和中外关系史提供了丰富的材料。研究这一时段历史的学者经常征引该刊，赖德烈（K. S. Latourette）称《中国丛报》是“有关中国知识的矿藏”（mine of information concerning China）、“极其宝贵的史料”（invaluable source）；丹涅特（Tyler

---

① Roswell S. Britton, *The Chinese Periodical Press*, 1800–1912 (Taipei：Ch’engwen Publishing Company, 1966), pp.28–29. 关于《中国丛报》内容的论述，另可参见王树槐《卫三畏与〈中华丛刊〉》，林治平主编《近代中国与基督教论文集》，台湾宇宙光出版社1981年版，第178–180页。

② 关于《中国丛报》印刷发行情况的详细论述，参看Elizabeth L. Malcolm, “The Chinese Repository and Western Literature on China 1800–1850”, *Modern Asian Studies*, vol.7, no.2 (1973), pp.171–172.

③ 参见卫斐列《卫三畏生平及书信》，顾钧、江莉译，广西师范大学出版社2004年版，第103–104页。

Dennett）指出："美国出版的有关1844至1853年的外交、领事资料很少，《中国丛报》可以弥补这一不足，同时它也是1832－1851年间其他出版物之外的一份非常有价值的资料。"谭维理（Laurence G. Thompson）认为，"20卷的《中国丛报》不仅有价值极高的史料，而且还有在今天看来仍有参考价值的关于中国的研究论文。[①]"从上述几位著名美国学者的评价，我们可以看到《中国丛报》多方面的价值。

《中国丛报》1－10卷篇名目录由杨慧玲整理翻译，11－20卷由顾钧整理翻译，在翻译过程中参考了《〈中国丛报〉译文提要》（1－7）（连载于《岭南文史》1984－1988年相关各期）。整个目录由顾钧统稿、定稿。

顾　钧　　杨慧玲

---

① K. S. Latourette, *A History of Christian Missions in China* (London, 1929), p.265; K. S. Latourette, *The History of Early Relations between the United States and China* 1784－1844 (Yale University Press, 1917), p.9; Tyler Dennett, *Americans in Eastern Asia* (New York: Barnes & Noble, 1941), p.685; Laurence G. Thompson, "American Sinology 1830－1920: A Bibliographical Survey", *Tsing Hua Journal of Chinese Studies*, vol. 2, no. 2 (1961), pp.246－247. 另可参见王树槐《卫三畏与〈中华丛刊〉》，林治平主编《近代中国与基督教论文集》，台湾宇宙光出版社1981年版，第184－185页。

整理说明

一、本书包括整理者所做《中国丛报》篇名总目录、篇名分类拼音索引及影印的原目录及索引。

二、篇名总目录分序号、英文篇名、中文译名、内容（中文）、分类、卷期、日期、页码共8项。

（1）“内容”栏是对文章内容的简要中文提示。

（2）“分类”栏中按照栏目或篇名将所有文章作一大致的归类，以方便读者查阅，并非严格意义上的分类。“分类”分为创刊辞、书评、游记、宗教消息、文艺通告、时事报道、海事消息、后记、政府、中外关系、战争、条约、鸦片、经济、贸易、文化、风俗、历史、地理、环境、传教、宗教、教育、语言、人物、医疗、农业、手工业、生物、讣告、谕旨、年历、名录、事件、广州、上海、中国、日本等等。其中，“书评”类包括图书评论、文摘、书目、故事选译等；“政府”类包括政治、政令、政府文件如奏折、官方往来通信、请愿书等；“鸦片”类包括所有与鸦片相关的文章，如鸦片贸易、禁止鸦片贸易、与鸦片有关的奏折、评论、书评、读者来信、鸦片评论有奖征文等；“传教”类中包括传教会的季度报告、年度报告、传教士家信等；“教育”类包括教育会或学校的报告等；“医疗”类包括医院的报告等，其中，医务传道会的报告因多为病案报告，也列入“医疗”类；“讣告”类除讣告外，还包括葬礼祷告、布道、墓志铭等；自1842年起的后10年，每年的第1期均有一份当年的中西对照年历，并附在华外国人、驻华政府机构、驻华商会名录，此类文章统一归为“年历”类。

（3）“卷期”栏为“卷/期”，如1/1表示第1卷第1期，10/6表示第10卷第6期。

（4）“日期”栏为“年.月”，如1832.5表示1832年5月。

（5）“页码”栏为“卷号/页码”，如10/356表示第10卷第356页。

篇名总目录

序号	英文篇名	中文译名	内容	分类	卷期	日期	页码
0001	Introduction	创刊辞	本报的目标之一为评论外文出版的关于中国的书籍,关注的重点是已经发生了哪些变化、变化产生的原因和方式。许多古老的书籍虽然含有很多有用的叙述,但同时也充斥着毫无价值的论述。当代的作家往往对此感到迷惑,如关于中国的人口,这些书中提供的数字从 2000 万到 3 亿 3 千 3 百万——一个神秘的数字不等。因此,面对这些互相矛盾冲突的各种外文出版物使得人们更需要寻求一种可靠、确定的资料。这些资料目前已经大量地出现并且涉及各种领域,无论是地理、道德、政治、商贸、文学还是宗教。此外,还有其他关于历史和统计数据之类的话题都会给我们展示中国的过去和现状。经过深思熟虑,我们不会以中国官方为主,只允许适量的来自中国方面的影响,从而极力避免走向极端……	创刊辞	1/1	1832.5	1/6
0002	Review: *Mohammedans in China*	书评:《伊斯兰教徒在中国》	该书为两个在 9 世纪时到过中国和印度的伊斯兰教徒旅行者对这两个国家的记述,由已故学者雷诺多(Eusebius Renaudot)译自阿拉伯文并加评注。此书评探讨并试图回答伊斯兰教徒何时以何种方式进入了中国?有哪些资料可以提供证明?(待续)	书评	1/1	1832.5	1/11
0003	Gutzlaff's Journal	郭实腊游记	这是一本关于在暹罗居住及沿中国海岸到满洲鞑靼的旅行纪实,1831 年 5 月的游记节选。(待续)	游记	1/1	1832.5	1/21
0004	Religious Intelligence	宗教消息	按照地名分别叙述各地的宗教情况,如缅甸(Burmah)、暹罗(Siam)、马六甲(Malacca)、孟买(Bombay)、好望角(Cape of Good Hope)、马达加斯加(Madagascar)。随后还收录了一位中国基督教徒的日记节选。	宗教消息	1/1	1832.5	1/30

0005 Journal of Occurrences	时事报道	(1)发生在1832年2月5日星期日，广东、广西、湖南交界处的叛乱；(2)湖南提督海凌阿(General Haelingah, the tetuh of Hoonan)之死；(3)兵士吸食鸦片烟；(4)北京；(5)饥荒；(6)交趾支那；(7)抢劫；(8)刑部尚书陈若霖(Chin Jo-lin)告老还乡；(9)曾任福建、浙江的总督孙尔準告病还乡；(10)5月26日局势仍然未定，官府仍在调兵遣将试图平叛。	时事报道	1/1	1832.5	1/34
0006 Review: *Ta Tsing Wan-neen Yih-tung Kingwei Yu-too*	书评：《大清万年一统经纬舆图》	李明哲(Le Mingche Tsinglae)绘。该书自1820年初版以来已经扩充到5卷本，目前见到的大约是1825年或1826年出版的地图，中国已经超出了以往的地域范围。此文概述了中国的地域和地貌。(待续)	书评	1/2	1832.6	1/38
0007 Review: *Mohammdeans in China*	书评：《伊斯兰教徒在中国》(续)	追溯最早到达中国的伊斯兰教徒，此外还有犹太人及中国早期的基督教情况。	书评	1/2	1832.6	1/47
0008 Gutzlaff's Journal	郭实腊游记(续)	暹罗的语言、历史、风土人情和作者在当地的宗教活动(待续)	游记	1/2	1832.6	1/50
0009 Miscellanies	杂记	从概念上阐释一些名词，例如“基督徒”、“友谊”、“和平”、“偶像崇拜”和“婆罗门教徒”等。	杂记	1/2	1832.6	1/69
0010 Religious Intelligence	宗教消息	关于印度教徒(Hindoos)以及特拉凡哥尔(Travancore)、尼乌尔(Neyoor)、凯拉(Kaira)、孟买(Bombay)、马德拉斯(Madras)、加尔各答(Calcutta)各地的宗教进展情况	宗教消息	1/2	1832.6	1/76
0011 Literary Notices	文艺通告	(1)江苏新设书院；(2)1831年巴黎出版雷慕沙(M. Abel-Rémusat)著《对黄教教义的几点研究，尤其是对三大主神在佛教各派别中的不同名称的研究》；(3)《家庭图书馆丛书》第25部：《以怨报德的多事之秋》，1832年伦敦出版；(4)3卷本《圣书集口，诸学通用》——为各种学校编印的《圣经》教材；(5)马典娘娘(Miss Martin)著《训女三字经》	文艺通告	1/2	1832.6	1/80

0012 Journal of Occurrences	时事报道	(1)叛乱;(2)谣言;(3)人吃人;(4)盗与匪;(5)斩首示众;(6)绑票;(7)抛妻;(8)自杀;(9)满洲鞑靼	时事报道	1/2	1832.6	1/83
0013 Postscript	后记	补充来自《京报》的战事消息。	后记	1/2	1832.6	1/85
0014 Gutzlaff's Journal	郭实腊游记(续)	离开暹罗到中国的坎坷航程和途中见闻(待续)	游记	1/3	1832.7	1/86
0015 Miscellanies	杂记	(1)宗教迫害事件;(2)关于《圣经》;(3)听从上帝的话;(4)轮回转世说;(5)异教	杂记	1/3	1832.7	1/105
0016 Religious Intelligence	宗教消息	(1)马六甲;(2)中文学校;(3)马来学校;(4)克林学校(Kling Schools);(5)印葡学校;(6)英华书院;(8)布道;(9)书籍的发行	宗教消息	1/3	1832.7	1/109
0017 Literary Notices	文艺通告	(1)中国历史人物传记;(2)期刊杂志;(3)《英日日英词典》,麦都思(W. H. Medhurst)编,巴达维亚出版。	文艺通告	1/3	1832.7	1/112
0018 Journal of Occurrences	时事报道	(1)叛乱;(2)被皇帝册封为神的英雄;(3)乞丐	时事报道	1/3	1832.7	1/116
0019 Postscript	后记	关于平叛的战事和广东的天气与农忙的简要报道	后记	1/3	1832.7	1/117
0020 Review: *Ta Tsing Wan-neen Yih-tung Kingwei Yu-too*	书评:《大清万年一统经纬舆图》(续)	分别介绍清帝国的三大组成部分的地貌和范围。(待续)	书评	1/4	1832.8	1/118
0021 Gutzlaff's Journal	郭实腊游记(续)	进入中国沿海各地,经浙江、山东沿海继续北上,在天津大沽获得中国官员准许,进入中国内河,驶向北京。作者不知道中国政府会如何看待他的拜访,但是作为一个急于改善传教士境地、愿意为此献身的人,他不肯苟且偏安,让地方政府处理。因此,他作好了最坏的准备。(待续)	游记	1/4	1832.8	1/127
0022 Miscellanies	杂记	(1)与中国的交往;(2)宗教的影响;(3)为了维护道德而采取的暴行;(4)基督的名称	杂记	1/4	1832.8	1/146

0023	Religious Intelligence	宗教消息	(1)福建;(2)海南;(3)爪哇	宗教消息	1/4	1832.8	1/156
0024	Literary Notices	文艺通告	(1)马若瑟(Prémare·Malaccæ)的《汉语语法研究》(Notitia Linguæ Sinicæ),1831年英华书院出版;(2)雷慕沙准备出版他的佛教研究成果;(3)《加尔各答的基督教徒》——1831年6月15日创刊的宗教和文学期刊出版和发行。	文艺通告	1/4	1832.8	1/157
0025	Journal of Occurrences	时事报道	(1)台风;(2)叛乱;(3)鸦片;(4)国库收入;(5)缢刑;(6)海盗;(7)饥荒;(8)中国的法庭;(9)流放;(10)圣驾出游;(11)荒芜的农田;(12)马车夫;(13)祭祀;(14)舢板;(15)东土耳其斯坦;(16)邪恶的景象;(17)谋杀教士。	时事报道	1/4	1832.8	1/161
0026	Postscript	后记	从北京来的刑福山抵达广东并考察了当地的贡院,6000多名考生报考参加乡试,结果只有72人通过。今年考试时间为农历八月八日。	后记	1/4	1832.8	1/165
0027	Reviews: *Encyclopaedia Americana*	书评:《美国百科全书》	这是一本包括艺术、科学、文学、历史、政治和古今人物传略等各方面内容的通俗词典。利柏尔(Francis Lieber)主编,1830年美国费城出版。由于这是在美国使用的最为广泛的百科全书,其中关于中国广东的内容是书评的评述重点,有1821—1827年美国与广东的外贸进出口的数据统计。	书评	1/5	1832.9	1/166
0028	Review: *Ta Tsing Wan-neen Yihtung Ki-ngwei Yu-too*	书评:《大清万年一统经纬舆图》(续)	介绍中国周围的属国。	书评	1/5	1832.9	1/175
0029	Gutzlaff's Journal	郭实腊游记(续)	作者在天津附近的见闻和活动:中秋节中国人的风俗,他的出现引起人们的好奇,他成功帮助当地人戒鸦片的尝试为他带来了名声,天津的贸易、天津人对财富的向往和清廷的漠视都是日记中的内容。他本想到北京,但是考虑到条件的限制,决定就地停留几天。天气转寒,河水将要上冻,因此10月17日开始南归,当地人热情送别,他为天津人的真诚热情感动。12月13日到达澳门,马礼逊夫妇迎接他的归来。游记最后他热切地寄语中国应该更加开放,与中国能更自由地对话,由什么人或什么手段来实现这一愿望并不重要。	游记	1/5	1832.9	1/185

0030	Miscellanies	杂记	(1)禅治文评论郭实腊《华北游记》一文;(2)郭实腊写给《中国丛报》主编的信;(3)悼亡祈祷文	杂记	1/5	1832.9	1/201
0031	Religious Intelligence	宗教消息	(1)爪哇;(2)马六甲	宗教消息	1/5	1832.9	1/208
0032	Literary Notices	文艺通告	英国的一份小报 *London Court Journal* 开始登载有关中国的报道,可是错误百出。	文艺通告	1/5	1832.9	1/210
0033	Journal of Occurrences	时事报道	(1)来自《京报》的关于平定湖南叛乱的消息;(2)秘密会社;(3)吸鸦片引起火灾;(4)中国的多生育	时事报道	1/5	1832.9	1/211
0034	Postscript	后记	清政府在湖南平定叛乱。	后记	1/5	1832.9	1/213
0035	Reviews: *A Voyage to China and the East Indies*; *A Voyage to Suratte*; *Chinese Husbandry*	书评:《中国和东印度群岛航行记》;《苏拉特之行》;《中国农业介绍》	《中国农业介绍》追溯了广东1750年到1832年在国际贸易中变化的角色,以及外国人在中国面临的完全不同的处境;另附根据3份报道对暹罗的地理、人文、人口、城市进行的综述。	书评	1/6	1832.10	1/214
0036	Miscellanies	杂记	(1)北京1832年的旱灾和道光皇帝的求雨祷文;(2)读者来信:《告在华外国基督徒书》	杂记	1/6	1832.10	1/239
0037	Religious Intelligence	宗教消息	(1)印度群岛;(2)沃尔夫先生(Mr. Wolff)拟作中国之行;(3)西伯利亚;(4)美国扩大了广州的商贸和船舶的数量。	宗教消息	1/6	1832.10	1/247
0038	Literary Notices	文艺通告	《三字歌注解》,1816年出版。	文艺通告	1/6	1832.10	1/249
0039	Journal of Occurrences	时事报道	(1)恒安和胡颂荫(Hengan and Hoosung-ih)平定了起义;(2)广东一村霸;(3)火灾;(4)打大板致死事件;(5)新的佛教分支;(6)海盗	时事报道	1/6	1832.10	1/251
0040	Postscript	后记	(1)广州新总督卢坤被正式任命为湖广总督;(2)10月30日下午两点半城西火灾	后记	1/6	1832.10	1/253

0041	Review: *Memoirs and Remarks on China*	书评:《中国现势续录》	法国耶稣会士李明(Lewis Le Comte)在中国旅游10余年后对该国地理、历史、地志学、物理、自然、天文、机械、军事、商业、政治和基督传教会等各方面所作的记述。	书评	1/7	1832.11	1/254
0042	Communications	通讯	(1)中国的传教工作;(2)暹罗的佛教;(3)高丽语言	通讯	1/7	1832.11	1/273
0043	Miscellanies	杂记	(1)天下和平;(2)对"愤怒"、"义愤"、"憎"、"报仇"——不祥字眼的见解	杂记	1/7	1832.11	1/285
0044	Religious Intelligence	宗教消息	(1)槟榔屿;(2)桑威奇群岛(Sandwich Islands)(今称夏威夷群岛);(3)孟买	宗教消息	1/7	1832.11	1/288
0045	Literary Notices	文艺通告	对《黄教教义问答》一书的评论。查理士·弗里德(Charles Fried)译自中文并加注释,1831年伦敦出版。	文艺通告	1/7	1832.11	1/290
0046	Journal of Occurrences	时事报道	(1)山区的抢劫;(2)22号和25号的斩首;(3)上个月的火灾;(4)家奴;(5)黄河;(6)一个家庭的毁灭;(7)婚约;(8)上京告状的秀才;(9)号召百姓检举;(10)新异端;(11)有息贷款的发放;(12)停尸习俗;(13)"戒烟仙方";(14)湖广;(15)盲人收养所;(16)小偷;(17)请罪	时事报道	1/7	1832.11	1/296
0047	Marine Intelligence	海事消息	(1)黄埔港的英国船;(2)15—20只美国船只停在零丁;(3)9月29日中国沿海的新政策	海事消息	1/7	1832.11	1/301
0048	Postscript	后记	卢坤(Loo)总督在山区平乱。	后记	1/7	1832.11	1/301
0049	Review: *The Sacred Edict*	书评:《圣谕》	逐条详尽解释,包括由雍正皇帝作增补,一清朝官吏作解述的康熙皇帝的16条训语。米怜(William Milin)翻译。	书评	1/8	1832.12	1/302
0050	Life and Labors of Rev. William Milne. D. D.	米怜生平简述	简要介绍了伦敦会第二位来华传教士米怜创办英华书院、其翻译、写作等方面的活动。	书评	1/8	1832.12	1/321
0051	Miscellanies	杂记	(1)中国人的民族特性;(2)一桩中外人士的财产官司;(3)公共事业即慈善事业	杂记	1/8	1832.12	1/331

0052 Religious Intelligence	宗教消息	(1)范迪门地(Van Diemen's Land,即现在的塔斯马尼亚岛);(2)暹罗	宗教消息	1/8	1832.12	1/340
0053 Literary Notices	文艺通告	(1)《1829－1831年基督教传道出版物》,詹姆士·罗斯牧师(James Rose)撰,伦敦出版;(2)《迦勒底游记》(*Travels in Chaldea*),罗伯特·米格南(Robert Mignan)船长著;(3)《韦克里夫传》(*The Life of Wiclif*),查理士·韦伯(Charles Webb)著,1832年伦敦出版;(4)《从哲学方面看神圣的世界历史》,伦敦文学会成员沙伦·特纳(Sharon Turner)著。	文艺通告	1/8	1832.12	1/342
0054 Journal of Occurrences	时事报道	(1)有关台湾伤亡的传闻;(2)传闻湖北的几个地方落入叛军手中;(3)卢坤总督就任湖广、两广总督及其他任命;(4)广州著名医生;(5)村霸;(6)家奴;(7)广州西关一盐商去世;(8)中国人对雷声的解释	时事报道	1/8	1832.12	1/347
0055 Postscript	后记	台湾的报道对中国政府不利;被杀的官兵人数可能更多。	后记	1/8	1832.12	1/349
0056 Population of the Chinese Empire	中华帝国的人口	专论中华帝国乾隆、嘉庆时期的人口,将英国使团斯当东爵士(George Staunton)提供的数据与法国方面的数据进行比较。	人口	1/9	1833.1	1/350
0057 Intercourse of the Chinese with Foreign Nations	中国和外国关系	从马礼逊(Robert Morrison)日记中节选的关于中国和外国关系部分	中外关系	1/9	1833.1	1/369
0058 Miscellanies	杂记	(1)罗马皇帝:背教者朱里安;(2)读者来信;(3)《基督教回音报》	杂记	1/9	1833.1	1/375
0059 Religious Intelligence	宗教消息	(1)马六甲;(2)一个传教士在中国;(3)郭实腊的第二本游记即将在美国出版。	宗教消息	1/9	1833.1	1/381
0060 Literary Notice	文艺通告	修正法国1781年关于康熙历史的错误,提供真实的情况。	文艺通告	1/9	1833.1	1/383

0061	Journal of Occurrences	时事报道	(1)1832年9月4日,北京仪亲王永璇(嘉庆的皇兄)去世;(2)清军登陆台湾被击退;(3)一名最近由交趾支那返回的中国印刷工人的来信;(4)金龙一家被移送北京受审;(5)对贫民的施舍;(6)澳门西南的海盗;(7)保甲制度;(8)北京资助因旱灾造成的贫困;(9)告御状;(10)一拐卖妇女儿童的罪犯被抓获;(11)甘肃的茶商赴京请愿,要求减少茶税;(12)广东的救济寡妇基金;(13)吴老亚(Urh Laouyay)用钱摆脱官司;(14)典当业冬季降低利息;(15)官员对非法收费的回复;(16)云南的铜;(17)山东沿海的抢劫	时事报道	1/9	1833.1	1/385
0062	Population of the Chinese Empire	中华帝国的人口	读者来信参与"中华帝国的人口"讨论。	人口	1/10	1833.2	1/390
0063	Review: *Portuguese in China*	书评:《葡萄牙人在华定居简史》	作者认真研究在华外国人的真实情况并广泛收集资料。本书于1832年在澳门出版,主要记载澳门历史以及葡萄牙使节、天主教传教士、罗马教皇特使等来华的情况。(待续)	书评	1/10	1833.2	1/403
0064	Miscellanies	杂记	(1)对各种异教的批判;(2)基督徒的忠诚;(3)善意的劝诫	杂记	1/10	1833.2	1/413
0065	Religious Intelligence	宗教消息	(1)暹罗;(2)范迪门地;(3)东方基督教检察员沃尔夫先生	宗教消息	1/10	1833.2	1/417
0066	Literary Notices	文艺通告	(1)中国的活字印刷;(2)中国人的雕版印刷	文艺通告	1/10	1833.2	1/419
0067	Journal of Occurrences	时事报道	(1)台湾消息;(2)中国东北口岸的贸易;(3)李鸿宾总督和刘荣庆提督被流放;(4)《京报》上批判官场上"拜门生";(5)中国社会;(6)"死"字的忌讳;(7)广州满族将领(Tartar General The tseangkuen)被撤职;(8)广东新年的时间	时事报道	1/10	1833.2	1/427
0068	Postscript	后记	(1)东印度广东公司2月27日完成贸易回到澳门,中国商人也已离开;(2)广东天气	后记	1/10	1833.2	1/429

0069	Review: *Portuguese in China*	书评:《葡萄牙人在华定居简史》(续)	续上期	书评	1/11	1833.3	1/430
0070	Early Introduction of Christianity into China	基督教在华的早期传播	16世纪前基督教在中国的传播	传教	1/11	1833.3	1/452
0071	Miscellanies	杂记	(1)"我的父辈的信仰";(2)中国港口何时对外开放令人关注,回顾过去和现在的情况;(3)中国的基督教书籍;(4)天生的基督教徒与转化的基督教徒;(5)那不勒斯城的中文学校;(6)科举考试的一道题目;(7)广东朱桂桢巡抚1833年3月14日的布告	杂记	1/11	1833.3	1/457
0072	Religious Intelligence	宗教消息	雅俾礼(Mr. Abeel)4个月前离开暹罗时写的信	宗教消息	1/11	1833.3	1/471
0073	Literary Notices	文艺通告	(1)英华书院第2版《圣经》中译本;(2)《亚洲杂志》(*Asiatic Journal*)上的错误;(3)《新亚洲》(*Nouveau Journal Asiatique*)载文介绍《马端临文献通考》和儒连(Julien)的文章。	文艺通告	1/11	1833.3	1/474
0074	Journal of Occurrences	时事报道	(1)《京报》载山民起义情况;(2)台湾被清军镇压;(3)《京报》证实了对广东的李总督的判决;(4)被俘的穆斯林叛军首领;(5)北京的匿名诬告	时事报道	1/11	1833.3	1/475
0075	Postscript	后记	台湾的动乱已被平定。	后记	1/11	1833.3	1/477
0076	Review: *History of China*	书评:《中国通史》	书中详细记载中国各大省份情形,中国人的性情、风俗、学问、法律、军队、政府和宗教,以及中国的运输与商品等。为满足人们的好奇心和促进英国贸易,此书译成英文并增加图表,1655年于伦敦出版。	书评	1/12	1833.4	1/478
0077	Miscellanies	杂记	(1)1831年广州与澳门的气候;(2)中国的报纸;(3)中国的剧本片断选译;(4)圣人的训导;(5)基督教的传教活动;(6)康熙在礼仪之争中对祭祖的解释和中国人的习俗;(7)对孔子的崇拜;(8)号召百姓垦荒。	杂记	1/12	1833.4	1/493

0078 Literary Notices	文艺通告	(1)罗马天主教徒出版的中文基督教书籍目录;(2)介绍《京报》的缘起和内容;(3)《威斯敏斯特评论》(*Westminster Review*)上对新西兰人民的评论文章;(4)一些杂志的介绍:《廉价杂志》(*The Penny Magazine*)、《基督教杂志》(*The Christian' s Magazine*)、《星期六杂志》(*The Saturday Magazine*)、《知识指南杂志》(*The Guide to Knowledge*)、《教育杂志》(*The Instructive Magazine*)	文艺通告	1/12	1833.4	1/509
0079 Religious Intelligence	宗教消息	(1)巴达维亚;(2)马六甲	宗教消息	1/12	1833.4	1/514
0080 Journal of Occurrences	时事报道	(1)苏宝山(Seu Paoushan)给皇帝的一封信;(2)峻凌阿将军(General Junling-ah 音译)告老;(3)家庭案件;(4)书院山长(Shing Szepun)因酒后之言传到皇帝那里而被贬;(5)中国官方文件中的套语;(6)加强地方军士训练;(7)云南罂粟的种植;(8)北京一"御舌"自杀;(9)皇帝准备加强天津的防卫;(10)禁赌令	时事报道	1/12	1833.4	1/515
0081 Postscript	后记	3月的《京报》到达广东;山西加强军队防卫。	后记	1/12	1833.4	1/517
0082 Introductory Remarks	引言	英语正日渐成为世界性的交流语言,英属印度就是一个典型例子。此外,为了双方交流、贸易等的需要,汉语也值得欧洲人学习。	引言	2/1	1833.5	2/6
0083 Review: *Ta-Tsing Leuh-le*	书评:《大清律例》	向西方人介绍清代满族的统治推行的《大清律例》由英国皇家学会会员斯当东译自1647年的中文版并增加附录,其中包括文件、注释等。1810年于伦敦出版。(待续)	书评	2/1	1833.5	2/15
0084 Gutzlaff' s Journal	郭实腊游记	过去两年郭实腊曾3次乘船沿海而上,此部分《广州至辽东沿海航行记》是1832年10月20日开始的第3次航行。(待续)	游记	2/1	1833.5	2/25
0085 Miscellanies	杂记	(1)读者来信讨论中国的人口;(2)外国传教士在中国进行牛痘接种的报告	杂记	2/1	1833.5	2/37

0086 Religious Intelligence	宗教消息	(1)马六甲的中文学校和马来学校;(2)新加坡的人口;(3)暹罗;(4)缅甸	宗教消息	2/1	1833.5	2/46
0087 Literary Notices	文艺通告	(1)《在黄埔美船“马礼逊”号上的一次布道》,神学博士马礼逊作于1832年12月,苏格兰印刷所印发;(2)一份新期刊;(3)福音传教士	文艺通告	2/1	1833.5	2/50
0088 Journal of Occurrences	时事报道	(1)广州府5月24日举行的科举考试情况;(2)官方征集平乱军事费用的方法;(3)广州执行斩首;(4)四川的叛乱;(5)贩卖儿童;(6)台湾问题	时事报道	2/1	1833.5	2/52
0089 Postscript	后记	近期天气	后记	2/1	1833.5	2/53
0090 Gutzlaff's Journal	郭实腊游记(续)	介绍沿途风貌及试图传播基督教的情况。	游记	2/2	1833.6	2/54
0091 Review: *Ta-Tsing Leuh-le*	书评:《大清律例》(续)	评述清朝的民法和税法。(待续)	书评	2/2	1833.6	2/66
0092 Miscellanies	杂记	(1)中国的历史和编年学;(待续)(2)布吉斯(Bugis)语言;(3)关于制币的法律;(4)英式印刷所(Albion Press);(5)一份中文月刊	杂记	2/2	1833.6	2/79
0093 Religious Intelligence	宗教消息	(1)马来人;(2)暹罗	宗教消息	2/2	1833.6	2/98
0094 Journal of Occurrences	时事报道	(1)台湾消息;(2)一艘丢失的船在交趾支那找到;(3)行商中举但并未通过廷试;(4)《京报》;(5)一位中国回教徒到麦加朝圣后返回广州。	时事报道	2/2	1833.6	2/100
0095 Postscript	后记	中国的几个省都面临着严重的供给问题,照理地方政府应该在灾荒年中给穷人补贴,但他们却常常不这么做。	后记	2/2	1833.6	2/101
0096 Review: *Ta-Tsing Leuh-le*	书评:《大清律例》(续)	续上期	书评	2/3	1833.7	2/102

0097	Miscellanies	杂记	(1)中国的历史和编年学(续):从秦朝到元朝的中国编年史;(2)战争条款:广东卢坤总督印发小册子,内容为他提议的关于战争的10条条款和22条相关法规;(3)读者来信提供中国法律的执行情况。	杂记	2/3	1833.7	2/116
0098	Literary Notices	文艺通告	《朝鲜语字音表》:介绍朝鲜语的168个音节和读音。	文艺通告	2/3	1833.7	2/140
0099	Religious Intelligence	宗教消息	(1)关于新西兰人;(2)从帕拉姆科塔(Palamcotta)的来信	宗教消息	2/3	1833.7	2/145
0100	Journal of Occurrences	时事报道	(1)6月10日皇后驾崩和广东的官员治丧;(2)河水泛滥;(3)朝廷官员的告退制度;(4)交趾支那的护航队;(5)四川叛乱	时事报道	2/3	1833.7	2/148
0101	Postscript	后记	7月最后几天的炎热天气	后记	2/3	1833.7	2/150
0102	Description of the City of Canton	广州介绍	广州的历史和现在(待续)	广州	2/4	1833.8	2/152
0103	Miscellanies	杂记	(1)一桩妇女案子;(2)洪水造成的悲剧;(3)广东的慈善机构;(4)欧洲人看中国的偶像崇拜;(5)预言;(6)战功;(7)马六甲的中国移民	杂记	2/4	1833.8	2/169
0104	Literary Notices	文艺通告	(1)1833年于波士顿出版的一本新书《史密斯与德怀特两牧师阿美尼亚考察记》;(2)马六甲英华书院出版的《印度支那杂志》(*Indo-Chinese Gleaner*)收集了印支各国的文学、历史、哲学、神话等等材料,主要取材于当地文学;(3)广东新出的中文期刊600份发售一空。	文艺通告	2/4	1833.8	2/189
0105	Religious Intelligence	宗教消息	(1)爪哇;(2)在中国人中的传教士	宗教消息	2/4	1833.8	2/195
0106	Journal of Occurrences	时事报道	(1)8月16日广东官员哀悼皇后;(2)交趾支那叛乱;(3)《京报》的信息;(4)新娘自杀;(5)武夷山因大雨茶叶无法采摘;(6)湖广及两广蝗灾;(7)汉口火灾;(8)广州和大埔洪水;(9)各省饥荒;(10)北京赈灾;(11)对重犯施以极刑;(12)广州执行死刑。	时事报道	2/4	1833.8	2/197

0107 Postscript	后记	广东七八月间的暴风雨	后记	2/4	1833.8	2/200
0108 Description of the City of Canton	广州介绍(续)	建筑和居民,广州地方官员和官俸(待续)	广州	2/5	1833.9	2/201
0109 Miscellanies	杂记	(1)已故皇后;(2)佛教及普陀岛上的僧侣;(3)中国的植物学;(4)中国移民;(5)天罚;(6)不准中国军官和外国人乘轿。	杂记	2/5	1833.9	2/220
0110 Literary Notices	文艺通告	(1)中文杂志(*Chinese Magazine*)第2期已出版;(2)《圣庙祭天图考》及《孔孟圣哲图谱》,13卷本,1826年出版。	文艺通告	2/5	1833.9	2/242
0111 Religious Intelligence	宗教消息	(1)缅甸;(2)西藏的犹太人	宗教消息	2/5	1833.9	2/245
0112 Journal of Occurrences	时事报道	(1)水灾;(2)交趾支那叛乱;(3)交趾支那使臣	时事报道	2/5	1833.9	2/246
0113 Postscript	后记	郭实腊的游记非常畅销。	后记	2/5	1833.9	2/248
0114 Description of the City of Canton	广州介绍(续)	广东的文士和科举考试、学校教育、寺庙、救济机构(待续)	广州	2/6	1833.10	2/249
0115 Miscellanies	杂记	(1)1520年的一份佛教体系与儒学体系比较的文章;(2)1827年澳门建立了眼科医院;(3)1828年创立的广州医院;(4)中国人的道德日益下降;(5)非基督徒的死	杂记	2/6	1833.10	2/273
0116 Literary Notices	文艺通告	(1)约翰·哈理斯(John Harris)著《旅游大全》(*A Complete Collection of Voyages and Travels*)在伦敦出版;(2)《海洋与陆地发现史》(*The History of Maritime and Inland Discovery*)在伦敦出版;(3)米怜著《张远两友相论》于1819年出版。	文艺通告	2/6	1833.10	2/290
0117 Religious Intelligence	宗教消息	(1)西里伯斯岛(Celebes);(2)桑威奇群岛;(3)中国	宗教消息	2/6	1833.10	2/292

0118	Journal of Occurrences	时事报道	(1)广东省官员的变化;(2)赏赐举人头衔;(3)山东省的残暴事件;(4)蝗灾;(5)台湾叛乱;(6)上次洪水的后果;(7)云南地震	时事报道	2/6	1833.10	2/294
0119	Postscript	后记	本月天气	后记	2/6	1833.10	2/296
0120	Description of the City of Canton	广州介绍(续)	广东的地理位置和广东贸易,各国商船之间的贸易,1805－1833 年间的进出口贸易额	广州	2/7	1833.11	2/297
0121	Miscellanies	杂记	(1)中国皇帝名号的翻译问题;(2)中国的古典哲学;(3)当前中国政府中满人与汉人官员人数的比例;(4)有关中国妇女地位的评论;(5)扬子江航行记;(6)日本人的宗教崇拜;(7)朱桂桢巡抚的告别文告;(8)迷信与偶像崇拜	杂记	2/7	1833.11	2/317
0122	Literary Notices	文艺通告	(1)中国益智会出版社成立;(2)中国历史	文艺通告	2/7	1833.11	2/337
0123	Religious Intelligence	宗教消息	新西兰的土著居民	宗教消息	2/7	1833.11	2/340
0124	Journal of Occurrences	时事报道	(1)一名中国官员因失礼行为而被降职;(2)1832 年 10 月到 1833 年 6 月台湾的动乱平定;(3)株连九族:严厉的制裁;(4)犯罪与刑罚	时事报道	2/7	1833.11	2/343
0125	Postscript	后记	云南地震	后记	2/7	1833.11	2/344
0126	Review: *Macartney's Embassy to China*	书评:《英使谒见乾隆纪实》	该特使游览中华帝国的见闻,由马戛尔尼(Macartney)特使秘书斯当东爵士据马戛尔尼 1793 年出访中国乾隆帝的文件写成,1798 年于伦敦出版。	书评	2/8	1833.12	2/345
0127	Miscellanies	杂记	(1)从西班牙在东方的殖民地看西班牙人与中国人的关系;(2)来自欧洲的关于与中国人的自由贸易的报告(前驻华英商撰写);(3)中国人的叩头与下跪;(4)骄傲与卑谦;(5)皇族	杂记	2/8	1833.12	2/358
0128	Religious Intelligence	宗教消息	(1)桑威奇群岛的学校;(2)马梯卡达(Batticotta)的教会学校;(3)澳门的罗马天主教	宗教消息	2/8	1833.12	2/387

0129	Journal of Occurrences	时事报道	(1)广州接到北京官方信使;(2)白银外流与禁止私铸钱币;(3)中国政府的疑忌;(4)鞑靼的狩猎法则;(5)广东巡抚的恶名;(6)《京报》;(7)中国官员的渎职	时事报道	2/8	1833.12	2/391
0130	Reviews: *History of the Indian Archipelago*	书评:《印度群岛史》	叙述当地居民的风俗习惯、艺术、语言、宗教、制度、商业等,另附1160—1825年编年大事表。曾生活于爪哇苏丹宫廷中的已故英国皇家学会会员约翰·卡弗德(John Carwfurd)著,1830年于爱丁堡出版。	书评	2/9	1834.1	2/393
0131	Miscellanies	杂记	(1)台湾岛的位置与面积、历史与现状、政府与区域;(2)中国政府的海军;(3)当地的居民、特产与人口;(4)有名无实的中国政府的救济金	杂记	2/9	1834.1	2/416
0132	Literary Notices	文艺通告	(1)中国的一本畅销书《丹桂集》,人们出钱免费印发的中国伦理和道德集;(2)《路易十八自传》,1832年伦敦出版。	文艺通告	2/9	1834.1	2/435
0133	Religious Intelligence	宗教消息	(1)沃尔夫先生寻找历史上失踪的10个以色列部落;(2)英国在过去40年间各差会的慷慨捐赠和数额	宗教消息	2/9	1834.1	2/437
0134	Journal of Occurrences	时事报道	(1)10月11日《京报》登载的中国的税收;(2)本月的一件抢劫案;(3)朝廷要广东府依法办案,不得延误;(4)弑父者被斩首;(5)山东的邪教被捕;(6)四川打击山民叛军;(7)浙江;(8)满族王公逝世;(9)中国的理发摊;(10)礼部汪守和谢皇恩;(11)皇太后要封赏三嫔妃。	时事报道	2/9	1834.1	2/439
0135	Postscript	后记	广州贸易进展顺利。	后记	2/9	1834.1	2/441
0136	Description of the City of Peking	北京介绍	地理位置和地貌、历史、城墙和城门、僻静的小巷、驻军、紫禁城、北京的18个建筑和名胜(待续)	北京	2/10	1834.2	2/442

0137	Miscellanies	杂记	(1)中国的度衡量:重量单位、货币单位、长度单位与欧洲的单位换算;(2)按商品名称分别叙述广州的进出口贸易,以补充前几期对广东省府的介绍;(3)前驻华英商、《欧洲与中国的自由贸易》一文作者认为中英关系将发生变化,因为《中国丛报》的文章充满了血腥味。他反对郭实腊打开中国港口的想法,认为虽然炮舰可以击败中国海军,但是中国政府对人民的有效控制和影响力不能忽视;(4)制作中文金属活字的工作	杂记	2/10	1834.2	2/453
0138	Religious Intelligence	宗教消息	(1)来自暹罗的信件;(2)交趾支那的叛乱;(3)马六甲的宗教和学校;(4)巴达维亚的印刷品	宗教消息	2/10	1834.2	2/478
0139	Journal of Occurrences	时事报道	(1)广州的春节庆祝活动;(2)广东书院山长悬梁自尽,有后续报道。	时事报道	2/10	1834.2	2/489
0140	Description of the City of Peking	北京介绍(续)	北京的著名建筑和地方;皇帝的农耕仪式;皇宫;北京的供给。本文广泛参照俄罗斯使团日记、法国传教士对北京的描述和《大清一统志》。	北京	2/11	1834.3	2/490
0141	Miscellanies	杂记	(1)缅甸的位置、面积、人口、生产、贸易、风俗习惯、语言、勃固人和克伦人、教育、书籍等;(2)1833年5月22日从英国伦敦写给在华英国人的信的摘要;(3)在中国传播基督教和有用的知识;(4)日内瓦、伦敦和纽约的和平协定与万国会议;(5)中国法律规定救援海难不分外国人还是中国人;(6)中国的宗室家族;(7)行商1834年12月8日和2月初两次写给广东总督的信,以及卢坤总督的两次回信	杂记	2/11	1834.3	2/510
0142	Literary Notices	文艺通告	(1)《英国皇家亚洲第十次大会文件》,该大会总结了在英属印度的工作;(2)《英国东方翻译基金会赞助者第四次年会报告及委员会报告》回顾了过去4年出版的29本书。	文艺通告	2/11	1834.3	2/526
0143	Religious Intelligence	宗教消息	(1)爪哇;(2)桑威奇群岛;(3)暹罗	宗教消息	2/11	1834.3	2/528

0144 Journal of Occurrences	时事报道	(1)多灾多难的年景;(2)河南寺庙的火灾;(3)从北京来的接任广东书院的官员;(4)派军到交趾支那;(5)《京报》报道的拐骗儿童事件;(6)严厉的皇帝;(7)白莲教;(8)穷人自杀。	时事报道	2/11	1834.3	2/537
0145 Postscript	后记	本月天气	后记	2/11	1834.3	2/538
0146 Review: Journals of Linday and Gutzlaff	书评:《阿美士德号货船来华经过》与《中国海岸航行日记》	两本书均讲述作者们于 1832 年 2 月 26 日出发,同年 9 月 5 日返回澳门的旅程和见闻感受。	书评	2/12	1834.4	2/539
0147 Miscellanies	杂记	(1)缅甸的佛教教义和实践、地理学、天文学、上层社会、奖惩制度,缅甸人的寿命、义务,他们对死、崇拜、理智的看法,书籍和医术等;(2)梅州的天后庙;(3)关于中国人改变信仰的评论;(4)向皇帝进谏的危险性;(5)人类的自以为是	杂记	2/12	1834.4	2/564
0148 Religious Intelligence	宗教消息	爪哇和马杜拉(Madura)岛上传道小册子的散发情况	宗教消息	2/12	1834.4	2/579
0149 Journal of Occurrences	时事报道	(1)4 月 22 日东印度公司在华专利权的终结;(2)广州乞丐的死亡人数;(3)阴魂不散的传言;(4)江苏处死造反者;(5)4 月 6 日皇帝举行先农礼;(6)年度最高级别判决在每年秋天进行。	时事报道	2/12	1834.4	2/584
0150 The Chinese Language	中国语言	论述中国语言的古老性、广泛性和各种方言的特点和价值,欧美对中国语言的学习和研究的历史,学习汉语的必要性。	语言	3/1	1834.5	3/7
0151 The Chinese Written Language	中国的书面语	描述中国文字的起源和六书,汉字的读音和用英语字母记录汉语语音表,汉字的 214 个部首和部首目录。	语言	3/1	1834.5	3/20
0152 Homicides in China	中国的杀人者	中国律法关于杀人的 6 种界定;中国人中由于地位和等级所享有的豁免;外国人不许享受的豁免	法律	3/1	1834.5	3/45

0153	Religious Intelligence	宗教消息	(1)5位美国人加强在锡兰的传道工作;(2)一位女基督徒关于在中国进行妇女教育的报告信:应该在中国妇女教育方面投入更多人力,以提高中国妇女的状况。	宗教消息	3/1	1834.5	3/47
0154	Literary Intelligence	文艺通告	(1)在中国的几家欧洲印刷所;(2)中国诗的英译,两卷本;(3)1834年出版的关于澳门天主教史的论文;(4)1834年中西对照日历	文艺通告	3/1	1834.5	3/50
0155	Journal of Occurrences	时事报道	按时间顺序先介绍本地新闻,然后再介绍从《京报》选出的最有价值的新闻:(1)5月2号卢坤总督等参观外国商馆的详情;(2)据传中国官员的女室悄悄地参观了外国商馆;(3)9日新官员Ke Kung到任;(4)12日新府员进行了军事视察;(5)巨人兵士;(6)叛兵俘虏之死;(7)李尚书灵柩安置;(8)北京《京报》消息:缅甸使臣去世。	时事报道	3/1	1834.5	3/51
0156	The State Religion of China	中国的宗教	《大清律例》中关于宗教和祭祀等的规定:宫廷和各级府衙的祭祀,准备供物和举行仪式,对不敬者的刑罚。	宗教	3/2	1834.6	3/56
0157	Remarks on Chinese History	中国历史著作	中国历史著作的特点;值得研究的一个课题;从中国古老的神话故事、模糊的早期记载到中后期的记述;重要历史学家的简介	书评	3/2	1834.6	3/60
0158	Chinese Pirates	中国的海盗	郑芝成及其子郑成功;1806年各帮的联合;特纳(J. Turner)和格拉斯普尔先生(Glasspoole)的记述;中葡军队合力抗海盗;海盗的分裂及归顺政府	海盗	3/2	1834.6	3/69
0159	Natural History of China	中国自然历史	始于耶稣会士、欧斯贝克(Osbeck)、英国使团等对这个课题的研究,目前仍缺乏广东和零丁附近的地质资料。	地理	3/2	1834.6	3/90
0160	Burmah	缅甸	1807年后基督教在缅甸的传播情况和用缅甸文出版的基督教书籍	传教	3/2	1834.6	3/101
0161	Journal of Occurrence	时事报道	(1)6月2日南海的一个人杀了一个无恶不作的恶霸,无罪释放;(2)11日的龙舟节;(3)14日斋戒敬神;(4)两广的洪水;(5)马戛尔尼大使的老友宋中堂86岁亡故北京。	时事报道	3/2	1834.6	3/107

0162 The Chinese Classics	中国经书	分四书和五经两部分，本文对各个部分进行了评介。	书评	3/3	1834.7	3/109
0163 Early Intercourse with China	早期中国	早期中国是通过旅行家伊本·巴图他(Ibn Batuta)、罗柏鲁(Rubruquis)、马可·波罗(Marco Polo)、和德里(Oderic)、克拉维约(Clavijo)、平托(Mendez Pinto)、詹金森(Anthony Jenkinson)等人的记述而为欧洲人所了解的。	中国	3/3	1834.7	3/119
0164 Situation of Canfu	关于“勘府”	“勘府”(Canfu)——古代阿拉伯和其他外国商人常提到的一个中国贸易城市——的地点考证	地理	3/3	1834.7	3/127
0165 Profession of Letters in China	中国的读书人	读书的动机；大量的落第者；一名落第者的故事	文化	3/3	1834.7	3/130
0166 Agriculture in China	中国农业概述	其历史、耕作制度、农业改革的困境、土壤和气候、灌溉与施肥、农业工具	农业	3/3	1834.7	3/133
0167 Free Intercourse with China	论中国的自由贸易	中国的现况；斯当东等人及各种杂志关于对华交往的评论	中外关系	3/3	1834.7	3/140
0168 Religious Intelligence	宗教消息	(1)马六甲；(2)印度；(3)缅甸的克伦人；(4)争论；(5)翻译圣经。	宗教消息	3/3	1834.7	3/150
0169 Journal of Occurrences	时事报道	(1)吞鸦片自杀案；(2)尽管中国法律禁止仍公开活动的鸦片商人；(3)水灾后果不那么严重；(4)21号新到任的尚书；(5)在华英国新官员的任命；(6)北京大火；(7)西藏使节进京献贡；(8)江苏水灾；(9)外国人在叶尔羌(Yarkand)	时事报道	3/3	1834.7	3/154
0170 Japan	日本	日本的地理位置、面积、行政区域、山脉河流、湖泊、主要城市；日本人之起源，他们的古代历史和民族特征(待续)	日本	3/4	1834.8	3/157
0171 Mohammedanism	伊斯兰教	伊斯兰教在东亚和西亚的情况；呼吁马来亚反对伊斯兰教以保护基督教书籍。	宗教	3/4	1834.8	3/173
0172 Jews in China	在华犹太人	早期的西方人来华游记和耶稣会士们关于东方犹太人的记载	宗教	3/4	1834.8	3/184

0173	Obituary of Dr. Morrison	马礼逊讣告	马礼逊牧师1834年8月1日在广东逝世的讣告：时年53岁；去世过程；对一个献身于中国、正直、忠诚的英国人的离去感到惋惜；缅怀这位先驱人物的生平和贡献。	讣告	3/4	1834.8	3/189
0174	Literary Notices	文艺通告	(1)《中文杂志》出版顺利，并且有几份送到了北京、南京，近期的内容包括中英人对话录；一个在南美洲旅行的中国人写给父亲的信；反对偶像崇拜；蒸汽机原理释要；(2)《藏文字典和语法》出版；(3)《澳大利亚历书》和《悉尼指南》	文艺通告	3/4	1834.8	3/197
0175	Journal of Occurrences	时事报道	(1)7月25日英国驻华领事律劳卑(Napier)到广东，致书广东总督要求与其会谈，但被拒绝；(2)卢坤总督给行商的5封通告的英译，中英贸易中断，两艘英军舰抵达虎门；(3)钦差大臣主持广东科举考试。	时事报道	3/4	1834.8	3/198
0176	Japan	日本(续)	日本的政府、法律、风俗习惯、宗教、文字，以及对外国交往的简况	日本	3/5	1834.9	3/205
0177	The Huns	匈奴	匈奴的起源、早期历史、迁徙；征服阿兰人；阿提拉(Attila)之死及其生平	历史	3/5	1834.9	3/223
0178	Penang	槟榔屿	槟榔屿的人口、基督教差会及其立足、进展和现状	传教	3/5	1834.9	3/233
0179	Rice	稻谷	稻谷的种类、栽培、收割、脱粒、脱壳、分离；公共粮仓；外国进口	农业	3/5	1834.9	3/243
0180	Journal of Occurrences	时事报道	9月13日3万人云集广东参加科举考试；商业停顿；卢坤总督的通告；律劳卑阁下的公文；总督和府尹关于中止英国船只入港和贸易的命令；中国官兵围驻广东外国商馆，商馆的中国仆人离去，中国停止向外国商馆提供供给；律劳卑下令英舰从虎门到广州。	时事报道	3/5	1834.9	3/247
0181	Postscript	后记	事态有所缓和，律劳卑到澳门，军舰也准备撤离。	后记	3/5	1834.9	3/252

0182	Sketch of the Statesman Hokwan	军机大臣和坤	马戛尔尼使团的斯当东爵士让欧洲人首次了解乾隆后期的军机大臣和坤，他的主要品格，对他的弹劾和指控，他被没收的巨额家产。	人物	3/6	1834.10	3/253
0183	Propagation of the Gospel in China	在中国传教	在中国传播基督教福音至今无进展，困难重重，要坚持下去。	传教	3/6	1834.10	3/256
0184	Comparison of the Modes of Printing Chinese	中文印刷法比较	对中文印刷中的木版雕刻法、石版雕刻法和活字印刷各自费用的估测；对每一方法利弊的权衡	印刷	3/6	1834.10	3/258
0185	Passage to Europe through Egypt	经埃及到欧洲	一位广东人经红海抵达欧洲的航程：离开中国；抵达孟买；登上轮船；穿过沙漠；抵达开罗；介绍开罗等	游记	3/6	1834.10	3/264
0186	The Turks	土耳其人	土耳其人的起源及其早期历史；他们的迁徙和改信伊斯兰教；侵略波斯、印度斯坦和希腊帝国；占领君士坦丁堡。	历史	3/6	1834.10	3/268
0187	Description of the Bamboo and Palm	竹子与棕榈之描述	竹的种类与栽培，尤其是中国人的栽培方法；竹的用途；造纸的方法；椰子树及其用途	林业	3/6	1834.10	3/273
0188	Funeral Sermon	葬礼祷告	在律劳卑葬礼上的祷告，裨治文作于本月26日安息日；附其他读者的悼念辞和报刊的编者论。	讣告	3/6	1834.10	3/283
0189	Journal of Occurrences	时事报道	科举考试进行得不尽人意；中英之间的公文和文件	时事报道	3/6	1834.10	3/297
0190	*Portuguese in China*	《在华葡萄牙人史》	龙格斯德(A. L. Knt.)著，1834年广州出版。本文以中葡交往的历史为线索讲述这段历史。	书评	3/7	1834.11	3/301
0191	Our Country	我们的国家	中国人、英国人和美国人的民族偏见；偏见产生的原因分析	文化	3/7	1834.11	3/315
0192	Sumatra	苏门答腊	莱曼(Lyman)和芒逊(Munson)两传教士遇害的详情和经过；苏门答腊人口、居民简况	地理	3/7	1834.11	3/319

0193	British Authorities in China	在华英国当局	对于中英贸易中止这一事件的回顾：前3期的官方文书的翻译是了解事件的一个窗口；1831年1月广东总督声明英国政府应派人来管理英国商务官员；委员会到达广州即致函总督；总督的布告；停止贸易；对华声明；商馆雇员被逐；英国海军开抵广州；军舰进入虎门；呈交皇帝的奏折；虎门之战；军事行动；二上皇帝的奏折和朱批；律劳卑之病；军舰离开黄埔和委员会退驻澳门；三次提交皇帝的奏折和第二次朱批；有关律劳卑之死；上谕饬责任命新商务督都。	中外关系	3/7	1834.11	3/336
0194	Journal of Occurrences	时事报道	中英事件牵涉到很多人；澳门火灾；北方地震	时事报道	3/7	1834.11	3/356
0195	British Authorities in China	在华英国当局	在华的英国官员及商人致英王的请愿书，附关于中英未来关系建议的评论。	中外关系	3/8	1834.12	3/357
0196	Ophthalmic Hospital	眼科医院	1827—1832年间澳门一家眼科医院的经营状况；西方人在中国为当地人治病、防疫的善行；13封中国人感谢信的英译	医疗	3/8	1834.12	3/376
0197	Hospitals for Seamen	海员医院	在黄埔建立一个配有溺水抢救器械的海上医院计划；澳门和零丁设立医院的必要性；在华外国海员的人数和状况(此计划书导致澳门设立了一个海员医院)	医疗	3/8	1834.12	3/385
0198	Society for the Diffusion of Useful Knowledge	关于成立在华实用知识传播会的启事	由协会秘书马儒翰(J·R·Morrison)发起；两次公开大会的备忘录和在华实用知识传播会的章程和规定	教育	3/8	1834.12	3/390
0199	Literary Notices	文艺通告	(1)印度出版了关于用英文表达东方语言的论文选编；(2)马儒翰著、1834年出版的《中国商业指南》收集了对华贸易的各种评论。	文艺通告	3/8	1834.12	3/397
0200	Religious Intelligence	宗教消息	(1)新加坡的一所女校；(2)美国传教士崔理时(Tracy)访问婆罗洲；(3)新来的传教士抵达暹罗。	宗教消息	3/8	1834.12	3/399

0201	Journal of Occurrences	时事报道	(1)谴责行商勾结和帮助外国人的罪行的布告;(2)皇帝驳回行商谏言的朱批	时事报道	3/8	1834.12	3/403
0202	Intercourse with the Chinese	与中国人交往	4封读者来信,根据他们长期在中国生活与中国人交往的经历,为我们描述了中国人的性格和中国政府。	文化	3/9	1835.1	3/405
0203	*British Relations with China*	《论中英关系》	1834年于伦敦出版,主要观点是中国和英国虽然已经有两百多年的接触,但事实上从英国人对中国漠不关心的态度来看,中英之间没什么交往。此外作者还提出了他认为导致目前冲突的恶根。	书评	3/9	1835.1	3/418
0204	Negotiations with China	与中国谈判	中国不承认国际关系中的权利与义务;中国对于外国征税没有定率的不良现象;虽然政府也过问投诉但仍存在司法不公正的问题;为了维护各国利益建议英国和其他国家采取的行动	中外关系	3/9	1835.1	3/429
0205	Promulgation of the Gospel in China	在华传播基督教福音	遇到的困难和阻碍:(1)政府对所有进入中国的外国人的敌视态度;(2)中国法令禁止任何新宗教的传播;(3)现行的国家教育和科举制度阻碍人们接受不同的思想和宗教;(4)中国众多的复杂的地方语言;同时也存在一些有利于基督教传播的条件:(1)海上的交通和交往;(2)中国对阅读的兴趣使得读物的散发非常有效;(3)中国人不是特别地迷信,虽然也有这种情结;(4)中国人对待外国人和外国传教士很友好;(5)外国差会对在华传教的兴趣日益增长。	传教	3/9	1835.1	3/440
0206	Religious Intelligence	宗教消息	(1)巴达维亚传教活动的报告;(2)缅甸传教活动的情况	宗教消息	3/9	1835.1	3/450
0207	Journal of Occurrences	时事报道	(1)粤海关监督的眷属从北京抵达;(2)兴泰行商交钱获释。	时事报道	3/9	1835.1	3/452
0208	The Mongols	蒙古人	成吉思汗联合各部落及扩大他的统治;儿子们承继父业;忽必烈征服中国;忽拉加(Hulagu)把波斯并入版图;布都(Batu)进军欧洲,征服波兰;铁木儿登基,巩固他的帝国;攻取德里和击败巴雅塞特(Bajazet);蒙古帝国的崩溃	历史	3/10	1835.2	3/453

0209 Lord North's Island	劳德诺斯岛	两个水手讲述他们在劳德诺斯岛的遭遇和介绍该岛居民情况:他们的生活方式、居往条件、风俗习惯、法律、语言、宗教等等。	游记	3/10	1835.2	3/462
0210 Diet of the Chinese	中国人的饮食	中国人的饮食和鲜为人知的家庭生活	文化	3/10	1835.2	3/469
0211 British Authorities in China	在华英国当局	英国在华官员的情况和委员会的态度和观点;关于海员和一家海员医院的规定;营救被俘的"阿盖尔"(Argyle)号水手的努力	中外关系	3/10	1835.2	3/484
0212 The Chinese Oral Language	中国口语	中国的口语与书面语的显著区别,两者之间的关系,各种方言的起源,几种方言的共同特点	语言	3/10	1835.2	3/492
0213 Journal of Occurrences	时事报道	(1)29日澳门圣保罗教堂被焚毁;(2)2月8日道光皇帝的新皇后;(3)抓获鸦片走私者并颁布禁止输入鸦片的命令;(4)23日广州府当众烧毁鸦片;(5)科举考试;(6)海关监督的家仆	时事报道	3/10	1835.2	3/497
0214 The Chinese Peasant, Hoo Loo	中国农民胡老	中国农民胡老(音译)被转送到英国就医,在盖伊医院动肿瘤手术;评辛普森(Simpson)先生和蒂达(Titley)博士所做的手术。	医疗	3/11	1835.3	3/501
0215 *Memoirs of Count de Benyowky*	《贝尼奥斯基回忆录》	到达台湾东部海岸,与本地人发生了小冲突,和友好部落订约并作为同盟者与他们一起战斗;对该岛和人民的观察	书评	3/11	1835.3	3/508
0216 *Siamese Romance*	《暹罗爱情小说》	一位曾住曼谷的女士译自暹文。	书评	3/11	1835.3	3/517
0217 The Bonin Island	小笠原群岛	日本人、比齐上尉等人笔下的小笠原群岛:位置、物产等	地理	3/11	1835.3	3/522
0218 Universal Peace	世界和平	中国和日本的民族性与政府的障碍;消除这些障碍的最好方法	中外关系	3/11	1835.3	3/528
0219 Chinese Metallic Types	中国的金属活字	关于在巴黎铸造一套中国铜字的建议;在波士顿利用木模制作铅字的尝试	印刷	3/11	1835.3	3/540

0220 Literary Notices	文艺通告	(1)《葡萄牙人在澳门定居及在华罗马天主教会和传教活动简史》;(2)1835年中西对照日历;(3)《澳门编年史》	文艺通告	3/11	1835.3	3/545
0221 Journal of Occurrences	时事报道	(1)广州府向北京提交对外贸易新规则;(2)新成立的大炮铸造厂;(3)释放洋商,通译和领航员将于近日获释;(4)四川爆发起义。	时事报道	3/11	1835.3	3/548
0222 Small Feet of the Chinese Females	中国妇女的小脚	妇女缠足习俗的起源、社会影响;库柏医生对小脚的解剖学描述	风俗	3/12	1835.4	3/549
0223 Woo Tsihteen: Empress of China	中国女皇武则天	她的出身;招入宫廷;亲手杀死她的女儿;除掉皇后并取而代之;以"天后"自诩和专制统治的建立	人物	3/12	1835.4	3/555
0224 The Fur Trade	皮毛贸易	出产皮毛的动物、出产的地区、亚欧和美洲皮毛贸易的国际价格;广东1805—1834年从美国进口的皮毛数量统计	贸易	3/12	1835.4	3/560
0225 Christian Missions in China	在华传教	基督教在华的传教活动;关于如何建立和扩大传教机构的措施和方法:讲述福音、办学校、出版书籍、社会慈善事业等	传教	3/12	1835.4	3/571
0226 The Sandwich Islands	桑威奇群岛	1835年国王加尼乔利(Kanikeaouli)制定的法典	法律	3/12	1835.4	3/581
0227 The Philippine Islands	菲律宾群岛	菲律宾群岛的海军上将兼总督对该岛居民的讲话	政府	3/12	1835.4	3/585
0228 Journal of Occurrences	时事报道	(1)通译和领航员未能获释;(2)最有信誉的商行倒闭,又新开了一家;(3)地方官巡视军队;(4)旱灾;(5)贿赂与渎职;(6)北京朝臣之死;(7)科举考试;(8)甘肃的暴乱;(9)有关限制外国在广东贸易的规定的奏折	时事报道	3/12	1835.4	3/588
0229 Education among the Chinese	中国教育	中国的古代和当代的教育及特点;从现在的教育领域、目标、方式和结果看其不完善之处;如何改进的必要措施	教育	4/1	1835.5	4/6
0230 Chinese Government and Constitution	中国的政府和政体	它的特点和主要原则;皇权的本质;人民的政治地位;社会等级;特权阶级;官吏的9个等级	政府	4/1	1835.5	4/16

0231	Notices of Modern China	当代中国介绍	关于国家的特点、现状和国家政策、法律(待续)	政府	4/1	1835.5	4/22
0232	Fire Insurance in Canton	广州火灾保险	保险的本质特征和优点;1822 年十三行的火灾;广东财产情况;风险程度;如何减轻损失等等;人们认识到了中国的建筑和环境导致火灾的危险性和保险的必要性。	保险	4/1	1835.5	4/35
0233	The Tinker's Trade	修锅人	视线外的艺术家;补锅用的风箱	风俗	4/1	1835.5	4/42
0234	Literary Notice	文艺通告	(1)罗马字母在印度语学习中的应用;(2)西藏语语法;(3)一个土耳其海员关于印度洋的著作;(4)中国的古典文学在巴黎出版,巴黎的中文金属活字已有 2000 多个;(5)对日本的动物研究结果公布;(6)昂贵的邮费	文艺通告	4/1	1835.5	4/44
0235	Walks about Canton	广州漫步	私人日记摘录:旷地;小河;海关;码头;拔火罐;尼姑;"猎巷"(即新豆栏街);卫兵室;旧中国街(即同文街);衣着和食物(待续)	广州	4/1	1835.5	4/47
0236	Journal of Occurrences	时事报道	(1)5 月 1 日知府请和尚做法求雨;(2)葬礼导致的火灾和死亡人数;(3)8 日久旱后的阵雨;(4)广州的伊斯兰教徒同其他人一样献祭求雨;(5)南方大门重新使用;(6)茂官之死;(7)发官欠官方的债务;(8)通译获释;(9)广州查捕赌博;(10)科举考试;(11)通缉鸦片走私犯;(12)四川暴乱	时事报道	4/1	1835.5	4/51
0237	*Political Divisions of the Chinese Empire*	《中华帝国的行政区域》	据最新的测量和可靠的文献绘制而成,1833 年伦敦出版。中国人对地图学知之甚少,罗马天主教徒们向中国输入了西方的地图测绘并在康熙时期完成了全国勘查。然而随着使团和其他船只进入中国内地和沿海以及地图绘制工艺的进步,有必要绘制新图。	书评	4/2	1835.6	4/54
0238	Notices of Modern China	当代中国介绍(续)	几位国家高官的职责和职场生涯(待续)	政府	4/2	1835.6	4/64

0239	Excursion to the Tea Hills	福建茶山见闻	对著名的安溪茶的介绍	物产	4/2	1835.6	4/77
0240	Expedition to the Bohea Hills	福建武夷山探险	广州港口海员牧师埃德温·史蒂文斯(Edwin Stevens)著:抵达闽江;经过福州府;与一个军官的交谈;走向闽清县;遭到一次埋伏;返途;分发小册子。	游记	4/2	1835.6	4/87
0241	Literary Notices	文艺通告	(1)1806年东印度公司广东公司的图书馆建立,到1832年已有16000多种图书,如果图书馆能够保存并对公众开放,将是一大贡献;(2)郭雷枢(Thomas Colledge)呼吁将这批书赠送给"马礼逊教育会"并保存在中国;(3)1834年马六甲英华书院的年度报告;(4)1834年7月的《英国亚洲协会杂志》送达中国,上面有关于中国的文章。	文艺通告	4/2	1835.6	4/101
0242	Walks about Canton	广州漫步(续)	弃婴;公堂;十三行街;中国人的射艺(待续)	广州	4/2	1835.6	4/106
0243	Journal of Occurrences	时事报道	(1)1日福建火山爆发;(2)4日暹罗的纳贡人抵达广东;(3)被捕鸦片商的财产充公;(4)卢坤总督军事检阅;(5)两个死刑;(6)山西的骚动;(7)四川混乱暂缓;(8)暹罗使节进北京,无事太平;(9)中国的鸡奸案	时事报道	4/2	1835.6	4/108
0244	*Santsze King*	《三字经》	一本与初等教育目的不协调的书:它的形式、篇幅、作者、对象、文体;译文与注解	书评	4/3	1835.7	4/110
0245	Notices of Modern China	当代中国介绍(续)	考验未来官员能力的科举考试和举行考试的方法,其中的弊端如卖官制度和欺诈行为、无力控制腐败和贪污行为(待续)	政府	4/3	1835.7	4/123
0246	Structure of the Chinese Government	中国政府的组织结构	内阁;六部;理藩院;都察院;通政使司:掌管内外奏章;大理寺:刑事法院;翰林院	政府	4/3	1835.7	4/140
0247	Journal of Occurrences	时事报道	(1)英国三桅帆船"特劳顿"(Troughton)号遇难;(2)蝗灾;(3)朝鲜	时事报道	4/3	1835.7	4/156

0248	*Pih Kea Sing Kaou Leo*	《百家姓考录》	收录了454个姓氏;作者追溯了中国姓氏的来源、各种写法,还介绍了姓氏与氏族的关系及中国的姓氏文化。	书评	4/4	1835.8	4/158
0249	Notices of Modern China	当代中国介绍(续)	当代中国的各级官府、官员,他们任职的期限、权力分配、官俸,中国政府的监察制度和自我检讨制度(待续)	政府	4/4	1835.8	4/165
0250	Alphabetic Language for the Chinese	汉语拼音化	中文独特的汉字系统与西方的字母文字相比所具有的缺点;实行汉字拼音化可能给中国带来的影响;汉字拼音化存在的困难和设计上的难题	语言	4/4	1835.8	4/172
0251	Siamese Books Concerning Gaudama	暹文书籍介绍	(1)关于著名的佛——释迦牟尼的故事;(2)释迦牟尼所说的轮回说	书评	4/4	1835.8	4/182
0252	Local Government of Peking	北京地方政府组织机构	太常寺;太仆寺;光禄寺;鸿胪寺;国子监;钦天监;太医院;宗人府;内务府;御林军;八旗都统及其下属鞑靼军队的机构	政府	4/4	1835.8	4/186
0253	Walks about Canton	广州漫步(续)	广东洋行对面的海南岛;扁担上挑的流动图书馆;美国使馆内的教堂弥撒;暹罗大使的驻地;一种常见的刑罚:鞭刑;木偶戏;鲁班:工匠的始祖;灵堂;磨坊的工作;集市旁的苦力(待续)	广州	4/4	1835.8	4/194
0254	Literary Notices	文艺通告	(1)《英国亚洲文会杂志》第2期上相关文章,1834年11月于伦敦出版;(2)《中国、朝鲜、日本语言词汇对照词典》,"汉语学家"著,1835年巴达维亚出版。	文艺通告	4/4	1835.8	4/199
0255	Journal of Occurrences	时事报道	零丁洋船只频繁;台风造成的损坏;新规定被批准,内容参见第3卷580页;一个和尚被斩首;买官鬻爵;官吏的更迭;西北边境;西藏	时事报道	4/4	1835.8	4/201
0256	Christian Colonies to Eastern Asia	基督教徒移民东亚	此种移民的特点及目的;移民对社会、知识和道德将产生的影响及他们所处的地位的评论	宗教	4/5	1835.9	4/206
0257	Notices of Modern China	当代中国介绍(续)	低级地方行政官吏;他们的仆役;捕快受贿;低级官吏的勒索和残酷的暴行(待续)	政府	4/5	1835.9	4/219

0258	*Tseen Tsze Wan*	《千字文》	其格式、宗旨、风格和作者；译文与注解；中国初级教育必读的书	书评	4/5	1835.9	4/234
0259	Walks about Canton	广州漫步（续）	马蜂窝做招牌的药店；两个失明的弹琴人；两个乞讨的小姑娘；斗蟋蟀；和尚化缘。（待续）	广州	4/5	1835.9	4/249
0260	Literary Notices	文艺通告	(1)《印度之友》(*Friend of India*)，每周二上午出版；(2)《广州周报》(*Canton Press*)，每周六出版。	文艺通告	4/5	1835.9	4/251
0261	Journal of Occurrences	时事报道	“特劳顿(Troughton)”号事件；吞鸦片自杀；北京消息；广东的鞑靼将军；新行商和通译；卢坤总督之死	时事报道	4/5	1835.9	4/253
0262	Chinese Version of *the Bible*	《圣经》中译本	中文《圣经》是根据收藏于大英博物馆的手稿《圣经》翻译出来的，一本由马士曼译于孟加拉，另一本由马礼逊译于中国；1830 年以前在中国出版《圣经》的方法和措施简述	书评	4/6	1835.10	4/254
0263	Notices of Modern China	当代中国介绍（续）	下级司法部门向上级的上诉；上诉的滥用；省法院案件的堆积；伸冤的困难（待续）	政府	4/6	1835.10	4/267
0264	Armennian Apothegms	亚美尼亚格言	原载于 1826 年 11 月 24 日《加尔各答文学报》。（待续）	书评	4/6	1835.10	4/273
0265	Remarks on the Religion of the Chinese	论中国人的宗教和宗教观	他们对未知世界和西方宗教的淡漠；关于上帝的概念；在中国人中传播基督教的种种努力	宗教	4/6	1835.10	/276
0266	Structure of the Provincial Government	中国各省府官员和组织结构	(1)文官政府；行政部门（包括土地、财政和司法部门）；学监、盐运司、粮食和商业管理机构；管理黄河的官吏；各种下属官吏；(2)军事政府；中国军队的陆军和海军军官的任命	政府	4/6	1835.10	4/281
0267	*Odes for Children*	《押韵幼儿诗集》	该诗 34 节的英文译文	书评	4/6	1835.10	4/292
0268	Walks about Canton	广州漫步（续）	中国绘画；访问澳门；沿珠江旅行；徒步游览城镇；居民区的范围；人口；行政管理；公共建筑物（待续）	广州	4/6	1835.10	4/296

0269	Literary Notices	文艺通告	《伦敦评论》(*London Review*);《季刊》(*Quarterly Riew*);《爱丁堡评论》(*Edinburgh Review*);《亚细亚杂志》(Asiatic Journal)	文艺通告	4/6	1835.10	4/298
0270	Journal of Occurrences	时事报道	皇帝的诞辰;新按察使;"特劳顿"号三桅帆船事件;军事检阅;皇后的陵墓;哈雷彗星;一个伊斯兰教徒之死;科举考试	时事报道	4/6	1835.10	4/300
0271	*The Bible*	《圣经》	米怜博士对中文圣经的评述;翻译者的资格;《圣经》中译本最恰当的风格	书评	4/7	1835.11	4/302
0272	*Rest for Thee in Heaven*	《憩息的天国》	五字韵诗,劝诫人们遵守安息日。	书评	4/7	1835.11	4/310
0273	Voyage of the Huron	"福隆"号游记	美国货船"福隆"号被用于到中国沿海散发基督教印刷品和出版物;该船在山东半岛威海卫及上海沿海航行的游记	游记	4/7	1835.11	4/313
0274	Notices of Modern China	当代中国介绍(续)	衙门;县官;衙役;文书;原告;被告;监狱;收监的犯人人数和状况(待续)	政府	4/7	1835.11	4/340
0275	Walks about Canton	广州漫步(续)	欧洲人登陆处;妇女赌博;失踪的儿童;马肉;鸦片窟;打板子(待续)	广州	4/7	1835.11	4/346
0276	Journal of Occurrences	时事报道	关于停泊海岸的外国船只的上谕;提高几个省份道德的建议;皇后的陵墓;皇帝施恩免税;假币;广东新官员;广州火灾	时事报道	4/7	1835.11	4/348
0277	*Filial Duty*	《孝经》	其作者及成书时间,特点及宗旨,译文及注解	书评	4/8	1835.12	4/350
0278	First Report of the U. K. Society	在华实用知识传播会第1份年度报告	已有47名成员,还需要很多关于地理、历史、科学的新字以满足出版,正在印刷的有世界历史、世界地理和世界地图,已经出版3本读物;会上其他人的发言记录	教育	4/8	1835.12	4/359
0279	Notices of Modern China	当代中国介绍(续)	各种刑罚工具和方式——杖刑、关押、鞭刑、火烙、枷刑、流放和死刑(待续)	政府	4/8	1835.12	4/366

0280	Medical Practitioners in China	在中国医疗传教	中国人关心自己的利益胜于对精神和智力的关心,到中国开办教会医院在解除了他们身体痛苦的同时,可以吸引他们对精神追求的兴趣。想要感化他们,必须首先赢得他们的信任。	传教	4/8	1835.12	4/391
0281	Benevolent Institution at Malacca	马六甲慈善学校	1834年3月创立于马六甲的基督教慈善学校的第1份报告;这所学校专为不同国家的人开办。	教育	4/8	1835.12	4/394
0282	Journal of Occurrences	时事报道	广州城火灾;对火灾难民的救济;死刑;新知府;卢坤总督	时事报道	4/8	1835.12	4/395
0283	Revision of the Chinese Version of *the Bible*	修订《圣经》中文译本	修订圣经的必要性;修订方法的建议	书评	4/9	1836.1	4/398
0284	Christian Union	基督教徒的团结	1835年8月17日于锡兰对所有派别的基督教牧师的一次讲话	传教	4/9	1836.1	4/404
0285	Voyage of the Huron	"福隆"号游记	麦都思1834年夏、秋季期间乘"福隆"号在中国东海岸航行的日记摘录	游记	4/9	1836.1	4/411
0286	Clanship among the Chinese	中国人的宗族	广州附近不同宗族的械斗;杀人者逃避死罪的方法;宗族间的共和主义	宗族	4/9	1836.1	4/416
0287	Notices of Modern China	当代中国介绍(续)	秘密会社的阴谋;暴动;土匪;海盗;械斗等等(待续)	政府	4/9	1836.1	4/420
0288	Armennian Apothegms	亚美尼亚格言(续)	介绍了30条亚美尼亚格言:诡辩;灾祸;优柔寡断;无知;教诲人的艺术等。(待续)	书评	4/9	1836.1	4/430
0289	Jargon Spoken at Canton	广州的洋泾滨	华人学习英语的方式,方式的产生和应用,汉英通用的词汇举例	语言	4/9	1836.1	4/433
0290	Journal of Occurrences	时事报道	一名英国官员被捕;"查顿"号(Jardine)轮船;美国炮舰"文森尼斯"号(Vincennes);宦官;道士;两位中国官员裕诚和恒安	时事报道	4/9	1836.1	4/440
0291	Treaty with the Chinese	与中国缔约	开放北方港口以便利自由贸易的迫切性与可能性,实现这一目标的方法	贸易	4/10	1836.2	4/446

0292	The Island of Bali	巴厘岛	位置、区域、湖泊、人口、手工制品、商业、农业、政府、语言、教育和宗教	地理	4/10	1836.2	4/455
0293	Ophthalmic Hospital at Canton	广州眼科医院	伯驾(Peter Parker)医生撰写的由1835年11月4日至1836年2月4日的第1份季度报告:介绍医疗统计数据和病案。	医疗	4/10	1836.2	4/466
0294	List of Persons Holding Office in China	中国官府文武官员名单	皇族、内阁、六部、理藩院、都察院、大理寺、国子监等和各地方官府的成员名单	名录	4/10	1836.2	4/478
0295	High School in the Sandwich Island	桑威奇岛的书院	莱亚那(Lahaina)书院校规;该校校长、教员和学生名单	教育	4/10	1836.2	4/489
0296	Journal of Occurrences	时事报道	广州和海南岛上的火灾;降雪;新总督;新年;广东邻近福建处的骚动;托沁(Totsin)逝世;禁区;浙江省修堤;伊犁将军玉麟去世;两位钦差大臣(Chaou Shingkwei; Ho Linghan)	时事报道	4/10	1836.2	4/491
0297	Notices of Modern China	当代中国介绍(续)	有关土耳其斯坦的伊斯兰教徒和中国境内外的叛乱;《京报》报道土耳其斯坦的叛乱引起清帝国的警觉,他们担心境内的穆斯林和外国的穆斯林联合起来在边陲闹事,因而非常重视边境穆斯林的叛乱。(待续)	政府	4/11	1836.3	4/494
0298	The Island of Borneo	婆罗洲群岛	位置、范围、历史、政区,主要居民马来西亚人、华人、布吉斯人和达雅人(Dayaks)	地理	4/11	1836.3	4/503
0299	Recent Piracies	海盗近况	太平洋、中国海和印度洋群岛海盗活动的近况;平定海盗的方法	海盗	4/11	1836.3	4/523
0300	Singapore Institution	新加坡书院	其源起及计划;3个组成部分:(1)科学部;(2)中国人的文学和伦理;(3)马来、布吉斯、暹罗人的文学和伦理	教育	4/11	1836.3	4/529
0301	List of Persons Holding Office in Kwangtung	广东省官员名单	包括普通官府、文武机构、鞑靼人和商务部门的在职官吏。	名录	4/11	1836.3	4/534

0302 Walks about Canton	广州漫步（续）	准备葬礼；有名的联兴街；两间书店；鸭舌；在广州的城墙上散步。（待续）	广州	4/11	1836.3	4/539
0303 Journal of Occurrences	时事报道	《京报》消息；绑架案；公所开始工作；广东普宁骚乱平息；新炮台；巡视老鼠山的官员	时事报道	4/11	1836.3	4/541
0304 *Considerations Respecting the Trade with China*	《论对华贸易》	该书由前东印度公司汤普森(Joseph Thompson)著，1835 年伦敦出版。其主要资料来源并不公正，资料也不够丰富，但是作者也有他敏锐的判断和观察。	书评	4/12	1836.4	4/542
0305 Ultragangetic India	恒河外印度地区	评述 1820 年米怜著《恒河外印度地区的政治、道德和宗教杂记》。	书评	4/12	1836.4	4/556
0306 Notices of Modern China	当代中国介绍（续）	福建沿海、广东沿海以及内河的海盗；清朝的水师；宗族械斗；北部、中部和南部诸省的盗匪；黄埔、香山和澳门的盗匪(待续)	政府	4/12	1836.4	4/562
0307 A Chinese Wedding	一场中国人的婚礼	详细记述各种细节。	风俗	4/12	1836.4	4/573
0308 China in Nineteen Hundred and-	1900 年之后的中国	与 1836 年的中国对比，展望 1900 年之后的中国。	中国	4/12	1836.4	4/577
0309 Remarks on Medical Practitioners	关于医疗传教	医疗与传教相结合的方式取得了成功，被救治的病人受医生精神的影响，慢慢也开始接受他们的道德观和宗教观。因此，在华的医生除了医术精湛外还必须具备 3 种素质才能胜任工作：有宗教信仰；精力充沛；有奉献牺牲精神。	传教	4/12	1836.4	4/580
0310 Imperial Ordinance	谕旨	1835 年 11 月 28 日皇太后 60 寿辰颁布的谕旨英译	谕旨	4/12	1836.4	4/581
0311 Walks about Canton	广州漫步（续）	鞭刑的刑具；一幅绘画；新年问候；火灾；中国新年的第一天；我的壁炉	广州	4/12	1836.4	4/584
0312 Journal of Occurrences	时事报道	新海关监督；湖南省的骚乱；上谕祈求北京降雪；关于玩忽职守的军官的上谕；地方官；钦差大臣；皇太后；圣安德鲁斯(St. Andrew)学校；给通讯员和订阅本刊的读者的感谢信	时事报道	4/12	1836.4	4/587

0313 Periodical Literature	中国的定期出版物	过去几年中国出版物成倍涌现，有宫廷内部的、广东省府的、《京报》等；其特点和出版情况	书评	5/1	1836.5	5/7
0314 Polynesian Language	玻利尼西亚语	其起源、在夏威夷诸岛上的传播、产生的各种方言和文学艺术	语言	5/1	1836.5	5/18
0315 Orthography of Chinese Words	汉字注音法	目前普遍采用《马礼逊词典》的注音，但是它还要经过实践的检验并加以改进。最大的不足之处是这种西方字母的注音方法本身存在缺陷和不足，例如英语元音的使用效果就不如意大利元音的效果好。	语言	5/1	1836.5	5/28
0316 *Sir Walter Scott*	《告别斯科特先生》	一首英文送别诗	书评	5/1	1836.5	5/37
0317 Ophthalmic Hospital at Canton	广州眼科医院	由1836年2月4日至5月4日的第2份季度报告：医院的维护，目前在院治疗人数记录达到1283人次，季度资金投入4万多美元，病人的病状统计表，存在的困难	医疗	5/1	1836.5	5/38
0318 Religious Intelligence	宗教消息	(1)桑威奇群岛和赫维(Hervey)群岛；(2)巴达维亚；(3)新加坡；(4)马六甲；(5)槟榔屿；(6)暹罗；(7)缅甸；(8)孟买	宗教消息	5/1	1836.5	5/48
0319 Journal of Occurrences	时事报道	(1)《京报》报道的关于北京近期公布的政令；(2)1835年5月山西的起义；(3)湖南、西藏的消息；(4)钦差大臣；(5)《广东官报》(*Canton Court Circular*)的消息	时事报道	5/1	1836.5	5/50
0320 Description of A'sám	阿萨姆介绍	由于与阿萨姆的茶叶贸易日益增长，特介绍其三大区域的范围、南北边界接壤的国家和部落等。(待续)	地理	5/2	1836.6	5/55
0321 Siamese History	暹罗史	神圣纪元和世俗纪元的区别、公元1351年到1451年即暹历八世纪的大事记(待续)	历史	5/2	1836.6	5/61
0322 Mode of Teaching the Chinese Language	现代汉语教学法	外国人都希望汉字也变成字母文字，虽然近期不可能实现，但是仍然要推进汉字的改革；对于汉语教育的思考；汉语教育的两大缺点：(1)需要大量的机械记忆；(2)要用很长时间才能阅读汉字；克服上述弊病的新方法的优点和关于推广新方法的一点意见	语言	5/2	1836.6	5/67

0323	Remarks on the Orthography of Chinese Words	汉字注音法评论	编辑部希望征集到更多使用马礼逊注音法的人对这套注音体系的评论文章，目的是如果这套体系确实有其优越性，那就应该推广到欧美大陆，东西方统一注音法。因此他们会继续刊登相关的评论文章。	语言	5/2	1836.6	5/71
0324	Indo-Chinese Languages	印度支那语言对照词典	关于编撰一本印度支那各种语言对照词典的建议；编撰词典的计划	语言	5/2	1836.6	5/77
0325	Hawaiia Language	夏威夷语言	1821年夏威夷语言才开始拥有自己的书写文字，1834年已有了27种夏威夷语的出版物。1836年出版的《夏威夷语新约圣经词典》由安德鲁斯（Lorrin Andrews）著。	语言	5/2	1836.6	5/83
0326	*Primary Lessons*	《小学》	中国幼童的启蒙教材之一；其特点和目的、阶段教程表；教材第一部的摘译（待续）	书评	5/2	1836.6	5/87
0327	Parapattan Orphan Asylum	帕拉佩坦孤儿院	孤儿院委员会第3份年度报告；马六甲英华书院第11次报告	教育	5/2	1836.6	5/94
0328	Religious Intelligence	宗教消息	(1)巴达维亚一个皈依基督教的华人的洗礼；(2)新加坡的报纸；(3)暹罗；(4)缅甸；(5)孟买	宗教消息	5/2	1836.6	5/97
0329	Journal of Occurrences	时事报道	(1)《京报》消息：政府要所有的官员进行反思和悔过；(2)罪犯潜逃；(3)政府的借贷制度；(4)政府表面上是最庞大的慈善机构，但是在实际落实方面较差；(5)从财政预算中看中国的修大坝、河坝等公共事业；(6)邪教和秘密会社；(7)传抄政府文件；(8)《广东官报》摘要	时事报道	5/2	1836.6	5/98
0330	A'sám	阿萨姆介绍（续）	政府、物产、贸易、前景、风土民情	地理	5/3	1836.7	5/103
0331	Siamese History	暹罗史（续）	暹历八一二年到九〇四年的大事记（待续）	历史	5/3	1836.7	5/111
0332	Remarks on Education	汉语教育	关于在汉语教育中推行新方法的评论，和在学校中试行该教育方法的建议	教育	5/3	1836.7	5/115

0333	British Sovereignty in India	英国在印度的统治	威尔逊(John Wilson)牧师1835年11月8日代表孟买苏格兰基督教会作的布道	传教	5/3	1836.7	5/117
0334	Bontany of China	中国植物	印度支那的野生植物;对中国植物群的观察	生物	5/3	1836.7	5/124
0335	Relations of Britain with China	中英关系	从现行政策看中英关系,以"特劳顿"号为案例的分析;本刊编者认为如果英国政府和英国人能够了解他们国家的代表在中国所奉行的政策和立场,那么中英关系就会改善。因此,本刊欢迎这类稿件。本文就是写给英国人的信,向英国人解释中英贸易及政策措施。	中外关系	5/3	1836.7	5/129
0336	Relations of France with China	中法关系	中法关系始于300多年前号称"国王的数学家"的法国耶稣会士;1776年第一个在中国的法国领事的任命;十三行的法国政府代表机构;法国"航海者"号事件;与此有关的通信	中外关系	5/3	1836.7	5/138
0337	Opium	鸦片	一位曾在广东做过盐差的北京地方官员给皇帝的奏折;建议把鸦片进口合法化,以及这种措施可能产生的结果;皇帝把奏折转交给广东省督,要他考虑并向皇帝报告。	鸦片	5/3	1836.7	5/144
0338	Journal of Occurrences	时事报道	(1)从北京到广东的钦差大臣从5月至今已两次往返于其间;(2)连续不断发生在四川的骚动不是一件小事;(3)西北鞑靼;(4)江苏的盐业现由一位高官管理,并且有了起色。	时事报道	5/3	1836.7	5/150
0339	European Periodicals beyond the Ganges	恒河以东地区出版的西文杂志	《威尔士亲王岛报》(*Prince of Wales' Island Gazette*)、《马六甲观察》(*Malacca Observer*)、《集锦》(*Periodical Miscellany*)、《新加坡编年史》(*Singapore Chronicle*)、《新加坡自由报》(*Singapore Free Press*)、《澳门纪事》(*Chronica de Macao*)、《麦卡埃斯塔报》(*Macaista Imparcial*)、《广州纪事报》(*Canton Register*)、《广州周报》、《中国丛报》	书评	5/4	1836.8	5/151

0340	Siamese History	暹罗史（续）	暹历九O五年期间的战争（待续）	历史	5/4	1836.8	5/166
0341	Military Skill and Power of the Chinese	中国人的军事技术和实力	军队、炮台和武器的实况；广州河上炮台的情况；中国的陆海军；作战方式；攻防武器等等	军事	5/4	1836.8	5/171
0342	Correspondence with the Chinese Government	与中国政府的来往文件	洋商给两广总督和粤海关监督的两封呈文以及两广总督和粤海关监督对洋商第二封呈文的批复	政府	5/4	1836.8	5/184
0343	Ophthalmic Hospital at Canton	广州眼科医院	截至1836年8月4日的第3份季度报告	医疗	5/4	1836.8	5/191
0344	Journal of Occurrences	时事报道	北京；湖南省；中国海上破坏性的台风；《广东官报》摘要	时事报道	5/4	1836.8	5/198
0345	*Historical and Descriptive Account of China*	《中国及其历史》	古代和当代史、语言、文学、宗教、政府；工业、风土民情和社会状况；与欧洲的交往史；外国传教会和特使；英国人和其他外国人在中国的贸易；航海指南；数学和天文学的情况；对其地理、地质学、植物和动物的考察	书评	5/5	1836.9	5/199
0346	Notices of Modern China	当代中国介绍（续）	外国贸易对中国的影响；与欧洲诸国及与邻国的商业往来（待续）	政府	5/5	1836.9	5/208
0347	Description of Manipur	印度曼尼普耳介绍	位置、物产、政府、语言、宗教、毗邻部落	地理	5/5	1836.9	5/218
0348	Relations between the America and China	中美关系	1798年驻中国的美国领事接到任命，但由代理机构履行职责；转载1785年5月写给美国纽约的信，汇报美国船队出师中国的过程。	中外关系	5/5	1836.9	5/224
0349	Voyage to Borneo	婆罗洲航行记	抵达马尼-马辛(Banjer-masin)；那里的华人和马来亚人的生活杂记；海盗的首领；访问达雅地区；达雅人酋长的性格和行为	游记	5/5	1836.9	5/237
0350	Religious Intelligence	宗教消息	(1)巴达维亚；(2)出版工作；(3)曼谷；(4)传道小册子的散发；(5)暹罗贵族的壮举；(6)布拉德理(Bradley)医生在暹罗人中的行医活动	宗教消息	5/5	1836.9	5/241

0351	Schools at Singapore	新加坡学校	1835 年至 1836 年新加坡学校的第 2 次报告；简要报告学生及课程近况。	教育	5/5	1836.9	5/243
0352	Journal of Occurrences	时事报道	(1)马礼逊教育会旨在推动中国人的教育；(2)台风的危害；(3)许乃济(Heu Naetse)给清帝的关于准许鸦片进口合法化的奏折；(4)海关监督关于棉布的训示；(5)北京刑部被盗；(6)钦差大臣返京；(7)湖南省的骚乱；(8)福建省的新总督；(9)伊萨克王子(Isaac)在土耳其斯坦；(10)虎门的防卫；(11)《广东官报》摘要	时事报道	5/5	1836.9	5/244
0353	Free Intercourse between China and Christendom	中国与基督徒的自由交往	从几位长期在华西方人士撰写的文章和书中，摘录了其中反映中英关系的观点。	中外关系	5/6	1836.10	5/247
0354	Report Respecting the Importation of Opium	关于鸦片进口之奏报	1836 年 9 月 7 日两广总督和广东巡抚关于建议允许鸦片进口的建议的奏折	鸦片	5/6	1836.10	5/265
0355	Notices of Modern China	当代中国介绍(续)	中国西部边境的回教地区、区域、人口(待续)	政府	5/6	1836.10	5/273
0356	Hospital for Seamen	海员医院	海员医院筹备委员会成立，制定了章程，公开第 1 份报告。	医疗	5/6	1836.10	5/280
0357	Armennian Apothegms	亚美尼亚格言(续)	荣誉；希望；信仰；真理；谎言；怪癖	书评	5/6	1836.10	5/284
0358	Literary Notices	文艺通告	(1)德庇时(J·F·Davis)著《中国人：中华帝国及其居民概述》；(2)《新月刊》(*The New Monthly Magazine*)；(3)《外国季刊》(*The Foreign Quartely Review*)；(4)《亚细亚杂志》；(5)《伦敦文艺报》(*The London Literary Gazette*)；(6)《苏格兰基督教先驱报》(*The Scottish Christian Herald*)	文艺通告	5/6	1836.10	5/286
0359	Religious Intelligence	宗教消息	(1)传教士抵达印度洋群岛；(2)从缅甸进入西藏和中国的途径；(3)在新加坡的中国人、印度支那人、马来亚人中散发书籍。	宗教消息	5/6	1836.10	5/290

0360	Journal of Occurrences	时事报道	仍然等待允许进口鸦片奏折的最后结果；福建茶商要求增加提成份额；禁止外国船只停靠黄埔港；“仙女”(Fairy)号船下落不明；钦差大臣；阅兵；火灾	时事报道	5/6	1836.10	5/294
0361	Temperance	节制	对烈性酒的酒精含量的调查和研究；它对人体系统的影响；酗酒的原因和世界各地在禁酒方面取得的进展	禁酒	5/7	1836.11	5/295
0362	*Remarks on the Opium Trade with China*	《论对华鸦片贸易》	副主教德尔特里(Dealtry)作序，1836年8月11日加尔各答教会书局出版。该书试图唤醒人们对于鸦片贸易的道德感，而这已经被忽略得太久了。	鸦片	5/7	1836.11	5/303
0363	*Primary Lessons*	《小学》(续)	第2部分：关于父子关系的译文和注解(待续)	书评	5/7	1836.11	5/311
0364	Notices of Modern China	当代中国介绍(续)	土耳其斯坦以张格尔(Changkihurh)为首的回族叛乱；叛乱的原因；平叛的进展等(待续)	政府	5/7	1836.11	5/322
0365	Ophthalmic Hospital at Canton	广州眼科医院	1836年11月4日的第4季度报告：治疗病人的数据统计表和典型病案	医疗	5/7	1836.11	5/329
0366	Literary Notices	文艺通告	(1)《马德拉斯文学和科学报》(*Madras Jounal of Literature and Science*)；(2)《葡萄牙人在华定居简史》	文艺通告	5/7	1836.11	5/339
0367	Memorial to Lord Viscount Palmerston	致巴麦尊的请愿书	格拉斯哥东印度协会致外交大臣巴麦尊的请愿书，请求英国政府采取措施以扩大并保护与中国的贸易。	贸易	5/7	1836.11	5/340
0368	Journal of Occurrences	时事报道	广州火灾；纵火犯被捕；检阅新兵；改戴冬季官帽的命令；公共通告；驱逐外人出境；金星门；零丁洋；双桅船“仙女”号船员名单	时事报道	5/7	1836.11	5/342
0369	Coast of China	中国海岸	以前对中国的海岸一无所知，1831年阿姆士德使团才开始让人们对它有些了解；了解和勘查中国沿海的必要性；它的轮廓和区域；南部主要地点简介	地理	5/8	1836.12	5/343

0370	Notices of Modern China	当代中国介绍(续)	以张格尔为首的叛乱的续记:平叛的进展;首领被擒;对其审讯和斩首;叛乱的平息;本文的内容来自当地人和其他联络人提供的消息,比中国方面的报道更为准确和真实。	政府	5/8	1836.12	5/357
0371	Remarks on the Opium Trade	鸦片贸易评论	对1836年8月11日副主教德尔特里的一篇序言(本刊11月)的不同看法	鸦片	5/8	1836.12	5/373
0372	Medical Missionary Society	医务传道会	所有基督教国家,尤其是英国和美国应该支持该建议,因为这有助于中国人和外国人之间建立一种友好的对话关系,更有利于教育和宗教的传播。	传教	5/8	1836.12	5/376
0373	Morrison Education Society	马礼逊教育会	该会的章程,理事和会员名单,宗旨和机构的说明	教育	5/8	1836.12	5/379
0374	Obituary of Capt. J. Horsburgh	詹姆斯·霍斯布鲁格船长的讣告	广州的外国人为纪念他拟建立一座灯塔。但是这项工程很难实施,成立了一个委员会以解决问题。	讣告	5/8	1836.12	5/387
0375	Journal of Occurrences	时事报道	(1)钦差大臣(Choo Szeyen)抵粤;(2)对鸦片走私犯的逮捕和监禁;(3)驱逐外人出境令停止执行;(4)处决10名海盗;(5)本地事态进展不如人意已久。	时事报道	5/8	1836.12	5/390
0376	Hong Merchants' Report on Commerce	行商商务贸易报告	行商递交海关都督的关于商务贸易的几点思考:(1)造成白银外流这一现状的根源和对策;(2)关于行商与洋商之间贸易方式;(3)对外贸易牵涉的货币和税收问题;(4)鸦片转运及其沿海贸易。本文是海关官员就现实问题而给行商们出的议题,由行商们商讨后回复海关官员的信的转译。	贸易	5/9	1837.1	5/391
0377	Memorial of Choo Tsun on Opium	朱嶟呈交的关于鸦片问题的奏折	鸦片贸易之性质;准许此项贸易之失策;此项贸易对人民财产、身体及道德之恶劣影响	鸦片	5/9	1837.1	5/396
0378	Memorial of Heu Kew on Opium	徐大人请求严禁鸦片的奏折	白银之缺乏及现时银价;鸦片贸易导致白银外流;遏止白银外流之计划;洋人的违法与横暴;制止他们的必要性	鸦片	5/9	1837.1	5/404

0379	Imperial Edict	谕旨	皇帝将两个人的奏折转给粤省吏臣的谕旨；他们必须就此事提交一份报告；有关此问题目前态势的简述	谕旨	5/9	1837.1	5/411
0380	Remarks on the Opium Trade	鸦片贸易评论	本刊通讯员对刊于上期的一读者来信的异议；鸦片商都清楚鸦片是不道德的商品，但是商人对利益的追求使得一切正误对错的考虑都失去了意义；站在鸦片商人的立场的辩解	鸦片	5/9	1837.1	5/413
0381	Premium for an Essay on the Opium Trade	鸦片贸易论文有奖征文	征求论述鸦片贸易对有关国家和个人在商业上、政治上和道德上的影响，指出有关政府对此应采取的方针的论文。	鸦片	5/9	1837.1	5/419
0382	Circulation of Dollars in China	洋银在中国的流通	允许洋银在各省流通的必要；按重量和成色使用洋银之不可取；防止纹银外流的办法	经济	5/9	1837.1	5/425
0383	British Relations with China	中英关系	从 1834 年 9 月至今，广东没有英王特使驻留，其余的人都在澳门等待英国的指示；广东省总督奏请皇帝批准英国的新特使来华代理贸易事务。	中外关系	5/9	1837.1	5/428
0384	Names of Foreign Residents in China	在华外国人名录	按字母顺序排列的在华外国人、商号和代理商的名单，附澳门葡萄牙官员、外国领事、行商和通译的名单。	名录	5/9	1837.1	4/432
0385	Journal of Occurrences	时事报道	鸦片贸易是否合法化问题悬而未决；走私犯被捕；圆明园失火；官员死亡	时事报道	5/9	1837.1	4/438
0386	Trade with the Southern Archipelago	关于与南洋群岛重开贸易的评论	这些国家的特点和位置；通商将给中国人民和政府带来的利益	贸易	5/10	1837.2	5/439
0387	Remarks on the Euphorbiaceous Plants	关于大戟科植物的记述	其基本特征等	生物	5/10	1837.2	5/443
0388	Siamese Missionary Dispensary	暹罗教会医院	从 1835 年 8 月 8 日创立至 1836 年 10 月 5 日的医疗记录和病案记载	医疗	5/10	1837.2	5/450

0389	Ophthalmic Hospital at Canton	广州眼科医院	截至1837年2月4日的第5份季度报告	医疗	5/10	1837.2	5/462
0390	Edicts from the Governors of Canton	广东府政令	广东府连续发布了3条政令:(1)查究某些经营鸦片的外商;(2)限上述外人半月内离境;(3)延长彼等离境的期限。	鸦片	5/10	1837.2	5/468
0391	Cultivation of the Poppy	罂粟生产	原产于印度的罂粟现在已经在中国和欧洲广泛种植;罂粟种植的历史、适于种植罂粟的土质和面积;种植的时间和方法;从事这种生产的人数和资金	鸦片	5/10	1837.2	5/476
0392	Literary Notices	文艺通告	(1)英国皇家亚洲文会有关中国文学研究活动的文件;(2)在马六甲出版的《定期杂志》(*Periodical Miscellany*)和《青年指导》(*Juvenile Instructor*);(3)《桑威奇岛公报》(*Sanduich Island Gazette*)和《商报》(*Jounal of Commerce*)	文艺通告	5/10	1837.2	5/482
0393	Journal of Occurrences	时事报道	(1)对于鸦片贸易仍未明确;(2)中国经常出现的邮政阻滞;(3)黄河防洪;(4)官吏的撤职;(5)中国的奴隶买卖;(6)海难的6名日本人抵达广州,将由浙江返回日本。	时事报道	5/10	1837.2	5/485
0394	Orthography of the Chinese Language	汉字注音法	对去年5月提出的汉字注音法的异议;提出的新方案	语言	5/11	1837.3	5/487
0395	Agricultural Implements	中国人使用的农具	对犁、耙、锄头、钉齿耙、镰刀、钩刀、打禾具、水车的描述和说明,有插图。	农业	5/11	1837.3	5/491
0396	Preparation of Opium in India	印度的鸦片代理局	专门加工适合中国人口味和需求的鸦片的机构;原贝纳里(Benares)代理处鸦片检验员巴特(Butter)医生介绍如何加工的文章	鸦片	5/11	1837.3	5/501
0397	Society for the Diffusion of Useful Knowledge	在华实用知识传播会	1837年3月10日上午11点在美国商行向该会成员宣读的第2份年度报告;讨论如何从世界历史、数学、医学、自然科学、哲学、神学等方面加强对中国人的教育。	教育	5/11	1837.3	5/513

0398	Obituary of the Rev. Edwin Stevens	海员牧师史蒂芬的讣告	他在任牧师期间所写的日记可为我们勾勒出他的性格和生平，以及对他的评价。	讣告	5/11	1837.3	5/519
0399	Embassies to China	出使中国	西方各国与中国交往的错误很大程度上归咎于中国，特别是英国；英国政府同中国建立商务和政府的直接关系的必要性；安于现状对外国政府来说是不明智而又危险的；在没有条约存在的情况下英中关系破裂可能招致的后果	中外关系	5/11	1837.3	5/524
0400	Remarks on the Opium Trade	鸦片贸易评论	对1837年1月在本报发表的朱、徐两位官员和一读者的文章的看法。虽然尽职尽责的中国官员提出了他们的建议，反对鸦片贸易合法化，但是朝廷对此不以为然。作者认为鸦片只有过度使用才是罪恶和邪恶，错不在鸦片本身，鸦片商也并非都在卖毒药。	鸦片	5/11	1837.3	5/530
0401	Journal of Occurrences	时事报道	(1)讨论鸦片贸易的获奖征文下期公布；(2)清帝恩许英国特使义律(Elliot)来广州代表英国管理在华贸易和船务；(3)禁止外国船只进金星门(Cumsing Moon)；(4)驱逐广州从事鸦片走私的几名外商出境；(5)钦差大臣回京汇报；(6)广东暴风雨	时事报道	5/11	1837.3	5/533
0402	Rise and Decline of the Ottoman Empire	土耳其奥斯曼帝国的兴衰	目前该国政府改革的迹象；它对外国人和外国风俗、礼节和习惯的政策	政府	5/12	1837.4	5/535
0403	Siamese History	暹罗史(续)	暹历九O六至九一一年间的大事记(待续)	历史	5/12	1837.4	5/543
0404	Relations between the U. S. and Cochinchina	美国与交趾支那的关系	东西方国家直接建交的很少，即使有也并不友好，充满了欺诈和摩擦。美国与交趾支那的外交关系也不例外，除非以后有新的交往方式出现。本文记述了1832年美国孔雀号到交趾支那的一次外交过程和结果。	政府	5/12	1837.4	5/547

0405	The Traffic in Opium with China	对中国的鸦片运输	从印度往中国运送鸦片的开始;逐年快速增长的鸦片贸易量;中国政府从1794年起注意鸦片贸易但没能有效地控制;广东官员的措施和1820年5月发布的禁止鸦片贸易的重要通告;虽然不许行商从事鸦片贸易,但是没有禁止中国的鸦片消费者、走私贩和地方行政官等人获取鸦片;孟买是英国鸦片的装运港,并被送到中国各地;孟买的装箱数	鸦片	5/12	1837.4	5/552
0406	*The Rájá of China*	《中国的帝王》	马来亚作者原著,1821年约翰·莱顿(John Leyden)博士在伦敦翻译出版的一本新书,介绍了印度群岛,一个长期以来为英国忽略的地方,他们曾与中国人友好地交往。	书评	5/12	1837.4	5/559
0407	Remarks on the Opium Trade	鸦片贸易评论	读者来信参与讨论鸦片贸易的文章,反对1837年3月丛报发表的第2封读者来信的看法。信后附论证中国鸦片进出口额和中国吸食鸦片人数的12条论据。	鸦片	5/12	1837.4	5/566
0408	*Admonitory Pictures*	《规劝图》	中国广东画家宋华(Sun Qua)所绘的《规劝图》:一组描述鸦片吸食者怎样迅速地由健康、富裕的人转至衰弱、贫困的画图。图画对吸鸦片者的刻画栩栩如生,故事性强;故事的梗概;希望读者继续来信讨论使用鸦片(除了医用)是安全还是有害的,或者如何使用它才能无害。	鸦片	5/12	1837.4	5/577
0409	Premium for an Essay on the Opium Trade	鸦片贸易论文有奖征文	100英镑奖金给予鸦片贸易论文获奖者;评奖条件说明	鸦片	5/12	1837.4	5/579
0410	Literary Notices	文艺通告	孟加拉和马六甲海峡文学与科学机构介绍;新加坡1837年出版的《中文杂志》	文艺通告	5/12	1837.4	5/580
0411	Journal of Occurrences	时事报道	(1)英国政府大使到达广州;(2)皇室添丁;(3)广东官员祈求风调雨顺。	时事报道	5/12	1837.4	5/582

0412	Prospects of China	中国的前景	中国人的特性；欧洲人如何做及做什么？帝国被皇帝和代表皇帝的高官权臣所掌握，他们不受民众舆论的影响，除非灾荒年景才关注民生。因此，在中国权力转移到民众手中是值得期待的；个人的自由、知识、和平已经是世界上多数国家公民所享有的权利；基督教国家的人民对这个国家应该采取的措施	政府	6/1	1837.5	6/7
0413	Coast of China	中国海岸	其4个组成部分；东南部、东部和东北部主要地点的简介；沿海进行鸦片贸易的地方	地理	6/1	1837.5	6/14
0414	Embassies to China	出使中国	英王派遣以马戛尔尼勋爵为首的使团谒见乾隆的目的、计划和准备；清廷对其使命的限制；使团失败的原因探讨：从使团的酝酿至到达白河(Peiho)口	中外关系	6/1	1837.5	6/23
0415	Central Asia	中亚	介绍乌兹别克和土耳其斯坦的地理概貌、山川、物产、矿藏、植物等。(待续)	地理	6/1	1837.5	6/34
0416	Ophthalmic Hospital at Canton	广州眼科医院	截至1837年5月4日的第6份季度报告	医疗	6/1	1837.5	6/40
0417	Remarks on the Opium Trade	鸦片贸易评论	对1837年4月在本刊发表的一读者的文章的看法	鸦片	6/1	1837.5	6/46
0418	Canton General Chamber of Commerce	广州各国商务委员会	章程、起源、宗旨和工作简介	贸易	6/1	1837.5	6/50
0419	Journal of Occurrences	时事报道	关于朝臣和地方官吏政绩的布告	时事报道	6/1	1837.5	6/54
0420	Christian Missions in China	在华传教	基督新教在华的活动引起了广东地方政府的注意并报告了北京；1836年北京发布的诏令；中国基督教徒的逃亡和被捕；中国有关刑罚摘要；摘录已故马礼逊博士的关于清政府对基督教的态度和政策的评论。	传教	6/2	1837.6	6/55
0421	Topography of Bangkok	曼谷地志	城市的位置；乡村的面貌；河流、运河、土壤、物产、街道、公私建筑物等(待续)	地理	6/2	1837.6	6/61

0422	*Historical and Descriptive Account of China*	《中国及其历史》	继去年9月第1卷出版后,《中国及其历史》卷2、卷3于1836年在爱丁堡出版。穆菲(Murray)等人合编,但是由于穆菲从未到过中国,也没有接触过中国人,所以他编辑的书中存在很多错误和不足。	书评	6/2	1837.6	6/65
0423	Consular Establishment in East Asia	在东亚设立领事馆	修改美国在东亚设立领事馆的计划摘要。根据英国和美国的法律规定,领事馆只负责商务往来,受理本国人的投诉,地产及跨国投资,发放许可证等,领事没有司法权,只是维护商务利益的机构。美国逐渐更改相关的法规,例如领事也有固定的薪金并且不允许他们从事贸易活动。(待续)	政府	6/2	1837.6	6/75
0424	Central Asia	中亚(续)	吉尔吉斯(Kirghis)、可汗(Khan)、伯克哈拉(Bokhara)的范围、地貌、气候、人口和人民的介绍(待续)	地理	6/2	1837.6	6/88
0425	Remarks on the Opium Trade	鸦片贸易评论	对读者来信的看法,反对鸦片贸易。	鸦片	6/2	1837.6	6/98
0426	Education for the Chinese	教育中国人	教育是使中国福音化的最重要的方式;本文就教育机构所做的努力给予一些建议,如英华书院、新加坡书院、马礼逊教育会;它们联合成立一所学院的需要	教育	6/2	1837.6	6/102
0427	Religious Intelligence	宗教消息	(1)传教团前往达雅;(2)帕拉佩坦孤儿院第4季度报告;(3)槟榔屿第2次报告;(4)新加坡学校的报告	宗教消息	6/2	1837.6	6/105
0428	Journal of Occurrences	时事报道	(1)英国皇家"拉莱"(Raleigh)号轮抵达澳门;(2)海关监督留任广东1年;(3)一家新行商;(4)欧洲邮船停驶。	时事报道	6/2	1837.6	6/109
0429	The Japanese Language	日语评论	日本人与中国人大体相同,他们的哲学、宗教、文学都源于中国,但经过本土的改造。日本现在的制度是其政府心甘情愿地对屈从于外国力量的结果。此外,探讨了日本的语言、口语的特性及其不同的形式和文法结构。	日本	6/3	1837.7	6/111

0430 *History of Lew-chew*	《琉球国志略》	乾隆二十一年周璜(Chow Hwang)出使琉球后的著作,共有12卷;记述了该国的位置及幅员、居民、风俗、习惯,法规等。	书评	6/3	1837.7	6/119
0431 Central Asia	中亚(续)	奥克苏流域(Valley of the Oxus)、基发的坎特(khanate of Kiva)、布哈拉乌(Bokhara)、拉河和里海(the Aral and Caspian)之间、南至霍拉桑沙漠(Khorasan)的地区和民族介绍(待续)	地理	6/3	1837.7	6/124
0432 Topography of Bankok	曼谷地志(续)	季候风与季节;1835—1836年当地气候记录表;居民的疾病与寿命。附暹罗"医药与化学"一文,介绍当地的医药水平和医药、化学实践。	地理	6/3	1837.7	6/130
0433 *Examples of Filial Duty*	《二十四孝故事》	对中国《二十四孝故事》的介绍和英译,它不仅教导中国人孝敬父母,还反映出中国人的观念,成为中国人的特性之一。	书评	6/3	1837.7	6/136
0434 *Dictionary of the Hokkeen Dialect*	《福建方言字典》	评论《福建方言字典》:书面语与口语发音兼备,收入12000个汉字;麦都思编纂,巴达维亚出版;以前主要关注官话,除了1828年的《广东土话字典》外,忽视客家方言或厦门话;南方方言差异大,难懂;这本字典对于了解南方方言很有用。	书评	6/3	1837.7	6/148
0435 Loss of a Chinese Junk	中国遇难船	开往巴达维亚的中国船遇难,出于基督徒精神,英国"印第安娜"号救起了198名乘客,但为此遭受了巨额的经济损失。	海事消息	6/3	1837.7	6/155
0436 Singapore Institutions	新加坡机构	刑事法庭陪审团;秘密会社;土地的占有;农业和园艺社	政府	6/3	1837.7	6/159
0437 Journal of Occurrences	时事报道	兴泰行的事务;钦差大臣返京;台湾;外国人的意外伤亡事件	时事报道	6/3	1837.7	6/166
0438 Central Asia	中亚(续)	乌兹别克土耳其斯坦:在塞鲁士(Cyrus)、大流士(Darius)、亚历山大、匈奴人、伊斯兰教徒统治下的早期历史;成吉思汗、铁木尔(Timúr)乌兹别克时代;目前与印度、波斯、俄罗斯及中国的交往。(待续)	地理	6/4	1837.8	6/167

0439	Philippine Islands	菲律宾群岛	麦哲伦航海首次发现；麦哲伦的船队；有关他死的部分细节；摘自 1788 年马尼拉出版的历史书及其他方济各会和多明我会的相关叙述。	地理	6/4	1837.8	6/177
0440	Siamese History	暹罗史（续）	暹历九一二至九一八年间的大事记（待续）	历史	6/4	1837.8	6/185
0441	*Primary Lessons*	《小学》（续）	《小学》中关于君臣关系的第 2 部分第 2 章的译文，主要来源于《礼记》和《论语》。（待续）	书评	6/4	1837.8	6/191
0442	Chinese Pagodas	中国各地的塔	遍及中国各地的塔；中国人设想的它们对农业收成、人丁昌盛和对自然的控制作用；对广州八景介绍的英译	建筑	6/4	1837.8	6/195
0443	Opium Trade	鸦片贸易	英国政府在印度的鸦片税收；加尔各答东印度公司从 1798 年至 1837 年 39 年间每年的出售数量和总额；从 1795 年—1835 年对中国等各国的鸦片输出统计量；编者注：该数据不能显示出输出到中国的鸦片确切的数量。	鸦片	6/4	1837.8	6/199
0444	Preparing of Opium for Smoking	中国的鸦片吸食者	在中国鸦片吸食者中进行的一组实验，摘自 1832 年的一篇报道：中国人吸鸦片烟的准备、必备的特殊烟具、吸食过程的几个细节。	鸦片	6/4	1837.8	6/203
0445	Loss of the Brig Fairy	“仙女”号失事	梅奇（McKay）船长的英舰“仙女”号在福建海岸失事；中国、马尼拉官方、葡萄牙三方对此事的报道	海事消息	6/4	1837.8	6/207
0446	Journal of Occurrences	时事报道	有关鸦片和白银的圣谕；会试；暹罗纳贡人；广东总督邓廷桢受贬。	时事报道	6/4	1837.8	6/214
0447	Voyage to Lewchew	琉球航海记	1837 年“马礼逊”号护送 7 名海难日本人回琉球、日本航行记；他们试图缓和日本政府对外国人的敌视；这只美国船上装了许多礼物和货物进行贸易；在琉球停留用汉语和英语与当地人交谈，向当地人解释美国人与英国人的不同；伯驾医生为当地人接种防疫，当地人也热情招待他们；对当地农业进行了考察。（待续）	游记	6/5	1837.9	6/215

0448	Morrison Education Society	马礼逊教育会	裨治文于1837年9月27日在广州大会上宣读的第1份年度报告；马礼逊教育会首先是要培训一批会说汉语、会自编教材的教师队伍；目前已有5名学生，4名学生既学英文又学中文；郭实腊夫人在澳门也收留了20个孩子，用教育会的资金开办了一所学校，给他们英国小学的教育，同时还学习英文阅读和中文书写；教育会为中国学生提供奖学金，让他们接受高等教育；马礼逊教育会还向国外人士解答有关中国的教育问题。	教育	6/5	1837.9	6/235
0449	Relations of England towards China	英国对华贸易	英国对华贸易超出其他国家，至1837年6月30日为止，已有超过150艘英国船只到达中国，而且英国在亚洲的殖民地也离中国边境越来越近。然而英国在中文语言和文学方面的研究和投入却最少，除了马礼逊的英汉、汉英词典外，英国在这方面什么贡献也没有。马礼逊个人的图书捐赠和英华书院都是个人行为，并未引起政府的投入。马礼逊的朋友在他死后继续努力推动英国的汉语学习，现在英国也设立了第一个汉学教授职位。	中外关系	6/5	1837.9	6/250
0450	*Grammair Turke*	《土耳其文法》	巴黎亚洲文会会员亚瑟·戴维斯(Arthur Lumley Davids)原著，由戴维斯夫人译成英文，1836年伦敦出版。一位在广东的英国人看到该书后感叹道："英国政府与中国贸易的年税收有400万英镑之多，英国的首相和部长们对中国的政策、气候、资源却知之甚少，连一个法国的学生都不如……"	书评	6/5	1837.9	6/255
0451	Burmah	缅甸	在靠近阿萨姆和中国边境处的旅行；皇宫中发生的政变；如果发生内战将会波及中国云南。	政府	6/5	1837.9	6/256
0452	Practical Lessons in Sacrificial Rites	祭祀礼仪	布政司邀请了北京礼部的两位专员在广州明伦堂讲授祭祀和典礼的礼仪；该布政司官员的简介和对礼仪的简单注释	文化	6/5	1837.9	6/259

0453	Journal of Occurrences	时事报道	(1)"马礼逊"号从琉球和日本归来,详细报道待续;(2)《京报》对福州府的杨玉春(Yang Yuchun)之死赞颂之辞颇多,而且给了很多丧葬费;(3)暹罗的"征服者"号军舰;(4)加尔各答的报刊登载世界新闻。	时事报道	6/5	1837.9	6/261
0454	*Sketch of Spanish Colonial History in Eastern Asia*	《西班牙东亚殖民大事记》	简介及摘录;1524年至1572年的殖民历史(待续)	书评	6/6	1837.10	6/263
0455	Siamese History	暹罗史(续)	暹历九一八至九二六年间的大事记(待续)	历史	6/6	1837.10	6/274
0456	Geology of Central Asia	中亚地理(续)	中亚的地质学;对横贯中亚的四大山(阿尔泰、天山、昆仑及喜马拉雅)的勘查	地理	6/6	1837.10	6/278
0457	Chinese Vocabularies	汉语词汇	中国人学习英语的教材《澳门番语全套》(《葡萄牙语和汉语词汇对照表》)和《红毛买卖通用鬼话》,虽然都是小书也并不完美,但显示出中国人的兴趣和学习的努力。以书中的注音为例,就不难理解为什么中国人都说洋泾浜英语了。	语言	6/6	1837.10	6/282
0458	British and American Trade	英美贸易	英国和美国在华的贸易统计数据:1836年7月至1837年6月到达广州的英美商船和货价一览表	贸易	6/6	1837.10	6/286
0459	*Travels in China and Chinese Tartary*	《中国与鞑靼传道记》	本文原载于《传道年鉴》(Annales de la Propogation de la Foi)第50期,这里摘录一部分。	书评	6/6	1837.10	6/293
0460	Memorial from the Provincial Authorities	省府官员奏折	1837年9月广东官员请求限制行商数目为13个的奏折	商业	6/6	1837.10	6/298
0461	Expulsion of Foreigners	驱逐外国人	清帝谕示海关监督通知行商,命令部分外国人离开广州。	谕旨	6/6	1837.10	6/302
0462	*Importation of Chinese Mechanics and Laborers*	《中国劳工进口》	本文作者就是中国劳工的组织者,他把大批中国劳工运到悉尼,然后把他们转到雇主那里,从中挣钱。文章计算了劳工输入的价格。附注中提到他在悉尼1837年6月19日的广告中称买主已有75人,要335名中国人,订购需要在商业银行交定金。	书评	6/6	1837.10	6/305

0463	Correspondence Relating to China	与中国有关的通信	医务传道会的人将和麦都思一起赴中国;他们就中国问题与东印度委员会中国协会的通信	政府	6/6	1837.10	6/307
0464	Estimate of the Consumption of Indian Opium	印度鸦片在中国年消耗量预计表	18年来吸烟人数变化统计表;关于中国吸食鸦片的人数和鸦片消费数量一直是丛报关注的问题之一,因此本刊从各种来源收集数据来说明中国的鸦片问题。	鸦片	6/6	1837.10	6/308
0465	Journal of Occurrences	时事报道	(1)半年以来几乎没有进行贸易;(2)海关监督的金库也收入锐减;(3)兴泰行的债务;(4)上月《京报》要闻;(5)文武考试;(6)新任鞑靼将军到广东;(7)死刑	时事报道	6/6	1837.10	6/310
0466	Notices of Indian Archipelago	印度群岛观察	1836年"汉麦利"(Himmaleh)号航海时收集的有关印度群岛某些地区的民俗和社会的情况;本次航行的目的是考察基督教传播的可能并散发《圣经》,同时促进商务和自然科学的交流和往来。当地人和中国人都客气礼貌地接受了《圣经》,有些人还迫不及待地读了起来,他们因此认为航行非常成功。	游记	6/7	1837.11	6/311
0467	Christianity in Burmah	缅甸基督徒	缅甸的基督教传教简况,其范围、分布、工作、人员、信徒、书籍、学校等等	传教	6/7	1837.11	6/325
0468	Siamese History	暹罗史(续)	暹历九二七至九四四年间的大事记(待续)	历史	6/7	1837.11	6/327
0469	Report of the Canton Chamber of Commerce	广州各国商务委员会年度报告	1837年11月4日通过的第1份年度报告;决议通过了对诸如在零丁洋停泊、关税、保险、货运费等商务问题的解决方案,还通过了一份鸦片的质量和重量问题的决议文件。	贸易	6/7	1837.11	6/333
0470	Society for the Diffusion of Useful Knowledge	在华实用知识传播会	1837年11月20日在广州大会上宣读的第3份年度报告;虽然中国人还不知道世界上许多国家的名字和位置,但至少在中国传播知识的努力收到了微弱的成效,还要继续向他们灌输世界历史和地理的知识。回顾中国文献学以分析和了解中国人的知识结构。同时,一些关于世界历史的中文书正在印刷,也有日文的,印刷所有两处:马六甲和巴黎。但是印刷物的发行渠道还需要解决。	教育	6/7	1837.11	6/340

0471	Edicts against the Opium Trade	禁止鸦片贸易公告	中国地方政府禁止在零丁及沿海进行鸦片交易的5份公告的英译	鸦片	6/7	1837.11	6/347
0472	Statement of the Dutch Trade in China	荷兰在华贸易	1836年1月1日至12月31日荷兰国商船中国进出口贸易情况数据统计表	贸易	6/7	1837.11	6/357
0473	Journal of Occurrences	时事报道	(1)公告要停止与外国贸易;(2)商行附近的火灾;(3)科举考试;(4)省府与英国商务监督的联系中断。	时事报道	6/7	1837.11	6/358
0474	Voyage to Japan	日本航海记(续)	1837年"马礼逊"号琉球日本航行记	游记	6/8	1837.12	6/359
0475	A Letter to the British Public	《就占领小笠原群岛给我们带来的利益问题致英国公民书》	李太郭(Tradescant Lay)著,1837年伦敦出版。本书为英国在亚洲的殖民侵略制造了诸多借口。	书评	6/8	1837.12	6/387
0476	Treaty between Siam and the U.S. of America	暹罗与美国友好通商条约	暹罗与美国订定的友好通商条约;10条条约的内容	条约	6/8	1837.12	6/393
0477	Free Intercourse with Eastern Asia	与东亚的自由交往	要想建立与东亚的自由交往,必须充分了解并掌握有关这些国家的信息和资料;"马礼逊"号对日本的通航;占领小笠原群岛对接近日本的益处;美国与暹罗的条约;目前英国在中国的地位	贸易	6/8	1837.12	6/396
0478	*Primary Lessons*	《小学》(续)	《小学》中关于夫妻关系的第2部分第2章的译文(待续)	书评	6/8	1837.12	6/399
0479	Siamese History	暹罗史(续)	暹历九四五至九四八年间的大事记。(待续)	历史	6/8	1837.12	6/402
0480	Journal of Occurrences	时事报道	一行商的去世;兴泰行破产;中国人焚烧缴获的鸦片;黄埔港外的医疗船可能要被中国政府驱逐。	时事报道	6/8	1837.12	6/406
0481	Captain Ingersoll's Nautical Observations	英格索尔船长航海观察	1837年七八月间航行琉球及日本时所作的观察	游记	6/9	1838.1	6/407

0482	Specimens of Natural History	植物标本	“马礼逊”号航行于琉球和日本时搜集的植物标本	生物	6/9	1838.1	6/412
0483	Remarks on Formosa	台湾评论	台湾，一个农业发达、人口稠密的岛，是中国拥有的重要岛屿；福建与台湾互相依存的关系；中国政府对台湾的税收和政策相对松弛；台湾仍然叛乱不断；历史上的叛乱；朱一贵在台湾叛乱；关于如何镇压叛乱和改善该岛的建议	台湾	6/9	1838.1	6/424
0484	*The Hawaiian Spectator*	《夏威夷旁观者报》	该报1838年1月第1卷第1期导言和内容摘要；第1期的文章目录和创刊辞	书评	6/9	1838.1	6/433
0485	Syed Bin's Letter to the President of the U. S. of America	席宾致美国总统的信	马斯喀特苏丹席宾致美国总统的信	政府	6/9	1838.1	6/438
0486	Ophthalmic Hospital at Canton	广州眼科医院	截至1837年12月31日的第7份报告	医疗	6/9	1838.1	6/439
0487	*Tsze Puh Yu*	《子不语》	对此书的介绍	书评	6/9	1838.1	6/451
0488	Journal of Occurrences	时事报道	(1)去台湾的清军遭遇暴风雨，流落新加坡；(2)四川叛乱；(3)云南与贵州的铜矿亏损；(4)黄河；(5)江西的通货贬值；(6)广东悬赏并处死大盗；(7)广东省的人口调查；(8)在欧洲客船上缴获3箱鸦片。	时事报道	6/9	1838.1	6/453
0489	Natural History of Macassar	望加锡植物学概述	李太郭著。附气象学记录。	生物	6/10	1838.2	6/455
0490	Portuguese and Spanish Intercourse with Japan	葡萄牙、西班牙对日交往历史概略	概过时间从1542年他们交往开始至1640年他们被逐。注释中附有澳门关于这一段历史的材料。	历史	6/10	1838.2	6/466
0491	Governor's Memorial to the Emperor	政府官员上清帝的奏折	1837年12月30日广东总督、广东巡抚和海关监督就贸易的现状上清帝的奏折和批复	贸易	6/10	1838.2	6/479

0492	System of Orthography for the Chinese Language	汉字注音法	统一汉字注音方案非常重要,因此本刊继续探讨给汉字的注音问题:用元音、变音符号、双元音、辅音、音调符号等给汉字注音。	语言	6/10	1838.2	6/485
0493	British War with Nipál	英国与尼泊尔的战争	中英官方当时的来往照会	战争	6/10	1838.2	6/492
0494	System of Government in Tibet	西藏的政治制度	《大清律例》中有关西藏政治制度的条文	政府	6/10	1838.2	6/500
0495	Journal of Occurrences	时事报道	军事检阅和科举考试;欧籍客船携带鸦片;皇陵;长龄(Changling)80岁寿辰	时事报道	6/10	1838.2	6/502
0496	Consular Establishment in Eastern Asia	在东亚设立领事馆(续)	发挥美国领事的作用以谋求改善对华关系。(待续)	政府	6/11	1838.3	6/503
0497	Foreign Relations with the Government of China	外国与中国政府的外交关系	在广东的领事馆;英国与中国的交往;其他来源的相关文章;建立新型的领事权	中外关系	6/11	1838.3	6/534
0498	Memorial to Lord Viscount Palmerston	致英国外交大臣巴麦尊子爵的请愿书	11条规定的英文译文	政府	6/11	1838.3	6/546
0499	Address to the Governor of Kwangtung	外商致两广总督的禀帖	该信要求行商近期偿还债务,写于1838年3月21日。	贸易	6/11	1838.3	6/549
0500	Horsburgh Light House	霍斯布鲁格灯塔	(1)为建造纪念灯塔募捐;(2)美国船队在南海进行探险,科学家同行进行广泛而准确的航海勘查的必要性	航海	6/11	1838.3	6/550
0501	Obituary Notice of the Late Rev. Alanson Reed	阿伦森·德里讣告	阿伦森·德里牧师的讣告及其生平;1837年9月14日撰于曼谷。	讣告	6/11	1838.3	6/554
0502	Journal of Occurrences	时事报道	《京报》消息:加强国库管理;西北边境;山东库存盈余;皇帝对宗教和神很尊敬;筹资维修寺庙等工程;对去年的科举考试中舞弊行为的抱怨之声;福建一海军军官渎职被辞;广东焚烧鸦片;巡抚	时事报道	6/11	1838.3	6/557

0503	Dutch Intercourse with Japan	荷兰与日本的交往	从1600年起至今荷兰与日本交往的历史述要	历史	6/12	1838.4	6/559
0504	*Primary Lessons*	《小学》(续)	《小学》中有关长幼、与朋友交往的内容选译	书评	6/12	1838.4	6/568
0505	Female Constancy	3个贞妇的故事	在中国广为流传的关于江西朱某、广东秦某和福建金某3个贞妇的故事	文化	6/12	1838.4	6/574
0506	The Chinese Theatre	中国戏剧评论	附喜剧《补瓷匠》(*Mender of Cracked Chinaware*)的译文,以纠正欧洲人的错误观念:中国没有戏剧艺术。	书评	6/12	1838.4	6/581
0507	Remarks on the Chinese Tones	汉语声调	对汉语四声的介绍	语言	6/12	1838.4	6/585
0508	*Notices of Formosa*	《台湾杂记》	1726年荷兰阿姆斯特丹出版,弗朗西丝·瓦伦汀(Francois Valentyn)原著。作者根据荷兰东印度公司的材料完成了该书,但是文章枯燥冗长,不够连贯。	书评	6/12	1838.4	6/589
0509	Affairs of the Hingtae Hong	兴泰行事件	1838年4月4日行商们致兴泰行债主的信及广东总督4月11日给行商头领的训示	商业	6/12	1838.4	6/595
0510	Memorial on the Condition of Kwangtung	关于广东情况的奏折	广东政府日益腐败;必须整肃吏治和军纪以振民心,改善民生。	政府	6/12	1838.4	6/598
0511	Statement of the French Trade in China	法国对华贸易	1837年法国对华贸易情况统计表	贸易	6/12	1838.4	6/612
0512	Journal of Occurrences	时事报道	长龄逝世;北京派特使到朝鲜;禁止私盐;漕运;勤政;鸦片烟馆老板被处绞刑。	时事报道	6/12	1838.4	6/612
0513	Intellectual Character of the Chinese	中国人的智慧特征	中国人过于倚赖过去的智慧,而忽略对现代知识的学习。因此,中国能否跟上现代的变化取决于我们这些外国人所从事的事业;根据中国人的特点,为使其进步而向他们传播知识的方法的讨论	教育	7/1	1838.5	7/6

0514	American Influence	美国影响（续）	美国对亚洲外马来地区命运的影响（续第6卷第2期第4篇和第11期第1篇）（待续）	政府	7/1	1838.5	7/14
0515	Medical Missionary Society	医务传道会	医务传道会1838年2月21日在广州举行的全体大会上通过章程和决议：该会的目的是对中国人施行医疗救治、让他们受益、并向他们传播医疗知识等。英国和美国是该会的主要赞助者。	医疗	7/1	1838.5	7/37
0516	Notices of Natural History	生物观察	中国植物学的最佳著作是李时珍的《本草纲目》；本文根据其他的中国典籍，探索中国的动物：麇和穿山甲或食蚁兽。附《尔雅》中的图片。（待续）	生物	7/1	1838.5	7/49
0517	Siamese History	暹罗史（续）	暹历九四八至九五一年间的大事记（待续）	历史	7/1	1838.5	7/55
0518	Infanticide Described	溺婴	1838年2月19日广东巡抚对此种行为的告示；注释中还摘录了小乔治·斯当东对中国人溺婴这一行为的阐释。	杀婴	7/1	1838.5	7/59
0519	Journal of Occurrences	时事报道	宰相；留守皇宫；新任巡抚和海关监督；黄埔的医疗船；澳门交通船；审判的拖延	时事报道	7/1	1838.5	7/61
0520	Chinese Intonations Described	汉语音调	汉语发音的8个音调；学习汉语注意其音调的重要性	语言	7/2	1838.6	7/62
0521	American Influence	美国影响（续）	续上期	政府	7/2	1838.6	7/66
0522	Notices of Natural History	生物观察（续）	（1）蝙蝠；（2）松鼠（待续）	生物	7/2	1838.6	7/95
0523	Ophthalmic Hospital at Canton	广州眼科医院	1838年1月1日至6月30日的第8份报告	医疗	7/2	1838.6	7/97
0524	*Foreign Opium a Poison*	《鸦片毒害十论》	介绍其基本内容，由江苏顾庆山（Koo Kingshan）著于1836年9月。	鸦片	7/2	1838.6	7/112

0525	Miscellaneous Notices	杂记	(1)桑威奇岛书院;(2)巴达维亚帕拉佩坦孤儿院第5次年度报告显示运行良好;(3)新加坡书会建立,旨在推进知识和宗教的传播;(4)加尔各答海员之家	杂记	7/2	1838.6	7/115
0526	Journal of Occurrences	时事报道	严禁鸦片、驱逐欧洲鸦片船只、收缴鸦片的行动;但是他们又找到了新的渠道,并且与政府军发生了流血冲突事件;处决犯人;中国基督教徒的忧虑;科举考试的试题;荷兰政府禁止向爪哇移民。	时事报道	7/2	1838.6	7/117
0527	Study of the Chinese Language	汉语学习	对现有学习汉语的书的评介,从语言学习者可以使用的语法书、对照翻译、文学作品等方面对使用和学习提出建议。	语言	7/3	1838.7	7/118
0528	Notices of the City of Borneo and Its Inhabitants	婆罗洲城市与居民简介	1837年美国双桅船"汉麦利"号航行印度群岛时所作的观察(待续)	地理	7/3	1838.7	7/126
0529	Notices of Natural History	生物观察(续)	(1)犀牛;(2)骆驼;(3)大象(待续)	生物	7/3	1838.7	7/141
0530	Remarks on Diplomatic Agency in China	外国驻华机构	李太郭就增强外国驻华机构的权利和性质的文章	政府	7/3	1838.7	7/146
0531	The Approach of a British Admiral	英海军司令到中国	孟买的一份报纸登载的一则英国海军司令带着秘密的使命到中国;本文讨论他将在商务和政治上与中国交涉所处的窘境。	中外关系	7/3	1838.7	7/153
0532	Mr. Robert's Embassy to the Eastern Courts	罗伯特先生出使东方	从《1832—1834年美舰"孔雀"号舰长戴维·格辛格(David Geisinger)出使交趾支那、暹罗和马斯喀特记实》一书中选摘介绍。	游记	7/3	1838.7	7/176
0533	Premium for an Essay on the Opium Trade	鸦片贸易论文有奖征文	100英镑奖金及获奖条件说明;鸦片贸易问题涉及巨大的经济、政治和其他的利益,因此英国欢迎并且资助这类文章。	鸦片	7/3	1838.7	7/178

0534	Journal of Occurrences	时事报道	一艘英国旗舰抵华;义律与旗舰船长抵广州,目的未知,据猜应与英国海军司令的到来有关;《京报》上常常登载无足轻重的消息;北京与广州事态;行商债务;广州、澳门和香港附近的外国船只常被中国巡逻船盘查;中国与印度边境矛盾;阿萨姆成功种植茶叶。	时事报道	7/3	1838.7	7/179
0535	Notices of the City of Borneo and Its Inhabitants	婆罗洲城市与居民简介(续)	紧接着第一艘外国船到达该地,其余的船只陆续来到引起了当地人的恐慌;与当地的胡椒贸易趋向饱和;当地的语言和分支词汇对比表;居民来源和人数,生活与贸易;编者注:本文的作者相信这些国家可以和西方国家建立联系,向他们传播福音也不需等待了。	地理	7/4	1838.8	7/182
0536	Means of Doing Good in China	与中国人为善的方法	(1)不参与鸦片贸易;(2)遵守安息日;(3)学习并了解中国语言和文学艺术;(4)医疗是一种很好的做法。	中外关系	7/4	1838.8	7/198
0537	Study of the Chinese Language	汉语学习	外国人学习汉语的人数增加;寻求掌握汉语的最有效的学习方法而提出的有待回答的8个问题	语言	7/4	1838.8	7/209
0538	American Influence in Eastern Asia	美国在东西的影响	美国与东亚的外交;政治、商业、其他事务的问题等;在本刊登出问题寻求大家的解决方案;本刊也将选登其中的一些读者回复。	政府	7/4	1838.8	7/211
0539	Notices of Natural History	生物观察(续)	麒麟(待续)	生物	7/4	1838.8	7/217
0540	English Intercourse with Japan	英国与日本的交往	介绍两国交往的历史。	政府	7/4	1838.8	7/222
0541	The Aborigines of British Settlements	英属殖民地内的本土居民	英国众议院1837年6月的一份报告提出调查如何对待英属殖民地内的本土居民,因为他们与未开化民族的交往日益频繁;回顾并捍卫英国在亚洲、非洲和美洲开拓殖民地时屠杀当地人、给他们带去"文明"的行为。	政府	7/4	1838.8	7/227

0542	Analysis of the *Peking Gazettes*	《京报》要闻分析	对1838年2月10日至3月18日《京报》的要闻进行分析，可以了解政府的政策。	政府	7/4	1838.8	7/231
0543	Journal of Occurrences	时事报道	英国商务监督义律的任务仍不明确；一艘欧洲船不听虎门炮台停下的指挥反而开炮，就此事英国官员和舰长与中国官员交涉；中国地方政府不断通知外籍商人只有持通行证船只才可以在澳门与广东之间航行。	时事报道	7/4	1838.8	7/236
0544	Notice of *the San Kwŏ Che*	《三国志》评介	对中国最流行的文学作品《三国志》的介绍和评介	书评	7/5	1838.9	7/238
0545	Notices of Natural History	生物观察(续)	(1)凤凰；(2)龙；(3)龟(待续)	生物	7/5	1838.9	7/255
0546	New Analysis of the Chinese Language	汉语新分析法	学习汉语新方法建立在对汉字进行逻辑分析的基础上。	语言	7/5	1838.9	7/260
0547	Superstitions of the Malays	马来亚人的迷信观念	介绍马来亚人的思想和迷信观念。	文化	7/5	1838.9	7/269
0548	Memorial against Consumers of Opium	关于严惩鸦片吸食者的奏折	该奏折的英译	鸦片	7/5	1838.9	7/276
0549	Journal of Occurrences	时事报道	北京：内阁大臣告老，新内阁成员名单；鸦片问题和银价高涨引起中国政府的重视；黄埔港由于鸦片走私官军与村民发生冲突；原广东按察使去世；暹罗的一艘船在中国海南失事。	时事报道	7/5	1838.9	7/285
0550	*Ping Nan How Chuen*	《平南后传》	本书是模仿《三国志》的一部6卷本的历史小说，记述了1020到1050年平南国的历史。	书评	7/6	1838.10	7/286
0551	*Sketch of Spanish Colonial History in Eastern Asia*	《西班牙东亚殖民大事记》(续)	1573年至1594年的殖民历史(待续)	书评	7/6	1838.10	7/295

0552	Morrison Education Society	马礼逊教育会	1838年10月3日宣读的第2份年度报告：准备工作仍在进行，缺乏优秀合格的海外师资是最大的问题，教育会给英国和美国的大学和研究机构写信求援。美国耶鲁大学推荐了3位教师，但是否能来中国不能肯定；英国方面还没有答复。教育会资助的学校继续发展，入学儿童有所增加。同时教育会在对中国的教育体系和制度进行调查。	教育	7/6	1838.10	7/306
0553	Memorial on Tea, Rhubarb and Silk	关于茶叶、大黄和丝绸的奏折	以固定价格卖给外商。	贸易	7/6	1838.10	7/316
0554	Chinese Terms to Express the Deity	表达"Deity"一词的中文词汇	介绍表达"Deity"的中文词汇。	语言	7/6	1838.10	7/319
0555	Notices of Natural History	生物观察（续）	汉语中与动物有关的成语和谚语（待续）	生物	7/6	1838.10	7/326
0556	*The Fanqui in China*	《1836年至1837年在中国的"番鬼"》	图古德·唐宁（C. Toogood Downing）著，1838年于伦敦出版。	书评	7/6	1838.10	7/333
0557	Literary Notices	文艺通告	中文《伊索寓言》的出版吸引了中国人，翻译得很流畅。	文艺通告	7/6	1838.10	7/339
0558	Journal of Occurrences	时事报道	马他伦海军司令（F. L. Maitland）离华；"拉尼"（Larne）号返航；法国"阿尔特密斯"（L'Artemise）号抵达；邓总督的军事视察；逮捕烟商；伊辛顿（Essington）港；《京报》消息	时事报道	7/6	1838.10	7/340
0559	*Chinese System of Writing*	《中国文字体系的种类和特点》	本书的序言	书评	7/7	1838.11	7/342
0560	Life of Hungwoo	朱元璋的一生	介绍明朝的建立者洪武朱元璋经历丰富的一生。	人物	7/7	1838.11	7/358

0561	Canton General Chamber of Commerce	广州各国商务委员会	1838年11月3日通过的第2份年度报告；修改了协会章程，保留了东印度公司广东公司的财务机构，对许多与中国的商务和贸易往来的事情如建立有效的邮递系统和邮所、执行英国关于茶和生丝的命令、行商与委员会正式交谈等，表达了在华外商的一致看法，并且按通过的条例执行贸易。	贸易	7/7	1838.11	7/391
0562	Tomb of a Roman Catholic Missionary	一个罗马天主教徒的墓	海南岛发现一个罗马天主教徒的墓，其中有拉丁文和汉文碑志，简要记载了圣佛朗西斯教派的西班牙传教士在康熙年间来到中国传教的事件。	传教	7/7	1838.11	7/394
0563	*Sin Pun Keen Yang Yen*	《新编劝烟言》	中国盲人唱；歌词大意：鸦片是毒药，毁了千万中国锦绣大地；丈夫为烟花费了大量钱财也吸坏了身体而无一好处；妻儿盼望着丈夫养家糊口。	鸦片	7/7	1838.11	7/396
0564	*Description of Lincoln Island*	林肯岛的精确位置图	英国“拉尼”号雷诺(Reynolds)中尉作，原载于1838年10月30日《广州纪事报》。	地理	7/7	1838.11	7/396
0565	Journal of Occurrences	时事报道	中国皇帝的寿辰；中国收缴鸦片烟具；茶叶、大黄、丝绸并没有按统一价买卖；法国战舰“阿尔特密斯”号离港；兴泰行；总督归来。	时事报道	7/7	1838.11	7/397
0566	Notices in Natural History	生物观察(续)	(1)马；(2)驴；(3)骡(待续)	生物	7/8	1838.12	7/398
0567	Diffusion of Useful Knowledge in China	在华实用知识传播会	1838年11月21日在全体大会上宣读的第4份年度报告；介绍中国最普及的书——年历以及日期、农历节气、孔子的话和实用的知识；另一种最受欢迎的读物就是类似《伊索寓言》的小故事，本会已经推出了部分译本；本会还要推出世界历史书籍，接到了300份订单；其他书籍的准备和印刷工作的进展；附裨治文、李太郭等人在会上的发言。	教育	7/8	1838.12	7/404

0568	Medical Missionary Society's Hospital	医务传道会澳门医院	1838年7月5日至10月1日医院的第1份季度报告：建立了一所医院，能接受200名住院病人，病房也非常舒适；该院已经为700名中国人进行了治疗，但是他们仍然需要努力赢得当地人的信任。另有病例统计数据和病案分析。	医疗	7/8	1838.12	7/416
0569	Medical Missionary Society	医务传道会	1838年11月20日在全体大会上宣读的第1份年度报告。报告吸引了欧美的听众，该会由于在澳门购买地产并修建医院，需要更多的经费，呼吁慈善人士能慷慨解囊支持。	医疗	7/8	1838.12	7/424
0570	*Flora de Filipinas*	《菲律宾的植物》	李太郭评论。	书评	7/8	1838.12	7/427
0571	Suspension of Trade	禁止鸦片走私	大约两年前，北京给广东总督下发禁止鸦片走私的命令后，许多当地的走私贩利用外国船只继续走私。几个月后走私的外国船数目增加到三、四十只，但他们拖欠船费数目也随之增大。现在外国船不再为他们所用，而且有时会和中国船交火。中国政府采取了更严厉的措施，3日12箱鸦片从外国船上向外国商馆卸货时被缴获；中外之间与此事相关的20份信件公文的英译	鸦片	7/8	1838.12	7/442
0572	Medical Missionary Society	医务传道会	对医务传道会第1次年会的评论文章；支持和赞扬该会的价值。	医疗	7/9	1839.1	7/462
0573	*Sketch of Spanish Colonial History in Eastern Asia*	《西班牙东亚殖民大事记》（续）	1595年至1624年的殖民历史（待续）	书评	7/9	1839.1	7/467
0574	Seamen's Friend Association	海员之友协会	(1)“海员之友协会”的成立和章程；(2)关于英国海员医院的文告	会社	7/9	1839.1	7/482
0575	Notices of Natural History	生物观察（续）	(1)蜂类，包含各种黄蜂和蜜蜂；(2)野蜂（待续）	生物	7/9	1839.1	7/490

0576	System of Chinese Orthography	汉字注音法	对本刊第6卷第10期提出的“汉字注音法”的评论	语言	7/9	1839.1	7/495
0577	Proclamation Respecting Opium	关于禁止鸦片的文告	广东总督和巡抚向全省人民发出关于禁止鸦片的文告英译	鸦片	7/9	1839.1	7/503
0578	European Passage Boats	欧籍交通船	总督和海关监督发布准许欧籍交通船往返广东与澳门的通令；由行商转来的公告英译	政府	7/9	1839.1	7/505
0579	Journal of Occurrences	时事报道	强盗案件；任命视察广东的钦差大臣；省政府关于鸦片贸易的文告；威胁要停止与外国人的贸易；欧籍交通船	时事报道	7/9	1839.1	7/508
0580	Review of the *Shin Seën Tung Keën*	书评：《神仙通卷》	对中国介绍各类神灵的《神仙通卷》一书的评介（待续）	书评	7/10	1839.2	7/510
0581	*Sketch of Spanish Colonial History in Eastern Asia*	《西班牙东亚殖民大事记》（续）	1624年至1677年的殖民历史（待续）	书评	7/10	1839.2	7/530
0582	Notices in Natural History	生物观察（续）	鸬鹚或鱼鹰（待续）	生物	7/10	1839.2	7/546
0583	Siamese History	暹罗史（续）	暹历九五二至九九九年间的大事记	历史	7/10	1839.2	7/548
0584	Education	教育	（1）新加坡书院各校的考试；（2）槟榔屿的华人寄宿学校的考试；（3）马礼逊教育会有幸聘任了一名优秀教师布朗（Brown）先生。	教育	7/10	1839.2	7/553
0585	Medical Missionary Society's Hospital	医务传道会澳门医院	任命雒魏林（W. Lockhart）为澳门医院院长；当地的官员曾来就医，并不反对医院，这对外国人来说是一个不小的进步。	医疗	7/10	1839.2	7/556
0586	Journal of Occurrences	时事报道	钦差大臣林大人正奔赴广东，广东对林大人的到来和任务满城风雨；“阿尔塔罗”（Attaran）号鸦片船海难；冯亚根（Fung Angan）被绞死于外国商馆前；获得许可证的欧籍交通船	时事报道	7/10	1839.2	7/557

0587	Review of the *Shin Seën Tung Keën*	书评:《神仙通卷》(续)	续上期	书评	7/11	1839.3	7/558
0588	Ophthalmic Hospital at Canton	广州眼科医院告	截至1838年12月31日的第9份报告	医疗	7/11	1839.3	7/574
0589	Intercourse with Japan	与日本交往	戈登(Peter Gordon)船长率领的"兄弟(the Brothers)"号、"埃克里立斯(Eclipse)"号和"塞浦路斯(Cyprus)"号访问日本。	政府	7/11	1839.3	7/593
0590	Notices of Natural History	生物观察(续)	(1)狮子;(2)虎;(3)猫科动物豹	生物	7/11	1839.3	7/600
0591	Injunction from the Governor	政府公文	内廷和兵部给广东省总督和地方官的有关钦差大臣林则徐的公文英译	政府	7/11	1839.3	7/604
0592	Proclamation from the Governor	政府文告	广东总督和巡抚给外国人下达的关于鸦片和钦差大臣林则徐到来的文告英译	鸦片	7/11	1839.3	7/607
0593	The Opium Question	鸦片问题	鸦片问题关系到商业、政治等重要方面。去年8月鸦片贸易衰退了,交易量减少,很多鸦片被收缴。12月在外国商馆前处决鸦片贩子。本文收录了和此事有关的通信报道。	鸦片	7/11	1839.3	7/610
0594	Journal of Occurrences	时事报道	林则徐3月19日到达并发布了两条公告:一条对进行鸦片贸易的外商进行劝诫;另一条对于行商迁就或与外国人一起进行鸦片贸易的行为的危害性进行了说理;《京报》报道中国严厉打击鸦片贸易和走私;开往黄埔的外国船撞船,9名船员遇难。	时事报道	7/11	1839.3	7/613
0595	Crisis in the Opium Traffic	鸦片贸易危机评论	鸦片贸易的增长和社会影响的简要历史;钦差大臣林则徐以他熟悉军事和与外国人交往的经历被授予重任;他3月到达后的一系列命令和措施:让外国人把鸦片交给中国政府;禁止一切外人离开广州;停止与他们的全部贸易;黄埔港拒发外船通行证;有关的各种文件英译(待续)	鸦片	7/12	1839.4	7/614

0596	Crisis in the Opium Traffic	鸦片贸易危机评论	目前鸦片贸易危机使人无法预测事态的发展和结果，因此仅就观察加以介绍，探究鸦片危机的根源，指出有关双方应采取的最妥善措施。	鸦片	8/1	1839.5	8/7
0597	Letter to the Queen of England	给英国女王的信	钦差大臣林则徐和其他省督给英国女王要求停止鸦片贸易的信件英译	鸦片	8/1	1839.5	8/15
0598	Crisis in the Opium Traffic	鸦片贸易危机(续)	续上期(待续)	鸦片	8/1	1839.5	8/18
0599	Musical Instruments of the Chinese	中国的乐器	中国的乐器和中国的记音系统	艺术	8/1	1839.5	8/44
0600	Notice of a Chinese Tale	《黄婉娘百年长恨》	根据真事改编的中国故事节选，由罗伯聃(Sloth)译自中文。1839年《广州周报》印刷所出版。	书评	8/1	1839.5	8/61
0601	Journal of Occurrences	时事报道	四川、福建的动乱；禁止吸鸦片的措施；“拉尼”号离开广州；美国战舰“哥伦比亚(Columbia)”号和“亚当斯(John Adams)”号到达广州。	时事报道	8/1	1839.5	8/63
0602	Crisis in the Opium Traffic	鸦片贸易危机(续)	续上期	鸦片	8/2	1839.6	8/64
0603	*China Opened*	《开放的中国：中华帝国概述》	内容包括地形、历史、风俗、习惯、美术、制造品、商业、文学、宗教、法律等等。	书评	8/2	1839.6	8/91
0604	Notices of the Geology of Java	爪哇地理	爪哇西部的地质构造	地理	8/2	1839.6	8/106
0605	*Sketeh of Spanish Colonial History in Eastern Asia*	《西班牙东亚殖民大事记》(续)	1678年至1724年的殖民历史(待续)	书评	8/2	1839.6	8/108
0606	Journal of Occurrences	时事报道	没收鸦片；传言(事实也是)沿海贩运鸦片又开始了；香港的外国船上拘留了中国官员，义律船长赶到将他们放了，细节不知。	时事报道	8/2	1839.6	8/119

0607	Remarks on the Opium Question	鸦片问题评论	对赔偿女王陛下商务监督缴出的鸦片一事的评论	鸦片	8/3	1839.7	8/120
0608	Seamen's Friend Association	海员之友协会	季度报告：海员人数及参加宗教活动的情况	会社	8/3	1839.7	8/127
0609	Scale of Demurrage	滞留	英国商人与义律船长关于船只滞留期问题的通信	贸易	8/3	1839.7	8/129
0610	Edict against the Introduction of Opium	反对鸦片引进诏令	暹罗国王反对在他的国土引进和销售鸦片的诏令	鸦片	8/3	1839.7	8/132
0611	Description of the Tea Plant	茶叶种植记载	其名称、耕作、叶片的烤制方法；运往广东；出口和外国的消费；其他国家种植茶叶的努力	农业	8/3	1839.7	8/139
0612	Lombock	龙目岛	龙目岛的政变；前皇后自杀；政府和人民	事件	8/3	1839.7	8/171
0613	Proclamation from the Commissioner	林则徐公告	钦差大臣、两广总督、广东巡抚关于处理鸦片问题再度晓谕外商。这是中国政府下达的第一份英文文件，由一位在北京任职的高级译员翻译。	鸦片	8/3	1839.7	8/174
0614	Journal of Occurrences	时事报道	钦差大臣林则徐视察外国商馆；中外船只在沿海发生冲突；广州的报纸在澳门出版；英国领事馆的布告通知不许从中国进口货物。	时事报道	8/3	1839.7	8/175
0615	*Sketch of Spanish Colonial History in Eastern Asia*	《西班牙东亚殖民大事记》（续）	1726年至1747年的殖民历史（待续）	书评	8/4	1839.8	8/176
0616	Affray at Hong Kong	香港一起斗殴	1839年7月7日香港最严重的一起斗殴；许多外国船员聚集，中国人林维喜(Lin Weihe)次日死亡，消息传到义律处及中国政府；中国法律一命偿一命的制度引起了外国人的关注，本刊登载了相关文件的英译。	事件	8/4	1839.8	8/187
0617	*Ballad on Picking Tea*	《春园采茶谣30首》	作为上期关于茶叶种植和加工文章的补充。	书评	8/4	1839.8	8/202

0618	*Chronology of Tongkingese Kings*	《东京王朝年表》	分为5个阶段。	书评	8/4	1839.8	8/212
0619	Proclamation from the Commissioner	林则徐公告	关于林维喜被杀案的告示	事件	8/4	1839.8	8/219
0620	Edicts from the Keunmin Foo	澳门政府告示	澳门政府关于禁止供应英人粮食和下令所有被英国人雇用的中国人离开的两个告示	政府	8/4	1839.8	8/223
0621	Journal of Occurrences	时事报道	澳门的英国商人组织成立英国商会；义律给英国公民的关于中国刑事法庭的通告；美国战舰“哥伦比亚”号和“约翰·亚当斯”号离开中国水域；中国政府停止给外国船只和岸上外国居民供应粮食；义律召集英国臣民会议；中国雇员离职；中国政府命令英人离开澳门；英国人离开澳门；一起外国船被抢、船员被杀的案子	时事报道	8/4	1839.8	8/227
0622	Typhoons in the Chinese and Japanese Seas	中日海上的台风	雷德菲尔德(Redfield)制作的中日海上台风方向图；风暴的统计资料及其形成的原因；大西洋的台风；马德拉斯(Madras)天文台观察资料	气象	8/5	1839.9	8/232
0623	*Sketch of Spanish Colonial History in Eastern Asia*	《西班牙东亚殖民大事记》(续)	1759年至现在的殖民历史	书评	8/5	1839.9	8/253
0624	A Budhistic Stratagem	中国人的迷信	1839年7月北京一举人致广东朋友的信，告诉他在北京附近一地有异象，人民纷纷祈求平安。	文化	8/5	1839.9	8/270
0625	Proclamation from the Chinese Authorities	中国官方公告	中国官方1839年8月31日发布公告，认为外国人并没有完全撤离中国，而且可能上岸抢劫物资，号召沿海的人民武装起来，注意他们的动向和信息，如果他们上岸扰民，中国人可以开火、驱逐或关押他们。	政府	8/5	1839.9	8/271
0626	Memorial to Lord Palmerston	英商致巴麦尊子爵的请愿书	针对中国政府的行动请求英国政府干预并保护其臣民。	政府	8/5	1839.9	8/273

0627	Journal of Occurrences	时事报道	林钦差访问澳门；给领航员的公文；九龙事件的公文；粤海关监督访问澳门；9月间公布的2个通告：封锁口岸和命令英国鸦片船离开香港和中国口岸；中国人误将一艘西班牙船当作鸦片船烧毁；义律与中国官员在澳门举行会谈，谈判封锁口岸一事；澳门医院停业，广东医院继续看病。	时事报道	8/5	1839.9	8/273
0628	Japanese Embassy to Rome	日本人出使罗马	对1582年日本3位亲王遣使谒见罗马教皇一事的评论	历史	8/6	1839.10	8/280
0629	*Tour in Borneo*	《婆罗洲游记》	1838年秋的航行记述	游记	8/6	1839.10	8/290
0630	*Opium Trade with China*	《鸦片罪过论》	赛瓦尔(A. S. Thelwall)根据可靠的资料，应与东印度公司有关系的人士的要求而撰写，论述鸦片是促使英国商人失去与中国进行自由贸易的利益的主要原因。毫无疑问此书将送达英国议会并引起英国人的关注。	鸦片	8/6	1839.10	8/317
0631	A Letter of a Chinese Youth	一位中国青年的信	摘自《广州周报》1839年10月26日第212期。信中谴责义律违反中国法令而贩卖毒品鸦片的行为和外国人在中国的恶劣行径。	鸦片	8/6	1839.10	8/325
0632	Correspondence between British and Chinese Authorities	中英官方通信	义律与林钦差和邓总督的通信节录	政府	8/6	1839.10	8/328
0633	Journal of Occurrences	时事报道	中英贸易暂时恢复，英国人回到了住所，行商也到了广东；3份文件；鸦片走私依旧；科举考试结束。	时事报道	8/6	1839.10	8/334
0634	Catholic Missions in Tongking	东京的天主教传播	东京(安南北部一地区)的天主教传播情况	传教	8/7	1839.11	8/336
0635	Study of the Chinese Language	汉语学习	一个汉语初学者就学习汉语提出的建议以及如何达到学习目标的方法	语言	8/7	1839.11	8/345

0636 *Revenging of a Father's Death*	《孝女复仇记》	故事情节简介	书评	8/7	1839.11	8/352
0637 Remarks on the Chinese Language	汉语的语法结构	虚词分类和语调；名词的结构；表达流畅；动词的使用等；原本是5篇文章，在这里合为1篇长文。	语言	8/7	1839.11	8/354
0638 Voyages of the Morrison and Himmaleh	“马礼逊”号与“希马利”号航海记	美国人开始在东亚进行地理考察。1837年“马礼逊”号和“希马利”号的航海见闻给基督教国家提供了关于日本和马来的信息。该书于1839年在纽约出版。	书评	8/7	1839.11	8/366
0639 Visit of the Artemise to the Sandwich Islands	“阿尔特密斯”号访问桑威奇岛纪实	法舰“阿尔特密斯”号访问桑威奇岛纪实，摘自去年《夏威夷旁观者报》，旨在向人们揭示法国船只访问的真相。	游记	8/7	1839.11	8/379
0640 Journal of Occurrences	时事报道	事态恶化，双方都遭受了巨大的损失，而且都归咎于对方；最后只能是力量的较量，中国炮轰停泊在香港的船只；两份由钦差大臣、两广总督和巡抚宣布停止英国贸易的告示；在龙目禁止鸦片贸易的通告	时事报道	8/7	1839.11	8/385
0641 *The Shoo King*	《书经》	其特点、内容提要等	书评	8/8	1839.12	8/392
0642 Remarks on the Works of Ritter	里特文章评论	查里斯·里特(Charles Ritter)的文章很好，但关于中国的叙述问题很多；错误产生的原因；德庇时著的《中国人》歪曲了一个臭名昭著的英国人在中国零丁洋上走私鸦片时向中国人开枪的事实；通过对这些书进行核实和研究，很遗憾地得知英国和美国对于中国存在着不真实的信息。当我们看到这些书的时候，对此感到的遗憾超过了可笑的程度。虽然外国出版了大量关于中国的书，但很不完备。	书评	8/8	1839.12	8/408
0643 Hostilities between Russia and China	中俄冲突	张诚(Gerbillion)简要地讲述中俄冲突；俄军入侵中国境内并建筑堡垒，任命全权大使谈判；永久和平同盟条约的达成与批准；附条约的部分英译。	中外关系	8/8	1839.12	8/422

0644	Essay on the Opium Trade	鸦片贸易征文	鸦片贸易征文的 100 镑奖金及获奖条件的说明;征文期限延长至 1841 年 1 月。	鸦片	8/8	1839.12	8/432
0645	Edicts from the Local Authorities	地方政府对外国人的通告	由钦差大臣、两广总督、广东巡抚、广东水师提督等人联合发布,11 月 27 日在澳门公布。	政府	8/8	1839.12	8/433
0646	Journal of Occurrences	时事报道	1839 年全年的重大事件回顾,特别是与外国人相关事件的扼要复述;按照日期先后顺序排列。	时事报道	8/8	1839.12	8/442
0647	The New Year	新年	新年显示中英关系复杂、事态恶化,中英可能爆发战争。观察家注意到中国钦差和省督已经宣布停止中英贸易,而此时还有四五十条满载货物的合法商船等待着。广东的外国商馆没有国旗飘扬;义律继续与钦差大人和省督交涉;由于鸦片价格上涨,从事鸦片走私的船可能更多;现行的禁烟措施和打击力度很强,皇帝决心禁止这一邪恶的东西;战争成为谈论的话题,外国人认为现代科技使西方士兵无坚不摧。	中外关系	8/9	1840.1	8/448
0648	Difficulties between the English and Chinese	中英矛盾	中英矛盾的发展和美国居民的态度,美国人从不怀疑中国人禁烟的诚意,但是地方政府无力控制鸦片走私;中国政府不可能使鸦片贸易合法化,任何政府都不会;钦差大人和省督的行为与欧洲人的方式程序不同,也与欧洲人心目中的公正观念不同等等;本文提出了 23 个看法表达美国人的见解和建议,希望中美贸易不要因此受影响。同时也谈到了中英分歧和解决的困难。	中外关系	8/9	1840.1	8/453
0649	Loss of the British Bark Sunda	英国三桅航船"三笪"号失事	英国三桅航船"三笪"号的船员写信纠正报纸关于该船失事的错误之处,重新描述该船失事的经过。	海事消息	8/9	1840.1	8/485
0650	Commands of the Emperor	皇帝谕旨	11 月 3 日皇帝答复关于香港穿鼻(Chuenpe)之战的奏折,批准完全停止英国贸易的谕旨	谕旨	8/9	1840.1	8/493

0651	Battle at Chuenpe	穿鼻海战	目击穿鼻海战。	战争	8/9	1840.1	8/496
0652	Journal of Occurrences	时事报道	1月份事件摘要，按照时间顺序叙述。1号义律请求让英国货船入港卸货，被拒；中英贸易中止的通告下达；澳门的意大利海员杀害中国人一案审理结果；中国海军备战；外国船与中国巡逻船的激烈冲突；其他的种种传言	时事报道	8/9	1840.1	8/501
0653	Letter to the Queen of England	致英国女王的信	林钦差等给英国女王的信件英译	政府	8/10	1840.2	8/504
0654	Memorial to the Emperor	致皇帝的奏折	林则徐提议让高廉道暂驻澳门稽查鸦片的奏折	鸦片	8/10	1840.2	8/510
0655	Abuse of Opium	鸦片的滥用	在中国居住过的外国人对滥用鸦片这个问题的看法	鸦片	8/10	1840.2	8/513
0656	*Ides' Embassy to Peking*	《从莫斯科经陆路到北京的三年旅行记》	沙俄大使雅布兰(E·Y·Ides)著，1706年伦敦英译本	游记	8/10	1840.2	8/527
0657	Note on Article Second No. 9	9期篇2评论	读者来信评论上期文章中对中英问题的看法，回答和解释中英对抗的发展经过。	中外关系	8/10	1840.2	8/536
0658	Reply to Article Second	读者来信评论9期篇2文章	评论中英问题。	中外关系	8/10	1840.2	8/539
0659	Official Correspondence	官方通信	有关英船"海阿新(Hyacinth)"号进入澳门的中英官方通信和公告	政府	8/10	1840.2	8/550
0660	Report by Captain Pemberton	彭伯顿船长报告	关于不丹(Butan)的地理、历史以及政治状况和对外关系的记述，由1838年派往不丹的特使彭伯顿船长撰。	地理	8/10	1840.2	8/555
0661	Journal of Occurrences	时事报道	新道台抵达澳门；2月1日宣布驱逐英国人的公告；"海阿新"号军舰开入澳门内港；中英贸易全面停顿，走私鸦片仍然猖獗	时事报道	8/10	1840.2	8/558

0662	Cave of Camoens	卡梅斯的山洞	对葡萄牙诗人卡梅斯的生平和著作，尤其是《葡萄牙》一诗的介绍	人物	8/11	1840.3	8/560
0663	Proposal Presented to the Emperor	致皇帝的奏请	顺天府尹曾望颜(Tsang Wangyen)奏请皇帝停止除葡萄牙以外一切外国与中国的贸易，他把这归咎于外国人的反复无常的性格。	政府	8/11	1840.3	8/567
0664	Catholic Missions in Corea	朝鲜的天主教的传播	《传道年鉴》为本刊转来的专稿	传教	8/11	1840.3	8/574
0665	Account of the Battaks	巴达克介绍	介绍巴达克的宗教、地方制度、刑罚、婚俗和葬礼。	政府	8/11	1840.3	8/582
0666	*A Peep at China*	《中国一瞥》	本书跳出了一般的框架，角度新颖，一瞥即凝固的一个视角，拉近了距离。	书评	8/11	1840.3	8/588
0667	Maxwell's Attack on the Bogue	马克斯韦尔袭击虎门	1816年阿姆士德使团进京返回时，受到广东官员的歧视并拒绝他们停靠上岸，使团的船没有领航员引导他们入港，与地方交涉不利，马克斯韦尔舰长向虎门的官员开枪，没有伤亡，他们被准许进港停靠。	事件	8/11	1840.3	8/595
0668	Literary Notices	文艺通告	泰伯德(Taberd)著《交趾支那语言与拉丁语对照字典》，1838年于塞兰普尔(Serampore)出版。	文艺通告	8/11	1840.3	8/600
0669	Journal of Occurrences	时事报道	兴泰行的债务主要是购买鸦片欠下的；鸦片近几个月的价格；关于一位中国官员被谋杀的谣传；外国商业受损；广东地方欣慰；3月6日与葡萄牙的贸易被准许，附有公告的英译；上月抢劫案频发；海外传言西方的狮子和东方的龙都已醒来，冲突不可避免；桑威奇群岛；日本人从海难中获救。	时事报道	8/11	1840.3	8/604
0670	Persecutions of Catholics	迫害天主教徒	1626年以来交趾支那和东京迫害天主教徒的情况	传教	8/12	1840.4	8/608
0671	The Honorable I. E. Company	中国政府对东印度公司雇员的政策	广州东印度公司雇员所从事的贸易使买卖双方受益，然而他们却没有被平等地对待，必须服从买方的条件，清政府的政策就是这样规定的，不保护在华外国人。(摘自马礼逊回忆录第2卷)	政府	8/12	1840.4	8/622

0672 Rupture between England and China	中英关系破裂	读者来信讨论中英关系破裂的原因。	中外关系	8/12	1840.4	8/626
0673 Reports of the Medical Missionary Society	医务传道会报告	1839年年度报告:人员安排和病例统计数据	医疗	8/12	1840.4	8/631
0674 Illustrations of *Scripture*	《圣经》解释	以中国的风俗习惯说明《圣经》中的章句。	书评	8/12	1840.4	8/646
0675 Visit of the French Frigate L'Artemise	法舰"阿尔特密斯"号访问记	从美国领事和国王的公文中了解1839年7月法舰"阿尔特密斯"号访问桑威奇岛的情况。	游记	8/12	1840.4	8/651
0676 Literary Notices	文艺通告	郭实腊著《贸易通志》(*Mowyih Tung Che*)	文艺通告	8/12	1840.4	8/653
0677 Journal of Occurrences	时事报道	西班牙船被烧、两名船员被捕,西班牙大使到访中国后两名西班牙船员被释放;"精灵(Ariel)"号带着英国政府的文告来华;美国领事离开广东到澳门;日益接近的危机	时事报道	8/12	1840.4	8/654
0678 Foreign Relations with China	中外关系	另一场危机到来之前对中外关系存在的问题进行回顾与展望,新兴的欧洲国家已经强大,将摧毁古老的壁垒和手持武器的军队。	中外关系	9/1	1840.5	9/7
0679 Remarks on the Chinese Government	评论中国政府	评中国政府的行为和特点。	政府	9/1	1840.5	9/15
0680 *Hae Luh*	《海路》	评广东举人杨炳南(Yang Pingnán)撰写的《海路》只是一本小书,因为中国没有航行世界的经验,这已经是中国最好的旅行书了。	书评	9/1	1840.5	9/28
0681 *Tibet*	《西藏地图和地区介绍》	对此书的评价	书评	9/1	1840.5	9/32
0682 *Pih Jin Ko*	《百忍歌》	《百忍歌》的英译及解释	书评	9/1	1840.5	9/52

0683 Journal of Occurrences	时事报道	广东美国副领事给广东省督的请愿书；限制西班牙船只和贸易的文告；有关外国船的新规章；钦差大人关心吸鸦片烟者，广东各地开戒毒所；中国赌博成风；英国向东方扩张。	时事报道	9/1	1840.5	9/59
0684 *Chingtih hwang Yew Keängnan*	《正德皇帝游江南》	1832年出版的《正德皇帝游江南》，虽然印刷错误较多，比中国经典更好懂，对于初学语言的人很适用。	书评	9/2	1840.6	9/63
0685 *China: Its State and Prospect*	《中国的状况和未来》	麦都思著《中国的状况和未来》在大洋两岸都倍受欢迎，我们也认为此书尚可，但是仍不能无视其中的错误，尤其是关于基督教传播的部分。	书评	9/2	1840.6	9/80
0686 Obituary of the Rev. N. S. Benham	贝纳姆牧师讣告	1840年4月11日发自曼谷。	讣告	9/2	1840.6	9/90
0687 *Ko Dou Dzu Roku*	日本铸铜技术备忘	译自日文。	工业	9/2	1840.6	9/92
0688 The Chusan Archipelago	舟山群岛	舟山群岛的位置、面积、物产和对外国商业的意义	地理	9/2	1840.6	9/107
0689 Journal of Occurrence	时事报道	战争开始，攻击“赫拉(Hellas)”号；丘吉尔勋爵(H. J. S. Churchill)逝世；对停泊急水门(Capsuy Moon)的舰队纵火的企图；“马达加斯加”号与“威力士(Wellesley)”号战舰抵华；英女王发表对华事件演说；封锁通告；给中国人的通告；被捕的走私犯；义律海军司令赴天津；沙俄使团驻北京；印度阿萨姆茶叶	时事报道	9/2	1840.6	9/112
0690 Notices of Countries on the West of China Proper	西域民族介绍	根据中国的记述介绍西域的民族。	地理	9/3	1840.7	9/119
0691 Notices of Chusan	舟山纪事	东印度公司1700年曾在舟山设立办事处，但1703年放弃了；两封由公司医生在这期间写的信披露了这时期的中英交往。	中外关系	9/3	1840.7	9/139
0692 War between Burmah and China	中缅战争	马可波罗及缅甸史学家记录的中缅战争	战争	9/3	1840.7	9/140

0693	Ma Twanlin, the Chinese Historian	中国史学家马端临	中国历史学家马端临及其著作介绍（译自雷慕沙的法文原作）	人物	9/3	1840.7 9/149
0694	Opium and Alcohol	鸦片和酒	任意使用鸦片和酒对人体、对社会的影响	鸦片	9/3	1840.7 9/153
0695	Pamphlets on China	关于中国的小册子	有关赔偿鸦片贸易的损失和对华战争的手册；目前欧洲关于中国的报道和出版物连篇累牍，选取其中4本手册的主要论点做了摘录。这4本书是：(1)《鸦片问题》，英国伦敦司法协会会员塞缪尔·华伦(Samuel Warren)撰，1840年1月伦敦第3版；(2)《鸦片危机——广州英商致英国商务监督义律的信》，1839年伦敦出版；(3)《对华战争是正义之战吗?》，原东印度公司驻华事务官汉密尔顿(Hamilton)著，1840年伦敦出版；(4)《对华关系的破裂及其原因——在华外侨致巴麦尊的信》，其中谈及鸦片等项问题的细节。1840年伦敦出版。	鸦片	9/3	1840.7 9/162
0696	Journal of Occurrences	时事报道	英国船已经驶到广东，广东地方政府悬赏缉拿英国人和船只；伯驾医生关闭了广东医院返回美国纽约；在广州的外国人只有四五名了；3名外国人被围攻；交趾支那的轮船和使节；四川的刁民；朱桂桢巡抚	时事报道	9/3	1840.7 9/171
0697	War between Burmah and China	中缅战争	1765至1769年中缅战争记事	战争	9/4	1840.8 9/175
0698	Statements of Tea	茶叶数据	1836—1838年经英美商船输出的茶叶、输往英国的生丝总数及向中国申报的商船数目统计数据表	贸易	9/4	1840.8 9/197
0699	A Chinese Anatomical Plate	人体内部器官图	中国的一幅人体内部器官图和相关的汉语名词解释	医疗	9/4	1840.8 9/200
0700	*Aesop's Fables*	《伊索寓言》	中文版《伊索寓言》1840年由《广州周报》印刷所出版。这本书本身就是学习汉语的成果之一，证明学习汉语可以很有趣也很有意义。	书评	9/4	1840.8 9/207

0701 Biographical Notices of Szema Tan	司马迁父子传记	中国历史学家司马迁父子传记，译自雷慕沙的法文原作。	人物	9/4	1840.8	9/216
0702 Hostilities with China	与中国的敌对	在英国的议会和部长会议中，巴麦尊子爵认为英国与中国政府在交流而不是敌对。直到此刻，英国的议员和部长们都没有认识到他们对中国事务的盲目无知。如果他们早一些与中国沟通交流，与中国的战争可以避免。可悲的是，战争已经开始，一切都晚了；中英双方战争的目的；在中国的英国军队数量；战事进展	中外关系	9/4	1840.8	9/225
0703 Journal of Occurrences	时事报道	两名英国官员在澳门被抢劫；斯丹东(Stanton)先生失踪成为战俘，与此有关的公文；英国战船开始攻击炮台，葡萄牙宣布中立；广州仅有两名美国商人了；外国贸易停顿；3 艘美国战舰已经驶出；英军舰队在闽江口；巴麦尊在天津的“交往”行动；英国从印度赶来的援兵；中国总体平和，除了与英国的战事。	时事报道	9/4	1840.8	9/239
0704 War with China	对华战争	对华战争全面开始；4 月 4 日提交给国会的议案；5 月国会议员对该议案的主要论点，值得注意的是上述关于中国的说法中存在的错误，《印度之友》的文摘对此作出的评论	战争	9/5	1840.9	9/247
0705 Festivals Given to Old Men	尊老	从孔子开始的尊老传统；康熙二十七年下令给老人一定的生活补助；1722 年为高龄老人举办了宴席，后来乾隆皇帝也邀请老年人庆祝高寿。	文化	9/5	1840.9	9/264
0706 *Portfolio Chinensis*	《中国政府文件集成》	本书收集了 8 份政府文件，由叔未士(J. L. Shuck)编译作注，1840 年新华盛顿书局出版。作者独具眼光选编了这本小册子，对于语言学习也很有用。	书评	9/5	1840.9	9/273
0707 Biographical Notice of Szema Kwang	司马光传记	中国史学家和宰相司马光传记，译自雷慕沙的法文原作。	人物	9/5	1840.9	9/280
0708 Notices of China, No. Ⅰ	中国介绍之一	中国人的性格、美德和缺点	中国	9/5	1840.9	9/290

0709	Notices of Opium-smokers	吸鸦片者	在华外国人观察到的吸鸦片者的后果，以警醒公众。	鸦片	9/5	1840.9	9/295
0710	Notices of Japan, No. Ⅰ	日本介绍之一	据荷兰人及德国人的记载介绍日本的海岸、人民、风俗、宗教、与荷兰的交往。	日本	9/5	1840.9	9/297
0711	*Bullock's Chinese Vindicated*	《为中国辩护：驳华伦律师的文章》	布洛克(Bullock)上尉撰，1840年于伦敦出版。	书评	9/5	1840.9	9/317
0712	Debate on Chinese Affairs	对中国事态的争论	《季刊》和《布莱克伍德杂志》(*Blackwood's Magazine*)在3月号上都登载了关于中国问题的长文，两者的观点和态度截然不同；国会对中国事态的争论和主要成员的发言	政府	9/5	1840.9	9/327
0713	Journal of Occurrences	时事报道	传言比正式消息要快，据称英国船已于8月11日到达天津，巴尊夏公爵要求和中国政府交谈；舟山的事态；英国军舰封锁厦门港；广州的外国人只有四五名；斯丹东先生未释放；19日进攻炮台的经过；美国领事回国；美国一水手死亡；广东的外国船无法估计；鸦片贸易兴旺。	时事报道	9/5	1840.9	9/331
0714	Chinese Grammar	汉语语法	其规则	语言	9/6	1840.10	9/335
0715	*Travels of Fa Hian in India*	《佛国记》	雷慕沙译自中文。英国亚洲协会主席威尔逊(Wilson)评价法显的印度行迹对研究印度的价值。	书评	9/6	1840.10	9/340
0716	Illustrations of Men and Things in China	中国风土人情录	烧石灰的方法；收集印章和签名的风尚；澳门的老乞丐(待续)	风俗	9/6	1840.10	9/372
0717	Notices of Japan, No. Ⅱ	日本介绍之二	长崎及其周边地区	日本	9/6	1840.10	9/375
0718	Notice of Tae Tsoo	明太祖传记	译自雷慕沙的法文原作。	人物	9/6	1840.10	9/395

0719 Notices of China, No. Ⅱ	中国介绍之二	中国的地貌、人口、气候、农业、饮食等	中国	9/6	1840.10	9/405
0720 The Temple of Matsoo Po	妈祖庙	澳门妈祖阁中的妈祖婆	文化	9/6	1840.10	9/408
0721 Edict against the Smokers of Opium	禁止吸食鸦片的新条例	广东将执行禁止吸食鸦片的新条例的告示	鸦片	9/6	1840.10	9/410
0722 Reports on the Occupation of Chusan	关于英军占领舟山的奏章和皇帝圣旨	任命钦差大臣在广州与英国官方举行谈判的命令	政府	9/6	1840.10	9/414
0723 War with China	与中国之战	英国国会主要成员关于中国事务的发言汇集成《蓝皮书》;其内容及评论	政府	9/6	1840.10	9/420
0724 Journal of Occurrences	时事报道	英国舰队的分布;天津与舟山的进展;休战和谈判;琦善奔赴广东解决内外的事情;林则徐与邓廷桢等待琦善到来;科举考试;尼泊尔战争;一张新的东亚地图;暹罗政府继续禁止鸦片贸易;婆罗洲的中国居民;法国领事来中国。	时事报道	9/6	1840.10	9/424
0725 *Confessions of an English Opium-eater*	《一名英国鸦片吸食者的忏悔》	第4版,1826年伦敦出版;曾有人质疑本书的真实性,但只要和吸鸦片者有过接触的人都知道这本书记录的是真事,本文摘录了书中几个关键的地方。	鸦片	9/7	1840.11	9/431
0726 Embassy between Ava and Peking	阿瓦朝廷与北京的使臣往来	前驻阿瓦的伯尼(Burney)中校选译自《缅甸编年史》。继前面的中缅战争报道,本文讲述的是两国的使团往来经过,并附使团行程表。	中外关系	9/7	1840.11	9/443
0727 Notices of China, No. III	中国介绍之三	中国的建筑物、道路、客栈及商业	中国	9/7	1840.11	9/489
0728 *E Tsung Kin Keen Yu Tsoan*	《御撰金镜御医》	按皇帝的旨意编纂的一部著名的医学著作;外国人可从中了解中国医学。	书评	9/7	1840.11	9/492
0729 Notices of Japan, No. III	日本介绍之三	旅居江户;拜谒天皇;返回德兹岛(Dezima)。	日本	9/7	1840.11	9/495

0730	Illustrations of Men and Things in China	中国风土人情录（续）	误会了中国人的仪式；中国的干酪；寺院的佛教传单；佛前许愿；一个吸鸦片者（待续）	风俗	9/7	1840.11	9/512
0731	The Blue Book	蓝书皮	第10号威灵顿公爵致律劳卑私函；第23号威灵顿公爵的备忘录，1835年3月24日	政府	9/7	1840.11	9/520
0732	Likenesses of Chinese of Leang Shan	梁山人物绣像	介绍梁山好汉的故事。	书评	9/7	1840.11	9/522
0733	Notes on Chinese Grammar	汉语语法简述	关于汉语原理和规则的补充说明；名词例解	语言	9/7	1840.11	9/524
0734	Journal of Occurrences	时事报道	舟山停战；女王陛下的全权代表率领舰队抵达广州城外；琦善到广州；与海军司令义律的书信往来；义律因病辞职；“复仇神”（Nemesis）号到达；给皇帝的奏章；英国舰队；夸尔佩尔特（Quapaert）航海测量；法国与美国的舰队；义律返英；水师提督关天培	时事报道	9/7	1840.11	9/536
0735	*The Female Instructor*	《女学》	衡量中国人道德观的书；1730年出版。	书评	9/8	1840.12	9/543
0736	Regulations about Opium	戒除鸦片的条例	前钦差大臣林则徐起草和颁布的戒除鸦片的条例	鸦片	9/8	1840.12	9/566
0737	Astronomy of the *Shoo King*	《书经》中的天文学	对《书经》3至8章的选译和注解	书评	9/8	1840.12	9/579
0738	Dissertation on the Chinese Language	汉语论文	论汉语的起源、形成和分化。	语言	9/8	1840.12	9/593
0739	Notices of China, No. IV	中国介绍之四	小偷和盗贼；丧葬仪式	中国	9/8	1840.12	9/623
0740	Notices of Japan, No. IV	日本介绍之四	日本的家庭生活、社会习俗、婚丧礼节等	日本	9/8	1840.12	9/626
0741	Illustrations of Men and Things in China	中国风土人情录（续）	肥皂替代品；请人捎信带包裹的邮递方式；相同的钓鱼方式；人人都抽烟叶。（待续）	风俗	9/8	1840.12	9/641

0742	Journal of Occurrences	时事报道	在崇明岛的搜查；舟山事件的发展与现状；虎门外的谈判；向中方提出的条件；琦善的政策与来往文书；斯丹东先生的释放；战争进展；占领炮台；休战；附后记：从第10卷开始第1期将从每年1月份起，而不是每年的5月份。	时事报道	9/8	1840.12	9/645
0743	Chinese History	中国历史	外国人对中国历史、史学家非常感兴趣，但是浩如烟海的史学著作令外国人迷惑；四库全书的书目介绍了最知名的作家和作品；《纲鉴易知录》就是值得了解的一本历史书。	书评	10/1	1841.1	10/7
0744	Notices of Japan, No. V	日本介绍之五	日本帝国的政府、天皇、执政方式、社会等级、法律制度等	日本	10/1	1841.1	10/16
0745	Medical Philanthropic Society	中国及东方医务慈善会	1837年郭雷枢博士在澳门首开一家眼科医院免费为中国人解除疾痛以来，中国已有两家这样的医院。李太郭呼吁在英国也成立一个相应的机构，专门为中国医务传道会和他们的医院培养医疗人员及派遣合格的医生到中国去，同时在欧洲宣传他们在中国医疗传教方面取得的进展。	医疗	10/1	1841.1	10/27
0746	*Life of Dr. Morrison*	《马礼逊回忆录》	盼望已久的《马礼逊回忆录》由马礼逊夫人编辑整理，1839年在伦敦出版了。它忠实地详细描述了马礼逊的青年期、教育、成长、心理变化和个人性格特点，同时也让人了解到他在中国所付出的努力。该书最大的特点就是简洁和忠实。	书评	10/1	1841.1	10/31
0747	Battle at Chuenpe	穿鼻战役	穿鼻战役中两方的人数、行动、经过及结果	战争	10/1	1841.1	10/43
0748	Address to Foreign Residents in China	对在华外国人的讲话	正值中外关系新年的开始，回顾过去有助于理解现状和展望未来。	中外关系	10/1	1841.1	10/50
0749	Illustrations of Men and Things in China	中国风土人情录（续）	与“天”有关的成语与谚语可以反映出中国人对“天”的观念。（待续）	风俗	10/1	1841.1	10/55

0750	Benevolent Societies	慈善团体	在中国的慈善团体有医务传道会、马礼逊教育会、实用知识传播会、新加坡书院和英华书院等,它们主要都是由在华的外国人资助的,而这些外国人在过去两年的中外冲突中备受困扰。目前这些团体的活动由于战事几乎都停顿了,在和平到来之时,这些团体的活动将会获得新的活力和生机。	慈善	10/1	1841.1	10/58
0751	Calendar for 1841	1841年年历	1841年年历;中国内阁大臣名单;广州的省府官员名单;澳门的葡萄牙政府;英国驻华海陆军将领名单;舟山的英军名单;驻华外国领事及外国商人与商船统计表	年历	10/1	1841.1	10/60
0752	Journal of Occurrences	时事报道	在华外商准备离开;谈判决定把香港割给英国,穿鼻还给中国;英军从舟山撤退;附3份英国官方的通告。	时事报道	10/1	1841.1	10/68
0753	Notices of China, No. V	中国介绍之五	中国的指腹为婚、订婚、媒婆、婚约、婚礼	中国	10/2	1841.2	10/71
0754	Notices of Japan, No, VI	日本介绍之六	日本人性格的趣闻;"福顿(Phæton)"号来访;一艘遇难船只;知县的英明决定	日本	10/2	1841.2	10/78
0755	Sketch of Matsoo Po	"妈祖"的故事	中国渔民崇奉的"妈祖"(天后)的故事	文化	10/2	1841.2	10/90
0756	The Emperor of Taoukwang	道光皇帝	从大臣的奏折中所了解到的道光皇帝;从其继承皇位、加冕、性格到执政能力的介绍	人物	10/2	1841.2	10/93
0757	The Rebellion of the Yellow Caps	黄巾起义	《三国志》所载的黄巾起义的内容	历史	10/2	1841.2	10/104
0758	Illustrations of Men and Things in China	中国风土人情录(续)	和尚"敬惜字纸"的行动;猪、牛、羊血的食用;分割玻璃的方法;中国人眼中的自我形象(待续)	风俗	10/2	1841.2	10/110
0759	Memorial from Keshen	琦善的奏折	琦善奏报英军进攻穿鼻的奏折和道光皇帝的批示	战争	10/2	1841.2	10/114
0760	Journal of Occurrences	时事报道	和平谈判的中断和英国人的想法;虎门之战;悬赏缉拿英国人;舟山俘虏;清廷宣战的战书;目前形势;沉船的日本人	时事报道	10/2	1841.2	10/121

0761	Chronology of the Chinese	中国的纪年法	中国的纪年法、朝代的划分、甲子纪年的方法；附中国历史纪年表。	历史	10/3	1841.3	10/127
0762	Notices of Japan, No. VII	日本介绍之七	最近美国、俄国和英国等外国势力与日本建立开放关系的努力	日本	10/3	1841.3	10/166
0763	Illustrations of Men and Things in China	中国风土人情录（续）	中国建筑墙壁和修路的方法；广东流行的一首打油诗；一个祭拜者（待续）	风俗	10/3	1841.3	10/178
0764	Rewards for British Ships	悬赏缉拿英国船	1841年2月27日广东总督公布的悬赏缉拿英国船与英国人的告示	政府	10/3	1841.3	10/180
0765	Progress of the War	战争进展	通讯员和官方的文告显示虎门及珠江沿岸各炮台被摧毁；双方同意停战和重开贸易。	战争	10/3	1841.3	10/182
0766	Journal of Occurrences	时事报道	英国远征军到达；琦善被撤职并应召回京；新钦差大臣；广州外国商馆被英军占领；外国船只返回黄埔等待贸易开始；英军从舟山撤兵；交趾支那与暹罗的战争；再次宣战；道光帝对虎门失陷于英国侵略者很愤怒，下令将广东所有的官兵降职。	时事报道	10/3	1841.3	10/189
0767	Sketch of Kwanyin	观音简介	对中国观音菩萨（大慈大悲菩萨）的简介（叔未士译自《搜神记》）	文化	10/4	1841.4	10/191
0768	Loss of the Ship Kite	“风鸢”号失事	诺贝尔夫人（Anne Noble）寄往英国的信中叙述“风鸢”号在中国舟山附近失事的经过，以及她幸存下来并且在1840年至1841年被捕和坐牢时的情况。	海事消息	10/4	1841.4	10/197
0769	Notices of Japan, No. VIII	日本介绍之八	日语的音节文字；片假名；诗歌；科学与历法	日本	10/4	1841.4	10/211
0770	Examination of Four Chinese Characters	对孟子及其门徒的著作中最常用的4个汉字的注释	1830年于巴黎出版。	语言	10/4	1841.4	10/228
0771	*San Hwang Ke*	《三皇纪》	中国早期的神话历史	书评	10/4	1841.4	10/237

0772	Journal of Occurrences	时事报道	英商返回广州重开贸易；本季贸易情况；英女王陛下全权代表；新任钦差大臣及总督；琦善有关本省防务的奏折；香港成立调查定海死亡人数的法庭；港岛居民区；中国军队；英国兵力；未来的作战行动	时事报道	10/4	1841.4	10/239
0773	*Historie of the Mightie Kingdom of China*	《中华帝国的历史与现状》	伯驾译自西班牙文，1588年伦敦出版。	书评	10/5	1841.5	10/247
0774	Chusan Archipelago	舟山群岛	据英国海军1840年到1841年的实测资料编制的航海指南	航海	10/5	1841.5	10/257
0775	Notices of Japan, No. IX	日本介绍之九	日本人的艺术、手工业、漆器、造纸、商业和茶叶等	日本	10/5	1841.5	10/285
0776	*The Hong Kong Gazette*	《香港公报》	见于1841年5月1日及15日《香港公报》的香港政府公告及香港人口数字	政府	10/5	1841.5	10/292
0777	Journal of Occurrences	时事报道	战争在望；琦善组织了新海军；斯特德船长(Stead)被打死；"哥伦拜恩(Columbine)"号巡视；菲尔德先生(Field)之死与两名英国官员的失踪；海盗和渔民袭击欧洲船；澳门新道台及其命令；林则徐率兵前往浙江保卫宁波；在广东与外国人贸易的中国人被惩罚；贸易停滞；中国政府背信弃义；义律的公告；中国军队攻击英国军队；战事再起；未来的战争行动将让中国折腰。	时事报道	10/5	1841.5	10/296
0778	*Travels in Europe and China*	《欧亚游记：奉法国国王之命寻找通往中国的陆路的经历》	耶稣会神父阿夫里(Avril)撰，1693年于伦敦出版。	书评	10/6	1841.6	10/303
0779	Sketch of Yuhwang Shangte	"玉皇大帝"的故事	中国神话中的至高神"玉皇大帝"的故事(叔未士译自《搜神记》)	文化	10/6	1841.6	10/311
0780	Notices of Japan, No. X	日本介绍之十	日本宗教的流派与日本当代史的主要特点	日本	10/6	1841.6	10/315

0781	Biographical Notice of Mencius	孟子传记	中国哲学家孟子传记，译自雷慕沙的法文原作。	人物	10/6	1841.6	10/326
0782	Topographical Account of Chusan	舟山群岛	舟山群岛的范围、行政区域、人口、物产与气候	地理	10/6	1841.6	10/334
0783	Attack on Canton	炮轰广州	英国司令卧乌古(Huge Gough)1841年5月25日炮轰广州的前后经过	战争	10/6	1841.6	10/347
0784	Journal of Occurrences	时事报道	战争的结束；吃人肉；缴付赔款；义兵；奕山(Yihshan)和隆文(Lungwan)离省；英军撤退；香港宣布为自由港；出售地皮；参逊(Johnston)奉任总督；修穆瑞勋爵(Humphrey)去世；新全权大使戈登(Gordon Bremer)；奏劾琦善；英军第2次向北移动。	时事报道	10/6	1841.6	10/356
0785	Meteorological Observations at Chusan	舟山群岛气象观测	1840年9月至1841年2月在舟山群岛进行气象观测。	气象	10/7	1841.7	10/360
0786	Coast of China and Corea	中国海岸航海指南	据1840年英国舰队在中国沿海勘测资料编制。	航海	10/7	1841.7	10/378
0787	Surveys in the Yangtsze Keang	扬子江航海指南	据1840年英舰“康威(Conway)”号勘测资料编制。	航海	10/7	1841.7	10/390
0788	Capture of the Heights above Canton	攻占广州高地	英军攻占广州附城高地和炮台的经过简述	战争	10/7	1841.7	10/397
0789	Memorial to the Emperor	给皇帝的奏折	琦善及其同僚向皇帝报告英军占领广州附近高地及炮台的奏折	战争	10/7	1841.7	10/409
0790	Loss of the Cutter Louisa	“露易沙”号失事	1841年7月21日英舰快艇“露易沙”号遭遇台风沉没的经过	海事消息	10/7	1841.7	10/414
0791	Outrages on Americans in Canton	广州的美国人被袭	5月22日“马礼逊”号所属小艇水手和其他外国人被袭击和被捕的经过	事件	10/7	1841.7	10/422
0792	Journal of Occurrences	时事报道	气候观测；航海观测；占领广州城外炮台；琦善奏折；台风及损失；重开对英贸易；林则徐与邓廷桢被流放充军；钦差大臣；中国赔款；英国远征军；战争的前景；病号与死亡；诺贝尔夫人离华返英。	时事报道	10/7	1841.7	10/427

0793	Notices of Chusan	舟山介绍	地质情况、气候、物产、农业、商业及其潜力、居民等	地理	10/8	1841.8	10/432
0794	Collections Made by Dr. Cantor at Chusan	康托尔医生的收藏	英国赴华远征军第 26 营的助理外科医生康托尔在中国采集的博物学标本纲目	生物	10/8	1841.8	10/441
0795	Edicts Relating to Military Operations	与军事相关的上谕	有关英国远征军第一次在中国沿海的军事行动的奏折及上谕	谕旨	10/8	1841.8	10/445
0796	Medical Missionary Society	医务传道会	1841 年 7 月 1 日大会记录及第 2 份年度报告	医疗	10/8	1841.8	10/455
0797	Report of M. M. S. Hospital at Chusan	医务传道会舟山工作报告	雒魏林作此报告。	医疗	10/8	1841.8	10/460
0798	Report of M. M. S. Hospital at Macao	医务传道会澳门工作报告	合信(B·Hobson)作此报告。	医疗	10/8	1841.8	10/472
0799	Illustrations of Men and Things in China	中国风土人情录(续)	钓青蛙;比试力气的方式;街边的劳力和经济;一种赌博形式(待续)	风俗	10/8	1841.8	10/479
0800	Journal of Occurrences	时事报道	新任命的全权代表和海军司令亨利·璞鼎查(Henry Pottinger)到达中国澳门;香港报纸的报道;英国在华兵力主要在福建和广东;第 2 次从香港向北部海岸进军;拉斯托姆依(Heerjeebhoy Rustomjee)对海员的捐赠;广州知府视察澳门;广州事态;奕山与其僚属欺骗北京。	时事报道	10/8	1841.8	10/482
0801	Reminiscences of Chusan	舟山回忆录	1840 年到 1841 年英军占领舟山群岛的回忆	战争	10/9	1841.9	10/488
0802	Capture of Captain Anstruther at Tinghae	安斯特拉尔定海被俘	安斯特拉尔船长在定海被俘的经过及中国人对待外国战俘的方式	战争	10/9	1841.9	10/513
0803	*Six Months with the China Expedition*	《在华远征半年:一个军人的几页笔记》	前赴华使团陆军参赞乔斯林(Jocelyn)著,1841 年于伦敦出版。	书评	10/9	1841.9	10/517

0804	Illustrations of Men and Things in China	中国风土人情录（续）	中国自战争后开始卖《打败鬼子图》、汽船和战舰的图画。（待续）	风俗	10/9	1841.9	10/526
0805	Capture of Amoy	攻占厦门	英国第二次远征军从广州到厦门及占领厦门的详细经过	战争	10/9	1841.9	10/529
0806	Journal of Occurrences	时事报道	中国人的背信弃义；外商给中国人供应武器；人们对地方政府和外国军队的恶感；广州知府与秀才；渔户与海盗抓获外国人；汽船“玛丽亚（Maria）”号沉没；香港事态；奕山的政策；关于琦善的谣言；皇帝上谕	时事报道	10/9	1841.9	10/534
0807	Affairs between the Britain and China	中英事件	2份与目前中英两国争端有关的中文文件英译	中外关系	10/10	1841.10	10/536
0808	Bengal Governmental Notifications	孟加拉政府通告	引自卧乌古、辛好士爵士（Le Fleming Senhouse）就广州城前的军事行动致总督奥克兰伯爵（Auckland）的急件。	政府	10/10	1841.10	10/542
0809	*Poo Nang Che Tsăng Sin*	《补囊智全集》	对中国增加智慧的书的评论	书评	10/10	1841.10	10/557
0810	Wanton Use of Native Words	当地词汇的乱用	《殖民地杂志》（*Colonial Magazine*）及《印度之友》载文指责外国作者乱用当地词汇。	语言	10/10	1841.10	10/567
0811	Morrison Education Society	马礼逊教育会	1841年9月29日宣读的第3份年度报告	教育	10/10	1841.10	10/571
0812	Journal of Occurrences	时事报道	英军第2次远征的进展；中国人在厦门的损失；琦善受审；林则徐被召回派赴黄河；香港与广州事态	时事报道	10/10	1841.10	10/594
0813	*Sacred Instructions of the Ta Tsing Emperors*	《大清皇帝圣训》	此书被很多汉学家赞许，但实际上这本书不能称之为汉学经典，不能与四书五经相提并论。	书评	10/11	1841.11	10/600
0814	Life of Father G. Magaillans	安文思神父生平	耶稣会士安文思神父在华传教36年的经过，摘自安文思著《中国新史》（1688年）。	传教	10/11	1841.11	10/612

0815	Illustrations of Men and Things in China	中国风土人情录(续)	中国的小书《东园杂记》寓教于乐。(待续)	风俗	10/11	1841.11	10/620
0816	Progress of the Expedition to China	远征中国进展	广东战事之后的英军大事记;香港瘟疫流行;7月21日及26的台风;厦门、舟山、定海与宁波的陷落和相关通信和文告	战争	10/11	1841.11	10/625
0817	Trial and Condemnation of Elepoo	钦差大臣伊里布的审判定罪	叔未士译自《京报》。	政府	10/11	1841.11	10/640
0818	Journal of Occurrences	时事报道	宁波、定海、舟山方面的战事进展;英军舰"复仇神"号与"地狱之火(Phlegethon)"号在中国沿海的作战活动;厦门情况介绍;总督的第一次奏报;香港情况;广州扣押一艘小艇;中国内阁与全国形势	时事报道	10/11	1841.11	10/642
0819	*A New History of China*	《中国新史》	《中国新史》描述最具中国特色的事物,安文思著,1688年于伦敦出版。该书的叙述十分有价值,一些信息至今还为人们称道。	书评	10/12	1841.12	10/648
0820	The Chinese Long Measure	中国的长度测量	对于中国长度测量单位的研究	度量衡	10/12	1841.12	10/656
0821	Diary and Journal of Parsees	帕西人日记	印度孟买人阿打司尔(Ardaseer)、吉安吉尔(Jehanjeer)、希吉本(Hirjeebhoy)等旅居英国的日记	书评	10/12	1841.12	10/660
0822	Illustrations of Men and Things in China	中国风土人情录(续)	灯笼的制法;著名回文诗的解说;中国可随身携带的文具(待续)	风俗	10/12	1841.12	10/669
0823	Biographical Notice of P. Prémare	马若瑟神父传记	译自雷慕沙的《新亚洲》。	人物	10/12	1841.12	10/675
0824	Memorial from Lew Yunkoof Chĕkeang	浙江巡抚刘的奏折	1841年10月27日浙江巡抚刘和同僚关于宁波陷落和浙江防务急报皇上的奏折	战争	10/12	1841.12	10/682

0825	Journal of Occurrences	时事报道	催促加紧消灭英夷的上谕；内阁的新措施（开捐）；琦善重被起用；浙江杭州、宁波、定海及舟山情况；天津防务；厦门、广州情况；水师提督关天培的家属；格拉顿(Grattan)上校；英国兵力；战事前景；法国商务使团；琉球一使者死亡。	时事报道	10/12	1841.12	10/689
0826	Review of Public Occurrences During the Last Ten Years, from 1832 to 1841	过去10年中国发生的大事回顾和评论	之一：1832年1月至1834年7月	大事回顾	11/1	1842.1	11/7
0827	New System of Orthography	汉字新注音法	列举了409个汉字的5种注音方法，分别是新的注音方法、马礼逊的注音方法、广东方言注音方法、麦都思的注音方法、新的福建方言的注音方法。	语言	11/1	1842.1	11/34
0828	Names of the Eighteen Provinces	18个省份名字	列举中国18个省的名字以及所包括的府、直隶厅、直隶州、厅、州、县的数目。	地理	11/1	1842.1	11/50
0829	Portrait of Pwánkú, the First Man	始祖盘古	盘古的画像及简介	文化	11/1	1842.1	11/52
0830	British Burial Ground in Macao	英国人在澳门的墓地	最早的墓地；最近树立的墓碑；海边印度袄教徒的墓地	文化	11/1	1842.1	11/54
0831	Calendar for the Year 1842	1842年年历	1842年年历；清廷6位大学士的名单；广东地方官员名单；澳门葡萄牙主要官员名单；驻华英国官员名单；在华外国人名单	年历	11/1	1842.1	11/57
0832	Journal of Occurrences	时事报道	暂时平静的政局；托马斯·比尔(Thomas Beale)去世；卧乌古攻下定海、镇海；皇帝的一系列谕旨；中国政府在杭州和天津的不完善的防御；广州一家炮火厂发生爆炸；新通商的5个口岸；各种大炮；大笔捐款；穿华服的外国人；法舰"埃里高(Erigone)"号；璞鼎查从北方回来。	时事报道	11/1	1842.1	11/64

0833	Review of Public Occurrences During the Last Ten Years, from 1832 to 1841	过去10年中国发生的大事回顾和评论	之二:1834年8月至1834年12月	大事回顾	11/2	1842.2	11/71
0834	*Sketches of China*	《中国见闻录》	该书记录了德庇时1841年在北京、南京、广州的见闻以及对当时战事的观察。	书评	11/2	1842.2	11/87
0835	Notices of the Pei Ho	白河介绍	从天津到北京郊区的白河;通往首都的道路;通往热河的道路	地理	11/2	1842.2	11/98
0836	Topography of Chekiáng	浙江地志	浙江省府县介绍(待续)	地理	11/2	1842.2	11/107
0837	Portraits of the Three Sovereigns	对3个远古祖先的描绘	天皇氏、地皇氏、人皇氏	文化	11/2	1842.2	11/116
0838	List of British Authorities in China	英国在华官员名录	列举1842年2月英国在华官员、驻扎军队、船只情况。	名录	11/2	1842.2	11/120
0839	Journal of Occurrences	时事报道	香港和舟山被宣布为自由港;法国领事沙厘(Challaye)先生在黄埔的历险	时事报道	11/2	1842.2	11/125
0840	Review of Public Occurrences During the Last Ten Years, from 1832 to 1841	过去10年中国发生的大事回顾和评论	之三:1835年1月至1835年12月	大事回顾	11/3	1842.3	11/127
0841	Notices of the *Works of Sú Tungpo*	《苏东坡全集》	评论26卷的苏东坡著作全集。	书评	11/3	1842.3	11/138
0842	Wood's Journal to the River Oxus	伍德上尉在河流上的日记	东印度公司海军上尉约翰·伍德在河流上的日记	游记	11/3	1842.3	11/148
0843	Official Reports of Capture of Amoy	关于攻占厦门的官方报告	英国陆军司令卧乌古和英国驻香港舰队司令巴克(Parker)关于攻陷厦门的报告	战争	11/3	1842.3	11/154

0844	*A Chinese Chrestomathy in the Canton Dialect*	《广州方言中文文选》	1841年出版。(待续)	书评	11/3	1842.3	11/163
0845	Topography of Chekiáng	浙江地志(续)	范围、人口、区划、河流、湖泊、山脉、物产等	地理	11/3	1842.3	11/168
0846	Portrait of Fuhi	对伏羲氏的描绘	伏羲氏的画像及简介	文化	11/3	1842.3	11/179
0847	Report of Chinese Schools	中国学校报告	槟榔屿的中国孩子在施敦力(Alexander Stronach)指导下的学习情况	教育	11/3	1842.3	11/182
0848	Journal of Occurrences	时事报道	英军对余姚、慈溪、奉化的访问和短期占领;马地臣(Matheson)对澳门葡萄牙人的捐赠;广州城内和城南的防御工事;威胁停止贸易;广州贸易的惨状;一艘英国船只被抓获及一中国人被杀;法国和美国的旗帜;与义山(Yishan)会面;美舰"星座(Constellation)"号和"波士顿(Boston)"号;海盗;香港的租借;《中国之友》;湖北的骚乱;英国的远征	时事报道	11/3	1842.3	11/185
0849	Review of Public Occurrences During the Last Ten Years, from 1832 to 1841	过去10年中国发生的大事回顾和评论	之四:1836年1月至1836年12月	大事回顾	11/4	1842.4	11/191
0850	*Liáu Chái I Chi*	《聊斋志异》	介绍和评论	书评	11/4	1842.4	11/208
0851	Topography of Kiángsú	江苏地志	范围、人口、区划、河流、湖泊、山脉、物产等	地理	11/4	1842.4	11/216
0852	*A Chinese Chrestomathy in the Canton Dialect*	《广州方言中文文选》(续)	续上期	书评	11/4	1842.4	11/229
0853	Chinese Seminary, Batavia	巴达维亚中国子弟学校	关于巴达维亚中国子弟学校情况的报道	教育	11/4	1842.4	11/237

0854	Journal of Occurrences	时事报道	清军对宁波和定海的攻击及失败；英军指挥璞鼎查；厦门；颜伯焘（Yen Petau）被免职；珠江的防御；美舰"星座"号和"波士顿"号；舰上的官员；科尔利（Kearny）将军致广州领事的信；走私者；《中国之友》和《香港公报》；有关香港邮政和货币的规定	时事报道	11/4	1842.4	11/239
0855	Review of Public Occurrences During the Last Ten Years, from 1832 to 1841	过去10年中国发生的大事回顾和评论	之五：1837年1月至1837年12月	大事回顾	11/5	1842.5	11/247
0856	*Dreams in the Red Chamber*	《红楼梦》	介绍及评论	书评	11/5	1842.5	11/272
0857	Adams Lecture on the War with China	亚当斯关于中英战争的演讲	约翰·昆西·亚当斯1841年12月在麻省历史学会所作的关于中英战争的演讲，摘自一份美国报纸，讨论了4个问题：(1)双方谁是正义的；(2)前景以及什么时候结束；(3)其他国家特别是美国的利益如何受到影响；(4)美国政府、人民应如何采取措施。	战争	11/5	1842.5	11/280
0858	Positions of the British and Chinese Forces	中英军队的位置	最近英军在中国的军事行动；中英军队的位置	战争	11/5	1842.5	11/295
0859	Journal of Occurrences	时事报道	大学士；来自北京的谣言；天津的炮台；香港	时事报道	11/5	1842.5	11/302
0860	Review of Public Occurrences During the Last Ten Years, from 1832 to 1841	过去10年中国发生的大事回顾和评论	之六：1838年1月至1838年12月	大事回顾	11/6	1842.6	11/303
0861	Topography of Anhwui	安徽地志	范围、人口、区划、河流、湖泊、山脉、物产等	地理	11/6	1842.6	11/313
0862	Notices on *Chinese Grammar*	《中国语法》	斐诺斯尼斯（Philosinensis）著，由巴达维亚的教会印刷所于1842年印刷。	书评	11/6	1842.6	11/323

0863	Portrait of Shinnung	对神农氏的描述	神农氏的画像及简介	文化	11/6	1842.6	11/329
0864	Illustrations of Men and Things in China	中国风土人情录(续)	“番鬼”的意思;磨刀的办法;豆腐;广东巡抚的两首诗;军队的奖章(待续)	风俗	11/6	1842.6	11/331
0865	Trip to Canton in the Constellation	乘“星座”号去广州	美国东印度舰队的司令科尔利乘“星座”号于1842年在广州附近水域的航行	游记	11/6	1842.6	11/335
0866	Medical Missionary Society	医务传道会	医院运转和马礼逊教育会情况	医疗	11/6	1842.6	11/341
0867	Journal of Occurrences	时事报道	战争进展;重新攻占宁波;杭州增兵;镇江的防备;香港的占领;璞鼎查爵士北上;对鸦片的赔偿;皇帝的财政;交趾支那的新国王	时事报道	11/6	1842.6	11/347
0868	Review of Public Occurrences During the Last Ten Years, from 1832 to 1841	过去10年中国发生的大事回顾和评论	之七:1839年1月至1839年3月	大事回顾	11/7	1842.7	11/351
0869	Topography of Kiángsi	江西地志	范围、人口、区划、河流、湖泊、山脉、物产等	地理	11/7	1842.7	11/380
0870	Portrait of Wang Ti	对黄帝轩辕氏的描述	轩辕氏的画像及简介	文化	11/7	1842.7	11/392
0871	New Works on the Chinese Language	学习中文的新工具	《汉语百科辞典》、《拾级大成》、《英语、马来语、汉语词汇表》、《潮州方言初阶》	语言	11/7	1842.7	11/394
0872	Letter of Wáng Tinglán	王庭兰来信	叙述当时广东军队糟糕的状态。	战争	11/7	1842.7	11/395
0873	Narrative of Sergeant Campbell	坎贝尔中士的故事	讲述坎贝尔中士被捕以及在杭州的遭遇。	战争	11/7	1842.7	11/401
0874	Journal of Occurrences	时事报道	江苏的战事;英军达到白河口;一位大学士去世;舟山、厦门、香港、澳门、广州的情况;交趾支那的新国王;遭遇船难的日本人	时事报道	11/7	1842.7	11/403

0875	Review of Public Occurrences During the Last Ten Years, from 1832 to 1841	过去10年中国发生的大事回顾和评论	之八:1839年4月至1839年6月	大事回顾	11/8	1842.8	11/407
0876	Sketch of the Life of Confucius	孔子生活简述	中国道德家孔子的生活简述	人物	11/8	1842.8	11/417
0877	Account of the Mantchous at Chápú	察埔鞑靼人	李太郭对鞑靼人居住、生活等情况的介绍	游记	11/8	1842.8	11/431
0878	Illustrations of Men and Things in China	中国风土人情录(续)	中国有关时间、季节的俗语、谚语(待续)	风俗	11/8	1842.8	11/440
0879	Topography of Chili	直隶地志	范围、人口、区划、河流、湖泊、山脉、物产等	地理	11/8	1842.8	11/444
0880	Remarks on the Cochinchinese Language	交趾支那的语言	驳斥其与中文不同的观点。	语言	11/8	1842.8	11/456
0881	Portrait of Sháuháu	对少皓氏的描述	少皓氏的画像及简介	文化	11/8	1842.8	11/458
0882	Journal of Occurrences	时事报道	东征军;何畴(Hu Chau)上书;英军被赶出宁波;吴淞陷落;伊力布(Ilípú)会见行商;王鼎(Wáng Ting);厦门;香港	时事报道	11/8	1842.8	11/460
0883	Review of Public Occurrences During the Last Ten Years, from 1832 to 1841	过去10年中国发生的大事回顾和评论	之九:1839年7月至1839年12月	大事回顾	11/9	1842.9	11/463
0884	Summary of Official Documents	政府文件述略	皇帝和官员们在中国军队重新夺取宁波后的言行	战争	11/9	1842.9	11/476
0885	Traits of Chinese Character	中国人的性格	对中国人性格优缺点的评论	文化	11/9	1842.9	11/486

0886	*The Soldier's Manual*	《士兵手册》	李太郭评论。	书评	11/9	1842.9	11/493
0887	Repulse of the Chinese at Tsz'ki	在慈溪击退中国军队	卧乌古和巴克关于在慈溪击退中国军队的报告	战争	11/9	1842.9	11/502
0888	Kúlángsú and Amoy	古浪屿和厦门	古浪屿和厦门的传教团体;那里人民的生活方式;溺婴现象等等	传教	11/9	1842.9	11/510
0889	Journal of Occurrences	时事报道	璞鼎查对中国人的声明;璞鼎查对英国人的声明;璞鼎查提出和议;英军从吴淞沿长江而上;船只和军队的部署;攻陷镇江府;向南京进发;和谈;马礼逊教育会 4 周年;医务传道会召开会议;澳门地震	时事报道	11/9	1842.9	11/516
0890	Review of Public Occurrences During the Last Ten Years, from 1832 to 1841	过去 10 年中国发生的大事回顾和评论	之十:1840 年 1 月至 1840 年 12 月	大事回顾	11/10	1842.10	11/527
0891	*History of the Southern Sung Dynasty*	《南宋史》	简介及评论	书评	11/10	1842.10	11/535
0892	Report of the Morrison Education Society	马礼逊教育会的年度报告	1842 年 9 月 28 日宣读的第 4 份年度报告:资金及房屋建设情况	教育	11/10	1842.10	11/547
0893	Topography of Shantung	山东地志	范围、人口、区划、河流、湖泊、山脉、物产等	地理	11/10	1842.10	11/563
0894	Journal of Occurrences	时事报道	两江总督给璞鼎查的信;中国钦差的态度;给皇帝的关于条约的奏折;谈判和签订条约的细节;广东当局的声明;美国"星座"号战船	时事报道	11/10	1842.10	11/575
0895	Review of Public Occurrences During the Last Ten Years, from 1832 to 1841	过去 10 年中国发生的大事回顾和评论	之十一:1841 年 1 月至 1841 年 12 月	大事回顾	11/11	1842.11	11/583

0896	Opium-smoking in Penang	槟榔屿的鸦片吸食	准备鸦片烟的方法；这一陋习流行的原因；抽鸦片的方法；这一陋习对中国人健康、体力和体型的影响。	鸦片	11/11	1842.11	11/593
0897	*History of the Ming Dynasty*	《明史》	简介及评论	书评	11/11	1842.11	11/598
0898	Chinese Kidnappers	中国绑架者	一群中国绑架者在舟山被英军抓获。	战争	11/11	1842.11	11/620
0899	Portrait of Chuenhiu	对颛顼高阳氏的描述	颛顼高阳氏的画像及简介	文化	11/11	1842.11	11/622
0900	Topography of Shánsi	山西地志	范围、人口、区划、河流、湖泊、山脉、物产等	地理	11/11	1842.11	11/623
0901	Journal of Occurrences	时事报道	从北方回来的军队；军力的分配；关于新口岸的通告；舟山的管理；英舰"巨蛇(Serpent)"号对台湾的访问；广州人对外国人的态度	时事报道	11/11	1842.11	11/632
0902	Loss of the Madagascar	"马达加斯加"号失事	"马达加斯加"号指挥官向巴克报告该舰被毁的消息。	海事消息	11/12	1842.12	11/639
0903	*Stewart Mackenzie's Campaign in China*	斯托尔特·麦肯齐的《在中国的第二次战斗》	1842年于伦敦出版。	书评	11/12	1842.12	11/649
0904	Manifesto by the People of Tinghái	定海人民的宣言	宣言的英译	战争	11/12	1842.12	11/652
0905	Topography of Fukien	福建地志	范围、人口、区划、河流、湖泊、山脉、物产等	地理	11/12	1842.12	11/657
0906	Report of the Medical Missionary Society	医务传道会报告	医务传道会下属的澳门医院1841年至1842年的年度报告	医疗	11/12	1842.12	11/665

0907	Review of Public Occurences During the Year 1842	1842年中国发生的大事回顾和评论	简述1842年中国发生的大事。	大事回顾	11/12	1842.12	11/678
0908	Present Condition of the Chinese Empire	中华帝国现状	国内外的影响，特别是最近这场战争以及签署的条约对它的影响	中国	12/1	1843.1	12/6
0909	*The English in China*	《在中国的英国人》	威廉·科林·扬(William Curling Young)著，1840年于伦敦出版。	书评	12/1	1843.1	12/13
0910	Calender for the Year 1843	1843年年历	1843年年历；外国人、外国商行、澳门葡萄牙政府官员、外国领事、英国陆海军一览表	年历	12/1	1843.1	12/19
0911	List of Officers at Peking	北京政府官员名单	高级官员名单及其职务说明	名录	12/1	1843.1	12/25
0912	Correspondence between H. B. M. Plenipotentiary and the British Merchants	英国驻华全权代表璞鼎查和当地英国商人的通信	摘自《中国之友》和《香港公报》。(待续)	政府	12/1	1843.1	12/38
0913	Shipping Entered at Hong Kong	进入香港的货船	1841年8月至1843年1月1日进入香港的货船的总吨位、人员和货物的数量	贸易	12/1	1843.1	12/51
0914	Journal of Occurrences	时事报道	耆英的信；伊力布到达；遭遇船难的日本人	时事报道	12/1	1843.1	12/60
0915	*Statistics of the Ta Tsing Dynasty*	《大清会典》	共64卷。	书评	12/2	1843.2	12/62
0916	Important Instructions to Soldiers	《士兵指南》	简介及评论	书评	12/2	1843.2	12/74
0917	Portrait of the Emperor Ku Káusin	对帝喾高辛氏的描述	帝喾高辛氏的画像及简介	文化	12/2	1843.2	12/80

0918 Loss of the Transport Indian Oak	“格兰加船长(Cap. Grainger)”号货船失事	1840年8月14日该船在琉球沉没。	海事消息	12/2	1843.2	12/83
0919 Topography of Kwangtung	广东地志	位置、范围、人口、区划、河流、湖泊、平原、物产等	地理	12/2	1843.2	12/93
0920 Correspondence between H. B. M. Plenipotentiary and British Merchants	英国驻华全权代表璞鼎查和当地英国商人的通信(续)	续上期	政府	12/2	1843.2	12/99
0921 Journal of Occurrences	时事报道	耆英与璞鼎查的通信;最近在广州的暴乱;帝国海军;遭遇海难的日本人;在澳门和马尼拉的报纸;一种中文刊物;一种中英文年历	时事报道	12/2	1843.2	12/108
0922 Loss of the English Brig Ann	英船“安”号失事	英船“安”号沉没,台湾官方抓获了所有船员,43人被斩首。(待续)	海事消息	12/3	1843.3	12/118
0923 Survey of Amoy Harbor	厦门港巡礼	柯林生(Collinson)著,摘自《航海杂志》(*Nautical Magazine*)。	航海	12/3	1843.3	12/126
0924 Notices of Kungming, a Chinese Hero	中国英雄孔明	对《三国志》中的英雄孔明的描述	人物	12/3	1843.3	12/131
0925 Remarks on Chinese Character	中国人的性格评论	对中国人的外貌、服饰、日常生活等的描述	文化	12/3	1843.3	12/140
0926 Christianity in Russia	俄罗斯的基督教	东正教会的特点和活动等	宗教	12/3	1843.3	12/147
0927 *Wúsung Customhouse Register*	《吴淞海关的详细记录》	简介及评论	书评	12/3	1843.3	12/149
0928 Account of the Cameronian Regiment	英军第26团(卡梅伦团)	从创始到现在的简介	军事	12/3	1843.3	12/150

0929	Journal of Occurrences	时事报道	钦差伊里布在广州去世;马尔科姆(Malcolm)上校从英国返回;鸦片贸易	时事报道	12/3	1843.3	12/171
0930	Brooke's Notices of Borneo and Its Inhabitants	布鲁克关于婆罗洲及其居民的介绍	布鲁克致加德纳(Gardner)的信	地理	12/4	1843.4	12/174
0931	Report of the Medical Missionary Society	医务传道会报告	(1)医务传道会对其历史和前景简述的报告;下属澳门医院1841—1842年的报告;伯驾代表该会在英美活动的报告;(2)关于中国医院的报告,前附伯驾致阿伯克罗比(Abercrombie)的一封信;(3)《在医学方面的传教事业》,玛高温(Macgowan)著,1842年于纽约出版。	医疗	12/4	1843.4	12/193
0932	Biographical Notice of the Late Mrs. Dean	已故迪恩女士生平	介绍其生平。	人物	12/4	1843.4	12/212
0933	*The Great Commission*	《伟大的任务:天主教和新教在中国》	介绍此书。	书评	12/4	1843.4	12/215
0934	Journal of Occurrences	时事报道	耆英被任命为钦差;美国"星座"号;关于走私问题的声明;损失的赔偿	时事报道	12/4	1843.4	12/229
0935	Notices of Chinese Tartary and Khoten	中国鞑靼与和阗地区	对鞑靼人的城镇、贸易、人口、语言等情况的介绍	游记	12/5	1843.5	12/230
0936	Loss of the English Brig Ann	英船"安"号失事(续)	续第3期	海事消息	12/5	1843.5	12/240
0937	Capture of Chápú	攻占察埔	卧乌古给斯坦利(Stanley)勋爵的信	战争	12/5	1843.5	12/253
0938	Callery's *Systema Phoneticum*	加略利的《中国文字的语音系统》	简介及评论	书评	12/5	1843.5	12/258

0939	The Life of Francis Xavier	沙勿略生平	在印度和日本传教的耶稣会士沙勿略的生平；原书为法文，德莱顿(Dryden)先生译为英文。	人物	12/5	1843.5	12/263
0940	Notices of Amoy and Its Inhabitants	厦门及其居民	摘自雅俾礼的日记。	地理	12/5	1843.5	12/271
0941	Shipping Entered at Hong Kong	进入香港的船只	1842年8月至9月的统计	贸易	12/5	1843.5	12/275
0942	Journal of Occurrences	时事报道	璞鼎查与广东巡抚的通信；行商还债的公告；《京报》摘录；黄恩彤(Hwáng Antung)、咸龄(Hienling)访问香港；加深京杭大运河的水道；在北京的蒙古官员；修建和重建寺庙；巴克和璞鼎查被授予巴斯勋章；美国"星座"号；对英国人的敌对情绪；香港情况	时事报道	12/5	1843.5	12/276
0943	*Grammar of the Siamese Language*	《闪族语言语法述略》	泰勒·琼斯(Taylor Jones)著，1842年于曼谷出版。	书评	12/6	1843.6	12/286
0944	Capture of Wúsung and Shánghái	攻占吴淞和上海	巴克致海军大臣的信	战争	12/6	1843.6	12/292
0945	State and Prospects of China	中国的现状和前景	现状及前景；基督教在中国的扩张	传教	12/6	1843.6	12/299
0946	*The Encyclopedia of the Chinese Language*	《汉语百科词典》	1842年于伦敦出版。	书评	12/6	1843.6	12/305
0947	Topography of Kwángtung	广东地志	对《广东通志》、《广东通省水道图》2本书的介绍	地理	12/6	1843.6	12/314
0948	Journal of Occurrences	时事报道	(1)中国官员的变动(根据《京报》整理)：伊里布去世，牛监被杀，咸龄访问澳门，琦善复职，黄恩彤的任命，怡良从台湾返回，耆英到广州、访问香港、换约；军事学校；反对博彩；香港的罗马天主教教堂；行商还债，在暴乱中行商的损失；东半球	时事报道	12/6	1843.6	12/332

0949	Champollion's *Egyptian Grammar*	《埃及语语法》	简介及评论	书评	12/7	1843.7	12/342
0950	Sir Hugh Gough's Dispatches	卧乌古的信	卧乌古致斯坦利勋爵的信中谈到上海和镇江被攻下。	战争	12/7	1843.7	12/346
0951	Bingham's *Expedition to China*	《远征中国，从战争开始到现在》	"摩德斯特(Modeste)"号已故上校宾格汉著，1842年于伦敦出版。	书评	12/7	1843.7	12/358
0952	History of Hong Kong	香港历史	从马礼逊教育会学校学生作文中看香港历史。	历史	12/7	1843.7	12/367
0953	Shipping Entered at Hong Kong	进入香港的船只统计	1843年1月至7月的统计	贸易	12/7	1843.7	12/373
0954	Mr. Callery's Reply to Mr. Lay's Strictures	加略利答李太郭	加略利对李太郭批评其《汉语百科词典》(见第6期)的回答	书评	12/7	1843.7	12/376
0955	Hong Kong Official Notices	香港政府公告	关于香港政府、中英贸易、总督的职责、法院的建立和规章、法官的誓词、税务、港口管理等的公告	政府	12/7	1843.7	12/384
0956	Journal of Occurrences	时事报道	马尔科姆上校离开；耆英的声明；法国在华领事	时事报道	12/7	1843.7	12/405
0957	Sailing Directions for the Coast of China	中国沿海航行指南	从厦门湾到扬子江口的航行指南	航海	12/8	1843.8	12/406
0958	Topographical Notices of Hong Kong	香港地志	形状、面积、地名、距离等	地理	12/8	1843.8	12/440
0959	Charitable Institutions in Hong Kong	香港的宗教和慈善机构	教堂、水手礼拜堂、学校、大学、医院等	慈善	12/8	1843.8	12/443

0960	Journal of Occurrences	时事报道	耆英宣布对所有国家的船只开放港口;给导航员的公告;香港政府的公告;任命立法会成员;璞鼎查对鸦片贸易的声明;香港的流行病;厦门的霍乱;行商还清债务;马儒翰去世;圣经翻译委员会	时事报道	12/8	1843.8	12/447
0961	Remarks on the Name of Jesus	耶稣的名字	麦都思在巴达维亚的一封信中谈到耶稣的名字在马来语中的翻译问题。	语言	12/9	1843.9	12/454
0962	Funeral Sermon on the Death of J. R. Morrison	在马儒翰的葬礼上的布道	1843年9月10日马礼逊教育会学校教师布朗在马儒翰葬礼上的布道	讣告	12/9	1843.9	12/461
0963	Capture of Chinkiáng Fú	攻占镇江府	巴克来自镇江的报告及卧乌古来自南京的报告谈及镇江被攻下以及在南京的战斗。	战争	12/9	1843.9	12/469
0964	Errata and Addition to the *Sailing Directions for Coast of China*	对《中国沿海航行指南》一文的勘误与补充	对上期文章的修订	航海	12/9	1843.9	12/481
0965	Topography of the Province of Canton	广东地志	对福建和交趾支那之间的岛屿的说明	地理	12/9	1843.9	12/482
0966	Asiatic Cholera in China	中国的霍乱	米怜1843年6月写于宁波的一封信	疾病	12/9	1843.9	12/490
0967	H. M. Ship Sulphur's Voyage	《英舰"硫磺"号环游世界航行记事(1836—1842)》	书中有1840年12月至1842年11月在中国沿海航行时的详细记录。	书评	12/9	1843.9	12/495
0968	*Chinese and English Dictionary*	《英汉字典》	麦都思著,1843年于巴达维亚出版。	书评	12/9	1843.9	12/501
0969	Journal of Occurrences	时事报道	在广州的贸易;侯官去世;怡良对台湾事件的回忆;美国派驻中国的代表;法国派驻中国的代表;法国领事与耆英会面;舟山附近地区的台风	时事报道	12/9	1843.9	12/505

0970	*Catalogue of Officers in Kwángtung*	《粤东同官录》	由一中国学者注释。	书评	12/10	1843.10	12/510
0971	British Trade with China	英华贸易	原载于 1843 年 3 月《亨特商业杂志》(*Hunt's Merchants' Magazine*),论述其特点及前景。	贸易	12/10	1843.10	12/518
0972	Visit to the City of Chángchau	漳州访问记	福建重要城市漳州的访问记	游记	12/10	1843.10	12/528
0973	Record of Criminals in the Hongkong Jails	香港监狱罪犯情况	香港监狱 1841 年 8 月 9 日至 1843 年 9 月 18 日收监的中国和欧洲罪犯的情况记录	法律	12/10	1843.10	12/539
0974	French Missionaries in Cochinchina	法国传教士在交趾支那	法国传教士在交趾支那蒙难和受法舰"女英雄(Heroine)"号营救的经过	传教	12/10	1843.10	12/542
0975	Infanticide in Fukien	福建的杀婴	从福建民间搜集到的杀婴资料	杀婴	12/10	1843.10	12/545
0976	Religious Intelligence	宗教消息	香港的信仰自由;伊斯兰教寺院;华人新建庙宇;英国浸礼会教堂;基督教活动;重译及修改《圣经》的工作;戴尔(Samuel Dyer)牧师去世。	宗教消息	12/10	1843.10	12/554
0977	Journal of Occurrences	时事报道	澳门新任总督;耆英对澳门贸易的让步;广州的动乱;在虎门签订补充条约及条约原文;有关英国船只的公告及耆英给商务监督的照会;广州火灾;英国领事前往上海与厦门。	时事报道	12/10	1843.10	12/558
0978	*Ten Thousand Things Relating to China and the Chinese*	《中国拾遗》	介绍民族特征、政府、历史、文学、农业、艺术、贸易、度量衡、风俗及社会生活等方面的情况;中国文物收藏馆长芝登(Langdon)著,1842 年于伦敦出版。	书评	12/11	1843.11	12/566
0979	The Chinese Spoken Language	汉语口语	在实践中学习和提高汉语口语听说能力的方法研究	语言	12/11	1843.11	12/587
0980	Prisons in the City of Canton	广州监狱	其数目、规模、特点、囚犯生活条件等	法律	12/11	1843.11	12/609

0981	Whale Fishery in the Chinese Seas	中国沿海的捕鲸业	介绍中国沿海居民的捕鲸业。	渔业	12/11	1843.11	12/613
0982	Sickness and Deaths in Hongkong	香港的疾病与死亡	英国圣公会一传教士来信谈到发生在香港的疾病与死亡。	疾病	12/11	1843.11	12/615
0983	Journal of Occurrences	时事报道	直隶及山东沿海的外国船只；广州货栈；行商的债务；船运邮政；英国驻香港海军司令巴克给舰队的备忘录；广州火灾的损失；残酷的死刑	时事报道	12/11	1843.11	12/618
0984	Report of the Morrison Education Society	马礼逊教育会报告	截至1843年10月1日的第5份年度报告	教育	12/12	1843.12	12/622
0985	Journal of Occurrences	时事报道	英驻上海和厦门领事的布告；关于人参进出口税率的改变；清廷有关关税的命令；荷兰商务代办；耆英离粤。	时事报道	12/12	1843.12	12/635
0986	Calendar for the Year 1844	1844年年历	1844年年历；在华外国人名单；商会、外国领事机构、香港殖民地政府、英国在华的海陆军队、澳门葡萄牙政府等人员名单	年历	13/1	1844.1	13/7
0987	Seven Months' Residence in Ningpo	在宁波居住7个月纪事	1842年12月7日至1843年7月7日（待续）	游记	13/1	1844.1	13/20
0988	Religious Intelligence	宗教消息	传播基督教的正当性；为香港教会每月集会拟定的讨论题；牧师职务；在中国的传教站	宗教信息	13/1	1844.1	13/50
0989	Journal of Occurrences	时事报道	国会关于管理在华臣民的法令和商务监督为此而发布的命令；香港官员的变动；拍卖地皮；璞鼎查给上海英领事的信；惩罚杀死沙伯(Sharpe)和麦金莱(McKinlay)的人犯；与行商的通讯；鸦片的赔偿；篇1的注释	时事报道	13/1	1844.1	13/54
0990	Loch's Campaign in China	洛赫在华见闻	摘自洛赫舰长著《在华战事的尾声》，介绍了扬子江之战与《南京条约》。	战争	13/2	1844.2	13/63
0991	List of Shipping Entered at Hongkong	进入香港的船只	1843年7月1日至12月31日	贸易	13/2	1844.2	13/76

0992	Rev. D. Abeel's Journal at Kulang Su	雅俾礼鼓浪屿纪事	摘自雅俾礼牧师 1843 年 4 月至 10 月的日记。	游记	13/2	1844.2	13/80
0993	Seven Months' Residence in Ningpo	在宁波居住 7 个月纪事(续)	续上期(待续)	游记	13/2	1844.2	13/83
0994	Bibliographical Notices	图书介绍	(1)《伊索寓言》,罗伯聃用福建漳州和广东潮州方言翻译,1843 年于新加坡出版;(2)《华英通用杂语》上卷;(3)《道光二十八年(1844 年)中国基督教年历》	书评	13/2	1844.2	13/104
0995	Journal of Occurrences	时事报道	对《京报》的评论;广州的贸易;香港废除奴隶制的法令;宁波的教会医院;美国使团;美国战舰"白兰地(Brandwine)"号;第 1 期第 1 篇注释补充	时事报道	13/2	1844.2	13/113
0996	The Land of Sinim	Sinim(秦国)之地	《圣经·以赛亚书》第 49 章第 12 节所指地区的考证(待续)	宗教	13/3	1844.3	13/119
0997	Addenda to the *Sailing Directions for the Coast of China*	《中国沿海航海指南》一文的增补	对第 12 卷第 8 期篇 1 文章的增补	航海	13/3	1844.3	13/129
0998	Seven Months' Residence in Ningpo	在宁波居住 7 个月纪事(续)	续上期(待续)	游记	13/3	1844.3	13/133
0999	Supplementary Treaty	《五口通商章程》	译自中文。	条约	13/3	1844.3	13/149
1000	Visit to the Batanes and Madjicosima Groups	巴旦群岛和马吉科西马群岛访问记	1843 至 1844 年英舰"萨马兰(Samarang)"号访问巴旦群岛和马吉科西马群岛纪事	游记	13/3	1844.3	13/156
1001	Journal of Occurrences	时事报道	香港政府有关海员和印刷业的法令;美国使团成员名单;法国领事;厦门事态;遭遇沉船的日本人	时事报道	13/3	1844.3	13/170
1002	Notices of the Siamese	暹罗人	已故的布律吉埃尔(Bruguiere)先生译自《传道年鉴》,介绍暹罗的宗教与风俗习惯。	风俗	13/4	1844.4	13/175

1003	Journal of Occurrences	时事报道	香港政府的法令:授予英国领事裁判权,实行契约、遗嘱登记的规定,维护香港的整洁与秩序;《广州周报》	时事报道	13/4	1844.4	13/223
1004	Conversion of the Jews	论犹太人与基督教会的关系	1844年3月4日一耶稣会士在香港教会每月集会上所作的讲演	宗教	13/5	1844.5	13/231
1005	Journal of the Rev. D. Abeel's at Amoy	雅俾礼牧师厦门日记	摘自雅俾礼牧师的《鼓浪屿纪事》。	游记	13/5	1844.5	13/239
1006	Ophthalmic Hospital at Canton	广州眼科医院	1840年1月1日至6月17日的第11份报告	医疗	13/5	1844.5	13/245
1007	Memoir of Chin Chungmin	陈忠愍(化成)传略	介绍其生平。	人物	13/5	1844.5	13/253
1008	Porcelain Tower at Nanking	南京琉璃宝塔画	江南报恩寺珍藏的一幅珍贵的琉璃宝塔画	艺术	13/5	1844.5	13/267
1009	Journal of Occurrences	时事报道	香港总督德庇时;其他新任命;拉蒂蒙冬(Ratti-Menton)伯爵与中国官员的通信;香港政府第7第8号法令;法、美在中国海上的舰队;耆英再任钦差大臣;在贸易方面对葡人的再次让步;广州的美国旗杆;平民反对重建英国商馆;北方港口;《京报》摘录;大旱;中国人的疾病;蒙古人的种痘	时事报道	13/5	1844.5	13/272
1010	Considerations on the Language of Communication between the Chinese and European Governments	关于中国与欧洲政府通信用语的见解	建议中欧双方互相学习和使用彼此的语言。	政府	13/6	1844.6	13/287
1011	Ophthalmic Hospital at Canton	广州眼科医院	1842年11月21日至1843年12月31日的第12份报告	医疗	13/6	1844.6	13/307
1012	Provinces, Departments and Districts in China	中国各省、府、县	按字母顺序排列的中国各省、府和县名称及其经纬度(待续)	地理	13/6	1844.6	13/326

1013	Journal of Occurrences	时事报道	香港政府法规:关于警察之第12号,关于华人之第13号,关于赌博之第14号;关于外国人迁出南澳的布告;广州的骚乱;群众对外国人的情绪;耆英抵达广州;璞鼎查离开中国;香港的劫案;沿海港口商务;福州领事;拉蒂蒙冬伯爵与耆英的通信	时事报道	13/6	1844.6	13/333
1014	Seven Months' Residence in Ningpo	在宁波居住7个月纪事(续)	续第3期(待续)	游记	13/7	1844.7	13/343
1015	Provinces, Departments and Districts in China	中国各省、府、县(续)	续上期(待续)	地理	13/7	1844.7	13/363
1016	Report of the Medical Missionary Society	医务传道会报告	关于在华活动的报告;附该会医务官员的报告。	医疗	13/7	1844.7	13/375
1017	Report of the Hospital at Hongkong	医务传道会香港医院的报告	见于合信给代理秘书的一封信。	医疗	13/7	1844.7	13/383
1018	Morrison Education Society	马礼逊教育会	教育会香港学校的学生书信精选;该会的基金	教育	13/7	1844.7	13/389
1019	Journal of Occurrences	时事报道	《中美望厦条约》;耆英任两广总督;耆英上任的昭告;祁昆(Ki Kung)去世;耆英关于南澳居民的信;香港的土地拍卖;广州河水泛滥;广州事态;舟山的占领期;《京报》摘录	时事报道	13/7	1844.7	13/392
1020	Nieuhoff's *Embassy to the Court of Peking in* 1654	《1654年荷兰使团出使清廷纪实》	于阿姆斯特丹出版。	书评	13/8	1844.8	13/399
1021	Report of the Hospital at Shanghai	医务传道会上海医院的报告	介绍医院情况,附1844年在上海和1843年在舟山和宁波的病案统计。	医疗	13/8	1844.8	13/414

1022	Provinces, Departments and Districts in China	中国各省、府、县（续）	续上期（待续）	地理	13/8	1844.8	13/424
1023	Treaty of Nanking	《南京条约》	1842年8月29日签于南京；中英文本	条约	13/8	1844.8	13/443
1024	Journal of Occurrences	时事报道	法国外交使节赴华；顾盛(Cushing)回美；德庇时总督访问北部港口；5个口岸的民众情绪；缴获鸦片。	时事报道	13/8	1844.8	13/453
1025	Supplementary Treaty	《五口通商章程》	1843年10月8日璞鼎查和耆英在虎门签订。	条约	13/9	1844.9	13/455
1026	The Land of Sinim	Sinim（秦国）之地（续）	《以赛亚书》中预言的实现（待续）	宗教	13/9	1844.9	13/472
1027	Provinces, Departments and Districts in China	中国各省、府、县（续）	续上期（待续）	地理	13/9	1844.9	13/484
1028	Journal of Occurrences	时事报道	皇帝批准《望厦条约》；条款摘要；耆英到澳门；黄恩彤的晋升；马礼逊教育会6周年纪念；香港教会学校；为医务传道会宁波医院捐款；医治流行病的佛门仙方；按察使的奏折	时事报道	13/9	1844.9	13/506
1029	Geographical Notices of Tibet	西藏地志	区域、主要城市、湖泊、冰河和矿产等；摘自《亚洲文会杂志》。	地理	13/10	1844.10	13/511
1030	Provinces, Departments and Districts in China	中国各省、府、县（续）	续上期	地理	13/10	1844.10	13/519
1031	Description of a Longevity Screen	"寿屏"介绍	介绍一幅"寿屏"。	艺术	13/10	1844.10	13/541
1032	The Land of Sinim	Sinim（秦国）之地（续）	续上期（待续）	宗教	13/10	1844.10	13/543

1033	Philosophical Opinions of Chú Futsz'	朱夫子哲学	朱夫子关于唯心论和原始物质的哲学观点(待续)	哲学	13/10	1844.10	13/558
1034	Journal of Occurrences	时事报道	《中国丛报》编辑部迁往香港;香港殖民地的介绍;德庇时总督从北部港口返回;广州;鸦片贸易的增长;中国皇帝近况	时事报道	13/10	1844.10	13/565
1035	Appendix to the List of Provinces, Departments and Districts in China	中国各省、府、县名称附录	按字母顺序排列的中国各省、府、县名称附录;18 省以外的区域、镇和部落等的名称	地理	13/11	1844.11	13/567
1036	The Land of Sinim	Sinim(秦国)之地(续)	罗马天主教会在中国(待续)	宗教	13/11	1844.11	13/584
1037	Journal of Occurrences	时事报道	耆英的地位;原水师提督受贬;传教士的死亡;医务传道会香港医院;《中法条约》;有关注册条例的通信	时事报道	13/11	1844.11	13/609
1038	Philosophical Opinions of Chú Futsz'	朱夫子哲学(续)	关于"太极"的哲学观点	哲学	13/12	1844.12	13/615
1039	Report of the Morrison Education Society	马礼逊教育会报告	第 6 份年度报告;附会议记录。	教育	13/12	1844.12	13/625
1040	The Land of Sinim	Sinim(秦国)之地(续)	新教传教会在中国	宗教	13/12	1844.12	13/647
1041	Prisoners in the Jails of Hongkong	香港监狱罪犯情况	香港监狱 1843 年 9 月 20 日至 1844 年 11 月 15 日收监的中国和欧洲罪犯的情况记录	法律	13/12	1844.12	13/660
1042	Declaration Respecting Transit Duties	有关关税的条款	关于《中英南京条约》第 10 款的说明	条约	13/12	1844.12	13/661
1043	Journal of Occurrences	时事报道	中文活字印刷标本和中文金属活字;新版《佩文韵府》;加略利的《汉语百科词典》;澳门港口对一切外国船只开放;香港最高法院第二次开庭;《京报》;中国皇帝近况	时事报道	13/12	1844.12	13/662

1044	Calendar for the Year 1845	1845 年年历	1845 年年历;在华外国人名单;商号、香港殖民地政府、驻华英军、各国领事机构、葡萄牙澳门政府人员一览表	年历	14/1	1845.1	14/7
1045	Obituary Notices of Mrs. Shuck	叔未士夫人的讣告	美国浸礼会来华教士叔未士夫人的讣告	讣告	14/1	1845.1	14/25
1046	Treaty of Peace between England and China	《中英南京条约》	译自中文。	条约	14/1	1845.1	14/32
1047	U. S. A. Treaty with China	《中美五口通商条约》	共 34 款;译自中文。	条约	14/1	1845.1	14/36
1048	French Treaty with China	《中法通商条约》	共 35 款。	条约	14/1	1845.1	14/47
1049	Christianity in China	基督教在中国	在中国居民中传播基督教的必要性;基督教世界认为的在中国传播基督教的理由	传教	14/1	1845.1	14/57
1050	Versions of the N. T. in Chinese	《新约》中文版章节	《约翰福音》第 1 章第 1 节 6 种不同中译文的比较研究	语言	14/1	1845.1	14/60
1051	Journal of Occurrences	时事报道	中英、中法、中美条约;北京、上海、宁波、鼓浪屿、广州、澳门、香港的事态;基督教传教士在中国。	时事报道	14/1	1845.1	14/61
1052	Ordinance against the Triad Society	取缔三合会的法令	取缔香港及其属地的三合会和其他秘密会社的法令	会社	14/2	1845.2	14/63
1053	Milne's Account of the Triad Society	米怜关于三合会的一些报道	关于中国秘密会社三合会的一些报道	会社	14/2	1845.2	14/65
1054	Illegal Associations	非法会社	组织非法会社的罪恶;取缔术士、异教头目和邪教说教者;改恶从善;茶帮	会社	14/2	1845.2	14/75
1055	List of Chinese Officers	中国政府官员名单	摘自《红本》。	名录	14/2	1845.2	14/83

1056	Chinese Words for God and Spirit	“God”、“Spirit”的中译	“God”、“Spirit”的中译及《圣经》中专有名词的中译	语言	14/2	1845.2	14/107
1057	Journal of Occurrence	时事报道	秘密会社；尼泊尔的革命；北京新内阁；政府的财政困难；5个口岸；香港和澳门；新出版物；新教传教士	时事报道	14/2	1845.2	14/110
1058	Notices of the Miáu Tsz’	苗族简况	居住在中国西部和南部各省山区的苗族简况	少数民族	14/3	1845.3	14/111
1059	Essay on the Justice of the Dealings with the Miáu Tsz’	论公平对待苗民	译自中文原文。	少数民族	14/3	1845.3	14/121
1060	*Views in China*	《古老而封闭的中华帝国》	介绍其风景、建筑和社会习惯；托马斯·阿隆(Thomas Allom)著。	书评	14/3	1845.3	14/124
1061	Chinese Divisible Type	中文活字铅板	美国长老会来华差会制作的中文活字铅板	印刷	14/3	1845.3	14/130
1062	The Imperial Family	宗人府	管理宗室事务的机构	政府	14/3	1845.3	14/136
1063	Literary Notices	文艺通告	《中国邮报》(*China Mail*)1—5号；1845年年历；加略利的《汉语百科词典》	文艺通告	14/3	1845.3	14/141
1064	Remarks on the Words God, Spirit and Angel	对“God”、“Spirit”、“Angel”等词中译问题的讨论	对这3上关键词中译问题的讨论	语言	14/3	1845.3	14/151
1065	Journal of Occurrence	时事报道	基督教在中国；基督教传教士；马礼逊教育会的新教师；广州斗殴事件；撤离鼓浪屿；鼓浪屿骚乱；香港；澳门港口的新规则	时事报道	14/3	1845.3	14/154
1066	Embassies to China	出使中国	到过北京的外国使团来华的路线、驻京时间及成员；一位中国人译自《大清会典》。	中外关系	14/4	1845.4	14/159
1067	Chinese Reminiscences	中国见闻录	根据已故马礼逊博士1826—1827年的日记整理。	游记	14/4	1845.4	14/162

1068	Topography of K-wángsi	广西地志	位置、幅员、面积、人口、政区、河流、山脉、物产等	地理	14/4	1845.4	14/177
1069	Foundling Hospital at Shanghai	上海育婴堂	其报告	慈善	14/4	1845.4	14/183
1070	Toleration of Christianity	弛禁基督教	1844年12月28日道光皇帝在耆英的奏折上所作的朱批	传教	14/4	1845.4	14/201
1071	Journal of Occurrences	时事报道	《京报》;皇帝举行祭祀;北方港口;宁波;茶叶的运输;香港;医务传道会的活动;耶稣会士	时事报道	14/4	1845.4	14/205
1072	The Syrian Monument	大秦景教流行中国碑	发现于西安府公元718年立的"大秦景教流行中国碑"	宗教	14/5	1845.5	14/207
1073	Some Account of Charms	祝福的装饰物	中国人身上穿戴和房里悬挂的表示祝福的装饰物;摘自马儒翰1831年7月2日在英国亚洲文会上所作的报告。	风俗	14/5	1845.5	14/235
1074	List of Chinese Officers	中国政府官员名单	摘自《红本》春季版。	名录	14/5	1845.5	14/240
1075	*Grave of Mr. James D. Perit*	《詹姆斯的墓地》	咏法国人的墓地。	书评	14/5	1845.5	14/248
1076	Journal of Occurrences	时事报道	中国官员;林则徐;邓廷桢;耆英;黄恩彤;潮洲府的三合会;鸦片走私船队;中国外科医学会;一篇关于几种外国硬币的短文;福州的商业;批准《望厦条约》;一个华人在波士顿入籍;香港释放犯人;英女王生日;公共事业的发展;美国"米达斯(Midas)"号轮船;基督教差会	时事报道	14/5	1845.5	14/249
1077	Sailing Directions for the Pang-hú	澎湖航行指南	澎湖航行指南及该岛情况	航海	14/6	1845.6	14/255
1078	Sailing Directions for the Coast of China	中国沿海航行指南	从好望角到厦门	航海	14/6	1845.6	14/264
1079	The Russian Trade at Kiachta	卖买镇的中俄贸易	俄国人在中国边境城市的贸易情况	贸易	14/6	1845.6	14/286

1080	Morrison Education Society Library	马礼逊教育会图书馆	《中国丛报》印刷所1845年在香港出版的图书馆图书目录	书评	14/6	1845.6	14/294
1081	Notices of Hongkong	香港介绍	该岛的位置、形状、幅员、地形、物产、地质特征；主要区域维多利亚、石牌湾等；原来的地主；割让给英国；殖民地的建立；其政府、人口和前景	地理	14/6	1845.6	14/297
1082	Mr. Gully's Journal	古利先生的日记	古利和德纳姆(Denham)船长1842年在中国被拘禁时的日记，由一律师整理，1844年于伦敦出版。	书评	14/6	1845.6	14/304
1083	Journal of Occurrences	时事报道	广州一戏院火灾造成严重损失；福州的商务；阿吉拉米(D'Aguilar)少将从北方回来；对中国和台湾海岸的勘测；中国的海盗；中国人和外国人的关系	时事报道	14/6	1845.6	14/310
1084	*The Jews in China*	《犹太人在中国，其教堂、圣书和历史》	芬恩(Finn)著，1843年在伦敦出版。(待续)	书评	14/7	1845.7	14/311
1085	Great Destruction of Life by Fire	火灾的破坏	1845年5月25日广州考场附近的戏院火灾的经过情形	事件	14/7	1845.7	14/341
1086	Meteorological Observations in Bangkok	曼谷气象	1839—1844年曼谷气温观察记录	气象	14/7	1845.7	14/343
1087	*Easy Lessons in Chinese*	《拾级大成》	卫三畏著，1842年《中国丛报》印刷所出版。	书评	14/7	1845.7	14/345
1088	List of Foreign Residents in Canton	广州的外国人名录	1845年7月在广州的外国居民及外国商号一览表	名录	14/7	1845.7	14/354
1089	Journal of Occurrences	时事报道	《中国丛报》编辑部迁到广州；中国付给英国政府200万元；在香港和广州公开处决犯人；美国军舰"宪法(Constitution)"号；美国新任驻华公使；香港的政府变动；新任美国领事；冰的进口；法国传教士在交趾支那；基督教差会在中国	时事报道	14/7	1845.7	14/357

1090	Treaty with the United States	与美国的条约	美国总统给参议院的咨文转达顾盛与耆英分别代表各方政府签订的条约。(待续)	条约	14/8	1845.8	14/359
1091	A Funeral Sermon	葬礼布道	1845年7月27日伯驾在澳门斯沃德夫人(Mrs. Mary Sword)的葬礼上所作的布道	讣告	14/8	1845.8	14/383
1092	*The Jews in China*	《犹太人在中国,其教堂、圣书和历史》(续)	续上期	书评	14/8	1845.8	14/394
1093	Medhurst's *Chinese Dialogues*	《汉语口语和常用句型》	为促进贸易和帮助汉语初学者而编的一部书,麦都思著,1844年上海墨海书馆出版。	书评	14/8	1845.8	14/401
1094	Journal of Occurrences	时事报道	香港居民致斯坦利勋爵的请愿书和致德庇时总督的信;"玛丽伍德小姐(Lady Mary Wood)"号轮船;首批每月由陆路投递的邮件到英国;香港的联合教堂;法国外交使团在中国;交换条约;四川主教去世;基督教差会在中国	时事报道	14/8	1845.8	14/403
1095	Particulars of the Export of Teas, Raw Silk to Britain and America	运往英、美的茶叶和生丝情况统计表	1844年6月30日至1845年7月1日各种船只运往英、美的茶叶和生丝情况统计表,附1843年至1844年的概况。	贸易	14/9	1845.9	14/407
1096	Treaty with the United States	与美国的条约(续)	续上期	条约	14/9	1845.9	14/416
1097	History of Buddhism	佛教史	耶鲁大学阿拉伯文和梵文教授索尔兹伯里(Salisbury)1844年5月28日在美国东方学会年会上所作的讲演	宗教	14/9	1845.9	14/429
1098	A Discourse by Governor Hwáng	黄官员的文章	巡抚部院兼署学政黄先生作的《劝戒愚民重生论》	书评	14/9	1845.9	14/442

1099	China Medical and Chirurgical Society	中国外科医学会	明登(Minden)医院的外科医生塔克(Tucker)在中国外科医学会第一次会议上所致开幕辞,论述该会建立的意义及在华欧洲人易患的疾病。	医疗	14/9 1845.9	14/451
1100	Journal of Occurrences	时事日报	中国节日;新任海关监督;法国公使;德庇时总督获从男爵位;地方新闻;《京报》	时事报道	14/9 1845.9	14/454
1101	Ophthalmic Hospital Canton	广州眼科医院	1844 年 1 月 1 日至 1845 年 7 月 1 日的第 13 份报告	医疗	14/10 1845.10	14/455
1102	Report of the Morrison Education Society	马礼逊教育会	第 7 份年度报告,附会议记录。	教育	14/10 1845.10	14/471
1103	A Christian Hymn in Chinese	一首中文赞美诗	中英文本	书评	14/10 1845.10	14/491
1104	Death of Sue Aman	徐亚满之死	与美国的条约;一美国人在广州开枪打死中国人徐亚满。(待续)	事件	14/10 1845.10	14/493
1105	Journal of Occurrences	时事报道	广州火灾;大街上喝醉酒的海员;宗教消息;上海的船只;中国海上的台风与暴雨;福州骚乱;令人鼓舞的前景;香港外国人的归化问题;外国人在广东的自由:一份公告	时事报道	14/10 1845.10	14/500
1106	Morrison Education Society	马礼逊教育会	评马礼逊教育会学生 1845 年 9 月 24 日年终考试的范文。	教育	14/11 1845.11	14/503
1107	Notices of China	中国介绍	塞拉(Serra)1830 年 7 月 17 日在英国亚洲文会上所作的讲演,德庇时供稿。	中国	14/11 1845.11	14/525
1108	Death of Sue Aman	徐亚满之死(续)	续上期	事件	14/11 1845.11	14/531
1109	Toleration of Catholicism in China	弛禁罗马天主教	摘自两广总督耆英和广东巡抚黄恩彤的一封信。	传教	14/11 1845.11	14/545
1110	J. Tyler's Letter to the Emperor of China	约翰·泰勒致中国皇帝的信	美国总统 1843 年 7 月 12 日致中国皇帝的信	政府	14/11 1845.11	14/548

1111	Journal of Occurrences	时事报道	宗教游行；宣布与外国订立条约；林氏的《四洲志》；北京的武举考试；义华业(Everett)公使返美；耆英访问香港；宗教消息；印度鸦片的增加	时事报道	14/11	1845.11	14/549
1112	Second War with China	与中国的第二次战争	可能导致这场战争的种种原因；关于避免敌对冲突的方式方法的意见	战争	14/12	1845.12	14/551
1113	Treaty of Wanghiá	《中美望厦条约》	1844 年 7 月 3 日顾盛与耆英签订中英两种文本。	条约	14/12	1845.12	14/561
1114	Excursion to the City of Súchau	苏州见闻	法国使团商务参赞赫德(Hedde)游览苏州的见闻	游记	14/12	1845.12	14/590
1115	Toleration of the Christian Religion	弛禁基督教	钦差大臣耆英致函美国领事福士(P. S. Forbes)，宣布弛禁基督教。	传教	14/12	1845.12	14/593
1116	Journal of Occurrences	时事报道	美国舰队司令璧珥(J. Biddle)；互换条约；尚未完全执行的《南京条约》；关于北京；法国使团；林钦差；福琼(Fortune)先生；"卡斯尔亨特利(Castle Huntley)"号船；一艘中国舢板被外国船只撞沉；"霍斯布鲁格"灯塔；香港的卫生；一年的终结	时事报道	14/12	1845.12	14/596
1117	Calendar for the Year 1846	1846 年年历	新年；前景展望；1846 年年历；在华外国商行和官员名单	年历	15/1	1846.1	15/7
1118	French and Chinese Commercial Treaty	《中法黄埔条约》	1844 年 10 月 24 日订立，中法对照。	条约	15/1	1846.1	15/16
1119	Catholic Religion in China	在华天主教	在华天主教介绍；摘自湖广教区里佐勒蒂(Rizzolali)主教的书信。	传教	15/1	1846.1	15/45
1120	Riot in Canton	广州暴乱	广州暴乱；政府告示允许洋人进城；士绅和民众的反驳声明；知府署前的揭贴；民众拆毁和焚烧知府官署；当局再次发出安民告示。	事件	15/1	1846.1	15/52
1121	Journal of Occurrences	时事报道	民众骚乱平息；2100 万元清付；新知府上任；黄埔兵船；难题；林则徐被起用为总督；北方港口——上海、福州、厦门、香港；华人新年；基督教差会；马礼逊基金	时事报道	15/1	1846.1	15/61

1122	Description of City of Canton	广州介绍	居民人数及特点；该城商业；附城乡村的道路；进城权；德庇时致耆英照会；佛山纪行；上次战事的影响；各种方言；一个传教站	广州	15/2	1846.2	15/63
1123	Notices of J. A. Goncalves	公神甫传略	公神甫传略及他的若干汉学著作介绍；加略利著。	人物	15/2	1846.2	15/75
1124	Missionary Labors in Siam	暹罗的传教工作	曼谷眼科医院；布雷德利(Bradley)夫人去世；学校及教会现状	传教	15/2	1846.2	15/86
1125	The Oregon Territory	俄勒冈地方概况	风土、气候、物产、人口、政治关系等等	地理	15/2	1846.2	15/90
1126	Navigation of the Chinese Seas	中国海上航行概述	扬子江口；吴淞江及上海港口；在罗马尼亚外岛(Romania Outer Island)建造纪念"霍斯布鲁格"灯塔的建议	航海	15/2	1846.2	15/104
1127	Epitaph on the Grave of the Rev. Dr. Morrison	马礼逊牧师墓志铭	澳门英国人墓地中的马礼逊牧师墓志铭；马儒翰及戴尔牧师墓志铭	讣告	15/2	1846.2	15/110
1128	Versions of the *Holy Scriptures*	《圣经》中译本	《圣经》中译本：修订的必要；需要特别注意的词汇；召集代表会议的建议	宗教	15/2	1846.2	15/114
1129	Journal of Occurrences	时事报道	外国领事馆；基督教士在中国；关于外国人入城的谈判中断；谈判重新举行；澳门将成为部分自由港。	时事报道	15/2	1846.2	15/116
1130	Notices of Cochinchina	交趾支那见闻	赴华法国使团人员赫德于1844年春途经该地所记	游记	15/3	1846.3	15/119
1131	Review of Disease in Hongkong	香港的疾病	在华尤其是在香港的欧洲人易患的疾病种类	疾病	15/3	1846.3	15/130
1132	Houses and Revenue of Hongkong	香港居民及公共建筑	香港居民及公共建筑一览表；附香港1845年财政收支情况。	地理	15/3	1846.3	15/141
1133	Chinese Proverbs	中国成语选译	选自马若瑟《汉语语法研究》英译本。	语言	15/3	1846.3	15/146
1134	*English and Chinese Vocabulary*	《英华韵府历阶》	卫三畏著，本刊印刷所出版。	书评	15/3	1846.3	15/151

1135 British Shipping at Canton	广州英国船只	1845 年英国船只在广州港口所付吨位税及进出口税统计表	贸易	15/3	1846.3	15/156
1136 Toleration of Christianity	弛禁基督教的圣谕	进一步弛禁基督教的圣谕，宣布归还全部中国基督教徒的不动产。	传教	15/3	1846.3	15/160
1137 Journal of Occurrences	时事报道	有关广东前任巡抚的回忆录；现任巡抚的告示；民众对外国人的情绪；法国使团；义华业先生；中国勋章；香港海洋医院；马礼逊教育会；安息日礼炮；"伯劳弗(Plover)"号；厦门；琉球；访问福州、宁波、舟山、上海、北京。	时事报道	15/3	1846.3	15/163
1138 Revision of the Chinese Version of the Bible	《圣经》中译本的修订	关于"God"、"Father"、"Son"、"Spirit"、"Soul"、"Prophet""Baptism"、"Sabbath"诸词汉译的意见	语言	15/4	1846.4	15/167
1139 Shipping in the Port of Canton	广州港口的商船	1845 年进入广州港口的各国商船的数目及总吨位等的统计	贸易	15/4	1846.4	15/171
1140 Captain Mercator Cooper's Visit to Japan	哈珀船长访问日本见闻	哈珀船长的捕鲸船"曼哈顿(Manhattan)"号访问日本见闻	游记	15/4	1846.4	15/178
1141 Report of the Dispensary at Amoy	厦门医院报告	1844 年 2 月 1 日至 1845 年 7 月 1 日的报告；合文(J. C. Hepburn)医生撰。	医疗	15/4	1846.4	15/187
1142 Notices of Fuhchau Fú	福州府概况	摘自四美(G. Smith)牧师奉英国安立甘会(Chruch Missionary Society)之命对中国 5 个条约港口作调查旅行时的日记。	游记	15/4	1846.4	15/191
1143 Destruction of the Prefect's Office	府署被破坏	广东总督及巡抚关于广州府署被捣毁的奏折	政府	15/4	1846.4	15/225
1144 Extracts from the *Peking Gazettes*	《京报》摘录	道光二十六年 1—4 期	书评	15/4	1846.4	15/227
1145 Journal of Occurrences	时事报道	谷物歉收；雨和暴雨；冰雹；雷殛；耆英与香港总督德庇时会谈；皇上颁赐；检阅军队；斩决犯人；壁珥海军司令及美国公使团；上海新领事；五口岸；澳门；合信夫人去世。	时事报道	15/4	1846.4	15/229

1146	Notices of the City of Fuhchau Fú	福州府介绍	摘自《世界新闻》(*News of the World*)及哥林森(Collinson)船长的《闽江航行记》。	游记	15/5	1846.5	15/231
1147	Sermon on Christan Missions	关于基督教传教问题的演说	1846年3月29日礼拜日四美牧师在香港殖民地教堂的两次讲道	传教	15/5	1846.5	15/240
1148	Letter of Bishop Besi	罗类思主教的信	山东教区主教罗类思致意大利教会领导人的信;1843年5月15日写于南京,译自《传道年鉴》1844年9月刊。	传教	15/5	1846.5	15/256
1149	Chinese Tariff	《议定五口进出货物完税则例》	介绍条例内容。	条约	15/5	1846.5	15/268
1150	Extracts from the *Peking Gazettes*	《京报》摘录	道光二十六年5—8期	书评	15/5	1846.5	15/273
1151	Journal of Occurrences	时事报道	舟山群岛即将交还中国;准许商用汽轮运载商品;香港通讯;陨石;广州外国人狭窄而又残破的住处;澳门	时事报道	15/5	1846.5	15/283
1152	Report of the Hospital at Shanghai	医务传道会上海医院报告	1844年5月1日至1845年6月30日的报告	医疗	15/6	1846.6	15/287
1153	Table of the Export at Canton	贸易情况统计表	1845年12月31日止广州、上海、宁波、福州和厦门贸易情况统计表	贸易	15/6	1846.6	15/297
1154	Roman Catholic Missions in China	在华天主教概况	传教士及信徒的数字;全国的教区划分等	传教	15/6	1846.6	15/304
1155	Secret Society in Singapore	新加坡华人的秘密会社	最近的活动情况;摘自新加坡《自由报》(*Singapore Free Press*)。	会社	15/6	1846.6	15/306
1156	Su Aman's Widow	徐亚满遗孀	打死他的人自愿为其母和遗孀提供抚恤金。	事件	15/6	1846.6	15/312
1157	Chinese Terms for Deity	"Deity"的中译	对《圣经》中译本中用以表达"Deity"的几个词汇——"上帝"、"天"、"神"的考查	语言	15/6	1846.6	15/317

1158 A Walk around the City of Canton	广州漫步	停尸房;医灵庙;回教庙宇;城北风景;炮台;古堡;奇特的墓地	广州	15/6	1846.6	15/323
1159 Extracts from the *Peking Gazettes*	《京报》摘录	道光二十六年9—16期	书评	15/6	1846.6	15/327
1160 Journal of Occurrences	时事报道	外国人住宅;房租地租;检阅军队;美国舰队;澳门港口条例;海盗;绑架;香港海事法庭;驻舟山英军;两个华人天主教教士;耶稣会士;入教者的受洗;婚礼;圣职任命	时事报道	15/6	1846.6	15/330
1161 The Character Jin	论"仁"字之真义	仁至难言	文化	15/7	1846.7	15/335
1162 Report of the Ningpo Missionary Hospital	宁波教会医院报告	宁波教会医院给中国医务传道会的报告;1845年9月1日玛高温作于宁波。	医疗	15/7	1846.7	15/348
1163 *Hunt's Merchant's Magazine*	《亨特商业杂志》摘录	商业——自由的职业;中国的商业;中国及中国的和平;波士顿的中国博物院	商业	15/7	1846.7	15/351
1164 Translation of a Buddhist Print	佛书译文	一段关于千手、千眼、大慈、大悲陀罗尼佛的佛书译文	宗教	15/7	1846.7	15/357
1165 Amoy	厦门	基督教传教士进入厦门的历史;厦门城市及岛屿的介绍	传教	15/7	1846.7	15/361
1166 Notices of the Riot in Canton	广州暴乱报告	1846年7月8日晚广州发生暴乱的报告	事件	15/7	1846.7	15/370
1167 Extracts from the *Peking Gazette*	《京报》摘录	1846年3月19日第17期至4月19日第32期	书评	15/7	1846.7	15/380
1168 Journal of Occurrences	时事报道	18省举行乡试;归还舟山;香港殖民地教会;救济外国伤病员;鸦片种植地;中国海上的台风;广州事态;一次袭击	时事报道	15/7	1846.7	15/382
1169 A Confucian Tract	儒学小册子	一本劝人常存天理良心的儒学小册子	书评	15/8	1846.8	15/383

1170	Particulars of the Export of Teas and Raw Silk to the United Kingdom in Each Vessel from 30th June, 1845 to lst July 1846	1845年6月30日至1846年7月1日各种船只运往英国的生丝、茶叶的统计表	船只、商品等数据统计表	贸易	15/8	1846.8	15/392
1171	Export of Teas to the United States from 30th June 1845 to 1st July 1846	1845年6月30日至1846年7月1日运往美国茶叶统计表	包括运往美国的生丝和杂货统计表。	贸易	15/8	1846.8	15/402
1172	The Roman Catholic Missions	天主教会	四川天主教会活动情况;译自四川教区主教皮罗秋(Perocheau)的一封信。	传教	15/8	1846.8	15/406
1173	The Hall of United Benevolence	仁爱会	仁爱会救济寡妇、老人以及提供棺木、墓地的规则	慈善	15/8	1846.8	15/408
1174	List of Foreign Residents in Canton	广州的外国人名单	1846年8月居住在广州的外国人名单	名录	15/8	1846.8	15/432
1175	Journal of Occurrences	时事报道	最近的暴乱;一次谋杀性的袭击;“复仇神”号;中国士兵;流浪汉与污秽环境;黄埔的牧师;马礼逊教育会年会;救助在华伤病外国人;驻粤各国领事;撤离舟山、宁波;罗马天主教传教士;《新约》中译本的校订	时事报道	15/8	1846.8	15/437
1176	Chinese Views of Intoxicating Liquor	中国人对饮酒的见解	从中国古代帝王的一篇《酒诰》看中国人对饮酒的见解。	文化	15/9	1846.9	15/439
1177	Typhoon	台风	1846年6月“伯鲁多(Pluto)”号、“复仇神”号和“西华(Siewa)”号在中国海域遇到台风的详情	海事消息	15/9	1846.9	15/451

1178	Missions in Manchuria and Corea	满洲及高丽的教会	满洲教区大主教维罗尔(Verroles)致教会两个中心委员会的信	传教	15/9	1846.9	15/459
1179	Notices of the Danish Man-of-War	丹麦军舰	周游世界的丹麦军舰"加列提阿(Galathea)"号	游记	15/9	1846.9	15/467
1180	Terms for the Deity	"Deity"一词的译法	对于《圣经》中译本中对"Deity"一词译法的评论	语言	15/9	1846.9	15/470
1181	Notices of Shánghái	上海介绍	位置、幅员、住宅、公共建筑物、花园、人口及商业	上海	15/9	1846.9	15/472
1182	Extracts from the *Peking Gazettes*	《京报》摘录	1846年4月20日第33期至1846年5月15日第45期	书评	15/9	1846.9	15/479
1183	Journal of Occurrences	时事报道	上海交通及商业的便利措施;宁波出现的凶兆及地震;赔偿福州事件的损失;香港、厦门、广州近事;各省乡试	时事报道	15/9	1846.9	15/482
1184	The Theory of Missions to the Heathen	向异教徒传道的原理	安德生(Anderson)牧师在派遣韦伯先生到异教地区传教的授职典礼上的一次布道	传教	15/10	1846.10	15/487
1185	British Authorities in Borneo	婆罗洲的英国当局	追进文莱;攻克文莱城堡;英国政策的完全成功	政府	15/10	1846.10	15/504
1186	Government of Borneo and Its Dependencies	婆罗洲政府及其统领地	1846年2月28日荷兰总督的告示	政府	15/10	1846.10	15/510
1187	Roman Catholic Missions in Corea	罗马天主教在高丽	高丽教区大主教费雷奥尔(Ferreol)致传道会的信	传教	15/10	1846.10	15/513
1188	Local Correspondence	当地通信	居住在广州的英国人与马额峨(F. C. Macgregor)领事之间关于民众扰乱问题的通信(待续)	政府	15/10	1846.10	15/518
1189	Journal of Occurrences	时事报道	澳门骚动;美国特使抵达;迪安(Dean)牧师回国;新来的教士;迪万恩(Devan)夫人去世;地方通讯;《京报》;乡试;旱灾;任命一中国人为教士;从西藏来的两名天教教士;从暹罗来的教士	时事报道	15/10	1846.10	15/532

1190	On the Multicaulis or Mulberry Tree at Manila	谈马尼拉桑树	前法国使团商务参赞赫德撰。	生物	15/11	1846.11	15/535
1191	Local Correspondence	当地通信(续)	续上期	政府	15/11	1846.11	15/540
1192	The Queen v. Compton	女王与坎普顿	女王与坎普顿在香港高等法院的一场官司的记录,时间为1846年11月24日星期二。	法律	15/11	1846.11	15/560
1193	Prohibitions at Canton	广州的禁令	广州同知衔署南海县事1846年10月25日发布禁令:禁止除真正从事贸易者及其助手以外的一切外国人居留广州。	政府	15/11	1846.11	15/567
1194	Port Regulations of Shánghái	上海港口管理规则	1846年11月6日由英国领事阿礼国(R. Alcock)起草。	政府	15/11	1846.11	15/572
1195	Remarks on the Names of God	关于"God"	谈汉语中最适于表达"God"的词汇和词组(待续)	语言	15/11	1846.11	15/574
1196	Journal of Occurrences	时事报道	耆英;军事检阅及武试;考官及新学台;鹿鸣宴;义华业先生;"复仇神"号;陆军卫队以及他们的无能;对英国海员的虐待;皮金(Pickin)船长来函;贝特尔海姆(Betelheim)先生;《京报》	时事报道	15/11	1846.11	15/580
1197	Remarks on the Names of God	关于"God"(续)	续上期(待续)	语言	15/12	1846.12	15/583
1198	Report of the Morrison Education Society	马礼逊教育会报告	截至1846年9月30日的第8份年度报告	教育	15/12	1846.12	15/607
1199	Peninsular and Oriental Steam Company	半岛与东方汽船公司	"半岛与东方汽船公司"和英国海军部管理的中西之间汽轮邮政传递;邮费;航线等	邮政	15/12	1846.12	15/625
1200	Journal of Occurrences	时事报道	《京报》;厦门乡村的械斗;上海、厦门、福州近事;香港及广州的公共事务;中国船;耆英;新到的传教士。	时事报道	15/12	1846.12	15/629

1201	Calendar for the Year 1847	1847年年历	新年;1847年年历;五口岸的外国人名单;香港政府、外国使团、领事机构人员名单	年历	16/1	1847.1	16/5
1202	List of the Protestant Missionaries in China	在华新教传教士一览表	包括各人来华时间、所属教会、居住地区。	传教	16/1	1847.1	16/16
1203	Seven Month's Residence in Ningpo	在宁波居住7个月纪事(续)	续第13卷第7期(待续)	游记	16/1	1847.1	16/18
1204	Remarks on the Names of God	关于"God"(续)	续上期	语言	16/1	1847.1	16/34
1205	Remarks on Shángti and Shin	"上帝"与"神"	赞同用"上帝"而反对用"神"来表示"God"。	语言	16/1	1847.1	16/38
1206	The Opium Trade	鸦片贸易	一商人建议要么让鸦片贸易合法化,要么禁止;璞鼎查对鸦片贸易的看法;贸易的规模;征文讨论这一问题的奖金	鸦片	16/1	1847.1	16/43
1207	Notices of the Cotton Trade	棉花贸易	棉花及其他欧美产品输入广州统计表	贸易	16/1	1847.1	16/51
1208	Journal of Occurrences	时事报道	《京报》;清朝现状;广州公务;一个无礼的乞丐,外国人面临的处境;要求派遣海军;耆英回省;一位法国主教;广州英国商会;马礼逊教育会的学校;中国海上的危险;新海岸图;贝特尔海姆博士;宁波及福州的消息;传教士名单;雅俾礼牧师去世。	时事报道	16/1	1847.1	16/54
1209	Seven month's Residence in Ningpo	在宁波居住7个月纪事(续)	续上期(待续)	游记	16/2	1847.2	16/61
1210	Macassar a Tree Port	自由港望加锡	1846年9月9日荷兰总督发布命令:望加锡成为自由港。	政府	16/2	1847.2	16/77
1211	An Excursion to Chángchau	漳州纪行	前法国使团成员赫德撰。	游记	16/2	1847.2	16/79

1212	*New Charts of the Chinese Coast*; *Chinese Commercial Guide*	《中国海岸新图》;《中国商务指南》	《中国海岸新图》由开利特(Kellett)船长和哥林森船长绘;适应现代中国贸易情况的《中国商务指南》第2版出版。	书评	16/2	1847.2	16/88
1213	Canton British Chamber of Commerce	广州英国商会	1847年1月8日制订的商会章程及规则,附简介。	贸易	16/2	1847.2	16/91
1214	Asiatic Society of China	英国亚洲文会中国分会	英国亚洲文会中国分会1847年1月19日在香港举行会议通过该会规则及人员名单。	会社	16/2	1847.2	16/96
1215	Remarks on the Opium Trade	鸦片贸易评论	论将鸦片贸易合法化及其措施。	鸦片	16/2	1847.2	16/101
1216	Chinese Terms to Denote the Deity	"Deity"一词的中译问题	谈对"Deity"一词中译的看法。(待续)	语言	16/2	1847.2	16/103
1217	Journal of Occurrences	时事报道	汽轮抵达广州;群众情绪;大批流浪者;公开处决罪犯;寒冷天气;死于寒冷和压迫;黄恩彤总督被贬;青木湾惨案;《密妥士贸易报》(*Meadow's Commercial Reporter*);中国的新年;广州商人的不景气;一艘中国汽船;上海召集修订《新约》中文版的会议;香港的收支情况	时事报道	16/2	1847.2	16/107
1218	Seven month's Residence in Ningpo	在宁波居住7个月纪事(续)	续上期	游记	16/3	1847.3	16/109
1219	Chinese Terms to Denote the Deity	"Deity"一词的中译问题(续)	续上期	语言	16/3	1847.3	16/125
1220	*Meadow's Commercial Reporter*	《密妥士贸易报》	在广州每周六出版的中文杂志,由密妥士(J. A. T. Meadows)主编,地址为明官新行。	书评	16/3	1847.3	16/133
1221	Remarks on the Cotton Trade	棉织品贸易	论当前外国人在广州经营的棉织品贸易。	贸易	16/3	1847.3	16/138

1222	Notices of Canton and Whampon	广州与黄埔	有关广州、黄埔及1752年外国对华贸易的一些情况	贸易	16/3	1847.3	16/140
1223	Notices of a Trip to Fuhshán	旅行佛山见闻	1847年3月乘中国快艇旅行佛山见闻	游记	16/3	1847.3	16/146
1224	Protestant Missions in China	在华基督教差会	摘自1847年1月1日发自宁波的一封信。	传教	16/3	1847.3	16/151
1225	Journal of Occurrences	时事报道	官印启封;新年的庆祝活动;外国人的权益;处决罪犯;佛山等地纪行;行商向官府缴纳第3批摊款;《京报》;黄恩彤被贬;广州谋杀案及暴乱	时事报道	16/3	1847.3	16/154
1226	*The First Christian Missions in China*	《首批赴华基督教差会的真实历史》	耶茨(Yeates)据东西方历史学家最权威的著述编撰,1818年于伦敦出版。	书评	16/4	1847.4	16/157
1227	Biography and Obituary	简历与讣告	波罗满(Pohlman)夫人、罗啻(Doty)夫人、施敦力(Stronach)夫人、费尔布拉泽(Fairbrother)夫人及合信夫人的讣告与简历	讣告	16/4	1847.4	16/172
1228	The Opium Trade	鸦片贸易	鸦片产量的增加;澳门的过境税;贸易的特点	鸦片	16/4	1847.4	16/183
1229	Particulars of the Late Movement	最近的一次示威	达吉拉尔(D'Aguilar)少将部署、德庇时公使参与的最近这次对广州城军事行动的详情(待续)	事件	16/4	1847.4	16/186
1230	The Religion of the Chinese	中国人的宗教	没有圣坛、圣堂、牧师或任何表达"True God"的适当名称。	宗教	16/4	1847.4	16/207
1231	Journal of Occurrences	时事报道	省城的群众情绪;气候;冰雹;斩首;包世臣(Pwan Sz'shing);一位新总督;香港新委任的一位中文秘书;青木的海盗;来自厦门的苦力;施惠廉(Speer)夫人去世;《新约》中译本的重新校订	时事报道	16/4	1847.4	16/211
1232	Chinese Grasscloth	中国的亚麻布	一组介绍从大麻种植到制成衣服的全过程的说明文	手工业	16/5	1847.5	16/213

1233	The Manufacture of Silk	蚕丝制作	摘自《中国面面观》。	手工业	16/5	1847.5	16/227
1234	*The Chinese Speaker*	《汉英会话》	英国驻宁波领事罗伯聃先生撰，1846年宁波教会印刷所出版，附罗伯聃先生传略。	书评	16/5	1847.5	16/240
1235	A Proclamation	公告	要求抵制上海地区假冒教会之名所写作和传播的书籍。	传教	16/5	1847.5	16/250
1236	Manifesto Addressed to the Merchants of Canton	致英商的宣言	广州商人致英商的宣言，共10条。	事件	16/5	1847.5	16/251
1237	Particulars of the Late Movement	最近的一次示威(续)	广州地方商人针对此次示威对英商的简短声明	事件	16/5	1847.5	16/256
1238	*Notitia Linguæ Sinicæ*	《汉语语法研究》	马若瑟拉丁文原著，裨雅各(J. G. Bridgman)译成英文，1847年广州本刊印刷所出版。	书评	16/5	1847.5	16/270
1239	Journal of Occurrences	时事报道	广东新总督；诉讼案件；秋季巡回审判；科举考试；十三行；袭击；民众扰乱；《密妥士贸易报》；法国人在交趾支那；新传教士；马什曼(Marshman)夫人去世；应急费用；上海的教堂和牧师；外国居民名单	时事报道	16/5	1847.5	16/272
1240	Chinese Currency and Revenue	中国的货币和税收	徐桐(Chú-tsun)关于中国货币和税收问题的奏折，附户部关于上述问题的报告。	经济	16/6	1847.6	16/277
1241	Memorial Regarding the Currency and Revenue	关于货币和税收问题的奏折	鄂顺安(Ngóh-shun-ngan)在看到户部有关报告后就货币和税收问题上皇帝的奏折	经济	16/6	1847.6	16/297
1242	Obituaries of Mrs. Marshman and Mrs. Morrison	马什曼及马礼逊两夫人的讣告	两人分别为首批赴印度和中国的传教士。	讣告	16/6	1847.6	16/301
1243	Notice from the Elders and Gentry of Honán	河南绅耆公告	1847年5月20日河南绅耆代表往见广州英领事。	事件	16/6	1847.6	16/304

1244	Visit of the French to Cochinchina	法舰访问交趾支那	法舰"光荣(Glories)"号和"胜利(Victorieuse)"号访问交趾支那纪实	游记	16/6	1847.6	16/314
1245	Shipping in the Port of Canton	进入广州港的商船	1846年进入广州港的各国商船数量和吨位统计表	贸易	16/6	1847.6	16/318
1246	Journal of Occurrences	时事报道	河南来信;义华业先生留居广州;罗伯茨(Roberts)先生家被劫;费伦(Fearon)先生被聘为中文教授;杀死一个暴徒;购买猪巷(即新豆栏街);中国人的告示	时事报道	16/6	1847.6	16/324
1247	A Plea in Behalf of Chinese	为中国人祝福	1846年12月13日"安息日"皮特(Peet)牧师在广州的一场布道	传教	16/7	1847.7	16/325
1248	Regulations to Prevent Fires	《防火治安章程》	译自中文。	政府	16/7	1847.7	16/335
1249	Letter from M. Grandjcan	格朗让的家信	法国主教格朗让的家信	传教	16/7	1847.7	16/339
1250	List of Foreign Residents in Canton	广州外国居民名单	1847年7月广州外国居民名单	名录	16/7	1847.7	16/350
1251	Term for the Holy Spirit	"Holy Spirit"一词	中文对"上帝"第三人称表达方法的研究	语言	16/7	1847.7	16/355
1252	Shipping in the Port of Shanghai	进入上海港的商船	1846年进入上海港的各国商船数量和吨位统计表	贸易	16/7	1847.7	16/360
1253	Regulations for British Shipping at Shanghai	英国船舶在上海港口停泊的规则	原载于《中国邮报》1847年5月6日。	政府	16/7	1847.7	16/365
1254	Communications with Honán	与河南居民的通信	香港总督与河南居民的通信,原载于《中国邮报》1847年6月17日。	事件	16/7	1847.7	16/367
1255	Journal of Occurrences	时事报道	综合评论;上次远征;义华业先生病况;克洛普顿(Clopton)先生去世;法国传教士;关于收取租金的谈判;包世臣;东莞县的强盗	时事报道	16/7	1847.7	16/370

1256	Remarks on Tracts in Chinese	中文传道小册子简介	附外恒河地区传教士编写及出版的著作目录。	传教	16/8	1847.8	16/373
1257	Papers Relating to the Riot of July 1846	有关1846年7月暴乱的文件	1846年7月广州暴乱的文件及对参与这一事件的英国人坎普顿的起诉(待续)	事件	16/8	1847.8	16/386
1258	Voyage from Canton to Shanghai	广州至上海的一次航行	记1847年夏从广州至上海的一次航行。	游记	16/8	1847.8	16/402
1259	*Bibliotheca Sinica*	《中国图书丛刊》	已故米怜牧师的《中国图书丛刊》绪论;第1期:《明心宝鉴》	书评	16/8	1847.8	16/410
1260	List of Foreign Residents	外国居民名单	1846年8月上海和厦门的外国居民名单	名录	16/8	1847.8	16/416
1261	Journal of Occurrences	时事报道	综合评论;关于暴乱事件的文件;讣告;临时代办;传教士抵达;与石围塘的通信	时事报道	16/8	1847.8	16/417
1262	*Hái Kwoh Tú Chí*	《海国图志》	介绍及评论	书评	16/9	1847.9	16/421
1263	Papers Relating to the Riot of July 1846	有关1846年7月暴乱的文件(续)	续上期(待续)	事件	16/9	1847.9	16/429
1264	*Bibliotheca Sinica*	《中国图书丛刊》	第2期:《西方公据》	书评	16/9	1847.9	16/452
1265	Readings in Chinese Poetry	中国诗选	《关雎》、《卷耳》	书评	16/9	1847.9	16/458
1266	Journal of Occurrences	时事报道	中国海盗;娄理华(W. M. Lowrie)先生去世;对雷恩凡(Reynvaan)先生及沃切尔(Vaucher)先生的袭击;法国船沉没;新到的教士们;罗类思伯爵	时事报道	16/9	1847.9	16/466
1267	Papers Relating to the Riot of July 1846	有关1846年7月广州暴乱的文件(续)	续上期	事件	16/10	1847.10	16/469

1268	Notices of Fuh-chau Fu	福州府介绍	对河流、人口、语言等情况的介绍(待续)	地理	16/10	1847.10	16/487
1269	*Bibliotheca Sinica*	《中国图书丛刊》	第3期:《圣谕广训》	书评	16/10	1847.10	16/504
1270	An All-important Proclamation	重要通告	上海大主教拉都维克(Ladovic)向全体基督教教友发布重要通告,要求教友不看异教书籍。	传教	16/10	1847.10	16/510
1271	Journal of Occurrences	时事报道	缉查杀人凶犯;海盗;棉花的收成;上海的天气;官府告示;香港死亡率;港督德庇时访问交趾支那;新任命;广州牧师;新出的期刊;法国有关佛山事态的报道	时事报道	16/10	1847.10	16/513
1272	Notices of Fuh-chau Fu	福州府介绍(续)	续上期	地理	16/11	1847.11	16/517
1273	Description of Sháng-hái	上海概览	上海位置;早期历史;城墙;城门;河渠;池塘水井;街道;房屋;政府;政府机关和在职官员;海关;军队;学府;一般学校;宗教组织;城隍庙;佛教徒;福利团体;墓地;贸易和手工业;国内外的商业;棉花;茶叶;丝绸;羊毛制品;制造业;造船业;商会;郊区;外国商馆和外国居民;不动产;气候;人口;基督教传教会	上海	16/11	1847.11	16/533
1274	*Journal of the India Archipelago and Eastern Asia*	《东印度群岛与东亚杂志》	1847年7月于新加坡出版。	书评	16/11	1847.11	16/569
1275	Journal of Occurrences	时事报道	暴动;河南省饥荒;上海火灾;地震;谋杀犯被捕;修订《圣经》;马礼逊教育会举行会议;广州火灾;婚礼。	时事报道	16/11	1847.11	16/571
1276	*Three Years' Wanderings in China*	《华北三年游记》	本书包括对丝绸、茶叶、棉花之乡的访问,对中国的农业和新植物培育的记载等。伦敦园艺学会植物采集者福琼著。	书评	16/12	1847.12	16/573
1277	Details Respecting Cochin-china	关于交趾交那的详细介绍	下交趾支那主教福斯(Fovre)撰。	地理	16/12	1847.12	16/588

1278	Correspondence Relating to Mr. Lowrie	关于娄理华的通信	有关其去世的官方通信(待续)	讣告	16/12	1847.12	16/611
1279	Journal of Occurrences	时事报道	最近大屠杀的记载;访问交趾支那;综合消息;任命;饥荒;税收	时事报道	16/12	1847.12	16/615
1280	Calendar for the Year 1848	1848年年历	新年;1848年年历;在五口岸居住的外国人名单;香港政府、外国使团、领事机构人员名单	年历	17/1	1848.1	17/7
1281	Essay Warning against Infanticide	杀婴问题的文章	《湖南贵中孚戒溺女文》英译	杀婴	17/1	1848.1	17/17
1282	Essay on the Term for Deity	关于"Deity"的中译问题	Elohim和θeos两词的中译问题;美国圣公会来华主教文惠廉(W. J. Boone)撰。(待续)	语言	17/1	1848.1	17/23
1283	Revision of the *New Testament*	《新约全书》中译本的修改问题	上海基督教传教士总会的活动	传教	17/1	1848.1	17/59
1284	Journal of Occurrences	时事报道	处决杀人犯;香港公众集会;岁入与岁出;官方任命	时事报道	17/1	1848.1	17/60
1285	Essay on the Term for Deity	关于"Deity"的中译问题(续)	续上期	语言	17/2	1848.2	17/63
1286	*Desultory Notes on China*	《关于中国政府和人民及关于中国语言等的杂录》	美国驻广州领事馆翻译密迪乐(T. T. Meadows)著,1847年于伦敦出版。	书评	17/2	1848.2	17/96
1287	Chinese Sacrifices	中国人的祭品	从《尚书》上的记载看中国人的祭品。	文化	17/2	1848.2	17/103
1288	Missionaries to China	来华传教士	在中国各口岸活动的新教传教士及其所属教会一览表	传教	17/2	1848.2	17/107

1289	Journal of Occurrences	时事报道	保护外国人的规定;耆英奉诏回京;传教士的抵达;黄埔的牧师	时事报道	17/2	1848.2	17/110
1290	Chinese Term for Deity	"Deity"的中译研究	关于把《圣经》中"God"一词贴切地翻译成中文的研究;麦都思撰。(待续)	语言	17/3	1848.3	17/111
1291	Report of the Ophthalmic Hospital	广州眼科医院报告	1845年7月1日至1847年12月31日的第14份报告	医疗	17/3	1848.3	17/139
1292	Outrage of Tsing-pú	青浦事件	关于1848年3月8日星期三一些英国传教士访问青浦时遭到谋杀性袭击的详情	事件	17/3	1848.3	17/157
1293	Journal of Occurrences	时事报道	上海的纠纷;判处罪犯;关于翻译人员的规定;天主教徒被逐;贾罗姆(Jarrom)夫人去世;传教士抵达;政府官员的公告	时事报道	17/3	1848.3	17/163
1294	Chinese Term for Deity	"Deity"的中译研究(续)	续上期(待续)	语言	17/4	1848.4	17/167
1295	Report of the Medical Missionary Society	中国医务传道会报告	1847年报告摘要;上海医院的报告;公共医院的报告	医疗	17/4	1848.4	17/194
1296	Journal of Occurrences	时事报道	上海事态;航海观察资料;"帕拉道司(Paradox)"号帆船沉没;溺水的船客;荷兰人在广州的贸易	时事报道	17/4	1848.4	17/212
1297	Chinese Term for Deity	"Teity"的中译研究(续)	续上期(待续)	语言	17/5	1848.5	17/215
1298	Report of the Medical Missionary Society	中国医务传道会报告	1847年报告摘要;宁波和香港医院及厦门医院的报告	医疗	17/5	1848.5	17/248
1299	Address to Foreign Residents in China	致外籍居民的信	上海士绅致外籍居民的信,警告他们不要把牛肉作为食物。	事件	17/5	1848.5	17/266
1300	Journal of Occurrences	时事报道	航海观察资料;钦差徐大人的一封信;英领事馆的公告	时事报道	17/5	1848.5	17/269

1301	Chinese Term for Deity	"Deity"的中译研究(续)	续上期(待续)	语言	17/6	1848.6	17/271
1302	Translations of Official Documents	官方文件的翻译	有关原英国驻上海领事阿礼国的活动的中国官方文件及其注释	政府	17/6	1848.6	17/316
1303	Colonial Surgeon's Report	香港殖民地外科医生报告	香港殖民地外科医生 1847 年的报告;摘自 1848 年 5 月 25 日《中国邮报》。	医疗	17/6	1848.6	17/319
1304	Journal of Occurrences	时事报道	综合评论;政府通知;抢劫与死刑;谷物运输;航海观察资料;死亡	时事报道	17/6	1848.6	17/323
1305	Chinese Term for Deity	"Deity"的中译研究(续)	续上期	语言	17/7	1848.7	17/327
1306	The Character of Chinese Officers	中国官员的特性	从中国的 12 条谚语看中国官员的特性。	文化	17/7	1848.7	17/361
1307	A Few Plain Questions	几个简单问题	向劝诫中国人信奉上帝的传教士提出的几个简单问题	传教	17/7	1848.7	17/363
1308	Propositions Concerning the Public Security	关于公共安全的建议	八街联合会为维护公共安全提出的建议	公共安全	17/7	1848.7	17/366
1309	A Perspicuous Form of Prayer	《答天酬愿文疏》	该文的英译	书评	17/7	1848.7	17/371
1310	Captain Howe's Narrative	豪斯船长的故事	豪斯船长在交趾支那被俘记;摘自 5 月 10 日《海峡时报》(*Straits Times*)。	事件	17/7	1848.7	17/372
1311	Journal of Occurrences	时事报道	罕见的事故;海盗;传教士抵达;西班牙使节;官职提升;上海通讯;暹罗的骚动;访问北方海港;公告;国内贸易通告;厦门的传单;牧师的访问;香港的疾病	时事报道	17/7	1848.7	17/378
1312	*Memoirs of Father Ripa*	《马国贤神父留居北京宫廷为中国皇帝效劳 13 年回忆录》	附那不勒斯中国学校介绍;普兰迪(Prandi)选译自意大利文,1846 年于纽约出版。	书评	17/8	1848.8	17/383

1313	Notices of the Shántung Navigators	山东海员的描述	有关人员及山东海员对 1848 年 3 月 8 日 3 名英国人在青浦被袭事件的经过的描述；上海领事为争取逮捕和惩罚犯人而进行的努力	事件	17/8	1848.8	17/407
1314	*A Dissertation on the Theology of the Chinese*	《中国神学论》	麦都思著，1848 年上海墨海书局出版。	书评	17/8	1848.8	17/420
1315	Notice Respecting Printed Papers	关于印刷品的揭贴	一份呼吁保护书籍以免使其受人亵渎的揭贴	文化	17/8	1848.8	17/423
1316	List of Foreign Residents in Canton	广州外国居民名单	1848 年 8 月广州外国居民名单	名录	17/8	1848.8	17/425
1317	Narative by M. Isidore Hedde	赫德的讲述	沿“百老汇”河（即西江出口）从广州到澳门；丝蚕之乡顺德见闻	游记	17/8	1848.8	17/429
1318	Journal of Occurrences	时事报道	在华美国人的活动范围；台风；《新约全书》的修订；美国使团；传教士的抵达	时事报道	17/8	1848.8	17/437
1319	Chinese Lexicography	中国词典学	《四库全书》中的词典书目介绍	语言	17/9	1848.9	17/439
1320	Remarks on the Notes of Z. Z.	评 Z. Z. 给本报编辑的一封信	讨论“上帝”一词如何译成中文。	语言	17/9	1848.9	17/465
1321	Visit to Kiáting and Nantsiáng	嘉定和南翔等城访问记	附平面图。	游记	17/9	1848.9	17/468
1322	Walks about Shánghái	漫游上海	对该城和市民的介绍。（待续）	上海	17/9	1848.9	17/474
1323	Proclamation at Shanghai	致上海人民告示	上海知县为维护天主教会在徐家汇建教堂的安全而发布的告示	政府	17/9	1848.9	17/483
1324	Murder of a Chinese Woman	中国老妇被杀	关于一名中国老妇人被其孙谋杀及该孙被邻村村民谋杀的报道；附盗墓活动的情况。	事件	17/9	1848.9	17/486

1325	Proclamation at Súchau	致江苏人民告示	户部向江苏人民发出的关于禁止使用和铸造铜钱的告示	政府	17/9	1848.9	17/488
1326	Correspondence Relating to Mr. Lowrie	关于娄理华通信（续）	续第16卷第12期篇3	讣告	17/9	1848.9	17/490
1327	Journal of Occurrences	时事报道	俄国"明希霍夫亲王(Prince Menshikoff)"号在上海；破坏性的台风；钦差大臣；"圣三一"教堂；稻谷棉花收成；饥民；决斗；捕获海盗；美船军官名单	时事报道	17/9	1848.9	17/493
1328	Reply to Dr. Boone's Essay	对文惠廉一篇文章的评论	评论第17卷第1期篇3。（待续）	语言	17/10	1848.10	17/495
1329	Shower of Dust at Shanghai	关于上海的沙尘和垃圾的研究报告	印度经济地理博物馆馆长皮丁顿(Piddington)撰。	环境	17/10	1848.10	17/527
1330	A Complete Map of Kiángsú	《苏省舆地营伍全图》	对其进行解说。	书评	17/10	1848.10	17/532
1331	Thermometrical Observations at Shanghai	上海气温观察	1844至1847年上海每月最高和最低温度的连续观察记录资料	气象	17/10	1848.10	17/533
1332	Reminiscences of Shanghai	上海话旧	摘自马礼逊1842年10月10日发自上海的一封信。	上海	17/10	1848.10	17/534
1333	Walks about Shánghái	漫游上海（续）	续上期	上海	17/10	1848.10	17/536
1334	Illustrations of *Scripture*	《圣经》解释	利用中国人的风俗习惯来解释《圣经》（参见第8卷第12期篇5）。	传教	17/10	1848.10	17/543
1335	Journal of Occurrences	时事报道	9月1日的台风；美国特使和徐总督的会晤；被中国人俘获的葡萄牙船"罗查(Lorcha)"号；上海道台；驻上海美国领事；眼科医院的外科手术	时事报道	17/10	1848.10	17/546
1336	Reply to Dr. Boone's Essay	对文惠廉一篇文章的评论（续）	续上期（待续）	语言	17/11	1848.11	17/551

1337	Notices of Works upon the Si Yih	中国西部和北部地区宗教著述的介绍	介绍一些有关中国西部和北部地区宗教的著述，以及5至18世纪中国人关于印度旅行的著述。	宗教	17/11	1848.11	17/581
1338	Reading the Sacred Edict	阅读圣谕	如何阅读中国政府对平民进行道德教育的“圣谕”。	文化	17/11	1848.11	17/592
1339	Illustrations of Men and Things in China	中国风土人情录（续）	儿童的信仰教育；现金赌博；印章；树叶画	风俗	17/11	1848.11	17/597
1340	Journal of Occurrences	时事报道	暴风；广州租屋的难处；马礼逊教育会第10次年会；美国特使；授予美国官员审判权的法案	时事报道	17/11	1848.11	17/600
1341	Reply to Dr. Boone's Essay	对文惠廉一篇文章的评论（续）	续上期	语言	17/12	1848.12	17/607
1342	Anecdotes to Inculcate a Moral	道德教育小故事	中国作家为培育道德及阐明人性所撰写的小故事（待续）	文化	17/12	1848.12	17/652
1343	Notices Regarding Christian Tracts	基督教小册子	关于美国宗教小册子出版公会（American Tract Society）赞助出版中文基督教小册子的通告	传教	17/12	1848.12	17/655
1344	Journal of Occurrences	时事报道	在广州发生的抢劫；在上海捕获的海盗；外国人在上海的安全保障；上海的寒冷与疾病；劳埃德（Lloyd）神父去世；总督有关肉桂的奏折；受皇帝敬重的神；鸦片种植面积的扩大	时事报道	17/12	1848.12	17/656
1345	Calendar for the Year 1849	1849年年历	东亚的各种历法；1849年年历；五口岸外籍居民、香港政府、外国使团和领事机构人员名单	年历	18/1	1849.1	18/7
1346	Remarks on the Tea Plants	茶的研究	译自中国作者的一部著作。	文化	18/1	1849.1	18/19
1347	Historical Sketch of Shanghai	上海历史概要	摘自《嘉庆上海县志》。	历史	18/1	1849.1	18/24

1348	Notices of Works Relating to Siam	与暹罗相关的著作	有关暹罗的英、法文书目介绍	书评	18/1	1849.1	18/29
1349	Tenth Report of the Morrison Education Society	马礼逊教育会第10份年度报告	截至1848年9月30日。	教育	18/1	1849.1	18/39
1350	Remarks on the Philosophy of the Chinese	论中国哲学	论中国哲学；将中国哲学经典著作译成英文的必要性	哲学	18/1	1849.1	18/49
1351	Protestant Missions in China	在华基督教差会	在五口岸的活动、传道、分发书籍、开设医院和学校；黄埔的水手礼拜堂；波罗满牧师去世。	传教	18/1	1849.1	18/54
1352	Journal of Occurrences	时事报道	医务传道会在香港和广州的会议；福州府地震	时事报道	18/1	1849.1	18/61
1353	History of Instruction in China	《中国大众教育及文学团体史》	据中国文件编撰而成，作者 E. Biot，1847年于巴黎出版。	书评	18/2	1849.2	18/63
1354	Visit to the Hot Springs of Yungmak	雍陌温泉游记	游览记录	游记	18/2	1849.2	18/92
1355	Edict Relating to Taxes in Kiángsú	关于江苏赋税的圣谕	江苏巡抚和其他官员转发的1848年11月28日皇帝关于豁免和延期征收赋税的圣谕，附中国税收制度介绍。	谕旨	18/2	1849.2	18/96
1356	Explanation from Bishop Boone	文惠廉主教的解释	对第17卷第7期篇3《几个简单问题》一文的说明和注解	传教	18/2	1849.2	18/103
1357	Letter upon the Terms Shin and Shángti	关于"神"与"上帝"二词的用法的信	讨论两个词的使用。	语言	18/2	1849.2	18/106
1358	Account of Hiu-en-tien Shángti	"玄天上帝"的记载	关于"玄天上帝"的神话记载；兼谈中国人对上帝的崇拜。	宗教	18/2	1849.2	18/108

1359	Prices of Provisions in Shánghái	上海市场食品价格	1849年1月上海市场食品价格	经济	18/2	1849.2	18/115
1360	Journal of Occurrences	时事报道	总督和随员访问"普里茅次(Plymouth)"号;与文翰(Bonham)先生在虎门的会晤;"广州"号汽轮;宗教消息	时事报道	18/2	1849.2	18/116
1361	Bazin's *Theatre Chinois*	巴赞的《元剧选辑》	1838年于巴黎出版。	书评	18/3	1849.3	18/119
1362	Notice of a Sabbath in the *Yih King*	《易经》中的安息日	一中国牧师论安息日及《易经》中对它的记载。	宗教	18/3	1849.3	18/162
1363	Anecdotes to Inculcate a Moral	道德教育小故事(续)	续第17卷第12期篇2	文化	18/3	1849.3	18/165
1364	Journal of Occurrences	时事报道	乞灵于神庙;外国人进城在广州引起的骚动;群众的集会和义勇的征集	时事报道	18/3	1849.3	18/168
1365	*The Urh Yá*	《尔雅》	介绍及评论	书评	18/4	1849.4	18/175
1366	Trip to the Hills near Shánghái	上海附近众山游记	对上海附近9座山的简要介绍	游记	18/4	1849.4	18/187
1367	Life and Writings of Chú	朱熹的生平及著作	公元12世纪宋朝著名哲学家朱熹的生平及著作	人物	18/4	1849.4	18/193
1368	Sale of Official Rank	捐官	中国政府为增加收入而实行的鬻爵制度;译自一份号召人民捐官的告示。	政府	18/4	1849.4	18/213
1369	Manufacture of Grasscloth	亚麻布的织造	介绍从大麻的种植到麻布的织造的过程。	手工业	18/4	1849.4	18/215
1370	Entry into Canton	广州入城问题	广州官兵对英军入城的态度和文告	战争	18/4	1849.4	18/222
1371	Journal of Occurrences	时事报道	美舰"普雷贝尔(Preble)"号开往日本;上海法国人居住地;包令(Bowing)爵士抵达。	时事报道	18/4	1849.4	18/230

1372	*Trip from Hainan to Canton*	《1819年从海南到广州陆路旅行记》	英国船“友谊”号的船长罗斯(Ross)著,1822年于伦敦出版。	书评	18/5	1849.5	18/231
1373	Notices of the *Annals of Confucius*	《至圣编年世纪》	附编者孔昭焕所作序言的译文。	书评	18/5	1849.5	18/260
1374	*Memoir of Rev. David Abeel*	《回忆雅俾礼先生》	雅俾礼之侄威廉森(Williamson)著,1845年于纽约出版。	书评	18/5	1849.5	18/266
1375	Journal of Occurrences	时事报道	广州入城问题及相关评论;皇帝的赏赐;新任海关监督;清远县的骚动	时事报道	18/5	1849.5	18/281
1376	Notice of Triad Society	三合会	三合会会众的誓词及该会的起源	会社	18/6	1849.6	18/287
1377	Statistics of Foreign Trade	外贸统计	1847年到1848年间外国与中国在五口贸易情况一览表;根据英国领事馆的统计及其他资料汇编。	贸易	18/6	1849.6	18/301
1378	Cultivation of the Mulberry	种桑	种桑与养蚕;译自《蚕桑合编》。	农业	18/6	1849.6	18/309
1379	Visit of the U. S. S. Preble to Japan	美舰“普雷贝尔”号访日记	那坝、长崎巡航记	游记	18/6	1849.6	18/321
1380	Journal of Occurrences	时事报道	法国领事在上海的驻地;美国领事馆的抗议;松江骚动;江苏的走私;上海漕运船只;向广东总督建议立匾;入城问题;处死一名文人。	时事报道	18/6	1849.6	18/338
1381	Life and Times of Confucius	孔子的生平及时代	孔子出生的时间、地点、环境及其族谱	人物	18/7	1849.7	18/343
1382	Notices of Chinese Cosmogony	中国的宇宙起源论	宇宙、天地、日月、星星、人类、动物的起源	科学	18/7	1849.7	18/348
1383	The Condition of Slaves in China	中国的奴隶状况	介绍中国奴隶与佣人的生活状况。	奴隶	18/7	1849.7	18/353

1384	The Worship of Ancestors	祖先崇拜	介绍《家礼贴式集成》。	文化	18/7	1849.7	18/369
1385	What I Have Seen in Shanghai	我所见到的上海	城市的位置；居民的性格；商业利润；扩大贸易的计划；福琼先生的远足；公开或秘密的远足；前任特使糟糕的政策及其理由；基督教传教士；从事修订《新约》中文版的代表们(待续)	传教	18/7	1849.7	18/390
1386	Journal of Occurrences	时事报道	美舰"海豚(Dolphin)"号访问台湾。	时事报道	18/7	1849.7	18/397
1387	Chronology and Geography of the Chun Tsiu	春秋时代的编年史	中国春秋时代242年的历史和地理	历史	18/8	1849.8	18/399
1388	Revenge of Shang Sankwan	尚三关复仇记	介绍故事内容。	书评	18/8	1849.8	18/406
1389	List of Works upon China	有关中国的著作介绍	英、法文著作：(1)帮助学习中文的著作；(2)从中文翻译过来的著作；(3)关于中国情况的著作	书评	18/8	1849.8	18/408
1390	Religious Intelligence	宗教消息	厦门的教堂；漫游闽江；传教士的抵达与离去	宗教消息	18/8	1849.8	18/450
1391	Journal of Occurrences	时事报道	上海的水灾；澳门总督阿马拉尔(Amaral)被谋杀。	时事报道	18/8	1849.8	18/453
1392	Directions for Cultivation Cotton	棉花栽培的方法	译自《农政全书》第35章。	农业	18/9	1849.9	18/455
1393	Illustrations of the Word Fung	"风"字的解释	在中国语言家、诗人、历史学家、普通百姓心中"风"字的不同意义和用法	语言	18/9	1849.9	18/476
1394	Ancient Intercourse with China through Central Asia	古代经中亚通中国之路	古代经中亚通中国之路；中亚在基督教传播中所起的作用；《神仙通鉴》中对基督的记载	传教	18/9	1849.9	18/491
1395	Journal of Occurrences	时事报道	科举考试；捕获海盗；谋杀阿马拉尔总督的凶手；曼谷的霍乱	时事报道	18/9	1849.9	18/509

1396	Missionary Hospitals in China	中国的教会医院	中国的教会医院；上海医院1848年的报告和香港医务传道会1848年的报告	医疗	18/10	1849.10	18/511
1397	What I Have Seen in Shanghai	我所见到的上海(续)	(1)英国伦敦会；(2)英国圣公会；(3)美国圣公会；(4)美国安息日浸礼会；(5)美国南浸信传道会；(6)美以美会(待续)	传教	18/10	1849.10	18/521
1398	Topography of Kweichau	贵州地志	幅员、地区、地形、居民、物产、河流、山脉等	地理	18/10	1849.10	18/531
1399	Assassination of Governor Amaral	阿马拉尔总督被刺	澳门总督阿马拉尔被刺的经过及有关的文件和通信	事件	18/10	1849.10	18/538
1400	Notices of Textile Plants	纤维植物介绍	关于制成亚麻布的纤维植物的介绍	生物	18/10	1849.10	18/560
1401	Journal of Occurrences	时事报道	英船镇压的海盗；洛德尔(Lowder)牧师去世。	时事报道	18/10	1849.10	18/564
1402	Land Tenure in China	中国地产	谈中国地产的获得、占有与转让，附中国人的一张土地出卖契据。	土地	18/11	1849.11	18/567
1403	What I Have Seen in Shanghai	我所见到的上海(续)	罗马天主教会士；耶稣会士；以传教为目的的学校；其年刊；教区牧师和基督教徒的数量；教区牧师、主教和教士的称呼；《圣经》注释本；10条戒律；祈祷书；江南教区的主教；新教堂的地点；小教堂；宗教设施；其他场所；徐家汇；从所办刊物看其传教的方式方法；效果；体制的特点；代理人的情况	传教	18/11	1849.11	18/580
1404	Topography of Yunnan	云南地志	区域、面积、河流、山脉、城镇和物产等	地理	18/11	1849.11	18/594
1405	Mode of Expressing the Word for God	"God"一词的表达法	如何将"God"译为中文的讨论	语言	18/11	1849.11	18/606
1406	Literary Notices	文艺通告	《潮州方言华英词典》[高德(Goddard)著]；《满文资料选译》(密迪乐译)；《圣经翻译中"God"一词的翻译方法》(斯当东著)；《"神"字的真正含义》(麦都思著)	文艺通告	18/11	1849.11	18/610

1407	Journal of Occurrences	时事报道	文武科举考试;泰勒先生的信件;英军扫清琼州海峡的海盗及相关的官方文件	时事报道	18/11	1849.11	18/615
1408	Romish Missions in Mongolia	罗马教会在蒙古	它的起源和发展;对蒙古及其居民的一些记载;从中国北部到拉萨的旅游见闻	传教	18/12	1849.12	18/623
1409	*Translation from the Manchu*	《满文资料选译》	附原文及介绍满文的序言,密迪乐译,1848年于伦敦出版。	书评	18/12	1849.12	18/648
1410	List of Works upon China	有关中国的著作介绍	蒙语和满语的著作介绍;作为本卷第8期篇3的补充	书评	18/12	1849.12	18/663
1411	Journal of Occurrences	时事报道	1848年9日1日至1849年12月31日中国大事记;中国执行死刑的情况	时事报道	18/12	1849.12	18/668
1412	Calendar for the Year 1850	1850年年历	1850年年历;五口岸及香港外籍居民名单;香港、澳门与广州政府官员、外国使团和领事机构人员名单	年历	19/1	1850.1	19/7
1413	Letter from B. J. Bettelheim	贝特尔海姆牧师来信	贝特尔海姆牧师来信报告他3年来在琉球居住和传教的情况。(待续)	传教	19/1	1850.1	19/23
1414	Journal of Occurrences	时事报道	澳门事态;驻黄埔英领事代办所订的规则;美国战舰"圣玛丽(St. Mary)"号;中国执行死刑的近况;维多利亚镇改为市;香港殖民地设立主教区。	时事报道	19/1	1850.1	19/56
1415	Letter from B. J. Bettelheim	贝特尔海姆牧师来信(续)	续上期	传教	19/2	1850.2	19/63
1416	Remarks on the Words Shin and Ti	"Shin"与"Ti"两词	谈对"Elohim"和"Theos"二词汉译的不同意见。	语言	19/2	1850.2	19/96
1417	Topography of the Province of Hupeh	湖北地志	府、县的名单;主要城镇;河流、湖泊和物产等	地理	19/2	1850.2	19/103

1418	Men and Things in Shanghai	上海风土人情录	居民的数量和特点；保甲制；赋税；疾病与贫困；分发粮食；抽鸦片及鸦片贸易合法化的前景；贸易的增长；外国居民的人数；落成的新教堂；皈依基督教者；修改中文《新约》、《旧约》的代表会议（待续）	上海	19/2	1850.2	19/111
1419	Journal of Occurrences	时事报道	皇太后驾崩；惠尔登（Whiden）夫人在广州去世；对雷恩凡先生的袭击	时事报道	19/2	1850.2	19/116
1420	Years of Famine at Shánghái	上海饥荒年	上海县志中对于上海历次饥荒和灾祸的记录	历史	19/3	1850.3	19/119
1421	Paul Su's Apology in Behalf of the Jesuits	徐光启替基督教传教士辩护	明万历四十四年徐光启（文定）替基督教传教士辩护的奏折	政府	19/3	1850.3	19/124
1422	Notice of Japan in the *Hái-kwoh Tú Chi*	《海国图志》中的日本	译自《海国图志》第12章，该书1847年于扬州府出版。（待续）	日本	19/3	1850.3	19/141
1423	Topography of Húnán	湖南地志	面积、人口、湖泊、河流、山脉、物产等，附府、县的名单。	地理	19/3	1850.3	19/162
1424	Journal of Occurrences	时事报道	对基隆附近海盗的打击及有关此事的通讯；关于更改新年日期的圣旨；中国皇帝驾崩；耆英的地位；黄埔水手礼拜堂落成。	时事报道	19/3	1850.3	19/168
1425	*The Shwoh Wan, or Etymologicon*	《说文解字徐氏系传四十卷》	介绍此书。	书评	19/4	1850.4	19/175
1426	Term for Elohim and Theos	对"Elohim"及"Theos"二词翻译的意见	一位传教士的来信	语言	19/4	1850.4	19/191
1427	Notice of Japan in the *Hái-kwoh Tú Chi*	《海国图志》中的日本（续）	续上期	日本	19/4	1850.4	19/212

1428	Topography of Shensi	陕西地志	省界、地域、河流、区划、城市、人口和物产等	地理	19/4	1850.4	19/226
1429	Men and Things in Shánghái	上海风土人情录（续）	饥荒；强行求乞；请求捐助；发放粮食；弃婴收容所；压迫和攻击；提塘；当铺老板被抢劫；捕捉海盗的人（待续）	上海	19/4	1850.4	19/233
1430	Journal of Occurrences	时事报道	咸丰登位的喜照；咸丰对其兄弟的恩赐；维多利亚教区主教抵达。	时事报道	19/4	1850.4	19/237
1431	*Precious Words to Awaken the Age*	《醒世宝言》	张礼承著，1848年于广州出版。	书评	19/5	1850.5	19/239
1432	*Holy Wars of the Tsing Dynasty*	《大清圣武记》	魏源编于湖南，20卷，1846年增补，第6版。	书评	19/5	1850.5	19/247
1433	Russian *Ode to the Deity*	俄文《赞美上帝》	译自俄文。	书评	19/5	1850.5	19/251
1434	Movable Metallic Types in Chinese	中文活字印刷术	介绍中国活字印刷情况。	印刷	19/5	1850.5	19/253
1435	Report of the Ophthalmic Hospital	广州眼科医院报告	1848—1849年的第15份报告	医疗	19/5	1850.5	19/259
1436	Letter from a Looker-on	一位旁观者的来信	关于"God"一词的中译问题	语言	19/5	1850.5	19/286
1437	Journal of Occurrences	时事报道	德庇时离职；广州官员在皇后去世后举行的丧礼；道光的遗诏；新皇帝的恩赐；咸丰的家庭情况；广州的流行病	时事报道	19/5	1850.5	19/287
1438	Notices of the Sagalien River	黑龙江	黑龙江及库页岛情况介绍	地理	19/6	1850.6	19/295
1439	Reports of Medical Missions	医务传道会报告	(1)合信起草的广州金里坊(Kam-lifau)医院1848年4月到1848年11月的报告；(2)上海医院委员会1849年的报告	医疗	19/6	1850.6	19/306
1440	Mythological Notices	神话故事	中国一些与自然力有关的神话故事；译自《搜神记》。	文化	19/6	1850.6	19/318

1441	Topography of the Province of Sz'chuen	四川地志	面积、河流、湖泊、山脉、城市、物产和居民等(待续)	地理	19/6	1850.6	19/323
1442	Showers of Sand	沙尘暴	中国平原的风沙	环境	19/6	1850.6	19/334
1443	What I have Seen in Shánghái	我所见到的上海(续)	基督教差会;已故伟烈亚力(Wylie)夫人、索思韦尔(Southwell)先生、斯波尔丁(Spalding)先生;各个差会的介绍;施舍;圣三一教堂的牧师;水手礼拜堂的旗帜;中文版本的《新约全书》;有关“Elohim”与“Theos”的论文	传教	19/6	1850.6	19/336
1444	Journal of Occurrences	时事报道	广州的传染病;徐总督;澳门总督抵达;追谥已故皇太后仙号;文翰总督访问上海;中国人向美洲移民。	时事报道	19/6	1850.6	19/349
1445	Defense of an Essay	为一篇文章辩护	为谈论“Elohim”和“Theos”二词中译问题的一文辩护(待续)	语言	19/7	1850.7	19/351
1446	Notices of Coal in China	中国的煤	煤的开采及使用情况	工业	19/7	1850.7	19/391
1447	Men and Things in Shánghái	上海风土人情录(续)	新景象;今春的好气候;春季丰收;饥荒和乞丐减少;退回征款;弃婴收容所撤销;用棺材占地皮;天花;发烧;开凿沟渠;走私;鸦片问题;巴麦尊勋爵的信	上海	19/7	1850.7	19/396
1448	Topography of Sz'chuen	四川地志(续)	城镇、物产和居民等	地理	19/7	1850.7	19/400
1449	Journal of Occurrences	时事报道	汽轮“雷诺德(Reynard)”号及文翰总督返回;坎阿(Da Cunha)总督去世;1851年工业展览筹备会议;广州茶叶经纪人的许可证	时事报道	19/7	1850.7	19/409
1450	Defense of an Essay	为一篇文章辩护(续)	续上期(待续)	语言	19/8	1850.8	19/415
1451	Tract upon *Nourishing the Spirit*	《养神》	麦都思来信,附中文短文《养神》的译文。	书评	19/8	1850.8	19/451

1452	Journal of Occurrences	时事报道	防止外国人居住在福州；广西的骚动；《北华捷报》；上海港口；圣三一教堂屋顶倒塌；慈溪的意外事故；宁波的船桥；《新约全书》校订完成。	时事报道	19/8	1850.8	19/465
1453	Defense of an Essay	为一篇文章辩护（续）	续上期（待续）	语言	19/9	1850.9	19/471
1454	Medhurst's Inquiry	麦都思的研究	麦都思著《〈圣经〉汉译中"Ruach"和"Pneuma"二词的确切译法研究》，1850年上海墨海书馆出版。	语言	19/9	1850.9	19/484
1455	Animadversions on the *Philogical Diversions*	《哲学的转化》评论	麦都思对菲洛(Philo)《哲学的转化》一文一条注释的批驳	书评	19/9	1850.9	19/492
1456	*Memoir of the Rev. W. M. Lowrie*	《娄理华牧师在华传教实录》	介绍此书。	书评	19/9	1850.9	19/497
1457	Topography of the Yellow River	黄河	介绍黄河水道及其地形。	地理	19/9	1850.9	19/505
1458	Journal of Occurrences	时事报道	英舰"马里纳(Mariner)"号访问日本；美国的茶叶种植；中国人向美洲移民；关于广西暴动的奏折；广东的暴动者	时事报道	19/9	1850.9	19/515
1459	British and Foreign Trade with China	英国以及其他国家对华贸易	领事馆关于1849年英国以及其他国家对华贸易情况的统计表	贸易	19/10	1850.10	19/519
1460	Letter to the Editor	致编者信	关于理雅各(J. Legge)对"God"一词中译见解的争论	语言	19/10	1850.10	19/530
1461	Translation of Two Mongolian Letters	两封蒙古人的信	1305年蒙古人致法国国王菲力普的两封信的译文与注解	政府	19/10	1850.10	19/532
1462	Pagodas In and Near Canton	广州及附近宝塔	广州及其附近的宝塔的名称及建筑时间	建筑	19/10	1850.10	19/541
1463	Chinese Version of the Old and New Testament	《新约全书》与《旧约全书》中文版	《新约全书》与《旧约全书》中文版；新教传教士在各口岸及其代表们在上海为此而进行的工作；1850年8月1日通过的决议	传教	19/10	1850.10	19/550

1464	Tenets of the Buddhists	佛教徒的教义	暹罗佛教徒的教义和关于偶像的戒律	宗教	19/10	1850.10	19/554
1465	Corrections in the Syrian Monument	"大秦景教流行中国碑"碑文更正	对第14卷第5期篇1所登碑文的更正	宗教	19/10	1850.10	19/558
1466	Topography of the Province of Kánsuh	甘肃地志	省界、山脉、湖泊、河流、区划、城镇、人口、物产和历史记载等	地理	19/10	1850.10	19/560
1467	Journal of Occurrences	时事报道	对柬埔寨及新加坡的贸易；嘉应州知府反对基督教的告示；广州的牌坊；叛乱者的布告；林则徐被派往广西。	时事报道	19/10	1850.10	19/571
1468	Defense of an Essay	为一篇文章辩护(续)	续第19卷第9期(待续)	语言	19/11	1850.11	19/575
1469	Journal of Occurrences	时事报道	叛乱者的溃败和相关奏折；上海港入港指南；英皇家汽轮"雷纳德"号访问琉球；法斯特(Fast)牧师在福州府附近去世；林则徐去世。	时事报道	19/11	1850.11	19/625
1470	Defense of an Essay	为一篇文章辩护(续)	续上期	语言	19/12	1850.12	19/631
1471	Travels of M. Huc	古伯察游记	古伯察(Par M. Huc)神甫著《鞑靼、西藏、中国三年旅行记》，1850年于巴黎出版。	书评	19/12	1850.12	19/656
1472	Journal of Occurrences	时事报道	1850年中国大事记	时事报道	19/12	1850.12	19/680
1473	Calendar for the Year 1851	1851年年历	1851年年历；五口及香港外籍居民名单；香港、广州和澳门政府官员、外国使团和驻华领事机构人员名单	年历	20/1	1851.1	20/7
1474	Erman's Travels in Siberia	厄曼西伯利亚游记	对厄曼著《西伯利亚旅行，包括北至鄂毕河口，南至中国边境的考察》一书的介绍及评论	书评	20/1	1851.1	20/24
1475	Kiying's Testimony to Christianity	耆英对基督教真理的承认	已故两广总督耆英对基督教真理的承认	传教	20/1	1851.1	20/47

1476	Journal of Occurrences	时事报道	卡多萨(Cardoza)总督到达澳门;厦门一华人被笞致死;穆彰阿(Muhchangah)及耆英被贬;宰相的工作;追谥林则徐;广西起义者的请愿;省政府官员指挥的军队;中国的司法裁判近况;卖官	时事报道	20/1	1851.1	20/55
1477	Topography of Extra-provincial China	中华帝国边陲地区地志	主要地区的名称和边界;乡村概貌和各山脉的特征	地理	20/2	1851.2	20/63
1478	Mohammedan Mosque near Canton	广州附近的清真寺	响坟:广州附近的一所清真寺兼回教徒墓地	宗教	20/2	1851.2	20/83
1479	Superstitions among the Chinese	中国人的迷信	对信仰罗马天主教的华人提出的禁律;汤姆斯(Thoms)译自《印度支那杂志》并解释这个国家的习俗。	文化	20/2	1851.2	20/91
1480	Historical and Fabulous Personages	历史和神话人物	中国文学作品中经常提及的历史和神话人物;包令译自伊韦尔(Goncalvez)《中国艺术》。	文化	20/2	1851.2	20/100
1481	Course of the Pearl River	珠江河道	介绍河道情况。(待续)	地理	20/2	1851.2	20/111
1482	Journal of Occurrences	时事报道	文翰总督荣获"巴斯"勋章;士迪佛立(Staveley)少将离任;澳门总督的告示;广西起义者;暹罗浸礼会教士住房被焚毁;"伊蒙特(Eamont)"号在日本沉没。	时事报道	20/2	1851.2	20/116
1483	Course of the Pearl River	珠江河道(续)	续上期	地理	20/3	1851.3	20/119
1484	Historical and Fabulous Personages	历史和神话人物(续)	续上期(待续)	文化	20/3	1851.3	20/128
1485	Reports of Hospitals in China	上海医院报告	截至1850年12月31日的第4份报告;附广州金里坊医院的启事。	医疗	20/3	1851.3	20/158
1486	Journal of Occurrence	时事报道	玛尼高尔特(Manigault)和坎宁安(Cunningham)两位先生被殴打及有关此事的通讯;朱阿波(Chui Apò)的审判和处死;广西的起义者;不准缙绅参加乡试及徐广缙的有关奏折;对在广州及黄埔的英国人进行的人口调查	时事报道	20/3	1851.3	20/167

1487	*Universal Geography of Sü Ki-yü*	徐继畬的《瀛环志略》	1848年于福州出版。	书评	20/4	1851.4	20/175
1488	Historical and Fabulous Personages	历史和神话人物（续）	续上期	文化	20/4	1851.4	20/200
1489	Chinese Version of the *Bible*	有关《圣经》中译本的文件	美国圣书公会关于"God"一词的译法的报告；伦敦通过的决议；修改《旧约》的进展	传教	20/4	1851.4	20/222
1490	Journal of Occurrences	时事报道	广西起义者	时事报道	20/4	1851.4	20/230
1491	*The Mowtans, or Tree Peonies*	《中国故事与小说选译》	帕维(Pavie)著，1839年于巴黎出版。	书评	20/5	1851.5	20/231
1492	Interview with the Governor of Fuhkien	与福州官员会晤	1850年12月7日徐继畬等与维多利亚区主教在福州会晤纪要	传教	20/5	1851.5	20/253
1493	The Army of the Chinese Empire	中华帝国的军队	两个组成部分：旗兵和绿营（待续）	军事	20/5	1851.5	20/256
1494	Literary Notices	文艺通告	(1)《文献通考》，1851年于广州出版；(2)香港英国教会制作的鞭形中文活字印刷范文；(3)《中国哲学年鉴》，玛高温著，1851年于宁波出版。	文艺通告	20/5	1851.5	20/287
1495	Journal of Occurrences	时事报道	英舰的失事；广西起义进展；镇压情况；宗教消息	时事报道	20/5	1851.5	20/291
1496	Paper Money among the Chinese	中国纸币	中国的纸币；一张支票；纸币发行史	经济	20/6	1851.6	20/295
1497	The Long White Mountains	长白山	长白山介绍	地理	20/6	1851.6	20/302
1498	Stanzas from the Chinese	中文诗作节译	中文诗作的英译	书评	20/6	1851.6	20/305

1499	The Army of the Chinese Empire	中华帝国的军队(续)	续上期(待续)	军事	20/6	1851.6	20/306
1500	*Complete Collection of the Garden of Banians*	《榕园全集》	介绍及评论	书评	20/6	1851.6	20/346
1501	Brief History of Siam	暹罗简史	对暹罗历史的简要介绍	历史	20/7	1851.7	20/351
1502	The Army of the Chinese Empire	中华帝国的军队(续)	续上期	军事	20/7	1851.7	20/369
1503	Tallow Tree of China	中国的乌柏树	乌柏树及其用途,附对白腊的介绍。	生物	20/7	1851.7	20/428
1504	Chinese Modes of Keeping Time	中国人的计时方法	介绍中国的计时方法。	计时	20/7	1851.7	20/432
1505	Stanzas from the Chinese	中文诗作节译	中文诗作的英译	书评	20/7	1851.7	20/439
1506	Ice from Tien-tsin	论从白河运冰	读者来信讨论从白河运冰至广州的必要性与可行性。	广州	20/7	1851.7	20/440
1507	Visit to the Jews in Honán	开封犹太教徒集会所见闻	伦敦会教士到开封府观察犹太教徒集会所的见闻	宗教	20/7	1851.7	20/442
1508	Analysis of Teas	茶成份分析	某种商品茶的成份分析;摘自《美国科学与艺术杂志》1851 年 3 月第 32 期。	生物	20/7	1851.7	20/472
1509	Correspondence with the Chinese Government	与中国政府的通信	中国政府和美国使团之间有关鸦片走私及禁止谷物出口等问题的通信	鸦片	20/7	1851.7	20/474
1510	Bibliographical Notices	图书介绍	(1)《创世谈》;(2)《天文略论》;(3)《论鸦片贸易》;(4)《致编辑函》;(5)《妥玛斯对宋代花瓶的研究》	书评	20/7	1851.7	20/478
1511	Journal of Occurrences	时事报道	在台湾寻找外国人;广西骚动及相关文件;法国捕鲸船"纳瓦尔(Narwal)"号在朝鲜沉没;广州丝织工人罢工;广州的恩科考试;奥立芬(D. W. Olyphant)及郭实腊去世。	时事报道	20/7	1851.7	20/496

1512	List of Protestant Missionaries to the Chinese	在华新教传教士名单	在华新教传教士名单及他们现在的传教地点	传教	20/8—12	1851.8—12	20/519
1513	Topography of Honán	河南地志	边界、河流、城市、物产等	地理	20/8—12	1851.8—12	20/552
1514	Journal of Occurrences	时事报道	1850年11月至1851年12月中国大事记	时事报道	20/8—12	1851.8—12	20/559

篇名分类索引

序号	英文篇名	中文译名	内容	分类	卷期	日期	页码
0232	Fire Insurance in Canton	广州火灾保险	保险的本质特征和优点；1822年十三行的火灾；广东财产情况；风险程度；如何减轻损失等等；人们认识到了中国的建筑和环境导致火灾的危险性和保险的必要性。	保险	4/1	1835.5	4/35
0136	Description of the City of Peking	北京介绍	地理位置和地貌、历史、城墙和城门、僻静的小巷、驻军、紫禁城、北京的18个建筑和名胜(待续)	北京	2/10	1834.2	2/442
0140	Description of the City of Peking	北京介绍(续)	北京的著名建筑和地方；皇帝的农耕仪式；皇宫；北京的供给。本文广泛参照俄罗斯使团日记、法国传教士对北京的描述和《大清一统志》。	北京	2/11	1834.3	2/490
0070	Early Introduction of Christianity into China	基督教在华的早期传播	16世纪前基督教在中国的传播	传教	1/11	1833.3	1/452
0160	Burmah	缅甸	1807年后基督教在缅甸的传播情况和用缅甸文出版的基督教书籍	传教	3/2	1834.6	3/101
0178	Penang	槟榔屿	槟榔屿的人口、基督教差会及其立足、进展和现状	传教	3/5	1834.9	3/233
0183	Propagation of the Gospel in China	在中国传教	在中国传播基督教福音至今无进展，困难重重，要坚持下去。	传教	3/6	1834.10	3/256
0205	Promulgation of the Gospel in China	在华传播基督教福音	遇到的困难和阻碍：(1)政府对所有进入中国的外国人的敌视态度；(2)中国法令禁止任何新宗教的传播；(3)现行的国家教育和科举制度阻碍人们接受不同的思想和宗教；(4)中国众多的复杂的地方语言；同时也存在一些有利于基督教传播的条件：(1)海上的交通和交往；(2)中国对阅读的兴趣使得读物的散发非常有效；(3)中国人不是特别地迷信，虽然也有这种情结；(4)中国人对待外国人和外国传教士很友好；(5)外国差会对在华传教的兴趣日益增长。	传教	3/9	1835.1	3/440

0225	Christian Missions in China	在华传教	基督教在华的传教活动;关于如何建立和扩大传教机构的措施和方法:讲述福音、办学校、出版书籍、社会慈善事业等	传教	3/12	1835.4	3/571
0280	Medical Practitioners in China	在中国医疗传教	中国人关心自己的利益胜于对精神和智力的关心,到中国开办教会医院在解除了他们身体痛苦的同时,可以吸引他们对精神追求的兴趣。想要感化他们,必须首先赢得他们的信任。	传教	4/8	1835.12	4/391
0284	Christian Union	基督教徒的团结	1835 年 8 月 17 日于锡兰对所有派别的基督教牧师的一次讲话	传教	4/9	1836.1	4/404
0309	Remarks on Medical Practitioners	关于医疗传教	医疗与传教相结合的方式取得了成功,被救治的病人受医生精神的影响,慢慢也开始接受他们的道德观和宗教观。因此,在华的医生除了医术精湛外还必须具备 3 种素质才能胜任工作:有宗教信仰;精力充沛;有奉献牺牲精神。	传教	4/12	1836.4	4/580
0333	British Sovereignty in India	英国在印度的统治	威尔逊(John Wilson)牧师 1835 年 11 月 8 日代表孟买苏格兰基督教会作的布道	传教	5/3	1836.7	5/117
0372	Medical Missionary Society	医务传道会	所有基督教国家,尤其是英国和美国应该支持该建议,因为这有助于中国人和外国人之间建立一种友好的对话关系,更有利于教育和宗教的传播。	传教	5/8	1836.12	5/376
0420	Christian Missions in China	在华传教	基督新教在华的活动引起了广东地方政府的注意并报告了北京;1836 年北京发布的诏令;中国基督教徒的逃亡和被捕;中国有关刑罚摘要;摘录已故马礼逊博士的关于清政府对基督教的态度和政策的评论。	传教	6/2	1837.6	6/55
0467	Christianity in Burmah	缅甸基督徒	缅甸的基督教传教简况,其范围、分布、工作、人员、信徒、书籍、学校等等	传教	6/7	1837.11	6/325
0562	Tomb of a Roman Catholic Missionary	一个罗马天主教徒的墓	海南岛发现一个罗马天主教徒的墓,其中有拉丁文和汉文碑志,简要记载了圣佛朗西斯教派的西班牙传教士在康熙年间来到中国传教的事件。	传教	7/7	1838.11	7/394

0634	Catholic Missions in Tongking	东京的天主教传播	东京(安南北部一地区)的天主教传播情况	传教	8/7	1839.11	8/336
0664	Catholic Missions in Corea	朝鲜的天主教的传播	《传道年鉴》为本刊转来的专稿	传教	8/11	1840.3	8/574
0670	Persecutions of Catholics	迫害天主教徒	1626 年以来交趾支那和东京迫害天主教徒的情况	传教	8/12	1840.4	8/608
0814	Life of Father G. Magaillans	安文思神父生平	耶稣会士安文思神父在华传教 36 年的经过,摘自安文思著《中国新史》(1688 年)。	传教	10/11	1841.11	10/612
0888	Kúlángsú and Amoy	古浪屿和厦门	古浪屿和厦门的传教团体;那里人民的生活方式;溺婴现象等等	传教	11/9	1842.9	11/510
0945	State and Prospects of China	中国的现状和前景	现状及前景;基督教在中国的扩张	传教	12/6	1843.6	12/299
0974	French Missionaries in Cochinchina	法国传教士在交趾支那	法国传教士在交趾支那蒙难和受法舰“女英雄(Heroine)”号营救的经过	传教	12/10	1843.10	12/542
1049	Christianity in China	基督教在中国	在中国居民中传播基督教的必要性;基督教世界认为的在中国传播基督教的理由	传教	14/1	1845.1	14/57
1070	Toleration of Christianity	弛禁基督教	1844 年 12 月 28 日道光皇帝在耆英的奏折上所作的朱批	传教	14/4	1845.4	14/201
1109	Toleration of Catholicism in China	弛禁罗马天主教	摘自两广总督耆英和广东巡抚黄恩彤的一封信。	传教	14/11	1845.11	14/545
1115	Toleration of the Christian Religion	弛禁基督教	钦差大臣耆英致函美国领事福士(P. S. Forbes),宣布弛禁基督教。	传教	14/12	1845.12	14/593
1119	Catholic Religion in China	在华天主教	在华天主教介绍;摘自湖广教区里佐勒蒂(Rizzolali)主教的书信。	传教	15/1	1846.1	15/45
1124	Missionary Labors in Siam	暹罗的传教工作	曼谷眼科医院;布雷德利(Bradley)夫人去世;学校及教会现状	传教	15/2	1846.2	15/86

1136	Toleration of Christianity	弛禁基督教的圣谕	进一步弛禁基督教的圣谕，宣布归还全部中国基督教徒的不动产。	传教	15/3	1846.3	15/160
1147	Sermon on Christan Missions	关于基督教传教问题的演说	1846年3月29日礼拜日四美牧师在香港殖民地教堂的两次讲道	传教	15/5	1846.5	15/240
1148	Letter of Bishop Besi	罗类思主教的信	山东教区主教罗类思致意大利教会领导人的信；1843年5月15日写于南京，译自《传道年鉴》1844年9月刊。	传教	15/5	1846.5	15/256
1154	Roman Catholic Missions in China	在华天主教概况	传教士及信徒的数字；全国的教区划分等	传教	15/6	1846.6	15/304
1165	Amoy	厦门	基督教传教士进入厦门的历史；厦门城市及岛屿的介绍	传教	15/7	1846.7	15/361
1172	The Roman Catholic Missions	天主教会	四川天主教会活动情况；译自四川教区主教皮罗秋(Perocheau)的一封信。	传教	15/8	1846.8	15/406
1178	Missions in Manchuria and Corea	满洲及高丽的教会	满洲教区大主教维罗尔(Verroles)致教会两个中心委员会的信	传教	15/9	1846.9	15/459
1184	The Theory of Missions to the Heathen	向异教徒传道的原理	安德生(Anderson)牧师在派遣韦伯先生到异教地区传教的授职典礼上的一次布道	传教	15/10	1846.10	15/487
1187	Roman Catholic Missions in Corea	罗马天主教在高丽	高丽教区大主教费雷奥尔(Ferreol)致传道会的信	传教	15/10	1846.10	15/513
1202	List of the Protestant Missionaries in China	在华新教传教士一览表	包括各人来华时间、所属教会、居住地区。	传教	16/1	1847.1	16/16
1224	Protestant Missions in China	在华基督教差会	摘自1847年1月1日发自宁波的一封信。	传教	16/3	1847.3	16/151
1235	A Proclamation	公告	要求抵制上海地区假冒教会之名所写作和传播的书籍。	传教	16/5	1847.5	16/250
1247	A Plea in Behalf of Chinese	为中国人祝福	1846年12月13日“安息日”皮特(Peet)牧师在广州的一场布道	传教	16/7	1847.7	16/325

1249 Letter from M. Grandjcan	格朗让的家信	法国主教格朗让的家信	传教	16/7	1847.7	16/339
1256 Remarks on Tracts in Chinese	中文传道小册子简介	附外恒河地区传教士编写及出版的著作目录。	传教	16/8	1847.8	16/373
1270 An All-important Proclamation	重要通告	上海大主教拉都维克(Ladovic)向全体基督教教友发布重要通告,要求教友不看异教书籍。	传教	16/10	1847.10	16/510
1283 Revision of the *New Testament*	《新约全书》中译本的修改问题	上海基督教传教士总会的活动	传教	17/1	1848.1	17/59
1288 Missionaries to China	来华传教士	在中国各口岸活动的新教传教士及其所属教会一览表	传教	17/2	1848.2	17/107
1307 A Few Plain Questions	几个简单问题	向劝诫中国人信奉上帝的传教士提出的几个简单问题	传教	17/7	1848.7	17/363
1334 Illustrations of *Scripture*	《圣经》解释	利用中国人的风俗习惯来解释《圣经》(参见第 8 卷第 12 期篇 5)。	传教	17/10	1848.10	17/543
1343 Notices Regarding Christian Tracts	基督教小册子	关于美国宗教小册子出版公会(American Tract Society)赞助出版中文基督教小册子的通告	传教	17/12	1848.12	17/655
1351 Protestant Missions in China	在华基督教差会	在五口岸的活动、传道、分发书籍、开设医院和学校;黄埔的水手礼拜堂;波罗满牧师去世。	传教	18/1	1849.1	18/54
1356 Explanation from Bishop Boone	文惠廉主教的解释	对第 17 卷第 7 期篇 3《几个简单问题》一文的说明和注解	传教	18/2	1849.2	18/103
1385 What I Have Seen in Shanghai	我所见到的上海	城市的位置;居民的性格;商业利润;扩大贸易的计划;福琼先生的远足;公开或秘密的远足;前任特使糟糕的政策及其理由;基督教传教士;从事修订《新约》中文版的代表们(待续)	传教	18/7	1849.7	18/390

1394	Ancient Intercourse with China through Central Asia	古代经中亚通中国之路	古代经中亚通中国之路；中亚在基督教传播中所起的作用；《神仙通鉴》中对基督的记载	传教	18/9	1849.9	18/491
1397	What I Have Seen in Shanghai	我所见到的上海（续）	(1)英国伦敦会；(2)英国圣公会；(3)美国圣公会；(4)美国安息日浸礼会；(5)美国南浸信传道会；(6)美以美会（待续）	传教	18/10	1849.10	18/521
1403	What I Have Seen in Shanghai	我所见到的上海（续）	罗马天主教会士；耶稣会士；以传教为目的的学校；其年刊；教区牧师和基督教徒的数量；教区牧师、主教和教士的称呼；《圣经》注释本；10 条戒律；祈祷书；江南教区的主教；新教堂的地点；小教堂；宗教设施；其他场所；徐家汇；从所办刊物看其传教的方式方法；效果；体制的特点；代理人的情况	传教	18/11	1849.11	18/580
1408	Romish Missions in Mongolia	罗马教会在蒙古	它的起源和发展；对蒙古及其居民的一些记载；从中国北部到拉萨的旅游见闻	传教	18/12	1849.12	18/623
1413	Letter from B. J. Bettelheim	贝特尔海姆牧师来信	贝特尔海姆牧师来信报告他 3 年来在琉球居住和传教的情况。（待续）	传教	19/1	1850.1	19/23
1415	Letter from B. J. Bettelheim	贝特尔海姆牧师来信（续）	续上期	传教	19/2	1850.2	19/63
1443	What I have Seen in Shánghái	我所见到的上海（续）	基督教差会；已故伟烈亚力（Wylie）夫人、索思韦尔（Southwell）先生、斯波尔丁（Spalding）先生；各个差会的介绍；施舍；圣三一教堂的牧师；水手礼拜堂的旗帜；中文版本的《新约全书》；有关“Elohim”与“Theos”的论文	传教	19/6	1850.6	19/336
1463	Chinese Version of the Old and New Testament	《新约全书》与《旧约全书》中文版	《新约全书》与《旧约全书》中文版；新教传教士在各口岸及其代表们在上海为此而进行的工作；1850 年 8 月 1 日通过的决议	传教	19/10	1850.10	19/550
1475	Kiying's Testimony to Christianity	耆英对基督教真理的承认	已故两广总督耆英对基督教真理的承认	传教	20/1	1851.1	20/47

1489	Chinese Version of the *Bible*	有关《圣经》中译本的文件	美国圣书公会关于"God"一词的译法的报告;伦敦通过的决议;修改《旧约》的进展	传教	20/4	1851.4	20/222
1492	Interview with the Governor of Fuhkien	与福州官员会晤	1850年12月7日徐继畬等与维多利亚区主教在福州会晤纪要	传教	20/5	1851.5	20/253
1512	List of Protestant Missionaries to the Chinese	在华新教传教士名单	在华新教传教士名单及他们现在的传教地点	传教	20/8—12	1851.8—12	20/519
0001	Introduction	创刊辞	本报的目标之一为评论外文出版的关于中国的书籍,关注的重点是已经发生了哪些变化、变化产生的原因和方式。许多古老的书籍虽然含有很多有用的叙述,但同时也充斥着毫无价值的论述。当代的作家往往对此感到迷惑,如关于中国的人口,这些书中提供的数字从2000万到3亿3千3百万——一个神秘的数字不等。因此,面对这些互相矛盾冲突的各种外文出版物使得人们更需要寻求一种可靠、确定的资料。这些资料目前已经大量地出现并且涉及各种领域,无论是地理、道德、政治、商贸、文学还是宗教。此外,还有其他关于历史和统计数据之类的话题都会给我们展示中国的过去和现状。经过深思熟虑,我们不会以中国官方为主,只允许适量的来自中国方面的影响,从而极力避免走向极端……	创刊辞	1/1	1832.5	1/6
0750	Benevolent Societies	慈善团体	在中国的慈善团体有医务传道会、马礼逊教育会、实用知识传播会、新加坡书院和英华书院等,它们主要都是由在华的外国人资助的,而这些外国人在过去两年的中外冲突中备受困扰。目前这些团体的活动由于战事几乎都停顿了,在和平到来之时,这些团体的活动将会获得新的活力和生机。	慈善	10/1	1841.1	10/58

0959	Charitable Institutions in Hong Kong	香港的宗教和慈善机构	教堂、水手礼拜堂、学校、大学、医院等	慈善	12/8	1843.8	12/443
1069	Foundling Hospital at Shanghai	上海育婴堂	其报告	慈善	14/4	1845.4	14/183
1173	The Hall of United Benevolence	仁爱会	仁爱会救济寡妇、老人以及提供棺木、墓地的规则	慈善	15/8	1846.8	15/408
0826	Review of Public Occurrences During the Last Ten Years, from 1832 to 1841	过去10年中国发生的大事回顾和评论	之一:1832年1月至1834年7月	大事回顾	11/1	1842.1	11/7
0833	Review of Public Occurrences During the Last Ten Years, from 1832 to 1841	过去10年中国发生的大事回顾和评论	之二:1834年8月至1834年12月	大事回顾	11/2	1842.2	11/71
0840	Review of Public Occurrences During the Last Ten Years, from 1832 to 1841	过去10年中国发生的大事回顾和评论	之三:1835年1月至1835年12月	大事回顾	11/3	1842.3	11/127
0849	Review of Public Occurrences During the Last Ten Years, from 1832 to 1841	过去10年中国发生的大事回顾和评论	之四:1836年1月至1836年12月	大事回顾	11/4	1842.4	11/191
0855	Review of Public Occurrences During the Last Ten Years, from 1832 to 1841	过去10年中国发生的大事回顾和评论	之五:1837年1月至1837年12月	大事回顾	11/5	1842.5	11/247
0860	Review of Public Occurrences During the Last Ten Years, from 1832 to 1841	过去10年中国发生的大事回顾和评论	之六:1838年1月至1838年12月	大事回顾	11/6	1842.6	11/303

0868	Review of Public Occurrences During the Last Ten Years, from 1832 to 1841	过去10年中国发生的大事回顾和评论	之七:1839年1月至1839年3月	大事回顾	11/7	1842.7	11/351
0875	Review of Public Occurrences During the Last Ten Years, from 1832 to 1841	过去10年中国发生的大事回顾和评论	之八:1839年4月至1839年6月	大事回顾	11/8	1842.8	11/407
0883	Review of Public Occurrences During the Last Ten Years, from 1832 to 1841	过去10年中国发生的大事回顾和评论	之九:1839年7月至1839年12月	大事回顾	11/9	1842.9	11/463
0890	Review of Public Occurrences During the Last Ten Years, from 1832 to 1841	过去10年中国发生的大事回顾和评论	之十:1840年1月至1840年12月	大事回顾	11/10	1842.10	11/527
0895	Review of Public Occurrences During the Last Ten Years, from 1832 to 1841	过去10年中国发生的大事回顾和评论	之十一:1841年1月至1841年12月	大事回顾	11/11	1842.11	11/583
0907	Review of Public Occurences During the Year 1842	1842年中国发生的大事回顾和评论	简述1842年中国发生的大事。	大事回顾	11/12	1842.12	11/678
0159	Natural History of China	中国自然历史	始于耶稣会士、欧斯贝克(Osbeck)、英国使团等对这个课题的研究,目前仍缺乏广东和零丁附近的地质资料。	地理	3/2	1834.6	3/90
0164	Situation of Canfu	关于"勘府"	"勘府"(Canfu)——古代阿拉伯和其他外国商人常提到的一个中国贸易城市——的地点考证	地理	3/3	1834.7	3/127
0192	Sumatra	苏门答腊	莱曼(Lyman)和芒逊(Munson)两传教士遇害的详情和经过;苏门答腊人口、居民简况	地理	3/7	1834.11	3/319

0217	The Bonin Island	小笠原群岛	日本人、比齐上尉等人笔下的小笠原群岛:位置、物产等	地理	3/11	1835.3	3/522
0292	The Island of B-ali	巴厘岛	位置、区域、湖泊、人口、手工制品、商业、农业、政府、语言、教育和宗教	地理	4/10	1836.2	4/455
0298	The Island of Borneo	婆罗洲群岛	位置、范围、历史、政区,主要居民马来西亚人、华人、布吉斯人和达雅人(Dayaks)	地理	4/11	1836.3	4/503
0320	Description of A'-sám	阿萨姆介绍	由于与阿萨姆的茶叶贸易日益增长,特介绍其三大区域的范围、南北边界接壤的国家和部落等。(待续)	地理	5/2	1836.6	5/55
0330	A'sám	阿萨姆介绍(续)	政府、物产、贸易、前景、风土民情	地理	5/3	1836.7	5/103
0347	Description of Manipur	印度曼尼普耳介绍	位置、物产、政府、语言、宗教、毗邻部落	地理	5/5	1836.9	5/218
0369	Coast of China	中国海岸	以前对中国的海岸一无所知,1831年阿姆士德使团才开始让人们对它有些了解;了解和勘查中国沿海的必要性;它的轮廓和区域;南部主要地点简介	地理	5/8	1836.12	5/343
0413	Coast of China	中国海岸	其4个组成部分;东南部、东部和东北部主要地点的简介;沿海进行鸦片贸易的地方	地理	6/1	1837.5	6/14
0415	Central Asia	中亚	介绍乌兹别克和土耳其斯坦的地理概貌、山川、物产、矿藏、植物等。(待续)	地理	6/1	1837.5	6/34
0421	Topography of Bangkok	曼谷地志	城市的位置;乡村的面貌;河流、运河、土壤、物产、街道、公私建筑物等(待续)	地理	6/2	1837.6	6/61
0424	Central Asia	中亚(续)	吉尔吉斯(Kirghis)、可汗(Khan)、伯克哈拉(Bokhara)的范围、地貌、气候、人口和人民的介绍(待续)	地理	6/2	1837.6	6/88
0431	Central Asia	中亚(续)	奥克苏流域(Valley of the Oxus)、基发的坎特(khanate of Kiva)、布哈拉乌(Bokhara)、拉河和里海(the Aral and Caspian)之间、南至霍拉桑沙漠(Khorasan)的地区和民族介绍(待续)	地理	6/3	1837.7	6/124

0432	Topography of Bankok	曼谷地志(续)	季候风与季节;1835—1836年当地气候记录表;居民的疾病与寿命。附暹罗"医药与化学"一文,介绍当地的医药水平和医药、化学实践。	地理	6/3	1837.7	6/130
0438	Central Asia	中亚(续)	乌兹别克土耳其斯坦:在塞鲁士(Cyrus)、大流士(Darius)、亚历山大、匈奴人、伊斯兰教徒统治下的早期历史;成吉思汗、铁木尔(Timúr)乌兹别克时代;目前与印度、波斯、俄罗斯及中国的交往。(待续)	地理	6/4	1837.8	6/167
0439	Philippine Islands	菲律宾群岛	麦哲伦航海首次发现;麦哲伦的船队;有关他死的部分细节;摘自1788年马尼拉出版的历史书及其他方济各会和多明我会的相关叙述。	地理	6/4	1837.8	6/177
0456	Geology of Central Asia	中亚地理(续)	中亚的地质学;对横贯中亚的四大山(阿尔泰、天山、昆仑及喜马拉雅)的勘查	地理	6/6	1837.10	6/278
0528	Notices of the City of Borneo and Its Inhabitants	婆罗洲城市与居民简介	1837年美国双桅船"汉麦利"号航行印度群岛时所作的观察(待续)	地理	7/3	1838.7	7/126
0535	Notices of the City of Borneo and Its Inhabitants	婆罗洲城市与居民简介(续)	紧接着第一艘外国船到达该地,其余的船只陆续来到引起了当地人的恐慌;与当地的胡椒贸易趋向饱和;当地的语言和分支词汇对比表;居民来源和人数,生活与贸易;编者注:本文的作者相信这些国家可以和西方国家建立联系,向他们传播福音也不需等待了。	地理	7/4	1838.8	7/182
0564	*Description of Lincoln Island*	林肯岛的精确位置图	英国"拉尼"号雷诺(Reynolds)中尉作,原载于1838年10月30日《广州纪事报》。	地理	7/7	1838.11	7/396
0604	Notices of the Geology of Java	爪哇地理	爪哇西部的地质构造	地理	8/2	1839.6	8/106
0660	Report by Captain Pemberton	彭伯顿船长报告	关于不丹(Butan)的地理、历史以及政治状况和对外关系的记述,由1838年派往不丹的特使彭伯顿船长撰。	地理	8/10	1840.2	8/555

0688	The Chusan Archipelago	舟山群岛	舟山群岛的位置、面积、物产和对外国商业的意义	地理	9/2	1840.6	9/107
0690	Notices of Countries on the West of China Proper	西域民族介绍	根据中国的记述介绍西域的民族。	地理	9/3	1840.7	9/119
0782	Topographical Account of Chusan	舟山群岛	舟山群岛的范围、行政区域、人口、物产与气候	地理	10/6	1841.6	10/334
0793	Notices of Chusan	舟山介绍	地质情况、气候、物产、农业、商业及其潜力、居民等	地理	10/8	1841.8	10/432
0828	Names of the Eighteen Provinces	18 个省份名字	列举中国 18 个省的名字以及所包括的府、直隶厅、直隶州、厅、州、县的数目。	地理	11/1	1842.1	11/50
0835	Notices of the Pei Ho	白河介绍	从天津到北京郊区的白河；通往首都的道路；通往热河的道路	地理	11/2	1842.2	11/98
0836	Topography of Chekiáng	浙江地志	浙江省府县介绍(待续)	地理	11/2	1842.2	11/107
0845	Topography of Chekiáng	浙江地志(续)	范围、人口、区划、河流、湖泊、山脉、物产等	地理	11/3	1842.3	11/168
0851	Topography of Kiángsú	江苏地志	范围、人口、区划、河流、湖泊、山脉、物产等	地理	11/4	1842.4	11/216
0861	Topography of Anhwui	安徽地志	范围、人口、区划、河流、湖泊、山脉、物产等	地理	11/6	1842.6	11/313
0869	Topography of Kiángsi	江西地志	范围、人口、区划、河流、湖泊、山脉、物产等	地理	11/7	1842.7	11/380
0879	Topography of Chili	直隶地志	范围、人口、区划、河流、湖泊、山脉、物产等	地理	11/8	1842.8	11/444
0893	Topography of Shantung	山东地志	范围、人口、区划、河流、湖泊、山脉、物产等	地理	11/10	1842.10	11/563
0900	Topography of Shánsi	山西地志	范围、人口、区划、河流、湖泊、山脉、物产等	地理	11/11	1842.11	11/623
0905	Topography of Fukien	福建地志	范围、人口、区划、河流、湖泊、山脉、物产等	地理	11/12	1842.12	11/657

0919	Topography of Kwangtung	广东地志	位置、范围、人口、区划、河流、湖泊、平原、物产等	地理	12/2	1843.2	12/93
0930	Brooke's Notices of Borneo and Its Inhabitants	布鲁克关于婆罗洲及其居民的介绍	布鲁克致加德纳(Gardner)的信	地理	12/4	1843.4	12/174
0940	Notices of Amoy and Its Inhabitants	厦门及其居民	摘自雅俾礼的日记。	地理	12/5	1843.5	12/271
0947	Topography of Kwángtung	广东地志	对《广东通志》、《广东通省水道图》2本书的介绍	地理	12/6	1843.6	12/314
0958	Topographical Notices of Hong Kong	香港地志	形状、面积、地名、距离等	地理	12/8	1843.8	12/440
0965	Topography of the Province of Canton	广东地志	对福建和交趾支那之间的岛屿的说明	地理	12/9	1843.9	12/482
1012	Provinces, Departments and Districts in China	中国各省、府、县	按字母顺序排列的中国各省、府和县名称及其经纬度(待续)	地理	13/6	1844.6	13/326
1015	Provinces, Departments and Districts in China	中国各省、府、县(续)	续上期(待续)	地理	13/7	1844.7	13/363
1022	Provinces, Departments and Districts in China	中国各省、府、县(续)	续上期(待续)	地理	13/8	1844.8	13/424
1027	Provinces, Departments and Districts in China	中国各省、府、县(续)	续上期(待续)	地理	13/9	1844.9	13/484
1029	Geographical Notices of Tibet	西藏地志	区域、主要城市、湖泊、冰河和矿产等;摘自《亚洲文会杂志》。	地理	13/10	1844.10	13/511
1030	Provinces, Departments and Districts in China	中国各省、府、县(续)	续上期	地理	13/10	1844.10	13/519

1035	Appendix to the List of Provinces, Departments and Districts in China	中国各省、府、县名称附录	按字母顺序排列的中国各省、府、县名称附录；18省以外的区域、镇和部落等的名称	地理	13/11	1844.11	13/567
1068	Topography of Kwángsi	广西地志	位置、幅员、面积、人口、政区、河流、山脉、物产等	地理	14/4	1845.4	14/177
1081	Notices of Hongkong	香港介绍	该岛的位置、形状、幅员、地形、物产、地质特征；主要区域维多利亚、石牌湾等；原来的地主；割让给英国；殖民地的建立；其政府、人口和前景	地理	14/6	1845.6	14/297
1125	The Oregon Territory	俄勒冈地方概况	风土、气候、物产、人口、政治关系等等	地理	15/2	1846.2	15/90
1132	Houses and Revenue of Hongkong	香港居民及公共建筑	香港居民及公共建筑一览表；附香港1845年财政收支情况。	地理	15/3	1846.3	15/141
1268	Notices of Fuhchau Fu	福州府介绍	对河流、人口、语言等情况的介绍（待续）	地理	16/10	1847.10	16/487
1272	Notices of Fuhchau Fu	福州府介绍（续）	续上期	地理	16/11	1847.11	16/517
1277	Details Respecting Cochin-china	关于交趾交那的详细介绍	下交趾支那主教福斯（Fovre）撰。	地理	16/12	1847.12	16/588
1398	Topography of Kweichau	贵州地志	幅员、地区、地形、居民、物产、河流、山脉等	地理	18/10	1849.10	18/531
1404	Topography of Yunnan	云南地志	区域、面积、河流、山脉、城镇和物产等	地理	18/11	1849.11	18/594
1417	Topography of the Province of Hupeh	湖北地志	府、县的名单；主要城镇；河流、湖泊和物产等	地理	19/2	1850.2	19/103
1423	Topography of Húnán	湖南地志	面积、人口、湖泊、河流、山脉、物产等，附府、县的名单。	地理	19/3	1850.3	19/162
1428	Topography of Shensi	陕西地志	省界、地域、河流、区划、城市、人口和物产等	地理	19/4	1850.4	19/226

1438	Notices of the Sagalien River	黑龙江	黑龙江及库页岛情况介绍	地理	19/6	1850.6	19/295
1441	Topography of the Province of Sz'chuen	四川地志	面积、河流、湖泊、山脉、城市、物产和居民等(待续)	地理	19/6	1850.6	19/323
1448	Topography of Sz'chuen	四川地志(续)	城镇、物产和居民等	地理	19/7	1850.7	19/400
1457	Topography of the Yellow River	黄河	介绍黄河水道及其地形。	地理	19/9	1850.9	19/505
1466	Topography of the Province of Kánsuh	甘肃地志	省界、山脉、湖泊、河流、区划、城镇、人口、物产和历史记载等	地理	19/10	1850.10	19/560
1477	Topography of Extra-provincial China	中华帝国边陲地区地志	主要地区的名称和边界;乡村概貌和各山脉的特征	地理	20/2	1851.2	20/63
1481	Course of the Pearl River	珠江河道	介绍河道情况。(待续)	地理	20/2	1851.2	20/111
1483	Course of the Pearl River	珠江河道(续)	续上期	地理	20/3	1851.3	20/119
1497	The Long White Mountains	长白山	长白山介绍	地理	20/6	1851.6	20/302
1513	Topography of Honán	河南地志	边界、河流、城市、物产等	地理	20/8—12	1851.8—12	20/552
0820	The Chinese Long Measure	中国的长度测量	对于中国长度测量单位的研究	度量衡	10/12	1841.12	10/656
0152	Homicides in China	中国的杀人者	中国律法关于杀人的6种界定;中国人中由于地位和等级所享有的豁免;外国人不许享受的豁免	法律	3/1	1834.5	3/45
0226	The Sandwich Islands	桑威奇群岛	1835年国王加尼乔利(Kanikeaouli)制定的法典	法律	3/12	1835.4	3/581
0973	Record of Criminals in the Hongkong Jails	香港监狱罪犯情况	香港监狱1841年8月9日至1843年9月18日收监的中国和欧洲罪犯的情况记录	法律	12/10	1843.10	12/539

0980	Prisons in the City of Canton	广州监狱	其数目、规模、特点、囚犯生活条件等	法律	12/11	1843.11	12/609
1041	Prisoners in the Jails of Hongkong	香港监狱罪犯情况	香港监狱1843年9月20日至1844年11月15日收监的中国和欧洲罪犯的情况记录	法律	13/12	1844.12	13/660
1192	The Queen v. Compton	女王与坎普顿	女王与坎普顿在香港高等法院的一场官司的记录,时间为1846年11月24日星期二。	法律	15/11	1846.11	15/560
0222	Small Feet of the Chinese Females	中国妇女的小脚	妇女缠足习俗的起源、社会影响;库柏医生对小脚的解剖学描述	风俗	3/12	1835.4	3/549
0233	The Tinker's Trade	修锅人	视线外的艺术家;补锅用的风箱	风俗	4/1	1835.5	4/42
0307	A Chinese Wedding	一场中国人的婚礼	详细记述各种细节。	风俗	4/12	1836.4	4/573
0716	Illustrations of Men and Things in China	中国风土人情录	烧石灰的方法;收集印章和签名的风尚;澳门的老乞丐(待续)	风俗	9/6	1840.10	9/372
0730	Illustrations of Men and Things in China	中国风土人情录(续)	误会了中国人的仪式;中国的干酪;寺院的佛教传单;佛前许愿;一个吸鸦片者(待续)	风俗	9/7	1840.11	9/512
0741	Illustrations of Men and Things in China	中国风土人情录(续)	肥皂替代品;请人捎信带包裹的邮递方式;相同的钓鱼方式;人人都抽烟叶。(待续)	风俗	9/8	1840.12	9/641
0749	Illustrations of Men and Things in China	中国风土人情录(续)	与"天"有关的成语与谚语可以反映出中国人对"天"的观念。(待续)	风俗	10/1	1841.1	10/55
0758	Illustrations of Men and Things in China	中国风土人情录(续)	和尚"敬惜字纸"的行动;猪、牛、羊血的食用;分割玻璃的方法;中国人眼中的自我形象(待续)	风俗	10/2	1841.2	10/110
0763	Illustrations of Men and Things in China	中国风土人情录(续)	中国建筑墙壁和修路的方法;广东流行的一首打油诗;一个祭拜者(待续)	风俗	10/3	1841.3	10/178

0799	Illustrations of Men and Things in China	中国风土人情录（续）	钓青蛙；比试力气的方式；街边的劳力和经济；一种赌博形式（待续）	风俗	10/8	1841.8	10/479
0804	Illustrations of Men and Things in China	中国风土人情录（续）	中国自战争后开始卖《打败鬼子图》、汽船和战舰的图画。（待续）	风俗	10/9	1841.9	10/526
0815	Illustrations of Men and Things in China	中国风土人情录（续）	中国的小书《东园杂记》寓教于乐。（待续）	风俗	10/11	1841.11	10/620
0822	Illustrations of Men and Things in China	中国风土人情录（续）	灯笼的制法；著名回文诗的解说；中国可随身携带的文具（待续）	风俗	10/12	1841.12	10/669
0864	Illustrations of Men and Things in China	中国风土人情录（续）	“番鬼”的意思；磨刀的办法；豆腐；广东巡抚的两首诗；军队的奖章（待续）	风俗	11/6	1842.6	11/331
0878	Illustrations of Men and Things in China	中国风土人情录（续）	中国有关时间、季节的俗语、谚语（待续）	风俗	11/8	1842.8	11/440
1002	Notices of the Siamese	暹罗人	已故的布律吉埃尔(Bruguiere)先生译自《传道年鉴》，介绍暹罗的宗教与风俗习惯。	风俗	13/4	1844.4	13/175
1073	Some Account of Charms	祝福的装饰物	中国人身上穿戴和房里悬挂的表示祝福的装饰物；摘自马儒翰 1831 年 7 月 2 日在英国亚洲文会上所作的报告。	风俗	14/5	1845.5	14/235
1339	Illustrations of Men and Things in China	中国风土人情录（续）	儿童的信仰教育；现金赌博；印章；树叶画	风俗	17/11	1848.11	17/597
0173	Obituary of Dr. Morrison	马礼逊讣告	马礼逊牧师 1834 年 8 月 1 日在广东逝世的讣告：时年 53 岁；去世过程；对一个献身于中国、正直、忠诚的英国人的离去感到惋惜；缅怀这位先驱人物的生平和贡献。	讣告	3/4	1834.8	3/189
0188	Funeral Sermon	葬礼祷告	在律劳卑葬礼上的祷告，裨治文作于本月 26 日安息日；附其他读者的悼念辞和报刊的编者论。	讣告	3/6	1834.10	3/283

0374	Obituary of Capt. J. Horsburgh	詹姆斯·霍斯布鲁格船长的讣告	广州的外国人为纪念他拟建立一座灯塔。但是这项工程很难实施，成立了一个委员会以解决问题。	讣告	5/8	1836.12	5/387
0398	Obituary of the Rev. Edwin Stevens	海员牧师史蒂芬的讣告	他在任牧师期间所写的日记可为我们勾勒出他的性格和生平，以及对他的评价。	讣告	5/11	1837.3	5/519
0501	Obituary Notice of the Late Rev. Alanson Reed	阿伦森·德里讣告	阿伦森·德里牧师的讣告及其生平；1837年9月14日撰于曼谷。	讣告	6/11	1838.3	6/554
0686	Obituary of the Rev. N. S. Benham	贝纳姆牧师讣告	1840年4月11日发自曼谷。	讣告	9/2	1840.6	9/90
0962	Funeral Sermon on the Death of J. R. Morrison	在马儒翰的葬礼上的布道	1843年9月10日马礼逊教育会学校教师布朗在马儒翰葬礼上的布道	讣告	12/9	1843.9	12/461
1045	Obituary Notices of Mrs. Shuck	叔未士夫人的讣告	美国浸礼会来华教士叔未士夫人的讣告	讣告	14/1	1845.1	14/25
1091	A Funeral Sermon	葬礼布道	1845年7月27日伯驾在澳门斯沃德夫人(Mrs. Mary Sword)的葬礼上所作的布道	讣告	14/8	1845.8	14/383
1127	Epitaph on the Grave of the Rev. Dr. Morrison	马礼逊牧师墓志铭	澳门英国人墓地中的马礼逊牧师墓志铭；马儒翰及戴尔牧师墓志铭	讣告	15/2	1846.2	15/110
1227	Biography and Obituary	简历与讣告	波罗满(Pohlman)夫人、罗啻(Doty)夫人、施敦力(Stronach)夫人、费尔布拉泽(Fairbrother)夫人及合信夫人的讣告与简历	讣告	16/4	1847.4	16/172
1242	Obituaries of Mrs. Marshman and Mrs. Morrison	马什曼及马礼逊两夫人的讣告	两人分别为首批赴印度和中国的传教士。	讣告	16/6	1847.6	16/301
1278	Correspondence Relating to Mr. Lowrie	关于娄理华的通信	有关其去世的官方通信(待续)	讣告	16/12	1847.12	16/611

1326	Correspondence Relating to Mr. Lowrie	关于娄理华通信(续)	续第16卷第12期篇3	讣告	17/9	1848.9	17/490
1308	Propositions Concerning the Public Security	关于公共安全的建议	八街联合会为维护公共安全提出的建议	公共安全	17/7	1848.7	17/366
0687	*Ko Dou Dzu Roku*	日本铸铜技术备忘	译自日文。	工业	9/2	1840.6	9/92
1446	Notices of Coal in China	中国的煤	煤的开采及使用情况	工业	19/7	1850.7	19/391
0102	Description of the City of Canton	广州介绍	广州的历史和现在(待续)	广州	2/4	1833.8	2/152
0108	Description of the City of Canton	广州介绍(续)	建筑和居民,广州地方官员和官俸(待续)	广州	2/5	1833.9	2/201
0114	Description of the City of Canton	广州介绍(续)	广东的文士和科举考试、学校教育、寺庙、救济机构(待续)	广州	2/6	1833.10	2/249
0120	Description of the City of Canton	广州介绍(续)	广东的地理位置和广东贸易,各国商船之间的贸易,1805－1833年间的进出口贸易额	广州	2/7	1833.11	2/297
0235	Walks about Canton	广州漫步	私人日记摘录:旷地;小河;海关;码头;拔火罐;尼姑;"猎巷"(即新豆栏街);卫兵室;旧中国街(即同文街);衣着和食物(待续)	广州	4/1	1835.5	4/47
0242	Walks about Canton	广州漫步(续)	弃婴;公堂;十三行街;中国人的射艺(待续)	广州	4/2	1835.6	4/106
0253	Walks about Canton	广州漫步(续)	广东洋行对面的海南岛;扁担上挑的流动图书馆;美国使馆内的教堂弥撒;暹罗大使的驻地;一种常见的刑罚:鞭刑;木偶戏;鲁班:工匠的始祖;灵堂;磨坊的工作;集市旁的苦力(待续)	广州	4/4	1835.8	4/194

0259	Walks about Canton	广州漫步(续)	马蜂窝做招牌的药店;两个失明的弹琴人;两个乞讨的小姑娘;斗蟋蟀;和尚化缘。(待续)	广州	4/5	1835.9	4/249
0268	Walks about Canton	广州漫步(续)	中国绘画;访问澳门;沿珠江旅行;徒步游览城镇;居民区的范围;人口;行政管理;公共建筑物(待续)	广州	4/6	1835.10	4/296
0275	Walks about Canton	广州漫步(续)	欧洲人登陆处;妇女赌博;失踪的儿童;马肉;鸦片窟;打板子(待续)	广州	4/7	1835.11	4/346
0302	Walks about Canton	广州漫步(续)	准备葬礼;有名的联兴街;两间书店;鸭舌;在广州的城墙上散步。(待续)	广州	4/11	1836.3	4/539
0311	Walks about Canton	广州漫步(续)	鞭刑的刑具;一幅绘画;新年问候;火灾;中国新年的第一天;我的壁炉	广州	4/12	1836.4	4/584
1122	Description of City of Canton	广州介绍	居民人数及特点;该城商业;附城乡村的道路;进城权;德庇时致耆英照会;佛山纪行;上次战事的影响;各种方言;一个传教站	广州	15/2	1846.2	15/63
1158	A Walk around the City of Canton	广州漫步	停尸房;医灵庙;回教庙宇;城北风景;炮台;古堡;奇特的墓地	广州	15/6	1846.6	15/323
1506	Ice from Tientsin	论从白河运冰	读者来信讨论从白河运冰至广州的必要性与可行性。	广州	20/7	1851.7	20/440
0158	Chinese Pirates	中国的海盗	郑芝成及其子郑成功;1806 年各帮的联合;特纳(J. Turner)和格拉斯普尔先生(Glasspoole)的记述;中葡军队合力抗海盗;海盗的分裂及归顺政府	海盗	3/2	1834.6	3/69
0299	Recent Piracies	海盗近况	太平洋、中国海和印度洋群岛海盗活动的近况;平定海盗的方法	海盗	4/11	1836.3	4/523
0047	Marine Intelligence	海事消息	(1)黄埔港的英国船;(2)15—20 只美国船只停在零丁;(3)9 月 29 日中国沿海的新政策	海事消息	1/7	1832.11	1/301
0435	Loss of a Chinese Junk	中国遇难船	开往巴达维亚的中国船遇难,出于基督徒精神,英国"印第安娜"号救起了 198 名乘客,但为此遭受了巨额的经济损失。	海事消息	6/3	1837.7	6/155

0445	Loss of the Brig Fairy	“仙女”号失事	梅奇(McKay)船长的英舰“仙女”号在福建海岸失事；中国、马尼拉官方、葡萄牙三方对此事的报道	海事消息	6/4	1837.8	6/207
0649	Loss of the British Bark Sunda	英国三桅航船“三笪”号失事	英国三桅航船“三笪”号的船员写信纠正报纸关于该船失事的错误之处，重新描述该船失事的经过。	海事消息	8/9	1840.1	8/485
0768	Loss of the Ship Kite	“风鸢”号失事	诺贝尔夫人(Anne Noble)寄往英国的信中叙述“风鸢”号在中国舟山附近失事的经过，以及她幸存下来并且在1840年至1841年被捕和坐牢时的情况。	海事消息	10/4	1841.4	10/197
0790	Loss of the Cutter Louisa	“露易沙”号失事	1841年7月21日英舰快艇“露易沙”号遭遇台风沉没的经过	海事消息	10/7	1841.7	10/414
0902	Loss of the Madagascar	“马达加斯加”号失事	“马达加斯加”号指挥官向巴克报告该舰被毁的消息。	海事消息	11/12	1842.12	11/639
0918	Loss of the Transport Indian Oak	“格兰加船长(Cap. Grainger)”号货船失事	1840年8月14日该船在琉球沉没。	海事消息	12/2	1843.2	12/83
0922	Loss of the English Brig Ann	英船“安”号失事	英船“安”号沉没，台湾官方抓获了所有船员，43人被斩首。(待续)	海事消息	12/3	1843.3	12/118
0936	Loss of the English Brig Ann	英船“安”号失事(续)	续第3期	海事消息	12/5	1843.5	12/240
1177	Typhoon	台风	1846年6月“伯鲁多(Pluto)”号、“复仇神”号和“西华(Siewa)”号在中国海域遇到台风的详情	海事消息	15/9	1846.9	15/451
0500	Horsburgh Light House	霍斯布鲁格灯塔	(1)为建造纪念灯塔募捐；(2)美国船队在南海进行探险，科学家同行进行广泛而准确的航海勘查的必要性	航海	6/11	1838.3	6/550
0774	Chusan Archipelago	舟山群岛	据英国海军1840年到1841年的实测资料编制的航海指南	航海	10/5	1841.5	10/257

0786 Coast of China and Corea	中国海岸航海指南	据1840年英国舰队在中国沿海勘测资料编制。	航海	10/7	1841.7	10/378
0787 Surveys in the Yangtsze Keang	扬子江航海指南	据1840年英舰"康威(Conway)"号勘测资料编制。	航海	10/7	1841.7	10/390
0923 Survey of Amoy Harbor	厦门港巡礼	柯林生(Collinson)著,摘自《航海杂志》(*Nautical Magazine*)。	航海	12/3	1843.3	12/126
0957 Sailing Directions for the Coast of China	中国沿海航行指南	从厦门湾到扬子江口的航行指南	航海	12/8	1843.8	12/406
0964 Errata and Addition to the *Sailing Directions for Coast of China*	对《中国沿海航行指南》一文的勘误与补充	对上期文章的修订	航海	12/9	1843.9	12/481
0997 Addenda to the *Sailing Directions for the Coast of China*	《中国沿海航海指南》一文的增补	对第12卷第8期篇1文章的增补	航海	13/3	1844.3	13/129
1077 Sailing Directions for the Pang-hú	澎湖航行指南	澎湖航行指南及该岛情况	航海	14/6	1845.6	14/255
1078 Sailing Directions for the Coast of China	中国沿海航行指南	从好望角到厦门	航海	14/6	1845.6	14/264
1126 Navigation of the Chinese Seas	中国海上航行概述	扬子江口;吴淞江及上海港口;在罗马尼亚外岛(Romania Outer Island)建造纪念"霍斯布鲁格"灯塔的建议	航海	15/2	1846.2	15/104
0013 Postscript	后记	补充来自《京报》的战事消息。	后记	1/2	1832.6	1/85
0019 Postscript	后记	关于平叛的战事和广东的天气与农忙的简要报道	后记	1/3	1832.7	1/117
0026 Postscript	后记	从北京来的刑福山抵达广东并考察了当地的贡院,6000多名考生报考参加乡试,结果只有72人通过。今年考试时间为农历八月八日。	后记	1/4	1832.8	1/165

0034 Postscript	后记	清政府在湖南平定叛乱。	后记	1/5	1832.9	1/213
0040 Postscript	后记	(1)广州新总督卢坤被正式任命为湖广总督;(2)10月30日下午两点半城西火灾	后记	1/6	1832.10	1/253
0048 Postscript	后记	卢坤(Loo)总督在山区平乱。	后记	1/7	1832.11	1/301
0055 Postscript	后记	台湾的报道对中国政府不利;被杀的官兵人数可能更多。	后记	1/8	1832.12	1/349
0068 Postscript	后记	(1)东印度广东公司2月27日完成贸易回到澳门,中国商人也已离开;(2)广东天气	后记	1/10	1833.2	1/429
0075 Postscript	后记	台湾的动乱已被平定。	后记	1/11	1833.3	1/477
0081 Postscript	后记	3月的《京报》到达广东;山西加强军队防卫。	后记	1/12	1833.4	1/517
0089 Postscript	后记	近期天气	后记	2/1	1833.5	2/53
0095 Postscript	后记	中国的几个省都面临着严重的供给问题,照理地方政府应该在灾荒年中给穷人补贴,但他们却常常不这么做。	后记	2/2	1833.6	2/101
0101 Postscript	后记	7月最后几天的炎热天气	后记	2/3	1833.7	2/150
0107 Postscript	后记	广东七八月间的暴风雨	后记	2/4	1833.8	2/200
0113 Postscript	后记	郭实腊的游记非常畅销。	后记	2/5	1833.9	2/248
0119 Postscript	后记	本月天气	后记	2/6	1833.10	2/296
0125 Postscript	后记	云南地震	后记	2/7	1833.11	2/344
0135 Postscript	后记	广州贸易进展顺利。	后记	2/9	1834.1	2/441
0145 Postscript	后记	本月天气	后记	2/11	1834.3	2/538
0181 Postscript	后记	事态有所缓和,律劳卑到澳门,军舰也准备撤离。	后记	3/5	1834.9	3/252

1329	Shower of Dust at Shanghai	关于上海的沙尘和垃圾的研究报告	印度经济地理博物馆馆长皮丁顿(Piddington)撰。	环境	17/10	1848.10	17/527
1442	Showers of Sand	沙尘暴	中国平原的风沙	环境	19/6	1850.6	19/334
0574	Seamen's Friend Association	海员之友协会	(1)"海员之友协会"的成立和章程;(2)关于英国海员医院的文告	会社	7/9	1839.1	7/482
0608	Seamen's Friend Association	海员之友协会	季度报告:海员人数及参加宗教活动的情况	会社	8/3	1839.7	8/127
1052	Ordinance against the Triad Society	取缔三合会的法令	取缔香港及其属地的三合会和其他秘密会社的法令	会社	14/2	1845.2	14/63
1053	Milne's Account of the Triad Society	米怜关于三合会的一些报道	关于中国秘密会社三合会的一些报道	会社	14/2	1845.2	14/65
1054	Illegal Associations	非法会社	组织非法会社的罪恶;取缔术士、异教头目和邪教说教者;改恶从善;茶帮	会社	14/2	1845.2	14/75
1155	Secret Society in Singapore	新加坡华人的秘密会社	最近的活动情况;摘自新加坡《自由报》(*Singapore Free Press*)。	会社	15/6	1846.6	15/306
1214	Asiatic Society of China	英国亚洲文会中国分会	英国亚洲文会中国分会1847年1月19日在香港举行会议通过该会规则及人员名单。	会社	16/2	1847.2	16/96
1376	Notice of Triad Society	三合会	三合会会众的誓词及该会的起源	会社	18/6	1849.6	18/287
0966	Asiatic Cholera in China	中国的霍乱	米怜1843年6月写于宁波的一封信	疾病	12/9	1843.9	12/490
0982	Sickness and Deaths in Hongkong	香港的疾病与死亡	英国圣公会一传教士来信谈到发生在香港的疾病与死亡。	疾病	12/11	1843.11	12/615
1131	Review of Disease in Hongkong	香港的疾病	在华尤其是在香港的欧洲人易患的疾病种类	疾病	15/3	1846.3	15/130

1504	Chinese Modes of Keeping Time	中国人的计时方法	介绍中国的计时方法。	计时	20/7	1851.7	20/432
0442	Chinese Pagodas	中国各地的塔	遍及中国各地的塔;中国人设想的它们对农业收成、人丁昌盛和对自然的控制作用;对广州八景介绍的英译	建筑	6/4	1837.8	6/195
1462	Pagodas In and Near Canton	广州及附近宝塔	广州及其附近的宝塔的名称及建筑时间	建筑	19/10	1850.10	19/541
0198	Society for the Diffusion of Useful Knowledge	关于成立在华实用知识传播会的启事	由协会秘书马儒翰(J·R·Morrison)发起;两次公开大会的备忘录和在华实用知识传播会的章程和规定	教育	3/8	1834.12	3/390
0229	Education among the Chinese	中国教育	中国的古代和当代的教育及特点;从现在的教育领域、目标、方式和结果看其不完善之处;如何改进的必要措施	教育	4/1	1835.5	4/6
0278	First Report of the U. K. Society	在华实用知识传播会第1份年度报告	已有47名成员,还需要很多关于地理、历史、科学的新字以满足出版,正在印刷的有世界历史、世界地理和世界地图,已经出版3本读物;会上其他人的发言记录	教育	4/8	1835.12	4/359
0281	Benevolent Institution at Malacca	马六甲慈善学校	1834年3月创立于马六甲的基督教慈善学校的第1份报告;这所学校专为不同国家的人开办。	教育	4/8	1835.12	4/394
0295	High School in the Sandwich Island	桑威奇岛的书院	莱亚那(Lahaina)书院校规;该校校长、教员和学生名单	教育	4/10	1836.2	4/489
0300	Singapore Institution	新加坡书院	其源起及计划;3个组成部分:(1)科学部;(2)中国人的文学和伦理;(3)马来、布吉斯、暹罗人的文学和伦理	教育	4/11	1836.3	4/529
0327	Parapattan Orphan Asylum	帕拉佩坦孤儿院	孤儿院委员会第3份年度报告;马六甲英华书院第11次报告	教育	5/2	1836.6	5/94
0332	Remarks on Education	汉语教育	关于在汉语教育中推行新方法的评论,和在学校中试行该教育方法的建议	教育	5/3	1836.7	5/115

0351	Schools at Singapore	新加坡学校	1835年至1836年新加坡学校的第2次报告；简要报告学生及课程近况。	教育	5/5	1836.9	5/243
0373	Morrison Education Society	马礼逊教育会	该会的章程，理事和会员名单，宗旨和机构的说明	教育	5/8	1836.12	5/379
0397	Society for the Diffusion of Useful Knowledge	在华实用知识传播会	1837年3月10日上午11点在美国商行向该会成员宣读的第2份年度报告；讨论如何从世界历史、数学、医学、自然科学、哲学、神学等方面加强对中国人的教育。	教育	5/11	1837.3	5/513
0426	Education for the Chinese	教育中国人	教育是使中国福音化的最重要的方式；本文就教育机构所做的努力给予一些建议，如英华书院、新加坡书院、马礼逊教育会；它们联合成立一所学院的需要	教育	6/2	1837.6	6/102
0448	Morrison Education Society	马礼逊教育会	裨治文于1837年9月27日在广州大会上宣读的第1份年度报告；马礼逊教育会首先是要培训一批会说汉语、会自编教材的教师队伍；目前已有5名学生，4名学生既学英文又学中文；郭实腊夫人在澳门也收留了20个孩子，用教育会的资金开办了一所学校，给他们英国小学的教育，同时还学习英文阅读和中文书写；教育会为中国学生提供奖学金，让他们接受高等教育；马礼逊教育会还向国外人士解答有关中国的教育问题。	教育	6/5	1837.9	6/235
0470	Society for the Diffusion of Useful Knowledge	在华实用知识传播会	1837年11月20日在广州大会上宣读的第3份年度报告；虽然中国人还不知道世界上许多国家的名字和位置，但至少在中国传播知识的努力收到了微弱的成效，还要继续向他们灌输世界历史和地理的知识。回顾中国文献学以分析和了解中国人的知识结构。同时，一些关于世界历史的中文书正在印刷，也有日文的，印刷所有两处：马六甲和巴黎。但是印刷物的发行渠道还需要解决。	教育	6/7	1837.11	6/340

0513	Intellectual Character of the Chinese	中国人的智慧特征	中国人过于倚赖过去的智慧，而忽略对现代知识的学习。因此，中国能否跟上现代的变化取决于我们这些外国人所从事的事业；根据中国人的特点，为使其进步而向他们传播知识的方法的讨论	教育	7/1	1838.5	7/6
0552	Morrison Education Society	马礼逊教育会	1838年10月3日宣读的第2份年度报告：准备工作仍在进行，缺乏优秀合格的海外师资是最大的问题，教育会给英国和美国的大学和研究机构写信求援。美国耶鲁大学推荐了3位教师，但是否能来中国不能肯定；英国方面还没有答复。教育会资助的学校继续发展，入学儿童有所增加。同时教育会在对中国的教育体系和制度进行调查。	教育	7/6	1838.10	7/306
0567	Diffusion of Useful Knowledge in China	在华实用知识传播会	1838年11月21日在全体大会上宣读的第4份年度报告；介绍中国最普及的书——年历以及日期、农历节气、孔子的话和实用的知识；另一种最受欢迎的读物就是类似《伊索寓言》的小故事，本会已经推出了部分译本；本会还要推出世界历史书籍，接到了300份订单；其他书籍的准备和印刷工作的进展；附裨治文、李太郭等人在会上的发言。	教育	7/8	1838.12	7/404
0584	Education	教育	(1)新加坡书院各校的考试；(2)槟榔屿的华人寄宿学校的考试；(3)马礼逊教育会有幸聘任了一名优秀教师布朗(Brown)先生。	教育	7/10	1839.2	7/553
0811	Morrison Education Society	马礼逊教育会	1841年9月29日宣读的第3份年度报告	教育	10/10	1841.10	10/571
0847	Report of Chinese Schools	中国学校报告	槟榔屿的中国孩子在施敦力(Alexander Stronach)指导下的学习情况	教育	11/3	1842.3	11/182
0853	Chinese Seminary, Batavia	巴达维亚中国子弟学校	关于巴达维亚中国子弟学校情况的报道	教育	11/4	1842.4	11/237

0892	Report of the Morrison Education Society	马礼逊教育会的年度报告	1842年9月28日宣读的第4份年度报告:资金及房屋建设情况	教育	11/10	1842.10	11/547
0984	Report of the Morrison Education Society	马礼逊教育会报告	截至1843年10月1日的第5份年度报告	教育	12/12	1843.12	12/622
1018	Morrison Education Society	马礼逊教育会	教育会香港学校的学生书信精选;该会的基金	教育	13/7	1844.7	13/389
1039	Report of the Morrison Education Society	马礼逊教育会报告	第6份年度报告;附会议记录。	教育	13/12	1844.12	13/625
1102	Report of the Morrison Education Society	马礼逊教育会	第7份年度报告,附会议记录。	教育	14/10	1845.10	14/471
1106	Morrison Education Society	马礼逊教育会	评马礼逊教育会学生1845年9月24日年终考试的范文。	教育	14/11	1845.11	14/503
1198	Report of the Morrison Education Society	马礼逊教育会报告	截至1846年9月30日的第8份年度报告	教育	15/12	1846.12	15/607
1349	Tenth Report of the Morrison Education Society	马礼逊教育会第10份年度报告	截至1848年9月30日。	教育	18/1	1849.1	18/39
0361	Temperance	节制	对烈性酒的酒精含量的调查和研究;它对人体系统的影响;酗酒的原因和世界各地在禁酒方面取得的进展	禁酒	5/7	1836.11	5/295
0382	Circulation of Dollars in China	洋银在中国的流通	允许洋银在各省流通的必要;按重量和成色使用洋银之不可取;防止纹银外流的办法	经济	5/9	1837.1	5/425
1240	Chinese Currency and Revenue	中国的货币和税收	徐桐(Chú-tsun)关于中国货币和税收问题的奏折,附户部关于上述问题的报告。	经济	16/6	1847.6	16/277

1241	Memorial Regarding the Currency and Revenue	关于货币和税收问题的奏折	鄂顺安(Ngóh-shun-ngan)在看到户部有关报告后就货币和税收问题上皇帝的奏折	经济	16/6	1847.6	16/297
1359	Prices of Provisions in Shánghái	上海市场食品价格	1849年1月上海市场食品价格	经济	18/2	1849.2	18/115
1496	Paper Money among the Chinese	中国纸币	中国的纸币;一张支票;纸币发行史	经济	20/6	1851.6	20/295
0341	Military Skill and Power of the Chinese	中国人的军事技术和实力	军队、炮台和武器的实况;广州河上炮台的情况;中国的陆海军;作战方式;攻防武器等等	军事	5/4	1836.8	5/171
0928	Account of the Cameronian Regiment	英军第26团(卡梅伦团)	从创始到现在的简介	军事	12/3	1843.3	12/150
1493	The Army of the Chinese Empire	中华帝国的军队	两个组成部分:旗兵和绿营(待续)	军事	20/5	1851.5	20/256
1499	The Army of the Chinese Empire	中华帝国的军队(续)	续上期(待续)	军事	20/6	1851.6	20/306
1502	The Army of the Chinese Empire	中华帝国的军队(续)	续上期	军事	20/7	1851.7	20/369
1382	Notices of Chinese Cosmogony	中国的宇宙起源论	宇宙、天地、日月、星星、人类、动物的起源	科学	18/7	1849.7	18/348
0177	The Huns	匈奴	匈奴的起源、早期历史、迁徙;征服阿兰人;阿提拉(Attila)之死及其生平	历史	3/5	1834.9	3/223
0186	The Turks	土耳其人	土耳其人的起源及其早期历史;他们的迁徙和改信伊斯兰教;侵略波斯、印度斯坦和希腊帝国;占领君士坦丁堡。	历史	3/6	1834.10	3/268

0208 The Mongols	蒙古人	成吉思汗联合各部落及扩大他的统治；儿子们承继父业；忽必烈征服中国；忽拉加(Hulagu)把波斯并入版图；布都(Batu)进军欧洲，征服波兰；铁木儿登基，巩固他的帝国；攻取德里和击败巴雅塞特(Bajazet)；蒙古帝国的崩溃	历史	3/10	1835.2	3/453
0321 Siamese History	暹罗史	神圣纪元和世俗纪元的区别、公元1351年到1451年即暹历八世纪的大事记(待续)	历史	5/2	1836.6	5/61
0331 Siamese History	暹罗史(续)	暹历八一二年到九O四年的大事记(待续)	历史	5/3	1836.7	5/111
0340 Siamese History	暹罗史(续)	暹历九O五年期间的战争(待续)	历史	5/4	1836.8	5/166
0403 Siamese History	暹罗史(续)	暹历九O六至九一一年间的大事记(待续)	历史	5/12	1837.4	5/543
0440 Siamese History	暹罗史(续)	暹历九一二至九一八年间的大事记(待续)	历史	6/4	1837.8	6/185
0455 Siamese History	暹罗史(续)	暹历九一八至九二六年间的大事记(待续)	历史	6/6	1837.10	6/274
0468 Siamese History	暹罗史(续)	暹历九二七至九四四年间的大事记(待续)	历史	6/7	1837.11	6/327
0479 Siamese History	暹罗史(续)	暹历九四五至九四八年间的大事记(待续)	历史	6/8	1837.12	6/402
0490 Portuguese and Spanish Intercourse with Japan	葡萄牙、西班牙对日交往历史概略	概过时间从1542年他们交往开始至1640年他们被逐。注释中附有澳门关于这一段历史的材料。	历史	6/10	1838.2	6/466
0503 Dutch Intercourse with Japan	荷兰与日本的交往	从1600年起至今荷兰与日本交往的历史述要	历史	6/12	1838.4	6/559
0517 Siamese History	暹罗史(续)	暹历九四八至九五一年间的大事记(待续)	历史	7/1	1838.5	7/55
0583 Siamese History	暹罗史(续)	暹历九五二至九九九年间的大事记	历史	7/10	1839.2	7/548

0628	Japanese Embassy to Rome	日本人出使罗马	对1582年日本3位亲王遣使谒见罗马教皇一事的评论	历史	8/6	1839.10	8/280
0757	The Rebellion of the Yellow Caps	黄巾起义	《三国志》所载的黄巾起义的内容	历史	10/2	1841.2	10/104
0761	Chronology of the Chinese	中国的纪年法	中国的纪年法、朝代的划分、甲子纪年的方法;附中国历史纪年表。	历史	10/3	1841.3	10/127
0952	History of Hong Kong	香港历史	从马礼逊教育会学校学生作文中看香港历史。	历史	12/7	1843.7	12/367
1347	Historical Sketch of Shanghai	上海历史概要	摘自《嘉庆上海县志》。	历史	18/1	1849.1	18/24
1387	Chronology and Geography of the Chun Tsiu	春秋时代的编年史	中国春秋时代242年的历史和地理	历史	18/8	1849.8	18/399
1420	Years of Famine at Shánghái	上海饥荒年	上海县志中对于上海历次饥荒和灾祸的记录	历史	19/3	1850.3	19/119
1501	Brief History of Siam	暹罗简史	对暹罗历史的简要介绍	历史	20/7	1851.7	20/351
0187	Description of the Bamboo and Palm	竹子与棕榈之描述	竹的种类与栽培,尤其是中国人的栽培方法;竹的用途;造纸的方法;椰子树及其用途	林业	3/6	1834.10	3/273
0224	The Fur Trade	皮毛贸易	出产皮毛的动物、出产的地区、亚欧和美洲皮毛贸易的国际价格;广东1805—1834年从美国进口的皮毛数量统计	贸易	3/12	1835.4	3/560
0291	Treaty with the Chinese	与中国缔约	开放北方港口以便利自由贸易的迫切性与可能性,实现这一目标的方法	贸易	4/10	1836.2	4/446
0367	Memorial to Lord Viscount Palmerston	致巴麦尊的请愿书	格拉斯哥东印度协会致外交大臣巴麦尊的请愿书,请求英国政府采取措施以扩大并保护与中国的贸易。	贸易	5/7	1836.11	5/340
0376	Hong Merchants' Report on Commerce	行商商务贸易报告	行商递交海关都督的关于商务贸易的几点思考:(1)造成白银外流这一现状的根源和对策;(2)关于行商与洋商之间贸易方式;(3)对外贸易牵涉的货币和税收问题;(4)鸦片转运及其沿海贸易。本文是海关官员就现实问题而给行商们出的议题,由行商们商讨后回复海关官员的信的转译。	贸易	5/9	1837.1	5/391

0386	Trade with the Southern Archipelago	关于与南洋群岛重开贸易的评论	这些国家的特点和位置；通商将给中国人民和政府带来的利益	贸易	5/10	1837.2	5/439
0418	Canton General Chamber of Commerce	广州各国商务委员会	章程、起源、宗旨和工作简介	贸易	6/1	1837.5	6/50
0458	British and American Trade	英美贸易	英国和美国在华的贸易统计数据：1836年7月至1837年6月到达广州的英美商船和货价一览表	贸易	6/6	1837.10	6/286
0469	Report of the Canton Chamber of Commerce	广州各国商务委员会年度报告	1837年11月4日通过的第1份年度报告；决议通过了对诸如在零丁洋停泊、关税、保险、货运费等商务问题的解决方案，还通过了一份鸦片的质量和重量问题的决议文件。	贸易	6/7	1837.11	6/333
0472	Statement of the Dutch Trade in China	荷兰在华贸易	1836年1月1日至12月31日荷兰国商船中国进出口贸易情况数据统计表	贸易	6/7	1837.11	6/357
0477	Free Intercourse with Eastern Asia	与东亚的自由交往	要想建立与东亚的自由交往，必须充分了解并掌握有关这些国家的信息和资料；“马礼逊”号对日本的通航；占领小笠原群岛对接近日本的益处；美国与暹罗的条约；目前英国在中国的地位	贸易	6/8	1837.12	6/396
0491	Governor's Memorial to the Emperor	政府官员上清帝的奏折	1837年12月30日广东总督、广东巡抚和海关监督就贸易的现状上清帝的奏折和批复	贸易	6/10	1838.2	6/479
0499	Address to the Governor of Kwangtung	外商致两广总督的禀帖	该信要求行商近期偿还债务，写于1838年3月21日。	贸易	6/11	1838.3	6/549
0511	Statement of the French Trade in China	法国对华贸易	1837年法国对华贸易情况统计表	贸易	6/12	1838.4	6/612
0553	Memorial on Tea, Rhubarb and Silk	关于茶叶、大黄和丝绸的奏折	以固定价格卖给外商。	贸易	7/6	1838.10	7/316

0561	Canton General Chamber of Commerce	广州各国商务委员会	1838年11月3日通过的第2份年度报告；修改了协会章程，保留了东印度公司广东公司的财务机构，对许多与中国的商务和贸易往来的事情如建立有效的邮递系统和邮所、执行英国关于茶和生丝的命令、行商与委员会正式交谈等，表达了在华外商的一致看法，并且按通过的条例执行贸易。	贸易	7/7	1838.11	7/391
0609	Scale of Demurrage	滞留	英国商人与义律船长关于船只滞留期问题的通信	贸易	8/3	1839.7	8/129
0698	Statements of Tea	茶叶数据	1836—1838年经英美商船输出的茶叶、输往英国的生丝总数及向中国申报的商船数目统计数据表	贸易	9/4	1840.8	9/197
0913	Shipping Entered at Hong Kong	进入香港的货船	1841年8月至1843年1月1日进入香港的货船的总吨位、人员和货物的数量	贸易	12/1	1843.1	12/51
0941	Shipping Entered at Hong Kong	进入香港的船只	1842年8月至9月的统计	贸易	12/5	1843.5	12/275
0953	Shipping Entered at Hong Kong	进入香港的船只统计	1843年1月至7月的统计	贸易	12/7	1843.7	12/373
0971	British Trade with China	英华贸易	原载于1843年3月《亨特商业杂志》(*Hunt's Merchants' Magazine*)，论述其特点及前景。	贸易	12/10	1843.10	12/518
0991	List of Shipping Entered at Hongkong	进入香港的船只	1843年7月1日至12月31日	贸易	13/2	1844.2	13/76
1079	The Russian Trade at Kiachta	卖买镇的中俄贸易	俄国人在中国边境城市的贸易情况	贸易	14/6	1845.6	14/286
1095	Particulars of the Export of Teas, Raw Silk to Britain and America	运往英、美的茶叶和生丝情况统计表	1844年6月30日至1845年7月1日各种船只运往英、美的茶叶和生丝情况统计表，附1843年至1844年的概况。	贸易	14/9	1845.9	14/407

1135	British Shipping at Canton	广州英国船只	1845年英国船只在广州港口所付吨位税及进出口税统计表	贸易	15/3	1846.3	15/156
1139	Shipping in the Port of Canton	广州港口的商船	1845年进入广州港口的各国商船的数目及总吨位等的统计	贸易	15/4	1846.4	15/171
1153	Table of the Export at Canton	贸易情况统计表	1845年12月31日止广州、上海、宁波、福州和厦门贸易情况统计表	贸易	15/6	1846.6	15/297
1170	Particulars of the Export of Teas and Raw Silk to the United Kingdom in Each Vessel from 30th June, 1845 to lst July 1846	1845年6月30日至1846年7月1日各种船只运往英国的生丝、茶叶的统计表	船只、商品等数据统计表	贸易	15/8	1846.8	15/392
1171	Export of Teas to the United States from 30th June 1845 to 1st July 1846	1845年6月30日至1846年7月1日运往美国茶叶统计表	包括运往美国的生丝和杂货统计表。	贸易	15/8	1846.8	15/402
1207	Notices of the Cotton Trade	棉花贸易	棉花及其他欧美产品输入广州统计表	贸易	16/1	1847.1	16/51
1213	Canton British Chamber of Commerce	广州英国商会	1847年1月8日制订的商会章程及规则，附简介。	贸易	16/2	1847.2	16/91
1221	Remarks on the Cotton Trade	棉织品贸易	论当前外国人在广州经营的棉织品贸易。	贸易	16/3	1847.3	16/138
1222	Notices of Canton and Whampon	广州与黄埔	有关广州、黄埔及1752年外国对华贸易的一些情况	贸易	16/3	1847.3	16/140
1245	Shipping in the Port of Canton	进入广州港的商船	1846年进入广州港的各国商船数量和吨位统计表	贸易	16/6	1847.6	16/318
1252	Shipping in the Port of Shanghai	进入上海港的商船	1846年进入上海港的各国商船数量和吨位统计表	贸易	16/7	1847.7	16/360

1377	Statistics of Foreign Trade	外贸统计	1847年到1848年间外国与中国在五口贸易情况一览表；根据英国领事馆的统计及其他资料汇编。	贸易	18/6	1849.6	18/301
1459	British and Foreign Trade with China	英国以及其他国家对华贸易	领事馆关于1849年英国以及其他国家对华贸易情况的统计表	贸易	19/10	1850.10	19/519
0294	List of Persons Holding Office in China	中国官府文武官员名单	皇族、内阁、六部、理藩院、都察院、大理寺、国子监等和各地方官府的成员名单	名录	4/10	1836.2	4/478
0301	List of Persons Holding Office in Kwangtung	广东省官员名单	包括普通官府、文武机构、鞑靼人和商务部门的在职官吏。	名录	4/11	1836.3	4/534
0384	Names of Foreign Residents in China	在华外国人名录	按字母顺序排列的在华外国人、商号和代理商的名单，附澳门葡萄牙官员、外国领事、行商和通译的名单。	名录	5/9	1837.1	4/432
0838	List of British Authorities in China	英国在华官员名录	列举1842年2月英国在华官员、驻扎军队、船只情况。	名录	11/2	1842.2	11/120
0911	List of Officers at Peking	北京政府官员名单	高级官员名单及其职务说明	名录	12/1	1843.1	12/25
1055	List of Chinese Officers	中国政府官员名单	摘自《红本》。	名录	14/2	1845.2	14/83
1074	List of Chinese Officers	中国政府官员名单	摘自《红本》春季版。	名录	14/5	1845.5	14/240
1088	List of Foreign Residents in Canton	广州的外国人名录	1845年7月在广州的外国居民及外国商号一览表	名录	14/7	1845.7	14/354
1174	List of Foreign Residents in Canton	广州的外国人名单	1846年8月居住在广州的外国人名单	名录	15/8	1846.8	15/432
1250	List of Foreign Residents in Canton	广州外国居民名单	1847年7月广州外国居民名单	名录	16/7	1847.7	16/350

1260	List of Foreign Residents	外国居民名单	1846年8月上海和厦门的外国居民名单	名录	16/8	1847.8	16/416
1316	List of Foreign Residents in C-anton	广州外国居民名单	1848年8月广州外国居民名单	名录	17/8	1848.8	17/425
0751	Calendar for 1841	1841年年历	1841年年历;中国内阁大臣名单;广州的省府官员名单;澳门的葡萄牙政府;英国驻华海陆军将领名单;舟山的英军名单;驻华外国领事及外国商人与商船统计表	年历	10/1	1841.1	10/60
0831	Calendar for the Year 1842	1842年年历	1842年年历;清廷6位大学士的名单;广东地方官员名单;澳门葡萄牙主要官员名单;驻华英国官员名单;在华外国人名单	年历	11/1	1842.1	11/57
0910	Calender for the Year 1843	1843年年历	1843年年历;外国人、外国商行、澳门葡萄牙政府官员、外国领事、英国陆海军一览表	年历	12/1	1843.1	12/19
0986	Calendar for the Year 1844	1844年年历	1844年年历;在华外国人名单;商会、外国领事机构、香港殖民地政府、英国在华的海陆军队、澳门葡萄牙政府等人员名单	年历	13/1	1844.1	13/7
1044	Calendar for the Year 1845	1845年年历	1845年年历;在华外国人名单;商号、香港殖民地政府、驻华英军、各国领事机构、葡萄牙澳门政府人员一览表	年历	14/1	1845.1	14/7
1117	Calendar for the Year 1846	1846年年历	新年;前景展望;1846年年历;在华外国商行和官员名单	年历	15/1	1846.1	15/7
1201	Calendar for the Year 1847	1847年年历	新年;1847年年历;五口岸的外国人名单;香港政府、外国使团、领事机构人员名单	年历	16/1	1847.1	16/5
1280	Calendar for the Year 1848	1848年年历	新年;1848年年历;在五口岸居住的外国人名单;香港政府、外国使团、领事机构人员名单	年历	17/1	1848.1	17/7
1345	Calendar for the Year 1849	1849年年历	东亚的各种历法;1849年年历;五口岸外籍居民、香港政府、外国使团和领事机构人员名单	年历	18/1	1849.1	18/7

1412	Calendar for the Year 1850	1850年年历	1850年年历；五口岸及香港外籍居民名单；香港、澳门与广州政府官员、外国使团和领事机构人员名单	年历	19/1	1850.1	19/7
1473	Calendar for the Year 1851	1851年年历	1851年年历；五口及香港外籍居民名单；香港、广州和澳门政府官员、外国使团和驻华领事机构人员名单	年历	20/1	1851.1	20/7
0166	Agriculture in China	中国农业概述	其历史、耕作制度、农业改革的困境、土壤和气候、灌溉与施肥、农业工具	农业	3/3	1834.7	3/133
0179	Rice	稻谷	稻谷的种类、栽培、收割、脱粒、脱壳、分离；公共粮仓；外国进口	农业	3/5	1834.9	3/243
0395	Agricultural Implements	中国人使用的农具	对犁、耙、锄头、钉齿耙、镰刀、钩刀、打禾具、水车的描述和说明，有插图。	农业	5/11	1837.3	5/491
0611	Description of the Tea Plant	茶叶种植记载	其名称、耕作、叶片的烤制方法；运往广东；出口和外国的消费；其他国家种植茶叶的努力	农业	8/3	1839.7	8/139
1378	Cultivation of the Mulberry	种桑	种桑与养蚕；译自《蚕桑合编》。	农业	18/6	1849.6	18/309
1392	Directions for Cultivation Cotton	棉花栽培的方法	译自《农政全书》第35章。	农业	18/9	1849.9	18/455
1383	The Condition of Slaves in China	中国的奴隶状况	介绍中国奴隶与佣人的生活状况。	奴隶	18/7	1849.7	18/353
0622	Typhoons in the Chinese and Japanese Seas	中日海上的台风	雷德菲尔德(Redfield)制作的中日海上台风方向图；风暴的统计资料及其形成的原因；大西洋的台风；马德拉斯(Madras)天文台观察资料	气象	8/5	1839.9	8/232
0785	Meteorological Observations at Chusan	舟山群岛气象观测	1840年9月至1841年2月在舟山群岛进行气象观测。	气象	10/7	1841.7	10/360
1086	Meteorological Observations in Bangkok	曼谷气象	1839—1844年曼谷气温观察记录	气象	14/7	1845.7	14/343
1331	Thermometrical Observations at Shanghai	上海气温观察	1844至1847年上海每月最高和最低温度的连续观察记录资料	气象	17/10	1848.10	17/533

0056	Population of the Chinese Empire	中华帝国的人口	专论中华帝国乾隆、嘉庆时期的人口，将英国使团斯当东爵士（George Staunton）提供的数据与法国方面的数据进行比较。	人口	1/9	1833.1	1/350
0062	Population of the Chinese Empire	中华帝国的人口	读者来信参与“中华帝国的人口”讨论。	人口	1/10	1833.2	1/390
0182	Sketch of the Statesman Hokwan	军机大臣和坤	马戛尔尼使团的斯当东爵士让欧洲人首次了解乾隆后期的军机大臣和坤，他的主要品格，对他的弹劾和指控，他被没收的巨额家产。	人物	3/6	1834.10	3/253
0223	Woo Tsihteen：Empress of China	中国女皇武则天	她的出身；招入宫廷；亲手杀死她的女儿；除掉皇后并取而代之；以“天后”自诩和专制统治的建立	人物	3/12	1835.4	3/555
0560	Life of Hungwoo	朱元璋的一生	介绍明朝的建立者洪武朱元璋经历丰富的一生。	人物	7/7	1838.11	7/358
0662	Cave of Camoens	卡梅斯的山洞	对葡萄牙诗人卡梅斯的生平和著作，尤其是《葡萄牙》一诗的介绍	人物	8/11	1840.3	8/560
0693	Ma Twanlin，the Chinese Historian	中国史学家马端临	中国历史学家马端临及其著作介绍（译自雷慕沙的法文原作）	人物	9/3	1840.7	9/149
0701	Biographical Notices of Szema Tan	司马迁父子传记	中国历史学家司马迁父子传记，译自雷慕沙的法文原作。	人物	9/4	1840.8	9/216
0707	Biographical Notice of Szema Kwang	司马光传记	中国史学家和宰相司马光传记，译自雷慕沙的法文原作。	人物	9/5	1840.9	9/280
0718	Notice of Tae Tsoo	明太祖传记	译自雷慕沙的法文原作。	人物	9/6	1840.10	9/395
0756	The Emperor of Taoukwang	道光皇帝	从大臣的奏折中所了解到的道光皇帝；从其继承皇位、加冕、性格到执政能力的介绍	人物	10/2	1841.2	10/93
0781	Biographical Notice of Mencius	孟子传记	中国哲学家孟子传记，译自雷慕沙的法文原作。	人物	10/6	1841.6	10/326

0823	Biographical Notice of P. Prémare	马若瑟神父传记	译自雷慕沙的《新亚洲》。	人物	10/12	1841.12	10/675
0876	Sketch of the Life of Confucius	孔子生活简述	中国道德家孔子的生活简述	人物	11/8	1842.8	11/417
0924	Notices of Kungming, a Chinese Hero	中国英雄孔明	对《三国志》中的英雄孔明的描述	人物	12/3	1843.3	12/131
0932	Biographical Notice of the Late Mrs. Dean	已故迪恩女士生平	介绍其生平。	人物	12/4	1843.4	12/212
0939	The Life of Francis Xavier	沙勿略生平	在印度和日本传教的耶稣会士沙勿略的生平;原书为法文,德莱顿(Dryden)先生译为英文。	人物	12/5	1843.5	12/263
1007	Memoir of Chin Chungmin	陈忠愍(化成)传略	介绍其生平。	人物	13/5	1844.5	13/253
1123	Notices of J. A. Goncalves	公神甫传略	公神甫传略及他的若干汉学著作介绍;加略利著。	人物	15/2	1846.2	15/75
1367	Life and Writings of Chú	朱熹的生平及著作	公元12世纪宋朝著名哲学家朱熹的生平及著作	人物	18/4	1849.4	18/193
1381	Life and Times of Confucius	孔子的生平及时代	孔子出生的时间、地点、环境及其族谱	人物	18/7	1849.7	18/343
0170	Japan	日本	日本的地理位置、面积、行政区域、山脉河流、湖泊、主要城市;日本人之起源,他们的古代历史和民族特征(待续)	日本	3/4	1834.8	3/157
0176	Japan	日本(续)	日本的政府、法律、风俗习惯、宗教、文字,以及对外国交往的简况	日本	3/5	1834.9	3/205
0429	The Japanese Language	日语评论	日本人与中国人大体相同,他们的哲学、宗教、文学都源于中国,但经过本土的改造。日本现在的制度是其政府心甘情愿地对屈从于外国力量的结果。此外,探讨了日本的语言、口语的特性及其不同的形式和文法结构。	日本	6/3	1837.7	6/111

0710	Notices of Japan, No. Ⅰ	日本介绍之一	据荷兰人及德国人的记载介绍日本的海岸、人民、风俗、宗教、与荷兰的交往。	日本	9/5	1840.9	9/297
0717	Notices of Japan, No. Ⅱ	日本介绍之二	长崎及其周边地区	日本	9/6	1840.10	9/375
0729	Notices of Japan, No. III	日本介绍之三	旅居江户;拜谒天皇;返回德兹岛(Dezima)。	日本	9/7	1840.11	9/495
0740	Notices of Japan, No. IV	日本介绍之四	日本的家庭生活、社会习俗、婚丧礼节等	日本	9/8	1840.12	9/626
0744	Notices of Japan, No. V	日本介绍之五	日本帝国的政府、天皇、执政方式、社会等级、法律制度等	日本	10/1	1841.1	10/16
0754	Notices of Japan, No, VI	日本介绍之六	日本人性格的趣闻;"福顿(Phæton)"号来访;一艘遇难船只;知县的英明决定	日本	10/2	1841.2	10/78
0762	Notices of Japan, No. VII	日本介绍之七	最近美国、俄国和英国等外国势力与日本建立开放关系的努力	日本	10/3	1841.3	10/166
0769	Notices of Japan, No. VIII	日本介绍之八	日语的音节文字;片假名;诗歌;科学与历法	日本	10/4	1841.4	10/211
0775	Notices of Japan, No. IX	日本介绍之九	日本人的艺术、手工业、漆器、造纸、商业和茶叶等	日本	10/5	1841.5	10/285
0780	Notices of Japan, No. X	日本介绍之十	日本宗教的流派与日本当代史的主要特点	日本	10/6	1841.6	10/315
1422	Notice of Japan in the *Hái-kwoh Tú Chi*	《海国图志》中的日本	译自《海国图志》第12章,该书1847年于扬州府出版。(待续)	日本	19/3	1850.3	19/141
1427	Notice of Japan in the *Hái-kwoh Tú Chi*	《海国图志》中的日本(续)	续上期	日本	19/4	1850.4	19/212
0518	Infanticide Described	溺婴	1838年2月19日广东巡抚对此种行为的告示;注释中还摘录了小乔治·斯当东对中国人溺婴这一行为的阐释。	杀婴	7/1	1838.5	7/59

0975	Infanticide in Fukien	福建的杀婴	从福建民间搜集到的杀婴资料	杀婴	12/10	1843.10	12/545
1281	Essay Warning against Infanticide	杀婴问题的文章	《湖南贵中孚戒溺女文》英译	杀婴	17/1	1848.1	17/17
0460	Memorial from the Provincial Authorities	省府官员奏折	1837年9月广东官员请求限制行商数目为13个的奏折	商业	6/6	1837.10	6/298
0509	Affairs of the Hingtae Hong	兴泰行事件	1838年4月4日行商们致兴泰行债主的信及广东总督4月11日给行商头领的训示	商业	6/12	1838.4	6/595
1163	*Hunt's Merchant's Magazine*	《亨特商业杂志》摘录	商业——自由的职业;中国的商业;中国及中国的和平;波士顿的中国博物院	商业	15/7	1846.7	15/351
1181	Notices of Shánghái	上海介绍	位置、幅员、住宅、公共建筑物、花园、人口及商业	上海	15/9	1846.9	15/472
1273	Description of Shánghái	上海概览	上海位置;早期历史;城墙;城门;河渠;池塘水井;街道;房屋;政府;政府机关和在职官员;海关;军队;学府;一般学校;宗教组织;城隍庙;佛教徒;福利团体;墓地;贸易和手工业;国内外的商业;棉花;茶叶;丝绸;羊毛制品;制造业;造船业;商会;郊区;外国商馆和外国居民;不动产;气候;人口;基督教传教会	上海	16/11	1847.11	16/533
1322	Walks about Shánghái	漫游上海	对该城和市民的介绍。(待续)	上海	17/9	1848.9	17/474
1332	Reminiscences of Shanghai	上海话旧	摘自马礼逊1842年10月10日发自上海的一封信。	上海	17/10	1848.10	17/534
1333	Walks about Shánghái	漫游上海(续)	续上期	上海	17/10	1848.10	17/536
1418	Men and Things in Shanghai	上海风土人情录	居民的数量和特点;保甲制;赋税;疾病与贫困;分发粮食;抽鸦片及鸦片贸易合法化的前景;贸易的增长;外国居民的人数;落成的新教堂;皈依基督教者;修改中文《新约》、《旧约》的代表会议(待续)	上海	19/2	1850.2	19/111

1429	Men and Things in Shánghái	上海风土人情录（续）	饥荒；强行求乞；请求捐助；发放粮食；弃婴收容所；压迫和攻击；提塘；当铺老板被抢劫；捕捉海盗的人（待续）	上海	19/4	1850.4	19/233
1447	Men and Things in Shánghái	上海风土人情录（续）	新景象；今春的好气候；春季丰收；饥荒和乞丐减少；退回征款；弃婴收容所撤销；用棺材占地皮；天花；发烧；开凿沟渠；走私；鸦片问题；巴麦尊勋爵的信	上海	19/7	1850.7	19/396
1058	Notices of the Miáu Tsz'	苗族简况	居住在中国西部和南部各省山区的苗族简况	少数民族	14/3	1845.3	14/111
1059	Essay on the Justice of the Dealings with the Miáu Tsz'	论公平对待苗民	译自中文原文。	少数民族	14/3	1845.3	14/121
0334	Bontany of China	中国植物	印度支那的野生植物；对中国植物群的观察	生物	5/3	1836.7	5/124
0387	Remarks on the Euphorbiaceous Plants	关于大戟科植物的记述	其基本特征等	生物	5/10	1837.2	5/443
0482	Specimens of Natural History	植物标本	“马礼逊”号航行于琉球和日本时搜集的植物标本	生物	6/9	1838.1	6/412
0489	Natural History of Macassar	望加锡植物学概述	李太郭著。附气象学记录。	生物	6/10	1838.2	6/455
0516	Notices of Natural History	生物观察	中国植物学的最佳著作是李时珍的《本草纲目》；本文根据其他的中国典籍，探索中国的动物：麋和穿山甲或食蚁兽。附《尔雅》中的图片。（待续）	生物	7/1	1838.5	7/49
0522	Notices of Natural History	生物观察（续）	（1）蝙蝠；（2）松鼠（待续）	生物	7/2	1838.6	7/95
0529	Notices of Natural History	生物观察（续）	（1）犀牛；（2）骆驼；（3）大象（待续）	生物	7/3	1838.7	7/141
0539	Notices of Natural History	生物观察（续）	麒麟（待续）	生物	7/4	1838.8	7/217

0545	Notices of Natural History	生物观察(续)	(1)凤凰;(2)龙;(3)龟(待续)	生物	7/5	1838.9	7/255
0555	Notices of Natural History	生物观察(续)	汉语中与动物有关的成语和谚语(待续)	生物	7/6	1838.10	7/326
0566	Notices in Natural History	生物观察(续)	(1)马;(2)驴;(3)骡(待续)	生物	7/8	1838.12	7/398
0575	Notices of Natural History	生物观察(续)	(1)蜂类,包含各种黄蜂和蜜蜂;(2)野蜂(待续)	生物	7/9	1839.1	7/490
0582	Notices in Natural History	生物观察(续)	鸬鹚或鱼鹰(待续)	生物	7/10	1839.2	7/546
0590	Notices of Natural History	生物观察(续)	(1)狮子;(2)虎;(3)猫科动物豹	生物	7/11	1839.3	7/600
0794	Collections Made by Dr. Cantor at Chusan	康托尔医生的收藏	英国赴华远征军第 26 营的助理外科医生康托尔在中国采集的博物学标本纲目	生物	10/8	1841.8	10/441
1190	On the Multicaulis or Mulberry Tree at Manila	谈马尼拉桑树	前法国使团商务参赞赫德撰。	生物	15/11	1846.11	15/535
1400	Notices of Textile Plants	纤维植物介绍	关于制成亚麻布的纤维植物的介绍	生物	18/10	1849.10	18/560
1503	Tallow Tree of China	中国的乌柏树	乌柏树及其用途,附对白腊的介绍。	生物	20/7	1851.7	20/428
1508	Analysis of Teas	茶成份分析	某种商品茶的成份分析;摘自《美国科学与艺术杂志》1851 年 3 月第 32 期。	生物	20/7	1851.7	20/472
0005	Journal of Occurrences	时事报道	(1)发生在 1832 年 2 月 5 日星期日,广东、广西、湖南交界处的叛乱;(2)湖南提督海凌阿(General Haelingah, the tetuh of Hoonan)之死;(3)兵士吸食鸦片烟;(4)北京;(5)饥荒;(6)交趾支那;(7)抢劫;(8)刑部尚书陈若霖(Chin Jo-lin)告老还乡;(9)曾任福建、浙江的总督孙尔凖告病还乡;(10)5 月 26 日局势仍然未定,官府仍在调兵遣将试图平叛。	时事报道	1/1	1832.5	1/34

0012 Journal of Occurrences	时事报道	(1)叛乱;(2)谣言;(3)人吃人;(4)盗与匪;(5)斩首示众;(6)绑票;(7)抛妻;(8)自杀;(9)满洲韃靼	时事报道	1/2	1832.6	1/83
0018 Journal of Occurrences	时事报道	(1)叛乱;(2)被皇帝册封为神的英雄;(3)乞丐	时事报道	1/3	1832.7	1/116
0025 Journal of Occurrences	时事报道	(1)台风;(2)叛乱;(3)鸦片;(4)国库收入;(5)缢刑;(6)海盗;(7)饥荒;(8)中国的法庭;(9)流放;(10)圣驾出游;(11)荒芜的农田;(12)马车夫;(13)祭祀;(14)舢板;(15)东土耳其斯坦;(16)邪恶的景象;(17)谋杀教士。	时事报道	1/4	1832.8	1/161
0033 Journal of Occurrences	时事报道	(1)来自《京报》的关于平定湖南叛乱的消息;(2)秘密会社;(3)吸鸦片引起火灾;(4)中国的多生育	时事报道	1/5	1832.9	1/211
0039 Journal of Occurrences	时事报道	(1)恒安和胡颂荫(Hengan and Hoosung-ih)平定了起义;(2)广东一村霸;(3)火灾;(4)打大板致死事件;(5)新的佛教分支;(6)海盗	时事报道	1/6	1832.10	1/251
0046 Journal of Occurrences	时事报道	(1)山区的抢劫;(2)22号和25号的斩首;(3)上个月的火灾;(4)家奴;(5)黄河;(6)一个家庭的毁灭;(7)婚约;(8)上京告状的秀才;(9)号召百姓检举;(10)新异端;(11)有息贷款的发放;(12)停尸习俗;(13)“戒烟仙方”;(14)湖广;(15)盲人收养所;(16)小偷;(17)请罪	时事报道	1/7	1832.11	1/296
0054 Journal of Occurrences	时事报道	(1)有关台湾伤亡的传闻;(2)传闻湖北的几个地方落入叛军手中;(3)卢坤总督就任湖广、两广总督及其他任命;(4)广州著名医生;(5)村霸;(6)家奴;(7)广州西关一盐商去世;(8)中国人对雷声的解释	时事报道	1/8	1832.12	1/347
0061 Journal of Occurrences	时事报道	(1)1832年9月4日,北京仪亲王永璇(嘉庆的皇兄)去世;(2)清军登陆台湾被击退;(3)一名最近由交趾支那返回的中国印刷工人的来信;(4)金龙一家被移送北京受审;(5)对贫民的施舍;(6)澳门西南的海盗;(7)保甲制度;(8)北京资助因旱灾造成的贫困;(9)告御状;(10)一拐卖妇女儿童的罪犯被抓获;(11)甘肃的茶商赴京请愿,要求减少茶税;(12)广东的救济寡妇基金;(13)吴老亚(Urh Laouyay)用钱摆脱官司;(14)典当业冬季降低利息;(15)官员对非法收费的回复;(16)云南的铜;(17)山东沿海的抢劫	时事报道	1/9	1833.1	1/385

0067	Journal of Occurrences	时事报道	(1)台湾消息;(2)中国东北口岸的贸易;(3)李鸿宾总督和刘荣庆提督被流放;(4)《京报》上批判官场上"拜门生";(5)中国社会;(6)"死"字的忌讳;(7)广州满族将领(Tartar General The tseangkuen)被撤职;(8)广东新年的时间	时事报道	1/10	1833.2	1/427
0074	Journal of Occurrences	时事报道	(1)《京报》载山民起义情况;(2)台湾被清军镇压;(3)《京报》证实了对广东的李总督的判决;(4)被俘的穆斯林叛军首领;(5)北京的匿名诬告	时事报道	1/11	1833.3	1/475
0080	Journal of Occurrences	时事报道	(1)苏宝山(Seu Paoushan)给皇帝的一封信;(2)峻凌阿将军(General Jun-ling-ah音译)告老;(3)家庭案件;(4)书院山长(Shing Szepun)因酒后之言传到皇帝那里而被贬;(5)中国官方文件中的套语;(6)加强地方军士训练;(7)云南罂粟的种植;(8)北京一"御舌"自杀;(9)皇帝准备加强天津的防卫;(10)禁赌令	时事报道	1/12	1833.4	1/515
0088	Journal of Occurrences	时事报道	(1)广州府5月24日举行的科举考试情况;(2)官方征集平乱军事费用的方法;(3)广州执行斩首;(4)四川的叛乱;(5)贩卖儿童;(6)台湾问题	时事报道	2/1	1833.5	2/52
0094	Journal of Occurrences	时事报道	(1)台湾消息;(2)一艘丢失的船在交趾支那找到;(3)行商中举但并未通过廷试;(4)《京报》;(5)一位中国回教徒到麦加朝圣后返回广州。	时事报道	2/2	1833.6	2/100
0100	Journal of Occurrences	时事报道	(1)6月10日皇后驾崩和广东的官员治丧;(2)河水泛滥;(3)朝廷官员的告退制度;(4)交趾支那的护航队;(5)四川叛乱	时事报道	2/3	1833.7	2/148
0106	Journal of Occurrences	时事报道	(1)8月16日广东官员哀悼皇后;(2)交趾支那叛乱;(3)《京报》的信息;(4)新娘自杀;(5)武夷山因大雨茶叶无法采摘;(6)湖广及两广蝗灾;(7)汉口火灾;(8)广州和大埔洪水;(9)各省饥荒;(10)北京赈灾;(11)对重犯施以极刑;(12)广州执行死刑。	时事报道	2/4	1833.8	2/197

0112	Journal of Occurrences	时事报道	(1)水灾;(2)交趾支那叛乱;(3)交趾支那使臣	时事报道	2/5	1833.9	2/246
0118	Journal of Occurrences	时事报道	(1)广东省官员的变化;(2)赏赐举人头衔;(3)山东省的残暴事件;(4)蝗灾;(5)台湾叛乱;(6)上次洪水的后果;(7)云南地震	时事报道	2/6	1833.10	2/294
0124	Journal of Occurrences	时事报道	(1)一名中国官员因失礼行为而被降职;(2)1832年10月到1833年6月台湾的动乱平定;(3)株连九族:严厉的制裁;(4)犯罪与刑罚	时事报道	2/7	1833.11	2/343
0129	Journal of Occurrences	时事报道	(1)广州接到北京官方信使;(2)白银外流与禁止私铸钱币;(3)中国政府的疑忌;(4)鞑靼的狩猎法则;(5)广东巡抚的恶名;(6)《京报》;(7)中国官员的渎职	时事报道	2/8	1833.12	2/391
0134	Journal of Occurrences	时事报道	(1)10月11日《京报》登载的中国的税收;(2)本月的一件抢劫案;(3)朝廷要广东府依法办案,不得延误;(4)弑父者被斩首;(5)山东的邪教被捕;(6)四川打击山民叛军;(7)浙江;(8)满族王公逝世;(9)中国的理发摊;(10)礼部汪守和谢皇恩;(11)皇太后要封赏三嫔妃。	时事报道	2/9	1834.1	2/439
0139	Journal of Occurrences	时事报道	(1)广州的春节庆祝活动;(2)广东书院山长悬梁自尽,有后续报道。	时事报道	2/10	1834.2	2/489
0144	Journal of Occurrences	时事报道	(1)多灾多难的年景;(2)河南寺庙的火灾;(3)从北京来的接任广东书院的官员;(4)派军到交趾支那;(5)《京报》报道的拐骗儿童事件;(6)严厉的皇帝;(7)白莲教;(8)穷人自杀。	时事报道	2/11	1834.3	2/537
0149	Journal of Occurrences	时事报道	(1)4月22日东印度公司在华专利权的终结;(2)广州乞丐的死亡人数;(3)阴魂不散的传言;(4)江苏处死造反者;(5)4月6日皇帝举行先农礼;(6)年度最高级别判决在每年秋天进行。	时事报道	2/12	1834.4	2/584

0155	Journal of Occurrences	时事报道	按时间顺序先介绍本地新闻，然后再介绍从《京报》选出的最有价值的新闻：(1)5 月 2 号卢坤总督等参观外国商馆的详情；(2)据传中国官员的女室悄悄地参观了外国商馆；(3)9 日新官员 Ke Kung 到任；(4)12 日新府员进行了军事视察；(5)巨人兵士；(6)叛兵俘虏之死；(7)李尚书灵柩安置；(8)北京《京报》消息：缅甸使臣去世。	时事报道	3/1	1834.5	3/51
0161	Journal of Occurrence	时事报道	(1)6 月 2 日南海的一个人杀了一个无恶不作的恶霸，无罪释放；(2)11 日的龙舟节；(3)14 日斋戒敬神；(4)两广的洪水；(5)马戛尔尼大使的老友宋中堂 86 岁亡故北京。	时事报道	3/2	1834.6	3/107
0169	Journal of Occurrences	时事报道	(1) 吞鸦片自杀案；(2)尽管中国法律禁止仍公开活动的鸦片商人；(3)水灾后果不那么严重；(4)21 号新到任的尚书；(5)在华英国新官员的任命；(6)北京大火；(7)西藏使节进京献贡；(8)江苏水灾；(9)外国人在叶尔羌(Yarkand)	时事报道	3/3	1834.7	3/154
0175	Journal of Occurrences	时事报道	(1)7 月 25 日英国驻华领事律劳卑(Napier)到广东，致书广东总督要求与其会谈，但被拒绝；(2)卢坤总督给行商的 5 封通告的英译，中英贸易中断，两艘英军舰抵达虎门；(3)钦差大臣主持广东科举考试。	时事报道	3/4	1834.8	3/198
0180	Journal of Occurrences	时事报道	9 月 13 日 3 万人云集广东参加科举考试；商业停顿；卢坤总督的通告；律劳卑阁下的公文；总督和府尹关于中止英国船只入港和贸易的命令；中国官兵围驻广东外国商馆，商馆的中国仆人离去，中国停止向外国商馆提供供给；律劳卑下令英舰从虎门到广州。	时事报道	3/5	1834.9	3/247
0189	Journal of Occurrences	时事报道	科举考试进行得不尽人意；中英之间的公文和文件	时事报道	3/6	1834.10	3/297
0194	Journal of Occurrences	时事报道	中英事件牵涉到很多人；澳门火灾；北方地震	时事报道	3/7	1834.11	3/356

0201	Journal of Occurrences	时事报道	(1)谴责行商勾结和帮助外国人的罪行的布告;(2)皇帝驳回行商谏言的朱批	时事报道	3/8	1834.12	3/403
0207	Journal of Occurrences	时事报道	(1)粤海关监督的眷属从北京抵达;(2)兴泰行商交钱获释。	时事报道	3/9	1835.1	3/452
0213	Journal of Occurrences	时事报道	(1)29日澳门圣保罗教堂被焚毁;(2)2月8日道光皇帝的新皇后;(3)抓获鸦片走私者并颁布禁止输入鸦片的命令;(4)23日广州府当众烧毁鸦片;(5)科举考试;(6)海关监督的家仆	时事报道	3/10	1835.2	3/497
0221	Journal of Occurrences	时事报道	(1)广州府向北京提交对外贸易新规则;(2)新成立的大炮铸造厂;(3)释放洋商,通译和领航员将于近日获释;(4)四川爆发起义。	时事报道	3/11	1835.3	3/548
0228	Journal of Occurrences	时事报道	(1)通译和领航员未能获释;(2)最有信誉的商行倒闭,又新开了一家;(3)地方官巡视军队;(4)旱灾;(5)贿赂与渎职;(6)北京朝臣之死;(7)科举考试;(8)甘肃的暴乱;(9)有关限制外国在广东贸易的规定的奏折	时事报道	3/12	1835.4	3/588
0236	Journal of Occurrences	时事报道	(1)5月1日知府请和尚做法求雨;(2)葬礼导致的火灾和死亡人数;(3)8日久旱后的阵雨;(4)广州的伊斯兰教徒同其他人一样献祭求雨;(5)南方大门重新使用;(6)茂官之死;(7)发官欠官方的债务;(8)通译获释;(9)广州查捕赌博;(10)科举考试;(11)通缉鸦片走私犯;(12)四川暴乱	时事报道	4/1	1835.5	4/51
0243	Journal of Occurrences	时事报道	(1)1日福建火山爆发;(2)4日暹罗的纳贡人抵达广东;(3)被捕鸦片商的财产充公;(4)卢坤总督军事检阅;(5)两个死刑;(6)山西的骚动;(7)四川混乱暂缓;(8)暹罗使节进北京,无事太平;(9)中国的鸡奸案	时事报道	4/2	1835.6	4/108
0247	Journal of Occurrences	时事报道	(1)英国三桅帆船"特劳顿"(Troughton)号遇难;(2)蝗灾;(3)朝鲜	时事报道	4/3	1835.7	4/156

0255	Journal of Occurrences	时事报道	零丁洋船只频繁；台风造成的损坏；新规定被批准，内容参见第 3 卷 580 页；一个和尚被斩首；买官鬻爵；官吏的更迭；西北边境；西藏	时事报道	4/4	1835.8	4/201
0261	Journal of Occurrences	时事报道	“特劳顿(Troughton)”号事件；吞鸦片自杀；北京消息；广东的鞑靼将军；新行商和通译；卢坤总督之死	时事报道	4/5	1835.9	4/253
0270	Journal of Occurrences	时事报道	皇帝的诞辰；新按察使；“特劳顿”号三桅帆船事件；军事检阅；皇后的陵墓；哈雷彗星；一个伊斯兰教徒之死；科举考试	时事报道	4/6	1835.10	4/300
0276	Journal of Occurrences	时事报道	关于停泊海岸的外国船只的上谕；提高几个省份道德的建议；皇后的陵墓；皇帝施恩免税；假币；广东新官员；广州火灾	时事报道	4/7	1835.11	4/348
0282	Journal of Occurrences	时事报道	广州城火灾；对火灾难民的救济；死刑；新知府；卢坤总督	时事报道	4/8	1835.12	4/395
0290	Journal of Occurrences	时事报道	一名英国官员被捕；“查顿”号(Jardine)轮船；美国炮舰“文森尼斯”号(Vincennes)；宦官；道士；两位中国官员裕诚和恒安	时事报道	4/9	1836.1	4/440
0296	Journal of Occurrences	时事报道	广州和海南岛上的火灾；降雪；新总督；新年；广东邻近福建处的骚动；托沁(Totsin)逝世；禁区；浙江省修堤；伊犁将军玉麟去世；两位钦差大臣(Chaou Shingkwei; Ho Linghan)	时事报道	4/10	1836.2	4/491
0303	Journal of Occurrences	时事报道	《京报》消息；绑架案；公所开始工作；广东普宁骚乱平息；新炮台；巡视老鼠山的官员	时事报道	4/11	1836.3	4/541
0312	Journal of Occurrences	时事报道	新海关监督；湖南省的骚乱；上谕祈求北京降雪；关于玩忽职守的军官的上谕；地方官；钦差大臣；皇太后；圣安德鲁斯(St. Andrew)学校；给通讯员和订阅本刊的读者的感谢信	时事报道	4/12	1836.4	4/587
0319	Journal of Occurrences	时事报道	(1)《京报》报道的关于北京近期公布的政令；(2)1835 年 5 月山西的起义；(3)湖南、西藏的消息；(4)钦差大臣；(5)《广东官报》(*Canton Court Circular*)的消息	时事报道	5/1	1836.5	5/50

0329	Journal of Occurrences	时事报道	(1)《京报》消息:政府要所有的官员进行反思和悔过;(2)罪犯潜逃;(3)政府的借贷制度;(4)政府表面上是最庞大的慈善机构,但是在实际落实方面较差;(5)从财政预算中看中国的修大坝、河坝等公共事业;(6)邪教和秘密会社;(7)传抄政府文件;(8)《广东官报》摘要	时事报道	5/2	1836.6	5/98
0338	Journal of Occurrences	时事报道	(1)从北京到广东的钦差大臣从5月至今已两次往返于其间;(2)连续不断发生在四川的骚动不是一件小事;(3)西北鞑靼;(4)江苏的盐业现由一位高官管理,并且有了起色。	时事报道	5/3	1836.7	5/150
0344	Journal of Occurrences	时事报道	北京;湖南省;中国海上破坏性的台风;《广东官报》摘要	时事报道	5/4	1836.8	5/198
0352	Journal of Occurrences	时事报道	(1)马礼逊教育会旨在推动中国人的教育;(2)台风的危害;(3)许乃济(Heu Naetse)给清帝的关于准许鸦片进口合法化的奏折;(4)海关监督关于棉布的训示;(5)北京刑部被盗;(6)钦差大臣返京;(7)湖南省的骚乱;(8)福建省的新总督;(9)伊萨克王子(Isaac)在土耳其斯坦;(10)虎门的防卫;(11)《广东官报》摘要	时事报道	5/5	1836.9	5/244
0360	Journal of Occurrences	时事报道	仍然等待允许进口鸦片奏折的最后结果;福建茶商要求增加提成份额;禁止外国船只停靠黄埔港;"仙女"(Fairy)号船下落不明;钦差大臣;阅兵;火灾	时事报道	5/6	1836.10	5/294
0368	Journal of Occurrences	时事报道	广州火灾;纵火犯被捕;检阅新兵;改戴冬季官帽的命令;公共通告;驱逐外人出境;金星门;零丁洋;双桅船"仙女"号船员名单	时事报道	5/7	1836.11	5/342
0375	Journal of Occurrences	时事报道	(1)钦差大臣(Choo Szeyen)抵粤;(2)对鸦片走私犯的逮捕和监禁;(3)驱逐外人出境令停止执行;(4)处决10名海盗;(5)本地事态进展不如人意已久。	时事报道	5/8	1836.12	5/390

0385	Journal of Occurrences	时事报道	鸦片贸易是否合法化问题悬而未决；走私犯被捕；圆明园失火；官员死亡	时事报道	5/9	1837.1	4/438
0393	Journal of Occurrences	时事报道	(1)对于鸦片贸易仍未明确；(2)中国经常出现的邮政阻滞；(3)黄河防洪；(4)官吏的撤职；(5)中国的奴隶买卖；(6)海难的6名日本人抵达广州，将由浙江返回日本。	时事报道	5/10	1837.2	5/485
0401	Journal of Occurrences	时事报道	(1)讨论鸦片贸易的获奖征文下期公布；(2)清帝恩许英国特使义律(Elliot)来广州代表英国管理在华贸易和船务；(3)禁止外国船只进金星门(Cumsing Moon)；(4)驱逐广州从事鸦片走私的几名外商出境；(5)钦差大臣回京汇报；(6)广东暴风雨	时事报道	5/11	1837.3	5/533
0411	Journal of Occurrences	时事报道	(1)英国政府大使到达广州；(2)皇室添丁；(3)广东官员祈求风调雨顺。	时事报道	5/12	1837.4	5/582
0419	Journal of Occurrences	时事报道	关于朝臣和地方官吏政绩的布告	时事报道	6/1	1837.5	6/54
0428	Journal of Occurrences	时事报道	(1)英国皇家"拉莱"(Raleigh)号轮抵达澳门；(2)海关监督留任广东1年；(3)一家新行商；(4)欧洲邮船停驶。	时事报道	6/2	1837.6	6/109
0437	Journal of Occurrences	时事报道	兴泰行的事务；钦差大臣返京；台湾；外国人的意外伤亡事件	时事报道	6/3	1837.7	6/166
0446	Journal of Occurrences	时事报道	有关鸦片和白银的圣谕；会试；暹罗纳贡人；广东总督邓廷桢受贬。	时事报道	6/4	1837.8	6/214
0453	Journal of Occurrences	时事报道	(1)"马礼逊"号从琉球和日本归来，详细报道待续；(2)《京报》对福州府的杨玉春(Yang Yuchun)之死赞颂之辞颇多，而且给了很多丧葬费；(3)暹罗的"征服者"号军舰；(4)加尔各答的报刊登载世界新闻。	时事报道	6/5	1837.9	6/261
0465	Journal of Occurrences	时事报道	(1)半年以来几乎没有进行贸易；(2)海关监督的金库也收入锐减；(3)兴泰行的债务；(4)上月《京报》要闻；(5)文武考试；(6)新任鞑靼将军到广东；(7)死刑	时事报道	6/6	1837.10	6/310

0473	Journal of Occurrences	时事报道	(1)公告要停止与外国贸易;(2)商行附近的火灾;(3)科举考试;(4)省府与英国商务监督的联系中断。	时事报道	6/7	1837.11	6/358
0480	Journal of Occurrences	时事报道	一行商的去世;兴泰行破产;中国人焚烧缴获的鸦片;黄埔港外的医疗船可能要被中国政府驱逐。	时事报道	6/8	1837.12	6/406
0488	Journal of Occurrences	时事报道	(1)去台湾的清军遭遇暴风雨,流落新加坡;(2)四川叛乱;(3)云南与贵州的铜矿亏损;(4)黄河;(5)江西的通货贬值;(6)广东悬赏并处死大盗;(7)广东省的人口调查;(8)在欧洲客船上缴获3箱鸦片。	时事报道	6/9	1838.1	6/453
0495	Journal of Occurrences	时事报道	军事检阅和科举考试;欧籍客船携带鸦片;皇陵;长龄(Changling)80岁寿辰	时事报道	6/10	1838.2	6/502
0502	Journal of Occurrences	时事报道	《京报》消息:加强国库管理;西北边境;山东库存盈余;皇帝对宗教和神很尊敬;筹资维修寺庙等工程;对去年的科举考试中舞弊行为的抱怨之声;福建一海军军官渎职被辞;广东焚烧鸦片;巡抚	时事报道	6/11	1838.3	6/557
0512	Journal of Occurrences	时事报道	长龄逝世;北京派特使到朝鲜;禁止私盐;漕运;勤政;鸦片烟馆老板被处绞刑。	时事报道	6/12	1838.4	6/612
0519	Journal of Occurrences	时事报道	宰相;留守皇宫;新任巡抚和海关监督;黄埔的医疗船;澳门交通船;审判的拖延	时事报道	7/1	1838.5	7/61
0526	Journal of Occurrences	时事报道	严禁鸦片、驱逐欧洲鸦片船只、收缴鸦片的行动;但是他们又找到了新的渠道,并且与政府军发生了流血冲突事件;处决犯人;中国基督教徒的忧虑;科举考试的试题;荷兰政府禁止向爪哇移民。	时事报道	7/2	1838.6	7/117
0534	Journal of Occurrences	时事报道	一艘英国旗舰抵华;义律与旗舰船长抵广州,目的未知,据猜应与英国海军司令的到来有关;《京报》上常常登载无足轻重的消息;北京与广州事态;行商债务;广州、澳门和香港附近的外国船只常被中国巡逻船盘查;中国与印度边境矛盾;阿萨姆成功种植茶叶。	时事报道	7/3	1838.7	7/179

0543	Journal of Occurrences	时事报道	英国商务监督义律的任务仍不明确；一艘欧洲船不听虎门炮台停下的指挥反而开炮，就此事英国官员和舰长与中国官员交涉；中国地方政府不断通知外籍商人只有持通行证船只才可以在澳门与广东之间航行。	时事报道	7/4	1838.8	7/236
0549	Journal of Occurrences	时事报道	北京：内阁大臣告老，新内阁成员名单；鸦片问题和银价高涨引起中国政府的重视；黄埔港由于鸦片走私官军与村民发生冲突；原广东按察使去世；暹罗的一艘船在中国海南失事。	时事报道	7/5	1838.9	7/285
0558	Journal of Occurrences	时事报道	马他伦海军司令(F. L. Maitland)离华；“拉尼”(Larne)号返航；法国“阿尔特密斯”(L' Artemise)号抵达；邓总督的军事视察；逮捕烟商；伊辛顿(Essington)港；《京报》消息	时事报道	7/6	1838.10	7/340
0565	Journal of Occurrences	时事报道	中国皇帝的寿辰；中国收缴鸦片烟具；茶叶、大黄、丝绸并没有按统一价买卖；法国战舰“阿尔特密斯”号离港；兴泰行；总督归来。	时事报道	7/7	1838.11	7/397
0579	Journal of Occurrences	时事报道	强盗案件；任命视察广东的钦差大臣；省政府关于鸦片贸易的文告；威胁要停止与外国人的贸易；欧籍交通船	时事报道	7/9	1839.1	7/508
0586	Journal of Occurrences	时事报道	钦差大臣林大人正奔赴广东，广东对林大人的到来和任务满城风雨；“阿尔塔罗”(Attaran)号鸦片船海难；冯亚根(Fung Angan)被绞死于外国商馆前；获得许可证的欧籍交通船	时事报道	7/10	1839.2	7/557
0594	Journal of Occurrences	时事报道	林则徐3月19日到达并发布了两条公告：一条对进行鸦片贸易的外商进行劝诫；另一条对于行商迁就或与外国人一起进行鸦片贸易的行为的危害性进行了说理；《京报》报道中国严厉打击鸦片贸易和走私；开往黄埔的外国船撞船，9名船员遇难。	时事报道	7/11	1839.3	7/613
0601	Journal of Occurrences	时事报道	四川、福建的动乱；禁止吸鸦片的措施；“拉尼”号离开广州；美国战舰“哥伦比亚(Columbia)”号和“亚当斯(John Adams)”号到达广州。	时事报道	8/1	1839.5	8/63

0606	Journal of Occurrences	时事报道	没收鸦片；传言（事实也是）沿海贩运鸦片又开始了；香港的外国船上拘留了中国官员，义律船长赶到将他们放了，细节不知。	时事报道	8/2	1839.6	8/119
0614	Journal of Occurrences	时事报道	钦差大臣林则徐视察外国商馆；中外船只在沿海发生冲突；广州的报纸在澳门出版；英国领事馆的布告通知不许从中国进口货物。	时事报道	8/3	1839.7	8/175
0621	Journal of Occurrences	时事报道	澳门的英国商人组织成立英国商会；义律给英国公民的关于中国刑事法庭的通告；美国战舰“哥伦比亚”号和“约翰·亚当斯”号离开中国水域；中国政府停止给外国船只和岸上外国居民供应粮食；义律召集英国臣民会议；中国雇员离职；中国政府命令英人离开澳门；英国人离开澳门；一起外国船被抢、船员被杀的案子	时事报道	8/4	1839.8	8/227
0627	Journal of Occurrences	时事报道	林钦差访问澳门；给领航员的公文；九龙事件的公文；粤海关监督访问澳门；9月间公布的2个通告：封锁口岸和命令英国鸦片船离开香港和中国口岸；中国人误将一艘西班牙船当作鸦片船烧毁；义津与中国官员在澳门举行会谈，谈判封锁口岸一事；澳门医院停业，广东医院继续看病。	时事报道	8/5	1839.9	8/273
0633	Journal of Occurrences	时事报道	中英贸易暂时恢复，英国人回到了住所，行商也到了广东；3份文件；鸦片走私依旧；科举考试结束。	时事报道	8/6	1839.10	8/334
0640	Journal of Occurrences	时事报道	事态恶化，双方都遭受了巨大的损失，而且都归咎于对方；最后只能是力量的较量，中国炮轰停泊在香港的船只；两份由钦差大臣、两广总督和巡抚宣布停止英国贸易的告示；在龙目禁止鸦片贸易的通告	时事报道	8/7	1839.11	8/385
0646	Journal of Occurrences	时事报道	1839年全年的重大事件回顾，特别是与外国人相关事件的扼要复述；按照日期先后顺序排列。	时事报道	8/8	1839.12	8/442

0652	Journal of Occurrences	时事报道	1月份事件摘要，按照时间顺序叙述。1号义律请求让英国货船入港卸货，被拒；中英贸易中止的通告下达；澳门的意大利海员杀害中国人一案审理结果；中国海军备战；外国船与中国巡逻船的激烈冲突；其他的种种传言	时事报道	8/9	1840.1	8/501
0661	Journal of Occurrences	时事报道	新道台抵达澳门；2月1日宣布驱逐英国人的公告；“海阿新”号军舰开入澳门内港；中英贸易全面停顿，走私鸦片仍然猖獗	时事报道	8/10	1840.2	8/558
0669	Journal of Occurrences	时事报道	兴泰行的债务主要是购买鸦片欠下的；鸦片近几个月的价格；关于一位中国官员被谋杀的谣传；外国商业受损；广东地方欣慰；3月6日与葡萄牙的贸易被准许，附有公告的英译；上月抢劫案频发；海外传言西方的狮子和东方的龙都已醒来，冲突不可避免；桑威奇群岛；日本人从海难中获救。	时事报道	8/11	1840.3	8/604
0677	Journal of Occurrences	时事报道	西班牙船被烧、两名船员被捕，西班牙大使到访中国后两名西班牙船员被释放；“精灵(Ariel)”号带着英国政府的文告来华；美国领事离开广东到澳门；日益接近的危机	时事报道	8/12	1840.4	8/654
0683	Journal of Occurrences	时事报道	广东美国副领事给广东省督的请愿书；限制西班牙船只和贸易的文告；有关外国船的新规章；钦差大人关心吸鸦片烟者，广东各地开戒毒所；中国赌博成风；英国向东方扩张。	时事报道	9/1	1840.5	9/59
0689	Journal of Occurrence	时事报道	战争开始，攻击“赫拉(Hellas)”号；丘吉尔勋爵(H. J. S. Churchill)逝世；对停泊急水门(Capsuy Moon)的舰队纵火的企图；“马达加斯加”号与“威力士(Wellesley)”号战舰抵华；英女王发表对华事件演说；封锁通告；给中国人的通告；被捕的走私犯；义律海军司令赴天津；沙俄使团驻北京；印度阿萨姆茶叶	时事报道	9/2	1840.6	9/112
0696	Journal of Occurrences	时事报道	英国船已经驶到广东，广东地方政府悬赏缉拿英国人和船只；伯驾医生关闭了广东医院返回美国纽约；在广州的外国人只有四五名了；3名外国人被围攻；交趾支那的轮船和使节；四川的刁民；朱桂桢巡抚	时事报道	9/3	1840.7	9/171

0703 Journal of Occurrences	时事报道	两名英国官员在澳门被抢劫;斯丹东(Stanton)先生失踪成为战俘,与此有关的公文;英国战船开始攻击炮台,葡萄牙宣布中立;广州仅有两名美国商人了;外国贸易停顿;3艘美国战舰已经驶出;英军舰队在闽江口;巴麦尊在天津的"交往"行动;英国从印度赶来的援兵;中国总体平和,除了与英国的战事。	时事报道	9/4	1840.8	9/239
0713 Journal of Occurrences	时事报道	传言比正式消息要快,据称英国船已于8月11日到达天津,巴尊夏公爵要求和中国政府交谈;舟山的事态;英国军舰封锁厦门港;广州的外国人只有四五名;斯丹东先生未释放;19日进攻炮台的经过;美国领事回国;美国一水手死亡;广东的外国船无法估计;鸦片贸易兴旺。	时事报道	9/5	1840.9	9/331
0724 Journal of Occurrences	时事报道	英国舰队的分布;天津与舟山的进展;休战和谈判;琦善奔赴广东解决内外的事情;林则徐与邓廷桢等待琦善到来;科举考试;尼泊尔战争;一张新的东亚地图;暹罗政府继续禁止鸦片贸易;婆罗洲的中国居民;法国领事来中国。	时事报道	9/6	1840.10	9/424
0734 Journal of Occurrences	时事报道	舟山停战;女王陛下的全权代表率领舰队抵达广州城外;琦善到广州;与海军司令义律的书信往来;义律因病辞职;"复仇神"(Nemesis)号到达;给皇帝的奏章;英国舰队;夸尔佩尔特(Quapaert)航海测量;法国与美国的舰队;义律返英;水师提督关天培	时事报道	9/7	1840.11	9/536
0742 Journal of Occurrences	时事报道	在崇明岛的搜查;舟山事件的发展与现状;虎门外的谈判;向中方提出的条件;琦善的政策与来往文书;斯丹东先生的释放;战争进展;占领炮台;休战;附后记:从第10卷开始第1期将从每年1月份起,而不是每年的5月份。	时事报道	9/8	1840.12	9/645
0752 Journal of Occurrences	时事报道	在华外商准备离开;谈判决定把香港割给英国,穿鼻还给中国;英军从舟山撤退;附3份英国官方的通告。	时事报道	10/1	1841.1	10/68

0760	Journal of Occurrences	时事报道	和平谈判的中断和英国人的想法；虎门之战；悬赏缉拿英国人；舟山俘虏；清廷宣战的战书；目前形势；沉船的日本人	时事报道	10/2	1841.2	10/121
0766	Journal of Occurrences	时事报道	英国远征军到达；琦善被撤职并应召回京；新钦差大臣；广州外国商馆被英军占领；外国船只返回黄埔等待贸易开始；英军从舟山撤兵；交趾支那与暹罗的战争；再次宣战；道光帝对虎门失陷于英国侵略者很愤怒，下令将广东所有的官兵降职。	时事报道	10/3	1841.3	10/189
0772	Journal of Occurrences	时事报道	英商返回广州重开贸易；本季贸易情况；英女王陛下全权代表；新任钦差大臣及总督；琦善有关本省防务的奏折；香港成立调查定海死亡人数的法庭；港岛居民区；中国军队；英国兵力；未来的作战行动	时事报道	10/4	1841.4	10/239
0777	Journal of Occurrences	时事报道	战争在望；琦善组织了新海军；斯特德船长(Stead)被打死；“哥伦拜恩(Columbine)”号巡视；菲尔德先生(Field)之死与两名英国官员的失踪；海盗和渔民袭击欧洲船；澳门新道台及其命令；林则徐率兵前往浙江保卫宁波；在广东与外国人贸易的中国人被惩罚；贸易停滞；中国政府背信弃义；义律的公告；中国军队攻击英国军队；战事再起；未来的战争行动将让中国折腰。	时事报道	10/5	1841.5	10/296
0784	Journal of Occurrences	时事报道	战争的结束；吃人肉；缴付赔款；义兵；奕山(Yihshan)和隆文(Lungwan)离省；英军撤退；香港宣布为自由港；出售地皮；参逊(Johnston)奉任总督；修穆瑞勋爵(Humphrey)去世；新全权大使戈登(Gordon Bremer)；奏劾琦善；英军第2次向北移动。	时事报道	10/6	1841.6	10/356
0792	Journal of Occurrences	时事报道	气候观测；航海观测；占领广州城外炮台；琦善奏折；台风及损失；重开对英贸易；林则徐与邓廷桢被流放充军；钦差大臣；中国赔款；英国远征军；战争的前景；病号与死亡；诺贝尔夫人离华返英。	时事报道	10/7	1841.7	10/427

0800	Journal of Occurrences	时事报道	新任命的全权代表和海军司令亨利·璞鼎查(Henry Pottinger)到达中国澳门;香港报纸的报道;英国在华兵力主要在福建和广东;第2次从香港向北部海岸进军;拉斯托姆依(Heerjeebhoy Rustomjee)对海员的捐赠;广州知府视察澳门;广州事态;奕山与其僚属欺骗北京。	时事报道	10/8	1841.8	10/482
0806	Journal of Occurrences	时事报道	中国人的背信弃义;外商给中国人供应武器;人们对地方政府和外国军队的恶感;广州知府与秀才;渔户与海盗抓获外国人;汽船"玛丽亚(Maria)"号沉没;香港事态;奕山的政策;关于琦善的谣言;皇帝上谕	时事报道	10/9	1841.9	10/534
0812	Journal of Occurrences	时事报道	英军第2次远征的进展;中国人在厦门的损失;琦善受审;林则徐被召回派赴黄河;香港与广州事态	时事报道	10/10	1841.10	10/594
0818	Journal of Occurrences	时事报道	宁波、定海、舟山方面的战事进展;英军舰"复仇神"号与"地狱之火(Phlegethon)"号在中国沿海的作战活动;厦门情况介绍;总督的第一次奏报;香港情况;广州扣押一艘小艇;中国内阁与全国形势	时事报道	10/11	1841.11	10/642
0825	Journal of Occurrences	时事报道	催促加紧消灭英夷的上谕;内阁的新措施(开捐);琦善重被起用;浙江杭州、宁波、定海及舟山情况;天津防务;厦门、广州情况;水师提督关天培的家属;格拉顿(Grattan)上校;英国兵力;战事前景;法国商务使团;琉球一使者死亡。	时事报道	10/12	1841.12	10/689
0832	Journal of Occurrences	时事报道	暂时平静的政局;托马斯·比尔(Thomas Beale)去世;卧乌古攻下定海、镇海;皇帝的一系列谕旨;中国政府在杭州和天津的不完善的防御;广州一家炮火厂发生爆炸;新通商的5个口岸;各种大炮;大笔捐款;穿华服的外国人;法舰"埃里高(Erigone)"号;璞鼎查从北方回来。	时事报道	11/1	1842.1	11/64

0839	Journal of Occurrences	时事报道	香港和舟山被宣布为自由港；法国领事沙厘(Challaye)先生在黄埔的历险	时事报道	11/2	1842.2	11/125
0848	Journal of Occurrences	时事报道	英军对余姚、慈溪、奉化的访问和短期占领；马地臣(Matheson)对澳门葡萄牙人的捐赠；广州城内和城南的防御工事；威胁停止贸易；广州贸易的惨状；一艘英国船只被抓获及一中国人被杀；法国和美国的旗帜；与义山(Yishan)会面；美舰"星座(Constellation)"号和"波士顿(Boston)"号；海盗；香港的租借；《中国之友》；湖北的骚乱；英国的远征	时事报道	11/3	1842.3	11/185
0854	Journal of Occurrences	时事报道	清军对宁波和定海的攻击及失败；英军指挥璞鼎查；厦门；颜伯焘(Yen Petau)被免职；珠江的防御；美舰"星座"号和"波士顿"号；舰上的官员；科尔利(Kearny)将军致广州领事的信；走私者；《中国之友》和《香港公报》；有关香港邮政和货币的规定	时事报道	11/4	1842.4	11/239
0859	Journal of Occurrences	时事报道	大学士；来自北京的谣言；天津的炮台；香港	时事报道	11/5	1842.5	11/302
0867	Journal of Occurrences	时事报道	战争进展；重新攻占宁波；杭州增兵；镇江的防备；香港的占领；璞鼎查爵士北上；对鸦片的赔偿；皇帝的财政；交趾支那的新国王	时事报道	11/6	1842.6	11/347
0874	Journal of Occurrences	时事报道	江苏的战事；英军达到白河口；一位大学士去世；舟山、厦门、香港、澳门、广州的情况；交趾支那的新国王；遭遇船难的日本人	时事报道	11/7	1842.7	11/403
0882	Journal of Occurrences	时事报道	东征军；何畴(Hu Chau)上书；英军被赶出宁波；吴淞陷落；伊力布(Ilípú)会见行商；王鼎(Wáng Ting)；厦门；香港	时事报道	11/8	1842.8	11/460
0889	Journal of Occurrences	时事报道	璞鼎查对中国人的声明；璞鼎查对英国人的声明；璞鼎查提出和议；英军从吴淞沿长江而上；船只和军队的部署；攻陷镇江府；向南京进发；和谈；马礼逊教育会 4 周年；医务传道会召开会议；澳门地震	时事报道	11/9	1842.9	11/516

0894	Journal of Occurrences	时事报道	两江总督给璞鼎查的信；中国钦差的态度；给皇帝的关于条约的奏折；谈判和签订条约的细节；广东当局的声明；美国"星座"号战船	时事报道	11/10	1842.10	11/575
0901	Journal of Occurrences	时事报道	从北方回来的军队；军力的分配；关于新口岸的通告；舟山的管理；英舰"巨蛇(Serpent)"号对台湾的访问；广州人对外国人的态度	时事报道	11/11	1842.11	11/632
0914	Journal of Occurrences	时事报道	耆英的信；伊力布到达；遭遇船难的日本人	时事报道	12/1	1843.1	12/60
0921	Journal of Occurrences	时事报道	耆英与璞鼎查的通信；最近在广州的暴乱；帝国海军；遭遇海难的日本人；在澳门和马尼拉的报纸；一种中文刊物；一种中英文年历	时事报道	12/2	1843.2	12/108
0929	Journal of Occurrences	时事报道	钦差伊里布在广州去世；马尔科姆(Malcolm)上校从英国返回；鸦片贸易	时事报道	12/3	1843.3	12/171
0934	Journal of Occurrences	时事报道	耆英被任命为钦差；美国"星座"号；关于走私问题的声明；损失的赔偿	时事报道	12/4	1843.4	12/229
0942	Journal of Occurrences	时事报道	璞鼎查与广东巡抚的通信；行商还债的公告；《京报》摘录；黄恩彤(Hwáng Antung)、咸龄(Hienling)访问香港；加深京杭大运河的水道；在北京的蒙古官员；修建和重建寺庙；巴克和璞鼎查被授予巴斯勋章；美国"星座"号；对英国人的敌对情绪；香港情况	时事报道	12/5	1843.5	12/276
0948	Journal of Occurrences	时事报道	(1)中国官员的变动(根据《京报》整理)：伊里布去世，牛监被杀，咸龄访问澳门，琦善复职，黄恩彤的任命，怡良从台湾返回，耆英到广州、访问香港、换约；军事学校；反对博彩；香港的罗马天主教教堂；行商还债，在暴乱中行商的损失；东半球	时事报道	12/6	1843.6	12/332
0956	Journal of Occurrences	时事报道	马尔科姆上校离开；耆英的声明；法国在华领事	时事报道	12/7	1843.7	12/405
0960	Journal of Occurrences	时事报道	耆英宣布对所有国家的船只开放港口；给导航员的公告；香港政府的公告；任命立法会成员；璞鼎查对鸦片贸易的声明；香港的流行病；厦门的霍乱；行商还清债务；马儒翰去世；圣经翻译委员会	时事报道	12/8	1843.8	12/447

0969	Journal of Occurrences	时事报道	在广州的贸易；侯官去世；怡良对台湾事件的回忆；美国派驻中国的代表；法国派驻中国的代表；法国领事与耆英会面；舟山附近地区的台风	时事报道	12/9	1843.9	12/505
0977	Journal of Occurrences	时事报道	澳门新任总督；耆英对澳门贸易的让步；广州的动乱；在虎门签订补充条约及条约原文；有关英国船只的公告及耆英给商务监督的照会；广州火灾；英国领事前往上海与厦门。	时事报道	12/10	1843.10	12/558
0983	Journal of Occurrences	时事报道	直隶及山东沿海的外国船只；广州货栈；行商的债务；船运邮政；英国驻香港海军司令巴克给舰队的备忘录；广州火灾的损失；残酷的死刑	时事报道	12/11	1843.11	12/618
0985	Journal of Occurrences	时事报道	英驻上海和厦门领事的布告；关于人参进出口税率的改变；清廷有关关税的命令；荷兰商务代办；耆英离粤。	时事报道	12/12	1843.12	12/635
0989	Journal of Occurrences	时事报道	国会关于管理在华臣民的法令和商务监督为此而发布的命令；香港官员的变动；拍卖地皮；璞鼎查给上海英领事的信；惩罚杀死沙伯(Sharpe)和麦金莱(McKinlay)的人犯；与行商的通讯；鸦片的赔偿；篇 1 的注释	时事报道	13/1	1844.1	13/54
0995	Journal of Occurrences	时事报道	对《京报》的评论；广州的贸易；香港废除奴隶制的法令；宁波的教会医院；美国使团；美国战舰“白兰地(Brandwine)”号；第 1 期第 1 篇注释补充	时事报道	13/2	1844.2	13/113
1001	Journal of Occurrences	时事报道	香港政府有关海员和印刷业的法令；美国使团成员名单；法国领事；厦门事态；遭遇沉船的日本人	时事报道	13/3	1844.3	13/170
1003	Journal of Occurrences	时事报道	香港政府的法令：授予英国领事裁判权，实行契约、遗嘱登记的规定，维护香港的整洁与秩序；《广州周报》	时事报道	13/4	1844.4	13/223
1009	Journal of Occurrences	时事报道	香港总督德庇时；其他新任命；拉蒂蒙冬(Ratti-Menton)伯爵与中国官员的通信；香港政府第 7 第 8 号法令；法、美在中国海上的舰队；耆英再任钦差大臣；在贸易方面对葡人的再次让步；广州的美国旗杆；平民反对重建英国商馆；北方港口；《京报》摘录；大旱；中国人的疾病；蒙古人的种痘	时事报道	13/5	1844.5	13/272

1013	Journal of Occurrences	时事报道	香港政府法规:关于警察之第12号,关于华人之第13号,关于赌博之第14号;关于外国人迁出南澳的布告;广州的骚乱;群众对外国人的情绪;耆英抵达广州;璞鼎查离开中国;香港的劫案;沿海港口商务;福州领事;拉蒂蒙冬伯爵与耆英的通信	时事报道	13/6	1844.6	13/333
1019	Journal of Occurrences	时事报道	《中美望厦条约》;耆英任两广总督;耆英上任的昭告;祁昆(Ki Kung)去世;耆英关于南澳居民的信;香港的土地拍卖;广州河水泛滥;广州事态;舟山的占领期;《京报》摘录	时事报道	13/7	1844.7	13/392
1024	Journal of Occurrences	时事报道	法国外交使节赴华;顾盛(Cushing)回美;德庇时总督访问北部港口;5个口岸的民众情绪;缴获鸦片。	时事报道	13/8	1844.8	13/453
1028	Journal of Occurrences	时事报道	皇帝批准《望厦条约》;条款摘要;耆英到澳门;黄恩彤的晋升;马礼逊教育会6周年纪念;香港教会学校;为医务传道会宁波医院捐款;医治流行病的佛门仙方;按察使的奏折	时事报道	13/9	1844.9	13/506
1034	Journal of Occurrences	时事报道	《中国丛报》编辑部迁往香港;香港殖民地的介绍;德庇时总督从北部港口返回;广州;鸦片贸易的增长;中国皇帝近况	时事报道	13/10	1844.10	13/565
1037	Journal of Occurrences	时事报道	耆英的地位;原水师提督受贬;传教士的死亡;医务传道会香港医院;《中法条约》;有关注册条例的通信	时事报道	13/11	1844.11	13/609
1043	Journal of Occurrences	时事报道	中文活字印刷标本和中文金属活字;新版《佩文韵府》;加略利的《汉语百科词典》;澳门港口对一切外国船只开放;香港最高法院第二次开庭;《京报》;中国皇帝近况	时事报道	13/12	1844.12	13/662
1051	Journal of Occurrences	时事报道	中英、中法、中美条约;北京、上海、宁波、鼓浪屿、广州、澳门、香港的事态;基督教传教士在中国。	时事报道	14/1	1845.1	14/61
1057	Journal of Occurrence	时事报道	秘密会社;尼泊尔的革命;北京新内阁;政府的财政困难;5个口岸;香港和澳门;新出版物;新教传教士	时事报道	14/2	1845.2	14/110

1065	Journal of Occurrence	时事报道	基督教在中国；基督教传教士；马礼逊教育会的新教师；广州斗殴事件；撤离鼓浪屿；鼓浪屿骚乱；香港；澳门港口的新规则	时事报道	14/3	1845.3	14/154
1071	Journal of Occurrences	时事报道	《京报》；皇帝举行祭祀；北方港口；宁波；茶叶的运输；香港；医务传道会的活动；耶稣会士	时事报道	14/4	1845.4	14/205
1076	Journal of Occurrences	时事报道	中国官员；林则徐；邓廷桢；耆英；黄恩彤；潮洲府的三合会；鸦片走私船队；中国外科医学会；一篇关于几种外国硬币的短文；福州的商业；批准《望厦条约》；一个华人在波士顿入籍；香港释放犯人；英女王生日；公共事业的发展；美国"米达斯(Midas)"号轮船；基督教差会	时事报道	14/5	1845.5	14/249
1083	Journal of Occurrences	时事报道	广州一戏院火灾造成严重损失；福州的商务；阿吉拉米(D' Aguilar)少将从北方回来；对中国和台湾海岸的勘测；中国的海盗；中国人和外国人的关系	时事报道	14/6	1845.6	14/310
1089	Journal of Occurrences	时事报道	《中国丛报》编辑部迁到广州；中国付给英国政府200万元；在香港和广州公开处决犯人；美国军舰"宪法(Constitution)"号；美国新任驻华公使；香港的政府变动；新任美国领事；冰的进口；法国传教士在交趾支那；基督教差会在中国	时事报道	14/7	1845.7	14/357
1094	Journal of Occurrences	时事报道	香港居民致斯坦利勋爵的请愿书和致德庇时总督的信；"玛丽伍德小姐(Lady Mary Wood)"号轮船；首批每月由陆路投递的邮件到英国；香港的联合教堂；法国外交使团在中国；交换条约；四川主教去世；基督教差会在中国	时事报道	14/8	1845.8	14/403
1100	Journal of Occurrences	时事日报	中国节日；新任海关监督；法国公使；德庇时总督获从男爵位；地方新闻；《京报》	时事报道	14/9	1845.9	14/454
1105	Journal of Occurrences	时事报道	广州火灾；大街上喝醉酒的海员；宗教消息；上海的船只；中国海上的台风与暴雨；福州骚乱；令人鼓舞的前景；香港外国人的归化问题；外国人在广东的自由：一份公告	时事报道	14/10	1845.10	14/500

1111	Journal of Occurrences	时事报道	宗教游行；宣布与外国订立条约；林氏的《四洲志》；北京的武举考试；义华业(Everett)公使返美；耆英访问香港；宗教消息；印度鸦片的增加	时事报道	14/11	1845.11	14/549
1116	Journal of Occurrences	时事报道	美国舰队司令璧珥(J. Biddle)；互换条约；尚未完全执行的《南京条约》；关于北京；法国使团；林钦差；福琼(Fortune)先生；"卡斯尔亨特利(Castle Huntley)"号船；一艘中国舢板被外国船只撞沉；"霍斯布鲁格"灯塔；香港的卫生；一年的终结	时事报道	14/12	1845.12	14/596
1121	Journal of Occurrences	时事报道	民众骚乱平息；2100万元清付；新知府上任；黄埔兵船；难题；林则徐被起用为总督；北方港口——上海、福州、厦门、香港；华人新年；基督教差会；马礼逊基金	时事报道	15/1	1846.1	15/61
1129	Journal of Occurrences	时事报道	外国领事馆；基督教士在中国；关于外国人入城的谈判中断；谈判重新举行；澳门将成为部分自由港。	时事报道	15/2	1846.2	15/116
1137	Journal of Occurrences	时事报道	有关广东前任巡抚的回忆录；现任巡抚的告示；民众对外国人的情绪；法国使团；义华业先生；中国勋章；香港海洋医院；马礼逊教育会；安息日礼炮；"伯劳弗(Plover)"号；厦门；琉球；访问福州、宁波、舟山、上海、北京。	时事报道	15/3	1846.3	15/163
1145	Journal of Occurrences	时事报道	谷物歉收；雨和暴雨；冰雹；雷殛；耆英与香港总督德庇时会谈；皇上颁赐；检阅军队；斩决犯人；璧珥海军司令及美国公使团；上海新领事；五口岸；澳门；合信夫人去世。	时事报道	15/4	1846.4	15/229
1151	Journal of Occurrences	时事报道	舟山群岛即将交还中国；准许商用汽轮运载商品；香港通讯；陨石；广州外国人狭窄而又残破的住处；澳门	时事报道	15/5	1846.5	15/283
1160	Journal of Occurrences	时事报道	外国人住宅；房租地租；检阅军队；美国舰队；澳门港口条例；海盗；绑架；香港海事法庭；驻舟山英军；两个华人天主教教士；耶稣会士；入教者的受洗；婚礼；圣职任命	时事报道	15/6	1846.6	15/330

1168	Journal of Occurrences	时事报道	18省举行乡试;归还舟山;香港殖民地教会;救济外国伤病员;鸦片种植地;中国海上的台风;广州事态;一次袭击	时事报道	15/7	1846.7	15/382
1175	Journal of Occurrences	时事报道	最近的暴乱;一次谋杀性的袭击;"复仇神"号;中国士兵;流浪汉与污秽环境;黄埔的牧师;马礼逊教育会年会;救助在华伤病外国人;驻粤各国领事;撤离舟山、宁波;罗马天主教传教士;《新约》中译本的校订	时事报道	15/8	1846.8	15/437
1183	Journal of Occurrences	时事报道	上海交通及商业的便利措施;宁波出现的凶兆及地震;赔偿福州事件的损失;香港、厦门、广州近事;各省乡试	时事报道	15/9	1846.9	15/482
1189	Journal of Occurrences	时事报道	澳门骚动;美国特使抵达;迪安(Dean)牧师回国;新来的教士;迪万恩(Devan)夫人去世;地方通讯;《京报》;乡试;旱灾;任命一中国人为教士;从西藏来的两名天教教士;从暹罗来的教士	时事报道	15/10	1846.10	15/532
1196	Journal of Occurrences	时事报道	耆英;军事检阅及武试;考官及新学台;鹿鸣宴;义华业先生;"复仇神"号;陆军卫队以及他们的无能;对英国海员的虐待;皮金(Pickin)船长来函;贝特尔海姆(Betelheim)先生;《京报》	时事报道	15/11	1846.11	15/580
1200	Journal of Occurrences	时事报道	《京报》;厦门乡村的械斗;上海、厦门、福州近事;香港及广州的公共事务;中国船;耆英;新到的传教士。	时事报道	15/12	1846.12	15/629
1208	Journal of Occurrences	时事报道	《京报》;清朝现状;广州公务;一个无礼的乞丐,外国人面临的处境;要求派遣海军;耆英回省;一位法国主教;广州英国商会;马礼逊教育会的学校;中国海上的危险;新海岸图;贝特尔海姆博士;宁波及福州的消息;传教士名单;雅俾礼牧师去世。	时事报道	16/1	1847.1	16/54
1217	Journal of Occurrences	时事报道	汽轮抵达广州;群众情绪;大批流浪者;公开处决罪犯;寒冷天气;死于寒冷和压迫;黄恩彤总督被贬;青木湾惨案;《密妥士贸易报》(*Meadow's Commercial Reporter*);中国的新年;广州商人的不景气;一艘中国汽船;上海召集修订《新约》中文版的会议;香港的收支情况	时事报道	16/2	1847.2	16/107

1225	Journal of Occurrences	时事报道	官印启封；新年的庆祝活动；外国人的权益；处决罪犯；佛山等地纪行；行商向官府缴纳第3批摊款；《京报》；黄恩彤被贬；广州谋杀案及暴乱	时事报道	16/3	1847.3	16/154
1231	Journal of Occurrences	时事报道	省城的群众情绪；气候；冰雹；斩首；包世臣(Pwan Sz'shing)；一位新总督；香港新委任的一位中文秘书；青木的海盗；来自厦门的苦力；施惠廉(Speer)夫人去世；《新约》中译本的重新校订	时事报道	16/4	1847.4	16/211
1239	Journal of Occurrences	时事报道	广东新总督；诉讼案件；秋季巡回审判；科举考试；十三行；袭击；民众扰乱；《密妥士贸易报》；法国人在交趾支那；新传教士；马什曼(Marshman)夫人去世；应急费用；上海的教堂和牧师；外国居民名单	时事报道	16/5	1847.5	16/272
1246	Journal of Occurrences	时事报道	河南来信；义华业先生留居广州；罗伯茨(Roberts)先生家被劫；费伦(Fearon)先生被聘为中文教授；杀死一个暴徒；购买猪巷(即新豆栏街)；中国人的告示	时事报道	16/6	1847.6	16/324
1255	Journal of Occurrences	时事报道	综合评论；上次远征；义华业先生病况；克洛普顿(Clopton)先生去世；法国传教士；关于收取租金的谈判；包世臣；东莞县的强盗	时事报道	16/7	1847.7	16/370
1261	Journal of Occurrences	时事报道	综合评论；关于暴乱事件的文件；讣告；临时代办；传教士抵达；与石围塘的通信	时事报道	16/8	1847.8	16/417
1266	Journal of Occurrences	时事报道	中国海盗；娄理华(W. M. Lowrie)先生去世；对雷恩凡(Reynvaan)先生及沃切尔(Vaucher)先生的袭击；法国船沉没；新到的教士们；罗类思伯爵	时事报道	16/9	1847.9	16/466
1271	Journal of Occurrences	时事报道	缉查杀人凶犯；海盗；棉花的收成；上海的天气；官府告示；香港死亡率；港督德庇时访问交趾支那；新任命；广州牧师；新出的期刊；法国有关佛山事态的报道	时事报道	16/10	1847.10	16/513
1275	Journal of Occurrences	时事报道	暴动；河南省饥荒；上海火灾；地震；谋杀犯被捕；修订《圣经》；马礼逊教育会举行会议；广州火灾；婚礼。	时事报道	16/11	1847.11	16/571

1279	Journal of Occurrences	时事报道	最近大屠杀的记载;访问交趾支那;综合消息;任命;饥荒;税收	时事报道	16/12	1847.12	16/615
1284	Journal of Occurrences	时事报道	处决杀人犯;香港公众集会;岁人与岁出;官方任命	时事报道	17/1	1848.1	17/60
1289	Journal of Occurrences	时事报道	保护外国人的规定;耆英奉诏回京;传教士的抵达;黄埔的牧师	时事报道	17/2	1848.2	17/110
1293	Journal of Occurrences	时事报道	上海的纠纷;判处罪犯;关于翻译人员的规定;天主教徒被逐;贾罗姆(Jarrom)夫人去世;传教士抵达;政府官员的公告	时事报道	17/3	1848.3	17/163
1296	Journal of Occurrences	时事报道	上海事态;航海观察资料;"帕拉道司(Paradox)"号帆船沉没;溺水的船客;荷兰人在广州的贸易	时事报道	17/4	1848.4	17/212
1300	Journal of Occurrences	时事报道	航海观察资料;钦差徐大人的一封信;英领事馆的公告	时事报道	17/5	1848.5	17/269
1304	Journal of Occurrences	时事报道	综合评论;政府通知;抢劫与死刑;谷物运输;航海观察资料;死亡	时事报道	17/6	1848.6	17/323
1311	Journal of Occurrences	时事报道	罕见的事故;海盗;传教士抵达;西班牙使节;官职提升;上海通讯;暹罗的骚动;访问北方海港;公告;国内贸易通告;厦门的传单;牧师的访问;香港的疾病	时事报道	17/7	1848.7	17/378
1318	Journal of Occurrences	时事报道	在华美国人的活动范围;台风;《新约全书》的修订;美国使团;传教士的抵达	时事报道	17/8	1848.8	17/437
1327	Journal of Occurrences	时事报道	俄国"明希霍夫亲王(Prince Menshikoff)"号在上海;破坏性的台风;钦差大臣;"圣三一"教堂;稻谷棉花收成;饥民;决斗;捕获海盗;美船军官名单	时事报道	17/9	1848.9	17/493
1335	Journal of Occurrences	时事报道	9月1日的台风;美国特使和徐总督的会晤;被中国人俘获的葡萄牙船"罗查(Lorcha)"号;上海道台;驻上海美国领事;眼科医院的外科手术	时事报道	17/10	1848.10	17/546
1340	Journal of Occurrences	时事报道	暴风;广州租屋的难处;马礼逊教育会第10次年会;美国特使;授予美国官员审判权的法案	时事报道	17/11	1848.11	17/600

1344	Journal of Occurrences	时事报道	在广州发生的抢劫；在上海捕获的海盗；外国人在上海的安全保障；上海的寒冷与疾病；劳埃德(Lloyd)神父去世；总督有关肉桂的奏折；受皇帝敬重的神；鸦片种植面积的扩大	时事报道	17/12	1848.12	17/656
1352	Journal of Occurrences	时事报道	医务传道会在香港和广州的会议；福州府地震	时事报道	18/1	1849.1	18/61
1360	Journal of Occurrences	时事报道	总督和随员访问“普里茅次(Plymouth)”号；与文翰(Bonham)先生在虎门的会晤；“广州”号汽轮；宗教消息	时事报道	18/2	1849.2	18/116
1364	Journal of Occurrences	时事报道	乞灵于神庙；外国人进城在广州引起的骚动；群众的集会和义勇的征集	时事报道	18/3	1849.3	18/168
1371	Journal of Occurrences	时事报道	美舰“普雷贝尔(Preble)”号开往日本；上海法国人居住地；包令(Bowing)爵士抵达。	时事报道	18/4	1849.4	18/230
1375	Journal of Occurrences	时事报道	广州入城问题及相关评论；皇帝的赏赐；新任海关监督；清远县的骚动	时事报道	18/5	1849.5	18/281
1380	Journal of Occurrences	时事报道	法国领事在上海的驻地；美国领事馆的抗议；松江骚动；江苏的走私；上海漕运船只；向广东总督建议立匾；入城问题；处死一名文人。	时事报道	18/6	1849.6	18/338
1386	Journal of Occurrences	时事报道	美舰“海豚(Dolphin)”号访问台湾。	时事报道	18/7	1849.7	18/397
1391	Journal of Occurrences	时事报道	上海的水灾；澳门总督阿马拉尔(Amaral)被谋杀。	时事报道	18/8	1849.8	18/453
1395	Journal of Occurrences	时事报道	科举考试；捕获海盗；谋杀阿马拉尔总督的凶手；曼谷的霍乱	时事报道	18/9	1849.9	18/509
1401	Journal of Occurrences	时事报道	英船镇压的海盗；洛德尔(Lowder)牧师去世。	时事报道	18/10	1849.10	18/564
1407	Journal of Occurrences	时事报道	文武科举考试；泰勒先生的信件；英军扫清琼州海峡的海盗及相关的官方文件	时事报道	18/11	1849.11	18/615

1411	Journal of Occurrences	时事报道	1848年9月1日至1849年12月31日中国大事记；中国执行死刑的情况	时事报道	18/12	1849.12	18/668
1414	Journal of Occurrences	时事报道	澳门事态；驻黄埔英领事代办所订的规则；美国战舰"圣玛丽(St. Mary)"号；中国执行死刑的近况；维多利亚镇改为市；香港殖民地设立主教区。	时事报道	19/1	1850.1	19/56
1419	Journal of Occurrences	时事报道	皇太后驾崩；惠尔登(Whiden)夫人在广州去世；对雷恩凡先生的袭击	时事报道	19/2	1850.2	19/116
1424	Journal of Occurrences	时事报道	对基隆附近海盗的打击及有关此事的通讯；关于更改新年日期的圣旨；中国皇帝驾崩；耆英的地位；黄埔水手礼拜堂落成。	时事报道	19/3	1850.3	19/168
1430	Journal of Occurrences	时事报道	咸丰登位的喜照；咸丰对其兄弟的恩赐；维多利亚教区主教抵达。	时事报道	19/4	1850.4	19/237
1437	Journal of Occurrences	时事报道	德庇时离职；广州官员在皇后去世后举行的丧礼；道光的遗诏；新皇帝的恩赐；咸丰的家庭情况；广州的流行病	时事报道	19/5	1850.5	19/287
1444	Journal of Occurrences	时事报道	广州的传染病；徐总督；澳门总督抵达；追谥已故皇太后仙号；文翰总督访问上海；中国人向美洲移民。	时事报道	19/6	1850.6	19/349
1449	Journal of Occurrences	时事报道	汽轮"雷诺德(Reynard)"号及文翰总督返回；坎阿(Da Cunha)总督去世；1851年工业展览筹备会议；广州茶叶经纪人的许可证	时事报道	19/7	1850.7	19/409
1452	Journal of Occurrences	时事报道	防止外国人居住在福州；广西的骚动；《北华捷报》；上海港口；圣三一教堂屋顶倒塌；慈溪的意外事故；宁波的船桥；《新约全书》校订完成。	时事报道	19/8	1850.8	19/465
1458	Journal of Occurrences	时事报道	英舰"马里纳(Mariner)"号访问日本；美国的茶叶种植；中国人向美洲移民；关于广西暴动的奏折；广东的暴动者	时事报道	19/9	1850.9	19/515
1467	Journal of Occurrences	时事报道	对柬埔寨及新加坡的贸易；嘉应州知府反对基督教的告示；广州的牌坊；叛乱者的布告；林则徐被派往广西。	时事报道	19/10	1850.10	19/571

1469 Journal of Occurrences	时事报道	叛乱者的溃败和相关奏折；上海港入港指南；英皇家汽轮“雷纳德”号访问琉球；法斯特(Fast)牧师在福州府附近去世；林则徐去世。	时事报道	19/11	1850.11	19/625
1472 Journal of Occurrences	时事报道	1850年中国大事记	时事报道	19/12	1850.12	19/680
1476 Journal of Occurrences	时事报道	卡多萨(Cardoza)总督到达澳门；厦门一华人被笞致死；穆彰阿(Muhchangah)及耆英被贬；宰相的工作；追谥林则徐；广西起义者的请愿；省政府官员指挥的军队；中国的司法裁判近况；卖官	时事报道	20/1	1851.1	20/55
1482 Journal of Occurrences	时事报道	文翰总督荣获“巴斯”勋章；士迪佛立(Staveley)少将离任；澳门总督的告示；广西起义者；暹罗浸礼会教士住房被焚毁；“伊蒙特(Eamont)”号在日本沉没。	时事报道	20/2	1851.2	20/116
1486 Journal of Occurrence	时事报道	玛尼高尔特(Manigault)和坎宁安(Cunningham)两位先生被殴打及有关此事的通讯；朱阿波(Chui Apò)的审判和处死；广西的起义者；不准缙绅参加乡试及徐广缙的有关奏折；对在广州及黄埔的英国人进行的人口调查	时事报道	20/3	1851.3	20/167
1490 Journal of Occurrences	时事报道	广西起义者	时事报道	20/4	1851.4	20/230
1495 Journal of Occurrences	时事报道	英舰的失事；广西起义进展；镇压情况；宗教消息	时事报道	20/5	1851.5	20/291
1511 Journal of Occurrences	时事报道	在台湾寻找外国人；广西骚动及相关文件；法国捕鲸船“纳瓦尔(Narwal)”号在朝鲜沉没；广州丝织工人罢工；广州的恩科考试；奥立芬(D. W. Olyphant)及郭实腊去世。	时事报道	20/7	1851.7	20/496
1514 Journal of Occurrences	时事报道	1850年11月至1851年12月中国大事记	时事报道	20/8—12	1851.8—12	20/559
0612 Lombock	龙目岛	龙目岛的政变；前皇后自杀；政府和人民	事件	8/3	1839.7	8/171

0616	Affray at Hong Kong	香港一起斗殴	1839年7月7日香港最严重的一起斗殴;许多外国船员聚集,中国人林维喜(Lin Weihe)次日死亡,消息传到义律处及中国政府;中国法律一命偿一命的制度引起了外国人的关注,本刊登载了相关文件的英译。	事件	8/4	1839.8	8/187
0619	Proclamation from the Commissioner	林则徐公告	关于林维喜被杀案的告示	事件	8/4	1839.8	8/219
0667	Maxwell's Attack on the Bogue	马克斯韦尔袭击虎门	1816年阿姆士德使团进京返回时,受到广东官员的歧视并拒绝他们停靠上岸,使团的船没有领航员引导他们入港,与地方交涉不利,马克斯韦尔舰长向虎门的官员开枪,没有伤亡,他们被准许进港停靠。	事件	8/11	1840.3	8/595
0791	Outrages on Americans in Canton	广州的美国人被袭	5月22日"马礼逊"号所属小艇水手和其他外国人被袭击和被捕的经过	事件	10/7	1841.7	10/422
1085	Great Destruction of Life by Fire	火灾的破坏	1845年5月25日广州考场附近的戏院火灾的经过情形	事件	14/7	1845.7	14/341
1104	Death of Sue Aman	徐亚满之死	与美国的条约;一美国人在广州开枪打死中国人徐亚满。(待续)	事件	14/10	1845.10	14/493
1108	Death of Sue Aman	徐亚满之死(续)	续上期	事件	14/11	1845.11	14/531
1120	Riot in Canton	广州暴乱	广州暴乱;政府告示允许洋人进城;士绅和民众的反驳声明;知府署前的揭贴;民众拆毁和焚烧知府官署;当局再次发出安民告示。	事件	15/1	1846.1	15/52
1156	Su Aman's Widow	徐亚满遗孀	打死他的人自愿为其母和遗孀提供抚恤金。	事件	15/6	1846.6	15/312
1166	Notices of the Riot in Canton	广州暴乱报告	1846年7月8日晚广州发生暴乱的报告	事件	15/7	1846.7	15/370
1229	Particulars of the Late Movement	最近的一次示威	达吉拉尔(D'Aguilar)少将部署、德庇时公使参与的最近这次对广州城军事行动的详情(待续)	事件	16/4	1847.4	16/186

1236	Manifesto Addressed to the Merchants of Canton	致英商的宣言	广州商人致英商的宣言，共10条。	事件	16/5	1847.5	16/251
1237	Particulars of the Late Movement	最近的一次示威（续）	广州地方商人针对此次示威对英商的简短声明	事件	16/5	1847.5	16/256
1243	Notice from the Elders and Gentry of Honán	河南绅耆公告	1847年5月20日河南绅耆代表往见广州英领事。	事件	16/6	1847.6	16/304
1254	Communications with Honán	与河南居民的通信	香港总督与河南居民的通信，原载于《中国邮报》1847年6月17日。	事件	16/7	1847.7	16/367
1257	Papers Relating to the Riot of July 1846	有关1846年7月暴乱的文件	1846年7月广州暴乱的文件及对参与这一事件的英国人坎普顿的起诉（待续）	事件	16/8	1847.8	16/386
1263	Papers Relating to the Riot of July 1846	有关1846年7月暴乱的文件（续）	续上期（待续）	事件	16/9	1847.9	16/429
1267	Papers Relating to the Riot of July 1846	有关1846年7月广州暴乱的文件（续）	续上期	事件	16/10	1847.10	16/469
1292	Outrage of Tsing-pú	青浦事件	关于1848年3月8日星期三一些英国传教士访问青浦时遭到谋杀性袭击的详情	事件	17/3	1848.3	17/157
1299	Address to Foreign Residents in China	致外籍居民的信	上海士绅致外籍居民的信，警告他们不要把牛肉作为食物。	事件	17/5	1848.5	17/266
1310	Captain Howe's Narrative	豪斯船长的故事	豪斯船长在交趾支那被俘记；摘自5月10日《海峡时报》(*Straits Times*)。	事件	17/7	1848.7	17/372
1313	Notices of the Shántung Navigators	山东海员的描述	有关人员及山东海员对1848年3月8日3名英国人在青浦被袭事件的经过的描述；上海领事为争取逮捕和惩罚犯人而进行的努力	事件	17/8	1848.8	17/407

1324	Murder of a Chinese Woman	中国老妇被杀	关于一名中国老妇人被其孙谋杀及该孙被邻村村民谋杀的报道；附盗墓活动的情况。	事件	17/9	1848.9	17/486
1399	Assassination of Governor Amaral	阿马拉尔总督被刺	澳门总督阿马拉尔被刺的经过及有关的文件和通信。	事件	18/10	1849.10	18/538
1232	Chinese Grasscloth	中国的亚麻布	一组介绍从大麻种植到制成衣服的全过程的说明文	手工业	16/5	1847.5	16/213
1233	The Manufacture of Silk	蚕丝制作	摘自《中国面面观》。	手工业	16/5	1847.5	16/227
1369	Manufacture of Grasscloth	亚麻布的织造	介绍从大麻的种植到麻布的织造的过程。	手工业	18/4	1849.4	18/215
0002	Review: *Mohammedans in China*	书评:《伊斯兰教徒在中国》	该书为两个在9世纪时到过中国和印度的伊斯兰教徒旅行者对这两个国家的记述，由已故学者雷诺多(Eusebius Renaudot)译自阿拉伯文并加评注。此书评探讨并试图回答伊斯兰教徒何时以何种方式进入了中国？有哪些资料可以提供证明？(待续)	书评	1/1	1832.5	1/11
0006	Review: *Ta Tsing Wan-neen Yih-tung Kingwei Yu-too*	书评:《大清万年一统经纬舆图》	李明哲(Le Mingche Tsinglae)绘。该书自1820年初版以来已经扩充到5卷本，目前见到的大约是1825年或1826年出版的地图，中国已经超出了以往的地域范围。此文概述了中国的地域和地貌。(待续)	书评	1/2	1832.6	1/38
0007	Review: *Mohammdeans in China*	书评:《伊斯兰教徒在中国》(续)	追溯最早到达中国的伊斯兰教徒，此外还有犹太人及中国早期的基督教情况。	书评	1/2	1832.6	1/47
0020	Review: *Ta Tsing Wan-neen Yih-tung Kingwei Yu-too*	书评:《大清万年一统经纬舆图》(续)	分别介绍清帝国的三大组成部分的地貌和范围。(待续)	书评	1/4	1832.8	1/118

0027 Reviews: *Encyclopaedia Americana*	书评:《美国百科全书》	这是一本包括艺术、科学、文学、历史、政治和古今人物传略等各方面内容的通俗词典。利柏尔(Francis Lieber)主编,1830 年美国费城出版。由于这是在美国使用的最为广泛的百科全书,其中关于中国广东的内容是书评的评述重点,有 1821—1827 年美国与广东的外贸进出口的数据统计。	书评	1/5	1832.9	1/166
0028 Review: *Ta Tsing Wan-neen Yihtung Ki-ngwei Yutoo*	书评:《大清万年一统经纬舆图》(续)	介绍中国周围的属国。	书评	1/5	1832.9	1/175
0035 Reviews: *A Voyage to China and the East Indies*; *A Voyage to Suratte*; *Chinese Husbandry*	书评:《中国和东印度群岛航行记》;《苏拉特之行》;《中国农业介绍》	《中国农业介绍》追溯了广东 1750 年到 1832 年在国际贸易中变化的角色,以及外国人在中国面临的完全不同的处境;另附根据 3 份报道对暹罗的地理、人文、人口、城市进行的综述。	书评	1/6	1832.10	1/214
0041 Review: *Memoirs and Remarks on China*	书评:《中国现势续录》	法国耶稣会士李明 (Lewis Le Comte)在中国旅游 10 余年后对该国地理、历史、地志学、物理、自然、天文、机械、军事、商业、政治和基督传教会等各方面所作的记述。	书评	1/7	1832.11	1/254
0049 Review: *The Sacred Edict*	书评:《圣谕》	逐条详尽解释,包括由雍正皇帝作增补,一清朝官吏作解述的康熙皇帝的 16 条训语。米怜(William Milin)翻译。	书评	1/8	1832.12	1/302
0050 Life and Labors of Rev. William Milne. D. D.	米怜生平简述	简要介绍了伦敦会第二位来华传教士米怜创办英华书院、其翻译、写作等方面的活动。	书评	1/8	1832.12	1/321
0063 Review: *Portuguese in China*	书评:《葡萄牙人在华定居简史》	作者认真研究在华外国人的真实情况并广泛收集资料。本书于 1832 年在澳门出版,主要记载澳门历史以及葡萄牙使节、天主教传教士、罗马教皇特使等来华的情况。(待续)	书评	1/10	1833.2	1/403
0069 Review: *Portuguese in China*	书评:《葡萄牙人在华定居简史》(续)	续上期	书评	1/11	1833.3	1/430

0076	Review: *History of China*	书评:《中国通史》	书中详细记载中国各大省份情形,中国人的性情、风俗、学问、法律、军队、政府和宗教,以及中国的运输与商品等。为满足人们的好奇心和促进英国贸易,此书译成英文并增加图表,1655年于伦敦出版。	书评	1/12	1833.4	1/478
0083	Review: *Ta-Tsing Leuh-le*	书评:《大清律例》	向西方人介绍清代满族的统治推行的《大清律例》由英国皇家学会会员斯当东译自1647年的中文版并增加附录,其中包括文件、注释等。1810年于伦敦出版。(待续)	书评	2/1	1833.5	2/15
0091	Review: *Ta-Tsing Leuh-le*	书评:《大清律例》(续)	评述清朝的民法和税法。(待续)	书评	2/2	1833.6	2/66
0096	Review: *Ta-Tsing Leuh-le*	书评:《大清律例》(续)	续上期	书评	2/3	1833.7	2/102
0126	Review: *Macartney's Embassy to China*	书评:《英使谒见乾隆纪实》	该特使游览中华帝国的见闻,由马戛尔尼(Macartney)特使秘书斯当东爵士据马戛尔尼1793年出访中国乾隆帝的文件写成,1798年于伦敦出版。	书评	2/8	1833.12	2/345
0130	Reviews: *History of the Indian Archipelago*	书评:《印度群岛史》	叙述当地居民的风俗习惯、艺术、语言、宗教、制度、商业等,另附1160—1825年编年大事表。曾生活于爪哇苏丹宫廷中的已故英国皇家学会会员约翰·卡弗德(John Carwfurd)著,1830年于爱丁堡出版。	书评	2/9	1834.1	2/393
0146	Review: Journals of Linday and Gutzlaff	书评:《阿美士德号货船来华经过》与《中国海岸航行日记》	两本书均讲述作者们于1832年2月26日出发,同年9月5日返回澳门的旅程和见闻感受。	书评	2/12	1834.4	2/539
0157	Remarks on Chinese History	中国历史著作	中国历史著作的特点;值得研究的一个课题;从中国古老的神话故事、模糊的早期记载到中后期的记述;重要历史学家的简介	书评	3/2	1834.6	3/60

0162 The Chinese Classics	中国经书	分四书和五经两部分，本文对各个部分进行了评介。	书评	3/3	1834.7	3/109
0190 *Portuguese in China*	《在华葡萄牙人史》	龙格斯德(A. L. Knt.)著，1834年广州出版。本文以中葡交往的历史为线索讲述这段历史。	书评	3/7	1834.11	3/301
0203 *British Relations with China*	《论中英关系》	1834年于伦敦出版，主要观点是中国和英国虽然已经有两百多年的接触，但事实上从英国人对中国漠不关心的态度来看，中英之间没什么交往。此外作者还提出了他认为导致目前冲突的恶根。	书评	3/9	1835.1	3/418
0215 *Memoirs of Count de Benyowky*	《贝尼奥斯基回忆录》	到达台湾东部海岸，与本地人发生了小冲突，和友好部落订约并作为同盟者与他们一起战斗；对该岛和人民的观察	书评	3/11	1835.3	3/508
0216 *Siamese Romance*	《暹罗爱情小说》	一位曾住曼谷的女士译自暹文。	书评	3/11	1835.3	3/517
0237 *Political Divisions of the Chinese Empire*	《中华帝国的行政区域》	据最新的测量和可靠的文献绘制而成，1833年伦敦出版。中国人对地图学知之甚少，罗马天主教徒们向中国输入了西方的地图测绘并在康熙时期完成了全国勘查。然而随着使团和其他船只进入中国内地和沿海以及地图绘制工艺的进步，有必要绘制新图。	书评	4/2	1835.6	4/54
0244 *Santsze King*	《三字经》	一本与初等教育目的不协调的书：它的形式、篇幅、作者、对象、文体；译文与注解	书评	4/3	1835.7	4/110
0248 *Pih Kea Sing Kaou Leo*	《百家姓考录》	收录了454个姓氏；作者追溯了中国姓氏的来源、各种写法，还介绍了姓氏与氏族的关系及中国的姓氏文化。	书评	4/4	1835.8	4/158
0251 Siamese Books Concerning Gaudama	暹文书籍介绍	(1)关于著名的佛——释迦牟尼的故事；(2)释迦牟尼所说的轮回说	书评	4/4	1835.8	4/182
0258 *Tseen Tsze Wan*	《千字文》	其格式、宗旨、风格和作者；译文与注解；中国初级教育必读的书	书评	4/5	1835.9	4/234

0262 Chinese Version of *the Bible*	《圣经》中译本	中文《圣经》是根据收藏于大英博物馆的手稿《圣经》翻译出来的，一本由马士曼译于孟加拉，另一本由马礼逊译于中国；1830 年以前在中国出版《圣经》的方法和措施简述	书评	4/6	1835.10	4/254
0264 Armennian Apothegms	亚美尼亚格言	原载于 1826 年 11 月 24 日《加尔各答文学报》。（待续）	书评	4/6	1835.10	4/273
0267 *Odes for Children*	《押韵幼儿诗集》	该诗 34 节的英文译文	书评	4/6	1835.10	4/292
0271 *The Bible*	《圣经》	米怜博士对中文圣经的评述；翻译者的资格；《圣经》中译本最恰当的风格	书评	4/7	1835.11	4/302
0272 *Rest for Thee in Heaven*	《憩息的天国》	五字韵诗，劝诫人们遵守安息日。	书评	4/7	1835.11	4/310
0277 *Filial Duty*	《孝经》	其作者及成书时间，特点及宗旨，译文及注解	书评	4/8	1835.12	4/350
0283 Revision of the Chinese Version of *the Bible*	修订《圣经》中文译本	修订圣经的必要性；修订方法的建议	书评	4/9	1836.1	4/398
0288 Armennian Apothegms	亚美尼亚格言（续）	介绍了 30 条亚美尼亚格言：诡辩；灾祸；优柔寡断；无知；教诲人的艺术等。（待续）	书评	4/9	1836.1	4/430
0304 *Considerations Respecting the Trade with China*	《论对华贸易》	该书由前东印度公司汤普森(Joseph Thompson)著，1835 年伦敦出版。其主要资料来源并不公正，资料也不够丰富，但是作者也有他敏锐的判断和观察。	书评	4/12	1836.4	4/542
0305 Ultragangetic India	恒河外印度地区	评述 1820 年米怜著《恒河外印度地区的政治、道德和宗教杂记》。	书评	4/12	1836.4	4/556
0313 Periodical Literature	中国的定期出版物	过去几年中国出版物成倍涌现，有宫廷内部的、广东省府的、《京报》等；其特点和出版情况	书评	5/1	1836.5	5/7
0316 *Sir Walter Scott*	《告别斯科特先生》	一首英文送别诗	书评	5/1	1836.5	5/37

0326	*Primary Lessons*	《小学》	中国幼童的启蒙教材之一；其特点和目的、阶段教程表；教材第一部的摘译（待续）	书评	5/2	1836.6	5/87
0339	European Periodicals beyond the Ganges	恒河以东地区出版的西文杂志	《威尔士亲王岛报》（*Prince of Wales' Island Gazette*）、《马六甲观察》（*Malacca Observer*）、《集锦》（*Periodical Miscellany*）、《新加坡编年史》（*Singapore Chronicle*）、《新加坡自由报》（*Singapore Free Press*）、《澳门纪事》（*Chronica de Macao*）、《麦卡埃斯塔报》（*Macaista Imparcial*）、《广州纪事报》（*Canton Register*）、《广州周报》、《中国丛报》	书评	5/4	1836.8	5/151
0345	*Historical and Descriptive Account of China*	《中国及其历史》	古代和当代史、语言、文学、宗教、政府；工业、风土民情和社会状况；与欧洲的交往史；外国传教会和特使；英国人和其他外国人在中国的贸易；航海指南；数学和天文学的情况；对其地理、地质学、植物和动物的考察	书评	5/5	1836.9	5/199
0357	Armennian Apothegms	亚美尼亚格言（续）	荣誉；希望；信仰；真理；谎言；怪癖	书评	5/6	1836.10	5/284
0363	*Primary Lessons*	《小学》（续）	第2部分：关于父子关系的译文和注解（待续）	书评	5/7	1836.11	5/311
0406	*The Rájá of China*	《中国的帝王》	马来亚作者原著，1821年约翰·莱顿（John Leyden）博士在伦敦翻译出版的一本新书，介绍了印度群岛，一个长期以来为英国忽略的地方，他们曾与中国人友好地交往。	书评	5/12	1837.4	5/559
0422	*Historical and Descriptive Account of China*	《中国及其历史》	继去年9月第1卷出版后，《中国及其历史》卷2、卷3于1836年在爱丁堡出版。穆菲（Murray）等人合编，但是由于穆菲从未到过中国，也没有接触过中国人，所以他编辑的书中存在很多错误和不足。	书评	6/2	1837.6	6/65
0430	*History of Lewchew*	《琉球国志略》	乾隆二十一年周璜（Chow Hwang）出使琉球后的著作，共有12卷；记述了该国的位置及幅员、居民、风俗、习惯，法规等。	书评	6/3	1837.7	6/119

0433 *Examples of Filial Duty*	《二十四孝故事》	对中国《二十四孝故事》的介绍和英译，它不仅教导中国人孝敬父母，还反映出中国人的观念，成为中国人的特性之一。	书评	6/3	1837.7	6/136
0434 *Dictionary of the Hokkeen Dialect*	《福建方言字典》	评论《福建方言字典》：书面语与口语发音兼备，收入 12000 个汉字；麦都思编纂，巴达维亚出版；以前主要关注官话，除了 1828 年的《广东土话字典》外，忽视客家方言或厦门话；南方方言差异大，难懂；这本字典对于了解南方方言很有用。	书评	6/3	1837.7	6/148
0441 *Primary Lessons*	《小学》（续）	《小学》中关于君臣关系的第 2 部分第 2 章的译文，主要来源于《礼记》和《论语》。（待续）	书评	6/4	1837.8	6/191
0450 *Grammair Turke*	《土耳其文法》	巴黎亚洲文会会员亚瑟·戴维斯（Arthur Lumley Davids）原著，由戴维斯夫人译成英文，1836 年伦敦出版。一位在广东的英国人看到该书后感叹道："英国政府与中国贸易的年税收有 400 万英镑之多，英国的首相和部长们对中国的政策、气候、资源却知之甚少，连一个法国的学生都不如……"	书评	6/5	1837.9	6/255
0454 *Sketch of Spanish Colonial History in Eastern Asia*	《西班牙东亚殖民大事记》	简介及摘录；1524 年至 1572 年的殖民历史（待续）	书评	6/6	1837.10	6/263
0459 *Travels in China and Chinese Tartary*	《中国与鞑靼传道记》	本文原载于《传道年鉴》（Annales de la Propogation de la Foi）第 50 期，这里摘录一部分。	书评	6/6	1837.10	6/293
0462 *Importation of Chinese Mechanics and Laborers*	《中国劳工进口》	本文作者就是中国劳工的组织者，他把大批中国劳工运到悉尼，然后把他们转到雇主那里，从中挣钱。文章计算了劳工输入的价格。附注中提到他在悉尼 1837 年 6 月 19 日的广告中称买主已有 75 人，要 335 名中国人，订购需要在商业银行交定金。	书评	6/6	1837.10	6/305

0475	A Letter to the British Public	《就占领小笠原群岛给我们带来的利益问题致英国公民书》	李太郭(Tradescant Lay)著,1837年伦敦出版。本书为英国在亚洲的殖民侵略制造了诸多借口。	书评	6/8	1837.12	6/387
0478	*Primary Lessons*	《小学》(续)	《小学》中关于夫妻关系的第2部分第2章的译文(待续)	书评	6/8	1837.12	6/399
0484	*The Hawaiian Spectator*	《夏威夷旁观者报》	该报1838年1月第1卷第1期导言和内容摘要;第1期的文章目录和创刊辞	书评	6/9	1838.1	6/433
0487	*Tsze Puh Yu*	《子不语》	对此书的介绍	书评	6/9	1838.1	6/451
0504	*Primary Lessons*	《小学》(续)	《小学》中有关长幼、与朋友交往的内容选译	书评	6/12	1838.4	6/568
0506	The Chinese Theatre	中国戏剧评论	附喜剧《补瓷匠》(*Mender of Cracked Chinaware*)的译文,以纠正欧洲人的错误观念:中国没有戏剧艺术。	书评	6/12	1838.4	6/581
0508	*Notices of Formosa*	《台湾杂记》	1726年荷兰阿姆斯特丹出版,弗朗西丝·瓦伦汀(Francois Valentyn)原著。作者根据荷兰东印度公司的材料完成了该书,但是文章枯燥冗长,不够连贯。	书评	6/12	1838.4	6/589
0544	Notice of *the San Kwŏ Che*	《三国志》评介	对中国最流行的文学作品《三国志》的介绍和评介	书评	7/5	1838.9	7/238
0550	*Ping Nan How Chuen*	《平南后传》	本书是模仿《三国志》的一部6卷本的历史小说,记述了1020到1050年平南国的历史。	书评	7/6	1838.10	7/286
0551	*Sketch of Spanish Colonial History in Eastern Asia*	《西班牙东亚殖民大事记》(续)	1573年至1594年的殖民历史(待续)	书评	7/6	1838.10	7/295
0556	*The Fanqui in China*	《1836年至1837年在中国的"番鬼"》	图古德·唐宁(C. Toogood Downing)著,1838年于伦敦出版。	书评	7/6	1838.10	7/333

0559	*Chinese System of Writing*	《中国文字体系的种类和特点》	本书的序言	书评	7/7	1838.11	7/342
0570	*Flora de Filippinas*	《菲律宾的植物》	李太郭评论。	书评	7/8	1838.12	7/427
0573	*Sketch of Spanish Colonial History in Eastern Asia*	《西班牙东亚殖民大事记》(续)	1595年至1624年的殖民历史(待续)	书评	7/9	1839.1	7/467
0580	Review of the *Shin Seën Tung Keën*	书评:《神仙通卷》	对中国介绍各类神灵的《神仙通卷》一书的评介(待续)	书评	7/10	1839.2	7/510
0581	*Sketch of Spanish Colonial History in Eastern Asia*	《西班牙东亚殖民大事记》(续)	1624年至1677年的殖民历史(待续)	书评	7/10	1839.2	7/530
0587	Review of the *Shin Seën Tung Keën*	书评:《神仙通卷》(续)	续上期	书评	7/11	1839.3	7/558
0600	Notice of a Chinese Tale	《黄婉娘百年长恨》	根据真事改编的中国故事节选,由罗伯聃(Sloth)译自中文。1839年《广州周报》印刷所出版。	书评	8/1	1839.5	8/61
0603	*China Opened*	《开放的中国:中华帝国概述》	内容包括地形、历史、风俗、习惯、美术、制造品、商业、文学、宗教、法律等等。	书评	8/2	1839.6	8/91
0605	*Sketeh of Spanish Colonial History in Eastern Asia*	《西班牙东亚殖民大事记》(续)	1678年至1724年的殖民历史(待续)	书评	8/2	1839.6	8/108
0615	*Sketch of Spanish Colonial History in Eastern Asia*	《西班牙东亚殖民大事记》(续)	1726年至1747年的殖民历史(待续)	书评	8/4	1839.8	8/176

0617	*Ballad on Picking Tea*	《春园采茶谣30首》	作为上期关于茶叶种植和加工文章的补充。	书评	8/4	1839.8	8/202
0618	*Chronology of Tongkingese Kings*	《东京王朝年表》	分为5个阶段。	书评	8/4	1839.8	8/212
0623	*Sketch of Spanish Colonial History in Eastern Asia*	《西班牙东亚殖民大事记》（续）	1759年至现在的殖民历史	书评	8/5	1839.9	8/253
0636	*Revenging of a Father's Death*	《孝女复仇记》	故事情节简介	书评	8/7	1839.11	8/352
0638	Voyages of the Morrison and Himmaleh	"马礼逊"号与"希马利"号航海记	美国人开始在东亚进行地理考察。1837年"马礼逊"号和"希马利"号的航海见闻给基督教国家提供了关于日本和马来的信息。该书于1839年在纽约出版。	书评	8/7	1839.11	8/366
0641	*The Shoo King*	《书经》	其特点、内容提要等	书评	8/8	1839.12	8/392
0642	Remarks on the Works of Ritter	里特文章评论	查里斯·里特(Charles Ritter)的文章很好，但关于中国的叙述问题很多；错误产生的原因；德庇时著的《中国人》歪曲了一个臭名昭著的英国人在中国零丁洋上走私鸦片时向中国人开枪的事实；通过对这些书进行核实和研究，很遗憾地得知英国和美国对于中国存在着不真实的信息。当我们看到这些书的时候，对此感到的遗憾超过了可笑的程度。虽然外国出版了大量关于中国的书，但很不完备。	书评	8/8	1839.12	8/408
0666	*A Peep at China*	《中国一瞥》	本书跳出了一般的框架，角度新颖，一瞥即凝固的一个视角，拉近了距离。	书评	8/11	1840.3	8/588
0674	Illustrations of *Scripture*	《圣经》解释	以中国的风俗习惯说明《圣经》中的章句。	书评	8/12	1840.4	8/646
0680	*Hae Luh*	《海路》	评广东举人杨炳南(Yang Pingnán)撰写的《海路》只是一本小书，因为中国没有航行世界的经验，这已经是中国最好的旅行书了。	书评	9/1	1840.5	9/28

0681 *Tibet*	《西藏地图和地区介绍》	对此书的评价	书评	9/1	1840.5	9/32
0682 *Pih Jin Ko*	《百忍歌》	《百忍歌》的英译及解释	书评	9/1	1840.5	9/52
0684 *Chingtih hwang Yew Keängnan*	《正德皇帝游江南》	1832年出版的《正德皇帝游江南》，虽然印刷错误较多，比中国经典更好懂，对于初学语言的人很适用。	书评	9/2	1840.6	9/63
0685 *China: Its State and Prospect*	《中国的状况和未来》	麦都思著《中国的状况和未来》在大洋两岸都倍受欢迎，我们也认为此书尚可，但是仍不能无视其中的错误，尤其是关于基督教传播的部分。	书评	9/2	1840.6	9/80
0700 *Aesop's Fables*	《伊索寓言》	中文版《伊索寓言》1840年由《广州周报》印刷所出版。这本书本身就是学习汉语的成果之一，证明学习汉语可以很有趣也很有意义。	书评	9/4	1840.8	9/207
0706 *Portfolio Chinensis*	《中国政府文件集成》	本书收集了8份政府文件，由叔未士(J. L. Shuck)编译作注，1840年新华盛顿书局出版。作者独具眼光选编了这本小册子，对于语言学习也很有用。	书评	9/5	1840.9	9/273
0711 *Bullock's Chinese Vindicated*	《为中国辩护：驳华伦律师的文章》	布洛克(Bullock)上尉撰，1840年于伦敦出版。	书评	9/5	1840.9	9/317
0715 *Travels of Fa Hian in India*	《佛国记》	雷慕沙译自中文。英国亚洲协会主席威尔逊(Wilson)评价法显的印度行迹对研究印度的价值。	书评	9/6	1840.10	9/340
0728 *E Tsung Kin Keen Yu Tsoan*	《御撰金镜御医》	按皇帝的旨意编纂的一部著名的医学著作；外国人可从中了解中国医学。	书评	9/7	1840.11	9/492
0732 Likenesses of Chinese of Leang Shan	梁山人物绣像	介绍梁山好汉的故事。	书评	9/7	1840.11	9/522
0735 *The Female Instructor*	《女学》	衡量中国人道德观的书；1730年出版。	书评	9/8	1840.12	9/543
0737 Astronomy of the *Shoo King*	《书经》中的天文学	对《书经》3至8章的选译和注解	书评	9/8	1840.12	9/579

0743 Chinese History	中国历史	外国人对中国历史、史学家非常感兴趣,但是浩如烟海的史学著作令外国人迷惑;四库全书的书目介绍了最知名的作家和作品;《纲鉴易知录》就是值得了解的一本历史书。	书评	10/1	1841.1	10/7
0746 *Life of Dr. Morrison*	《马礼逊回忆录》	盼望已久的《马礼逊回忆录》由马礼逊夫人编辑整理,1839年在伦敦出版了。它忠实地详细描述了马礼逊的青年期、教育、成长、心理变化和个人性格特点,同时也让人了解到他在中国所付出的努力。该书最大的特点就是简洁和忠实。	书评	10/1	1841.1	10/31
0771 *San Hwang Ke*	《三皇纪》	中国早期的神话历史	书评	10/4	1841.4	10/237
0773 *Historie of the Mightie Kingdom of China*	《中华帝国的历史与现状》	伯驾译自西班牙文,1588年伦敦出版。	书评	10/5	1841.5	10/247
0778 *Travels in Europe and China*	《欧亚游记:奉法国国王之命寻找通往中国的陆路的经历》	耶稣会神父阿夫里(Avril)撰,1693年于伦敦出版。	书评	10/6	1841.6	10/303
0803 *Six Months with the China Expedition*	《在华远征半年:一个军人的几页笔记》	前赴华使团陆军参赞乔斯林(Jocelyn)著,1841年于伦敦出版。	书评	10/9	1841.9	10/517
0809 *Poo Nang Che Tsăng Sin*	《补囊智全集》	对中国增加智慧的书的评论	书评	10/10	1841.10	10/557
0813 *Sacred Instructions of the Ta Tsing Emperors*	《大清皇帝圣训》	此书被很多汉学家赞许,但实际上这本书不能称之为汉学经典,不能与四书五经相提并论。	书评	10/11	1841.11	10/600
0819 *A New History of China*	《中国新史》	《中国新史》描述最具中国特色的事物,安文思著,1688年于伦敦出版。该书的叙述十分有价值,一些信息至今还为人们称道。	书评	10/12	1841.12	10/648

0821	Diary and Journal of Parsees	帕西人日记	印度孟买人阿打司尔(Ardaseer)、吉安吉尔(Jehanjeer)、希吉本(Hirjeebhoy)等旅居英国的日记	书评	10/12	1841.12	10/660
0834	*Sketches of China*	《中国见闻录》	该书记录了德庇时1841年在北京、南京、广州的见闻以及对当时战事的观察。	书评	11/2	1842.2	11/87
0841	Notices of the *Works of Sú Tungpo*	《苏东坡全集》	评论26卷的苏东坡著作全集。	书评	11/3	1842.3	11/138
0844	*A Chinese Chrestomathy in the Canton Dialect*	《广州方言中文文选》	1841年出版。(待续)	书评	11/3	1842.3	11/163
0850	*Liáu Chái I Chi*	《聊斋志异》	介绍和评论	书评	11/4	1842.4	11/208
0852	*A Chinese Chrestomathy in the Canton Dialect*	《广州方言中文文选》(续)	续上期	书评	11/4	1842.4	11/229
0856	*Dreams in the Red Chamber*	《红楼梦》	介绍及评论	书评	11/5	1842.5	11/272
0862	Notices on *Chinese Grammar*	《中国语法》	斐诺斯尼斯(Philosinensis)著,由巴达维亚的教会印刷所于1842年印刷。	书评	11/6	1842.6	11/323
0886	*The Soldier's Manual*	《士兵手册》	李太郭评论。	书评	11/9	1842.9	11/493
0891	*History of the Southern Sung Dynasty*	《南宋史》	简介及评论	书评	11/10	1842.10	11/535
0897	*History of the Ming Dynasty*	《明史》	简介及评论	书评	11/11	1842.11	11/598
0903	*Stewart Mackenzie's Campaign in China*	斯托尔特·麦肯齐的《在中国的第二次战斗》	1842年于伦敦出版。	书评	11/12	1842.12	11/649

0909	*The English in China*	《在中国的英国人》	威廉·科林·扬(William Curling Young)著,1840年于伦敦出版。	书评	12/1	1843.1	12/13
0915	*Statistics of the Ta Tsing Dynasty*	《大清会典》	共64卷。	书评	12/2	1843.2	12/62
0916	Important Instructions to Soldiers	《士兵指南》	简介及评论	书评	12/2	1843.2	12/74
0927	*Wúsung Custom-house Register*	《吴淞海关的详细记录》	简介及评论	书评	12/3	1843.3	12/149
0933	*The Great Commission*	《伟大的任务:天主教和新教在中国》	介绍此书。	书评	12/4	1843.4	12/215
0938	Callery's *Systema Phoneticum*	加略利的《中国文字的语音系统》	简介及评论	书评	12/5	1843.5	12/258
0943	*Grammar of the Siamese Language*	《闪族语言语法述略》	泰勒·琼斯(Taylor Jones)著,1842年于曼谷出版。	书评	12/6	1843.6	12/286
0946	*The Encyclopedia of the Chinese Language*	《汉语百科词典》	1842年于伦敦出版。	书评	12/6	1843.6	12/305
0949	Champollion's *Egyptian Grammar*	《埃及语语法》	简介及评论	书评	12/7	1843.7	12/342
0951	Bingham's *Expedition to China*	《远征中国,从战争开始到现在》	"摩德斯特(Modeste)"号已故上校宾格汉著,1842年于伦敦出版。	书评	12/7	1843.7	12/358

0954	Mr. Callery's Reply to Mr. Lay's Strictures	加略利答李太郭	加略利对李太郭批评其《汉语百科词典》(见第6期)的回答	书评	12/7	1843.7	12/376
0967	H. M. Ship Sulphur's Voyage	《英舰"硫磺"号环游世界航行记事(1836—1842)》	书中有1840年12月至1842年11月在中国沿海航行时的详细记录。	书评	12/9	1843.9	12/495
0968	*Chinese and English Dictionary*	《英汉字典》	麦都思著,1843年于巴达维亚出版。	书评	12/9	1843.9	12/501
0970	*Catalogue of Officers in Kwángtung*	《粤东同官录》	由一中国学者注释。	书评	12/10	1843.10	12/510
0978	*Ten Thousand Things Relating to China and the Chinese*	《中国拾遗》	介绍民族特征、政府、历史、文学、农业、艺术、贸易、度量衡、风俗及社会生活等方面的情况;中国文物收藏馆长芝登(Langdon)著,1842年于伦敦出版。	书评	12/11	1843.11	12/566
0994	Bibliographical Notices	图书介绍	(1)《伊索寓言》,罗伯聃用福建漳州和广东潮州方言翻译,1843年于新加坡出版;(2)《华英通用杂语》上卷;(3)《道光二十八年(1844年)中国基督教年历》	书评	13/2	1844.2	13/104
1020	Nieuhoff's *Embassy to the Court of Peking in* 1654	《1654年荷兰使团出使清廷纪实》	于阿姆斯特丹出版。	书评	13/8	1844.8	13/399
1060	*Views in China*	《古老而封闭的中华帝国》	介绍其风景、建筑和社会习惯;托马斯·阿隆(Thomas Allom)著。	书评	14/3	1845.3	14/124
1075	*Grave of Mr. James D. Perit*	《詹姆斯的基地》	咏法国人的墓地。	书评	14/5	1845.5	14/248
1080	Morrison Education Society Library	马礼逊教育会图书馆	《中国丛报》印刷所1845年在香港出版的图书馆图书目录	书评	14/6	1845.6	14/294

1082 Mr. Gully's Journal	古利先生的日记	古利和德纳姆(Denham)船长1842年在中国被拘禁时的日记,由一律师整理,1844年于伦敦出版。	书评	14/6	1845.6	14/304
1084 *The Jews in China*	《犹太人在中国,其教堂、圣书和历史》	芬恩(Finn)著,1843年在伦敦出版。(待续)	书评	14/7	1845.7	14/311
1087 *Easy Lessons in Chinese*	《拾级大成》	卫三畏著,1842年《中国丛报》印刷所出版。	书评	14/7	1845.7	14/345
1092 *The Jews in China*	《犹太人在中国,其教堂、圣书和历史》(续)	续上期	书评	14/8	1845.8	14/394
1093 Medhurst's *Chinese Dialogues*	《汉语口语和常用句型》	为促进贸易和帮助汉语初学者而编的一部书,麦都思著,1844年上海墨海书馆出版。	书评	14/8	1845.8	14/401
1098 A Discourse by Governor Hwáng	黄官员的文章	巡抚部院兼署学政黄先生作的《劝戒愚民重生论》	书评	14/9	1845.9	14/442
1103 A Christian Hymn in Chinese	一首中文赞美诗	中英文本	书评	14/10	1845.10	14/491
1134 *English and Chinese Vocabulary*	《英华韵府历阶》	卫三畏著,本刊印刷所出版。	书评	15/3	1846.3	15/151
1144 Extracts from the *Peking Gazettes*	《京报》摘录	道光二十六年1—4期	书评	15/4	1846.4	15/227
1150 Extracts from the *Peking Gazettes*	《京报》摘录	道光二十六年5—8期	书评	15/5	1846.5	15/273
1159 Extracts from the *Peking Gazettes*	《京报》摘录	道光二十六年9—16期	书评	15/6	1846.6	15/327

1167	Extracts from the *Peking Gazette*	《京报》摘录	1846 年 3 月 19 日第 17 期至 4 月 19 日第 32 期	书评	15/7	1846.7	15/380
1169	A Confucian Tract	儒学小册子	一本劝人常存天理良心的儒学小册子	书评	15/8	1846.8	15/383
1182	Extracts from the *Peking Gazettes*	《京报》摘录	1846 年 4 月 20 日第 33 期至 1846 年 5 月 15 日第 45 期	书评	15/9	1846.9	15/479
1212	*New Charts of the Chinese Coast*; *Chinese Commercial Guide*	《中国海岸新图》;《中国商务指南》	《中国海岸新图》由开利特(Kellett)船长和哥林森船长绘;适应现代中国贸易情况的《中国商务指南》第 2 版出版。	书评	16/2	1847.2	16/88
1220	*Meadow's Commercial Reporter*	《密妥士贸易报》	在广州每周六出版的中文杂志,由密妥士(J. A. T. Meadows)主编,地址为明官新行。	书评	16/3	1847.3	16/133
1226	*The First Christian Missions in China*	《首批赴华基督教差会的真实历史》	耶茨(Yeates)据东西方历史学家最权威的著述编撰,1818 年于伦敦出版。	书评	16/4	1847.4	16/157
1234	*The Chinese Speaker*	《汉英会话》	英国驻宁波领事罗伯聃先生撰,1846 年宁波教会印刷所出版,附罗伯聃先生传略。	书评	16/5	1847.5	16/240
1238	*Notitia Linguæ Sinicæ*	《汉语语法研究》	马若瑟拉丁文原著,裨雅各(J. G. Bridgman)译成英文,1847 年广州本刊印刷所出版。	书评	16/5	1847.5	16/270
1259	*Bibliotheca Sinica*	《中国图书丛刊》	已故米怜牧师的《中国图书丛刊》绪论;第 1 期:《明心宝鉴》	书评	16/8	1847.8	16/410
1262	*Hái Kwoh Tú Chí*	《海国图志》	介绍及评论	书评	16/9	1847.9	16/421
1264	*Bibliotheca Sinica*	《中国图书丛刊》	第 2 期:《西方公据》	书评	16/9	1847.9	16/452
1265	Readings in Chinese Poetry	中国诗选	《关雎》、《卷耳》	书评	16/9	1847.9	16/458

1269	*Bibliotheca Sinica*	《中国图书丛刊》	第3期:《圣谕广训》	书评	16/10	1847.10	16/504
1274	*Journal of the India Archipelago and Eastern Asia*	《东印度群岛与东亚杂志》	1847年7月于新加坡出版。	书评	16/11	1847.11	16/569
1276	*Three Years' Wanderings in China*	《华北三年游记》	本书包括对丝绸、茶叶、棉花之乡的访问,对中国的农业和新植物培育的记载等。伦敦园艺学会植物采集者福琼著。	书评	16/12	1847.12	16/573
1286	*Desultory Notes on China*	《关于中国政府和人民及关于中国语言等的杂录》	美国驻广州领事馆翻译密迪乐(T. T. Meadows)著,1847年于伦敦出版。	书评	17/2	1848.2	17/96
1309	A Perspicuous Form of Prayer	《答天酬愿文疏》	该文的英译	书评	17/7	1848.7	17/371
1312	*Memoirs of Father Ripa*	《马国贤神父留居北京宫廷为中国皇帝效劳13年回忆录》	附那不勒斯中国学校介绍;普兰迪(Prandi)选译自意大利文,1846年于纽约出版。	书评	17/8	1848.8	17/383
1314	*A Dissertation on the Theology of the Chinese*	《中国神学论》	麦都思著,1848年上海墨海书局出版。	书评	17/8	1848.8	17/420
1330	A Complete Map of Kiángsú	《苏省舆地营伍全图》	对其进行解说。	书评	17/10	1848.10	17/532
1348	Notices of Works Relating to Siam	与暹罗相关的著作	有关暹罗的英、法文书目介绍	书评	18/1	1849.1	18/29
1353	History of Instruction in China	《中国大众教育及文学团体史》	据中国文件编撰而成,作者E. Biot,1847年于巴黎出版。	书评	18/2	1849.2	18/63

1361	Bazin's *Theatre Chinois*	巴赞的《元剧选辑》	1838 年于巴黎出版。	书评	18/3	1849.3	18/119
1365	*The Urh Yá*	《尔雅》	介绍及评论	书评	18/4	1849.4	18/175
1372	*Trip from Hainan to Canton*	《1819 年从海南到广州陆路旅行记》	英国船"友谊"号的船长罗斯(Ross)著,1822 年于伦敦出版。	书评	18/5	1849.5	18/231
1373	Notices of the *Annals of Confucius*	《至圣编年世纪》	附编者孔昭焕所作序言的译文。	书评	18/5	1849.5	18/260
1374	*Memoir of Rev. David Abeel*	《回忆雅俾礼先生》	雅俾礼之侄威廉森(Williamson)著,1845 年于纽约出版。	书评	18/5	1849.5	18/266
1388	Revenge of Shang Sankwan	尚三关复仇记	介绍故事内容。	书评	18/8	1849.8	18/406
1389	List of Works upon China	有关中国的著作介绍	英、法文著作:(1)帮助学习中文的著作;(2)从中文翻译过来的著作;(3)关于中国情况的著作	书评	18/8	1849.8	18/408
1409	*Translation from the Manchu*	《满文资料选译》	附原文及介绍满文的序言,密迪乐译,1848 年于伦敦出版。	书评	18/12	1849.12	18/648
1410	List of Works upon China	有关中国的著作介绍	蒙语和满语的著作介绍;作为本卷第 8 期篇 3 的补充	书评	18/12	1849.12	18/663
1425	*The Shwoh Wan, or Etymologicon*	《说文解字徐氏系传四十卷》	介绍此书。	书评	19/4	1850.4	19/175
1431	*Precious Words to Awaken the Age*	《醒世宝言》	张礼承著,1848 年于广州出版。	书评	19/5	1850.5	19/239
1432	*Holy Wars of the Tsing Dynasty*	《大清圣武记》	魏源编于湖南,20 卷,1846 年增补,第 6 版。	书评	19/5	1850.5	19/247

1433	Russian *Ode to the Deity*	俄文《赞美上帝》	译自俄文。	书评	19/5	1850.5	19/251
1451	Tract upon *Nourishing the Spirit*	《养神》	麦都思来信，附中文短文《养神》的译文。	书评	19/8	1850.8	19/451
1455	Animadversions on the *Philogical Diversions*	《哲学的转化》评论	麦都思对菲洛(Philo)《哲学的转化》一文一条注释的批驳	书评	19/9	1850.9	19/492
1456	*Memoir of the Rev. W. M. Lowrie*	《娄理华牧师在华传教实录》	介绍此书。	书评	19/9	1850.9	19/497
1471	Travels of M. Huc	古伯察游记	古伯察(Par M. Huc)神甫著《鞑靼、西藏、中国三年旅行记》，1850 年于巴黎出版。	书评	19/12	1850.12	19/656
1474	Erman's Travels in Siberia	厄曼西伯利亚游记	对厄曼著《西伯利亚旅行，包括北至鄂毕河口，南至中国边境的考察》一书的介绍及评论	书评	20/1	1851.1	20/24
1487	*Universal Geography of Sü Ki-yü*	徐继畬的《瀛环志略》	1848 年于福州出版。	书评	20/4	1851.4	20/175
1491	*The Mowtans, or Tree Peonies*	《中国故事与小说选译》	帕维(Pavie)著，1839 年于巴黎出版。	书评	20/5	1851.5	20/231
1498	Stanzas from the Chinese	中文诗作节译	中文诗作的英译	书评	20/6	1851.6	20/305
1500	*Complete Collection of the Garden of Banians*	《榕园全集》	介绍及评论	书评	20/6	1851.6	20/346
1505	Stanzas from the Chinese	中文诗作节译	中文诗作的英译	书评	20/7	1851.7	20/439
1510	Bibliographical Notices	图书介绍	(1)《创世谈》；(2)《天文略论》；(3)《论鸦片贸易》；(4)《致编辑函》；(5)《妥玛斯对宋代花瓶的研究》	书评	20/7	1851.7	20/478

0483	Remarks on Formosa	台湾评论	台湾，一个农业发达、人口稠密的岛，是中国拥有的重要岛屿；福建与台湾互相依存的关系；中国政府对台湾的税收和政策相对松弛；台湾仍然叛乱不断；历史上的叛乱；朱一贵在台湾叛乱；关于如何镇压叛乱和改善该岛的建议	台湾	6/9	1838.1	6/424
0476	Treaty between Siam and the U. S. of America	暹罗与美国友好通商条约	暹罗与美国订定的友好通商条约；10条条约的内容	条约	6/8	1837.12	6/393
0999	Supplementary Treaty	《五口通商章程》	译自中文。	条约	13/3	1844.3	13/149
1023	Treaty of Nanking	《南京条约》	1842年8月29日签于南京；中英文本	条约	13/8	1844.8	13/443
1025	Supplementary Treaty	《五口通商章程》	1843年10月8日璞鼎查和耆英在虎门签订。	条约	13/9	1844.9	13/455
1042	Declaration Respecting Transit Duties	有关关税的条款	关于《中英南京条约》第10款的说明	条约	13/12	1844.12	13/661
1046	Treaty of Peace between England and China	《中英南京条约》	译自中文。	条约	14/1	1845.1	14/32
1047	U. S. A. Treaty with China	《中美五口通商条约》	共34款；译自中文。	条约	14/1	1845.1	14/36
1048	French Treaty with China	《中法通商条约》	共35款。	条约	14/1	1845.1	14/47
1090	Treaty with the United States	与美国的条约	美国总统给参议院的咨文转达顾盛与耆英分别代表各方政府签订的条约。（待续）	条约	14/8	1845.8	14/359
1096	Treaty with the United States	与美国的条约（续）	续上期	条约	14/9	1845.9	14/416
1113	Treaty of Wanghiá	《中美望厦条约》	1844年7月3日顾盛与耆英签订中英两种文本。	条约	14/12	1845.12	14/561

1118	French and Chinese Commercial Treaty	《中法黄埔条约》	1844 年 10 月 24 日订立，中法对照。	条约	15/1	1846.1	15/16
1149	Chinese Tariff	《议定五口进出货物完税则例》	介绍条例内容。	条约	15/5	1846.5	15/268
0042	Communications	通讯	(1)中国的传教工作；(2)暹罗的佛教；(3)高丽语言	通讯	1/7	1832.11	1/273
1402	Land Tenure in China	中国地产	谈中国地产的获得、占有与转让，附中国人的一张土地出卖契据。	土地	18/11	1849.11	18/567
0165	Profession of Letters in China	中国的读书人	读书的动机；大量的落第者；一名落第者的故事	文化	3/3	1834.7	3/130
0191	Our Country	我们的国家	中国人、英国人和美国人的民族偏见；偏见产生的原因分析	文化	3/7	1834.11	3/315
0202	Intercourse with the Chinese	与中国人交往	4 封读者来信，根据他们长期在中国生活与中国人交往的经历，为我们描述了中国人的性格和中国政府。	文化	3/9	1835.1	3/405
0210	Diet of the Chinese	中国人的饮食	中国人的饮食和鲜为人知的家庭生活	文化	3/10	1835.2	3/469
0452	Practical Lessons in Sacrificial Rites	祭祀礼仪	布政司邀请了北京礼部的两位专员在广州明伦堂讲授祭祀和典礼的礼仪；该布政司官员的简介和对礼仪的简单注释	文化	6/5	1837.9	6/259
0505	Female Constancy	3 个贞妇的故事	在中国广为流传的关于江西朱某、广东秦某和福建金某 3 个贞妇的故事	文化	6/12	1838.4	6/574
0547	Superstitions of the Malays	马来亚人的迷信观念	介绍马来亚人的思想和迷信观念。	文化	7/5	1838.9	7/269
0624	A Budhistic Stratagem	中国人的迷信	1839 年 7 月北京一举人致广东朋友的信，告诉他在北京附近一地有异象，人民纷纷祈求平安。	文化	8/5	1839.9	8/270

0705	Festivals Given to Old Men	尊老	从孔子开始的尊老传统；康熙二十七年下令给老人一定的生活补助；1722年为高龄老人举办了宴席，后来乾隆皇帝也邀请老年人庆祝高寿。	文化	9/5	1840.9	9/264
0720	The Temple of Matsoo Po	妈祖庙	澳门妈祖阁中的妈祖婆	文化	9/6	1840.10	9/408
0755	Sketch of Matsoo Po	“妈祖”的故事	中国渔民崇奉的“妈祖”(天后)的故事	文化	10/2	1841.2	10/90
0767	Sketch of Kwanyin	观音简介	对中国观音菩萨(大慈大悲菩萨)的简介(叔未士译自《搜神记》)	文化	10/4	1841.4	10/191
0779	Sketch of Yuhwang Shangte	“玉皇大帝”的故事	中国神话中的至高神“玉皇大帝”的故事(叔未士译自《搜神记》)	文化	10/6	1841.6	10/311
0829	Portrait of Pwánkú, the First Man	始祖盘古	盘古的画像及简介	文化	11/1	1842.1	11/52
0830	British Burial Ground in Macao	英国人在澳门的墓地	最早的墓地；最近树立的墓碑；海边印度袄教徒的墓地	文化	11/1	1842.1	11/54
0837	Portraits of the Three Sovereigns	对3个远古祖先的描绘	天皇氏、地皇氏、人皇氏	文化	11/2	1842.2	11/116
0846	Portrait of Fuhi	对伏羲氏的描绘	伏羲氏的画像及简介	文化	11/3	1842.3	11/179
0863	Portrait of Shinnung	对神农氏的描述	神农氏的画像及简介	文化	11/6	1842.6	11/329
0870	Portrait of Wang Ti	对黄帝轩辕氏的描述	轩辕氏的画像及简介	文化	11/7	1842.7	11/392
0881	Portrait of Sháuháu	对少皓氏的描述	少皓氏的画像及简介	文化	11/8	1842.8	11/458
0885	Traits of Chinese Character	中国人的性格	对中国人性格优缺点的评论	文化	11/9	1842.9	11/486

0899	Portrait of Chu-enhiu	对颛顼高阳氏的描述	颛顼高阳氏的画像及简介	文化	11/11	1842.11	11/622
0917	Portrait of the Emperor Ku Káu-sin	对帝喾高辛氏的描述	帝喾高辛氏的画像及简介	文化	12/2	1843.2	12/80
0925	Remarks on Chinese Character	中国人的性格评论	对中国人的外貌、服饰、日常生活等的描述	文化	12/3	1843.3	12/140
1161	The Character Jin	论“仁”字之真义	仁至难言	文化	15/7	1846.7	15/335
1176	Chinese Views of Intoxicating Liquor	中国人对饮酒的见解	从中国古代帝王的一篇《酒诰》看中国人对饮酒的见解。	文化	15/9	1846.9	15/439
1287	Chinese Sacrifices	中国人的祭品	从《尚书》上的记载看中国人的祭品。	文化	17/2	1848.2	17/103
1306	The Character of Chinese Officers	中国官员的特性	从中国的 12 条谚语看中国官员的特性。	文化	17/7	1848.7	17/361
1315	Notice Respecting Printed Papers	关于印刷品的揭贴	一份呼吁保护书籍以免使其受人亵渎的揭贴	文化	17/8	1848.8	17/423
1338	Reading the Sacred Edict	阅读圣谕	如何阅读中国政府对平民进行道德教育的“圣谕”。	文化	17/11	1848.11	17/592
1342	Anecdotes to Inculcate a Moral	道德教育小故事	中国作家为培育道德及阐明人性所撰写的小故事(待续)	文化	17/12	1848.12	17/652
1346	Remarks on the Tea Plants	茶的研究	译自中国作者的一部著作。	文化	18/1	1849.1	18/19
1363	Anecdotes to Inculcate a Moral	道德教育小故事(续)	续第 17 卷第 12 期篇 2	文化	18/3	1849.3	18/165
1384	The Worship of Ancestors	祖先崇拜	介绍《家礼贴式集成》。	文化	18/7	1849.7	18/369

1440	Mythological Notices	神话故事	中国一些与自然力有关的神话故事；译自《搜神记》。	文化	19/6	1850.6	19/318
1479	Superstitions among the Chinese	中国人的迷信	对信仰罗马天主教的华人提出的禁律；汤姆斯(Thoms)译自《印度支那杂志》并解释这个国家的习俗。	文化	20/2	1851.2	20/91
1480	Historical and Fabulous Personages	历史和神话人物	中国文学作品中经常提及的历史和神话人物；包令译自伊韦尔(Goncalvez)《中国艺术》。	文化	20/2	1851.2	20/100
1484	Historical and Fabulous Personages	历史和神话人物(续)	续上期(待续)	文化	20/3	1851.3	20/128
1488	Historical and Fabulous Personages	历史和神话人物(续)	续上期	文化	20/4	1851.4	20/200
0011	Literary Notices	文艺通告	(1)江苏新设书院；(2)1831年巴黎出版雷慕沙(M. Abel-Rémusat)著《对黄教教义的几点研究，尤其是对三大主神在佛教各派别中的不同名称的研究》；(3)《家庭图书馆丛书》第25部：《以怨报德的多事之秋》，1832年伦敦出版；(4)3卷本《圣书集口，诸学通用》——为各种学校编印的《圣经》教材；(5)马典娘娘(Miss Martin)著《训女三字经》	文艺通告	1/2	1832.6	1/80
0017	Literary Notices	文艺通告	(1)中国历史人物传记；(2)期刊杂志；(3)《英日日英词典》，麦都思(W. H. Medhurst)编，巴达维亚出版。	文艺通告	1/3	1832.7	1/112
0024	Literary Notices	文艺通告	(1)马若瑟(Prémare · Malaccæ)的《汉语语法研究》(Notitia Linguæ Sinicæ)，1831年英华书院出版；(2)雷慕沙准备出版他的佛教研究成果；(3)《加尔各答的基督教徒》——1831年6月15日创刊的宗教和文学期刊出版和发行。	文艺通告	1/4	1832.8	1/157
0032	Literary Notices	文艺通告	英国的一份小报 *London Court Journal* 开始登载有关中国的报道，可是错误百出。	文艺通告	1/5	1832.9	1/210

0038	Literary Notices	文艺通告	《三字歌注解》,1816 年出版。	文艺通告	1/6	1832.10	1/249
0045	Literary Notices	文艺通告	对《黄教教义问答》一书的评论。查理士·弗里德(Charles Fried)译自中文并加注释,1831 年伦敦出版。	文艺通告	1/7	1832.11	1/290
0053	Literary Notices	文艺通告	(1)《1829－1831 年基督教传道出版物》,詹姆士·罗斯牧师(James Rose)撰,伦敦出版;(2)《迦勒底游记》(*Travels in Chaldea*),罗伯特·米格南(Robert Mignan)船长著;(3)《韦克里夫传》(*The Life of Wiclif*),查理士·韦伯(Charles Webb)著,1832 年伦敦出版;(4)《从哲学方面看神圣的世界历史》,伦敦文学会成员沙伦·特纳(Sharon Turner)著。	文艺通告	1/8	1832.12	1/342
0060	Literary Notice	文艺通告	修正法国 1781 年关于康熙历史的错误,提供真实的情况。	文艺通告	1/9	1833.1	1/383
0066	Literary Notices	文艺通告	(1)中国的活字印刷;(2)中国人的雕版印刷	文艺通告	1/10	1833.2	1/419
0073	Literary Notices	文艺通告	(1)英华书院第 2 版《圣经》中译本;(2)《亚洲杂志》(*Asiatic Journal*)上的错误;(3)《新亚洲》(*Nouveau Journal Asiatique*)载文介绍《马端临文献通考》和儒连(Julien)的文章。	文艺通告	1/11	1833.3	1/474
0078	Literary Notices	文艺通告	(1)罗马天主教徒出版的中文基督教书籍目录;(2)介绍《京报》的缘起和内容;(3)《威斯敏斯特评论》(*Westminster Review*)上对新西兰人民的评论文章;(4)一些杂志的介绍:《廉价杂志》(*The Penny Magazine*)、《基督教杂志》(*The Christian's Magazine*)、《星期六杂志》(*The Saturday Magazine*)、《知识指南杂志》(*The Guide to Knowledge*)、《教育杂志》(*The Instructive Magazine*)	文艺通告	1/12	1833.4	1/509
0087	Literary Notices	文艺通告	(1)《在黄埔美船"马礼逊"号上的一次布道》,神学博士马礼逊作于 1832 年 12 月,苏格兰印刷所印发;(2)一份新期刊;(3)福音传教士	文艺通告	2/1	1833.5	2/50

0098 Literary Notices	文艺通告	《朝鲜语字音表》:介绍朝鲜语的168个音节和读音。	文艺通告	2/3	1833.7	2/140
0104 Literary Notices	文艺通告	(1)1833年于波士顿出版的一本新书《史密斯与德怀特两牧师阿美尼亚考察记》;(2)马六甲英华书院出版的《印度支那杂志》(*Indo-Chinese Gleaner*)收集了印支各国的文学、历史、哲学、神话等等材料,主要取材于当地文学;(3)广东新出的中文期刊600份发售一空。	文艺通告	2/4	1833.8	2/189
0110 Literary Notices	文艺通告	(1)中文杂志(*Chinese Magazine*)第2期已出版;(2)《圣庙祭天图考》及《孔孟圣哲图谱》,13卷本,1826年出版。	文艺通告	2/5	1833.9	2/242
0116 Literary Notices	文艺通告	(1)约翰·哈理斯(John Harris)著《旅游大全》(*A Complete Collection of Voyages and Travels*)在伦敦出版;(2)《海洋与陆地发现史》(*The History of Maritime and Inland Discovery*)在伦敦出版;(3)米怜著《张远两友相论》于1819年出版。	文艺通告	2/6	1833.10	2/290
0122 Literary Notices	文艺通告	(1)中国益智会出版社成立;(2)中国历史	文艺通告	2/7	1833.11	2/337
0132 Literary Notices	文艺通告	(1)中国的一本畅销书《丹桂集》,人们出钱免费印发的中国伦理和道德集;(2)《路易十八自传》,1832年伦敦出版。	文艺通告	2/9	1834.1	2/435
0142 Literary Notices	文艺通告	(1)《英国皇家亚洲第十次大会文件》,该大会总结了在英属印度的工作;(2)《英国东方翻译基金会赞助者第四次年会报告及委员会报告》回顾了过去4年出版的29本书。	文艺通告	2/11	1834.3	2/526
0154 Literary Intelligence	文艺通告	(1)在中国的几家欧洲印刷所;(2)中国诗的英译,两卷本;(3)1834年出版的关于澳门天主教史的论文;(4)1834年中西对照日历	文艺通告	3/1	1834.5	3/50
0174 Literary Notices	文艺通告	(1)《中文杂志》出版顺利,并且有几份送到了北京、南京,近期的内容包括中英人对话录;一个在南美洲旅行的中国人写给父亲的信;反对偶像崇拜;蒸汽机原理释要;(2)《藏文字典和语法》出版;(3)《澳大利亚历书》和《悉尼指南》	文艺通告	3/4	1834.8	3/197

0199 Literary Notices	文艺通告	(1)印度出版了关于用英文表达东方语言的论文选编;(2)马儒翰著、1834年出版的《中国商业指南》收集了对华贸易的各种评论。	文艺通告	3/8	1834.12	3/397
0220 Literary Notices	文艺通告	(1)《葡萄牙人在澳门定居及在华罗马天主教会和传教活动简史》;(2)1835年中西对照日历;(3)《澳门编年史》	文艺通告	3/11	1835.3	3/545
0234 Literary Notice	文艺通告	(1)罗马字母在印度语学习中的应用;(2)西藏语语法;(3)一个土耳其海员关于印度洋的著作;(4)中国的古典文学在巴黎出版,巴黎的中文金属活字已有2000多个;(5)对日本的动物研究结果公布;(6)昂贵的邮费	文艺通告	4/1	1835.5	4/44
0241 Literary Notices	文艺通告	(1)1806年东印度公司广东公司的图书馆建立,到1832年已有16000多种图书,如果图书馆能够保存并对公众开放,将是一大贡献;(2)郭雷枢(Thomas Colledge)呼吁将这批书赠送给"马礼逊教育会"并保存在中国;(3)1834年马六甲英华书院的年度报告;(4)1834年7月的《英国亚洲协会杂志》送达中国,上面有关于中国的文章。	文艺通告	4/2	1835.6	4/101
0254 Literary Notices	文艺通告	(1)《英国亚洲文会杂志》第2期上相关文章,1834年11月于伦敦出版;(2)《中国、朝鲜、日本语言词汇对照词典》,"汉语学家"著,1835年巴达维亚出版。	文艺通告	4/4	1835.8	4/199
0260 Literary Notices	文艺通告	(1)《印度之友》(*Friend of India*),每周二上午出版;(2)《广州周报》(*Canton Press*),每周六出版。	文艺通告	4/5	1835.9	4/251
0269 Literary Notices	文艺通告	《伦敦评论》(*London Review*);《季刊》(*Quarterly Riew*);《爱丁堡评论》(*Edinburgh Review*);《亚细亚杂志》(Asiatic Journal)	文艺通告	4/6	1835.10	4/298
0358 Literary Notices	文艺通告	(1)德庇时(J·F·Davis)著《中国人:中华帝国及其居民概述》;(2)《新月刊》(*The New Monthly Magazine*);(3)《外国季刊》(*The Foreign Quartely Review*);(4)《亚细亚杂志》;(5)《伦敦文艺报》(*The London Literary Gazette*);(6)《苏格兰基督教先驱报》(*The Scottish Christian Herald*)	文艺通告	5/6	1836.10	5/286

0366 Literary Notices	文艺通告	(1)《马德拉斯文学和科学报》(*Madras Jounal of Literature and Science*);(2)《葡萄牙人在华定居简史》	文艺通告	5/7	1836.11	5/339
0392 Literary Notices	文艺通告	(1)英国皇家亚洲文会有关中国文学研究活动的文件;(2)在马六甲出版的《定期杂志》(*Periodical Miscellany*)和《青年指导》(*Juvenile Instructor*);(3)《桑威奇岛公报》(*Sanduich Island Gazette*)和《商报》(*Jounal of Commerce*)	文艺通告	5/10	1837.2	5/482
0410 Literary Notices	文艺通告	孟加拉和马六甲海峡文学与科学机构介绍;新加坡1837年出版的《中文杂志》	文艺通告	5/12	1837.4	5/580
0557 Literary Notices	文艺通告	中文《伊索寓言》的出版吸引了中国人,翻译得很流畅。	文艺通告	7/6	1838.10	7/339
0668 Literary Notices	文艺通告	泰伯德(Taberd)著《交趾支那语言与拉丁语对照字典》,1838年于塞兰普尔(Serampore)出版。	文艺通告	8/11	1840.3	8/600
0676 Literary Notices	文艺通告	郭实腊著《贸易通志》(*Mowyih Tung Che*)	文艺通告	8/12	1840.4	8/653
1063 Literary Notices	文艺通告	《中国邮报》(*China Mail*)1—5号;1845年年历;加略利的《汉语百科词典》	文艺通告	14/3	1845.3	14/141
1406 Literary Notices	文艺通告	《潮州方言华英词典》[高德(Goddard)著];《满文资料选译》(密迪乐译);《圣经翻译中"God"一词的翻译方法》(斯当东著);《"神"字的真正含义》(麦都思著)	文艺通告	18/11	1849.11	18/610
1494 Literary Notices	文艺通告	(1)《文献通考》,1851年于广州出版;(2)香港英国教会制作的鞭形中文活字印刷范文;(3)《中国哲学年鉴》,玛高温著,1851年于宁波出版。	文艺通告	20/5	1851.5	20/287
0239 Excursion to the Tea Hills	福建茶山见闻	对著名的安溪茶的介绍	物产	4/2	1835.6	4/77
0337 Opium	鸦片	一位曾在广东做过盐差的北京地方官员给皇帝的奏折;建议把鸦片进口合法化,以及这种措施可能产生的结果;皇帝把奏折转交给广东省督,要他考虑并向皇帝报告。	鸦片	5/3	1836.7	5/144

0354	Report Respecting the Importation of Opium	关于鸦片进口之奏报	1836年9月7日两广总督和广东巡抚关于建议允许鸦片进口的建议的奏折	鸦片	5/6	1836.10	5/265
0362	*Remarks on the Opium Trade with China*	《论对华鸦片贸易》	副主教德尔特里(Dealtry)作序,1836年8月11日加尔各答教会书局出版。该书试图唤醒人们对于鸦片贸易的道德感,而这已经被忽略得太久了。	鸦片	5/7	1836.11	5/303
0371	Remarks on the Opium Trade	鸦片贸易评论	对1836年8月11日副主教德尔特里的一篇序言(本刊11月)的不同看法	鸦片	5/8	1836.12	5/373
0377	Memorial of Choo Tsun on Opium	朱嶟呈交的关于鸦片问题的奏折	鸦片贸易之性质;准许此项贸易之失策;此项贸易对人民财产、身体及道德之恶劣影响	鸦片	5/9	1837.1	5/396
0378	Memorial of Heu Kew on Opium	徐大人请求严禁鸦片的奏折	白银之缺乏及现时银价;鸦片贸易导致白银外流;遏止白银外流之计划;洋人的违法与横暴;制止他们的必要性	鸦片	5/9	1837.1	5/404
0380	Remarks on the Opium Trade	鸦片贸易评论	本刊通讯员对刊于上期的一读者来信的异议;鸦片商都清楚鸦片是不道德的商品,但是商人对利益的追求使得一切正误对错的考虑都失去了意义;站在鸦片商人的立场的辩解	鸦片	5/9	1837.1	5/413
0381	Premium for an Essay on the Opium Trade	鸦片贸易论文有奖征文	征求论述鸦片贸易对有关国家和个人在商业上、政治上和道德上的影响,指出有关政府对此应采取的方针的论文。	鸦片	5/9	1837.1	5/419
0390	Edicts from the Governors of Canton	广东府政令	广东府连续发布了3条政令:(1)查究某些经营鸦片的外商;(2)限上述外人半月内离境;(3)延长彼等离境的期限。	鸦片	5/10	1837.2	5/468
0391	Cultivation of the Poppy	罂粟生产	原产于印度的罂粟现在已经在中国和欧洲广泛种植;罂粟种植的历史、适于种植罂粟的土质和面积;种植的时间和方法;从事这种生产的人数和资金	鸦片	5/10	1837.2	5/476
0396	Preparation of Opium in India	印度的鸦片代理局	专门加工适合中国人口味和需求的鸦片的机构;原贝纳里(Benares)代理处鸦片检验员巴特(Butter)医生介绍如何加工的文章	鸦片	5/11	1837.3	5/501

0400	Remarks on the Opium Trade	鸦片贸易评论	对1837年1月在本报发表的朱、徐两位官员和一读者的文章的看法。虽然尽职尽责的中国官员提出了他们的建议，反对鸦片贸易合法化，但是朝廷对此不以为然。作者认为鸦片只有过度使用才是罪恶和邪恶，错不在鸦片本身，鸦片商也并非都在卖毒药。	鸦片	5/11	1837.3	5/530
0405	The Traffic in Opium with China	对中国的鸦片运输	从印度往中国运送鸦片的开始；逐年快速增长的鸦片贸易量；中国政府从1794年起注意鸦片贸易但没能有效地控制；广东官员的措施和1820年5月发布的禁止鸦片贸易的重要通告；虽然不许行商从事鸦片贸易，但是没有禁止中国的鸦片消费者、走私贩和地方行政官等人获取鸦片；孟买是英国鸦片的装运港，并被送到中国各地；孟买的装箱数	鸦片	5/12	1837.4	5/552
0407	Remarks on the Opium Trade	鸦片贸易评论	读者来信参与讨论鸦片贸易的文章，反对1837年3月丛报发表的第2封读者来信的看法。信后附论证中国鸦片进出口额和中国吸食鸦片人数的12条论据。	鸦片	5/12	1837.4	5/566
0408	*Admonitory Pictures*	《规劝图》	中国广东画家宋华(Sun Qua)所绘的《规劝图》：一组描述鸦片吸食者怎样迅速地由健康、富裕的人转至衰弱、贫困的画图。图画对吸鸦片者的刻画栩栩如生，故事性强；故事的梗概；希望读者继续来信讨论使用鸦片(除了医用)是安全还是有害的，或者如何使用它才能无害。	鸦片	5/12	1837.4	5/577
0409	Premium for an Essay on the Opium Trade	鸦片贸易论文有奖征文	100英镑奖金给予鸦片贸易论文获奖者；评奖条件说明	鸦片	5/12	1837.4	5/579
0417	Remarks on the Opium Trade	鸦片贸易评论	对1837年4月在本刊发表的一读者的文章的看法	鸦片	6/1	1837.5	6/46
0425	Remarks on the Opium Trade	鸦片贸易评论	对读者来信的看法，反对鸦片贸易。	鸦片	6/2	1837.6	6/98

0443 Opium Trade	鸦片贸易	英国政府在印度的鸦片税收；加尔各答东印度公司从1798年至1837年39年间每年的出售数量和总额；从1795年—1835年对中国等各国的鸦片输出统计量；编者注：该数据不能显示出输出到中国的鸦片确切的数量。	鸦片	6/4	1837.8	6/199
0444 Preparing of Opium for Smoking	中国的鸦片吸食者	在中国鸦片吸食者中进行的一组实验，摘自1832年的一篇报道：中国人吸鸦片烟的准备、必备的特殊烟具、吸食过程的几个细节。	鸦片	6/4	1837.8	6/203
0464 Estimate of the Consumption of Indian Opium	印度鸦片在中国年消耗量预计表	18年来吸烟人数变化统计表；关于中国吸食鸦片的人数和鸦片消费数量一直是丛报关注的问题之一，因此本刊从各种来源收集数据来说明中国的鸦片问题。	鸦片	6/6	1837.10	6/308
0471 Edicts against the Opium Trade	禁止鸦片贸易公告	中国地方政府禁止在零丁及沿海进行鸦片交易的5份公告的英译	鸦片	6/7	1837.11	6/347
0524 *Foreign Opium a Poison*	《鸦片毒害十论》	介绍其基本内容，由江苏顾庆山(Koo Kingshan)著于1836年9月。	鸦片	7/2	1838.6	7/112
0533 Premium for an Essay on the Opium Trade	鸦片贸易论文有奖征文	100英镑奖金及获奖条件说明；鸦片贸易问题涉及巨大的经济、政治和其他的利益，因此英国欢迎并且资助这类文章。	鸦片	7/3	1838.7	7/178
0548 Memorial against Consumers of Opium	关于严惩鸦片吸食者的奏折	该奏折的英译	鸦片	7/5	1838.9	7/276
0563 *Sin Pun Keen Yang Yen*	《新编劝烟言》	中国盲人唱；歌词大意：鸦片是毒药，毁了千万中国锦绣大地；丈夫为烟花费了大量钱财也吸坏了身体而无一好处；妻儿盼望着丈夫养家糊口。	鸦片	7/7	1838.11	7/396
0571 Suspension of Trade	禁止鸦片走私	大约两年前，北京给广东总督下发禁止鸦片走私的命令后，许多当地的走私贩利用外国船只继续走私。几个月后走私的外国船数目增加到三、四十只，但他们拖欠船费数目也随之增大。现在外国船不再为他们所用，而且有时会和中国船交火。中国政府采取了更严厉的措施，3日12箱鸦片从外国船上向外国商馆卸货时被缴获；中外之间与此事相关的20份信件公文的英译	鸦片	7/8	1838.12	7/442

0577	Proclamation Respecting Opium	关于禁止鸦片的文告	广东总督和巡抚向全省人民发出关于禁止鸦片的文告英译	鸦片	7/9	1839.1	7/503
0592	Proclamation from the Governor	政府文告	广东总督和巡抚给外国人下达的关于鸦片和钦差大臣林则徐到来的文告英译	鸦片	7/11	1839.3	7/607
0593	The Opium Question	鸦片问题	鸦片问题关系到商业、政治等重要方面。去年8月鸦片贸易衰退了，交易量减少，很多鸦片被收缴。12月在外国商馆前处决鸦片贩子。本文收录了和此事有关的通信报道。	鸦片	7/11	1839.3	7/610
0595	Crisis in the Opium Traffic	鸦片贸易危机评论	鸦片贸易的增长和社会影响的简要历史；钦差大臣林则徐以他熟悉军事和与外国人交往的经历被授予重任；他3月到达后的一系列命令和措施：让外国人把鸦片交给中国政府；禁止一切外人离开广州；停止与他们的全部贸易；黄埔港拒发外船通行证；有关的各种文件英译(待续)	鸦片	7/12	1839.4	7/614
0596	Crisis in the Opium Traffic	鸦片贸易危机评论	目前鸦片贸易危机使人无法预测事态的发展和结果，因此仅就观察加以介绍，探究鸦片危机的根源，指出有关双方应采取的最妥善措施。	鸦片	8/1	1839.5	8/7
0597	Letter to the Queen of England	给英国女王的信	钦差大臣林则徐和其他省督给英国女王要求停止鸦片贸易的信件英译	鸦片	8/1	1839.5	8/15
0598	Crisis in the Opium Traffic	鸦片贸易危机(续)	续上期(待续)	鸦片	8/1	1839.5	8/18
0602	Crisis in the Opium Traffic	鸦片贸易危机(续)	续上期	鸦片	8/2	1839.6	8/64
0607	Remarks on the Opium Question	鸦片问题评论	对赔偿女王陛下商务监督缴出的鸦片一事的评论	鸦片	8/3	1839.7	8/120
0610	Edict against the Introduction of Opium	反对鸦片引进诏令	暹罗国王反对在他的国土引进和销售鸦片的诏令	鸦片	8/3	1839.7	8/132
0613	Proclamation from the Commissioner	林则徐公告	钦差大臣、两广总督、广东巡抚关于处理鸦片问题再度晓谕外商。这是中国政府下达的第一份英文文件，由一位在北京任职的高级译员翻译。	鸦片	8/3	1839.7	8/174

0630	*Opium Trade with China*	《鸦片罪过论》	赛瓦尔(A. S. Thelwall)根据可靠的资料,应与东印度公司有关系的人士的要求而撰写,论述鸦片是促使英国商人失去与中国进行自由贸易的利益的主要原因。毫无疑问此书将送达英国议会并引起英国人的关注。	鸦片	8/6	1839.10	8/317
0631	A Letter of a Chinese Youth	一位中国青年的信	摘自《广州周报》1839年10月26日第212期。信中谴责义律违反中国法令而贩卖毒品鸦片的行为和外国人在中国的恶劣行径。	鸦片	8/6	1839.10	8/325
0644	Essay on the Opium Trade	鸦片贸易征文	鸦片贸易征文的100镑奖金及获奖条件的说明;征文期限延长至1841年1月。	鸦片	8/8	1839.12	8/432
0654	Memorial to the Emperor	致皇帝的奏折	林则徐提议让高廉道暂驻澳门稽查鸦片的奏折	鸦片	8/10	1840.2	8/510
0655	Abuse of Opium	鸦片的滥用	在中国居住过的外国人对滥用鸦片这个问题的看法	鸦片	8/10	1840.2	8/513
0694	Opium and Alcohol	鸦片和酒	任意使用鸦片和酒对人体、对社会的影响	鸦片	9/3	1840.7	9/153
0695	Pamphlets on China	关于中国的小册子	有关赔偿鸦片贸易的损失和对华战争的手册;目前欧洲关于中国的报道和出版物连篇累牍,选取其中4本手册的主要论点做了摘录。这4本书是:(1)《鸦片问题》,英国伦敦司法协会会员塞缪尔·华伦(Samuel Warren)撰,1840年1月伦敦第3版;(2)《鸦片危机——广州英商致英国商务监督义律的信》,1839年伦敦出版;(3)《对华战争是正义之战吗?》,原东印度公司驻华事务官汉密尔顿(Hamilton)著,1840年伦敦出版;(4)《对华关系的破裂及其原因——在华外侨致巴麦尊的信》,其中谈及鸦片等项问题的细节。1840年伦敦出版。	鸦片	9/3	1840.7	9/162
0709	Notices of Opium-smokers	吸鸦片者	在华外国人观察到的吸鸦片者的后果,以警醒公众。	鸦片	9/5	1840.9	9/295
0721	Edict against the Smokers of Opium	禁止吸食鸦片的新条例	广东将执行禁止吸食鸦片的新条例的告示	鸦片	9/6	1840.10	9/410

0725	*Confessions of an English Opium-eater*	《一名英国鸦片吸食者的忏悔》	第4版，1826年伦敦出版；曾有人质疑本书的真实性，但只要和吸鸦片者有过接触的人都知道这本书记录的是真事，本文摘录了书中几个关键的地方。	鸦片	9/7	1840.11	9/431
0736	Regulations about Opium	戒除鸦片的条例	前钦差大臣林则徐起草和颁布的戒除鸦片的条例	鸦片	9/8	1840.12	9/566
0896	Opium-smoking in Penang	槟榔屿的鸦片吸食	准备鸦片烟的方法；这一陋习流行的原因；抽鸦片的方法；这一陋习对中国人健康、体力和体型的影响。	鸦片	11/11	1842.11	11/593
1206	The Opium Trade	鸦片贸易	一商人建议要么让鸦片贸易合法化，要么禁止；璞鼎查对鸦片贸易的看法；贸易的规模；征文讨论这一问题的奖金	鸦片	16/1	1847.1	16/43
1215	Remarks on the Opium Trade	鸦片贸易评论	论将鸦片贸易合法化及其措施。	鸦片	16/2	1847.2	16/101
1228	The Opium Trade	鸦片贸易	鸦片产量的增加；澳门的过境税；贸易的特点	鸦片	16/4	1847.4	16/183
1509	Correspondence with the Chinese Government	与中国政府的通信	中国政府和美国使团之间有关鸦片走私及禁止谷物出口等问题的通信	鸦片	20/7	1851.7	20/474
0196	Ophthalmic Hospital	眼科医院	1827—1832年间澳门一家眼科医院的经营状况；西方人在中国为当地人治病、防疫的善行；13封中国人感谢信的英译	医疗	3/8	1834.12	3/376
0197	Hospitals for Seamen	海员医院	在黄埔建立一个配有溺水抢救器械的海上医院计划；澳门和零丁设立医院的必要性；在华外国海员的人数和状况（此计划书导致澳门设立了一个海员医院）	医疗	3/8	1834.12	3/385
0214	The Chinese Peasant, Hoo Loo	中国农民胡老	中国农民胡老（音译）被转送到英国就医，在盖伊医院动肿瘤手术；评辛普森(Simpson)先生和蒂达(Titley)博士所做的手术。	医疗	3/11	1835.3	3/501
0293	Ophthalmic Hospital at Canton	广州眼科医院	伯驾(Peter Parker)医生撰写的由1835年11月4日至1836年2月4日的第1份季度报告：介绍医疗统计数据和病案。	医疗	4/10	1836.2	4/466

0317	Ophthalmic Hospital at Canton	广州眼科医院	由1836年2月4日至5月4日的第2份季度报告:医院的维护,目前在院治疗人数记录达到1283人次,季度资金投入4万多美元,病人的病状统计表,存在的困难	医疗	5/1	1836.5	5/38
0343	Ophthalmic Hospital at Canton	广州眼科医院	截至1836年8月4日的第3份季度报告	医疗	5/4	1836.8	5/191
0356	Hospital for Seamen	海员医院	海员医院筹备委员会成立,制定了章程,公开第1份报告。	医疗	5/6	1836.10	5/280
0365	Ophthalmic Hospital at Canton	广州眼科医院	1836年11月4日的第4季度报告:治疗病人的数据统计表和典型病案	医疗	5/7	1836.11	5/329
0388	Siamese Missionary Dispensary	暹罗教会医院	从1835年8月8日创立至1836年10月5日的医疗记录和病案记载	医疗	5/10	1837.2	5/450
0389	Ophthalmic Hospital at Canton	广州眼科医院	截至1837年2月4日的第5份季度报告	医疗	5/10	1837.2	5/462
0416	Ophthalmic Hospital at Canton	广州眼科医院	截至1837年5月4日的第6份季度报告	医疗	6/1	1837.5	6/40
0486	Ophthalmic Hospital at Canton	广州眼科医院	截至1837年12月31日的第7份报告	医疗	6/9	1838.1	6/439
0515	Medical Missionary Society	医务传道会	医务传道会1838年2月21日在广州举行的全体大会上通过章程和决议:该会的目的是对中国人施行医疗救治、让他们受益、并向他们传播医疗知识等。英国和美国是该会的主要赞助者。	医疗	7/1	1838.5	7/37
0523	Ophthalmic Hospital at Canton	广州眼科医院	1838年1月1日至6月30日的第8份报告	医疗	7/2	1838.6	7/97
0568	Medical Missionary Society's Hospital	医务传道会澳门医院	1838年7月5日至10月1日医院的第1份季度报告:建立了一所医院,能接受200名住院病人,病房也非常舒适;该院已经为700名中国人进行了治疗,但是他们仍然需要努力赢得当地人的信任。另有病例统计数据和病案分析。	医疗	7/8	1838.12	7/416

0569	Medical Missionary Society	医务传道会	1838年11月20日在全体大会上宣读的第1份年度报告。报告吸引了欧美的听众,该会由于在澳门购买地产并修建医院,需要更多的经费,呼吁慈善人士能慷慨解囊支持。	医疗	7/8	1838.12	7/424
0572	Medical Missionary Society	医务传道会	对医务传道会第1次年会的评论文章;支持和赞扬该会的价值。	医疗	7/9	1839.1	7/462
0585	Medical Missionary Society's Hospital	医务传道会澳门医院	任命雒魏林(W. Lockhart)为澳门医院院长;当地的官员曾来就医,并不反对医院,这对外国人来说是一个不小的进步。	医疗	7/10	1839.2	7/556
0588	Ophthalmic Hospital at Canton	广州眼科医院告	截至1838年12月31日的第9份报告	医疗	7/11	1839.3	7/574
0673	Reports of the Medical Missionary Society	医务传道会报告	1839年年度报告:人员安排和病例统计数据	医疗	8/12	1840.4	8/631
0699	A Chinese Anatomical Plate	人体内部器官图	中国的一幅人体内部器官图和相关的汉语名词解释	医疗	9/4	1840.8	9/200
0745	Medical Philanthropic Society	中国及东方医务慈善会	1837年郭雷枢博士在澳门首开一家眼科医院免费为中国人解除疾痛以来,中国已有两家这样的医院。李太郭呼吁在英国也成立一个相应的机构,专门为中国医务传道会和他们的医院培养医疗人员及派遣合格的医生到中国去,同时在欧洲宣传他们在中国医疗传教方面取得的进展。	医疗	10/1	1841.1	10/27
0796	Medical Missionary Society	医务传道会	1841年7月1日大会记录及第2份年度报告	医疗	10/8	1841.8	10/455
0797	Report of M. M. S. Hospital at Chusan	医务传道会舟山工作报告	雒魏林作此报告。	医疗	10/8	1841.8	10/460
0798	Report of M. M. S. Hospital at Macao	医务传道会澳门工作报告	合信(B·Hobson)作此报告。	医疗	10/8	1841.8	10/472

0866	Medical Missionary Society	医务传道会	医院运转和马礼逊教育会情况	医疗	11/6	1842.6	11/341
0906	Report of the Medical Missionary Society	医务传道会报告	医务传道会下属的澳门医院1841年至1842年的年度报告	医疗	11/12	1842.12	11/665
0931	Report of the Medical Missionary Society	医务传道会报告	(1)医务传道会对其历史和前景简述的报告;下属澳门医院1841—1842年的报告;伯驾代表该会在英美活动的报告;(2)关于中国医院的报告,前附伯驾致阿伯克罗比(Abercrombie)的一封信;(3)《在医学方面的传教事业》,玛高温(Macgowan)著,1842年于纽约出版。	医疗	12/4	1843.4	12/193
1006	Ophthalmic Hospital at Canton	广州眼科医院	1840年1月1日至6月17日的第11份报告	医疗	13/5	1844.5	13/245
1011	Ophthalmic Hospital at Canton	广州眼科医院	1842年11月21日至1843年12月31日的第12份报告	医疗	13/6	1844.6	13/307
1016	Report of the Medical Missionary Society	医务传道会报告	关于在华活动的报告;附该会医务官员的报告。	医疗	13/7	1844.7	13/375
1017	Report of the Hospital at Hongkong	医务传道会香港医院的报告	见于合信给代理秘书的一封信。	医疗	13/7	1844.7	13/383
1021	Report of the Hospital at Shanghai	医务传道会上海医院的报告	介绍医院情况,附1844年在上海和1843年在舟山和宁波的病案统计。	医疗	13/8	1844.8	13/414
1099	China Medical and Chirurgical Society	中国外科医学会	明登(Minden)医院的外科医生塔克(Tucker)在中国外科医学会第一次会议上所致开幕辞,论述该会建立的意义及在华欧洲人易患的疾病。	医疗	14/9	1845.9	14/451
1101	Ophthalmic Hospital Canton	广州眼科医院	1844年1月1日至1845年7月1日的第13份报告	医疗	14/10	1845.10	14/455
1141	Report of the Dispensary at Amoy	厦门医院报告	1844年2月1日至1845年7月1日的报告;合文(J. C. Hepburn)医生撰。	医疗	15/4	1846.4	15/187

1152	Report of the Hospital at Shanghai	医务传道会上海医院报告	1844年5月1日至1845年6月30日的报告	医疗	15/6	1846.6	15/287
1162	Report of the Ningpo Missionary Hospital	宁波教会医院报告	宁波教会医院给中国医务传道会的报告;1845年9月1日玛高温作于宁波。	医疗	15/7	1846.7	15/348
1291	Report of the Ophthalmic Hospital	广州眼科医院报告	1845年7月1日至1847年12月31日的第14份报告	医疗	17/3	1848.3	17/139
1295	Report of the Medical Missionary Society	中国医务传道会报告	1847年报告摘要;上海医院的报告;公共医院的报告	医疗	17/4	1848.4	17/194
1298	Report of the Medical Missionary Society	中国医务传道会报告	1847年报告摘要;宁波和香港医院及厦门医院的报告	医疗	17/5	1848.5	17/248
1303	Colonial Surgeon's Report	香港殖民地外科医生报告	香港殖民地外科医生1847年的报告;摘自1848年5月25日《中国邮报》。	医疗	17/6	1848.6	17/319
1396	Missionary Hospitals in China	中国的教会医院	中国的教会医院;上海医院1848年的报告和香港医务传道会1848年的报告	医疗	18/10	1849.10	18/511
1435	Report of the Ophthalmic Hospital	广州眼科医院报告	1848—1849年的第15份报告	医疗	19/5	1850.5	19/259
1439	Reports of Medical Missions	医务传道会报告	(1)合信起草的广州金里坊(Kam-li-fau)医院1848年4月到1848年11月的报告;(2)上海医院委员会1849年的报告	医疗	19/6	1850.6	19/306
1485	Reports of Hospitals in China	上海医院报告	截至1850年12月31日的第4份报告;附广州金里坊医院的启事。	医疗	20/3	1851.3	20/158
0599	Musical Instruments of the Chinese	中国的乐器	中国的乐器和中国的记音系统	艺术	8/1	1839.5	8/44
1008	Porcelain Tower at Nanking	南京琉璃宝塔画	江南报恩寺珍藏的一幅珍贵的琉璃宝塔画	艺术	13/5	1844.5	13/267

1031 Description of a Longevity Screen	“寿屏”介绍	介绍一幅“寿屏”。	艺术	13/10	1844.10	13/541
0082 Introductory Remarks	引言	英语正日渐成为世界性的交流语言，英属印度就是一个典型例子。此外，为了双方交流、贸易等的需要，汉语也值得欧洲人学习。	引言	2/1	1833.5	2/6
0184 Comparison of the Modes of Printing Chinese	中文印刷法比较	对中文印刷中的木版雕刻法、石版雕刻法和活字印刷各自费用的估测；对每一方法利弊的权衡	印刷	3/6	1834.10	3/258
0219 Chinese Metallic Types	中国的金属活字	关于在巴黎铸造一套中国铜字的建议；在波士顿利用木模制作铅字的尝试	印刷	3/11	1835.3	3/540
1061 Chinese Divisible Type	中文活字铅板	美国长老会来华差会制作的中文活字铅板	印刷	14/3	1845.3	14/130
1434 Movable Metallic Types in Chinese	中文活字印刷术	介绍中国活字印刷情况。	印刷	19/5	1850.5	19/253
1199 Peninsular and Oriental Steam Company	半岛与东方汽船公司	“半岛与东方汽船公司”和英国海军部管理的中西之间汽轮邮政传递；邮费；航线等	邮政	15/12	1846.12	15/625
0003 Gutzlaff's Journal	郭实腊游记	这是一本关于在暹罗居住及沿中国海岸到满洲鞑靼的旅行纪实，1831 年 5 月的游记节选。(待续)	游记	1/1	1832.5	1/21
0008 Gutzlaff's Journal	郭实腊游记(续)	暹罗的语言、历史、风土人情和作者在当地的宗教活动(待续)	游记	1/2	1832.6	1/50
0014 Gutzlaff's Journal	郭实腊游记(续)	离开暹罗到中国的坎坷航程和途中见闻(待续)	游记	1/3	1832.7	1/86
0021 Gutzlaff's Journal	郭实腊游记(续)	进入中国沿海各地，经浙江、山东沿海继续北上，在天津大沽获得中国官员准许，进入中国内河，驶向北京。作者不知道中国政府会如何看待他的拜访，但是作为一个急于改善传教士境地、愿意为此献身的人，他不肯苟且偏安，让地方政府处理。因此，他作好了最坏的准备。(待续)	游记	1/4	1832.8	1/127

0029	Gutzlaff's Journal	郭实腊游记(续)	作者在天津附近的见闻和活动:中秋节中国人的风俗,他的出现引起人们的好奇,他成功帮助当地人戒鸦片的尝试为他带来了名声,天津的贸易、天津人对财富的向往和清廷的漠视都是日记中的内容。他本想到北京,但是考虑到条件的限制,决定就地停留几天。天气转寒,河水将要上冻,因此 10 月 17 日开始南归,当地人热情送别,他为天津人的真诚热情感动。12 月 13 日到达澳门,马礼逊夫妇迎接他的归来。游记最后他热切地寄语中国应该更加开放,与中国能更自由地对话,由什么人或什么手段来实现这一愿望并不重要。	游记	1/5	1832.9	1/185
0084	Gutzlaff's Journal	郭实腊游记	过去两年郭实腊曾 3 次乘船沿海而上,此部分《广州至辽东沿海航行记》是 1832 年 10 月 20 日开始的第 3 次航行。(待续)	游记	2/1	1833.5	2/25
0090	Gutzlaff's Journal	郭实腊游记(续)	介绍沿途风貌及试图传播基督教的情况。	游记	2/2	1833.6	2/54
0185	Passage to Europe through Egypt	经埃及到欧洲	一位广东人经红海抵达欧洲的航程:离开中国;抵达孟买;登上轮船;穿过沙漠;抵达开罗;介绍开罗等	游记	3/6	1834.10	3/264
0209	Lord North's Island	劳德诺斯岛	两个水手讲述他们在劳德诺斯岛的遭遇和介绍该岛居民情况:他们的生活方式、居住条件、风俗习惯、法律、语言、宗教等等。	游记	3/10	1835.2	3/462
0240	Expedition to the Bohea Hills	福建武夷山探险	广州港口海员牧师埃德温·史蒂文斯(Edwin Stevens)著:抵达闽江;经过福州府;与一个军官的交谈;走向闽清县;遭到一次埋伏;返途;分发小册子。	游记	4/2	1835.6	4/87
0273	Voyage of the Huron	"福隆"号游记	美国货船"福隆"号被用于到中国沿海散发基督教印刷品和出版物;该船在山东半岛威海卫及上海沿海航行的游记	游记	4/7	1835.11	4/313
0285	Voyage of the Huron	"福隆"号游记	麦都思 1834 年夏、秋季期间乘"福隆"号在中国东海岸航行的日记摘录	游记	4/9	1836.1	4/411

0349	Voyage to Borneo	婆罗洲航行记	抵达马尼-马辛(Banjer-masin);那里的华人和马来亚人的生活杂记;海盗的首领;访问达雅地区;达雅人酋长的性格和行为	游记	5/5	1836.9	5/237
0447	Voyage to Lew-chew	琉球航海记	1837年"马礼逊"号护送7名海难日本人回琉球、日本航行记;他们试图缓和日本政府对外国人的敌视;这只美国船上装了许多礼物和货物进行贸易;在琉球停留用汉语和英语与当地人交谈,向当地人解释美国人与英国人的不同;伯驾医生为当地人接种防疫,当地人也热情招待他们;对当地农业进行了考察。(待续)	游记	6/5	1837.9	6/215
0466	Notices of Indian Archipelago	印度群岛观察	1836年"汉麦利"(Himmaleh)号航海时收集的有关印度群岛某些地区的民俗和社会的情况;本次航行的目的是考察基督教传播的可能并散发《圣经》,同时促进商务和自然科学的交流和往来。当地人和中国人都客气礼貌地接受了《圣经》,有些人还迫不及待地读了起来,他们因此认为航行非常成功。	游记	6/7	1837.11	6/311
0474	Voyage to Japan	日本航海记(续)	1837年"马礼逊"号琉球日本航行记	游记	6/8	1837.12	6/359
0481	Captain Ingersoll's Nautical Observations	英格索尔船长航海观察	1837年七八月间航行琉球及日本时所作的观察	游记	6/9	1838.1	6/407
0532	Mr. Robert's Embassy to the Eastern Courts	罗伯特先生出使东方	从《1832—1834年美舰"孔雀"号舰长戴维·格辛格(David Geisinger)出使交趾支那、暹罗和马斯喀特记实》一书中选摘介绍。	游记	7/3	1838.7	7/176
0629	*Tour in Borneo*	《婆罗洲游记》	1838年秋的航行记述	游记	8/6	1839.10	8/290
0639	Visit of the Artemise to the Sandwich Islands	"阿尔特密斯"号访问桑威奇岛纪实	法舰"阿尔特密斯"号访问桑威奇岛纪实,摘自去年《夏威夷旁观者报》,旨在向人们揭示法国船只访问的真相。	游记	8/7	1839.11	8/379

0656	*Ides' Embassy to Peking*	《从莫斯科经陆路到北京的三年旅行记》	沙俄大使雅布兰(E·Y·Ides)著，1706年伦敦英译本	游记	8/10	1840.2	8/527
0675	Visit of the French Frigate L'Artemise	法舰"阿尔特密斯"号访问记	从美国领事和国王的公文中了解1839年7月法舰"阿尔特密斯"号访问桑威奇岛的情况。	游记	8/12	1840.4	8/651
0842	Wood's Journal to the River Oxus	伍德上尉在河流上的日记	东印度公司海军上尉约翰·伍德在河流上的日记	游记	11/3	1842.3	11/148
0865	Trip to Canton in the Constellation	乘"星座"号去广州	美国东印度舰队的司令科尔利乘"星座"号于1842年在广州附近水域的航行	游记	11/6	1842.6	11/335
0877	Account of the Mantchous at Chápú	察埔鞑靼人	李太郭对鞑靼人居住、生活等情况的介绍	游记	11/8	1842.8	11/431
0935	Notices of Chinese Tartary and Khoten	中国鞑靼与和阗地区	对鞑靼人的城镇、贸易、人口、语言等情况的介绍	游记	12/5	1843.5	12/230
0972	Visit to the City of Chángchau	漳州访问记	福建重要城市漳州的访问记	游记	12/10	1843.10	12/528
0987	Seven Months' Residence in Ningpo	在宁波居住7个月纪事	1842年12月7日至1843年7月7日(待续)	游记	13/1	1844.1	13/20
0992	Rev. D. Abeel's Journal at Kulang Su	雅俾礼鼓浪屿纪事	摘自雅俾礼牧师1843年4月至10月的日记。	游记	13/2	1844.2	13/80
0993	Seven Months' Residence in Ningpo	在宁波居住7个月纪事(续)	续上期(待续)	游记	13/2	1844.2	13/83
0998	Seven Months' Residence in Ningpo	在宁波居住7个月纪事(续)	续上期(待续)	游记	13/3	1844.3	13/133

1000	Visit to the Batanes and Madjicosima Groups	巴旦群岛和马吉科西马群岛访问记	1843至1844年英舰“萨马兰(Samarang)”号访问巴旦群岛和马吉科西马群岛纪事	游记	13/3	1844.3	13/156
1005	Journal of the Rev. D. Abeel's at Amoy	雅俾礼牧师厦门日记	摘自雅俾礼牧师的《鼓浪屿纪事》。	游记	13/5	1844.5	13/239
1014	Seven Months' Residence in Ningpo	在宁波居住7个月纪事(续)	续第3期(待续)	游记	13/7	1844.7	13/343
1067	Chinese Reminiscences	中国见闻录	根据已故马礼逊博士1826—1827年的日记整理。	游记	14/4	1845.4	14/162
1114	Excursion to the City of Súchau	苏州见闻	法国使团商务参赞赫德(Hedde)游览苏州的见闻	游记	14/12	1845.12	14/590
1130	Notices of Cochinchina	交趾支那见闻	赴华法国使团人员赫德于1844年春途经该地所记	游记	15/3	1846.3	15/119
1140	Captain Mercator Cooper's Visit to Japan	哈珀船长访问日本见闻	哈珀船长的捕鲸船“曼哈顿(Manhattan)”号访问日本见闻	游记	15/4	1846.4	15/178
1142	Notices of Fuhchau Fú	福州府概况	摘自四美(G. Smith)牧师奉英国安立甘会(Chruch Missionary Society)之命对中国5个条约港口作调查旅行时的日记。	游记	15/4	1846.4	15/191
1146	Notices of the City of Fuhchau Fú	福州府介绍	摘自《世界新闻》(*News of the World*)及哥林森(Collinson)船长的《闽江航行记》。	游记	15/5	1846.5	15/231
1179	Notices of the Danish Man-of-War	丹麦军舰	周游世界的丹麦军舰“加列提阿(Galathea)”号	游记	15/9	1846.9	15/467
1203	Seven Month's Residence in Ningpo	在宁波居住7个月纪事(续)	续第13卷第7期(待续)	游记	16/1	1847.1	16/18
1209	Seven month's Residence in Ningpo	在宁波居住7个月纪事(续)	续上期(待续)	游记	16/2	1847.2	16/61

1211	An Excursion to Chángchau	漳州纪行	前法国使团成员赫德撰。	游记	16/2	1847.2	16/79
1218	Seven month's Residence in Ningpo	在宁波居住7个月纪事(续)	续上期	游记	16/3	1847.3	16/109
1223	Notices of a Trip to Fuhshán	旅行佛山见闻	1847年3月乘中国快艇旅行佛山见闻	游记	16/3	1847.3	16/146
1244	Visit of the French to Cochinchina	法舰访问交趾支那	法舰"光荣(Glories)"号和"胜利(Victorieuse)"号访问交趾支那纪实	游记	16/6	1847.6	16/314
1258	Voyage from Canton to Shanghai	广州至上海的一次航行	记1847年夏从广州至上海的一次航行。	游记	16/8	1847.8	16/402
1317	Narative by M. Isidore Hedde	赫德的讲述	沿"百老汇"河(即西江出口)从广州到澳门;丝蚕之乡顺德见闻	游记	17/8	1848.8	17/429
1321	Visit to Kiáting and Nantsiáng	嘉定和南翔等城访问记	附平面图。	游记	17/9	1848.9	17/468
1354	Visit to the Hot Springs of Yungmak	雍陌温泉游记	游览记录	游记	18/2	1849.2	18/92
1366	Trip to the Hills near Shánghái	上海附近众山游记	对上海附近9座山的简要介绍	游记	18/4	1849.4	18/187
1379	Visit of the U. S. S. Preble to Japan	美舰"普雷贝尔"号访日记	那坝、长崎巡航记	游记	18/6	1849.6	18/321
0981	Whale Fishery in the Chinese Seas	中国沿海的捕鲸业	介绍中国沿海居民的捕鲸业。	渔业	12/11	1843.11	12/613
0150	The Chinese Language	中国语言	论述中国语言的古老性、广泛性和各种方言的特点和价值,欧美对中国语言的学习和研究的历史,学习汉语的必要性。	语言	3/1	1834.5	3/7
0151	The Chinese Written Language	中国的书面语	描述中国文字的起源和六书,汉字的读音和用英语字母记录汉语语音表,汉字的214个部首和部首目录。	语言	3/1	1834.5	3/20

0212	The Chinese Oral Language	中国口语	中国的口语与书面语的显著区别，两者之间的关系，各种方言的起源，几种方言的共同特点	语言	3/10	1835.2	3/492
0250	Alphabetic Language for the Chinese	汉语拼音化	中文独特的汉字系统与西方的字母文字相比所具有的缺点；实行汉字拼音化可能给中国带来的影响；汉字拼音化存在的困难和设计上的难题	语言	4/4	1835.8	4/172
0289	Jargon Spoken at Canton	广州的洋泾滨	华人学习英语的方式，方式的产生和应用，汉英通用的词汇举例	语言	4/9	1836.1	4/433
0314	Polynesian Language	玻利尼西亚语	其起源、在夏威夷诸岛上的传播、产生的各种方言和文学艺术	语言	5/1	1836.5	5/18
0315	Orthography of Chinese Words	汉字注音法	目前普遍采用《马礼逊词典》的注音，但是它还要经过实践的检验并加以改进。最大的不足之处是这种西方字母的注音方法本身存在缺陷和不足，例如英语元音的使用效果就不如意大利元音的效果好。	语言	5/1	1836.5	5/28
0322	Mode of Teaching the Chinese Language	现代汉语教学法	外国人都希望汉字也变成字母文字，虽然近期不可能实现，但是仍然要推进汉字的改革；对于汉语教育的思考；汉语教育的两大缺点：(1)需要大量的机械记忆；(2)要用很长时间才能阅读汉字；克服上述弊病的新方法的优点和关于推广新方法的一点意见	语言	5/2	1836.6	5/67
0323	Remarks on the Orthography of Chinese Words	汉字注音法评论	编辑部希望征集到更多使用马礼逊注音法的人对这套注音体系的评论文章，目的是如果这套体系确实有其优越性，那就应该推广到欧美大陆，东西方统一注音法。因此他们会继续刊登相关的评论文章。	语言	5/2	1836.6	5/71
0324	Indo-Chinese Languages	印度支那语言对照词典	关于编撰一本印度支那各种语言对照词典的建议；编撰词典的计划	语言	5/2	1836.6	5/77
0325	Hawaiia Language	夏威夷语言	1821 年夏威夷语言才开始拥有自己的书写文字，1834 年已有了 27 种夏威夷语的出版物。1836 年出版的《夏威夷语新约圣经词典》由安德鲁斯(Lorrin Andrews)著。	语言	5/2	1836.6	5/83

0394	Orthography of the Chinese Language	汉字注音法	对去年5月提出的汉字注音法的异议;提出的新方案	语言	5/11	1837.3	5/487
0457	Chinese Vocabularies	汉语词汇	中国人学习英语的教材《澳门番语全套》(《葡萄牙语和汉语词汇对照表》)和《红毛买卖通用鬼话》,虽然都是小书也并不完美,但显示出中国人的兴趣和学习的努力。以书中的注音为例,就不难理解为什么中国人都说洋泾浜英语了。	语言	6/6	1837.10	6/282
0492	System of Orthography for the Chinese Language	汉字注音法	统一汉字注音方案非常重要,因此本刊继续探讨给汉字的注音问题:用元音、变音符号、双元音、辅音、音调符号等给汉字注音。	语言	6/10	1838.2	6/485
0507	Remarks on the Chinese Tones	汉语声调	对汉语四声的介绍	语言	6/12	1838.4	6/585
0520	Chinese Intonations Described	汉语音调	汉语发音的8个音调;学习汉语注意其音调的重要性	语言	7/2	1838.6	7/62
0527	Study of the Chinese Language	汉语学习	对现有学习汉语的书的评介,从语言学习者可以使用的语法书、对照翻译、文学作品等方面对使用和学习提出建议。	语言	7/3	1838.7	7/118
0537	Study of the Chinese Language	汉语学习	外国人学习汉语的人数增加;寻求掌握汉语的最有效的学习方法而提出的有待回答的8个问题	语言	7/4	1838.8	7/209
0546	New Analysis of the Chinese Language	汉语新分析法	学习汉语新方法建立在对汉字进行逻辑分析的基础上。	语言	7/5	1838.9	7/260
0554	Chinese Terms to Express the Deity	表达"Deity"一词的中文词汇	介绍表达"Deity"的中文词汇。	语言	7/6	1838.10	7/319
0576	System of Chinese Orthography	汉字注音法	对本刊第6卷第10期提出的"汉字注音法"的评论	语言	7/9	1839.1	7/495

0635	Study of the Chinese Language	汉语学习	一个汉语初学者就学习汉语提出的建议以及如何达到学习目标的方法	语言	8/7	1839.11	8/345
0637	Remarks on the Chinese Language	汉语的语法结构	虚词分类和语调;名词的结构;表达流畅;动词的使用等;原本是5篇文章,在这里合为1篇长文。	语言	8/7	1839.11	8/354
0714	Chinese Grammar	汉语语法	其规则	语言	9/6	1840.10	9/335
0733	Notes on Chinese Grammar	汉语语法简述	关于汉语原理和规则的补充说明;名词例解	语言	9/7	1840.11	9/524
0738	Dissertation on the Chinese Language	汉语论文	论汉语的起源、形成和分化。	语言	9/8	1840.12	9/593
0770	Examination of Four Chinese Characters	对孟子及其门徒的著作中最常用的4个汉字的注释	1830年于巴黎出版。	语言	10/4	1841.4	10/228
0810	Wanton Use of Native Words	当地词汇的乱用	《殖民地杂志》(*Colonial Magazine*)及《印度之友》载文指责外国作者乱用当地词汇。	语言	10/10	1841.10	10/567
0827	New System of Orthography	汉字新注音法	列举了409个汉字的5种注音方法,分别是新的注音方法、马礼逊的注音方法、广东方言注音方法、麦都思的注音方法、新的福建方言的注音方法。	语言	11/1	1842.1	11/34
0871	New Works on the Chinese Language	学习中文的新工具	《汉语百科辞典》、《拾级大成》、《英语、马来语、汉语词汇表》、《潮州方言初阶》	语言	11/7	1842.7	11/394
0880	Remarks on the Cochinchinese Language	交趾支那的语言	驳斥其与中文不同的观点。	语言	11/8	1842.8	11/456
0961	Remarks on the Name of Jesus	耶稣的名字	麦都思在巴达维亚的一封信中谈到耶稣的名字在马来语中的翻译问题。	语言	12/9	1843.9	12/454

0979	The Chinese Spoken Language	汉语口语	在实践中学习和提高汉语口语听说能力的方法研究	语言	12/11	1843.11	12/587
1050	Versions of the N. T. in Chinese	《新约》中文版章节	《约翰福音》第1章第1节6种不同中译文的比较研究	语言	14/1	1845.1	14/60
1056	Chinese Words for God and Spirit	"God"、"Spirit"的中译	"God"、"Spirit"的中译及《圣经》中专有名词的中译	语言	14/2	1845.2	14/107
1064	Remarks on the Words God, Spirit and Angel	对"God"、"Spirit"、"Angel"等词中译问题的讨论	对这3上关键词中译问题的讨论	语言	14/3	1845.3	14/151
1133	Chinese Proverbs	中国成语选译	选自马若瑟《汉语语法研究》英译本。	语言	15/3	1846.3	15/146
1138	Revision of the Chinese Version of the Bible	《圣经》中译本的修订	关于"God"、"Father"、"Son"、"Spirit"、"Soul"、"Prophet""Baptism"、"Sabbath"诸词汉译的意见	语言	15/4	1846.4	15/167
1157	Chinese Terms for Deity	"Deity"的中译	对《圣经》中译本中用以表达"Deity"的几个词汇——"上帝"、"天"、"神"的考查	语言	15/6	1846.6	15/317
1180	Terms for the Deity	"Deity"一词的译法	对于《圣经》中译本中对"Deity"一词译法的评论	语言	15/9	1846.9	15/470
1195	Remarks on the Names of God	关于"God"	谈汉语中最适于表达"God"的词汇和词组(待续)	语言	15/11	1846.11	15/574
1197	Remarks on the Names of God	关于"God"(续)	续上期(待续)	语言	15/12	1846.12	15/583
1204	Remarks on the Names of God	关于"God"(续)	续上期	语言	16/1	1847.1	16/34
1205	Remarks on Shángti and Shin	"上帝"与"神"	赞同用"上帝"而反对用"神"来表示"God"。	语言	16/1	1847.1	16/38
1216	Chinese Terms to Denote the Deity	"Deity"一词的中译问题	谈对"Deity"一词中译的看法。(待续)	语言	16/2	1847.2	16/103

1219	Chinese Terms to Denote the Deity	“Deity”一词的中译问题(续)	续上期	语言	16/3	1847.3	16/125
1251	Term for the Holy Spirit	“Holy Spirit”一词	中文对“上帝”第三人称表达方法的研究	语言	16/7	1847.7	16/355
1282	Essay on the Term for Deity	关于“Deity”的中译问题	Elohim 和 θeos 两词的中译问题;美国圣公会来华主教文惠廉(W. J. Boone)撰。(待续)	语言	17/1	1848.1	17/23
1285	Essay on the Term for Deity	关于“Deity”的中译问题(续)	续上期	语言	17/2	1848.2	17/63
1290	Chinese Term for Deity	“Deity”的中译研究	关于把《圣经》中“God”一词贴切地翻译成中文的研究;麦都思撰。(待续)	语言	17/3	1848.3	17/111
1294	Chinese Term for Deity	“Deity”的中译研究(续)	续上期(待续)	语言	17/4	1848.4	17/167
1297	Chinese Term for Deity	“Teity”的中译研究(续)	续上期(待续)	语言	17/5	1848.5	17/215
1301	Chinese Term for Deity	“Deity”的中译研究(续)	续上期(待续)	语言	17/6	1848.6	17/271
1305	Chinese Term for Deity	“Deity”的中译研究(续)	续上期	语言	17/7	1848.7	17/327
1319	Chinese Lexicography	中国词典学	《四库全书》中的词典书目介绍	语言	17/9	1848.9	17/439
1320	Remarks on the Notes of Z. Z.	评 Z. Z. 给本报编辑的一封信	讨论“上帝”一词如何译成中文。	语言	17/9	1848.9	17/465
1328	Reply to Dr. Boone’s Essay	对文惠廉一篇文章的评论	评论第 17 卷第 1 期篇 3。(待续)	语言	17/10	1848.10	17/495

1336 Reply to Dr. Boone's Essay	对文惠廉一篇文章的评论（续）	续上期（待续）	语言	17/11	1848.11	17/551
1341 Reply to Dr. Boone's Essay	对文惠廉一篇文章的评论（续）	续上期	语言	17/12	1848.12	17/607
1357 Letter upon the Terms Shin and Shángti	关于“神”与“上帝”二词的用法的信	讨论两个词的使用。	语言	18/2	1849.2	18/106
1393 Illustrations of the Word Fung	“风”字的解释	在中国语言家、诗人、历史学家、普通百姓心中“风”字的不同意义和用法	语言	18/9	1849.9	18/476
1405 Mode of Expressing the Word for God	“God”一词的表达法	如何将“God”译为中文的讨论	语言	18/11	1849.11	18/606
1416 Remarks on the Words Shin and Ti	“Shin”与“Ti”两词	谈对“Elohim”和“Theos”二词汉译的不同意见。	语言	19/2	1850.2	19/96
1426 Term for Elohim and Theos	对“Elohim”及“Theos”二词翻译的意见	一位传教士的来信	语言	19/4	1850.4	19/191
1436 Letter from a Looker-on	一位旁观者的来信	关于“God”一词的中译问题	语言	19/5	1850.5	19/286
1445 Defense of an Essay	为一篇文章辩护	为谈论“Elohim”和“Theos”二词中译问题的一文辩护（待续）	语言	19/7	1850.7	19/351
1450 Defense of an Essay	为一篇文章辩护（续）	续上期（待续）	语言	19/8	1850.8	19/415
1453 Defense of an Essay	为一篇文章辩护（续）	续上期（待续）	语言	19/9	1850.9	19/471

1454	Medhurst's Inquiry	麦都思的研究	麦都思著《〈圣经〉汉译中"Ruach"和"Pneuma"二词的确切译法研究》,1850年上海墨海书馆出版。	语言	19/9	1850.9	19/484
1460	Letter to the Editor	致编者信	关于理雅各(J. Legge)对"God"一词中译见解的争论	语言	19/10	1850.10	19/530
1468	Defense of an Essay	为一篇文章辩护(续)	续第19卷第9期(待续)	语言	19/11	1850.11	19/575
1470	Defense of an Essay	为一篇文章辩护(续)	续上期	语言	19/12	1850.12	19/631
0310	Imperial Ordinance	谕旨	1835年11月28日皇太后60寿辰颁布的谕旨英译	谕旨	4/12	1836.4	4/581
0379	Imperial Edict	谕旨	皇帝将两个人的奏折转给粤省吏臣的谕旨;他们必须就此事提交一份报告;有关此问题目前态势的简述	谕旨	5/9	1837.1	5/411
0461	Expulsion of Foreigners	驱逐外国人	清帝谕示海关监督通知行商,命令部分外国人离开广州。	谕旨	6/6	1837.10	6/302
0650	Commands of the Emperor	皇帝谕旨	11月3日皇帝答复关于香港穿鼻(Chuenpe)之战的奏折,批准完全停止英国贸易的谕旨	谕旨	8/9	1840.1	8/493
0795	Edicts Relating to Military Operations	与军事相关的上谕	有关英国远征军第一次在中国沿海的军事行动的奏折及上谕	谕旨	10/8	1841.8	10/445
1355	Edict Relating to Taxes in Kiángsú	关于江苏赋税的圣谕	江苏巡抚和其他官员转发的1848年11月28日皇帝关于豁免和延期征收赋税的圣谕,附中国税收制度介绍。	谕旨	18/2	1849.2	18/96
0009	Miscellanies	杂记	从概念上阐释一些名词,例如"基督徒"、"友谊"、"和平"、"偶像崇拜"和"婆罗门教徒"等。	杂记	1/2	1832.6	1/69
0015	Miscellanies	杂记	(1)宗教迫害事件;(2)关于《圣经》;(3)听从上帝的话;(4)轮回转世说;(5)异教	杂记	1/3	1832.7	1/105

0022	Miscellanies	杂记	(1)与中国的交往;(2)宗教的影响;(3)为了维护道德而采取的暴行;(4)基督的名称	杂记 1/4	1832.8	1/146
0030	Miscellanies	杂记	(1)裨治文评论郭实腊《华北游记》一文;(2)郭实腊写给《中国丛报》主编的信;(3)悼亡祈祷文	杂记 1/5	1832.9	1/201
0036	Miscellanies	杂记	(1)北京1832年的旱灾和道光皇帝的求雨祷文;(2)读者来信:《告在华外国基督徒书》	杂记 1/6	1832.10	1/239
0043	Miscellanies	杂记	(1)天下和平;(2)对"愤怒"、"义愤"、"憎"、"报仇"——不祥字眼的见解	杂记 1/7	1832.11	1/285
0051	Miscellanies	杂记	(1)中国人的民族特性;(2)一桩中外人士的财产官司;(3)公共事业即慈善事业	杂记 1/8	1832.12	1/331
0058	Miscellanies	杂记	(1)罗马皇帝:背教者朱里安;(2)读者来信;(3)《基督教回音报》	杂记 1/9	1833.1	1/375
0064	Miscellanies	杂记	(1)对各种异教的批判;(2)基督徒的忠诚;(3)善意的劝诫	杂记 1/10	1833.2	1/413
0071	Miscellanies	杂记	(1)"我的父辈的信仰";(2)中国港口何时对外开放令人关注,回顾过去和现在的情况;(3)中国的基督教书籍;(4)天生的基督教徒与转化的基督教徒;(5)那不勒斯城的中文学校;(6)科举考试的一道题目;(7)广东朱桂桢巡抚1833年3月14日的布告	杂记 1/11	1833.3	1/457
0077	Miscellanies	杂记	(1)1831年广州与澳门的气候;(2)中国的报纸;(3)中国的剧本片断选译;(4)圣人的训导;(5)基督教的传教活动;(6)康熙在礼仪之争中对祭祖的解释和中国人的习俗;(7)对孔子的崇拜;(8)号召百姓垦荒。	杂记 1/12	1833.4	1/493
0085	Miscellanies	杂记	(1)读者来信讨论中国的人口;(2)外国传教士在中国进行牛痘接种的报告	杂记 2/1	1833.5	2/37
0092	Miscellanies	杂记	(1)中国的历史和编年学;(待续)(2)布吉斯(Bugis)语言;(3)关于制币的法律;(4)英式印刷所(Albion Press);(5)一份中文月刊	杂记 2/2	1833.6	2/79

0097 Miscellanies	杂记	(1)中国的历史和编年学(续):从秦朝到元朝的中国编年史;(2)战争条款:广东卢坤总督印发小册子,内容为他提议的关于战争的10条条款和22条相关法规;(3)读者来信提供中国法律的执行情况。	杂记	2/3	1833.7	2/116
0103 Miscellanies	杂记	(1)一桩妇女案子;(2)洪水造成的悲剧;(3)广东的慈善机构;(4)欧洲人看中国的偶像崇拜;(5)预言;(6)战功;(7)马六甲的中国移民	杂记	2/4	1833.8	2/169
0109 Miscellanies	杂记	(1)已故皇后;(2)佛教及普陀岛上的僧侣;(3)中国的植物学;(4)中国移民;(5)天罚;(6)不准中国军官和外国人乘轿。	杂记	2/5	1833.9	2/220
0115 Miscellanies	杂记	(1)1520年的一份佛教体系与儒学体系比较的文章;(2)1827年澳门建立了眼科医院;(3)1828年创立的广州医院;(4)中国人的道德日益下降;(5)非基督徒的死	杂记	2/6	1833.10	2/273
0121 Miscellanies	杂记	(1)中国皇帝名号的翻译问题;(2)中国的古典哲学;(3)当前中国政府中满人与汉人官员人数的比例;(4)有关中国妇女地位的评论;(5)扬子江航行记;(6)日本人的宗教崇拜;(7)朱桂桢巡抚的告别文告;(8)迷信与偶像崇拜	杂记	2/7	1833.11	2/317
0127 Miscellanies	杂记	(1)从西班牙在东方的殖民地看西班牙人与中国人的关系;(2)来自欧洲的关于与中国人的自由贸易的报告(前驻华英商撰写);(3)中国人的叩头与下跪;(4)骄傲与卑谦;(5)皇族	杂记	2/8	1833.12	2/358
0131 Miscellanies	杂记	(1)台湾岛的位置与面积、历史与现状、政府与区域;(2)中国政府的海军;(3)当地的居民、特产与人口;(4)有名无实的中国政府的救济金	杂记	2/9	1834.1	2/416

0137 Miscellanies	杂记	(1)中国的度衡量:重量单位、货币单位、长度单位与欧洲的单位换算;(2)按商品名称分别叙述广州的进出口贸易,以补充前几期对广东省府的介绍;(3)前驻华英商、《欧洲与中国的自由贸易》一文作者认为中英关系将发生变化,因为《中国丛报》的文章充满了血腥味。他反对郭实腊打开中国港口的想法,认为虽然炮舰可以击败中国海军,但是中国政府对人民的有效控制和影响力不能忽视;(4)制作中文金属活字的工作	杂记	2/10	1834.2	2/453
0141 Miscellanies	杂记	(1)缅甸的位置、面积、人口、生产、贸易、风俗习惯、语言、勃固人和克伦人、教育、书籍等;(2)1833 年 5 月 22 日从英国伦敦写给在华英国人的信的摘要;(3)在中国传播基督教和有用的知识;(4)日内瓦、伦敦和纽约的和平协定与万国会议;(5)中国法律规定救援海难不分外国人还是中国人;(6)中国的宗室家族;(7)行商 1834 年 12 月 8 日和 2 月初两次写给广东总督的信,以及卢坤总督的两次回信	杂记	2/11	1834.3	2/510
0147 Miscellanies	杂记	(1)缅甸的佛教教义和实践、地理学、天文学、上层社会、奖惩制度,缅甸人的寿命、义务,他们对死、崇拜、理智的看法,书籍和医术等;(2)梅州的天后庙;(3)关于中国人改变信仰的评论;(4)向皇帝进谏的危险性;(5)人类的自以为是	杂记	2/12	1834.4	2/564
0525 Miscellaneous Notices	杂记	(1)桑威奇岛书院;(2)巴达维亚帕拉佩坦孤儿院第 5 次年度报告显示运行良好;(3)新加坡书会建立,旨在推进知识和宗教的传播;(4)加尔各答海员之家	杂记	7/2	1838.6	7/115
0493 British War with Nipál	英国与尼泊尔的战争	中英官方当时的来往照会	战争	6/10	1838.2	6/492
0651 Battle at Chuenpe	穿鼻海战	目击穿鼻海战。	战争	8/9	1840.1	8/496

0692	War between Burmah and China	中缅战争	马可波罗及缅甸史学家记录的中缅战争	战争	9/3	1840.7	9/140
0697	War between Burmah and China	中缅战争	1765 至 1769 年中缅战争记事	战争	9/4	1840.8	9/175
0704	War with China	对华战争	对华战争全面开始;4 月 4 日提交给国会的议案;5 月国会议员对该议案的主要论点,值得注意的是上述关于中国的说法中存在的错误,《印度之友》的文摘对此作出的评论	战争	9/5	1840.9	9/247
0747	Battle at Chuenpe	穿鼻战役	穿鼻战役中两方的人数、行动、经过及结果	战争	10/1	1841.1	10/43
0759	Memorial from Keshen	琦善的奏折	琦善奏报英军进攻穿鼻的奏折和道光皇帝的批示	战争	10/2	1841.2	10/114
0765	Progress of the War	战争进展	通讯员和官方的文告显示虎门及珠江沿岸各炮台被摧毁;双方同意停战和重开贸易。	战争	10/3	1841.3	10/182
0783	Attack on Canton	炮轰广州	英国司令卧乌古(Huge Gough)1841 年 5 月 25 日炮轰广州的前后经过	战争	10/6	1841.6	10/347
0788	Capture of the Heights above Canton	攻占广州高地	英军攻占广州附城高地和炮台的经过简述	战争	10/7	1841.7	10/397
0789	Memorial to the Emperor	给皇帝的奏折	琦善及其同僚向皇帝报告英军占领广州附近高地及炮台的奏折	战争	10/7	1841.7	10/409
0801	Reminiscences of Chusan	舟山回忆录	1840 年到 1841 年英军占领舟山群岛的回忆	战争	10/9	1841.9	10/488
0802	Capture of Captain Anstruther at Tinghae	安斯特拉尔定海被俘	安斯特拉尔船长在定海被俘的经过及中国人对待外国战俘的方式	战争	10/9	1841.9	10/513
0805	Capture of Amoy	攻占厦门	英国第二次远征军从广州到厦门及占领厦门的详细经过	战争	10/9	1841.9	10/529
0816	Progress of the Expedition to China	远征中国进展	广东战事之后的英军大事记;香港瘟疫流行;7 月 21 日及 26 的台风;厦门、舟山、定海与宁波的陷落和相关通信和文告	战争	10/11	1841.11	10/625

0824	Memorial from Lew Yunkoof Chěkeang	浙江巡抚刘的奏折	1841年10月27日浙江巡抚刘和同僚关于宁波陷落和浙江防务急报皇上的奏折	战争	10/12	1841.12	10/682
0843	Official Reports of Capture of Amoy	关于攻占厦门的官方报告	英国陆军司令卧乌古和英国驻香港舰队司令巴克(Parker)关于攻陷厦门的报告	战争	11/3	1842.3	11/154
0857	Adams Lecture on the War with China	亚当斯关于中英战争的演讲	约翰·昆西·亚当斯1841年12月在麻省历史学会所作的关于中英战争的演讲，摘自一份美国报纸，讨论了4个问题：(1)双方谁是正义的；(2)前景以及什么时候结束；(3)其他国家特别是美国的利益如何受到影响；(4)美国政府、人民应如何采取措施。	战争	11/5	1842.5	11/280
0858	Positions of the British and Chinese Forces	中英军队的位置	最近英军在中国的军事行动；中英军队的位置	战争	11/5	1842.5	11/295
0872	Letter of Wáng Tinglán	王庭兰来信	叙述当时广东军队糟糕的状态。	战争	11/7	1842.7	11/395
0873	Narrative of Sergeant Campbell	坎贝尔中士的故事	讲述坎贝尔中士被捕以及在杭州的遭遇。	战争	11/7	1842.7	11/401
0884	Summary of Official Documents	政府文件述略	皇帝和官员们在中国军队重新夺取宁波后的言行	战争	11/9	1842.9	11/476
0887	Repulse of the Chinese at Tsz'ki	在慈溪击退中国军队	卧乌古和巴克关于在慈溪击退中国军队的报告	战争	11/9	1842.9	11/502
0898	Chinese Kidnappers	中国绑架者	一群中国绑架者在舟山被英军抓获。	战争	11/11	1842.11	11/620
0904	Manifesto by the People of Tinghái	定海人民的宣言	宣言的英译	战争	11/12	1842.12	11/652
0937	Capture of Chápú	攻占察埔	卧乌古给斯坦利(Stanley)勋爵的信	战争	12/5	1843.5	12/253
0944	Capture of Wúsung and Shánghái	攻占吴淞和上海	巴克致海军大臣的信	战争	12/6	1843.6	12/292

0950	Sir Hugh Gough's Dispatches	卧乌古的信	卧乌古致斯坦利勋爵的信中谈到上海和镇江被攻下。	战争	12/7	1843.7	12/346
0963	Capture of Chinkiáng Fú	攻占镇江府	巴克来自镇江的报告及卧乌古来自南京的报告谈及镇江被攻下以及在南京的战斗。	战争	12/9	1843.9	12/469
0990	Loch's Campaign in China	洛赫在华见闻	摘自洛赫舰长著《在华战事的尾声》，介绍了扬子江之战与《南京条约》。	战争	13/2	1844.2	13/63
1112	Second War with China	与中国的第二次战争	可能导致这场战争的种种原因；关于避免敌对冲突的方式方法的意见	战争	14/12	1845.12	14/551
1370	Entry into Canton	广州入城问题	广州官兵对英军入城的态度和文告	战争	18/4	1849.4	18/222
1033	Philosophical Opinions of Chú Futsz'	朱夫子哲学	朱夫子关于唯心论和原始物质的哲学观点（待续）	哲学	13/10	1844.10	13/558
1038	Philosophical Opinions of Chú Futsz'	朱夫子哲学（续）	关于"太极"的哲学观点	哲学	13/12	1844.12	13/615
1350	Remarks on the Philosophy of the Chinese	论中国哲学	论中国哲学；将中国哲学经典著作译成英文的必要性	哲学	18/1	1849.1	18/49
0227	The Philippine Islands	菲律宾群岛	菲律宾群岛的海军上将兼总督对该岛居民的讲话	政府	3/12	1835.4	3/585
0230	Chinese Government and Constitution	中国的政府和政体	它的特点和主要原则；皇权的本质；人民的政治地位；社会等级；特权阶级；官吏的 9 个等级	政府	4/1	1835.5	4/16
0231	Notices of Modern China	当代中国介绍	关于国家的特点、现状和国家政策、法律（待续）	政府	4/1	1835.5	4/22
0238	Notices of Modern China	当代中国介绍（续）	几位国家高官的职责和职场生涯（待续）	政府	4/2	1835.6	4/64
0245	Notices of Modern China	当代中国介绍（续）	考验未来官员能力的科举考试和举行考试的方法，其中的弊端如卖官制度和欺诈行为、无力控制腐败和贪污行为（待续）	政府	4/3	1835.7	4/123

0246	Structure of the Chinese Government	中国政府的组织结构	内阁；六部；理藩院；都察院；通政使司：掌管内外奏章；大理寺：刑事法院；翰林院	政府	4/3	1835.7	4/140
0249	Notices of Modern China	当代中国介绍(续)	当代中国的各级官府、官员，他们任职的期限、权力分配、官俸，中国政府的监察制度和自我检讨制度(待续)	政府	4/4	1835.8	4/165
0252	Local Government of Peking	北京地方政府组织机构	太常寺；太仆寺；光禄寺；鸿胪寺；国子监；钦天监；太医院；宗人府；内务府；御林军；八旗都统及其下属鞑靼军队的机构	政府	4/4	1835.8	4/186
0257	Notices of Modern China	当代中国介绍(续)	低级地方行政官吏；他们的仆役；捕快受贿；低级官吏的勒索和残酷的暴行(待续)	政府	4/5	1835.9	4/219
0263	Notices of Modern China	当代中国介绍(续)	下级司法部门向上级的上诉；上诉的滥用；省法院案件的堆积；伸冤的困难(待续)	政府	4/6	1835.10	4/267
0266	Structure of the Provincial Government	中国各省府官员和组织结构	(1)文官政府；行政部门(包括土地、财政和司法部门)；学监、盐运司、粮食和商业管理机构；管理黄河的官吏；各种下属官吏；(2)军事政府；中国军队的陆军和海军军官的任命	政府	4/6	1835.10	4/281
0274	Notices of Modern China	当代中国介绍(续)	衙门；县官；衙役；文书；原告；被告；监狱；收监的犯人人数和状况(待续)	政府	4/7	1835.11	4/340
0279	Notices of Modern China	当代中国介绍(续)	各种刑罚工具和方式——杖刑、关押、鞭刑、火烙、枷刑、流放和死刑(待续)	政府	4/8	1835.12	4/366
0287	Notices of Modern China	当代中国介绍(续)	秘密会社的阴谋；暴动；土匪；海盗；械斗等等(待续)	政府	4/9	1836.1	4/420
0297	Notices of Modern China	当代中国介绍(续)	有关土耳其斯坦的伊斯兰教徒和中国境内外的叛乱；《京报》报道土耳其斯坦的叛乱引起清帝国的警觉，他们担心境内的穆斯林和外国的穆斯林联合起来在边陲闹事，因而非常重视边境穆斯林的叛乱。(待续)	政府	4/11	1836.3	4/494
0306	Notices of Modern China	当代中国介绍(续)	福建沿海、广东沿海以及内河的海盗；清朝的水师；宗族械斗；北部、中部和南部诸省的盗匪；黄埔、香山和澳门的盗匪(待续)	政府	4/12	1836.4	4/562

0342	Correspondence with the Chinese Government	与中国政府的来往文件	洋商给两广总督和粤海关监督的两封呈文以及两广总督和粤海关监督对洋商第二封呈文的批复	政府	5/4	1836.8	5/184
0346	Notices of Modern China	当代中国介绍(续)	外国贸易对中国的影响;与欧洲诸国及与邻国的商业往来(待续)	政府	5/5	1836.9	5/208
0355	Notices of Modern China	当代中国介绍(续)	中国西部边境的回教地区、区域、人口(待续)	政府	5/6	1836.10	5/273
0364	Notices of Modern China	当代中国介绍(续)	土耳其斯坦以张格尔(Changkihurh)为首的回族叛乱;叛乱的原因;平叛的进展等(待续)	政府	5/7	1836.11	5/322
0370	Notices of Modern China	当代中国介绍(续)	以张格尔为首的叛乱的续记:平叛的进展;首领被擒;对其审讯和斩首;叛乱的平息;本文的内容来自当地人和其他联络人提供的消息,比中国方面的报道更为准确和真实。	政府	5/8	1836.12	5/357
0402	Rise and Decline of the Ottoman Empire	土耳其奥斯曼帝国的兴衰	目前该国政府改革的迹象;它对外国人和外国风俗、礼节和习惯的政策	政府	5/12	1837.4	5/535
0404	Relations between the U. S. and Cochinchina	美国与交趾支那的关系	东西方国家直接建交的很少,即使有也并不友好,充满了欺诈和摩擦。美国与交趾支那的外交关系也不例外,除非以后有新的交往方式出现。本文记述了1832年美国孔雀号到交趾支那的一次外交过程和结果。	政府	5/12	1837.4	5/547
0412	Prospects of China	中国的前景	中国人的特性;欧洲人如何做及做什么?帝国被皇帝和代表皇帝的高官权臣所掌握,他们不受民众舆论的影响,除非灾荒年景才关注民生。因此,在中国权力转移到民众手中是值得期待的;个人的自由、知识、和平已经是世界上多数国家公民所享有的权利;基督教国家的人民对这个国家应该采取的措施	政府	6/1	1837.5	6/7
0423	Consular Establishment in East Asia	在东亚设立领事馆	修改美国在东亚设立领事馆的计划摘要。根据英国和美国的法律规定,领事馆只负责商务往来,受理本国人的投诉,地产及跨国投资,发放许可证等,领事没有司法权,只是维护商务利益的机构。美国逐渐更改相关的法规,例如领事也有固定的薪金并且不允许他们从事贸易活动。(待续)	政府	6/2	1837.6	6/75

0436	Singapore Institutions	新加坡机构	刑事法庭陪审团；秘密会社；土地的占有；农业和园艺社	政府	6/3	1837.7	6/159
0451	Burmah	缅甸	在靠近阿萨姆和中国边境处的旅行；皇宫中发生的政变；如果发生内战将会波及中国云南。	政府	6/5	1837.9	6/256
0463	Correspondence Relating to China	与中国有关的通信	医务传道会的人将和麦都思一起赴中国；他们就中国问题与东印度委员会中国协会的通信	政府	6/6	1837.10	6/307
0485	Syed Bin's Letter to the President of the U. S. of America	席宾致美国总统的信	马斯喀特苏丹席宾致美国总统的信	政府	6/9	1838.1	6/438
0494	System of Government in Tibet	西藏的政治制度	《大清律例》中有关西藏政治制度的条文	政府	6/10	1838.2	6/500
0496	Consular Establishment in Eastern Asia	在东亚设立领事馆（续）	发挥美国领事的作用以谋求改善对华关系。（待续）	政府	6/11	1838.3	6/503
0498	Memorial to Lord Viscount Palmerston	致英国外交大臣巴麦尊子爵的请愿书	11条规定的英文译文	政府	6/11	1838.3	6/546
0510	Memorial on the Condition of Kwangtung	关于广东情况的奏折	广东政府日益腐败；必须整肃吏治和军纪以振民心，改善民生。	政府	6/12	1838.4	6/598
0514	American Influence	美国影响（续）	美国对亚洲外马来地区命运的影响（续第6卷第2期第4篇和第11期第1篇）（待续）	政府	7/1	1838.5	7/14
0521	American Influence	美国影响（续）	续上期	政府	7/2	1838.6	7/66
0530	Remarks on Diplomatic Agency in China	外国驻华机构	李太郭就增强外国驻华机构的权利和性质的文章	政府	7/3	1838.7	7/146
0538	American Influence in Eastern Asia	美国在东西的影响	美国与东亚的外交；政治、商业、其他事务的问题等；在本刊登出问题寻求大家的解决方案；本刊也将选登其中的一些读者回复。	政府	7/4	1838.8	7/211

0540	English Intercourse with Japan	英国与日本的交往	介绍两国交往的历史。	政府	7/4	1838.8	7/222
0541	The Aborigines of British Settlements	英属殖民地内的本土居民	英国众议院1837年6月的一份报告提出调查如何对待英属殖民地内的本土居民,因为他们与未开化民族的交往日益频繁;回顾并捍卫英国在亚洲、非洲和美洲开拓殖民地时屠杀当地人、给他们带去"文明"的行为。	政府	7/4	1838.8	7/227
0542	Analysis of the *Peking Gazettes*	《京报》要闻分析	对1838年2月10日至3月18日《京报》的要闻进行分析,可以了解政府的政策。	政府	7/4	1838.8	7/231
0578	European Passage Boats	欧籍交通船	总督和海关监督发布准许欧籍交通船往返广东与澳门的通令;由行商转来的公告英译	政府	7/9	1839.1	7/505
0589	Intercourse with Japan	与日本交往	戈登(Peter Gordon)船长率领的"兄弟(the Brothers)"号、"埃克里立斯(Eclipse)"号和"塞浦路斯(Cyprus)"号访问日本。	政府	7/11	1839.3	7/593
0591	Injunction from the Governor	政府公文	内廷和兵部给广东省总督和地方官的有关钦差大臣林则徐的公文英译	政府	7/11	1839.3	7/604
0620	Edicts from the Keunmin Foo	澳门政府告示	澳门政府关于禁止供应英人粮食和下令所有被英国人雇用的中国人离开的两个告示	政府	8/4	1839.8	8/223
0625	Proclamation from the Chinese Authorities	中国官方公告	中国官方1839年8月31日发布公告,认为外国人并没有完全撤离中国,而且可能上岸抢劫物资,号召沿海的人民武装起来,注意他们的动向和信息,如果他们上岸扰民,中国人可以开火、驱逐或关押他们。	政府	8/5	1839.9	8/271
0626	Memorial to Lord Palmerston	英商致巴麦尊子爵的请愿书	针对中国政府的行动请求英国政府干预并保护其臣民。	政府	8/5	1839.9	8/273
0632	Correspondence between British and Chinese Authorities	中英官方通信	义律与林钦差和邓总督的通信节录	政府	8/6	1839.10	8/328

0645	Edicts from the Local Authorities	地方政府对外国人的通告	由钦差大臣、两广总督、广东巡抚、广东水师提督等人联合发布，11 月 27 日在澳门公布。	政府	8/8	1839.12	8/433
0653	Letter to the Queen of England	致英国女王的信	林钦差等给英国女王的信件英译	政府	8/10	1840.2	8/504
0659	Official Correspondence	官方通信	有关英船“海阿新(Hyacinth)”号进入澳门的中英官方通信和公告	政府	8/10	1840.2	8/550
0663	Proposal Presented to the Emperor	致皇帝的奏请	顺天府尹曾望颜(Tsang Wangyen)奏请皇帝停止除葡萄牙以外一切外国与中国的贸易，他把这归咎于外国人的反复无常的性格。	政府	8/11	1840.3	8/567
0665	Account of the Battaks	巴达克介绍	介绍巴达克的宗教、地方制度、刑罚、婚俗和葬礼。	政府	8/11	1840.3	8/582
0671	The Honorable I. E. Company	中国政府对东印度公司雇员的政策	广州东印度公司雇员所从事的贸易使买卖双方受益，然而他们却没有被平等地对待，必须服从买方的条件，清政府的政策就是这样规定的，不保护在华外国人。(摘自马礼逊回忆录第 2 卷)	政府	8/12	1840.4	8/622
0679	Remarks on the Chinese Government	评论中国政府	评中国政府的行为和特点。	政府	9/1	1840.5	9/15
0712	Debate on Chinese Affairs	对中国事态的争论	《季刊》和《布莱克伍德杂志》(*Blackwood's Magazine*)在 3 月号上都登载了关于中国问题的长文，两者的观点和态度截然不同；国会对中国事态的争论和主要成员的发言	政府	9/5	1840.9	9/327
0722	Reports on the Occupation of Chusan	关于英军占领舟山的奏章和皇帝圣旨	任命钦差大臣在广州与英国官方举行谈判的命令	政府	9/6	1840.10	9/414
0723	War with China	与中国之战	英国国会主要成员关于中国事务的发言汇集成《蓝皮书》；其内容及评论	政府	9/6	1840.10	9/420
0731	The Blue Book	蓝书皮	第 10 号威灵顿公爵致律劳卑私函；第 23 号威灵顿公爵的备忘录，1835 年 3 月 24 日	政府	9/7	1840.11	9/520

0764	Rewards for British Ships	悬赏缉拿英国船	1841年2月27日广东总督公布的悬赏缉拿英国船与英国人的告示	政府	10/3	1841.3	10/180
0776	*The Hong Kong Gazette*	《香港公报》	见于1841年5月1日及15日《香港公报》的香港政府公告及香港人口数字	政府	10/5	1841.5	10/292
0808	Bengal Governmental Notifications	孟加拉政府通告	引自卧乌古、辛好士爵士(Le Fleming Senhouse)就广州城前的军事行动致总督奥克兰伯爵(Auckland)的急件。	政府	10/10	1841.10	10/542
0817	Trial and Condemnation of Elepoo	钦差大臣伊里布的审判定罪	叔未士译自《京报》。	政府	10/11	1841.11	10/640
0912	Correspondence between H. B. M. Plenipotentiary and the British Merchants	英国驻华全权代表璞鼎查和当地英国商人的通信	摘自《中国之友》和《香港公报》。(待续)	政府	12/1	1843.1	12/38
0920	Correspondence between H. B. M. Plenipotentiary and British Merchants	英国驻华全权代表璞鼎查和当地英国商人的通信(续)	续上期	政府	12/2	1843.2	12/99
0955	Hong Kong Official Notices	香港政府公告	关于香港政府、中英贸易、总督的职责、法院的建立和规章、法官的誓词、税务、港口管理等的公告	政府	12/7	1843.7	12/384
1010	Considerations on the Language of Communication between the Chinese and European Governments	关于中国与欧洲政府通信用语的见解	建议中欧双方互相学习和使用彼此的语言。	政府	13/6	1844.6	13/287
1062	The Imperial Family	宗人府	管理宗室事务的机构	政府	14/3	1845.3	14/136
1110	J. Tyler's Letter to the Emperor of China	约翰·泰勒致中国皇帝的信	美国总统1843年7月12日致中国皇帝的信	政府	14/11	1845.11	14/548

1143	Destruction of the Prefect's Office	府署被破坏	广东总督及巡抚关于广州府署被捣毁的奏折	政府	15/4	1846.4	15/225
1185	British Authorities in Borneo	婆罗洲的英国当局	迫进文莱;攻克文莱城堡;英国政策的完全成功	政府	15/10	1846.10	15/504
1186	Government of Borneo and Its Dependencies	婆罗洲政府及其统领地	1846年2月28日荷兰总督的告示	政府	15/10	1846.10	15/510
1188	Local Correspondence	当地通信	居住在广州的英国人与马额峨(F. C. Macgregor)领事之间关于民众扰乱问题的通信(待续)	政府	15/10	1846.10	15/518
1191	Local Correspondence	当地通信(续)	续上期	政府	15/11	1846.11	15/540
1193	Prohibitions at Canton	广州的禁令	广州同知衔署南海县事1846年10月25日发布禁令:禁止除真正从事贸易者及其助手以外的一切外国人居留广州。	政府	15/11	1846.11	15/567
1194	Port Regulations of Shánghái	上海港口管理规则	1846年11月6日由英国领事阿礼国(R. Alcock)起草。	政府	15/11	1846.11	15/572
1210	Macassar a Tree Port	自由港望加锡	1846年9月9日荷兰总督发布命令:望加锡成为自由港。	政府	16/2	1847.2	16/77
1248	Regulations to Prevent Fires	《防火治安章程》	译自中文。	政府	16/7	1847.7	16/335
1253	Regulations for British Shipping at Shanghai	英国船舶在上海港口停泊的规则	原载于《中国邮报》1847年5月6日。	政府	16/7	1847.7	16/365
1302	Translations of Official Documents	官方文件的翻译	有关原英国驻上海领事阿礼国的活动的中国官方文件及其注释	政府	17/6	1848.6	17/316
1323	Proclamation at Shanghai	致上海人民告示	上海知县为维护天主教会在徐家汇建教堂的安全而发布的告示	政府	17/9	1848.9	17/483
1325	Proclamation at Súchau	致江苏人民告示	户部向江苏人民发出的关于禁止使用和铸造铜钱的告示	政府	17/9	1848.9	17/488

1368	Sale of Official Rank	捐官	中国政府为增加收入而实行的鬻爵制度;译自一份号召人民捐官的告示。	政府	18/4	1849.4	18/213
1421	Paul Su's Apology in Behalf of the Jesuits	徐光启替基督教传教士辩护	明万历四十四年徐光启(文定)替基督教传教士辩护的奏折	政府	19/3	1850.3	19/124
1461	Translation of Two Mongolian Letters	两封蒙古人的信	1305年蒙古人致法国国王菲力普的两封信的译文与注解	政府	19/10	1850.10	19/532
0163	Early Intercourse with China	早期中国	早期中国是通过旅行家伊本·巴图他(Ibn Batuta)、罗柏鲁(Rubruquis)、马可·波罗(Marco Polo)、和德里(Oderic)、克拉维约(Clavijo)、平托(Mendez Pinto)、詹金森(Anthony Jenkinson)等人的记述而为欧洲人所了解的。	中国	3/3	1834.7	3/119
0308	China in Nineteen Hundred and-	1900年之后的中国	与1836年的中国对比,展望1900年之后的中国。	中国	4/12	1836.4	4/577
0708	Notices of China, No. Ⅰ	中国介绍之一	中国人的性格、美德和缺点	中国	9/5	1840.9	9/290
0719	Notices of China, No. Ⅱ	中国介绍之二	中国的地貌、人口、气候、农业、饮食等	中国	9/6	1840.10	9/405
0727	Notices of China, No. III	中国介绍之三	中国的建筑物、道路、客栈及商业	中国	9/7	1840.11	9/489
0739	Notices of China, No. IV	中国介绍之四	小偷和盗贼;丧葬仪式	中国	9/8	1840.12	9/623
0753	Notices of China, No. V	中国介绍之五	中国的指腹为婚、订婚、媒婆、婚约、婚礼	中国	10/2	1841.2	10/71
0908	Present Condition of the Chinese Empire	中华帝国现状	国内外的影响,特别是最近这场战争以及签署的条约对它的影响	中国	12/1	1843.1	12/6
1107	Notices of China	中国介绍	塞拉(Serra)1830年7月17日在英国亚洲文会上所作的讲演,德庇时供稿。	中国	14/11	1845.11	14/525

0057	Intercourse of the Chinese with Foreign Nations	中国和外国关系	从马礼逊(Robert Morrison)日记中节选的关于中国和外国关系部分	中外关系	1/9	1833.1	1/369
0167	Free Intercourse with China	论中国的自由贸易	中国的现况;斯当东等人及各种杂志关于对华交往的评论	中外关系	3/3	1834.7	3/140
0193	British Authorities in China	在华英国当局	对于中英贸易中止这一事件的回顾:前3期的官方文书的翻译是了解事件的一个窗口;1831年1月广东总督声明英国政府应派人来管理英国商务官员;委员会到达广州即致函总督;总督的布告;停止贸易;对华声明;商馆雇员被逐;英国海军开抵广州;军舰进入虎门;呈交皇帝的奏折;虎门之战;军事行动;二上皇帝的奏折和朱批;律劳卑之病;军舰离开黄埔和委员会退驻澳门;三次提交皇帝的奏折和第二次朱批;有关律劳卑之死;上谕饬责任命新商务督都。	中外关系	3/7	1834.11	3/336
0195	British Authorities in China	在华英国当局	在华的英国官员及商人致英王的请愿书,附关于中英未来关系建议的评论。	中外关系	3/8	1834.12	3/357
0204	Negotiations with China	与中国谈判	中国不承认国际关系中的权利与义务;中国对于外国征税没有定率的不良现象;虽然政府也过问投诉但仍存在司法不公正的问题;为了维护各国利益建议英国和其他国家采取的行动	中外关系	3/9	1835.1	3/429
0211	British Authorities in China	在华英国当局	英国在华官员的情况和委员会的态度和观点;关于海员和一家海员医院的规定;营救被俘的"阿盖尔"(Argyle)号水手的努力	中外关系	3/10	1835.2	3/484
0218	Universal Peace	世界和平	中国和日本的民族性与政府的障碍;消除这些障碍的最好方法	中外关系	3/11	1835.3	3/528
0335	Relations of Britain with China	中英关系	从现行政策看中英关系,以"特劳顿"号为案例的分析;本刊编者认为如果英国政府和英国人能够了解他们国家的代表在中国所奉行的政策和立场,那么中英关系就会改善。因此,本刊欢迎这类稿件。本文就是写给英国人的信,向英国人解释中英贸易及政策措施。	中外关系	5/3	1836.7	5/129

0336	Relations of France with China	中法关系	中法关系始于300多年前号称"国王的数学家"的法国耶稣会士；1776年第一个在中国的法国领事的任命；十三行的法国政府代表机构；法国"航海者"号事件；与此有关的通信	中外关系	5/3	1836.7	5/138
0348	Relations between the America and China	中美关系	1798年驻中国的美国领事接到任命，但由代理机构履行职责；转载1785年5月写给美国纽约的信，汇报美国船队出师中国的过程。	中外关系	5/5	1836.9	5/224
0353	Free Intercourse between China and Christendom	中国与基督徒的自由交往	从几位长期在华西方人士撰写的文章和书中，摘录了其中反映中英关系的观点。	中外关系	5/6	1836.10	5/247
0383	British Relations with China	中英关系	从1834年9月至今，广东没有英王特使驻留，其余的人都在澳门等待英国的指示；广东省总督奏请皇帝批准英国的新特使来华代理贸易事务。	中外关系	5/9	1837.1	5/428
0399	Embassies to China	出使中国	西方各国与中国交往的错误很大程度上归咎于中国，特别是英国；英国政府同中国建立商务和政府的直接关系的必要性；安于现状对外国政府来说是不明智而又危险的；在没有条约存在的情况下英中关系破裂可能招致的后果	中外关系	5/11	1837.3	5/524
0414	Embassies to China	出使中国	英王派遣以马戛尔尼勋爵为首的使团谒见乾隆的目的、计划和准备；清廷对其使命的限制；使团失败的原因探讨：从使团的酝酿至到达白河(Peiho)口	中外关系	6/1	1837.5	6/23
0449	Relations of England towards China	英国对华贸易	英国对华贸易超出其他国家，至1837年6月30日为止，已有超过150艘英国船只到达中国，而且英国在亚洲的殖民地也离中国边境越来越近。然而英国在中文语言和文学方面的研究和投人却最少，除了马礼逊的英汉、汉英词典外，英国在这方面什么贡献也没有。马礼逊个人的图书捐赠和英华书院都是个人行为，并未引起政府的投人。马礼逊的朋友在他死后继续努力推动英国的汉语学习，现在英国也设立了第一个汉学教授职位。	中外关系	6/5	1837.9	6/250

0497	Foreign Relations with the Government of China	外国与中国政府的外交关系	在广东的领事馆;英国与中国的交往;其他来源的相关文章;建立新型的领事权	中外关系	6/11	1838.3	6/534
0531	The Approach of a British Admiral	英海军司令到中国	孟买的一份报纸登载的一则英国海军司令带着秘密的使命到中国;本文讨论他将在商务和政治上与中国交涉所处的窘境。	中外关系	7/3	1838.7	7/153
0536	Means of Doing Good in China	与中国人为善的方法	(1)不参与鸦片贸易;(2)遵守安息日;(3)学习并了解中国语言和文学艺术;(4)医疗是一种很好的做法。	中外关系	7/4	1838.8	7/198
0643	Hostilities between Russia and China	中俄冲突	张诚(Gerbillion)简要地讲述中俄冲突;俄军入侵中国境内并建筑堡垒,任命全权大使谈判;永久和平同盟条约的达成与批准;附条约的部分英译。	中外关系	8/8	1839.12	8/422
0647	The New Year	新年	新年显示中英关系复杂、事态恶化,中英可能爆发战争。观察家注意到中国钦差和省督已经宣布停止中英贸易,而此时还有四五十条满载货物的合法商船等待着。广东的外国商馆没有国旗飘扬;义律继续与钦差大人和省督交涉;由于鸦片价格上涨,从事鸦片走私的船可能更多;现行的禁烟措施和打击力度很强,皇帝决心禁止这一邪恶的东西;战争成为谈论的话题,外国人认为现代科技使西方士兵无坚不摧。	中外关系	8/9	1840.1	8/448
0648	Difficulties between the English and Chinese	中英矛盾	中英矛盾的发展和美国居民的态度,美国人从不怀疑中国人禁烟的诚意,但是地方政府无力控制鸦片走私;中国政府不可能使鸦片贸易合法化,任何政府都不会;钦差大人和省督的行为与欧洲人的方式程序不同,也与欧洲人心目中的公正观念不同等等;本文提出了23个看法表达美国人的见解和建议,希望中美贸易不要因此受影响。同时也谈到了中英分歧和解决的困难。	中外关系	8/9	1840.1	8/453

0657	Note on Article Second No. 9	9期篇2评论	读者来信评论上期文章中对中英问题的看法，回答和解释中英对抗的发展经过。	中外关系	8/10	1840.2	8/536
0658	Reply to Article Second	读者来信评论9期篇2文章	评论中英问题。	中外关系	8/10	1840.2	8/539
0672	Rupture between England and China	中英关系破裂	读者来信讨论中英关系破裂的原因。	中外关系	8/12	1840.4	8/626
0678	Foreign Relations with China	中外关系	另一场危机到来之前对中外关系存在的问题进行回顾与展望，新兴的欧洲国家已经强大，将摧毁古老的壁垒和手持武器的军队。	中外关系	9/1	1840.5	9/7
0691	Notices of Chusan	舟山纪事	东印度公司1700年曾在舟山设立办事处，但1703年放弃了；两封由公司医生在这期间写的信披露了这时期的中英交往。	中外关系	9/3	1840.7	9/139
0702	Hostilities with China	与中国的敌对	在英国的议会和部长会议中，巴麦尊子爵认为英国与中国政府在交流而不是敌对。直到此刻，英国的议员和部长们都没有认识到他们对中国事务的盲目无知。如果他们早一些与中国沟通交流，与中国的战争可以避免。可悲的是，战争已经开始，一切都晚了；中英双方战争的目的；在中国的英国军队数量；战事进展	中外关系	9/4	1840.8	9/225
0726	Embassy between Ava and Peking	阿瓦朝廷与北京的使臣往来	前驻阿瓦的伯尼(Burney)中校选译自《缅甸编年史》。继前面的中缅战争报道，本文讲述的是两国的使团往来经过，并附使团行程表。	中外关系	9/7	1840.11	9/443
0748	Address to Foreign Residents in China	对在华外国人的讲话	正值中外关系新年的开始，回顾过去有助于理解现状和展望未来。	中外关系	10/1	1841.1	10/50
0807	Affairs between the Britain and China	中英事件	2份与目前中英两国争端有关的中文文件英译	中外关系	10/10	1841.10	10/536

1066	Embassies to China	出使中国	到过北京的外国使团来华的路线、驻京时间及成员；一位中国人译自《大清会典》。	中外关系	14/4	1845.4	14/159
0156	The State Religion of China	中国的宗教	《大清律例》中关于宗教和祭祀等的规定：宫廷和各级府衙的祭祀，准备供物和举行仪式，对不敬者的刑罚。	宗教	3/2	1834.6	3/56
0171	Mohammedanism	伊斯兰教	伊斯兰教在东亚和西亚的情况；呼吁马来亚反对伊斯兰教以保护基督教书籍。	宗教	3/4	1834.8	3/173
0172	Jews in China	在华犹太人	早期的西方人来华游记和耶稣会士们关于东方犹太人的记载	宗教	3/4	1834.8	3/184
0256	Christian Colonies to Eastern Asia	基督教徒移民东亚	此种移民的特点及目的；移民对社会、知识和道德将产生的影响及他们所处的地位的评论	宗教	4/5	1835.9	4/206
0265	Remarks on the Religion of the Chinese	论中国人的宗教和宗教观	他们对未知世界和西方宗教的淡漠；关于上帝的概念；在中国人中传播基督教的种种努力	宗教	4/6	1835.10	/276
0926	Christianity in Russia	俄罗斯的基督教	东正教会的特点和活动等	宗教	12/3	1843.3	12/147
0996	The Land of Sinim	Sinim（秦国）之地	《圣经·以赛亚书》第 49 章第 12 节所指地区的考证(待续)	宗教	13/3	1844.3	13/119
1004	Conversion of the Jews	论犹太人与基督教会的关系	1844 年 3 月 4 日一耶稣会士在香港教会每月集会上所作的讲演	宗教	13/5	1844.5	13/231
1026	The Land of Sinim	Sinim（秦国）之地（续）	《以赛亚书》中预言的实现(待续)	宗教	13/9	1844.9	13/472
1032	The Land of Sinim	Sinim（秦国）之地（续）	续上期(待续)	宗教	13/10	1844.10	13/543
1036	The Land of Sinim	Sinim（秦国）之地（续）	罗马天主教会在中国(待续)	宗教	13/11	1844.11	13/584

1040	The Land of Sinim	Sinim（秦国）之地（续）	新教传教会在中国	宗教	13/12	1844.12	13/647
1072	The Syrian Monument	大秦景教流行中国碑	发现于西安府公元718年立的"大秦景教流行中国碑"	宗教	14/5	1845.5	14/207
1097	History of Buddhism	佛教史	耶鲁大学阿拉伯文和梵文教授索尔兹伯里(Salisbury)1844年5月28日在美国东方学会年会上所作的讲演	宗教	14/9	1845.9	14/429
1128	Versions of the *Holy Scriptures*	《圣经》中译本	《圣经》中译本:修订的必要;需要特别注意的词汇;召集代表会议的建议	宗教	15/2	1846.2	15/114
1164	Translation of a Buddhist Print	佛书译文	一段关于千手、千眼、大慈、大悲陀罗尼佛的佛书译文	宗教	15/7	1846.7	15/357
1230	The Religion of the Chinese	中国人的宗教	没有圣坛、圣堂、牧师或任何表达"True God"的适当名称。	宗教	16/4	1847.4	16/207
1337	Notices of Works upon the Si Yih	中国西部和北部地区宗教著述的介绍	介绍一些有关中国西部和北部地区宗教的著述,以及5至18世纪中国人关于印度旅行的著述。	宗教	17/11	1848.11	17/581
1358	Account of Hiuen-tien Shángti	"玄天上帝"的记载	关于"玄天上帝"的神话记载;兼谈中国人对上帝的崇拜。	宗教	18/2	1849.2	18/108
1362	Notice of a Sabbath in the *Yih King*	《易经》中的安息日	一中国牧师论安息日及《易经》中对它的记载。	宗教	18/3	1849.3	18/162
1464	Tenets of the Buddhists	佛教徒的教义	暹罗佛教徒的教义和关于偶像的戒律	宗教	19/10	1850.10	19/554
1465	Corrections in the Syrian Monument	"大秦景教流行中国碑"碑文更正	对第14卷第5期篇1所登碑文的更正	宗教	19/10	1850.10	19/558
1478	Mohammedan Mosque near Canton	广州附近的清真寺	响坟:广州附近的一所清真寺兼回教徒墓地	宗教	20/2	1851.2	20/83

1507	Visit to the Jews in Honán	开封犹太教徒集会所见闻	伦敦会教士到开封府观察犹太教徒集会所的见闻	宗教	20/7	1851.7	20/442
0004	Religious Intelligence	宗教消息	按照地名分别叙述各地的宗教情况，如缅甸(Burmah)、暹罗(Siam)、马六甲(Malacca)、孟买(Bombay)、好望角(Cape of Good Hope)、马达加斯加(Madagascar)。随后还收录了一位中国基督教徒的日记节选。	宗教消息	1/1	1832.5	1/30
0010	Religious Intelligence	宗教消息	关于印度教徒(Hindoos)以及特拉凡哥尔(Travancore)、尼乌尔(Neyoor)、凯拉(Kaira)、孟买(Bombay)、马德拉斯(Madras)、加尔各答(Calcutta)各地的宗教进展情况	宗教消息	1/2	1832.6	1/76
0016	Religious Intelligence	宗教消息	(1)马六甲；(2)中文学校；(3)马来学校；(4)克林学校(Kling Schools)；(5)印葡学校；(6)英华书院；(8)布道；(9)书籍的发行	宗教消息	1/3	1832.7	1/109
0023	Religious Intelligence	宗教消息	(1)福建；(2)海南；(3)爪哇	宗教消息	1/4	1832.8	1/156
0031	Religious Intelligence	宗教消息	(1)爪哇；(2)马六甲	宗教消息	1/5	1832.9	1/208
0037	Religious Intelligence	宗教消息	(1)印度群岛；(2)沃尔夫先生(Mr. Wolff)拟作中国之行；(3)西伯利亚；(4)美国扩大了广州的商贸和船舶的数量。	宗教消息	1/6	1832.10	1/247
0044	Religious Intelligence	宗教消息	(1)槟榔屿；(2)桑威奇群岛(Sandwich Islands)(今称夏威夷群岛)；(3)孟买	宗教消息	1/7	1832.11	1/288
0052	Religious Intelligence	宗教消息	(1)范迪门地(Van Diemen's Land，即现在的塔斯马尼亚岛)；(2)暹罗	宗教消息	1/8	1832.12	1/340
0059	Religious Intelligence	宗教消息	(1)马六甲；(2)一个传教士在中国；(3)郭实腊的第二本游记即将在美国出版。	宗教消息	1/9	1833.1	1/381
0065	Religious Intelligence	宗教消息	(1)暹罗；(2)范迪门地；(3)东方基督教检察员沃尔夫先生	宗教消息	1/10	1833.2	1/417

0072	Religious Intelligence	宗教消息	雅俾礼(Mr. Abeel)4个月前离开暹罗时写的信	宗教消息	1/11	1833.3	1/471
0079	Religious Intelligence	宗教消息	(1)巴达维亚;(2)马六甲	宗教消息	1/12	1833.4	1/514
0086	Religious Intelligence	宗教消息	(1)马六甲的中文学校和马来学校;(2)新加坡的人口;(3)暹罗;(4)缅甸	宗教消息	2/1	1833.5	2/46
0093	Religious Intelligence	宗教消息	(1)马来人;(2)暹罗	宗教消息	2/2	1833.6	2/98
0099	Religious Intelligence	宗教消息	(1)关于新西兰人;(2)从帕拉姆科塔(Palamcotta)的来信	宗教消息	2/3	1833.7	2/145
0105	Religious Intelligence	宗教消息	(1)爪哇;(2)在中国人中的传教士	宗教消息	2/4	1833.8	2/195
0111	Religious Intelligence	宗教消息	(1)缅甸;(2)西藏的犹太人	宗教消息	2/5	1833.9	2/245
0117	Religious Intelligence	宗教消息	(1)西里伯斯岛(Celebes);(2)桑威奇群岛;(3)中国	宗教消息	2/6	1833.10	2/292
0123	Religious Intelligence	宗教消息	新西兰的土著居民	宗教消息	2/7	1833.11	2/340
0128	Religious Intelligence	宗教消息	(1)桑威奇群岛的学校;(2)马梯卡达(Batticotta)的教会学校;(3)澳门的罗马天主教	宗教消息	2/8	1833.12	2/387
0133	Religious Intelligence	宗教消息	(1)沃尔夫先生寻找历史上失踪的10个以色列部落;(2)英国在过去40年间各差会的慷慨捐赠和数额	宗教消息	2/9	1834.1	2/437
0138	Religious Intelligence	宗教消息	(1)来自暹罗的信件;(2)交趾支那的叛乱;(3)马六甲的宗教和学校;(4)巴达维亚的印刷品	宗教消息	2/10	1834.2	2/478
0143	Religious Intelligence	宗教消息	(1)爪哇;(2)桑威奇群岛;(3)暹罗	宗教消息	2/11	1834.3	2/528
0148	Religious Intelligence	宗教消息	爪哇和马杜拉(Madura)岛上传道小册子的散发情况	宗教消息	2/12	1834.4	2/579

0153 Religious Intelligence	宗教消息	(1)5 位美国人加强在锡兰的传道工作;(2)一位女基督徒关于在中国进行妇女教育的报告信:应该在中国妇女教育方面投入更多人力,以提高中国妇女的状况。	宗教消息	3/1	1834.5	3/47
0168 Religious Intelligence	宗教消息	(1)马六甲;(2)印度;(3)缅甸的克伦人;(4)争论;(5)翻译圣经。	宗教消息	3/3	1834.7	3/150
0200 Religious Intelligence	宗教消息	(1)新加坡的一所女校;(2)美国传教士崔理时(Tracy)访问婆罗洲;(3)新来的传教士抵达暹罗。	宗教消息	3/8	1834.12	3/399
0206 Religious Intelligence	宗教消息	(1)巴达维亚传教活动的报告;(2)缅甸传教活动的情况	宗教消息	3/9	1835.1	3/450
0318 Religious Intelligence	宗教消息	(1)桑威奇群岛和赫维(Hervey)群岛;(2)巴达维亚;(3)新加坡;(4)马六甲;(5)槟榔屿;(6)暹罗;(7)缅甸;(8)孟买	宗教消息	5/1	1836.5	5/48
0328 Religious Intelligence	宗教消息	(1)巴达维亚一个皈依基督教的华人的洗礼;(2)新加坡的报纸;(3)暹罗;(4)缅甸;(5)孟买	宗教消息	5/2	1836.6	5/97
0350 Religious Intelligence	宗教消息	(1)巴达维亚;(2)出版工作;(3)曼谷;(4)传道小册子的散发;(5)暹罗贵族的壮举;(6)布拉德理(Bradley)医生在暹罗人中的行医活动	宗教消息	5/5	1836.9	5/241
0359 Religious Intelligence	宗教消息	(1)传教士抵达印度洋群岛;(2)从缅甸进入西藏和中国的途径;(3)在新加坡的中国人、印度支那人、马来亚人中散发书籍。	宗教消息	5/6	1836.10	5/290
0427 Religious Intelligence	宗教消息	(1)传教团前往达雅;(2)帕拉佩坦孤儿院第 4 季度报告;(3)槟榔屿第 2 次报告;(4)新加坡学校的报告	宗教消息	6/2	1837.6	6/105
0976 Religious Intelligence	宗教消息	香港的信仰自由;伊斯兰教寺院;华人新建庙宇;英国浸礼会教堂;基督教活动;重译及修改《圣经》的工作;戴尔(Samuel Dyer)牧师去世。	宗教消息	12/10	1843.10	12/554

0988	Religious Intelligence	宗教消息	传播基督教的正当性;为香港教会每月集会拟定的讨论题;牧师职务;在中国的传教站	宗教信息	13/1	1844.1	13/50
1390	Religious Intelligence	宗教消息	厦门的教堂;漫游闽江;传教士的抵达与离去	宗教消息	18/8	1849.8	18/450
0286	Clanship among the Chinese	中国人的宗族	广州附近不同宗族的械斗;杀人者逃避死罪的方法;宗族间的共和主义	宗族	4/9	1836.1	4/416

原目录及索引

GENERAL INDEX

OF SUBJECTS CONTAINED IN THE

TWENTY VOLUMES OF THE

CHINESE REPOSITORY;

WITH

AN ARRANGED LIST OF THE ARTICLES.

NOTE RESPECTING ERRATA.

Verbal errors are numerous in some of the volumes, owing mainly to the causes mentioned in the preceding page, but no list of them has been made out. A few mis-statements in point of fact have been corrected or explained on subsequent pages. On page 550 of Vol. XIX, it is said that, "In Siam, no other faith is allowod among the people by government" than Budhism; this is not so, Christians and Moslems being now free to profess their own belief.

On page 412 of Vol. XIX, line 4 from bottom, for ουων read ουϛων; and on page 414, in the extract from the Council of Nice, after πατρὸς add Θεόν εκ Θεου.

On page 418, line 14 from top, for "possessing a being" read "possessing, or being," &c.

On page 596, line 20 from top, for "the god *(shin)* whom their ancestors worshiped;" read "the ancestral god *(shin)* whom they (each country) worshiped."

Respecting the foot-note on page 205, fuller inquiry has shown that the *shin* are supposed to appear before Shángti, as well as the *Tsáu shin*, or God of the Furnace.

LIST OF THE ARTICLES

IN THE VOLUMES OF THE CHINESE REPOSITORY,

ARRANGED ACCORDING TO THEIR SUBJECTS.

[Attached to some of the articles in the following list, the initials of the writers only are given; of these, E. C. B. stands for E. C. BRIDGMAN; R. M. for ROBERT MORRISON; J. R. M. for J. R. MORRISON; C. G. for CHARLES GUTZLAFF; and S. W. W. for S. WELLS WILLIAMS. In a few cases the writers are not known.]

1.—GEOGRAPHY.

General account of the divisions and topography of the Chinese Empire, J. R. M. - - - - Vol. I. pp. 33, 113, 170

Alphabetical list of all the provinces, departments, and districts in China, S. W. W. - Vol. XIII. pp. 320, 357. 418, 478, 513

Descriptive list of the largest towns and divisions in extra-provincial China, S. W. W. - - - - - Vol. XIII. 561

General divisions of the Eighteen provinces, E. C. B. Vol. XI. 44

Topography of the province of Chihlí, E. C. B. Vol. XI. 438

Topography of the province of Shántung, E. C. B. Vol. XI. 557

Topography of the province of Shánsí, E. C. B. Vol. XI. 617

Topography of the province of Kiángsú, E. C. B. Vol. XI. 210

Topography of the province of Ngánhwui, E. C. B. Vol. XI. 307

Topography and list of the principal rivers in the province of Chehkiáng, E. C. B. - - - - Vol. XI. pp. 101, 162

Topography of the province of Honán, S W. W. - Vol. XX. 546

Topography of the province of Kiángsí, E. C. B. Vol. XI. 374

Topography of the province of Fuhkien, E. C. B. - Vol. XI. 651

Topography of the province, and list of the islands along the coast of Kwángtung, E. C. B. - - Vol. XII. pp. 88, 309, 477

Topography of the province of Kwángsí, E. C. B. Vol. XIV. 171

Topography of the province of Yunnán, S. W. W. Vol. XVIII. 588

Topography of the province of Kweichau, S.W.W. Vol. XVIII. 525
Topography of the province of Húpeh, S. W. W. - Vol. XIX. 97
Topography of the province of Húnán, S. W. W. Vol. XIX. 136
Topography of the province of Shánsí, S. W. W. Vol. XIX. 220
Topography of the province of Sz'chuen, S W.W. Vol. XIX. 317, 394
Topography of the province of Kánsuh, S. W. W. Vol. XIX. 554
Topography and divisions of extra-provincial China, ranges of the mountains, &c. S. W. W. - - - Vol. XX. 57
Notice of countries and cities on the west of China, by Père L'Amiot. R. Inglis. - - - - - - - Vol. IX. 133
W. H. Wathen's notices of Chinese Tartary and Khoten; extracted from the Asiatic Journal - - - - Vol. XII. 225
Description of Wei-tsang or Tibet from native books, C.G. Vol. IX. 26
Geographical Notice of Tibet. By Csoma de Körös. Vol. XIII. 505
S. Julien's notices of works upon the regions west and north of China, and travels into India. W. A. Macy. - Vol. XVII. 575
Description of the city of Peking, Ira Tracy. - Vol. II. 433, 481
Description of, and seven months' residence in Ningpo, W. C. Milne. Vol. XIII. pp. 14, 77, 127, 337; XVII. 14, 57, 105
Remarks on the situation of the port of Canfú, J.R. M. Vol. III. 115
Excursion to the city of Súchau in 1845. I. Hedde. Vol. XIV. 584
Notices of Fuhchau, G. Smith. - - - - Vol. XV. 185
Notices and description of Fuhchau, S. Johnson. XVI. pp. 483, 613
Notices of the city of Fuhchau, and directions for the navigation of the river Min, R. Collinson. - - - Vol. XV. 225
Historical sketch of Shánghái, extracted from the native topography, C. Shaw. - - - - - Vol. XVIII. 18
Description of the people, trade, influence, &c., of the city of Shánghái, E. C. B. - - - - - - Vol. XVI. 529
Notices of Shánghái, and of its position, commerce, history, people, &c. E. C. B. - - - - - Vol. XV. 466; XVIII. 384
Memoranda made on a trip to the Hills, during 24 hours' absence from Shánghái, in December, 1848. E. C. B. Vol. XVIII. 181
Notice of a visit to the cities of Kiáting and Nántsiáng, with a plan of the former, E. C. B. - - - - - Vol. XVII. 462
Notice of a complete map of the military stations in Kiángsú, E. C. B. - - - - - - - Vol. XVII. 526
Visit to the city of Chángchau fú near Amoy, and notice of the place, W. M. Lowrie. - - - - - - Vol. XII. 523
Visit to Chángchau by I. Hedde and Rev. W. J. Pohlman in 1845. I Hedde. - - - - - - - - Vol. XVI. 75

Dr. Cunningham's account of Chusan; extracted from Harris's Voyages. - - - - - - - - - Vol. IX. 133
Situation and advantages of the island of Chusan as described by Staunton and others, E. C. B. - - Vol. IX. p. 101
Topographical account of Chusan, J. R. M. - - Vol. X. 328
Geology, people, &c., of Chusan, W. Lockhart. - Vol. X. 424
Notices of the Pei ho, and passage up to Peking, E.C.B. Vol. XI. 92
Navigation and course of the Yángtsz' kiáng, C. G. Vol. II. 316
Course of the Yellow river, or Hwáng-ho, S W. W. Vol. XIX. 499
Notices of the Sagalien river and the island of Tarakai opposite its mouth, S. W. W. - - - Vol. XIX. 289
Course and topography of the Chú kiáng, or Pearl river, also called the Canton river, S. W. W. - - Vol. XX. 105, 113
Passage along the Broadway from Canton to Shunteh and Macao. I. Hedde. - - - - - - - - Vol. XVII. 423
Situation, divisions, &c., of the island of Formosa, with a map, E. Stevens. - - - - - - - Vol. II. 408
F. Valentyn's Notices of Formosa, C. G. - - Vol. VI. 583
Visit of the U. S. brig Dolphin to the port of Kílung in Formosa for coal, S. W. W. - - - - - - Vol. XVIII. 392
Journal of a trip overland from Háinán to Canton, in 1819, by J. R. supercargo of the Friendship. S. W. W. - Vol. XVIII. 225
Review of Gutzlaff and Lindsay's voyage along the coast of China, E. C. B. - - - - - - - Vol. II. 529
Coast of China, and places on it described, and the desirableness of having it surveyed, J. R. M. - - Vol. V. 335; VI. 9
Notices and reminiscences of a voyage from Canton to Shanghai in 1847. E. C. B. - - - - - Vol. XVI. 398
Trip to Fuhshán near Canton in a Chinese fast-boat in March, 1847, J. G. Bridgman. - - - - - - Vol XVI. 142
Remarks on a review of the works of Ritter, Davis, and others on Asiatic geography, E. C. B. - - - Vol VIII. 401
Klaproth's account of the Chángpeh Shán, or Long White Mts of Manchuria, S. W. W - - - - Vol XX. 296

2.—CHINESE GOVERNMENT AND POLITICS.

Structure of the Chinese Government, and various classes of the people, J. R. M. - - - - Vol. IV. 11
Structure of the central government of China, J. R. M. Vol. IV. 135
Structure of the provincial governments, J.R.M. - Vol. IV. 276
Political divisions of China, and their rulers, J. R. M. Vol. IV. 49
Local offices and their subdivisions at Peking, J. R. M. Vol. IV. 181
Review of the Ta-tsing Hwui Tien, or Statutes and Statistics of the Chinese government, C. G. - - - Vol. XII. 57
Characteristics, policy, and laws of the Chinese government and people, R. Inglis. - - - Vol. IV. 17
Review of Sir George Staunton's translation of the Penal Code, E. C. B. - - - - - - - Vol II. pp. 10, 61
On the execution of the laws in China, R. M. - Vol. II. 131
Characteristics and real powers of the Chinese government, A. R. Johnston. - - - - - Vol. IX. 9
Present condition of the Chinese government, E.C.B. Vol. XII. 1
Stability and durability of the Chinese monarchy, E. C. B. XVI. 50
Luhchau's remarks on the dealings of the Chinese government in Formosa, E. C. B. - - - - - Vol. VI. 418
Character and powers of the officers who compose the superior magistracy, R. Inglis. - - - - Vol. IV. 160
Position of the officers composing the inferior magistracy of China, R. Inglis. - - - - - Vol. IV. 214
Proportion of Manchu and Chinese officers in the high posts of government, R. M. - - - - - Vol. II. 312
Character and forms of the kotau, R. M. - - - Vol. II. 374
Laws respecting homicides, and the kinds recognized in the laws of China, R. M. - - - - - Vol. III. 38
Courts of justice among the Chinese, and detail of their proceedings, R. Inglis. - - - - - - - Vol. IV. 335
Means and various modes of punishment in Chinese courts of justice, R. Inglis - - - - - - Vol. IV. 361
Crimes and punishments thereof. R. M. - - Vol. II. 335
Modes and results of appeals in Chinese courts, and abuses in justice. R. Inglis, - - - - - Vol. IV. 262
Account of the Tsung-jin fú, or Board controling the imperial family, E. C. B. - - - - - Vol. XIV. 130
Titles of the Emperors in various dynasties, J. R. M. Vol. II. 309
Details of the succession of Táukwáng, E. C. B. - Vol. X. 87

Death of Táukwang, and papers connected with the accession of Hienfung to the throne, S. W. W. Vol. XIX pp. 165, 231, 282
Ordnance issued on occasion of the empress-dowager reaching the age of sixty. J. R. M. - - - - Vol. IV. 576
Proceedings on the death of the empress, R. M. Vol II. pp. 144, 212
Trait of the Imperial clan, R. M. - - Vol. II. pp. 378, 512
Notices of the Chinese court and politics by Padre Serra. Communicated to the Royal Asiatic Society by J. F. Davis, Vol. XIV. 519
Sacred Instructions of the Manchu emperors, C. G. - Vol. X. 593
Táukwáng's prayer for rain, R. M. - - - Vol. I. 234
Danger of advising the emperor, R. M. - - Vol. II. 567
Desultory Notes of T. T. Meadows on the government and people of China, &c., E. C. B. - - Vol. XVII. 90
Reading the Sacred Edict by Chinese officers to benefit the common people, E. C. B. - - - Vol. XVII. 586
Peking Gazettes form a good index of the feelings of the government, E. C. B. - - - - Vol. XIII. 107
List of persons holding office in China in 1835, J.R.M. Vol. IV. 473
List of persons holding office at Peking in 1843, J.R.M. Vol. XII. 20
List of persons holding office in China in the year 1845. W H. Medhurst, jr. - - - - Vol. XIV. pp. 77, 234
List of officers in Kwángtung in 1835, J. R. M. - Vol. IV. 529
Official catalogue of officers in Kwángtung, with the official biography of Lin, Liáng Tsin-teh. - - - Vol. XII. 505
Retirement of statesmen from the service of the government, and honors conferred on them. R. M. - Vol. I. 32; Vol. II. 144
Statesmen who have swayed modern China, R. Inglis Vol. IV. 59
Proverbs illustrating the character of Chinese officers as regarded by the people, E. C. B. - - - - Vol. XVII. 355
Reminiscences of Chinese government and politics, in extracts from the Gazettes, R. M. - - - Vol. XIV. 156
Proclamation by Chú to exhort to morality, R. M. - Vol. I. 460
Farewell address of the fúyuen Chú, E. Stevens. - Vol. II. 325
Mode of appointing Kíying to be commissioner, E.C.B. Vol. XIII. 386
Movements of Kíying and other officers as given in the Peking Gazettes for 1846, E. C. B. Vol. XV. pp. 273, 321, 374, 473
Trial and condemnation of Ilípú, J L. Shuck, - Vol. X. 633
Movements of officers, military schools, &c R. M. - Vol. I. 511
Movements and disgraces of high officers, J.R.M. Vol. XII. 275, 327
Movements of officers reported in the Gazettes, J.R.M. Vol. VII. 226
Examinations, executions, &c. R M. - - Vol. II. pp 47, 95

Governor Lí, accusations, &c. R. M. - - - Vol. I. 469
Visit of Lin to parts of Kiángsú, R. M. - - Vol. III. 144
Visit of the governor and other high officers to the E. I. Co.'s Factory in Canton, E. C. B. - - - - - Vol. III. 46
Provincial officers and atrocities in Shántung, R. M. Vol. II. 286
Secret associations, J. R. M. - - - - Vol. I. 207
Laws and essay against secret associations, E. C. B. Vol. XIV. 69
Assistance of government to the distressed, and edicts against secret associations, E. C. B. - - - - Vol. V. 92
Banditti, pirates, and plots among the Chinese, in recent years, R. Inglis. - - - - - - Vol. IV. 415, 557
Clanship and feuds among the Chinese, E. Stevens. Vol. IV. 411
Proceedings of secret societies at Singapore, and their opposition to government - - - - Vol. XV. 400
Account of the Triad Society, W. Milne. - Vol. XII. 59
Translation of the oath of the Triad Society, and account of its formation. S. W. W. - - - Vol. XVIII. 281
Edict relating to monopolizing grain, R. M. - - Vol. II. 90
Government tries to assist the sufferers by the late inundation near Canton, E. C. B. - - - - Vol. II. 238
Benefactions to the poor by provincial officers, R.M. Vol. II. 425
Provisions made by government for the poor, R. M. - Vol. I. 503
Mode of arresting an outlaw, R. M. - - - - Vol. I. 247
Official patronage, rascality, &c., R. M. - - Vol. I. 422
Capture of smugglers, E. C. B. - - - - Vol. III. 487
Memorial about an intendant of circuit at Macao, J.R.M.. VIII. 503
Rebellion of Jehangír in Turkestan, and details of its suppression, R. Inglis - - - - Vol. V. pp. 316, 351
Account of the Miáutsz', and justice of the dealings of the Chinese with them. S.W.W. - - Vol. XIV. 106, 113
Rebellions of Mohammedans in Turkestan, of the Miautsz,' and other mountaineers, R. Inglis. - - - Vol. IV. 489
Chinese rule over Tibet, J. R. M. - - - Vol. VI. 494
Rise, progress, and quelling of the rebellion in Lienchau in 1832. J. R. M. - - - - Vol. I. pp. 29, 78, 111, 206, 246
Memorial on the condition of the province of Kwángtung in the year 1837, J. R. M. - - - - - Vol. VI. 593
Insurgents in Kwángsí, S.W.W. Vol. XX. pp. 53,111, 224, 286, 492

3.—REVENUE, ARMY, AND NAVY.

Population of China examined, and the trustworthiness of the censuses discussed. E. C. B. - - - Vol. I. pp. 347, 385
Reasons for allowing the estimated population of China to be correct, C. G. - - - - - - Vol. II. 32
Efforts to prevent sycee being exported, J. R. M. - Vol. II. 383
Sale of office to supply revenue, R. M. - - Vol. II. 430
Chinese currency and revenue, a memorial from Chú Tsun, and report of the Board of Revenue T. F. Wade, Vol. XVI. 273
Memorial regarding the currency and revenue, by Ngoh Shun-ngán as referred to him, T. F. Wade - - Vol. XVI. 293
Proclamation from the commissioner of finance of Súchau against the circulation of base cash - - - - Vol. XVII. 482
Taxes remitted and delayed in Kiángsú on account of famine, E. C. B. - - - - - - - - XVIII. 90
Sale of rank adopted by the Chinese government to increase its revenue, and official call for purchasers, E C. B. - Vol. XVIII. 207
Rewards to the military, R. M. - - - - Vol. II. 179
Governor Lú's instructions to the troops, R. M. - Vol. II, 129
Account of the Army of the Chinese Empire, and its two great divisions, the Bannermen and the Green Standard, or provincial troops, T. F. Wade - - Vol. XX. pp. 250, 300, 363
Emperor reprimands his naval officers, R. M. - Vol. II. 421
Military skill and power of the Chinese, A. S. Keating. Vol. X. 165
Account of the Manchus, and the arrangements of their garrison at Chápʻi, G. T. Lay. - - - - - - Vol. XI. 425
Soldier's Manual, or guide to the art of war, G.T. Lay. Vol. XI 487
Yü Púyun's important instructions to soldiers, W. Dean Vol. XII. 69

4.—CHINESE PEOPLE.

National character of the Chinese; extract from the Indo-Chinese Gleaner, W. Milne, - - - - - - Vol. I. 326
Intellectual character of the Chinese. E. C. B. - - Vol. VII. 1
Character, customs, and condition of the Chinese; by Rev. M. Bohet. S. R. Brown. - Vol. IX. pp. 284, 399, 483, 617; X. 65
Traits of Chinese character, C. G. - - Vol. XI 480
Remarks on Chinese character and customs, G.T. Lay. Vol. XII. 135
Illustrations of men and things in China. S.W.W. Vol IX. 366, 506, 635; X. 104, 172, 472, 519, 613, 662; XI. 325, 434; XVII. 591.

Walks about Shánghái, with notices of the city and its inhabitants, E. C. B. - - Vol. XVII. 468, 530; XIX. 105, 227, 390
Diet of the Chinese, and cost of living. S. W. W. - Vol. III. 457
Anecdotes from Chinese authors to illustrate human conduct, with a moral, S. W. W. - - Vol. XVII, 646; XVIII. 159
Ideas of a native respecting calamities, R. M. - Vol. II. 232
Propositions for promoting the public security in the Union of the Eight Streets at Canton, J. G. Bridgman - Vol. XVII. 360
Suicides and account of the statesman Yuen Yuen, R.M. Vol. II. 189
Suicides, betrothments, &c. R. M. - - - - - Vol. I. 291
Instance of the insecurity of property in China, R. M. Vol. I. 332
Account of a fashionable Doctor Chin in Canton, R. M. Vol. I. 343
Pirates, murders, &c., R. M. - - - - Vol. I. 380
Chinese chit-chat and news, R. M. - - - Vol. II. 163
Destruction of the prefect's office at Canton, reported in a memorial to the emperor, E C. B. - - - Vol. XV. 219
Native charitable institutions in Canton, R. M. - Vol. II. 165
Regulations of the Hall of United Benevolence at Shánghái for relief of widows, &c. W. Lockhart - - Vol. XV. 402
Regulations to prevent fires, and promote the public security in Canton, E. C. B. - - - - Vol. XVI. 331
Address from the people of Shánghái to the foreign residents of China against eating beef, E. C. B. - - Vol. XVII. 260
Festivals given by the emperors Kánghí and Kienlung to old men in the empire, S. W. W. - - - - Vol. IX. 258
Origin and effects of the Chinese custom of compressing the feet of females, E. C. B. - - - Vol. III. 537
Description of a Chinese wedding, Ira Tracy. - Vol. IV. 568
Revenge of Miss Sháng Sánkwán, S. W. W. - Vol. XVIII, 400
Example of revenging a father's death, S. W. W. Vol. VIII. 345
Examples of twenty-four filial children, S. W. W. - Vol. VI. 130
Three examples of female constancy, S. W. W. - Vol. VI. 568
Translation of an essay by a graduate against drowning female children, E. C. B. - - - Vol. XVII. 11
Humanity of a Chinese female, R. M. - - - Vol. II. 161
Condition of females among the Chinese, Ira Tracy. Vol II. 313
Notices of infanticide in Fuhkien, D. Abeel. Vol. XII. 340
Exhortation against infanticide by Kí Kung. E. C. B Vol. VII. 54
Review of Luhchau's Nü Hioh, or position and education of females in China. S.W.W. - - - - - - Vol. IX. 545
Kidnapping children and suicide, E. C. B. - - Vol. II. 527

Discourse to the simple people to appreciate life, by H. E. Hwáng Ngantung, E. C. B. - - - - - - Vol. XIV. 436
Description and translation of a *Shau Ping*, or Longevity Screen, S. W. W. - - - - - - Vol. XIII. 535
Statement regarding the murder of a woman by her grandson, and of him by the neighboring villagers, E. C. B. Vol. XVII. 480
Memoir on the condition of slaves and hired servants in China, E. Biot - - - - - - Vol. XVIII. 347
Beggars, and autumnal assizes, E. C. B. - - Vol. III. 45
Great destruction of life in Canton by the burning of a theater in 1845. E. C. B. - - - - Vol. XIV. 335
People and proceedings at Chusan in 1841. C. G. - Vol. X. 481
Review of Langdon's account of Dunn's Museum, E.C. B. XII. 561
Review of Wines' Peep at China, D. Abeel. - Vol. VIII. 581
Notice soliciting subscriptions for the purpose of preventing the desecration of printed papers - - Vol. XVII. 417
Cruelties to Chinese emigrants in the Straits, R.M. Vol. II. 180, 230

5.—CHINESE HISTORY.

Character of Chinese historical works and writers, C. G. Vol. III. 53
Value of Chinese historians, and notice of the Káng Kien Í Chí, or History made Easy, E. C. B. - - - Vol. X. 1
Chronology and list of all the dynasties of the Chinese monarchy, E. C. B. - - - - - - Vol. X. 121
Chronology and notices of dynasties in China, C.G. Vol. II. 74, 111
Records of the three August Sovereigns, E. C. B. Vol. X. 231
Portraits of the three August Sovereigns, E. C. B. Vol. XI. 110
Portrait of Pwánkú, the first man, E. C. B - - Vol. XI. 47
Portrait of Fuhhí, an emperor, E. C. B. - - Vol. XI. 173
Portrait of Shinnung, an emperor, E. C. B. - - Vol. XI. 322
Portrait of Hwangtí, an emperor, E. C. B. - Vol. XI. 387
Portrait of Sháuháu, an emperor, E. C. B. - - Vol. XI. 452
Portrait of Chuen-kiuh, an emperor, E. C. B. - Vol. XI. 616
Portrait of Kuh Káusin, an emperor, E. C. B. - Vol. XII. 75
Gonçalves extracts from histories and fables, explaining allusions in Chinese works, J. Bowring. - Vol. XX. pp. 94, 122, 194
Survey of the Chronology and Geography of China during the period occupied by the Chun Tsiú, E. C. B. - Vol. XVIII. 393
Notice of the *San Kwoh Chi*, or History of the Three States, and its little value as a history, C G. - - Vol. VII 233

Extract from the Sán Kwoh Chí on the rebellion of the Yellow Caps, W. C. MILNE. - - - - Vol. X. 98
Sketch of Kungming, from the San Kwoh Chí, W.C. MILNE. XII. 126
Life and actions of Wú Tsihtien, empress of the Táng dynasty, A.D. 630, E. C. B. - - - - Vol. III. 543
History of the Southern Sung dynasty, C. G. - Vol. XI. 529
Translation of two Mongolian letters written to Philip the Fair of France, T. T. MEADOWS. - - Vol. XIX. 526
History of the Ming dynasty, C. G. - - - Vol. XI. 592
Rambles of the Emperor Chingtih, C. G. - - Vol. IX. 57
Latter Pacification of the South, C. G. - Vol. VII. 281
Correction of an error in the account of the last hours of Kánghí, Sir A. LJUNGSTEDT. - - - - - - - Vol. I. 378
Character of Chinese monarchs and their wars, E. C. B. Vol. III. 516
The Holy Wars, or records of the military achievements of the monarchs of the Great Pure dynasty, E. C. B. Vol. XIX. 241
Notice of the years of famine and distress which have occurred at Shánghái, C. SHAW. - - - - Vol. XIX 113
Account of pirates in China, E. STEVENS, - - Vol. III. 62
Review of Murray's Historical and Descriptive Account of China, E. C B. - - - Vol. V. 193 ; VI. 59
Review of Medhurst's China, its State and Prospects E. C. B. IX. 74
Review of Parke's translation of the Spaniard Mendoza's Historie, E. C B. - - - - - . - - Vol. X. 241
Review of G. Magaillan's History of China, E. C. B. Vol. X. 641

6.—NATURAL HISTORY.

Explorers in the natural history of China, and sketch of the geology near Canton, S. W. W. - - - - Vol III. 83
Humboldt's view of the geology of Central Asia, Vol. VI. 272; XX. 73
Agriculture of the Chinese, S. W. W. - - Vol. III. 121
Directions for the cultivation of cotton, taken from Chinese authors, C. SHAW. - - - - - - Vol. XVIII 449
Cultivation of the mulberry in Kiángsú, and mode of raising silk worms, C. SHAW. - - - - - - Vol XVIII. 303
On the multicaulis or mulberry tree at Manila, I. HEDDE Vol. XV. 527
Mode of raising rice, S W W - - Vol. III, 231
Dr Livingstone's letter on the study of Chinese botany, Vol II 226
Description of the bamboo and palm, S W W - Vol. III. 261
Description of the tea plant, S. W W - - Vol VIII 132

Analysis of the ashes of some teas. - - - Vol. XX. 466
Native account of the tea-plant, C. Shaw. Vol. XVIII. 13
Review of Loureiro's Flora Cochinchinensis, S. W. W. Vol. V. 118
Remarks on some Euphorbiaceous plants, G. T. Lay, Vol. V. 437
Blanco's Flora de Filippinas, G. T. Lay - - Vol. VII. 422
Review of Gutzlaff's China Opened, S. W. W. - Vol. VIII. 84
Notice regarding the plants yielding the fibres from which grass-cloth is made, D. J. Macgowan - - - - Vol. XVIII. 554
The tallow-tree and insect wax of China, with notices of their uses, D. J. Macgowan. - - - - - - Vol. XX. 422
Specimens of natural history collected in a voyage to Lewchew and Japan, S. W. W. - - - - - Vol. VI. 406
Natural history of Macassar, G. T. Lay. - Vol. VI. 449
Chinese account of the lion, cat, &c., S. W. W. - Vol. VII. 595
Chinese account of the horse and ass, S. W. W. - Vol. VII. 393
Chinese account of the tapir and pangolin, S. W. W. Vol. VII. 44
Description of the rhinoceros, elephant, &c., S. W. W Vol. VII. 136
Dragon and other fabulous animals of the Chinese, and their ideas respecting them, S. W. W. - Vol. VII. pp. 212, 250
Account of the cormorant, S. W. W. - - Vol. VII. 541
Chinese account of the bat and flying squirrel, S.W.W. Vol. VII. 90
Chinese notions of bees and wasps, S. W. W. - - Vol. VII. 485
Whale fishery near Háinán, - - - - - Vol. XII. 608
Proverbs and metaphors among the Chinese drawn from the habits of animals, S. W. W. - - - - Vol. VII. 321
Collections made in Chusan, by Theo. Cantor. - Vol. X. 434
Shower of dust or ashes at Shánghái, and Piddington's examination of the dust, - - - - - - Vol. XVII. 521
Visit to the Hot Springs of Yungmak in Hiángshán hien near Macao J. C. Bowring. - - - - - Vol XVIII. 86
Remarks on showers of sand which fall in the Chinese Plain, D. J. Macgowan. - - - - - - - Vol XIX. 328
Notices of coal in China, D J. Macgowan Vol. XIX. 385

7.—ARTS, SCIENCE, AND MANUFACTURES.

Likenesses of distinguished men by Tingqua, E. C. B. Vol. IX. 516

Notice of P. P. Thoms' work on ancient Chinese vases of the Sháng dynasty, S. W. W. - - - Vol. XX. 489

Chinese weights and measures, S. W. W. - - Vol. II. 444

Inquiries respecting Chinese long measure, W. J. Boone. Vol. X. 649

Astronomy of the Shú King, W. J. Boone. - Vol. IX. 573

Music and description and drawings of the musical instruments of the Chinese, G. T. Lay. - - - Vol. VIII. 38

Account of the modes of keeping time known among the Chinese, D. J. Macgowan. - - - - - Vol. XX. 426

Description of a Chinese anatomical plate, W. Lockhart. Vol IX. 194

Notice of the Golden Mirror of medical authors, E. C. B. Vol. IX. 486

Philosophical opinions of Chú fú-tsz' on primary matter, W. H Medhurst. - - - Vol. XIII. pp. 552,609

On the Philosophy of the Chinese, and desirableness of translating their standard authors, E. C. B. - - Vol. XVIII. 43

Cosmogony of the Chinese, as given by Chú Hí E.C B Vol. XVIII. 342

Popular ideas of the Chinese relating to the powers and operations of nature, S. W. W. - - - - Vol. X. 49; XI. 434

Description of the Porcelain Tower at Nanking, with a drawing of it, E. C. B. - - - - - - Vol. XIII. 261

Pagodas in and near Canton; their uses and the times of their erection, S. W. W. - - - - - Vol. XIX. 535

Modes of printing in Chinese, and desirableness of having metallic types cast, E. C. B. - - - - - - Vol. I. 414

Dyer's circular respecting preparation of movable types Vol. II. 477

Comparative expense of printing in Chinese on wood, on stone, and with types, W. H. Medhurst. - - - Vol. III. 246

Notice of the Parisian font of Chinese types, and of an experiment of block stereotyping, S. W. W. - - Vol. III. 528

Specimen of three-lined diamond Chinese type made in Hongkong, and Chinese movable type, S. W. W. - Vol. XX. 281

Movable metallic types among the Chinese, S. W. W. Vol. XIX. 247

Specimen of Dyer's large type, and of Pauthier's divisible type, E. C. B. - - - - - Vol. XIV. 124

Description of the Chinese bellows, S. W. W. - Vol. IV. 37

Description of the common agricultural implements used by the Chinese, S. W. W - - - - Vol. V. 485

Manufacture of Chinese grasscloth, illustrated by a series of paintings by Tingqua, E. C. B. - - Vol. XVI. 209
Details of the manufacture and culture of silk and silkworms; extracted from Allom's Views of China, - Vol. XVI. 223
Memoir and account of the cultivation of hemp, and the manufacture of grasscloth; by N. Rondot, S. W. W. - Vol. XVIII. 216

8.—TRAVELS.

Review of Renaudot's translation of the travels of two Mohammedans in China, E. C. B. - - - Vol. I. pp. 6, 42
Osbeck's Voyage to China, E. C. B. Vol. I. 209; Vol. XVI. 136
Semedo's Travels and history, E. C. B. - - - Vol. I. 473
Le Comte's Travels and Memoirs, E. C. B. - - Vol. I. 249
Travels of Avril in Europe and Asia, E. C. B. - Vol. X. 297
Notice of Harris' complete collection of Travels, J. R. M. Vol. II 282
Nieuhoff's Narrative of the Legation of Dutch ambassádors to Peking, C. CUSHING. - - - - - Vol. XIII. 393
Staunton's authentic Account of Macartney's ambassy to Peking, E. C. B. - - - - - Vol. II. 337
Hái Luh, or Chinese notices of foreign countries, E.C.B. Vol. IX. 22
Travels of the Count Benyowsky, with his proceedings in Formosa, E. STEVENS, - - - - Vol. III 496
Voyage in a junk from Siam along the coast of China to Manchuria, C. G. - - - - Vol. I. pp. 81, 122, 180
Remarks on Voyages to the north of China, E. C. B. Vol. I. 196
Journal of a voyage in the Sylph, C. G. - Vol. II. pp. 20, 49
Excursion to the Ankoi tea-hills, G. J. GORDON. - Vol. IV. 72
Excursion to the Bohea hills by Mr. Gordon and others, by way of the river Min, E. STEVENS. - - - Vol. IV. 82
Missionary voyage in the brig Huron along the coast of China to Shántung, E. STEVENS, - - - Vol. IV. 308
Notes of the voyage of the Huron, W. H. MEDHURST. Vol. IV. 406
Bruguiere's Travels in China and Chinese Tartary, Vol. VI. 287
Review of Downing's Fanqui in China, J. R. M. Vol. VII. 328
Davis' Sketches of China, E. C. B. - - - Vol. XI. 81
Wood's Journey to the source of the Oxus, E. C. B. Vol. XI. 142
Belcher's voyage of the Sulphur, E. C. B. - - Vol. XII. 490
Allom's views of China, E. C. B. - - - Vol. XIV. 118
Erman's Travels in Siberia, and visit to Kiakhta, S.W.W Vol. XX. 18

Fortune's Three Years' Wanderings in the northern provinces of China, E. C. B. - - - - Vol. XVI 570
Narrative of a mission of inquiry to the Jewish synagogue in Kaifung fú in 1851, S W. W. - - - Vol. XX. 436
Mignan's Travels in Chaldea, R. M. - - - Vol. I. 341

9.—LANGUAGE, LITERATURE, &c.

List of foreign works upon China, of a philological nature, translations, travels, &c., S. W. W. - - - Vol. XVIII. 402, 657
Antiquity and study of the Chinese language, E. C. B. Vol. III. 1
Origin and formation of the characters of the Chinese written language, J. R. M. - - - - - Vol. III. 14
Orpen's remarks on the nature of language, E. C. B. Vol. XII. 582
New analysis of the Chinese language, G. T. Lay Vol. VII. 255
Dissertation on the composition of the characters of the Chinese language, J. Marshman - - . . - Vol. IX. 587
Du Ponceau's dissertation on the Chinese system of ideographic writing - - - - - - - Vol. VII. 337
S. Julien's examination of four common Chinese characters, S. R. Brown, - - - - - - Vol. X. 222
Features of the oral language and its dialects, J. R. M. Vol. III. 480
Dialect of the people in the island of Hainan, - Vol. I. 151
Chinese language as used in Cochinchina, W. Dean, Vol. XI. 450
Introductory remarks on Chinese grammar, E.C.B. Vol. IX. 329, 519
Notes on the grammatical construction of the Chinese language, S. Dyer, - - - - - - - Vol. VIII. 347
Gutzlaff's Notices on Chinese Grammar, E. C. B. Vol. XI. 317
Prémare's Notitia Linguæ Sinicæ, E. C. B. - - Vol. I. 152
Bridgman's translation of the Notitia Linguæ Sinicæ, Vol. XVI. 266
On the signification of the character *jin* 仁 or humanity, W M. Lowrie, - - - - - Vol. XV. 329
Philological diversions illustrating the word *fung* 風 or *wind*, as used in Chinese writings, E. C. B. - - Vol. XVIII. 470
Reply to Dr. Medhurst's animadversions on the meanings of the word *fung*, E C B - - - - - Vol. XIX. 486
Chinese intonations described and illustrated E C B Vol. VII. 57
Remarks on the Cantus of the Chinese, G T Lay Vol. VI 579
Remarks on the Fuhkien Dialect, S. Dyer - - Vol IV. 172

Table of sounds in three dialects of China, S. W. W. Vol. XI. 28
New orthography for all sounds in the Chinese language proposed and explained, J. R. M. - - - Vol. V. 22; VI. 479
Remarks on this system of orthography, J. C. STEWART Vol. V. 65
Remarks on, and alterations proposed in the system of orthography for Chinese, S. W. W. - - - - - - Vol. VII. 490
Objections to the proposed orthography of the Chinese, as applied to the dialects of Fuhkien, S. WOLFE. - - Vol. V. 481
Remarks on the study of Chinese I. TRACY. - Vol. VIII. 338
Facilities for studying the Chinese language, J. R. M. Vol. VII. 113
Inquiries respecting the best mode for foreigners to study Chinese, I. TRACY - - - - - - Vol. VII. 204
Presses in China, and study of Chinese, E. C. B. Vol. II. 1; III. 43
Plan for Romanizing the Indian languages, E.C B.Vol.III. 385; IV. 39
Thom's Esop's Fables rendered into the Changchiú and Tiéchiú colloquial, by Dyer and Stronach, S. W. W - Vol. XIII. 98
Chhòng Sè Toan, &c., with remarks on Romanizing the Chinese Language, S. W. W. - - - - - Vol. XX. 472
Callery's account of the Pei-wan Yun-fú, and prospectus of its publication - - - - - - - Vol. XII. 300
Preface to the first number of the Dictionnaire Encyclopédique, J. M. CALLERY - - - - - - - - Vol XIV. 137
The Urh Yá, or Ready Guide, a Chinese Dictionary by the Duke of Chau, E. C. B. - - - - - Vol. XVIII. 170
List of 218 dictionaries in the Chinese language, extracted from the Catalogue of the Imperial Library, E. C. B. Vol. XVII. 433
Shwoh Wan Kiái-tsz', or the Etymologicon of Hü Shin, and comments on it, E. C. B. - - - - - Vol. XIX. 169
Review of Callery's Systema Phoneticum Scriptura Sinicæ, G. T. LAY, - - - - - - - - Vol. XII. 253
Reply to Lay's review J. M. CALLERY, - - Vol. XII. 371
Manner in which the literary examinations are conducted, and their results, R. INGLIS - - - - - - Vol. IV. 118
Themes at the examinations in 1832, R. M. - Vol. I. 459
Fortunes of an unsuccessful scholar and graduate, R.M Vol. III. 118
Education among the Chinese, E. C B. - - Vol. IV. 1
Biot's Essay on the history of public instruction in China, and of the corporation of letters, S. W. W. - - Vol XVIII. 57
Account of the Peking gazettes, provincial court circulars, and Chinese periodicals, E. C. B. - - - - Vol V 1
Newspapers and gazettes, R. M. - - Vol. I. pp 492, 506

Ballad and story hawked about the streets, R M. - Vol. I. 493
Medhurst's Chinese and Japanese Vocabulary, E. C. B. Vol. I. 109
Medhurst's Dictionary of the Hokköèn dialect, Vol. VI. 142
Medhurst's Dictionary of the Chinese language E.C.B. Vol. XII. 496
Williams' English and Chinese Vocabulary, E. C. B. Vol. XV. 145
Vocabularies for Chinese to learn English, S. W. W. Vol. VI. 276
Synopsis of the Chinese Chrestomathy, and list of students in Chinese language, E. C. B. - - - - - Vol. XI. pp. 157, 223
Williams' Easy Lessons in Chinese E. C. B. - Vol. XIV. 339
Medhurst's Chinese Dialogues - - - Vol. XIV. 396
Character and synopsis of the Chinese classics, C. G. Vol. III. 97
Review of the Shú King, or Book of Records, C. G. Vol. VIII. 385
Shing-yü Kwáng-hiun, or an Amplification of the Sacred Edict, W. Milne - - - - - - - Vol. XVI. 500
Sacred Edict in rhyme, J. R. M. - - - Vol. I. 244
Milne's translation of the Sacred Edict, E. C. B. - Vol. I. 297
Translation and character of the Sántsz' King, or Trimetrical Classic, E. C. B. - - - - - - - - Vol. IV. 105
Use of the Hundred Family Names as a schoolbook, E.C.B. Vol. IV. 153
Translation of the Tsien-tsz' Wan, or Thousand Character Classic, E. C. B. - - - - - - - - Vol. IV. 229
Translation of the Odes for Children, E. C. B. - Vol IV 287
Translation of the Hiáu King or Filial Duty, E. C. B. Vol. IV. 344
Translation of parts I. and II. of the Siáu Hioh, or Primary Lessons, E. C. B. - Vol. V. pp. 81, 305; Vol. VI. 185, 393, 562
Bazin's Théatre Chinois, ou choix de Pièces de Théatre, composées sur les empereurs Mongols, S. W. W. - Vol. XVIII. 113
Chinese theatre and translation of a farce, W.C. Hunter, Vol. VI. 575
The Chí-shing Pien Nien-shí Kí, or Annals of and Genealogy of the most holy Sage, with the preface, E. C. B. Vol. XVIII. 254
Hái-kwoh Tú-chí, or Lin's Geography, called Statistical notices of the Ocean Kingdoms, with maps, C. G. - Vol. XVI. 417
Ying Hwán Chí-lioh, or General survey of the Maritime Circuit, by Sü Kiyü, S. W. W. - - - - - Vol. XX. 169
Review of Ming-sin páu Kien, or Mrror of the Mind, Vol. XVI. 406
Sí-fáng-kung Kü, or Public proofs of Budhism from the west, W. Milne, - - - - - - Vol. XVI. 448
Yung Yuen Tsiuen-tsih, or collection of Garden of Banians, and examination of an alledged forgery, S. W.W. Vol. XX. 340
Sing Shí Páu Yen, or Precious Words to awaken the Age, J. G. Bridgman - - - - - - Vol. XIX. 233

Notice of the Sing Pú, a work on biography, R. M. Vol. I. p. 107
Notice of the Sacrificial Ritual of the Sages, J. R. M. Vol. II. 236
Notice of the Olea Fragrans Miscellany, R. M. - Vol. II. 426
Dreams of the Red Chamber, C. G. - - Vol. XI. 266
Sack of Wisdom, a story book, C. G. - - Vol. X. 450
Extracts from a story-book called Not the Sayings of Confucius, F.A. KING, - - - - - - - Vol. VI. 445
Pavie's Choix de Contes et Nouvelles, traduits du Chinois, G. T. OLYPHANT, - - - - - - Vol. XX. 225
Thom's Lasting Resentment of Miss Wang, E C. B. Vol. VIII. 54
Review of the works of the poet Sú Tungpo, C. G. Vol. XI. 132
Readings in Chinese Poetry; translations of two odes from the Shí King, W. M. LOWRIE - - - - Vol. XVI. 454
Ode on Patience, S. R. BROWN - - - Vol IX. 46
Translation of a ballad on picking tea, S. W. W. Vol. VIII. 195
Stanzas from the Chinese, J. BOWRING - Vol. XX. pp. 299, 433
Proverbs selected from Prémare's Notitia Linguæ Sinicæ, Vol. XV. 140
Macgowan's Philosophical almanac in Chinese, and account of the electric telegraph, S. W. W. - - - Vol. XX. 284
Notice of Thom's Esop's Fàbles, E. C B. Vol. VII. 334; IX. 201
T. T. Meadows' translations from the Manchú, and an essay on the language, S. W. W. - - - Vol. XVIII. pp. 607, 617

10.—TRADE AND COMMERCE.

Description of the articles of export and import known in the trade of Canton, S. W. W. - - - - - Vol. II. 447
Ports of China once open to foreign ships, R. M. - Vol. I. 456
Regulations of the foreign trade at Canton, J. R. M. Vol. III. 579
Memorial limiting the hong-merchants to thirteen, J.R.M. Vol. VI. 292
Memorial regarding the sale of tea, silk, and rhubarb in certain quantities, J. R. M. - - - Vol. VII. 311
Influence of foreign commerce on the political relations of the Chinese empire, R. INGLIS. - - - - Vol. V. 202
Hong-merchants report on commerce, J. R. M. - Vol. V. 385
Edict against foreign ships on the coast, J. R. M. - Vol. IV. 343
Paper money among the Chinese, and description of a bill from Fuhchau, S. W. W. - - - - - - Vol. XX. 289
Extent of the fur trade, and an account of the fur-bearing animals, S. W. W. - - - - - Vol. III. 548

Assay of sundry foreign coins, and their value in sycee, Vol. XIV. 245
Report in reference to the circulation of dollars, J.R.M. Vol. V. 419
Review of Thompson's Trade with China, A S. KEATING Vol. IV. 537
Regulations of the Canton Gen. Chamber of Commerce. Vol. VI. 44
First annual report of the General Cham. of Commerce, Vol. VI. 327
Second annual report of the General Cham. of Commerce, Vol. VII.386
Rules and regulations of the Canton British Chamber of Commerce, organized 1847, - - - - - - Vol. XVI. 87
British and American Trade for 1836–37, - Vol. VI. 280
Export of tea and silk in 1836, '37 and, '38, - - Vol. IX. 191
Particulars of the export of tea and silk to Great Britain and the United States for 1843, 1844, and 1845. - Vol. XIV. 401
Tables of the foreign trade at the five ports of China, Vol. XV, 291
Export of teas and raw silk to the United Kingdom and the United States, season 1845–46, - - Vol. XV. 386, 396
Tables of the foreign trade at the Five Ports during the years 1847 and 1848, - - - - - - Vol. XVIII. 295
Consular returns of the British and foreign trade with the five ports China for 1849, - - - - - Vol. XIX. 513
Statement of tonnage dues and duties paid by British vessels in Canton in 1845. - - - - - - Vol. XV. 150
Statement of merchant vessels at Canton in 1845, Vol. XV. 165
Shipping in the port of Canton for the year 1846, Vol. XVI. 314
Shipping at the port of Shánghái for 1846, - Vol. XVI. 356
Regulations for the anchoring of British shipping at the port of Shánghái, - - - - Vol. XVI. 361
Prospects of the British trade with China in 1842; extract from Hunt's Magazine, - - - - Vol. XII. 513
Statement of the Dutch trade for 1836. - - Vol. VI. 351
Synopsis of the Dutch trade to China for 22 years, Vol. XVII. 208
Statement of the French trade in 1837. - - Vol. VI. 506
Trade of the Russians at Kiakhta, E. C. B. Vol. XIV. 280
Statement of the cotton trade at Canton, by Yenchong Vol. XVI. 47
Remarks on the cotton trade as it is at present carried on, Vol. XVI. 134
Notes on the native trade in raw cotton at Shánghái, Vol. XVII. 374
Comparison between opium and tea in a commercial view, Vol.XX. 554
Probable advantages to British trade from occupying the Bonin Islands, G. T. LAY. - - - - Vol. VI. 381
Notice of Curling Young's proposal to remove British trade to an island, E. C. B. - - - - - Vol. XII. 8

Correspondence between Sir H. Pottinger and the British merchants respecting the duties, - - - Vol. XII. pp. 33, 94
New tariff of duties on foreign goods, - - - Vol. XII 393
Tariff of duties to be levied on imports and exports, in the English and Chinese languages, - - - Vol. XV. 262
Declaration respecting transit duties by Gov.-gen. Kíying and Sir H. Pottinger, - - - - Vol. XIII. 655
Consular notices at Shánghái, and change in the tariff, Vol. XII. 631
Edict stopping the passage-boats for smuggling, J.R.M. Vol. VI. 103
Letters from foreign merchants to the governor and hoppo, and their replies, E. C. B. - - - - - Vol. V. 178
Memorial to Lord Palmerston. respecting the recovery of the hong-merchants' debts. - - - Vol. VI. 540
Address of British merchants respecting Hingtái debts, Vol. VI. 543
Answer to the preceding, J. R. M. - - Vol. VI. 589
Suspension of trade at Canton in Dec. 1838, E C.B. Vol. VII. 437
Passage-boats allowed to run with passports, E.C.B. Vol. VII. 500
Correspondence between Capt. Elliot and the British merchants on demurrage, - - - - - - Vol. VIII. 122
Proposal of Tsáng Wángyen to stop all the foreign trade at Canton, J. R. M. - - - - - - - Vol. VIII. 560
Trade at Canton resumed in 1841, E. C. B. - Vol. X. 233
Commerce a liberal pursuit, and a notice of Peters' Chinese Museum in the United States, E. C. B. - Vol. XV. 345
Port regulations of Shánghái, - - - - Vol. XV. 566
Regulations and fares of the Steamers of the Peninsular and Ori. Steam Navigation Co. - - - - Vol. XV. 619
Notification of the British superintendent respecting convoys to Chinese junks, - - - - - Vol. XVII. 318
Notice of the Wusung custom-house register, G.T. Lay, Vol. XII. 144

11.—SHIPPING.

Narrative of the loss of a Chinese junk, and rescue of 198 people by Lieut. Pearl - - - - - - Vol. VI. 149
Piratical attack on the English bark Troughton near the Ladrones, in 1835, E. Stevens, - - - - - Vol. IV. 151
Loss of the brig Fairy, E. C. B. - - - - Vol. VI. 201
Loss of the ship Sunda on Háinán, - - - - Vol. VIII 478
Narrative of the loss of the cutter Louisa, W. Morgan, Vol. X. 407

Loss of the brig Ann on Formosa, - Vol. XII. 113, 235
Loss of the steamer Madagascar, Capt. DICEY, - Vol. XI. 633
Nautical observations made in the voyage of the Morrison to Japan, by Capt. Ingersoll - - - - - Vol. XI. 401
Survey of Lincoln's I. by, H. M. S. Larne, - Vol. XII. 391
Collinson's sailing directions for the coast of China from Cape of Good Hope to Amoy, - - - - Vol. XIV. 358
Collinson's survey of Amoy harbor, - - Vol. XII. 121
Sailing directions between Amoy and Yángtsz' kiáng, Vol. XII. 401
Corrections in these sailing directions, - Vol. XII. 476
Addenda to these sailing directions, - - - Vol. XIII. 123
Collinson's sailing directions for the Pescadores, Vol. XIV. 249
Navigation of the Min up to Fuhchau, R. COLLINSON, Vol. XV. 230
Collinson's sailing directions for the Chusan Archipelago, Vol. X. 251
Sailing directions for the coast of China derived from observations of H. M. Squadron in 1840. - - - Vol. X. 371
Capt. Bethune's survey of the Yángtsz' kiáng, - Vol X. 383
Charts of the coast by Capts. Collinson and Kellett, Vol. XVI. 84
Directions for entering the port of Shánghái, Vol. XIX. 621
Sailing directions for the Madjicosimah islands and the Batanes, by Sir E. BELCHER, - - - Vol. XIII. 161
Navigation of the R. Wúsung, and notice of the Horsburgh lighthouse at Singapore, E. C. B. - - Vol. XIV. 98
Horsburgh lighthouse, and desirableness of surveying the Eastern seas, E. C. B. - - - - - - Vol. XI. 544
List of merchant ships in China, Jan. 1841. - Vol. X. 61
List of ships arrived in the harbor of Hongkong from Aug. 1841 to Dec. 1843. - Vol. XII. pp. 46, 270, 368; XIII. 70

12.—OPIUM.

Cultivation of the poppy, E. C. B. - - - Vol. V. 470
Preparation of opium for the Chinese market, E. C. B. Vol. V. 495
History of the traffic in opium to China, E C. B. - Vol. V. 546
Chinese method of preparing opium, E. C. B. - Vol. VI. 197
Opinions of writers on the abuse of opium, E. C. B. Vol. VIII. 506
Opium and alcohol compared, B. HOBSON, - - Vol. IX. 147
Instances of the effects of opium smoking, D. ABEEL, Vol. IX. 289
Foreign opium a poison in ten ways, E. C. B. - Vol. VII. 107

A blind beggar's remonstrance against use of opium E.C.B. Vol. VII. 391
Suuqua's admonitory pictures showing the end of the opi 1 smoker, E. C. B. - - - - - Vol. V. 571
Opium smoking in Penang, G. H. Smith, - Vol. XI. 587
Confessions of an English opium-eater, and the effects of opium, B. Hobson, - - - - - - - Vol. IX. 425
Edict from emperor against introduction of opium, J.R.M. Vol.III. 487
Hü Náitsí's memorial to legalize opium, 1836, J. R. M. Vol. V. 138
Report of the Governor-general of Kwángtung on the proposal to legalize opium, J. R. M. - , - - Vol. V. 259
Memorial of Chú Tsun against legalizing opium, J.R.M. Vol. V. 390
Memorial of Hü Kiú against the admission of opium, and his plan to stop it, J. R. M. - - - - - Vol. V. 398
Imperial edict in relation to the memorials of Chú Tsun and Hü Kiú, J. R. M. - - - - ; - Vol. V. 405
Edict from the provincial anthorities upon the departure of foreign traders in opium, J. R. M. - - - Vol. V. 462
Edicts against the opium trade at Lintin and the opium ships on the coast, J. R. M. - - - - - - - Vol. VI. 341
Memorial from the provincial authorities on the condition of the opium trade, J. R. M. - - - - Vol. VI. 473
Memorial of Hwáng Tsiohtsz' against the consumers of opium, J. R. M. - - - - Vol. VII. 271
Proclamation to the people of Kwángtung to refrain from opium, R. Thom - - - - - - - Vol. VII. 498
Injunction from Governor Tang respecting Lin's arrival at Canton, J. R. M. - - - - - - - . - Vol. VII. 599
Proclamation to foreigners in relation to opium, and announcing Lin's arrival, J. R. M. - - - - - - Vol. VII 602
Execution of Kwoh Sïping for dealing in opium, S.W.W. Vol. VI. 607
Execution of an opium dealer before the Factories, E.C.B. VII. 605
Crisis in the opium traffic, E. C. B. Vol. VII. pp. 609; VIII. 12, 57
Remarks on the crisis in the opium traffic, E. C. B. Vol. VIII. 1
Letter of a Chinese youth respecting the conduct of the English, Acháng. - - - - - - Vol. VIII. 318
Lin's edict warning opium smokers, E. C. B. - Vol. IX. 404
Notice of Shuck's Portfolio Chinensis, and Lin's paper on the policy of his government, - - - - Vol. IX. 267
Lin's ten regulations to remove opium evils, J L. Shuck, Vol. IX. 560
Remarks on the opium trade, J. C. Stewart, - Vol. V. 297
Reply of a Reader to remarks on opium trade, J. Innes, Vol. V. 367

Reply of Another Reader to the remarks of a Reader on the opium trade, A. S. KEATING. - - - Vol. V. 407
Rejoinder of a Reader to the reply of Another Reader and to V. P. M. J. INNES - - - - - Vol. V. 524
Rejoinder of Another Reader to the rejoinder of a Reader, A. S. KEATING - - - - - Vol. V. 560
Second answer of a Reader to Another Reader, J. INNES Vol. VI. 40
Second answer of Another Reader, A. S. KEATING, - Vol. VI. 92
Premium for an essay on the opium trade, showing its effects, D. W. C. OLYPHANT, - - - - - Vol. V. 413
Conditions of the award of £100 for an essay on opium, Vol. V. 573
Extension of time for receiving essay on opium, E. C. B. Vol. VII. 173
Time for receiving essays on opium extended, E. C. B. Vol. VIII. 425
Thelwall's Inquities of the opium trade, E. C. B. Vol. VIII. 310
Review of Capt. Bullock's reply to S. Warren on the opium trade, E. C. B. - - - - - - - - Vol. IX. 311
Essay on the opium trade by N. Allen, M. D., S. W. W. Vol. XX. 479
Revenue derived by the Indian Government from opium, Vol. VI. 193
Annual consumption of opium in China for 18 years, Vol. VI. 302
Protection and extension of opium cultivation in India, Vol. XVII. 655
Export of opium from Calcutta in years 1834–1845. Vol. XIV. 544
Memorial to Sir R. Peel on the opium trade - Vol. XII. 168
Proposition of a merchant to legalize opium, and Sir Henry Pottinger's opinion of the traffic, - - - Vol. XVI. 39
Remarks in favor of this proposition, - - Vol. XVI. 97
Remarks on the increased production of opium, and character of the traffic, - - - - - - - - Vol. XVI. 179

13.—CANTON, FOREIGN FACTORIES, &c.

Description of the city of Canton, and notice of the trade at it, E. C. B. - - Vol. II. pp. 145, 193, 241, 289
Errors in Encyclopedia Americana, *art.* Canton, E. C. B. Vol. I. 161
Description of city of Canton, and its envirous, E. C. B. Vol. XV. 47
Walk around the city of Canton, E. C. B. - - Vol. XV. 317
Fire insurance in Canton, J. GODDARD, - Vol. IV. 30
Walks about Canton, and notices of the people and things in it, E. C. B. - Vol. IV. pp. 42, 101, 189, 291, 341, 244, 534, 569
Fire in the city of Canton in 1835, E. C. B. - Vol. IV 390

Riot and burning of the English Consulate, S. W. W. Vol. XI. 687
Prisons in the city of Canton, E. C. B. - - Vol. XII. 604
Memorial regarding an attack on the prefect of Canton, and the riot of January, 1846, E. C. B. - - Vol. XV. 157
Riot at Canton in July 1846, and plan of the Foreign Factories, E. C. B. - - - - - Vol. XV. 364
Correspondence regarding nuisances and the riot of July, between H. B. M. Consul and the British merchants, Vol. XV. 512, 534
Case of the Queen *vs.* Compton before the Supreme Court of Hongkong for causing riot in July, 1846. - - Vol. XV. 554
Papers relating to the riot at Canton, and proceedings taken against Mr. Compton. - - - Vol. XVI. pp. 382, 425
Prohibitions forbidding other foreigners than merchants to reside at Canton, E. C. B. - - - - - Vol. XV. 561
Murder of six British subjects at Hwang-chuh-ki, and papers relating thereto, - - Vol. XVI. pp. 611 · Vol. XVII. 54, 152.
Regulations agreed on for securing the safety of the foreigners in Canton, - - - - - - Vol. XV. 104
Combinations and preparations to prevent entrance of English into Canton in April, 1849, S. W. W. - Vol. XVIII. 162
Question of entry into the city of Canton considered, and papers relating thereto, S. W. W. - - Vol. XVIII. pp. 216, 335
Alphabetical list of residents in China, 1836, - Vol. V. 426
" " " " 1841, - - Vol. X. 58
" " " " 1842, - - Vol. XI. 55
" " " " 1843, - - Vol. XII. 15
" " " " 1844, - Vol. XIII. 3
" " " " 1845, - - - Vol. XIV. 3
" " " " 1847, - Vol. XVI. 3
" " " " 1848, - - Vol. XVII. 3
" " " " 1849, - Vol. XVIII. 3
" " " " 1850, - - Vol. XIX. 3
" " " " 1851, - - Vol. XX. 3
List of commercial houses in China in 1846, - - Vol. XV. 3
Alphabetical list of residents in Canton in 1845, and an account of their residences, E. C. B. - - - Vol. XIV. 347
List of foreign residents at Canton, August, 1846, - Vol. XV. 426
" " " " July, 1847, Vol. XVI. 346
" " " " August, 1848, Vol. XVII. 419
List of residents at Shanghai and Amoy in Aug. 1847. Vol. XVI. 412

14.—FOREIGN RELATIONS.

Intercourse with China, C. W. King - - - Vol. I. 141

People ready to receive foreigners, C. G. Vol. I. 199

Writers on early foreign intercourse with China, J.R.M. Vol. III. 107

Early nations who visited China to trade, E. C. B. Vol. I. 364

Notices of the ancient intercourse with China through Central Asia, and Chinese account of Jesus Christ, W. Speer Vol. XVIII. 485

Disposition of the Chinese people towards foreigners, E.C.B. Vol. II. 277

Free trade with the Chinese, J. Goddard - - Vol. II. 355

Reply to the preceding on free trade, - Vol. II. 473

Edict requiring foreigners to leave Canton, J. R. M. Vol. VI. 296

Edict accusing foreigners of vice, E. C. B. - Vol. III. 391

Edict disallowing sedans to foreigners, R. M. - - Vol. II. 233

Jargon spoken in foreign intercourse at Canton, S. W. W. Vol. IV. 428

Communications respecting intercourse with China, by merchants in Canton, - - - - - - - Vol. III. 393

Manifesto of the native merchants of Canton addressed to the English merchants, E. C. B. - - - - Vol. XVI. 247

Negotiations with China, and ambassies to Peking, E.C.B. Vol. III. 417

Chinese account in the Ta-tsing Hwui Tien of foreign ambassies to the court of Peking, Liáng Tsintsh, - - Vol. XIV. 152

Desirableness of having a treaty with China, C.W.King, Vol. IV. 441

Measures which Christian nations ought now to pursue towards China, E. C. B. - - - - - - - Vol. VI. 1

Free intercourse with Eastern Asia, E. C. B. - Vol. VI. 390

Remarks on diplomatic agency in China, G. T. Lay, Vol. VII. 141

Questions at issue at the crisis of 1849, E. C. B. - Vol. IX. 1

Causes which may lead to a second war with China, and means to avoid them, E. C. B. - - - - - Vol. XIV. 545

Considerations on the language of communication between the Chinese and European governments, C. Cushing Vol. XIII 281

Hostilities between Russia and China, and the treaty made at Nipchú, E. C. B. - - - - - - Vol. VIII. 417

Review of Ides' ambassy to Peking, S. W. W. - Vol. VIII. 520

Relations of France with China, E. C. B. - - Vol. V. 132

Treaty of Whampoa between France and China in the Chinese and French languages, - - - - Vol. XV. 10

Treaty of Whampoa translated from the Chinese, Vol. XIV. 41

Portuguese settlements and missions in China, and review of Ljungstedt's Contribution, E.C.B. Vol. I. pp. 398, 425; III. 289, 533

Edict reöpening the Portuguese trade at Macao, Vol. VIII. 509
New regulations respecting Macao, and harbor rules making it a free port, - - - - Vol. XIV. 151; XV. 325
Assassination of H. E. Gov. Amaral of Macao, and papers connected therewith, S. W. W. Vol. XVIII. pp. 448, 532; XIX. 50
Notices of the Danish man-of-war Galathea, on a cruise around the world, E. C. B. - - - - - Vol. XV. 461
Account of the Hiáng-fan, a Mohammedan mosque and burying-ground near Canton, S. W. W. - - - Vol. XX. 77

15.—RELATIONS WITH GREAT BRITAIN

Thoughts on the conduct of the Chinese government towards the E. I. Company, R. M. - - - Vol. VIII. 615
Maxwell's attack of the Bogue in the Alceste, E.C.B. Vol. VIII. 589
Former English ambassies to China, and the necessity of forming a treaty, A S. Keating, - - Vol. V. 518; VI. 17
British burial ground at Macao, E. C. B. - Vol. XI. 48
Correspondence between the E. I. Co.'s Select Committee and the Governor of Canton, - - - - - - Vol. II. 513
Cessation of the E. I. Co.'s rights in China, E. C. B. Vol. II. 574
Review of publications respecting free trade, and the cessation of the E. I. Co. in China, E. C. B. - - - - Vol. III. 128
Commission to Lord Napier, - - - - - Vol. III. 143
Edicts and letters relating to the British Commission and Lord Napier, J. R. M. - - Vol. III. pp. 186, 235, 285, 327
Proceedings of the British authorities in China, and forcing of the Bogue, E. C. B. - - - - - Vol. III. 324, 345
Dispatches of the Duke of Wellington to Lord Napier, Vol. IX. 514
Review of a pamphlet on British relations with China, by an American Merchant, E C. B. - - - - Vol. III. 466
Proceedings of the British Commission in China, since Lord Napier's death, E. C. B. - - - - - Vol. III. 472
Relations of Great Britain with China, and review of G. J. Gordon's pamphlet, E. C. B. - - - Vol. V. 123
Relations of England towards China, and the duties of the former to learn her history, J. R. M. - - - - Vol. VI. 244
English ignorant of the Chinese and their country, Vol. VI. 249
Review of Lindsay, Staunton, Matheson, &c. on British relations with China, E. C. B. - - - - - Vol. V. 241

Memorial of the Glasgow E. I. Association, E. C. B. Vol. V. 334
Memorial of the governor-general, asking permission for Capt. Elliot to come to Canton, E. C B. - - - - Vol. V. 422
Reply permitting Capt. Elliot to come to Canton, J.R.M. Vol. V. 527
Correspondence between the E. I. and China Association and the Government of Great Britain, - - Vol. VI. 301
Capt. Elliot's letter on leaving Canton, - - Vol. VI. 352
British consular relations with China, E. C. B. - Vol. VI. 528
Duties devolving on a British admiral, C. W. King, Vol. VII. 148
Communications between Admirals Maitland and Kwán relating to the schooner Bombay, E. C. B. - Vol. VII. pp. 175, 231
Letters from Lin to the Queen of England, respecting the cessation of opium, E. C. B. & R. Thom, - Vol. VIII. 9, 497
Question of indemnity for the opium seized by Lin, Vol. VIII. 113
Memorial to Lord Palmerston from British merchants, Vol. VIII. 266
Correspondence between Capt. Elliot and Lin, - Vol VIII. 321
Review of the difficulties between the English and Chinese authorities, C. W. King, - - - - Vol. VIII. pp. 446, 529
Reply to review of difficulties, R. B. Forbes, - Vol. VIII. 532
Correspondence relating to H. B. M. sloop Hyacinth entering the Inner Harbor of Macao, - - - Vol. VIII. 543
Retrospective review of public occurrences in China from 1832–42, and particularly those relating to the English intercourse, Vol. XI. 1, 65, 121, 185, 241, 297, 345, 401, 457, 521, 577, 672
Particulars of Sir J.F.Davis's "Demonstration" on Canton, and movements of major-gen. D'Aguilar, E. C. B. Vol. XVI. pp. 182, 252
Representation of the elders and gentry of Honám to the British consul of Canton, - - - - - - Vol. XVI. 300
Remarks on Sir J. F. Davis's Demonstration on Canton, J. G. Bridgman, - - - - Vol. XVI. pp. 366, 413
Particulars of an attack made on three English missionaries at Tsingpú near Shánghái, E. C. B. - Vol. XVII. pp. 151, 340, 461
Correspondence relating to pirates, and Capt. Hay's report on the destruction of pirates in Mir's Bay, - - Vol. XVIII. 558

16.—WAR WITH ENGLAND.

Lin's proclamation regarding the surrender of the murderer of Lin Weihí, R. Thom - - - - - Vol. VIII. 212
Commissionary Lin's earnest proclamation, Shauteh, Vol. VIII. 167
Proclamations of Lin and others to foreigners respecting entering the port, J. R. M. - - - - - Vol. VIII. 426
Affray at Hongkong, and trial of British seamen for murder, by Capt. Elliot, E. C. B. - - - - - Vol. VIII. 180
Two edicts depriving the English of food and denying them their servants, J. R M. - - - - - Vol. VIII. 216
Details of the English leaving Macao, E. C. B. - Vol. VIII. 221
Chinese officers call on the people to arm, J. R. M. Vol. VIII. 264
Affair at Kaulung, E. C. B. - - - - - Vol. VIII. 269
Battle of Chuenpí, - - - - - Vol. VIII. pp. 378, 489
Prospects and consequences to the Chinese of a war with England, E C. B. - - - - - - - - - Vol. VIII. 441
Causes of rupture between England and China, J.R.M. Vol. VIII. 619
Debates in Parliament respecting the proceedings in China in 1839, - - - - - - Vol. VIII. pp. 107, 241, 321
Review of pamphlets on the war with China, E. C. B. Vol. VIII. 156
Errors in debates in parliament and the Blue Book, E.C.B. Vol. IX.414
J. Q. Adam's lecture on war with China and England, Vol. XI. 274
Arrival of the fleet, and taking of Chusan, 1840, E.C.B. Vol. IX. 219
Attack on the Barrier at Macao, E. C. B. - - Vol. IX. 234
Letters from Chusan after its capture, R. Thom Vol. IX. 230,232, 325
Chinese reports on the capture of Chusan, J. R. M. Vol. IX. 408
Capt. Elliot's visit to the Pei ho, E. C. B. - - Vol. IX. 419
Armistice and foraging on Tsungming, E. C. B. - Vol. IX. 639
Mrs. Noble's account of her captivity, - - - Vol. X. 191
Capture of Capt. P. Anstruther, - - Vol. X. 506
Jocelyn's Six Months with China Expedition, E C. B Vol. X. 510
Two propositions on the best mode of exterminating the English, J. L. Shuck. - - - - Vol. X. 531
Negotiations at the Bogue, E. C. B. - - - Vol. IX. 531
Capture of the Bogue forts at Chuenpí, E. C. B. - Vol. X. 37
Treaty of the Bogue, and Elliot's proclamation, - Vol. X. 63
Kíshen's memorial respecting attack on Bogue, J. R.M Vol. X. 108
Policy of Chinese to continue the war, E. C. B. - Vol. X. 116
Occupation of the Pearl river to Canton, E. C. B. - Vol. X. 176
Bingham's Narrative of the Expedition to China, E C B Vol. XII. 353

Kíshen's report on the defenses of Canton, J. R. M. - Vol. X. 235
Attack on the English ships at Canton, E. C. B. - Vol. X. 292
Bombardment of Canton by Sir H. Gough, E. C. B. Vol. X. 340
Capture of the Heights above Canton, Dr. MACPHERSON, Vol. X. 390
Gough and Senhouse's dispatches detailing the capture of Heights of Canton, - - - - - Vol. X. 535
Memorial of Yihshan respecting the retreat of the English, and his rescue of Canton, R. THOM, - - - - - Vol. X. 402
Defects in Chinese strategy and army by Wang, E.C.B. Vol. XI. 389
Memorials and edicts relating to the conduct of Chinese officers, R. THOM, - - - - - - - - Vol. X. 438
Arrival of Sir H. Pottinger and Sir W. Parker, E. C. B Vol. X. 475
Progress of the expedition and capture of Amoy, E.C.B. Vol. X. 522
Gough and Parker's dispatch on capture of Amoy, - Vol. XI. 148
Progress of the Expedition, and second attack and capture of Chusan, D. MACPHERSON, - - - - - Vol. X. 618
Defense made by Chinese at Chusan, &c. E. C. B. Vol. X. 635, 682
Memorial of Liú Yunko on defenses of Ningpo, J.R M. Vol. X. 675
Rescripts respecting the loss of Chusan, J. R. M. - Vol. VI. 61
Narrative of Sergeant Campbell's capture, W.C. MILNE, Vol. XI. 395
Party of Chinese kidnappers taken, W. C. MILNE, Vol XI. 614
Proceedings at Ningpo, &c., and Kíshen's trial, E.C.B. Vol. X. 587
Gough and Parker's dispatch respecting repulse at Tsz'kí, Vol.XI 496
Detail of the troops and ships belonging to Expedition, Vol. XI. 114
Pottinger's Notifications respecting operations, Vol. XI. pp. 179, 283
Military operations of British forces in Chehkiáng, J.R M. Vol.XI. 289
Reinforcement and attack on Chapú, E. C. B. Vol. XI. 341, 397
Gough's dispatch on capture of Chapú, - - - Vol. XII. 248
Memorial respecting prisoners on Formosa, and reply, Vol. XII. 501
Journal kept in Formosa by R. Gully and Capt. Denham of the Ann, E. C. B. - - - - - - - - Vol. XIV. 298
Notice of Keith Stewart Mackenzie's Second Campaign in China, E. C. B. - - - - - - Vol. XI. 643
Summary of several Chinese documents on the conduct of the war, J. R M. - - - - - Vol. XI. 470
Manifesto of the people of Tinghai in 1842 against the English troops, E. C. B. - - - - - Vol. XI. 646
Proceedings on the Yángstz' kiáng, - Vol. XI. pp 510, 569
Sir W Parker's dispatch on the capture of Wúsung, Vol. XII. 287
Reminiscences of Shánghái in 1842, J. R. M. Vol. XVII. 528
Gough's dispatch on capture of Shinghái and Chinkiáng, Vol. XII. 341

Gough and Parker's dispatches detailing the capture of Chinkiáng fú, and operations at it, - - - - Vol. XII. 464
Emperor's rescript on peace, and a manifesto against the English at Canton, S. W. W. - - - Vol. XI. 627
Negotiations between Ilipú and Pottinger, J. R. M. Vol. XII. 103
Loch's Closing Events of war in China, E. C. B. - Vol. XIII. 57
Treaty of Nanking in English and Chinese - Vol. XIII. 438
Translation of the Trèaty of Nanking, W.H. Medhurst, Vol.XIV. 26
Items of the Supplementary Treaty, - - Vol. XII. 556
Translation of the Supplementary Treaty from the Chinese, W. H. Medhurst, - - - - Vol. XIII. 143
Supplementary Treaty in English and Chinese, Vol. XIII. 449

17.—HONGKONG.

Official notices of the Government, and places in the island, Vol.X. 286
Proclamation taking possession of Hongkong, - Vol. X. 63
History of Hongkong, - - - - - - Vol. XII. 362
Map and general account of the islann of Hongkong, towns, cession, &c., E. C. B. - - - - Vol. XIV. 291
Shape of island and places in Hongkong, E. C. B. Vol. XII. 435
Charter of the colony of Hongkong, and rulès of court, Vol. XII. 380
Charitable institutions in Hongkong, E. C. B. - Vol. XII. 438
Record of criminals in Hongkong jail, E.C.B. Vol.XII. 534 ; XIII. 654
First sale of lands in Hongkong, - - - - Vol. X. 350
Ordinances and sale of lots at Hongkong, - Vol. XIII. 48
Ordinances relating to printing and seamen, - Vol. XIII. 164
Ordinances relating to powers of consuls, registration of deeds, and cleanliness, - - - - - - Vol. XIII. 217
Commissions, &c. of J. F. Davis as governor of Hongkong and superintendent of trade, - - Vol. XIII. 266
Ordinances regarding policemen and gambling, - Vol. XIII. 327
Correspondence and trouble respecting the registration ordinance in Hongkong, - - - - - - Vol. XIII. 604
Ordinance against Triad and other societies in Hongkong, Vol.XIV.57
Tenure of lands in Hongkong, - - - - - Vol. XII. 445
Memorial of British merchants respecting tenure of lands at Hongkong, - - - - - - - Vol. XIV. 397
Reply from Mr. Gladstone respecting taxation in Hongkong and remarks on it, - - - - - - Vol. XV. 278
Review of diseases at Hongkong, by Drs. Tucker and Dill, Vol.XV.124

Houses and revenue of Hongkong, - - - Vol. XV. 135
Colonial surgeon's report on the sickness and deaths at Hongkong in 1847, W. MORRISON, - - - Vol. XVII. 313

18.—RELATIONS WITH AMERICA.

Relations between U. S. of America and China, and the first ship to Canton, E. C. B. - - - - Vol. V. 218
American influence on Ultra Malayan Asia, C.W.KING, Vol. VI. 9, 61
Queries to be asked respecting American intercourse in Eastern Asia, C. W. KING, - - - - - - - Vol. VII. 206
Outline of a consular establishment in Eastern Asia for the United States, C. W. KING, - - - - - Vol. VI. pp. 69, 497
Petition of American merchants in Canton, - Vol. IX. 53
Outrages committed on Americans in 1841, E. C. B. Vol. X. 415
Notes of a trip up the river to Canton in the U. S. ship Constellation, E. C. B. - - - - - - Vol. XI. 329
Disturbances at Canton and death of Sü Amún caused by an American, S. W. W. - - - - - Vol. XIII. 333
Items of the American treaty of Wánghiá, - Vol. XIII. 509
Treaty of Wanghiá translated from the Chinese, E. C. B. Vol. XIV. 30
Message from President of the U. S. A. transmitting treaty and detail of Cushing's proceedings, E. C. B. Vol. XIV. 353, 410, 487, 525
Letter from President Tyler to the Emperor of China, Vol. XIV. 542
Annual provision made for the support of the widow and mother of Sü Amún by the person who killed him, E. C. B. Vol. XV. 307.
Interview between Kíying and A. H. Everett, - - Vol. XV. 624
Official correspondence respecting seizure of the murderers of Rev. W. M. Lowrie, - - Vol. XVI. 607; XVII. 484
Interview between Gov.-Gen. Sü and H. E. John W. Davis in 1848, S. W. W. - - - - - - - Vol. XVII. 540
Act of Congress conferring powers on the American commissioner and consuls to China, - - - - - Vol. XVII. 597
Correspondence between the Government of China and the legation of the United States relative to smuggling, &c., Vol. XX. 468
Relations between United States and Cochinchina, E.C.B. Vol V. 541
Letter from the Sultan of Muscat to the President U.S.A. Vol. VI. 432
Notice of Roberts' Ambassy to Siam, Muscat and Cochinchina, E. C. B. - - - - - - - Vol. VII. 171

19.—JAPAN, COREA, &c.

Brüger's account of the religious sects of the Japanese, Vol. II. 318

Geography, people, government, intercourse with, and productions of Japan, E. C B. - - - Vol. III. pp. 145, 193

Notice of a Corean and Japanese Vocabulary, E. C. B. Vol. IV. 195

Remarks on the Japanese language, C. G. - - Vol. VI. 105

Translation of a memoir on smelting copper, S. W. W. Vol. IX. 86

Notices of the people of Japan, by Mrs. Busk; notes by S. W. W. Vol.IX.pp. 291, 369, 489, 620; Vol.X. 10, 72, 160, 205, 279, 309

Translation of an account of Japan from the Hai-kwoh Tû Chí, or notices of Foreign Countries, T. F. Wade, Vol. XIX. 135, 206

Belcher's survey and visit to the Madjicosimah Is. Vol. XIII. 150

Brief history of Lewchew, E. C. B. - - Vol. VI. 113

Voyage of the ship Morrison to Lewchew and Japan in 1837, S. W. W. - - - Vol. VI. pp. 289, 353

Voyages of the Morrison and Himmaleh, E. C. B. Vol. VIII. 359

Loss of the transport Indian Oak on Lewchew, - Vol. XII. 78

Letter from Doctor Bettelheim at Lewchew, giving an account of his residence and labors, - - Vol. XIX. pp. 17, 57

Spanish intercourse with Japan, C. W. King. - Vol. VI. 460

Dutch intercourse with Japan, C. W. King. - Vol. VI. 553

English intercourse with Japan, C. W. King. - Vol. VII. 217

Visits of English ships to Japan, S. W. W. - Vol. VII. 588

Embassy to the Pope from Japan, S. W. W. - Vol. VIII. 273

Roman Catholic missions to Corea, J. T. Dickinson, Vol. VIII. 567

Winslow's account of a visit to the bay of Yedo by the ship Manhattan, Capt. Cooper, - - - Vol. XV. 172

Cruise of the U. S. sloop-of-war Preble, Commander J. Glynn, to Napa and Nagasaki, S. W. W. - - Vol. XVIII. 315

Loss of the French whaler Narwal on Corea and efforts of M. Montigny to recover the crew, S. W. W. - Vol XX 500

Remarks on the Corean language, C. G. - - Vol. I. 276

Copy of a syllabary and principles of pronunciation of the Corean language, J. R. M. - - - Vol. II. 135

20.—SIAM AND COCHINCHINA.

Brugiere's account of the religion and customs of the Siamese; notes by W. Dean, - - - - Vol. XIII. 169

Residence in Siam in 1830, C. G. - - Vol. I. pp. 16 45

Account of two Siamese Budhist books, J. T. JONES. Vol. IV. 177
Translation of a Siamese romance, by Mrs. Gutzlaff, Vol. III. 505
Brief history of Siam, with a detail of the leading events in its annals, CHAUFA MONGKUT, - ' - Vol. XX. 345
Siamese History, extracted from native works, J.T. JONES, Vol. V. 54, 105, 160, 537; Vol. VI. 179, 268, 321, 396; Vol. VII. 50, 543
Treaty between Siam and the United States, - Vol. VI. 387
Edict of the king of Siam against opium, Dr. BRADLEY, Vol. VII. 125
Meteorological observations made at Bangkok, J.Caswell, Vol.XIV.336
Jones' Grammar of the Siamese Language, G. T. LAY, Vol. XII. 593
Bibliographical notices of works upon Siam in the English and French languages, J. T. JONES - Vol. XVIII. 23
Letter from M. Grandjean, respecting his travels among the Laos, A. P. HAPPER, - - - - Vol. XVI. 335
Cholera in Bangkok in 1849, S. HOUSE, - Vol. XVIII. 503
Chronology of kings of Tongking, J. T. DICKENSON, Vol. VIII. 205
Account of the progress of the Roman Catholic missions in Tongking, J. T. DICKENSON, - - - Vol. VIII. 329, 603
Sufferings of French missionaries in Cochinchina, Vol. XII. 537
Notices of Cochinchina, I. HEDDE, - - Vol. XV. 113
Visit of the French vessels La Gloire and Victorieuse to Turon Bay in Cochinchina, - - - - - Vol. XVI. 310
Details respecting the people and resources of Cochinchina, by Le Fevre. From the Journal of Indian Archip. Vol. XVI. 584
Capt. Howe's narrative of his captivity in Cochinchina, Vol. XVII. 366
Notice of Taberd's Latin-Anamitic Dictionary, J.R.M. Vol. VIII. 591

21—OTHER ASIATIC NATIONS.

Relations with Burmah and Great Britain, E. C. B. Vol. VI. 250
War between Burmah and China, and tour of the ambassies to Peking, E. C. B. - - Vol. VIII. pp. 134, 169, 437
General account of Burmah and its religions, and missions to the people, J. T. JONES, - - Vol. II. pp 500, 554; III. 89
History and conquests of the Huns, C. G. - - Vol. III. 211
History and wars of the Turks, C. G. - - - Vol. III. 256
Rise and conquests of the Mongols, C. G. - Vol. III 441
Description of Asám and its inhabitants, E. STEVENS, Vol. V. 49, 97
British war with Nipal, H. M. CLARKE, Vol. VI 486
Pemberton's report on Bootan, E. C. B. Vol. VIII. 548

Rise and decline of the Ottoman empire, C. G. - Vol. V. 529
Description of Manipúr and its people, E. Stevens, Vol. V. 212
Mohammedan nations on the western frontier of China, and their relations with it, R. Inglis, - - - Vol. V. 267
Description of the country of the Kirghis, C. W. King, Vol. VI. 82
Valley of the Oxus, and deserts north of it, C.W. King, Vol. VI. 118
History of Usbek Turkestan, and present relations of its tribes to China, C. W. King, - - - - - - Vol. VI. 161
Description of Usbek Turkestan, C. W. King, - Vol VI. 28
Smith and Dwight's travels in Armenia, E. C. B. - Vol. II. 181
Wolff's visit to Bokhara, R. M. - - - - Vol. I. 413

22.—INDIAN ARCHIPELAGO.

Crawfurd's account of the divisions, islands, and people in the Indian Archipelago, E. C. B. - - - - Vol. II. 337
Discovery of the Philippines by Magellan, C. W. King, Vol. VI. 171
Chief events in Spanish colonial history in the Archipelago, C. W. King, Vol. VI. 257; VII. 290, 462, 525; VIII. 101, 169, 246
Address of Gov. Torres to the natives of the Philippines, Vol. III. 573
Spanish relations with the Chinese, E C. B. - Vol. II. 350
Notices of people in the Indian Archipelago, G.T. Lay, Vol. VI. 304
Macassar made a free port by the Dutch, - - Vol. XVI. 73
Bugis laws and vocabulary, E. C. B. - - - Vol. II. 85
Government of Borneo, and its divisions by the Dutch, Vol. XV. 504
Tour in Borneo in 1838 by E. Doty and W. Pohlman, Vol. VIII. 284
James Brooke's letter from Borneo, - - - Vol XII. 169
Capture of Bruni by British troops, - - - - Vol. XV. 498
Notices of Bruni and its inhabitants, J.T. Dickenson, Vol. VII. 121, 177
Situation and people on the island of Borneo, E. C. B. Vol. IV. 498
Voyage to Borneo, L. Monton, - - - - Vol. V. 231
Description of Pinang, and Protestant missions established in the island, T. Beighton, - - - - - Vol. III. 221
Tenure of land and secret associations at Singapore, Vol. VI. 153
Luhchau's remarks on reöpening the trade with the Indian Archipelago, E C. B. - - - - Vol. V. 433
Desirableness of planting Christian colonies in the islands of the Indian Archipelago, E. C. B. - - - - Vol. IV. 201
Account of the Battaks in Sumatra, W. H. Medhurst, Vol. VIII. 575

Account of the island of Sumatra, and murder of Lyman and Munson, E. C. B. - - - - - - - Vol. III. 307
Intercourse between the Chinese and Malays, J. Leyden, Vol. V. 553
Superstitions of the Malays, O. S. de M. - - Vol. VII. 264
Situation and people of Bali, E. C. B. - - Vol. IV. 450
Disturbances in Lombock in 1839, - - - Vol. VIII. 164
Piracies in the Archipelago and China seas, E. Stevens, Vol. IV. 518
Political and religious state of Ultragangetic India, W. Milne, IV. 551
Prospectus of the Journal of the Indian Archipelago, Vol. XVI. 565
Proposal for forming a comparative vocabulary of all the Indo-Chinese languages, - - - - - - - Vol. V. 71
Remarks on the Hawaiian dialect of the Polynesian language, and Vocabulary of words in Hawaiian, L. Andrews, Vol. V. pp. 12, 77
Laws of Sandwich Is. and publications issued, E. C. B. Vol. III. 569
Laws of the High School at Lahaina in Sandwich Is., Vol. IV. 484
Prospectus of the Hawaiian Spectator, and position of the Sandwich Islands, John Diell, - - - - - Vol. VI. 428
Visit of L'Artemise to Sandwich Is., J. J. Jarvis, Vol. VIII. 372, 645
Account of Lord North's island, E. Stevéns, - Vol. III. 450
Bonin Islands, position, number, and resources, E.C.B. Vol. III. 510

23.—PAGANISM.

Tenets of the Budhists, and laws respecting reverence to their idols in Siam, J. T. Jones, - - - - - Vol. XIX. 548
Rémusat on Budhism, R. M. - - - - - Vol. I. 155
Budhism of the Siamese, C. G. - - - - - Vol. I. 274
Remarks on Budhism, and the island of Púto, C. G. Vol. II. 214
Budhism and Confucianism compared, - Vol. II. 265
Prof. Salisbury's memoir on the history of Budhism, Vol. XIV. 423
Travels of Fa Hian, or Fah-hien, in India, H.H. Wilson, Vol. IX. 334
A Budhistic stratagem, P. Parker, - - Vol. VIII. 263
Budhist temple at Mei-chau, C. G. - - Vol. II. 563
Translation of a Budhist print descriptive of Toloni, or the Goddess of Mercy, W. J. Pohlman, - Vol. XV. 357
Neumann's Catechism of the Shamans, R. M. - - Vol. I. 285
Rémusat's observations on Shamanism, R. M. - Vol. I. 75
Worship of ancestors, and at the tombs, R. M. Vol. I. pp. 201, 499
Worship of ancestors among the Chinese, and account of funerals, &c. S. W. W. - - - - Vol. XVIII 363

Worship of Confucius, and the cost of it, R. M. Vol. I. 502
Metempsychosis, R. M. - - - - - - Vol. I. 102
Idolatry, R. M. - - - - - - Vol. I. 68
Idolatry hopelessly depraves man, E. STEVENS, - Vol. II. 165
Review of the Shin-sien Tung-kien, or General account of Gods and Genii, C. G. - - - Vol. VII. pp. 505,553
Sketch of Matsú-pú, or Queen of Heaven, J. L. SHUCK, Vol. X. 84
Sketch of Kwányin or Goddess of Mercy, J. L. SHUCK, Vol. X. 185
Sketch of Yuh-hwáng Shángtí, J. L. SHUCK, - Vol. X. 305
Mythological account of Hiuen-tien Sháng tí, with notices of his worship, S. W. W. - - - - - - Vol. XVIII. 102
Deities connected with the elements, J.G. BRIDGMAN, Vol. XIX. 312
Temple of Ama-kok at Macao, D. ABEEL, - - Vol. IX. 402
Religion of the Chinese, without altars, temples, priests, or any term to denote the true God, T. YEATES, - - Vol. XVI. 203
State religion of China, R. M. - - - - - Vol. III. 49
Lessons in sacrificial rites, E. C. B. - - Vol. VI. 253
Extracts from the writings of Chinese moralists on human nature, E. STEVENS, - - - - - - Vol II. 310
Translation of a Confucian tract, exhorting mankind to preserve their principles and good hearts, W. J. POHLMAN, Vol. XV. 377
Indifference of Chinese to their religion, &c. C G. Vol. IV. 271
Public opinion in China favors paganism, R. M. Vol. I. 330
Chinese sacrifices illustrated by extracts from the Shú King, or Book of Records, E. C. B. - - - - Vol. XVII. 97
Account of charms and felicitous appendages worn about the person, or hung up in Chinese houses, J. R. M. - Vol. XIV. 229
Prohibitions addressed to Chinese converts of the Romish faith, and notice of the customs, P. P. THOMS, - Vol XX. 85
Superstition of the people at Ningpo, - - Vol. XV. 477
Heterodoxy defined, R. M. - - - - - - Vol. I. 103
Chinese ideas of the happiness of a future state, R M. Vol. I. 373
Instances of superstition and idolatry R. M. - Vol. II. 327
Superstitions connected with pagodas, E C B. - Vol. VI. 189
Extraordinary legends of the Tauists, C. G. - Vol. XI 202
Remarks on confounding the true God with Sháng tí in an Address, E. C. B. - - - - - - - - Vol. XVII. 262
Perspicuous form of prayer returning thanks to heaven in fulfillment of vows, LIÁNG TSINTEH, - - - Vol. XVII. 365

24.—MISSIONS.

Address on the subject of Christian missions, G. Smith, Vol. XV. 234
Theory of missions to the heathen, R. Anderson, Vol. XV. 481
Plea in behalf of China; L. B. Peet, - - Vol. XVI. 321
Quarterly Review on missions, R. M. - - - Vol. I. 108
Parallel drawn between Romish and Protestant missionaries, A. S. Keating, - - - - - Vol. I. 268
Remarks on this parallel, E. C B. - - - Vol. I. 270
John Barrow's remarks on missions, R. M. - - Vol. I. 76
"England and America for the world," R. M. - Vol. II. 507
Reasons for hostility to missions, R. M. - - Vol. I. 497
Extent of modern benevolence, Ira Tracy, - Vol. II. 428
Warranty for Christian missions, E C. B. - Vol. XIII. 44
The Land of Sinim, or a survey of Christian missions to the Chinese, W. M. Lowrie, - Vol. XIII. pp. 113, 466, 537, 578, 644
An accurate relation of the first Christian missions in China, collected from the best authorities by T. Yeates, E.C.B. Vol. XVI. 153
Early introduction of Christianity into China, E. C. B. Vol. I. 447
Triglot translation of the Syrian monument of S ngán fú in Shensí, E. C. B. - - - - Vol. XIV. 202
Corrections in this inscription, E. C. B. - - Vol. XIX. 552
Obstacles and facilities now existing for promulgating the Gospel in China, E. Stevens, - - - Vol. III. 428
Wide field for missions in China, E. C. B. - Vol. I. 333
Remarks on the conversion of the Chinese, C. G. Vol. II. 565
Slow progress of propagating the Gospel in China, C.G. Vol. III. 244
Measures for extending missions by preaching, C. G. Vol. III. 559
Disposition of the Chinese government towards Christianity and laws in the code relating to it, E. C. B. - Vol. VI. 49
Toleration of Christianity given in the emperor's reply to a memorial from Kíying, E. C. B. - - - Vol. XIV. 195
Imperial decree providing for the toleration of Christianity, and restoring real estate to Christians, E. C. B. - Vol. XV. 154
Testimony of the truth of Christianity given by Kíying, and remarks by Bishop Boone, S. W. W. - - - Vol. XX. 41
Edict against Christianity by the prefect of Kiáying chau, Vol. XIX. 566
State and prospects of China viewed in connection with the late war and missions, C. G. - - - - Vol. XII. 294
Review of Harris's Great Commission, and list of Protestant missionaries, E. C. B. - - - - Vol. XII. 210

Increase of missionaries among the Chinese, E C. B Vol. XIV. 148
List of Protestant missionaries to the Chinese up to 1847, Vol. XVI. 12
Position of Protestant missions, Jan. 1, 1847, - Vol. XVI. 147
List of Protestant missionaries in China, Jan. 1848, Vol. XVII. 101
Position and operations of the Protestant missions at the five ports and Hongkong in 1849, S. W. W. - - Vol. XVIII. 48
List of Protestant missionaries sent to the Chinese up to Jan. 1852, and present position of their missions, S. W. W. Vol. XX. 513
Fuhkien people will disposed, and ready to be instructed, Vol. I. 151
Mission at Amoy and Kúlangsú, D. Abeel, Vol. XI. 504; XII. 266
Journal kept at Kúlangsú and Amoy, D. Abeel, Vol. XIII. 74, 233
Missions at Amoy up to 1846, W. J. Pohlman - Vol. XV. 355
Church at Amoy, and trip up the Min, S. W. W. Vol. XVIII. 444
Protestant missions in Shánghái, and their present operations, 1849, E. C. B. - - - - Vol. XVIII. 515; XIX. 330
Ordination of Tsin-shen as a minister of the Gospel, Vol. XV. 527
List of tracts printed in Chinese, W. J. Pohlman, Vol. XVI. 379
Synopsis of two Christian tracts, R. M. - - Vol. I. 77
Synopsis of a tract called Two Friends, E. C. B. - Vol. II. 283
Notice regarding Christian tracts published with the funds of the American Tract Society, E. C. B. - - Vol. XVII. 649
Gutzlaff's Prospectus for a Chinese Magazine, - Vol. II. 186
Milne's remarks on his Chinese Magazine, - - Vol. II. 234
Diffusion of knowledge in China, C. G. - - Vol. II. 508
Religious condition of China in 19—, I. Tracy, Vol. IV. 572
Remarks on the conversion of the Jews, E. C. B. Vol. XIII. 225
Missionary operations in Burmah and Siam, E. C. B. Vol. I. 25
Christianity in Burmah, H. Malcom, - - Vol. VI. 319
Missions in Burmah, and the Jews in Tibet, E. C. B. Vol. II. 237
Missions in Siam, Burmah, &c., E. C. B. - - Vol. V. 91
Missions in India, Karens, &c., E. C. B. - - Vol. III. 138
Missionary Journals of Tomlin and Medhurst, E. C. B. Vol. I. 224
Missions in Siam, Malacca, Java, E. C. B. - Vol. II. 478
Missions at Malacca, E. C. B. - Vol. I. 104, 376; II. 41, 93
Report of the Anglo-Chinese College for 1835, J. Evans, Vol. IV. 98
Schools at Singapore, 1835-36. - - Vol. V. 237
Advantages of an alphabetic language for teaching the Chinese their own language, I. Tracy, - - - Vol. IV. 167
Missions in Singapore and Borneo, - - Vol. III. 387
Mission schools at Penang, - - - Vol. XI. 176
Instructions to missionaries for the Indian Archipelago, Vol. V 284

Missions in the Indian Archipelago, E. C. B. - Vol. I. 242
First Report of the Benevolent Institution at Malacca conducted by J. Tomlin, - - - - - - Vol. IV. 389
New mode of teaching the Chinese, and hints as to the best manner, I. TRACY, - - - - Vol. V. pp. 41, 109
Report of the Parapattan Orphan Asylum, and of the Anglo-Chinese college, E. C. B. - - - Vol. V. 88; XI. 231
Missions among the Javanese, E C. B. Vol. II. pp. 187, 518, 569
Mission at Java and Moluccas, E. C. B. Vol. I. 203, 509; III. 438
Mohammedanism among the Malays, and defense of the Gospel, W. H. MEDHURST, - - - - Vol. III. 161
Missions in Singapore, Batavia, &c., E. C. B. - Vol. VII. 110
Missions in Borneo, Batavia, and Penang, E. C. B. Vol. VI. 99
Missions at Penang and Bombay, E. C. B. - - Vol. I. 283
In Malacca, Bombay, and at Cape of Good Hope, R.M. Vol. I. 27
Indian missions, Brahmins becoming Christians, R. M. Vol. I. 70
Missions in New Zealand and Palamcottah, E. C. B. Vol. II. 139
Missions in Ceylon, and girls' schools for Chinese, E.C.B. Vol. III. 40
Mission in Sandwich Islands and Ceylon, E. C. B. Vol. II. 379, 522
British sovereignty in India assisting missions, J. WILSON, Vol. V. 111
Mission in Siam and Van Diemen's Land, E. C. B. Vol. I. 412, 466
Mission in the Hervey Islands, - - - - Vol. V. 42
Missions in Celebes and Sandwich Islands, E. C. B. Vol. II 284
Mission in New Zealand, R. M. - - - - Vol. II. 333
Missions among the Buraets in Russia, - - Vol. XII. 142
Rizzolati's letter on Roman Catholic missions inChina,Vol. XV.39
Missions of the Romish church in China, and their accounts of their mode of conducting them, E. C. B. - Vol. XVIII. 574
Toleration of Roman Catholicism in a proclamation at Shánghái by the intendant, W. H. MEDHURST, - - Vol. XIV. 532
Toleration of Roman Catholicism in a communication from Kiying to P. S Forbes, - - - Vol. XIV. 587
Translation of Paul Sü's apology for the Jesuits, addressed to the emperor Wanlih in 1617, E. C. B. - - Vol. XIX. 118
Roman Catholic missions in China, and their distribution, A. P. HAPPER, - - - - - - - Vol. XV. 298
Letter of Bishop Besi respecting Ronish missions in Shántung, A. P. HAPPER, - - - - - - - Vol. XV. 250
An all important proclamation of Count de Besi against receiving scriptures from heretics, W. C. MILNE, Vol XVI. pp. 246, 506
Ripa's Chinese college at Naples, R. M. - Vol. I. 458

Memoirs of Father Ripa, a missionary to China, and founder of the Chinese College at Naples, E. C. B. - Vol. XVII. 377
Roman Catholic missions in Sz'chuen, in a letter from J.S. Perocheau, A. P. HAPPER, - - - - - - Vol. XV. 400
Roman Catholic missions in Manchuria and Corea, in letters from MM. Verroles and Ferreol, A. P. HAPPER, Vol. XV. 453, 507
Proclamation from the magistrate of Shanghái securing Romish missionaries a residence at Súkiá Hwui, E. C. B. Vol. XVII. 477
Romish missions in Mongolia, and Huc's letter upon his journey from S wan to Hlassa, E. C. B. - - Vol. XVIII. 617
Review of M. Huc's travels in Tartary, Tibet, and China in 1844–46; from Colburn's New Monthly Magazine, Vol. XIX. 650
Remarks on Dufresse's death and on Timkowski, R. M. Vol. I. 377
Christian books published by the Romanists, E. C. B. Vol. I. 504

25.—MEDICAL MISSIONS.

Introduction of vaccination among the Chinese, E. C. B. Vol. II. 35
Notice of the Canton Dispensary, E. C. B. - Vol. II. 276
Colledge's Ophthalmic Hospital at Macao, E. C. B. Vol. II. 270
Account of Colledge's Hospital by Ljungstedt, E. C. B. Vol. III. 364
Suggestions on medical missionaries, T. R. COLLEDGE, Vol. IV. 386
Qualifications of medical missionaries among the Chinese, Vol. IV. 575
Suggestions for forming a medical missionary society, Vol. V. 370
Regulations of the Medical Missionary, Society, - Vol. VI. 32
First report of Ophthalmic Hospital at Canton, P. PARKER, Vol. IV. 461
Second Quarterly Report of the Hospital, P. PARKER, Vol V. 32
Third Quarterly Report, P. PARKER, - - - Vol. V. 185
Fourth Quarterly Report, P. PARKER, - - Vol. V. 323
Fifth Quarterly Report, P. PARKER, - - - Vol. V. 456
Sixth Quarterly Report, P. PARKER, - - Vol. VI. 34
Seventh Quarterly Report, P. PARKER, - - Vol. VI. 433
Eighth Quarterly Report, P. PARKER, - - Vol. VII. 92
Ninth Quarterly Report, P. PARKER, - Vol. VII. 569
Eleventh report of the Hospital at Canton, P PARKER, Vol. XIII. 239
Twelfth report of the Hospital at Canton, P PARKER, Vol. XIII. 301
Thirteenth report of Hospital at Canton, P PARKER, Vol. XIV. 449
Fourteenth Report of the Hospital at Canton, P. PARKER, XVII. 133
Fifteenth Report of the Ophthalmic Hospital at Canton for 1848 and 1849, P PARKER, - - - - - - Vol. XIX. 253

First annual Report of the Medical Missionary Society, and Lay's remarks at it, - - - - Vol. VII. 419, 457
Hospital reports of the Medical Missionary Society for 1839, P. PARKER, - - - - Vol. VIII. 624
Meeting of the Medical Missionary Society in 1841, Vol. X. 448
Report of the Medical Missionary Society's hospital at Macao for 1841 and 1842, B. HOBSON, - Vol. X. 465; XI. 659
Hospitals of the Medical Missionary Society, E.C.B. Vol. XI. 335, 520
History of the Medical Missionary Society, and Dr. Parker's report of his proceedings, - - - - Vol. XII. 189
Report of the Medical Missionary Society, for 1842-44 and general account of its operations, A. ANDERSON, - Vol. XIII. 369
First Report of the Hospital at Macao, P. PARKER, Vol. VII. 411
Hospitals at Canton and Macao, E. C. B. - - Vol. VII. 551
Report of hospital at Chusan in 1840, W. LOCKHART, Vol. X. 453
Report of the hospital at Shánghái, W. LOCKHART, Vol. XIII. 408
Report of the Medical Missionary Society's Hospital at Shánghái for 1844–1845, W. LOCKHART, - - Vol. XV. 281
Report of the Hospital at Shánghái for 1847, and of the Public Dispensary, W. LOCKHART, - - - - Vol. XVII. 188
Report of Lockhart's hospital at Shánghái, and Macgowan's at Ningpo, 1848, S. W. W. - - - - - - Vol. XVIII. 505
Report of the Committee of the Chinese hospital at Shánghái for 1849, W. LOCKHART, - - - - - Vol. XIX. 307
Fourth report of the Hospital at Shánghái for 1850, and notice of the hospital at Kam-lí-fau, - - - - - - Vol. XX. 152
General Report of the Hospital at Kam-lí-fau in Canton from 1848–49, B. HOBSON, - - - - - - - Vol. XIX. 300
Report of Hospital at Hongkong for 1844, B. HOBSON, Vol. XIII. 377
Report of the Dispensary at Amoy from Feb. 1844 to July 1845, J. C. HEPBURN, - - - - Vol. XV. 181
Report of the Ningpo Hospital, 1845, D.J. MACGOWAN, Vol. XV. 342
Reports of the Hospitals at Ningpo and Hongkong, and of the dispensary at Amoy for 1847, - - Vol. XVII. 242
Medical practice among the Siamese by Dr. Bradley, Vol. V. 235
Account of the Siamese Dispensary, D. B. BRADLEY, Vol. V. 444
Medical missionary labors in Siam, D. B. BRADLEY, Vol. XV. 80
Report of the native Foundling Hospital at Shánghái, and mode of its operations, W. LOCKHART, - - Vol. XIV. 177
Formation of the China Medico-Chirurgical Society, and Dr Tucker's Address, - - - - Vol. XIV. pp 245, 445

26.—REVISION OF THE BIBLE.

Need of a new version of the Bible in the Chinese, C. G. Vol. IV. 393

Account of the Chinese version of the Bible, and the proper style for a version of the Bible in Chinese, E. C. B. Vol. IV. pp. 249, 297

Revision of the Chinese version of the Bible, and remarks on the words Spirit and God, E. C. B. - - - Vol. XV. 161

Meeting in Hongkong for revising the Bible in Chinese, Vol. XII 549

Proceedings of the Committee of Delegates on the revision of the New Testament, and vote on word for God, E.C B. Vol. XVII. 53

Proceedings of missionaries at the several ports, and of the delegates upon the version of the Testaments, S. W. W. Vol. XIX. 544

Proceedings relating to the Chinese version, report of a committee of the Am. Bible Society, &c., S. W. W. - ! Vol. XX. 216

Comparative view of six versions of John i: 1, E. C. B. Vol XIV. 54

Dr. Milne's Remarks on Chinese terms to express the Deity, VII. 314

Views of Drs. Morrison, Milne, Marshman, and others, respecting the word for Deity, E. C. B. - Vol. XVI. 99, 122

Words demanding attention in revising the Bible, E.C. B. Vol. XV. 108

Queries respecting the translation of the words God, Spirit, and Angel, E. C. B. - - - - Vol. XIV. 145

Remarks on the words God and Spirit, and the transference of proper names into Chinese, W. M. Lowrie, - Vol. XIV. 101

The words Shin, Shángtí, and Tien, examined with reference to the version of the Bible, W. M. Lowrie, - Vol. XV. 311

Remarks on the words and phrases best suited to express the names of God in Chinese, W. M. Lowrie, Vol. XV. 568, 577; XVI. 30

Remarks regarding the translation of the terms for Deity in the Chinese translation of the Scriptures, C. G. - Vol. XV. 464

Two notes against the use of Shin for God, C. G. Vol. XVI 37, 121

Remarks in favor of Shángtí for God. W. H. Medhurst, Vol. XVI. 34

Inquiry respecting the mode of designating the third person of the Godhead in Chinese, J. Goddard, - Vol XVI. 391

Inquiry into the proper mode of rendering the word God into Chinese, W. H. Medhurst, Vol. XVII. pp. 105, 161, 209, 265, 321

A few plain questions addressed to those missionaries who teach the Chinese to worship Shángtí, W. J. Boone, Vol. XVII. 357

Explanation and note on this article, W. J. Boone, Vol. XVIII. 97

Essay on the proper rendering of the words Elohim and Theos into the Chinese language, W. J. Boone, Vol. XVII. pp 17, 57

Reply to the essay of Dr. Boone on the proper rendering of Elohim and Theos, W. H. MEDHURST, Vol. XVII. pp. 489, 545, 601
Defense of an essay on the proper rendering of the words Elohim and Theos, W. J. BOONE, Vol. XIX. pp. 345, 409, 465, 569, 625
Medhurst's Dissertation on the theology of the Chinese, to elucidate the best word for God in Chinese, E. C. B. Vol. XVII. 414
Remarks on the notes of Z. Z. by Rev. W. H. Medhurst; and reply to these remarks in explanation, E. C. B. - Vol. XVII. 459
Letter upon the use of the terms Shin and Shángtí, and that *it* is not a generic term, - - Vol. XVIII. 100
Thoughts on the manner of expressing the word for God in the Chinese language, J. BOWRING, - - Vol. XVIII. 600
Staunton on rendering the word God, and Medhurst on the True Meaning of the word Shin, S. W. W. - Vol. XVIII. 607
Letter on the objects to be had in view in translating Elohim and Theos into Chinese, M. S. CULBERTSON, Vol. XIX. 90
Thoughts on the term proper to be employed in translating Elohim and Theos into Chinese, E. DOTY, - Vol. XIX. 185
On using two terms for God, E. T. R. MONCRIEFF, Vol. XIX. 280
Letter on Dr. Legge's argument on the word for God in Chinese, E. T. R. MONCRIEFF, - - - - Vol. XIX. 524
Letter to Editor of the Chinese Repository, with a translation of a tract on Nourishing the Spirit, W. H. MEDHURST, Vol. XIX. 445
Medhurst's Inquiry into the proper mode of translating *ruach* and *pneuma* in the Chinese version of SS., E. C. B. Vol. XIX. 478
Notes of an interview between H. E. Sü K'yü, and the Bishop of Victoria, at Fuhchau, Dec. 1850, - Vol. XX. 247
Reply to letter from Rev. Messrs. Medhurst, Milne and Stronach, on the Chinese version of Bible, S W. W. - Vol. XX. 485
Illustrations of Scripture, S. W. W. Vol. VIII. 640; XVII. 537
The name of Jesus as used by Malays, W. H. MEDHURST, Vol. XII. 449

27.—EDUCATION SOCIETIES, &c.

Formation of the Society for the Diffusion of Useful Knowledge in China, - - - - - - - - - Vol. III. 378
First Report of the Society D. of U. K. in China, E C.B. Vol. IV. 354
Second report of the Society D. U. K. in China, J. R. M. Vol. V. 507
Third report of the Society for D. U. K., J. K. M. Vol. VI. 334
Fourth report of the Society for D. U. K , J. R. M. Vol. VII. 399

Advantages of education, an essay, - - - Vol. V. 574
Origin and design of the Singapore Institution, E. C. B. Vol. IV. 524
Examination of the Singapore Institution and schools, Vol. VII. 548
Desirableness of uniting three educational institutions into a single large one, - - - - - - - - Vol. VI. 96
Proceedings relative to the formation of the Morrison Education Society, E. C. B. - - - - - - Vol. V. 373
First annual report of the Mor. Ed. Soc. 1837, E. C. B. Vol. VI. 229
Library of the E. I. Company for the Mor. Ed. Soc. E.C.B. Vol. IV. 97
Second annual report of Morrison Ed. Soc. E. C. B. Vol. VII. 301
Position of benevolent societies in China in 1841, E. C. B. Vol. X. 52
Third report of the Morrison Ed. Society, E. C. B. Vol. X. 564
Examination of school of the Mor. Ed. Soc., E.C.B. Vol. XI. 337, 520
Fourth annual report of Mor. Ed. Soc., S. R. Brown, Vol. XI. 541
Fifth annual report of Mor. Ed. Soc., S. R. Brown, Vol. XII. 626
Sixth annual report of Mor. Ed. Soc., S. R. Brown, Vol. XIII. 619
Catalogue of books in library of Mor. Ed. Soc., E C.B. Vol. XIV. 288
Seventh annual report of Mor. Ed. Soc., S. R. Brown, Vol. XIV. 465
Compositions of students in the school of the Morrison Education Society and remarks, - - - - Vol. XIV. 497
Fund established for maintenance of the Mor. Ed. Soc. Vol. XV. 56
Eighth annual report of Mor. Ed. Soc., S. R. Brown, Vol. XV. 601
Tenth annual report of the Mor. Ed. Soc., W.A. Macy, Vol XVIII. 33
Formation and rules of the Asiatic Society in China, Vol. XVI. 92
Seamen in the port of Canton, E. Stevens, - Vol. II. 422
Plan for a hospital for seamen in China, E. C. B. - Vol. III. 373
First Report of the British Seaman's Hospital, 1836, Vol. V. 274
Formation of a Seamen's Friend Association, - Vol. VII. 577
Report of this Association, C. W. King, - Vol. VIII. 120

28.—RELIGIOUS.

A Christian, R M. - - - - - Vol. I. 64
Friendship, and persecution, R. M. - - Vol I. 65, 100
The excellence of the Bible, R. M. - - Vol. I. 101
The influence of religion, R. M. - - Vol. I. 147
The name of Jesus an offense, R. M. - - Vol. I. 149
Neglecting the Savior, R. M. - - - - Vol. I. 150
Remarks on anger, and on the Lord's day, R. M. Vol. I. 280, 289
Notice of Rose's Christian Advocate, R. M. - Vol. I. 337
The emperor Julian's conduct and character, R. M. Vol. I. 370

The Gospel Echo, a hymn, R. M. - - Vol I. 375
Wane of false religions, R. M. - - - Vol I. 408
Wilson's Friendly Admonitions, R. M. - - Vol. I. 411
Christians by birth and by conversion, R. M. Vol. I. 457, 452
Communion of saints, R. M. - - - - Vol. I. 496
Prophecy a sure trust, C. G. - - - - Vol. II. 176
Death of those who have not the Gospel, R. M. Vol. II. 281
Pride and humility, C. G. - - - Vol. II. 376
Exhortation to peace among nations, R. M. - Vol. II. 510
Self-delusion of mankind, R. M. - - - Vol. II. 568
Dispute and controversy, R. M. - - - Vol. III. 140
Rest for thee in Heaven, - - - Vol. IV. 305
Address on Christian union among ministers, - Vol. IV. 399
Appeal to foreign Christians in China, R. M. - Vol. I. 240
Means of doing good in China, G. T. Lay, - - Vol. VII. 193
Address to foreign residents, E. C. B. - - - Vol. X. 44
Reflections and improvements on the sickness and death in Hongkong, Dr. Crommelin, - - - Vol. XII. 610
Claims of Christianity to be received, E. C. B. Vol. XIV. 51
Remarks of a Chinese preacher on the Sabbath, and notice of it in the Yih King, S. W. W. - - Vol. XVIII. 159
Synopsis of sermon on board the ship Morrison, E. C. B. Vol. II. 45

29.—BIOGRAPHICAL NOTICES.

Life and labors of William Milne D. D., E. Stevens, Vol. I. 316
Faithfulness of Dr. Milne, R. M. - - - Vol. I. 410
Notice of the life and writings of the Rev. Robert Morrison, D. D., E. Stevens, - - - - - - Vol. III. 177
Memoirs of the life and labors of Dr. Morrison, J. R. M. Vol. X. 25
Notices of Mrs. Marshman and Mrs. Morrison, Vol. XVI. 297
Sermon on the life and character of Hon. J. R. Morrison, S. R Brown, - - - - - - - - Vol. XII. 456
Epitaph to Robert Morrison D. D., J. F. Davis, - Vol. III. 176
Epitaph on tomb of J. R. Morrison, - - Vol. XV. 106
Obituary of Edwin Stevens, seamen's chaplain, E. C. B. Vol. V. 513
Obituary of Rev. Alanson Reed, Mrs. E. G. Jones, Vol. VI. 548
Obituary notice of Rev. N. S. Benham, J. Caswell, Vol. IX. 84
Memoir of the Rev. Walter M. Lowrie, missionary to China, M S. Culbertson, - - - - - - - Vol. XIX. 491

Williamson's memoir of Rev. David Abeel, S.W. W. Vol. XVIII. 260
Obituary of Rev. John Lloyd, W. J. POHLMAN, Vol. XVII. 651
Biographical notice of Mrs. Dean, W. DEAN, - Vol. XII. 207
Obituary notice of Mrs. H. Shuck, J. L. SHUCK, Vol. XIV. 19
Obituary notices of Mrs. Pohlman, Mrs. Doty, and Mrs. Stronach of Amoy, Mrs. Fairbrother and Mrs. Hobson, Vol. XVI. 168
Funeral sermon on Mrs. Mary Sword, P. PARKER, Vol. XIV. 377
Obituaries of D. W. C. Olyphant and of the Rev. C. Gutzlaff, S. W. W. - - - - Vol. XX. 609
Review of the Life of G. Magaillans, E. C. B. - Vol. X. 605
Bohur's life of Francis Xavier, E. C. B. - Vol. XII. 258
Biographical notice of J. A. Gonçalves, J. M. CALLERY, Vol. XV. 69
Inscription in Chinese on a tomb in Honam, E. C. B. Vol. VII. 389
Rémusat's biographical notice of Prémare, S. R. BROWN, Vol. X. 668
Sermon on the life and character of Lord Napier, E.C.B. Vol. III. 271
Obituary of Captain James Horsburgh, Capt. HINE, Vol. V. 381
Biographical notice of Robert Thom, and a review of his Chinese Speaker, E. C. B. - - - - - - Vol. XVI. 236
Sketch of life and character of Confucius, S. W. W. Vol. XI. 411
Life and times of Confucius, noticè of his ancestors, birthpalace, &c., E. C. B. - - - - Vol. XVIII. 337
Rémusat's notice of Mencius, Mrs. COOLIDGE, - Vol. X. 320
Rémusat's notice of the life and writings of Sz'má Tán and his son Sz'má Tsien, Mrs. COOLIDGE, - , Vol. IX. 210
Rémusat's notice of Sz'má Kwáng, Mrs. COOLIDGE, Vol. IX. 274
Rémusat's notice of the writings and life of the antiquarian Má Twánlin, Mrs. COOLIDGE, - - - Vol. IX. 143
Memoir of Chú Hí, the Chinese philosopher, and a notice of his writings, E. C. B. - - - - - - Vol. XVIII. 187
Sketch of the character of Hokwan, or Duke Ho, prime-minister of China, E STEVENS, - - - Vol. III. 241
Memoir of the general Chin Chungmin, the hero of Wúsung, W. H. MEDHURST, - - - - - - Vol XIII. 247
Life of the Emperor Hungwú of the Ming dynasty, C.G. Vol. VII. 353
Rémusat's notice of life of Hungwú, Mrs. COOLIDGE, Vol IX. 389

30.—MISCELLANEOUS.

Objects in publishing the Chinese Repository, E. C. B. Vol. I. 1
Course and notice of tyfoons, E. C. B. - Vol. VIII. 225
Tyfoon in 1832, J. R. M. - - - - Vol. I. 156

Tyfoon in 1835, E. C. B. - - - Vol. IV. 196
Tyfoon of June, 1846, - - - Vol XV. 445
Tyfoon of October, 1848, - - - Vol. XVII. 594
Climate of Canton and Macao, E. C. B. - - - Vol. I. 488
Observations on the thermometer for four years at Shánghái, W. Lockhart, - - - - Vol. XVII. 527
Meteorological notices at Chusan by Capt. Collinson, Vol. X. 352
National partiality for our country, shown by Chinese, English and American writers, E. C. B. - - - - Vol. III. 303
Jews in China mentioned by the Jesuits, E. C. B. Vol. III. 172
Finn's account of the Jews in China, - Vol. XIV. pp. 305, 388
Royal Asiatic Society of London coöperating with the Society for the D. U. K. in China, E. C. B. - - - Vol. V. 478
Publications of the Society for the Diffusion of Useful Knowledge, E. C. B. - - - - - Vol. II. 329
Transactions of the Royal Asiatic Society and the Oriental Translation Fund, R. M. - - - - Vol. II. 516
Case of the Chinese peasant Hu Lú, E. C. B. - Vol. III. 489
Prices of provisions in market of Shánghái in 1849, Vol. XVIII. 109
Armenian apothegms by Otto S. de M. Vol. IV. pp. 268, 425; V. 278
Lines on seeing Sir Walter Scott embark for Europe, Vol. V. 31
European periodicals beyond the Ganges, E. C. B. Vol. V. 145
Meadows' Commercial Reporter, and synopsis of it, Vol. XVI. 129
Temperance, and measures taken to extend it, E. C. B. Vol. V. 289
Chinese views of intoxicating liquor as described in the Book of Records, W. J. Pohlman, - - Vol. XV. 433
London Court Journal on the name China, R. M. - - Vol. I. 205
Davidson's plan for taking Chinese to New South Wales, Vol. VI. 299
Intercourse with the aborigines of British settlements, Vol. VII. 212
The Lusiad, and cave of Camoens, Mrs. H. Shuck, Vol. VIII. 553
Wanton use of native words by English writers, E C. B. Vol. X. 560
Diary of two Parsee travelers to England, E. C. B. Vol. X. 653
Account of the 26th Cameronian Regiment, E. C. B. Vol. XII. 145
Passage to Europe viâ Egypt, H. H. Lindsay, - Vol. III. 252
Review of Champollion's Grammaire, G. T. Lay. Vol. XII. 337
Asiatic cholera in Ningpo and in China, W. C. Milne, Vol. XII. 485
Account of topography, &c., of Oregon, G. Hines, Vol. XV. 84
Desirableness and feasibility of procuring ice in Canton from the Pei ho, T. T. Meadows, - - - Vol. XX. 443
Mrs. Sigourney's lines on a painting of J.D.Perit's grave, Vol. XIV.243
Ode to the Deity from the Russian, J. Bowring, Vol XIX. 245

GENERAL INDEX.

[*Note.*—In this General Index, the system of spelling Chinese words proposed in the eleventh volume of the Repository has been applied to all the names of places, persons, &c., referred to in it, which involves a slight change in some of them from what they are spelled in the first ten volumes.]

Abdallah, life is spared - v 273
a relative of Jehanguir - i 472
family is seized - - v 357
Abeel (D.) proceedings in Siam i. 26
remarks on mission there - i 466
notice of Residence, &c. xviii 27
distributes tracts at Singapore ii 45
leaves Siam for England ii 95
goes to Amoy - - xi 505
visit to Formosa - - xi 627
visits Chángchau fú - xii 528
notice of Sü Kiyü - xx 169
journal kept at Amoy - xii 266
missionary labors there xiii 74
receives visits from officers xiii 233
remarks on infanticide - xii 540
dies in the United States xvi 56
biographical notice of - xviii 260
Abel (C.) work on Chinese natural history - - iii 86
notes on coal - xx 113, 117
account of the kotau - xvii 223
Aborigines of China, tribes of xiv 105
soldiers in charge over - xx 382
of Formosa - iii 497; ii 419
of the Indian Archipelago ii 393
of New Zealand - ii 332
of New Holland - - vii 222
of India, soc. for bettering viii 518
in Canton province - i 29
called Nú-i near Tibet - i 173
called Abors in Asam - v 53, 99
in Manipúr, tribes of - v 216
in Yunnán and Burmah xviii 599
are badly treated - xiv 115
Accusations not to be anonymous i 472
Acheen in Sumatra - iii 316
attacks Portuguese, king of ii 402
Adams (W.) a pilot in Japan vi 553
incites E. I. Co. to trade vii 217
(J.Q.) lecture on Chinese war xi 274
Admiral Wan sees Lindsay ii 540
ought to do, what a British vii 148
Kwán sees Maitland - vii 232
Kwán seeks armistice - xi 578
Wú visits Kearney - xi 333
Wú degraded - - xiii 603
Ho writes Gov. Bonham xviii 616
Admiralty court formed - xiii 181
jurisdiction, rules of - xii 383
Adultery, law respecting - ii 107
wife killed for - - - i 149
in Shántung, case of - ii 287
Hawaiian law against - iii 571
decision in case of - - xx 55
Æsop's Fables, translation of vii 334
published by Thom - ix 201
published by Soc. D. U. K. vii 403
Romanized in Fuhkien xiii 98
Agar-agar described - - ii 447
Age honored by the Chinese xvi 21
custom to ask a person's xvi 66
supported at Shánghái - xv 406
celebration of an old man's birth day to respect xiii 36
by Kánghi, festival to - xvii 394
account of festival to ii 440; ix 258
screen given a lady of xiii 535
is reckoned, when - xiii 1
Agriculture, how esteemed - i 304
ranks among occupations xvii 582
government should promote xii 278
antiquity of - - iii 121
herdboy's praise of - - ix 510
carefulness of people in ix 400
procession in honor of - xiii 138
annual ploughing to - ii 576
described, implements of - v 485
practice of irrigation in xvi 409
at Singapore, society for vi 159

produce of an acre in - xiii 26
altar to gods of, - - ii 495
deities worshiped to aid viii 641
in Lewchew - - vi 226
in Japan, condition of - x 284
extracts from the Encyclopedia of - xviii 13, 303, 449
exhortation to - - xvii 588
Aikom or Aykom on Sagalien xiii 571
Aksu, town in Ili (see *Oksú*) ix 125
Albazin Cossacks at Peking viii 408
Albert's Peak on the coast xii 420
Alceste island, position of - x 373
ought to be seized for a port xii 10
ship lost in 1818 - iii 86
ship enters the Bogue - viii 585
Alcock's notice upon limits xvii 318
notice respecting tautai xvii 403
notices to captains - xvii 407
explains tautai's acts xvii 410
remarks on sending tea from Fuhchau - - xiv 304
publishes port regulations xv 566
notice about sugar - xviii 662
Alfoors in Celebes, mission to ii 284
Allen (Dr.) Essay on opium xx 479
Allom's Views in China - xiv 118
upon silk, extract from - xvi 223
Almanac, religious character of xv 44
a Mohammedan-Chinese - xvi 60
notice of a Hawaiian - iii 560
for 1834, the Australian - iii 185
character of the Hindoo v 2
for 1844, the Christian - xiii 104
for 1843, the Christian xii 112
for 1845, the Christian - xiv 136
description of the Chinese vii 400
Aloho proposed as a rendering of Elohim - - xix 96
is to be regarded, how xix 355
reasons for and against xix 616
found on Syrian monument xiv 224
used by Mohammedans xiii 33
modes of writing - xix 552
noticed in Bib. Soc. minute xx 218
Altai Mts., of the position vi 272, 29
meaning of the name - i 120
Altars to the gods of grain - ii 482
for sacrificing to heaven - ii 493
near Peking - - xix 148
Altchoucu, a town in Kirin xiii 562
Alum used by Chinese - ii 447
Amaral (Gov.) arrives - xv 224
murdered by Chinese xviii 448
particulars of death of xviii 532
murderers, confession of xviii 672
correspondence upon xix 50
Ambassies, notice of ancient ii 80
between China and Russia viii 418
of E. I. Co. by Skottowe - v 129
to Peking, number of xiv 153
remarks on - - vi 17
are desirable - - vi 301
misconceptions in sending v 518
recommended by E. I. Co. v 245
of Ides to Peking - viii 520
to China, different - - i 425
from China to Manila - ii 403
from Manila to Japan - vii 300
to pope from Japan viii 273
sent from Japan - - i 365
sent under Clavijo - iii 113
in 1795, Macartney's - ii 337
of Dutch in 1656 - xiii 393
from Ava, Burmese - ix 437
to Siam from U. S. A. vii 171
at Peking, hotel for - ii 482
from Pegu and the Caspian ii 347
person proper for an - vii 145
return of Lord Amherst's viii 588
from Russia, early - xx 32
Amber, its value and demand ii 447
Ambergris, characteristics of ii 447
Amboyna, missions at - i 242
the Dutch capture - vii 472
English killed at - ii 404
Americans first visit China v 219
Chinese name for - xiv 418
in Canton, position of - iii 408
visit to Cochinchina of - v 541
influence in Malaysia - vii 9
exert a Christian influence vii 61
in Asia, queries connected with influence of - vii 206
consular system proposed vi 69
arguments in favor of consular system for - vi 497
ambassy to Siam - vii 171
studying Chinese - iii 12
ships Panama and Kosciusko xi 578
try to trade in Japan - x 161
brig Huron's voyage - iv 308
Sherry killed by Chinese x 419
Sü Amún killed by an - xiii 334
particulars of this act xiv 487
depositions respecting xiv 526
whalers in Japan - xviii 323
legation in China 1846 - xv 10
legation in China 1847 xvi 11
legation in China in 1848 xvii 10
ought to vindicate themselves v 155
ships, consular rules for viii 459
ship Eclipse in Japan vii 592
residents, position of - viii 446

made in China vi 284; i 168; ii 300
seized, Edwards, an xi 586; x 639
flag rehoisted at Canton xi 83
get indemnity - - xii 224
employed in making guns xii 108
limits allowed to the - xvii 432
in China, act to regulate xvii 599
ought not to enter Canton xviii 277
See *United States*, *Trade*.
America, Rhode Island in xx 173
noticed by Sü Kiyü - xx 188
peopled from Asia - - x 305
Amherst rock near Wusung xii 428
Amherst, reception of Lord xi 88
Kiying's remarks on Lord xiii 69
voyage of the ship Lord ii 529
Amiot's remarks on population i 346
on Chinese gods - xvii 27, 297
describes festival to aged ix 260
remarks on the Manchu xviii 651
sent off from Peking - xiv 161
note about Russian frontier v 208
notes on China - - ix 114
Amomum, a kind of spice, - ii 448
Amoy, position of - - xi 504
survey of the harbor of - xii 121
approach to anchorage of xii 401
harbor, entrance to - xiv 269
harbor and town of - vi 12
a busy trading-place - i 97
visited by Lindsay - - ii 534
East I. Co. trade at - v 125
plants found by Fortune at xvi 580
population & products xv 160, 362
feuds among villagers at xv 623
visited by H. M. S. Blonde ix 222
Chinese version of visit to x 443
rewards for defending - x 445
blockaded by the Alligator ix 326
captured by the English - xi 148
Pottinger's official notice of x 524
eyewitness describes attack of x 621
incidents of attack on - ix 638
Chinese account of losses at x 590
Liú Yunko on defenses of ix 686
English forces left at xi 294
in 1842, garrison at - xi 115
in 1844, troops at - xiii 12
Chinese beaten to death at xx 49
duty on sugar reduced at xv 479
sights near - - - xvi 76
defined, limits of port of xii 631
death of Mr. Pohlman of xviii 51
notice respecting shipping xvii 375
in 1819, trade at - xix 521
Fleetwood drowned at xix 680
notices of people of xiii 74, 233
dialect, effort to romanize xx 472
schools at - - xx 523
residence of foreigners at xiii 168
missionaries at - xiii 47
funeral and death at - xviii 373
Hepburn reports hospital at xv 181
review of missions at xv 355
emigrants sail from - xvi 208
list of residents at - xvi 413
mission church erected at xviii 445
diseases prevalent at - xvii 252
mission begun at - xii 268
favorable reception of the mission at - - xviii 270
Amulets used by the Chinese xiv 229
several kinds of - xx 86
Amur river (see *Sagalien*) i 115
Anatomy of a small foot - iii 539
plate illustrating Chinese ix 194
Ancestors, temple of imperial ii 488
worship of - - xviii 363
day for worshiping - xviii 14
visited, temple of - xiii 90
worshiped as *kwei* - xv 583
worshiped at Ningpo xvi 59
all men should worship xviii 257
sometimes discarded - xv 42
worshiped in Chau dynasty xix 440
honors paid to - xvii 540
pope's decision on worship i 477
mode of clan worship of v 313
tablet in worship of - xx 91
among Jews, worship of xx 457
Anchah sz' or provincial judge ii 206
Anderson (E.) on Ambassy vi 27
(A.) letter to Pottinger xii 462
report of Med. M. Society xiii 369
(R.) sermon on missions xv 481
Andrade, early trader to China ii 152
proceedings of - - i 399
Anecdotes with a moral xvii 646
illustrating character - xviii 159
of a jailer - - xiv 301
of Japanese life - - x 72
of a horse ennobled - xv 376
of a man cut his tongue off vii 583
of a beggar - - xvi 52
of torture of a prisoner xvi 66
of Confucius - x 614; xi 416
bravery of a woman - xvii 402
carelessness towards idols xviii 232
of blood revenge - xviii 400
of genii, generals, &c. x 556
of pursuing a murderer viii 345
of three girls - - vi 568

8

book of - - - - vi 445
of the Fragrant Hill ii 223
of a falsehood - - xi 508
of a forced donation - xix 391
of the God of war - xiii 22
and fables taken from Chinese history - - xx 94,122,194
Aneurism, case of - viii 634
Angel, how to be translated xiv 146
called *tien-shin* - - xiv 225
Anger, remarks on - i 280
Angling for frogs - - x 472
Anglochinese College, deed of x 32
plan of instruction at - i 105
Tomlin's notice of pupils at ii 42
Marjoribanks recommends iii 138
for 1834, Report of - iv 98
in 1835, state of - - v 90
remarks on tuition at - vi 97
by government, grant to vi 248
visited by a Romanist - xiii 596
Shauteh, a student of xvii 196
depreciated by Quarterly i 270
Tomlin principal of the i 26, ii 41
letter from a student in - i 331
Morrison founds the - iii 183
Legge succeeds Evans as principal of - - xi 159; x 54
a quarterly to be issued at v 149
See *Malacca, Morrison.*
Animals to be marked - ii 99
not to be reared, venemous ii 104
various domestic - - iii 463
Aniseed stars, an export ii 448
Ankoy hills visited - iv 72
position of the - - xi 656
teas from the - - viii 150
Anming, an aged statesman iv 188
comes to Canton - v 47
Ann, proclamation respecting murder of crew of the - xi 682
loss and capture of men of xii 114
Anson (Lord) sees the governor v 127
captures the Cabodongo viii 175
Anstruther (Capt.) seized - ix 422
receives supplies - x 198
particulars of capture of x 506
revisits Ningpo - x 588
prison at Ningpo - xiii 85
Antiquarian Researches of Má, new edition of the - xx 281
Aoukhan, beg of - - i 208
Apotsai, or Chang Paou, pirate iii 72
Appeals at law, how conducted iv 262
at Peking, court of - iv 149
to governor at Canton ii 203
sometimes not heard - xx 54
Arab travelers to China - i 7
faces seen in Canton xii 12
learning of the - - i 365
trade in Ind. Archipelago ii 397
trade to China - - iii 109
in Java take tracts - ii 570
a Chinese able to write in xiii 31
Aral, lake or sea of - vi 33
Archery, how practiced - iv 103
Archipelago, Indian, divisions of ii 385
character of native rule in viii 368
missions in the - i 242
Chinese emigrants to - ii 230
commerce desirable with v 433
Bugis laws and language in ii 88
historical occurrences in ii 401
a Chinese returns from ii 161
Lay's notices of islands in vi 305
Brooke's letter on - xii 169
tabular view of languages in vii 180
political & religious state of iv 551
nature of missions in - v 285
piracy in the - - vii 188
Journal of the - - xvi 565
Macassar made a free port xvi 73
Architecture, principles of ii 195
in dwellings, plan of - xv 229
bridge over Min - xv 187
arrangement of offices xviii 230
materials of houses ix 483
doorposts with characters xvii 539
Argun, letter of - - xix 531
Argyle, (ship) loses her boat xi 81
proceedings relating to the xi 122
reach Canton, seamen of iii 478
Ari or Ngari *(see Tibet)* - i 174
includes Ladak - - vi 28
Armenia, king Haitho of - iii 112
Smith and Dwight travel in ii 184
apothegms iv 268, 425; v 278
letter from Bali - - iv 459
a writer from - - xvi 166
Arms (W) goes to Borneo vi 99
Arms disallowed common people ii 49
a kind of padded shield xii 334
in Formosa - - xiv 300
carried by Malays - i 227
supplied to the Chinese x 527
of Manchus in garrison xi 431
Army, laws for the - ii 98
ten rules for the - ii 129
organized by Ming - xi 609
under Yihking in 1842 xi 474
of Kwángtung is poor - vi 598
of the Tibetans - ix 42

promotions in the - x 445
instructions for an - - xi 487
Bannermen in the - xx 250
Metropolitan troops in the xx 300
troops of the line in the xx 363
sent to Kwángsí - xx 54
Arrack, where and how made ii 448
Arracan, missions to be in v 72
Arrows of Dayaks - vii 181
esteemed by the Chinese v 176
Asferah Mts. near Kokand vi 31
Ashmore (W) arrives - xx 112
goes to Siam - - xx 288
Asia, map of Eastern - ix 494
trade, &c., with Eastern vi 390
early intercourse through xviii 485
divisions of Central - vi 28
geology of Central - vi 272
countries in west of Central vi 118
destinies of ultra-Malayan vii 991
route through Central x 305
Asiatic Society, proceedings at
Xth anniversary of - ii 516
Journal noticed - - iv 101
Journal, contents of - iv 194
Journal on translations iv 294
Journal of Bengal iv 39; ii 139
in China, formed - xvi 54
in China, rules of - xvi 93
in China, Transactions xviii 86,561
assist in Chinese studies v 476
Astronomy long cultivated iv 3
of Book of Records - ix 573
noticed in the Shú King viii 388
treated of in Statistics xii 67
notions of Burmese on - ii 555
Hobson's work on - xx 478
college at Peking - iv 183
in 1845, Board of - - xiv 84
Astronomer, the patriarch - xx 129
dismissed from Peking xiv 161,163
Ass used in Chihli - - i 137
described by Chinese vii 552
used for burdens - xx 443
Assafetida, how obtained ii 449
Assam, geography of - v 49
government of - - v 97
origin and people of - v 71
tea exported from v 102; vii 176
opium used by people in viii 513
Assembly-halls among Chinese xi 686
Assize, autumnal, of 1832 ii 570
in 1846, cases at - xvi 269
reason for the term - v 44
provincial - - - v 47
in 1827, decisions at - xiv 163
Associations, secret, object of i 207
make fracas in Singapore xv 400
detected, the Wonderful i 31
numerous in Canton - xiv 157
plots of religious - iv 415
in China and India, many vi 157
evils of secret - - xiv 69
notice of the Triad, - xiv 244
actions against - - v 94
of Great Elevation of Chihli vi 10
Auber's Intercourse with China iii 134
Audience, ceremonies of an i 254
of Portuguese - - i 429
officers at an - - v 10
with Kanghí, Ides' - viii 526
with siogoun of Japan - ix 494
at Nagasaki - - ix 310
of Chinese envoys - ix 439
Australia, Chinese to be sent to vi 299
Port Essington in - vii 336
Directory of Sydney in iii 185
Authors mentioned in History
made Easy - - x 9
on history - - - iii 60
on China errors in, - x 641
Autographs, passion for - ix 367
Avril's travels in the East - x 301
Bactria, its ancient importance vi 161
Badakshan, west of China v 268
the river of - vi 32
latitude of town in - xiii 572
Bahadur khan of Bokhara vi 90
Balestier (J) consul at Singapore vi 160
note to Dr. Bridgman xv 101
arrives in China - xviii 672
goes to Cochinchina xix 232
Balfour's consular notices xii 631
appointed to pay losses, xii 224
pays the hong debts xii 447
Pottinger's letter to - xiii 52
employs the pupils of Morrison
Ed. Society - xiii 627
Bali, notice of island of - iv 450
Baldness in women, cause of xvii 243
Balkash in Ili, the lake, i 171
Kirghis near the - vi 29
Balkh, a city west of China vi 119
of the Oxus, river - vi 33
is the ancient Halah i 413
Bamboo, description of - iii 262
canes, export of - ii 449
used to punish ii 12; xii 246
how applied - - iv 342
abundant in Formosa xiv 301
metaphors alluding to ii 275
Bamoo, a place near Yunnan ix 458

traffic at - - xviii 597
Bamplasoi in Siam, town of i 24
Banditti in Hiangshán - i 80
die in prison, three hundred iii 48
power and number of - iv 557
seized in Fuhkien - v 8
organization of - - ix 617
levy blackmail - xiv 157
Bangkok, climate of - xiv 339
account of city of - vi 55
cholera in - xviii 503
ramparts of - - xiii 196
ophthalmic hospital - xv 80
approach to - - i 231
capital removed to - xx 354
burning of mission at - xx 111
founding of - - v 57
noticed by Tang - ix 23
topography of - vi 124
in 1836, mission at - v 235
in 1840 disturbances at viii 600
See *Siam, Jones.*
Banishment, degrees of ii 12; iv 367
Bannermen in 1845, officers of xiv 85
meaning of the word - xviii 657
organization of the xx 267
distinctions among the - xx 252
Barantola, a name for Tibet i 173
Barbarian, remarks on the word iii 134
character *i* wrongly rendered iv 294
Barber's shop place for news ii 432
in Canton, number of - ii 306
injure the eye - x 460
Barkoul, a canton in Kansuh i 170
position of - - xiii 572
description of - - ix 116
subdivisions of - xiii 325
Barrier at Macao attacked ix 237
details of skirmish at - ix 327
Barrow, (John) at Chusan ix 104
crossing Yellow R. - xix 507
mutiny of the Bounty i 76
notices of Hangchau fú xi 106
note on population of China i 353
(Dr.) remarks on God xix 574
Bashee Is. visited by Belcher xiii 150
Batanes Is., visit to the xiii 150
Batavia taken by Dutch ii 404
schools in - - vi 238
Chinese at - - - i 152
tracts distributed in - i 509
mission at - - - ii 480
mission in 1834, report of iii 438
Chinese name of - xiii 563
See *Java, Medhurst.*
Bathang, a place in Sz'chuen xix 672
the position of - - xix 397
Bath at Nanking described xi 215
numerous at Ningpo xvi 106
much used at Shanghái xiii 415
at Fuh chau - - xv 200
Battaks described by Raffles iii 320
Pinto sent envoy to the iii 113
have many chiefs - v 333
account of the - viii 575
Battle at Canton, pictures of a x 519
of the Bogue in 1834 iii 334
at Chuenpi - - viii 375
with Cochinchinese xvi 312
Batuta's travels to China iii 109
Batu khan, ambassy to - iii 111
conquests of - - iii 446
Baylis' Bay, notice of - xiv 257
Bazin's Theatre Chinois xviii 113
Beale, (T.) death of - xi 59
goes in the Argonaut vii 219
Bean-curd, mode of making xi 326
much used for food - iii 459
Beef, exhortation not to eat xvii 260
Beehive rock, position of - xii 423
Beeswax, where obtained ii 449
Beggars at Ningpo, pilgrim, xvi 25
importunity of xvi 103, 140
devices of - - xvii 473
means used by - xviii 509
in Canton, deaths among ii 480
demands of - - i 112
at Macao, a blind - ix 368
two blind girls - - iv 244
dying in streets, - iii 96
increasing in Shanghai, xvii 488
numerous at Fuhchau, xvi 492
sufferings of the - ii 574
not to use violence - xix 227
clothes given to - i 381
becoming President, case of a i 32
the proud, - - - xx 101
Begs, loyalty of two - ii 192
in colonies, position of - v 271
rule over cities in Turkestan i 170
Belcher (Sir E.) report to Sir Le Senhouse - - x 547
visits the Madjicosimah xiii 161
voyage in Sulphur - xii 490
reports on lighthouse xv 102
Bells at Peking - - i 258
used in Chinese music viii 45
Bellows, construction of - iv 38
used by blacksmith - x 473
Beltistan, a name of Iskardo v 268
Belur-tagh or Tsungling - i 172
a stone tower in the - ii 108

range of the - - vi 28
Benevolent institutions in China xvi 24
inst. for benefiting Chinese x 52
account of a foundling hospital at Shanghai - xiii 414
foundling hospital, report of xiv 177
foundling hospital at Canton ii 165
lazaretto at Canton - ii 263
asylum for the aged - ii 264
almshouse at Ningpo xvi 21
hall of United Benevolence xv 402
dispensary at Shanghai xvii 192
efforts of government - ii 425
efforts by foreigners - vii 193
Benham (N. S.) obituary of ix 84
Bentinck's (Lord) letter to the governor of Canton xi 2
Benyowsky's proceedings in Formosa - - iii 496
Benzoin, its uses and source ii 451
Betel-nut extensively used ii 450
Betrothment, evils of too early i 293
Bettelheim (B.J.) reaches China xv 160
lands in Lewchew - xv 576
reception at Napa - xvi 55
letter from - - xix 17
visits the U. S. S. Preble, xviii 315
mode of conduct towards xix 57
from governor, letter to xix 601
visited by Bp. Smith, xix 623
proceedings of - xx 539
Betuma, an ancient port - i 11
Bezoar, derivation and uses of ii 451
Bible, supremacy of the - i 101
excellence of the - i 273
contains good politics - ii 8
could not have been altered iii 166
not to be read, Besi orders xvi 246
in hands of Jews, books of xiv 319
among Jews at Káifung iii 175
to be translated, how - iii 141
Morrison's labors on the iii 183
Morrison's opinion of style for x 30
new edition of Morrison's i 469
cost of printing a Chinese i 421
by three modes, cost of iii 247
cost of a whole - - ii 507
qualifications of translator of iv 297
necessity for revising the iv 393
meeting for revising the xii 551
members of meeting on xiii 47
call for delegates to revise xv 108
data in revision of Chinese xviii 387
difficulty in terms used in xv 161
committee on revising xix 464, 546
different styles of version of xx 486
committee on revising xx 537
Society, meeting of B. & F. xx 220
Society, minute of Amer. xx 216
Asamese version of the v 103
See *Testament, Scriptures.*
Biche-de-mer, where obtained ii 452
Biddle (Com.) leaves China xv 224
goes to Amoy - xv 324
in harbor of Yedo - xviii 326
Bilbaino (brig) burned xi 469; viii 271
given up, crew of - viii 647
interview relating to the viii 600
indemnity obtained for the xi 469
declared to be the Virginia viii 328
amount paid for the - x 424
treatment of crew of the ix 2
Wáng's remarks on case of ix 535
Biot's (E.) mêmoir on slaves xviii 347
essay on public instruction xviii 57
Bird (A.) consular agent at Whampoa, notice by - xix 54
Bird's-nests, where procured ii 452
how cooked - iii 464
Birds ominous, cries of - xx 92
divination with cards and xx 85
Birthday customs at Ningpo xiii 36
anecdote of a - xvii 646
Black Is. or Hei shan, position x 371
number of the - - xii 419
Blackheath I. or Chángtú x 270
Blacksmith, a traveling - x 473
Blackwall I. near Chusan x 267
Blackwood's Magazine on war with China - - ix 321
Blind found by Arabs - i 74
asylum at Canton xvi 27; i 295
in Canton, number of - iv 461
Chinese against opium, a vii 391
Blockade of Canton announced ix 109
announced by Capt. Smith xi 522
reasons for the - viii 496
announced and suspended viii 270
squadrons enforcing the ix 419
at Honolulu - - viii 375
Blood used by Chinese x 104
revenge, instance of xviii 400
revenge for parricide - viii 345
Boards of Chinese government ii 61
functions of the six - iv 140
proportion of nations in ii 312
in 1836, presidents of iv 476
in Peking, position of - ii 487
in 1845, presidents of xiv 79
in 1843, presidents of - xii 31
in the Japanese govern't iii 197
Burmese mistake respecting ix 483

9

Board of Civil Office, or Li Pú iv 140
laws for the - - ii 61
duties of the - - xii 61
members of the - xiv 79
Board of Punishments, - iv 145
situation of office of - ii 490
loses its seals - - vi 239
receives Burmese envoys iv 462
members of the - iv 476
Board of Rites, or Li Pú iv 142
proceedings at coronation x 92
details of the - - xii 63
members of the - xiv 80
Board of Revenue, or Hú Pú iv 141
manages the coinage ii 68
laws for - - - ii 65
code of - - - xx 251
has many duties - xii 42
deliberates on finances xiv 158
members of the - xiv 80
attends to population xx 258
Board of War, construction of xx 313
departments of the - iv 144
laws relating to the - ii 97
posts under the - xix 230
duties of the . - xii 64
reports debts of provinces xiii 279
directors of the - xiv 81
Board of Works, or Kung Pú iv 145
laws relating to - ii 109
departments of the - xii 64
officers of the - xiv 81
Boats at Canton, number of ii 306
origin of the tanka - i 169
to leave river, passage xi 355
Bogue at entrance of Pearl R. ii 145
is the limit to port - iii 186
strata of rock near the iii 88
number of forts at - v 347
condition and position of v 167
application to repair the v 240
gun burst at the - v 288
attacked by Weddell - ii 297
Maxwell's doings at the viii 588
Imogene and Andromache at iii 334
schr. Bombay fired on from vii 231
engagement with Kwán at viii 378
emperor's notes on battle viii 486
blockaded by Bremer ix 109
raised, blockade of - xi 580
Bremer captures Chuenpe at x 37
forts, account of capture of x 176
Belcher's notice of battle of xii 493
Elliot's notice of capture of x 116
forts, Kishen's account of x 110
negotiation with Kishen at ix 643
treaty signed at the - xii 556
forts must not be built at xi 182
totally forsaken, forts at xi 329
Sü meets Bonham at the xviii 112
See *Chuenpi*, *Pearl River*.
Bohea hills, origin of name of viii 137
visited by Fortune - xvi 575
attempted by Gordon iv 82
rains at - - - - ii 190
position of the - xi 656
Bokhara, description of - vi 85
population of - - i 413
with China, relations of v 268
attacked by Kienlung - ii 127
in 1837, ruler of - vi 166
Bombay, mission at - i 26, 284
converts at - - i 74
Chinese convicts near v 91
opium exported from - xx 482
Bond given by ships, form of viii 327
proposed by Chinese - vii 650
given by masters - viii 82
error in signing the - viii 453
remonstrances against the viii 535
required from consuls viii 12
Bonham (Sir G.) becomes gov. xvii 56
interview with Sü - xviii 112
note to Sü upon pirates xviii 558
note to Sü upon steamers xix 163
visits Shánghai in 1850 xix 344
returns to Hongkong xix 403
made a knight-commander xx 110
refused entry to Canton xviii 220
replies to Macao council xviii 535
receives letter from Ho xviii 615
Bonin Is., visits to - iii 510
advantages of occupying the vi 381
visited by the Raleigh xi 255
Books in England, Chinese v 282
mode of making - i 414
burnt by Chi Hwángti x 136
features of Chinese - x 106
carried at girdle - xiv 232
and writing among Burmese ii 505

LIST OF BOOKS REVIEWED:—

Renaudot's Arab travelers i 6, 42
Le Comte's China - i 249
Semedo's China - - i 473
Murray's China - v 193; vi 59
Gutzlaff's China Opened viii 84
Medhurst's China - ix 74
Magaillans' History of China x 641
Parke's Historie of China - x 241
Langdon's Ten Thousand Things of China xii 561

"Canton" in the Encyclopædia Americana - - i 161
Meadows' Desultory Notes xvii 90
Ljungstedt's Macao i 398, 425; iii 288
Allom's Views in China xiv 118
Osbeck's Travels - i 209; xvi 136
Staunton's Ambassy - ii 337
Nieuhoff's Dutch Ambassy xiii 393
Ides' Ambassy to Peking viii 520
Avril's Travels - - x 297
Rémusat's Travels of Fa Hian ix 334
Davis' Sketches of China xi 81
Huc's Travels in Tartary xix 650
Erman's Travels in Siberia xx 18
Wood's Journey to Oxus xi 142
Lindsay's Voyage in "Amherst" ii 529
Downing's Fanqui in China vii 328
Lord Jocelyn's Six months, &c. x 516
Mackenzie's Second Campaign xi 643
Bingham's Expedition. - xii 353
Belcher's voyage in Sulphur xii 490
Loch's Campaign in China xiii 57
Gully's Journal - xiv 298
Fortune's Wanderings - xvi 569
Memoirs of Father Ripa xvii 377
Bohur's Life of Xavier - xii 258
Life of W. M. Lowrie - xix 491
Narrative of mission to Jews xx 436
Yeates' Christian Missions xvi 153
Finn's Jews in China xiv 305, 388
Crawfurd's Ind. Archipelago ii 385
Tomlin's Voyage to Siam i 224
Bridgman's Chrestomathy xi 157, 223
Gutzlaff's Chinese Grammar xi 317
Callery's Systema Phoneticum xii 253
Williams' Easy Lessons - xiv 339
Meadows' Translations from Manchu - - xviii 606, 642
Champollion's Grammaire xii 337
Jones' Siamese Grammar xii 281
Orpen's Language for Deaf xii 582
Milne's Sacred Edict - i 297
Staunton's Penal Code ii 10, 61, 97
Bugis laws and language ii 85
Blanco's Flora de Filipinas vii 422
Confessions of an Opium eater ix 425
Harris' Great Commission xii 210

LIST OF BOOKS NOTICED —

Williams' Vocabulary, - xv 145
Bridgman's Prémare, - xvi 266
Prémare's Notitia Linguæ Sin. i 152
Goddard's Vocabulary - xviii 604
Dean's First Lessons, - xi 388
Medhurst's Chinese and English Dictionary - - xii 469
Thom's Eng. and Chinese Vocabulary - - xiii 192
Medhurst's Corean, Japanese and English Vocabulary, - iv 194
Medhurst's Chin. Dialogues, xiii 395
Legge's Lexilogus - xi 389
Callery's Systema Phoneticum, xi 388
Csoma's Tibetan Dictionary, iii 185
Csoma's Tibetan Grammar, iv 40
Callery's Encyclopedique, xiv 137
Papers on Romanizing Eastern languages, - - iii 385
Davids' Turkish Grammar, - vi 249
Thom's Esop's Fables, ix 201; vii 334
Taberd's Anamitic Dict., viii 593
Dyer and Stronach's Fables, xiii 98
Thom's Lasting Resentment, viii 54
Pavie's Contes et Nouvelles, xx 225
Shuck's Portfolio Chinensis, ix 267
Thom's Chinese Speaker, xvi 236
Biot's Gazetteer of China, xiii 320
Bazin's Theatre Chinois, xviii 113
Thom's Chinese Vases - xx 489
Sir B. Urmston's Observations iii 131
Auber's Intercourse with China iii 134
London Literary Gazette, v 283
New Monthly Magazine, - v 280
Asiatic Journal for Jan. 1836, v 282
London Q'terly on Intercourse iii 134
King's British Relations with China, - - - iii 406
Matheson's British Trade v 243
Lindsay's Letter to Palmerston v 246
Bullock's Chinese Vindicated, ix 311
Ouchterlony's War in China, xv 472
Lindsay and Warren's Opium pamphlets, - - ix 156
Thelwall's Opium Iniquities, viii 310
Allen's Essay an Opium, xx 479
Chinese Commercial Guide iii 137, 386
Medhurst's Inquiry on translation of Ruach, - xix 478
Staunton's Inquiry on the word for God in Chinese, xviii 607
Medhurst's True Meaning of Shin, - - - xviii 609
Rémusat's observations on Shamanism, - - - i 75
Medhurst's Theology, xvii 414
Transactions of Asiatic Society, ii 516
Madras Journal, - - - v 333
Hunt's Merchants' Magazine, xv 345
Logan's Journal of Ind. Arch. xvi 565
Indo-Chinese Gleaner, - ii 186
Christian Advocate of Rose, i 337
Scottish Christian Herald, v 284

Christian Review, - - viii 401
Catalogue of Mor. Ed. Soc. xiv 288
List of divisible type, - xiv 124
Remarks on the Philippines, ii 351
Broughton's Voyages, - x 160
Benyowsky's Memoir, - iii 496
Mignan's Travels in Chaldea, i 341
Ljungstedt's Macao, iii 533; v 334
Davis' Chinese, - - v 280
Wines' Peep at China, - viii 581
Smith and Dwight's travels, ii 181
Roberts' Ambassy, - vii 171
King's Claims of Malaysia, viii 360
Barrow's Mutiny of Bounty, i 76
Memoirs of Louis XVIII., - ii 427
Lardner's History of discoveries ii 282
Bp. Wilson on the Lord's day, i 289
Neumann's Catechism - i 285
Le Bas' Life of Wiclif, - i 341
Hammer's translation of Ocean, iv 41
Australian Almanac, - iii 185
Young's English in China, xii 8
Parker's letter to Abercrombie xii 189

LIST OF CHINESE BOOKS REVIEWED:—

History of Lewchew - vi 113
Shin-sien Tung-kien vii 505, 553
Sán Kwoh Chí - - vii 233
Píng-nán Hau-chuen - vii 281
Chingteh hwang yú Kiángnán ix 57
Wei Tsáng, or Tibet - ix 26
Nü Hioh or Female Instructor ix 538
Tá-tsing Hwáng Shing Hiun x 593
Tung-yuen Tsáh-tsz' - x 613
Pú-náng, or Sack of Wisdom x 550
Hung-lau Mung - - xi 266
Ming Shí, or Ming Dynasty xi 592
Hungwú Tsiuen Chuen, vii 353
Sú Tungpo's Works - xi 132
Kiáu-ping Siú-chí, - xi 487
Liáu Chái, or Táu Legends xi 202
Nán Sung or Southern Sung xi 529
Ying-hwan Chí lioh - xx 169
Hái Luh, or Notices of Seas ix 22
Hái-kwoh Tú-chí of Lin xvi 417
Sí-fáng Kung-kü - xvi 449
Pei-wan Yun-fú - - xii 300
Tá-tsing Hwui Tien - xii 33, 57
Yuehtung Kwán Luh - xii 505
Ming-sin páu kien - xvi 408
Shing-Yü Kwáng-hiun xvi 500
Urh-Yá or Ready Guide - xviii 169
Chí-shing Kí, or Annals of the family of Confucius, xviii 254
Shwoh Wan or Etymologicon xix 169
Tá-tsing Shing Wú - xix 241

LIST OF CHINESE BOOKS NOTICED:—

Sing Pú or Biography - i 107
Tan-kwei tsih, or Moral Essays ii 426
Sán-tsz' Ko, or Sacred Edict i 244
Liáng Yú Siáng-lun - ii 283
Hiun-nü, or Classic for girls i 77
Shíng-shú jih ko - - i 77
Shing Mián tú káu, - ii 236
Mau-yih Tungchí - viii 646
I-tsung Kin-kien - - ix 486
Cho-hioh or Tyro's grammar ix 332
Sz' Kí of Sz'má Tsien - ix 214
Tsz'-chi Tung-kien - ix 278
Wan-hien Tung Káu of Má Twan-lin, - ix 143; xx 281
Kú-sz' Kiung-lin, a book of quotations - - - vii 321
Siú Shin Kí or Record of Gods x 87
Káng-kien I Chí - x 3
Sán Hwáng Kí - - x 231
Chinese Magazine - iii 185
Tien-wan Lioh-lun - xx 478
Yung-Yuen Tsiun-tsih xx 340
Macgowan's Almanac - xx 281
Kwángtung Tung-chí - xii 309
Ta-tsing Yih-tung Chí, xii 331
Christian Almanac, 1844 xiii 105
Yuh-tieh, or Genealogy xiv 131
Works on the Sí Yih, or countries west of China - xvii 575
Description of island of Puto ii 221
Tsz' puh Yü, - - xi 445
Chá King, or Memoir on Tea viii 163
Shámí liuh-lí on Shamanism i 285
Lieh Nü chuen, - - v 83
Tsiuen-tí Sin-lun on physiology xx 538

EXTRACTS FROM CHINESE BOOKS:—

Sán Kwoh Chí on Yellow Caps x 98
Sán Kwoh Chí on Kungming. xii 126
Liuh-lí on Magicians - xiv 71
Luh-shú on Shin - - - xv 581
Pun-tsáu on hemp - xviii 211
Shau-shí Tung-káu on hemp xviii 212
Sán Kwoh Chí on Liú Pú xviii 282
Sánghai hien-chi on famines xix 113
Do. on early settlement xviii 18
Lui Káu on Japan - xix 206
Ta Tsing Shing-hiun on imperial power - - iv 417
Leuh-lí on witchcraft - vi 53
Hwui-tien on army - xx 251
Hwui-tien on imperial clan xiv 130
Liuh-lí upon slavery - xviii 358
Ta tsing Hwui Tien on ambassies to China - - xiv 153

Mung Ki Pih Tán on types xix 251
Nung Ching Tsiuen-shú upon culture of tea - xviii 13
Nung Ching Tsiuen-shú upon cotton - - xviii 449
Kia Li on funerals - xviii 363
Siú-shin Ki on the god Hiuen-tien Shángtí - xviii 162
Tung-shen Luh on the evils of ardent spirits - xiii 106
Luhchau on the Miáutsz' xiv 115
Shing-yú on minding one's own affairs - - xvii 587
Shin-sien Tung-kien, account of Jesus in the - xviii 490
Káng-kien I Chí on Budhism xix 595

Bookstore near the Factories iv 535
and books in China - ix 80
Boone (W. J.) goes to Amoy xi 505
returns from the U. S. xiv 200
proceeds to Shánghái xiv 248
mission school of - xvii 432
essay on word for God xvii 17, 57
defense of essay xix 345,409,625
few Plain Questions of xvii 357
explains Plain Questions xviii 97
correspondence with xix 354
remarks on Kiying's prayer xx 45
note on toleration - xiv 539
opens mission at Shánghai xviii 520
dedicates church - xix 338
Bootan, Pemberton's report on viii 548
Chinese build a temple in iii 109
Bogle sent as envoy to ix 28
is often applied to Tibet ii 173
language of - - xii 510
Borneo, situation, &c., of iv 498
Doty's tour in northwest of viii 283
chieftains ruling on viii 368
city of Bruni in - vii 121
fears of the sultan of - vii 11
character of the rulers in vii 177
Himmaleh visits Bruni in vi 308
Lay's notices of vii 134; vi 316
at Singapore, natives of iii 388
missionary voyage to v 231
mission to Dayaks in - vi 99
mission at Pontianak in ix 424
Brooke's views of colony in xii 169
capture of Bruni in - xv 498
Dutch authority over xv 504
Botany, difficulties in pursuing ii 225
of Cochinchina, Loureiro's v 118
in Cochinchina, notes on xvi 590
of Macassar, Lay on - vi 456
of the Philippines - - vii 422
researches in - - v 437
bad luck of specimens in iii 86
See *Natural History*.
Bourchier (Capt.) visits Amoy ix 222
attacks Kúlangsú - xi 156
Bowring (Dr.) arrives xviii 224
proposes word for God xviii 600
critique on proposal of xix 191
proposal, Boone remarks on xix 349
ode for Bethel - xix 168
ode to Deity from Russian xix 245
remarks at meeting xix 404
poëtry by - - xx 299, 433
census of English - xx 168
translates Gonçalves xx 94,122,194
Bowring (J. C.) describes Hot Springs of Yungmak xviii 86
Bradley (D.B.) report of hospital v 444
death of Mrs. - xv 83
(C.W.) letter to Dr. Parker xx 490
Brahma-kund, the source of the Brahmaputra - i 176
Branding criminals, law on ii 102
Brass Leaf exported - ii 454
Breadfruit tree in Macassar vi 454
Breaker point on the coast v 350
Bremer (Com.) arrives ix 107
notifies a blockade - ix 109
takes the Bogue Forts - x 43
captures Chusan - ix 228
appointed plenipotentiary x 352
proclamation from - x 64
returns from Calcutta xi 583
wrecked in the Louisa x 407
leaves China - xi 584
Bribery at Canton, case of iii 578
Bridges of various sizes iii 125
in Peking - ii 483
at Fuhchau xvi 490; iv 86; xv 185
of boats at Ningpo xiii 21
of boats, accident to xix 464
at Chángchau - xii 528
Bridgman (E.C.) marriage xiv 352
interview with Lin viii 270,439
sees opium destroyed viii 70
first Am. miss. to China xiii 644
sermon on Lord Napier iii 271
remarks at D. of U. K. Soc. vii 404
notes on Shanghai - xvii 384
remarks at Mor. Ed. Soc. x 579
secretary of revising com. xix 546
attacked on Honám - xv 431
appointed to arrange treaty xiv 413
Bridgman (J.G.) ordination of xv 378
death of - - xix 680

British name, terror of the xiii 27
flag raised by Elliot vii 175
flag lowered in 1839 - vii 606
superintendent gets a letter from
Honam gentry - xviii 221
admiral ought to do, what vii 148
ships on coast, limits of xii 558
officers, attack on two ix 234
soldier Campbell seized xi 395
soldiers, medals for - xv 159
trade and tonnage dues, xv 150,386
British relations with China iii 406
considered by Staunton v 248
considered by Gordon - v 123
remarked on by Robinson xi 185
in 1833, position of - iii 345
described by Elliot - x 263
British subjects, advice to - xi 76
memorial on hong debts vi 540
act to regulate - - xiii 48
memorial on aggression viii 32
second memorial of - viii 266
memorial respecting land xiv 397
memorial on Lord Napier iii 354
in Canton, March, 1851 xx 168
leave Macao - - viii 224
bounty offered for - ix 165
get redress - xv 479
difficult to manage - xvi 440
beat a doorkeeper - xvi 474
in China, position of - vii 154
leave Canton in 1839 viii 31
return to Canton in 1841 x 233
quit Macao - - xi 462
meet at Macao - viii 221, 63
correspond with Pottinger xii 33, 94
hold meeting on sites xvi 308
British forces in China xi 114 ; ix 221
in China in 1843 - xii 18
China, promotions in the xii 167
in China in 1844 - xiii 10
operations of the - xi 290
in China in 1845 xiv 14
sick at Tinghai - ix 422
position of the - xi 289
British ships of war off Canton x 478
in 1840, list of - ix 221, 419
in 1841, list of - - x 57
in 1842, list of xi 119
in 1843, list of - xii 20
in 1844, list of - - xiii 12
directed to visit China xi 255
at Whampoa - xv 55
Druid arrives - viii 600
Topaze, trouble with the iv 268
Argo measured v 130
Raleigh arrives - - vi 103
Calliope takes ransom xi 583
Raleigh in a tyfoon - viii 232
Larne viii 56 ; vii 336 ; xi 298
Hyacinth at Macao viii 543, 552
Volage arrives viii 224, 323
Blonde at Amoy - ix 222
Imogene and Andromache xi 70
Imogene enters the Bogue iii 334
Nimrod visits Corea x 378
Columbine goes to Chusan x 291
Pylades at Corea - xii 358
Providence lost - x 160
Phaeton in Japan - x 72
Wellesley brings Maitland xi 299
Serpent goes to Formosa xi 627
Apollo brings troops xix 675
Kite captured - ix 422
Alceste at the Bogue viii 588
Sulphur, voyage of the xii 490
Cornwallis arrives - x 688
Scout raised in the Min xviii 666
Plover goes home xv 159
Mariner in Japan - xix 509
Belleisle arrives - xi 676
Reynard lost on a shoal xx 286
Phlegethon arrives - x 424
Akbar leaves China xii 400
Nemesis arrives - ix 534
Inflexible takes pirates xviii 668
Pluto in a tyfoon - xv 446
See *English, England, War, Elliot.*
Broken I. near Chusan x 268
Broughton's cruise to Japan x 160
kindly treated - vii 220
Brown (S. R.) reaches China vii 550
report of school for 1840 x 564
report for the year 1841 xi 545
report for the year 1843 xii 620
report for the year 1844 xiii 619
report for the year 1845 xiv 467
report for the year 1846 xv 605
sermon on Morrison's death xii 456
leaves China - xvx 54
letter received from xviii 33
Bruce appointed Secretary xiii 266
Budha, birthplace of - i 274
thousand names of - i 248
given to Chuh, image of xv 274
preserved relic of - ii 115
heaven of - - xvii 212
compared with Confucius ii 265
at Peking, statue of - ii 486
errors in writing name of ii 73
foot of Gaudama or - vii 547
favorite abode of - - vii 562

Budhists collecting taxes iv 245
notion of a ghost by xviii 151
priests despised viii 586; ii 217
feared by the people xvi 105
prescribe for epidemic xiii 503
stratagem to sell charms viii 263
tracts issued by the - ix 506
gods of the - xvii 214
notions regarding beef xvii 263
notions on eternity xvii 538
tract distributor - xvi 65
story, translation of a iv 177
tract, contents of a - xv 351
priest swindling - - v 9
goddess Kwanyin - x 185
in Siberia, increase of i 243
temples, music in - xx 34
nuns and nunnery - xiii 39
rites and observances xvi 451
priests, fraternity of - xiii 35
like the Romish, rites of xix 668
worship, forms of xx 527
lamazary in Mongolia xix 660
travels of a - - ix 334
prays for rain in Canton iv 46
called in at deaths - xviii 368
Budhism in Siam - i 18, 274
Salisbury's memoir on xiv 423
among Siamese, tenets of xix 548
in Japan - x 310; ii 322
general features of - ii 214
geography of - - ii 554
evidences of the truth of xvi 449
comes to China ii 85; xix 595; x 140
Rémusat's remarks on i 75
Rémusat's proposed work on i 155
See *Paganism, Idolatry*.
Buffaloe's Nose near Chusan x 254
Bugis, laws of the - ii 85
in Borneo, number of - iv 510
traits of the - - viii 365
language of the - vi 307
Bullock's (Capt.) Chinese Vindicated, notice of - ix 311
Burger's account of Budhism ii 318
Burial ground at Macao xi 48
ground north of Canton x 348
places in Shántung - iv 487
ground near Canton i 218
rites of the Battaks - viii 579
rites among Fuhkienese ix 619
rites noticed by Batuta iii 110
rites of Japanese ix 633; ii 319
of followers of kings - i 108
ground injured at Ningpo xiii 337
rites of Siamese - xiii 203
regulations for a - - xv 407
See *Funeral, Grave, Dead*.
Buriats at Selenginsk - xx 21
converts among the - xii 142
Burmah, situation, &c. - ii 500
religion of people of - ii 554
contiguous to Assam - v 53
has wars with China - ix 134
invaded by Kienlung - ii 127
account of Chinese war ix 169
called Mientien - xiii 571
ambassies to Peking ix 437
ambassies, route of - xiv 155
death of envoy, from xi 24; iii 48
in Siam, natives of - i 46
revolution in 1837 in - vi 250
invades Manipur - v 213
converts in 1835 in - iii 432
missionary efforts in iii 89
tracts printed in - - i 25
New Testament printed in ii 45
mission to Karens in - ii 237
Bible completed in - v 91
in 1837, missions to - vi 319
plan to romanize language of v 72
dismembered by Alompra v 73
fight with Siamese - v 162
refuses English resident vii 176
wars with Siam, notice of xx 353
Burrel appointed to Chusan ix 229
at attack on Canton - x 540
Cabinet or Inner Council iv 137
composition of the - ii 313
position of office of the ii 442
discussions in the - x 682, 684
in 1836, members of the - v 475
in 1838, new - - vii 280
in 1841, members of x 56, 290
in 1842, members of - xi 53, 296
in 1845, members of xiv 87
in 1843, members of - xii 30
in government, place of xii 60
See *Boards, Government*.
Cabul, road through - i 43
to Bokhara, relation of v 269
trade and position of vi 30, 168
Dost Mohammed in - vi 256
Caine (W) appointed chief magistrate of Hongkong - x 286
Calabar is probably Batavia i 11
Calamities, how the Chinese regard - - ii 232
Calcutta, Christians in - i 74
bishop of - - - i 289
Christian Observer, the i 155
opium exported from - xx 481

Calendar, English and Chinese
for 1841 - - x 55
for 1842, English and Chinese xi 52
for 1843 „ „ xii 13
for 1844 „ „ xiii 2
for 1845 „ „ xiv 2
for 1846 „ „ xv 2
for 1847 „ „ xvi 2
for 1848 „ „ xvii 2
for 1849 „ „ xviii 2
for 1850 „ „ xix 2
for 1851 „ „ xx 2
for 1834, Anglochinese iii 44
for 1835, Anglochinese iii 535
for 1843, Chinese-English xii 112
See *Almanac*.
Calicoes sold on coast - ii 534
Callery's (J.M.) prospectus xii 300
publishes first No. of Encyclopedia - xiii 656; xiv 137
Systema Phoneticum - xii 253
prospectus to Pei Yun xii 300
publishes Systema - xi 388
reply to Lay - xii 371
notice of Gonçalvez' life xv 69
ignorant of correspondence xiii 336
Camboja, natives in Bangkok i 38
Spaniards in - - vii 463
king sends envoy to - ii 403
historical notices of - v 56, 59
literature of - - i 52
trade with Singapore xix 565
famous temple in - xvi 155
Camels in Liáutung - i 192
description of the - vii 139
at Peking, cost of - xiv 170
Cameronian Regiment - xii 145
list of officers in the - xi 117
Camoens, life and poems of viii 553
cave in Macao - - i 407
Campbell carried to Hángchau xi 395
Camphor, where found - ii 454
tree in Japan - ix 384
Canton, position of city of ii 145
described in Encyc. Amer. i 164
description of buildings in ii 193
character of citizens of xv 57
remarkable places near vi 191
Osbeck's account of - i 215
Anson puts out fire at - xvi 137
natural scenery near iii 88
historical notice of trade at i 366
called city of Rams xx 212; ii 148
commerce with - - ii 289
regulations of trade, 1835 iii 579
in Dec. 1838, riot at - vii 445
riot and burning factories in xi 687
June, 1844, riot of - xiii 333
January, 1846, riot of xv 46
in July 1846, riot at - xv 364
fire and burning Factories in iv 30
May, 1836, fire in - v 48
fire inside the city of iv 344, 390
fire at Shameen in - v 336
fire near Tsinghai gate at v 96
in Oct. 1847, fire at - xvi 568
in Oct. 1843, fire in xii 560, 616
in Oct. 1851, fire at - xx 560
banditti near - - xiv 157
attack on - - - x 340
emperor sends troops to x 112
taken by English, defenses of x 179
taken, Heights behind - x 390
Cameronians at - xii 163
detail of attack on - x 535
ransom for the city of x 296, 349
in 1841, operations before xi 582
to be repaired, defenses of xi 182
contingent fund for - xvi 207
in 1850, epidemic at xix 288, 343
in 1844, sickness at - xiii 280
walks around city of xv 59, 317
in 1850, officers at - xix 14
in 1845, trade at - xv 292
jargon used at - - iv 428
mosque near the city of xx 77
garrison and troops at xx 54
schools at - - xx 521
temple inside of - viii 483
origin of the name of - iii 116
Liuenhing St. in - - iv 535
Old and New China Sts. in iv 45
consoo-house in - iv 102
beggars in streets of - iv 244
walks about - - iv 341, 579
Court Circular issued at v 3, 240
census of - - - vi 448
eight lions of - - vi 191
foreigners leave - - viii 452
shut up, shops at - viii 22
provincial officers in - x 56
English ships attacked at x 294
is a turbulent city - xi 12
weak, defenses of - xi 390
officers located at - xx 14
country north of - - xx 119
demagogue Tsien - xii 448, 332
new temple at - xii 278
in 1844, freshes near - xiii 391
foreigners living at - xiv 348
Hwang exhorts men of xiv 436
in 1846, residents at - xv 426

in 1847, residents at - xvi 346
in 1848, residents at xvii 419
Davis "demonstration" xvi 182,252
in 1846, trade and ships at xvi 314
people's plan to defend xvi 192
Manchus and citizens in xvi 152
foreigners to be respected in xvi 366
papers concerning riot of xvi 389
houses not easy to rent in xvii 595
edict giving good usage at xiv 495
in 1845, shipping at - xv 165
in 1849, mission at - xviii 50
in 1850, high officers at xix 14
men at Shanghai - xix 107
See *Gates*, *Gough*, *Kwángtung*, *Lin*, *Sü*
Canton Press started - iv 247
suspended - - - xiii 224
position of - - - v 156
on British relations - vi 529
Canton Register, position of v 154
is the oldest press iii 43; xi 181
on British intercourse vi 529
appears, first number of ii 7
moved to Macao - viii 168
circulation of the - v 158
See *Newspapers*.
Canals, notices of - - i 38
builder of the Grand - ii 121
superintendent of the xx 371
traveling on the Grand - xx 440
Davis describes Grand xi 564
trouble with boatmen on xiv 159
to be deepened, Grand xii 277
in Siam repaired - v 105
hauling a boat up in a - xvi 115
Canfu visited by the Arabs i 8,252
traders killed at - v 203
is not Canton - iii 115
position of - - xi 163
canal near - - xi 291
Cangue, how used - iv 367
Cannibalism in Yunnán xviii 665
in Canton - - x 349
of the Dayaks - - vii 181
caused by famine - xix 402
will be in 1832 - - i 79
Cannon foundry at Canton iii 356
cast for the Bogue - xi 64
taken at Wúsung - xii 293
sacrificed to - - xix 674
made in China are poor v 167
Cantor (Dr.) collection in natural history from Chusan x 434
Cape of Good Hope, missions at i 27
position of the - - vi 9
sailing directions for the - xiv 258
Cape Montagus near Chusan x 253
position of - - xii 424
Capoor cutchery, uses of ii 454
Caravans across Koko-nor xix 664
Cardamoms, varieties of - ii 455
Carriages sometimes used viii 587
and wheelbarrows ix 485
used near Háinán - xviii 237
in Liáutung - - i 192
for carrying an idol xx 39
office of imperial - xiv 84
and carts in Formosa xiv 300
Casa Branca or Tsienshan xii 316
to watch, officer at - iii 577
edict from officer at viii 216
Cash, copy of a Manchu xviii 644
to be equalized with silver xvi 274
in Canton, value of - ii 445
come into use - - x 148
at Tientsin, rate of - i 186
cast into cannon - vii 189
reduced by opium, value of v 140
are becoming dearer vii 273
at Peking, value of - xvii 318
collected for good luck xiv 230
coined at Ushi - - i 173
in Xth century, value of i 14
gambling with - - x 472
in Cochinchina - xv 121
Cashmere, trade going through v 268
or Ujana, Uchang - ix 340
Cassia, kinds of - viii 92; ii 455
attempted, monopoly of xvii 652
alala described - viii 370
river in Kwángsi - xx 108
Caspian sea, rivers of vi 33
China reaches to the x 138
Cat, Chinese account of the vii 598
Cataract, Chinese notice of a vii 106
Cathay, attempts to reach x 245
meaning of word - x 643
Catty, value of a - ii 445
in Siam, value of the v 105
Celebes, mission on - ii 284
language of - - ii 86
writing in - - vi 307
position of - - ii 391
Celestial empire, the term i 205
Celestial Mts. range of the xx 72
system of the - - vi 273
or Tienshán in Ili - i 172
Censorate, duties of the - iv 148
position of the - iv 164
office, place of - ii 490
duties of members of xii 67
in 1836, censors of the iv 477

11

in 1843, members of - xii 32
in 1845, members of xiv 82
memorial against servility ii 376
memorial upon Howqua xiii 504
memorial on letters - i 510
memorial against English ix 534
Central Is. near Chusan x 257
Ceremonies of state important iv 4
controverted nature of i 436
duties of the master of - vi 254
court of - - - iv 182
members of court of - xiv 83
Ceylon, mission at Batticotta ii 379
mission, letter from - iii 40
Budhist traveler in ix 361
Chahars or Tsakhars in Chihli xix 657
position of the - xi 449
travels among the - xviii 619
bounds of department of xiii 562
Challaye, arrival of - ix 424
adventure of M. - - xi 120
Chamber of Commerce urged ii 361
Boyd is secretary of the iii 339
formation of a General - vi 44
annual report of General vi 327
for 1838, second report of vii 386
letter of chairman of - vii 447
correspond with gov. Tang vii 441
refuse assent - vii 450
letter to hong-merchants vii 621
receives governor's edict vii 645
dissolution of the - vii 652
provisional British - viii 221
formation of British xi 69
formation of the Canton xvi 53
rules and committee of xvi 87
Chamdo or Tsiamdo in Tibet i 173
Huc reaches - - xix 671
characters for - - xiii 562
Chang Hienchung, atrocities of iii 525
destroyed by Li Tsz'ching ii 123
Chángchau fú, subdivisions of xi 657
visited by Lowrie - xii 523
Hedde's visit to - xvi 75
riot and loss of life in xv 476
a robber from - - vi 420
Changchi shan near Min R. xii 411
Chánghing I. near Liautung ix 420
Chángling, biography of iv 67
is premier in 1835 - iv 200
sent to Kashgar - - v 318
rewards conferred on - v 356
reports a victory at Aksu xiv 166
number of rebels killed by xiv 169
is prime minister - i 112
praised by the emperor iii 96
visited by Táukwáng vi 448
eightieth birthday of - vi 496
death of - - - vi 606
libations offered to - vii 227
Chapel I. near Amoy xii 121,401
Chapel in Canton, English, i 150
public meeting to open xi 252
services in American hong iv 190
in Hongkong, Union - xiv 400
used by Romanists xv 252
at Shánghái, two mission xvi 56
at Hongkong, Romish xii 396
at Shánghái, many xix 109,335
at Hongkong, Baptist - xi 456
Chaplain for Canton arrives xvi 512
Rev. S. Banks returns xviii 50
for Shánghái, meeting xvi 271
Rev. J. Lowder arrives at Shánghái as a - - xvii 487
Lowder drowned - xviii 560
at Whampoa, Harlow xx 288
at Canton, death of Barton xx 558
to the Commission, Vachell iii 282
for seamen, Stevens - i 243
at Whampoa, Loomis xvii 104
Chapu visited by Gutzlaff - ii 30
harbor of - - xii 426
visit of a merchant from xvi 15
position of - vi 14; xi 163
Japanese rovers attack xix 140
captured by English - xi 342
Gough's dispatch upon xii 248
Manchu garrison at - xi 425
visited by Fortune - xvi 575
road to Hangchau from xi 292
Characters, classes of - xi 175
instances of synonyms in xviii 175
mode of combining - xv 147
puns made by dividing xiii 32
tones of two - - xi 437
are understood in Annam xi 450
mistakes made in - x 6
are used by the Japanese x 207
ways of arranging - ix 332
Duponceau on Chinese vii 337
analysis of Chinese - vii 255
construction of Chinese iii 15
are changed in Cochinchina xvi 602
double meanings of - viii 346
pun made from two - x 82
origin of and sorts of xix 178
construction of Chinese ix 587
meaning of *liáu* 了 xiv 142
meanings of *jin* 仁 - xv 239

meanings of *fung* 風 xvi 31, xviii 470
meanings of *ki* 氣 xvi 32
meanings of *ling* 靈 xvi 33, 354
arguments to support *ling* xix 486
meanings of *ming* 名 xvii 628
meaning of *yáu* 祅 - xix 648
Morrison defines *shin* 神 xvii 58, 302
meanings of *ti* 帝 xvii 73
ming, 名 and *teh* 德 meanings of the two - xvii 113
meanings of *jü* 儒 - xviii 45
wei 爲 and *nái* 乃 meanings of the two - viii 357
meaning of *wáng* 王 and *hwáng* 皇 difference in the ii 309
composition of *pang* 朋 - i 65
composition of *shih* 十 - i 341
meanings of *i* 夷 - vii 106
composition of *mei* 某 - vii 258
composition of *kin* 堇 - vii 261
meanings of *shin* 神 - xv 578
See *Language.*
Charities to poor called for ii 288
of the rich at Shánghái xix 107
Charms used by the Chinese xiv 229
hung over doors - xx 86
Chau dynasty, emperors of x 132
Confucius' history of iii 58
founder of the - ii 82
Second or After - x 152
times of the - , xviii 394
personages of the - xx 96
Chau Kung writes Urh Ya xviii 169
Chau Tienlsioh, memorial of xx 498
cruelties of - - xii 328
Cháuchau fú, topography of xii 319
or Tiéchiú, dialect of - xi 389
Goddard's Vocabulary of xviii 605
is densely peopled - i 92
disturbances in - xiv 244
banditti are numerous in iv 561
feuds in - - iv 565
people go to Siam from i 23
disturbances in - iv 487, 536
scarcity in - - ii 48
village tyrant in - vii 56
islands along the coast of xii 479
fight with Fuhkien men xvii 488
Chauchat I. in Amoy harbor xii 402
Cháuking fú in Kwangtung xviii 251
Chashi-h'lumbu, in Tibet i 173
position of town of - xiii 562
Cheese described - - ix 506
Chehkiáng, province of - xi 101
divisions and rivers of xi 162
Japanese land in - xix 146
in 1845, officers of - xiv 90
troops stationed in - xx 372
boundaries of xiii 324
islands on the coast of - xii 414
Funghwá, a town in xvii 242
British go to Funghwá in xi 180
silk farm at Húchau in xvi 235
destroyed, pirates in - xix 674
towns on the coast of - vi 13
operations in - - x 685
incursions into - - xi 497
tallow tree in - - xx 422
navy belonging to - xx 379
Chekchü, town on Hongkong xiv 296
Chess of the Japanese - ix 631
Chi Hwángti, reign of - x 136
changes form of a word xi 437
fable concerning - xx 197
Chihli or Pechele, described xi 438
boundaries of - xiii 324
Gulf of - - x 382; i 35
anchorages in Gulf of x 376
in 1843, drought in - xii 276
travels in the north of xviii 619
in 1845, officers of - xiv 87
waste land in - - i 160
garrisons in province of - xx 366
Bannermen in - - xx 315
Tchakars in north of xix 657
See *Peking.*
Chih-seu I. near Wanchau fú xii 403
Children are parent's comforts xvii 14
care of outcast - xvi 28
in Foundling Hospital xiv 184
baptized by Romanists xiii 584
proportion of - - xiii 112
frequently sold - xiii 93; ii 48
native toybooks for - vii 402
often lost - - iv 342
not equally beloved - xii 269
at one birth, three - i 208
infirmary for outcast ii 165, 263
asylum for outcast xix 228
review of troops of - v 336
should be educated - v 83

swaddling-cloth for - x 87
cradles for - - xi 427
kidnapped - - xx 92
educated before birth - iv 112
Chinmo Bay, position of - xiv 271
survey of - - xii 405
islands in - - vi 12
visited by Fortune xvi 579
in 1847, piracy at - xvi 208
Chin dynasty, emperors of x 146
last monarch of - - i 148
China, coast of, described v 337
north of Breaker Point vi 8
general features of the i 36
winds on the - - v 350
directory for the - i 61
current along the - viii 405
trade along the northeast i 423
defenses against tides on xi 291
visited in brig Huron - iv 308
from Good Hope to Amoy xiv 258
incorrect in Liautung, map ii 25
voyages along the - xvi 388
in Kwángtung province ii 532
charts of the - - xvi 84
beyond the Black Is. - x 371
sailing directions for the xii 401
addenda to survey of the xiii 123
limits to British ships on xii 558
islands along the - xii 477
effort to improve navigation xv 99
China, plea in behalf of xvi 321
traveling through - x 648
geographical divisions of i 35
Burmese name for - ix 457
origin of the name - xiii 118
is like a great school - ix 10
are incorrect, maps of - iv 51
crisis in the affairs of ix 17
face of the country i 259; ix 399
is not well known - xii 6
settled by nephews of Noah x 246
prospects of - - vi 1
in 19— condition of - iv 572
Japanese invasion of xix 140
state religion of - iii 49
at present growing feeble ii 119
list of works upon - xviii 402
foreign relations with vi 528
remarks on books on viii 85, 401
early intercourse with iii 107
conquered by Mongols iii 445
conquered by the Manchus iii 522
needs renovation - ii 3
conversion of - iii 428; ii 265
diffusion of knowledge in ii 508
Malay relations with - v 553
points to be obtained from vi 5
isolation of - - v 207
countries on the west of xvii 575
China Mail commenced xiv 135
China-root described - ii 456
Chinaware, kinds and prices ii 456
Chinese, traits of the - xii 186
general character of i 261; ix 285
closely observe foreigners xviii 202
standard of character vii 1
learn no foreign languages xiii 281
are patriotic - - vii 170
modified by education xi 480
customs, contrarieties of x 105
naturalized in United States xiv 247
emigrate to the Straits ii 180,396
suffer from Triad Society ii 280
proportion of sexes among vi 233
ignorant of God - xvi 321
impatient of surgical care xviii 512
may have gone to Rome xviii 490
Shauteh, a student xvii 318
dandy, sketch of a - xii 367
to Australia, proposal to send vi 299
probihited settling in Java vii 112
at Kiakhta - - xx 24
massacred in Java - ii 406
in Nagasaki - - ix 378
emigrate to California xix 344,510
hard to learn, character of xv 58
in Lúconia, rising of - ii 404
ideas of God vague - xx 526
colonize adjacent countries ii 34
mendacity of the - xi 508
army in Georgia in 538 ii 184
towards foreigners, disposition of the - - - ii 277, 537
Milne on character of the i 326
classes among the - iv 13
kindly character of the iii 435
comely stature of the i 14
married in England, a i 498
economy of the - - i 305
features resemble European i 187
language dwarfs minds of iv 167
partiality for their country iii 304
people spoken of kindly i 382
in Batavia, number of vi 238
and their rulers - - vii 169
massacred in Manila vii 529
in Manila - viii 255; ii 350
address of a - - viii 318
settles in Borneo - viii 287
-English, specimen of viii 167
sway in Tibet - - ix 39

factory in Japan - ix 378
disheartened by weakness x 529
not a warlike race - xx 417
Chinese Repository, objects of i 1
begun in 1832 - - xi 9
published in 1836, copies of v 159
criticised by Asiatic Journal v 283
distributed gratis - iv 584
removed to Hongkong xiii 559
carried back to Canton xiv 351
Chinese Magazine published ii 186
started by Gutzlaff - ii 93
contents of the - iii 185
printed volumes of the vii 403
contents of three - v 575
issued by Dr. Milne - ii 234
Chinchew (or Tsiuenchau fú) ii 540
Portuguese settle at - i 400
visited by Fortune - xvi 579
Matheson's harbor near vi 12
correction in chart for xvi 55
coast near - - - xiv 271
pirates distress - - iii 65
Amoy belongs to - xi 294
position of - - xi 656
island of Mei-chau near to ii 220
Chinhái hien, latitude of - ii 531
attacked by the English x 588
General Order for attacking x 626
Gough thanks for attacking xi 61
particulars of attack of x 636
garrison at - - xi 342
bravery of Chinese at - x 685
Chinese attack on ships at xi 233
English ships at - xi 115
passage to - - xii 425
entrance to Bay up to xiv 268
Chinkau or Chunhau xi 458; viii 70
visit made to - viii 270, 438
Chinkiáng fú, divisions of xi 220
forces engaged in attack of xi 516
Pottinger notices capture of xi 512
Gough's dispatch respecting xii 346
Parker's dispatch upon xii 464
Loch's account of capture xiii 62
visited by Kiú - xx 441
Ching Liuhtsai is fúyuen xii 328
issues orders respecting Sü xiii 334
corresponds with Cushing xiv 355
letter to Am. consul - xiv 488
Chitral, a state near Kunduz v 268
Cholera, Chinese remedies for xx 532
at Ningpo, ravages of xii 485
at Amoy in 1843 - xii 447
at Bangkok in 1849 - xviii 503
remedies adopted for the xx 532
among English troops - xi 679
at Yarkand, - - xii 239
Mowqua dies of the xi 130; iv 48
at Shánghai - - xvii 203
Christian, meaning of term i 64
faithfulness, instance of i 410
union advocated - iv 399
union, strength of - iii 40
responsibility towards opium v 303
various kinds of - - i 457
in China, appeal to - i 240
communion of - - i 496
intrumentality - xii 211
will see God in sickness xii 611
final triumph of the - xiv 378
Christianity introduced i 44,447
first introduced to China xiii 469
by Le Comte, progress of i 265
early efforts to promulge xvi 153
in China by St. Thomas x 311
claims to be received xiv 51
in Japan, legends of - ix 307
excluded from Japan - iii 208
proscribed in Japan - vi 470
came through Central Asia xviii 485
in the East in 1820 - iv 553
misunderstood by Chinese vii 22
will be furthered by war xii 294
tolerated by government xiv 136,195
classed with witchcraft vi 50
edict for allowing - xv 155
refers only to Romanists xiv 540
will benefit the Chinese xvi 325
tolerated among all - xiv 588
noticed in Peking Gazette xiv 136
examined by Kiáying chau xix 566
only means of civilization vii 225
in China, promulgation of iii 433
elevates nations - xi 277
noticed by Sü Kí-yü xx 193
is universal, effects when xii 7
is avital principle - xiv 149
See *Missions*, *Religion*.
Chronology of the Chinese x 121
compared with Chaldean ix 585
of the Japanese - - x 216
sources of ancient Chinese ii 80
in Asia, eras of - xviii 1
of the Chun Tsiú - xviii 393
as reckoned by Siamese v 55
eras in the Japanese - iii 158
Chú Hi, or Chú fútsz', time of ii 116
life and works of - xviii 188
ideas of creation xix 368
notions of the soul - xix 613
philosophy of - - xiii 552

12

on the Great Extreme xiii 609
author of the Siau Hioh v 83
or the White Deer, vale of xi 383
works recommended - xvi 510
is considered modern xvii 35
explains *shin* and *ki* xvii 284
Chú Kwei-ching, the prefect ii 204
political life of - - ii 286
farewell address of - ii 325
hortatory edict of xi 12; i 460
removes the garden - iv 44
death of - - - ix 168
Chú Tsun, memorial of - v 390
on love for novelties - vii 29
referred, memorial of v 405
memorial on currency - xvi 273
Chuenhiú, an ancient emperor xi 616
Chuenpi, detail of battle at viii 489
battle at with junks xi 469; viii 379
rescript respecting battle viii 486
on trade, effects of battle of viii 463
capture of forts at - x 37
Elliot announces capture of xi 578
memorial of capture - x 108
incident in capture of - x 644
opium delivered at viii 14; vii 654
See *Bogue*, *War*.
Chuk-shan or Bamboo I. - x 373
Chuh-seu I. near Taichau xii 419
Chui Apó kidnapped - xx 164
Chukiá-tsien near Tingbái x 260
Church at Canton, British xviii 112
at Shánghái opened - xvii 373
at Hongkong, cost of the xviii 670
needed at Hongkong xii 613
Churchill, (J.) death of ix 107; xi 525
Chusan group, position of vi 13
sailing directions for - x 251
sailing directions to north of xii 422
English factory at - ix 133
Macartney at - ii 342, 531
Archipelago, appearance of xvi 403
visited by Gutzlaff ii 58; i 124
visited by Medhurst - iv 333
ramble over - ix 232; x 587
Barrow's notice of - ix 101
captured by Bremer - ix 228
after capture, condition of ix 325
Cameronians assist at xii 160
Capt. Stead killed at - x 182
Chinese report capture of ix 408
in 1841, *force* at. - x 57
to be surveyed - ix 534
natives leave - - x 118
topography of island of x 328
climate, &c., of - - x 425
meteorological notes at x 353
natural history of - x 434
plants found by Fortune in xvi 577
restored to Chinese x 184; xi 579
reminiscences of living in x 481
retaken by English in 1841 x 587
detail of recapture of - x 623
Gough's Order upon capture xi 60
steamer's proceedings at x 637
people remain in - x 686
should be retained - xiii 392
Martin wishes to retain xiv 546
Davis notice on surrendering xv 277
Tinghái not a port for trade xv 432
troops withdraw from xv 376
Chinese resume rule of xv 375
Lockhart's hospital at x 453
hospital reöpened at - xiii 408
English officers in 1842 xi 627, 115
in 1843, troops left at xii 19
in 1845, English forces at xiv 16
recommended for a colony iii 131
Circuit or táu, extent of a iv 55
City, rules for laying out a i 256
walls, application to build xiii 276
in China, much alike xv 226
neighborhoods in a - xvii 360
Clans among the Chinese iv 411
fight on Amoy - xv 623
feuds among - v 240; iv 564
number of the imperial ii 378
succession in a - - v 311
among the Singphos v 217
court for the imperial xiv 130
Classics, synopsis of the ii 80; iii 97
Semedo's account of - i 481
number of characters in xvi 502
formerly were six - iv 116
translations of the vii 119
unsuitable for instruction xiii 634
great regard for the iii 564
translation of Trimetrical iv 105
translation of the Millenary iv 229
Family Names, notice of iv 153
translation of Filial - iv 345
benefits of translating xviii 43
not a good style for Bible iv 396

EXTRACTS FROM THE CLASSICS:—
Shú King on shin - xix 483
Shú King on the spirits xvii 27
Shú King on sacrifices xvii 97
Shú King on ardent spirits xv 432
Shú King, examination of viii 385
Yih King on *yin* and *yang* xv 579
Yih King on the seventh day xviii 156

Yih King on the Ta Kih xix 362
Yih King on cosmogony iii 56
Li Ki on court etiquette - vi 185
Li Ki on nursery rules - v 83
Li Ki on duties to parents vi 567; v 309
Shi King on dutiful children v 308
Shi King how perhaps made vii 391
Shi King on Water-birds and the
Mouse Ear - xvi 454
Shi King on heaven - xvii 125
Ta Hioh on Shangti - xv 311
Sháng Mang on heaven xv 312
Chung Yung on shin - xv 465
Chau Li on sacrifices xvii 30
Chun Tsiú or Annals xviii 393
Spring and Autumn, notice of ii 80
Wú-yun Ki on Pwánkú iii 56

Clavijo, a Spanish envoy iii 113
Clepsydras used by Chinese xx 426
in Canton - - ii 160
description of a - xvi 62
Cliff I., or Leao-seao - xii 421
Climate of Fuhchau - xvii 521
of Canton - - - i 488
of Irkutsk - - xx 20
of Bangkok - - xiv 339
of Ningpo - - xvii 247
of China - ix 399; iii 123
of Hongkong - - xvii 316
of Egypt - - iii 255
of Chusan, tables of x 353, 456
of Japan - - - iii 152
of Manchuria xviii 629; xv 456
of Cochinchina - xvi 588
See *Meteorology, Tyfoon.*
Clippers in the opium trade vii 333
Clopton, death of S. C. xvi 368
Cloves an article of commerce ii 456
to be destroyed - - ii 404
Coal in Assam - - v 104
in many parts of China xix 385
in Japan - - ix 385
in Sz'chuen - xix 327, 395
from Formosa, Bonham on xix 163
in Formosa - - xviii 391
in Borneo - xii 186; vii 183
in Kwángtung - xx 115
dispute respecting pits of i 31
quarried at Hinghwá xvi 80
a Japanese takes a bit of xviii 319
Cobdo or Kobdo in Ili - i 119
tribes in - - xx 65
troops over tribes in xx 338
position of - - xiii 569
Cochinchina, works on xviii 439
is called Annam - xiii 571
Le Fevre's account of xvi 584
chronology of kings of viii 205
invaded by Siamese - ii 527
Morrone's vocabulary of vii 349
Taberd's Dictionary of viii 593
dialectical diversities in xi 450
insurrection in 1833 in ii 189, 240
envoy to Peking ii 240; xi 168
to Peking, ambassies from xiv 155
Chinese junk driven to ii 96
spoken of by Lin - xvi 420
crew returned by - ii 144
steamer purchased by ix 167
missionaries killed in ii 479
missionaries persecuted in viii 601
Frenchmen released from xii 537
visited by Hedde - xv 113
visited by ship Victorieuse xvi 310
visited by Sir John Davis xvi 614
American mission to - v 541
Howe's captivity in - xvii 366
salute in man-of-war of ix 506
Twán, a heroine of - vii 283
prisoners carried from xviii 235
death of Mingming - xi 675
new monarch of - xi 344, 400
stockade taken from x 184
Loureiro's Flora of - v 118
Gov. Li writes to rulers of i 473
vaccination introduced to ii 40
and Siam, rivalry of ii 473; i 53
Chinese account of - i 380
retinue in mission from v 479
places near coast of - v 340
Hay destroys pirates near xviii 612
Chinese navy near - xx 378
Retord on mission in xviii 582
Tuduk becomes king of xviii 670
incroaches on Camboja x.x 565
Cochineal, uses and importation ii 457
Cochrane (admiral) at Lewchew xix 24
letter to Davis - - xvi 472
disapproves of steamers xvi 481
Coffins often kept in houses xiii 37
stored in buildings - xv 318
dispensed to poor - xv 407
furnished the outcast xvi 29
robbed for clothes - xvii 480
opened by English - x 530
exposed at Ningpo xiii 23
on ground at Kiáting xvii 464
neglected at Shánghái xix 391
prepared before death xviii 367
made a foil for silks - ix 251
See *Dead, Graves, Funeral.*

Coir made from the palm iii 269
Coins, brick tea used for xx 30
among the Cochinchinese xv 120
among the Japanese - x 382
slung, a Siamese - v 58
used as charms - - - xiv 230
regulations on making ii 68
for duties, rate of - xii 397
of China described - ii 445
in Egypt, the piastre a iii 255
value of native - xvi 294
used in the Tang dynasty i 14
assay of foreign - xiv 246
made in Canton, false iv 344
edict against adulterating xvii 482
See *Dollars, Money, Currency.*
Cole (R.) makes Chinese type xx 282
Colledge (T. R.) hospital iii 364
establishes hospital - i 334
statement respecting hospital ii 270
letter to Lord Napier iii 373
report to Chinese on Napier iii 343
note to hong-merchants iii 281
account of Napier's sickness iii 283
on medical missions iv 386
death of a son of - vi 160
commences his hospital x 22
letter on hospital - v 275
Colleges at Canton - ii 249
in Tungking, mission viii 331, 607
nature of imperial - iv 124
teachers of - - ix 287
functionaries of - - ii 183
in Japan - - ix 490
position in Peking of ii 490
members of national xiv 84
founder of imperial xviii 69
officers of Peking medical xii 67
constitution of medical iv 184
in Kiángsú, new - i 75
at Ningpo, notice of the xiii 88
in towns are voluntary ix 287
at Penang, Romish - v 147
at Naples, Ripa's - xvii 398
two students from Ripa's ii 341
were early established v 85,306
in Tinghái - - x 490
of Romanists, attempted xv 40
in Shánghái - xvi 548
See *Education, Schools.*
Collinson's survey of the Chusan
Archipelago - x 251
survey of Amoy harbor xii 121
survey, corrections in xvi 55
survey of coast of China xii 403
survey, addenda to xiii 121
survey of Pescadore Is. xiv 249
survey of Fuhkien coast xiv 258
recommends lightship xv 99
notices of Fuhchau - xv 225
charts of surveys - xvi 84
returns to England xv 159
Colonial Office or Li-fán yuen iv 147
in 1836, officers of the iv 477
in 1843, members of - xii 32
in 1845, members of xiv 82
duties of officers of - xii 66
Colonies, government of - iv 57
collecting revenue of iv 200
of the Chinese Empire i 117; xx 57
in the East, Christian iv 201
Americans desire no vii 119
Comet seen in Canton xi 131; iv 296
Commandments, Romish translation of the Ten - xviii 577
of Shamanism, the ten i 286
Commerce by co-hong, report on v.385
Luhchau's essay on - v 433
with Bonin Islands - vi 381
in Chinese, treatise on viii 640
in 1840, position of viii 598
department overseeing - iv 282
to be stopped - vi 350,352
position of - - vii 13
of Dutch in Desima ix 304
on China, influence of v 202
of Canton - - xv 59
interfered with by opium xvi 40
See *Trade.*
Commission, arrival of British iii 143
limit of authority of the iii 186
duties of the - - xi 286
comes to Canton in 1834 iii 190
salary and members of ix 515
reduced, salaries of - xi 193
changes in - xi 128
in 1834, members of - iii 475
members in 1837 - v 431,576
salary of members in 1837 vi 392
at Canton, reception of - iii 325
policy after Napier's death xi 122
notifies its intentions - iii 472
powers extended to Macao xi 188
request to come to Canton v 422
not able to return - xi 185
receive permission - v 527
return to Canton v 576; xi 248
again leave Canton vi 352; xi 264
is inefficient for protection vi 529
less powerful than E. I. Co. vi 537
in 1841, members of - x 58
in 1842, members of xi 55,114

Davis appointed to - xii 267
See *British*, *Elliot*, *Napier*.
Commissioners at Canton, two v 144
hastily recalled - v 239
Híngan and Hú in Hunán i 208
Chú Sz'yen comes as - v 384
to manage the war - xi 515
position of imperial, - iv 282
retinue of - - iv 583
sent to Canton, two - iv 488
See *Lin*, *Kishen*, *Ílipú*.
Compass, name for the ii 294,387
in a sundial - xx 31
early used in China x 132; i 11
Compradors at Canton - ii 302
kidnapped at Hongkong xv 327
Compton, (C. S.) case of xv 554
deposition of - - xv 544
papers relating to - xvi 383
Davis remarks on - xvi 440
Addington replies to xvi 446
demanded by Cantonese xviii 166
Concubines in a family - vi 52
titles for the imperial - ii 432
not to be seen, imperial xvii 390
promoted, imperial - xv 375
allowed by Chinese law ix 549
Condore, Pulo, an island - i 88
called Kwanlun - xiii 569
Confucius, tradition given by xvi 206
life and writings of - xi 411
sketch of times of - xviii 337
Annals of - xviii 254,393
practical writings of - ix 539
only object of study - xi 340
character of the mind of ii 82
manners of - - vi 186
incidents in the life of xx 98
refers to heaven and fate xix 365
comment on writings of x 646
tomb of - - - xv 250
conversation with - - x 614
Medhurst on tenets of xvii 391
notions respecting spirits xvii 321
had no idea of God - xvii 39
notions respecting the soul xix 613
writings, view of - iii 98
praise given to - xi 228
on human nature - xv 332
doctrines, tract upon xv 377
did not worship God xii 564
worshiped in schools - ii 250
opinion of the Shí King xvi 459
amount of offerings to - i 502
does not say Shángti xv 593
divorced his wife ii 314
temple at Ningpo to xvi 107
worshiped at Shánghái xvi 552
scholar, notice of - xix 62
explains the *kwei shin* xvii 272
extract from Sayings not of vi 445
adored by the Chinese i 262
has formed Chinese character i 147
on friendship - - i 66
declined to speak of gods ii 215
on preserving the body, v 314
on duties of seniors - vi 566
ethics of - - vii 523
mistake respecting viii 586
finished *Hiáu King*, when x 51
descendant returns thanks xv 475
extolled, vague answer of i 460
lietrary labors of - xviii 60
understood by Chú Hí xviii 204
house, books found in xix 183
Congress of nations desirable ii 510
Conquest, right of - vii 166
Consoo charge, nature of the iii 424
fund, commencement of the v 131
house at Canton - iv 102
house, Coolidge taken to x 418
house, English troops in xv 256
Consuls in China in 1837 v 431
before war, position of vi 526
ought to be in all ports vi 5
in Eastern Asia - vi 69
in China powerless - vi 392
in China in 1841 - x 58
in China in 1842 - xi 55
in China in 1843 - xii 18
in China in 1844 - xiii 8, 56
in China in 1845 - xiv 17
in China in 1846 - xv 8, 110
in China in 1847 - xvi 10
in China in 1848 - xvii 9
in China in 1849 - xviii 11
in China in 1850 - xix 15
in China in 1851 - xx 16
See *American*, *Elliot*, *Snow*.
Consul, notice from the Netherlands' - - viii 168
hoists his flag, French xi 11
at Canton, French - v 132
at Fuhchau, residence of xv 191
Consul (at Canton), instructions to Lay, the British - xii 392
forbids ships entering viii 24
ordinance for British xiii 217
Macgregor writes Davis xvi 383
Macgregor writes merchants upon riot - xv 512, 534
Elmslie's notice of tonnage xvii 374

Elmslie notifies merchants not
to pay duties - xvii 264
notice to pay duties xvii 390
Bowring's report of census xx 168
at Whampoa, notice of xix 54
sends for police - xv 365
Consul (at Shánghái), Balfour is
appointed British - - xii 560
gives notice of limits xii 631
Alcock's port regulations xv 566
Alcock's report of trade xvi 356
Alcock's notice on limits xvii 318
Alcock's proceedings 1848 xvii 401
Converts, deaths of Chinese xix 339
experience of a - i 410
are few among Brahmins i 70
among convicts at Bombay v 91
ordination of a - xv 528
baptized by Bp. Boone xvii 470
diary of a Chinese - i 27
at Lewchew imprisoned xx 539
in Siam, Romish - xiii 188
accuses Rizzolati - xv 40
at Amoy, baptism of two xv 359
are made by Retord, how xviii 584
notice of a Romish xix 302
Cooking among Chinese iii 465
Coolidge (J.) is carried into Canton
- - x 295; xi 582
account of his capture x 417
did not import arms - x 527
Kiying remarks on - xiv 534
Copper, sumptuary laws for ii 68
smelted in Japan - ix 86
in Yunnán - - i 384
in Turkestan - i 173
used for dish-covers, white ii 458
mines, deficit in - vi 448
Coral applied in many ways ii 456
account of getting - xviii 491
Corea, language of - i 276
syllabary of language of ii 135
first mention of - - ii 114
comparative vocabulary of iv 195
death of king of - iv 152
investiture of king of - vi 606
Japan makes war on vi 465
wars with Japanese - - xix 150
missions in - - viii 567
journal of the bishop of vi 287
at Peking, envoys from vii 231
ambassies from - - xiv 154
Verrolles' notice of - xv 453
Ferreal's letter upon - xv 507
the Victorieuse lost on xvi 464
the Narwal lost near - xx 500
Pylades on the coast of xii 358
Nimrod visits the coast of x 378
English to take an island of xii 10
king applies for interpreter xv 277
Chinese classics used in iii 2
sends an envoy to Japan x 163
frontier town of - xiii 563
Corkers or reefs in Chusan x 253
Cormorants used in fishing xv 207
mode of employing - xvi 576
described in the Pun Tsáu vii 541
Corn not to be exported xx 471
laws made known by governor ii 90
Corpse, singular term for a iii 48
Corvino, a Romish missionary i 451
lived at Peking - iii 112
character of - - xiii 476
Cosmogony of Hwái Nantsz' iii 55
of Chú Hi xviii 342; xix 368
of the Siamese - xiii 172
of the Japanese - iii 156
popular - - x 49
Cossacks, appearance of - ii 184
in Peking - - viii 408
Costume of Chinese in Ming i 475
during Táng dynasty i 14
in summer and winter - iv 45
See *Dress*.
Cotton cultivated by Chinese xviii 448
brought to China - xii 515
places of cultivation of xvi 582
bought by Chinese - ii 458
trade, notices of the xvi 134
imports for 1847 & 1848 xviii 300
crop at Shánghái xvi 560, 509
export from Shánghái xvii 375
for 1846, imports of - xvi 47
for 12 years, imports of xii 516
grown in Khoten - xx 76
made in the XIIIth century xiv 331
and woolen not used - xiv 389
Council, General, described iv 173
members of the Inner xii 28
position of the - - xii 60
assembles in the morning v 6
in 1836 members of iv 475
See *Cabinet*.
Country, love of our - iii 330
Chinese love of - - vii 170
Courts, Arab account of Chinese i 13
detail of local iv 335
of provincial officers - ii 203
clerks in the provincial ii 16
of Appeal and Representation
at Peking - xii 67; iv 149
members of these two xiv 83

arrangement of the Guest xiv 153
duties of the Sacrificial iv 182
members of the Sacrificial xiv 88
etiquette of H. I. M.'s xiv 162
Hollanders at - - xiii 403
administration of - xiv 521
Ripa admitted to - xvii 387
Calendar, or Red Book v 3; iv 473
Crickets used for fighting iv 244
Criers, mode of public - iv 342
Criminals allowed to abscond v 93
exposed, heads of - - v 96
starved to death - xii 616
in Hongkong up to 1844 xii 654
See *Prisons*, *Law*, *Torture*.
Crocodiles, mode of killing vii 434
Csoma de Körös, dictionary of ii 139
dictionary published - iii 185
notes on Tibet - xiii 505
Cubebs described - ii 459
Cudbear, where obtained ii 459
Cudworth on notion of God among pagans - xvii 51, 554
proves one cause - xvii 606
on idea of God xix 361
Cumming reports from Amoy xvii 250
Cumsing-moon, affray at xi 23; ii 513
meaning of the name xvi 399
position of anchorage of iv 197
opium ships go to xiv 244
the Eliz. Ainslie burned at xix 677
to be closed xi 245; v 336, 528
an anchorage - v 347; iii 89
vessels wrecked at - v 197
in 1848, tyfoon at - xvii 541
Cunningham's (Dr.) notice of Chusan - - ix 133
(E.) attacked - - xx 161
Cupping, instruments for iv 44
Currency, memorial on the xvi 272
to be regulated in Canton xi 129
delay in equalizing Indian iv 539
depreciated in Kiangsi vi 448
hong-merchants on the v 386
is under Board of Revenue ii 68
of Japan - - - vi 558
at Shánghái - - xv 471
of Hongkong - - xi 296
See *Cash*, *Coins*, *Dollars*.
Cushing (C.) a plenipotentiary xii 503
instructions to - - xiv 419
reaches China - - xii 112
letter to Gov. Ching xiv 353
intercourse with Kiying xiv 410
issues notice of treaty xiii 336
explanation of treaty xiv 555
leaves China - - xiii 448
Custard apple, notice of the vii 429
Custom-house in Canton iv 580
condition and resources of vi 602
degradation of one in the iii 488
register at Wúsung, - xii 144
department of the - iv 282
at Macao removed xviii 550
Cutch, how used - - ii 459
Cycle of the Chinese - x 122
characters used in the x 217
Cyrus an instrument of God v 114
dominions of - - vi 161
D'Aguilar succeeds Saltoun xiii 51
communication to Davis xvi 184
issues general Orders xvi 254
praises troops - xvi 256
Da Costa, murder of - xviii 606
witness on the conduct of xx 164
Dabahn, a mountain in Ili i 172
Dairi of Japan - iii 195
official position of the - ii 319
power and domains of the ix 502
Dalai-lama is patronized by the Manchu princes ii 218
residence of the - i 173
position of palace of viii 508
perpetuity of the - ix 33
See *Tibet*.
Damar, a kind of resin - ii 459
Danish trade to Canton - ii 295
frigate Galatea - xv 461
frigate, men from the xvi 383
Dansborg's I. position of xiv 266
Daourian Mts. in Manchuria i 34
rivers flowing from the xix 291
Davies (E.) school at Penang vii 549
reaches Penang - v 88
Davis (Sir J. F.) note to Editor ii 329
had advantages for study viii 414
succeeds as chief of E. I. Co. xi 6
did not ask hoppo - xi 22
member of Commission iii 143
writes Lord Palmerston xi 75
letter to Palmerston on peace xi 78
letter on leaving China xi 79
leaves for England in 1834 xi 81
remarks on opium - viii 515
account of *fung-shwui* vi 190
Sketches of China - xi 81
account of the Grand Canal xi 564
Chinese, character of - viii 411
crossing of Yellow river xix 508
governor of Hongkong xiii 266
visits the five ports xiii 448
returns to Hongkong xiii 560

reply respecting registration xiii 604
pardons criminals - xiv 247
created a baronet - xiv 448
note to Kiying upon entering city of Canton - xv 63
interview with Kiying xv 224
notice respecting Chusan xv 277
revisits northern ports xv 376
notice for ships not to trade at Chusan - - xv 432
note to Kiying upon riot xv 539
notes to Macgregor - xv 547
demonstration on Canton xvi 182
results of procedure of xvi 252
answers gentry of Honam xvi 307
notice respecting land there xvi 363
upheld by home government xv 624
conduct criticised - xvi 261
visits Cochinchina - xvi 614
writes to Earl Aberdeen xvi 388,425
returns to England xvii 160
on early trade at Ningpo xiii 346
writings on China xviii 445
term for American consul vi 75
a student in Chinese - v 148
remark on Chinese grammar ix 518
opinion on opium - v 571
The Chinese, notice of v 280
Davis (Hon. J. W.) arrives xvii 432
interview with Sü xvii 543
visits Manila - xvii 596
returns to United States xix 281
Dayaks in Borneo - viii 299
notices of the customs of v 233
character of the - - xii 176
come to Bruni - vii 178
tribes among the - iv 511
mission to the - vi 99
tribes of the - - vii 133
villages of the - viii 285
De Guignes supposes Chinese an Egyptian colony - i 9
errors of - - i 75
leaves no successor - iii 10
questions sent to - vi 73
Shú King, extract from xvii 27
Dead buried by the charitable xv 407
burned in Japan - ix 634
collected, bones of - xvi 22
cut off, feet of the - x 530
supported by descendants xvii 539
decision of pope on worship of i 437
worship of the - xviii 366
robbed of coffins - xvii 481
offerings to manes of xvii 558
found in jars - - xi 154
observances respecting the xvi 517
burned in fire, tomb of xv 320
formerly burned in Tangut xix 564
money put in mouth of xx 88
buried in their clothes xiii 90
exposed on the ground ii 29
ordered to be buried - i 294
worshiped by the Jews xiv 390
not to be exhumed - i 504
wailing for the - iv 192
not buried by Parsees - x 650
See *Ancestors, Funeral, Grave.*
Dean (W.) at Siam - v 237
opens church at Hongkong xii 440
attacked near Singapore iv 523
returns to China - xv 527
notice regarding tracts xvii 649
Death, avoidance of the word i 424
warrants in executions ii 48
warrants, nature of - ii 134
reason for dressing at - i 293
of those without the gospel ii 281
designated by many words iii 281
how expressed by Siamese v 57
Budhist reasons for - ii 559
Death of Dr. Morrison iii 177
John R. Morrison xii 448
D. Abeel - - xvi 56
N. S. Benham ix 85
Samuel Dyer - - xii 553
Charles Gutzlaff - xx 511
W. L. Richards - xx 530
S. C. Clopton - - xvi 368
Doctor and Mrs. James xvii 207
Edwin Stevens v 513
J. Lowder - - xviii 560
C. J. W. Barton - - xx 558
D. W. C. Olyphant xx 509
Fred. J. Ball - - xiv 400
Mrs. Dean - - xii 207
Mrs. Boone - - xi 509
Mrs. Pohlman & Mrs. Doty xvi 174
Mrs. Stronach and Mrs. Fairbrother - xvi 177
Mrs. Speer - xvi 206, 568
Mrs. Hobson xv 224; xvi 178
Mrs. Jarrom - - xvii 160
Mrs. Johnson & Mrs White xvii 320
Mrs. Ball - - xiii 603
Mrs. Bradley - xv 83
Mrs. Devan - - xv 527
Mrs. Shuck - xiii 603
J. A. Gonçalves - xi 585
Lord Napier - iii 275, 281
Lord Churchill - ix 107
Sir Le F. Senhouse - x 352

Admiral Collier - xviii 672
Sir A. Ljungstedt - v 334
Alexander H. Everett xvi 367
Kí Kung, gov. of Canton xiii 390
Ilipú at Canton xii 166, 329
Lungwan at Canton - x 424
Howqua - - xii 500
in Ophthalmic Hospital vii 417
among beggars in Canton ii 574
of two pupils - xiv 474
of a Mohammedan - iv 296
Táukwáng's uncle - i 380
emperor Táukwáng - xix 165
the empress-dowager - xix 111
general Háilingah, - i 30
Deb-rájá near Assam - v 52
Decapitation, mode of xix 55
at Canton, place for - ii 211
in 1838, numbers of - vii 112
of seventeen criminals ii 48
of two robbers - - v 48
name for - - vi 53
Deed for land, form of a xviii 57
Deer I. passage - - x 263
Degrees, given as rewards ii 287
of küjin to Howqua - ii 96
of siútsái, price of a xvi 72
examinations for the - ii 483
See *Examination*, *Education*.
Deity in Chinese, terms for i 434
in Japanese, term for - ii 320
Morrison on term for vii 314
from Russian, ode to the xix 245
See *God*, *Shin*, *Shángti*.
Delano (W.) appointed vice-consul at Canton - ix 328
writes governor of Canton ix 53
note on Madagascar's crew xi 642
Deluge noticed in Chinese annals ii 79
doubts respecting the iii 57
caused by the Yellow R. xix 305
Yú, the intendant of the xx 95
Demonolatry among Chinese ii 134
beings found in - xiv 233
Denham's journal in Formosa xiv 298
Dent (L.) invited into Canton vii 622
effects of the refusal of viii 450
reasons for not going xi 357
taken to Consulate vii 627; xi 360
promises not to return xi 410
presides over Mo. Ed. Soc. vii 301
remarks at Mor. Ed. Soc. x 580,584
writes for a site for school xi 541
donation to Mor. Ed. Soc. xi 544
remarks at annual meeting xiv 470
assists Callery xii 373
Desertion defined in the Code ii 13
punishment for - - i 312
at Macao, a case of xx 558
Desima in Japan - - vi 556
oversight maintained at ix 297
position of Dutch at - ix 301
Devan (T. T.) notice of Beginner's book - - xviii 406
death of Mrs. - xv 527
Dialects of China - - iii 484
extent of the various xvii 92
differ from written language xiii 99
vocabulary in Tiechiu xviii 605
of Háinán is like Fuhkien i 151
source of the - - viii 594
instance of different iv 322
not difficult to learn - xv 66
now in use - - vii 120
of Fuhkien - iv 173; vi 144
not understood at Peking xx 55
of Fuhkien, orthography for xi 28
plan for romanizing the xx 474
spoken at Tientsin - i 187
at Fuhchau - - xvi 517
peculiarities of the court xvi 236
Dialing among the Chinese xx 431
account of a portable sun xx 30
description of a - xvi 62
Dicey's account of the loss of the Str. Madagascar - xi 633
Dictionaries, list of Chinese xvii 433
Chinese and Eng. vii 120; xviii 404
need of a good - xvii 91
should be, what a - ix 330
called Urh Yá, an ancient xviii 170
qualities required in a xii 496
plan of Julien's poetical - i 470
cost of Morrison's - iii 182
in Chinese & other tongues xiii 284
published by Tingqua xiii 656
Diet of the Chinese i 15; iii 457
of people is vegetable ii 33
mistaken notions of the xiii 128
contains a large variety i 304
common articles of - ix 400
See *Food*, *Cooking*
Dikes in Chehkiáng - iv 488
Diplomacy agency in China vii 141
of the U. S., plan of - ix 14
difficult with the Chinese vi 530
Directory, a Chinese - ii 531
Diseases, nine classes of - iv 184
in Lewchew - xix 82
at Hongkong xv 124
at Shánghái in 1850 xix 392,307
notions on epilepsy viii 631

epilepsy, case of - vi 441
notion upon delirium xvii 191
many causes for - xv 281
Hobson's list of - xi 670
cause of ophthalmic - xiii 111
very common, ophthalmic xi 661
notions respecting nervous xiii 241
treatment of cholera - xii 485
cholera morbus - nv 39
fever at Shánghái - xx 154
ague explained - xviii 506
notions of neuralgia xiii 241
measles at Ningpo - xx 532
common at Tientsin i 180
Budhist remedy for a xiii 503
wonder there are no more xv 281
epidemic how avoided xiii 503
averted by dragon-boats xix 343
See *Ophthalmic*, *Med. Miss. Soc.*
Dispensary at Canton, native ii 264
at Shánghái, native xvii 193
notice of the Canton - ii 276
opened at Kam-li-fau xviii 301
Ditches around Canton - ii 159
cleared out at Shánghái xx 154
causes sickness, clearing xix 392
Diver (W. B.) arrives viii 272,626
Divination, practice of - xx 85
by the eight diagrams xx 199
Doctors in Canton, number of ii 306
a fashionable - i 343,382
among Chinese are ignorant i 181
Sun and Hwa, two deified ii 275
injure their patients, native vii 202
patron god of - - xx 134
Dodd's I. or Pakting - xii 405
Dog of the Chinese - viii 87
healthful, flesh of the viii 526
Dollars, púching sz' report on v 419
are coined, native - ii 445
report on circulation of v 419
edict for regulating exchange xi 129
used in worship, paper ix 619; x 491
exchange on - - iv 538
at Hongkong, value of xi 240
comparative value of xii 397
See *Currency*, *Coins*.
Domestic rules of the Chinese v 306
life among the Japanese ix 620
Doors, gods over the - xix 314
means of protecting - xi 435
charms hung over - xx 86
inscriptions hung at - ii 199
Doty's tour in Borneo - viii 283
death of Mrs. xiv 494; xvi 174
remarks on word for God xix 185
goes to United States xiv 544
by Boone, strictures on xix 357
stationed at Amoy - xx 523
Douglass (Lieut.) taken prisoner x 193
treatment of - - x 510
Dragon, Chinese ideas of the vii 252
god has a new name xvii 655
Dragon, Golden, title assumed i 30
Dragon-boats, festival of the xi 436
zealously observed - iii 95
origin of the festival of xx 88, 124
intended to avert disease xix 343
Dragon's blood, how obtained ii 459
Dress of Chinese, Arab notice of i 14
description of - i 220; iv 45
to be changed, official v 336; ix 423
of Japanese xix 209; vi 360; ix 299
of Cochinchinese - xvi 595
of the Siamese - xii 192
not to be broad, sleeves of ix 168
See *Costume*, *Feet*.
Drinks of the Chinese - iii 464
effects of indulging in i 314
invention of distilled viii 397
not allowed, distilled - xv 433
See *Spirits*.
Drought at Canton in 1844 xiii 279
in 1834 - iii 577; xi 129
Budhist tries to remove the iv 46
a seven years - - x 128
in 1846 - - xv 527
Drums, various kinds of viii 48
at Peking in a tower - ii 490
at the táutái's gate - xvi 544
Drunkenness at Tientsin i 137
among Chinese sailors i 189
what is - - iv 270
among beggars - - xvii 475
Drury (admiral) in China iv 546
conduct, effect of - ii 357
Du Halde's geographical descriptions - - xii 89
Du Ponceau's dissertation vii 337
Duck's tongues used for food iv 535
reared in boats - iii 463
Dueling among Japanese x 80
Dufresse, a Romish missionary i 377
character of - - xiii 590
effects of death of - xv 401
Dunn's Chinese collection viii 581
Langdon's catalogue of xii 561
Dust falls at Shánghái - xvii 521
Dutch ambassy to Peking iii 417
ambassy. Nieuhoff on the xiii 393
ambassies to Peking xiv 155
ministers in Formosa vi 587; ii 413

missionaries, list of early xx 545
administration in Formosa vi 423
missionaries in Celebes i 204,510
fleet attacks Macao - vi 584
proceedings in Formosa xix 207
trade at Canton - ii 295
trade in year 1836 - vi 351
trade for 23 years - xvii 208
agent Modderman - xii 632
consul at Canton, Browne xvii 160
ambassy to Yedo - ix 379
proceedings in Japan - iii 209
intercourse with Japan vi 553
in Japan, factory of ix 300
officials at Desima - xviii 317
writers on Japan - ix 293
ship for Japan at Macao x 424
intercourse with Archipelago ii 400
and Spanish contentions vii 472
proceedings in Borneo xv 504
settlements in Borneo iv 505
supercargo Roberts dies i 218
called red haired people xi 613
Duties, how levied at Canton xii 99
great exactions in the xii 38
supplied, deficiencies in xii 632
how to be settled - vi 329
not to be increased, transit xiii 655
levied at Sháuchau fú viii 146
how to be settled for vii 387
on tea at Canton - xi 183
taken off British ships - xi 24
two notices respecting xvii 264,320
Dwyer killed on Hongkong xviii 666
Dyaks in Borneo - xii 176
tributary to Malays - viii 286
Dye from the Morinda vii 427
used at Súchau fú - xiv 584
at Chángchau, shops to xvi 83
Dyer (S.) prospectus for type ii 477
font of type, cost of iii 248
attempt to cast type - xx 282
calculation for font of type iii 228
type, specimens of - xiv 128
arrives at Penang - ii 507
moves to Malacca - v 88
return from England - xi 159
version of Esop's Fables xiii 98
secretary of Committee xii 553
epitaph on - xv 108
Davies' memoir of - xviii 434
Dynasties, list of Chinese x 121
duration of each - xvi 51
of Tungking kings xvi 584; viii 205
succession of the early ii 80
following the Hán ii 112
Ear, case of a boy without an iv 464
cut off a woman, both xvii 141
Earthquake in Shánsí in 1834 iii 344
in Malacca in 1833 - ii 479
in Yunnán ii 288,336; ix 475; xi 21
in Macao in 1842 - xi 520
at Peking in 1476 - x 156
in Ningpo in 1846 - xv 478
in Shánghái in 1847 - xvi 567
in Shánghái in 1846 xvii 190
in Fuhchau in 1849 xviii 56
in Yarkand in 1832 - xii 239
in Manila in 1645 ii 405; vii 534
East India Company's charter expires - - ii 574
treatment by the Chinese viii 615
quarrels with authorities - xi 2
should give up trade - ii 359
uphold the co-hong - vi 533
fostered the cohong - vii 155
proceedings about a prisoner ii 513
garden reduced - ii 287; iv 44
general conduct of the v 125
promote by merit iv 127
in India, duties of - v 115
interfere with private trade vi 537
Finance Committee to stop vii 386
supercargoes, powers of xi 193
monopoly is hateful - vi 533
try to trade in Japan vii 219
sent liqueurs to Peking xi 121
take Morrison as interpreter xi 224
agency in opium - viii 469
reap the profit on opium ix 319
would like to stop opium v 304
double dealing on opium viii 472
profits on opium of the xx 480
by opium, benefit to the xvi 43
profit of opium compensation xiii 56
oppose missions - xiii 650
ought not to be king's officers v 251
last servant leaves viii 440; xi 470
See *British*, *Commission*.
East India & China Association vi 301
Ebony, its uses and sources ii 460
Eclipses noticed by Chinese v 3
Chú mourns for an - xi 6
in 1842, two ominous xi 518
proceedings in Siam at an xiii 173
Edge tools are sharpened xi 326
Edinburgh Review, no. of the iv 294
on the Evangelicals - i 148
Education, principles of Chinese iv 1
should be religious - xiv 500
neglected, early - iv 167
ends with mere reading xx 473

history of Chinese - xviii 56
of Mencius by his mother x 321
commences, when - ii 250
begins before birth - iv 112
attended to, early - ix 552
defects of school - v 147
detailed in the classics - v 84
modern Chinese - vi 233
inadequate among Chinese v 379
adapted to their language xi 547
ancient schools for - v 85
three institutions for - vi 96
good results of medical vii 40
for girls in Christianity iii 565
of girls at Malacca - iii 45
proportion who have an vi 234
encouraged in Shing Yu i 305,311
of Indian boys, remarks on v 574
proposed, standard of - vii 308
in Chinese and English xiii 630
is a part of missions - xv 488
See *Examination*, *College*.
Edwards (A. P.) seized xi 586; x 639
(R.) appointed postmaster xi 240
Egypt, the Chinese came from i 9
climate of - - iii 255
like Chinese, hieroglyphics v 281
language, grammar of xii 337
intercourse with China ix 81
thought to be Sinim xiii 117
Elders, their duties and choice ii 65
Elephant, traveling on the xvi 344
described by Chinese vii 140
kept at Peking - viii 526
used in battle - v 162
at Peking, inclosure for ii 491
holds up the earth - xx 35
in Siam, the white - v 538
ten kinds of - ix 457
veneration for the - xiii 183
teeth, an article of trade ii 460
Elephant I. near Chusan x 262
salt-pans found on - xii 354
Eleuths in Koko-nor - i 120
make disturbance - ii 126
in Ili - - v 271
in Pochen or Pidjan - ix 121
Kaldan, the last khan of the v 273
rise against Chinese xii 239
position of the Alashan xiii 562
Elohim, meaning of - xix 411
is not a proper name xvii 91
objects in view in translating xix 90
Biblical applications of xv 569
thoughts on the term for xix 185
and its derivatives xvii 106
Elliot (Charles) arrives - iii 143
at forcing of the Bogue iii 334
plans a crew's recovery xi 187
reception at gates iii 480; xi 123
becomes 2d superintendent xi 128
becomes superintendent xi 189,195
informs Gov. Tang of it xi 196
remarks on legalizing the opium trade - - xi 190,191
exposé of his intentions xi 198
allowed to come to Canton xi 245
reaches Canton v 576; xi 248
refuses to let the co-hong see his dispatches - xi 249
relieves the Fairy's crew xi 253
letter respecting superscrip. xi 258
describes the opium trade xi 263
leaves Canton vi 352; xi 264
proposes sending to Peking xi 265
note to admiral Maitland xi 299
returns to Canton vii 175,231
remarks regarding execution vii 452
notice to opium schooners vii 453
letter upon Innes' case xi 346
letter on hong monopoly xi 351
notice on Fung's execution xi 355
corresponds with Gov. Tang vii 607
requires British ships to arm vii 622
letter to Gov. Tang for explanation of his acts xi 356
letter to Blake of "I arne" xi 359
reaches Canton, vii 626; xi 360
letter to Gov. Tang - xi 360
notice demanding opium vii 633
surrenders opium to Lin xi 365
recapitulates his acts xi 371,402
notice on given up opium vii 648
notice respecting the bond viii 20
notice of tea not to enter viii 168
leaves Canton viii 31; xi 409
notifies ships not to enter viii 24,28
letter respecting ships entering the port - - viii 63
writes Lin on his overtures viii 68
letter respecting demurrage viii 122
letter on Lin Weihi's murder xi 458
notifies a court to try case viii 221
address to court held on it viii 187
note to Gov. Pinto - xi 463
writes Lin about outrages xi 465
account of affair at Kaulung viii 269
orders opium ships away viii 271
letter on trade at Chuenpi viii 321
notice respecting demands viii 323
declaration to Chinese people ix 110
goes to the Pei ho - ix 112

ridiculed by Lin - viii 427
is upheld by Wellington ix 253
demands Stanton's release ix 646
interview with Kishen ix 419,421
public notice of Admiral Elliot's illness - - ix 536
notice of the results of battle of Chuenpi - ix 648; xi 578
notifies treaty with Kishen x 63
interview with Kishen xi 644
Kishen's report on seeing x 237
notice of capture of Bogue x 116
notifies proceedings on river x 179
raises blockade of Bogue x 235
takes defenses of Canton xi 581
appoints Capt. Caine - x 286
notice to shipping - x 287
takes Mrs. Elliot to Canton x 293
requests foreigners to leave x 294
notice to the Cantonese x 344
notice of ransoming Canton x 345
manner of ransom - x 395
notifies Hongkong a free port x 350
wrecked in the Louisa x 407
might have been taken xi 392
leaves for England x 479; xi 584
Elliot (Geo.) arrives ix 112; xi 526
reaches Chusan - ix 229
appoints Burrell governor ix 422
announces truce with Kishen ix 531
returns to Macao - xi 528
correspondence on blockade ix 532
leaves in the Volage ix 536
Ellis' (W.) preface to Gutzlaff's voyage - - iii 406
(H. H.) errors of - - iii 414
describes Chinese bath xi 215
in favor of the kotau v 17
sees a military examination iv 125
report of Capt. J. B. - xi 157
Elmslie (A. W.) notices from xv 61
notifies to stop duties - xvii 264
notifies to pay duties xvii 320
circular on tonnage dues xvii 264
Elphinstone on trade with China v 245
Emigrants, condition of Chinese ii 230
are oppressed on return ii 162
going to Formosa ii 417
encouraged by Yungching ii 34
not allowed by law - ii 101
to Siam - - i 23
case of Lin, an - i 332
to Java stopped by Dutch vii 112
supposed to be rich vii 503
go from Fuhkien - i 456
to Havanah from Amoy xvi 208
or coolies to Peru - xix 344
to California and Peru xix 510
to Singapore, luck of an iv 380
Emperor explained, title of ii 309
Arab travelers' notice of the i 12
names, explanation of ix 390
instructions from the - x 593
position in the government iv 12
household of the - ii 497
is the source of law - ii 110
Kuh Káusin, an early xii 75
has absolute power - i 283
described by the Burmese ix 465
arbitrariness limits to ix 13
exalted regards for the viii 320
compared to a tiger - ii 98
symbolized by a dragon vii 254
tombs embellished - vi 496
kindred of the - - iv 184
concubines - - xiv 522
rejoices in Napier's leaving iii 342
kwoh háu, or reign of ii 113
table, court, &c. - xii 68
relative duties of the - vi 185
guard around the - xx 256
body-guard to - xx 264,258
wants a taipan over English iii 344
not to be lightly advised ii 567
has no equal - - xi 283
must try to stop opium ix 257
birthday observed - iv 295
audiences with the i 254, 429
upholds his subordinates ii 132
reply to Dutch envoy iii 417
deigns to receive presents ii 47
of Japan, or dairi iii 157; ii 320
worshiped in Wánshau kung ii 201
in Japan, two - ix 305
in Japan, succession of x 78
will not do, what the ix 4
assents to treaty - xi 629
family, gradations in xii 22
of the Tsing dynasty i 356; x 158
summer visit to Manchuria xi 296
Tyler's letter to - xiv 542
assents to entering Canton xv 277
meaning of title *ti* or xvii 76
are called gods - xvii 223
instance of a weak - i 148
must examine himself xvii 299
to be implicitly obeyed iv 417
notice of several early xix 171
sacred instructions of the iv 417
worship of Shángti by the xix 379
calls on his subjects - x 683
See *Taukwáng*, *Kánghi*, *Imperial*.

Empress, death of the ii 142; xi 19
mourning for the - ii 212
remains, removal of the - iv 344
tomb, selection of - iv 296
chosen, a new - iii 486,578
death of the last xi 524; viii 600
Empress-dowager's 60 birthday iv 576
birthday, debts forgiven on v 93
60th birthday, examination iii 578
makes men out of bread i 79
conduct of the old - xiv 520
reaches age of 70 xiv 592; xv 160
influences her son - xiii 142
death in Jan. 1850 - xix 110
mourning for the - xix 281
canonization of the - xix 344
Encyclopedia Americana on Canton i 161
on Burmah, errors in the ii 500
of the Chinese language xii 300
England ought to interfere viii 468
has duties towards China vi 301
does not formally declare war ix 241
on China, demands of ix 4
medical missions in - xii 193
has reason for a rupture viii 619
and America for the world ii 506
sends tribute to China xiv 156
Lin's letter to Queen of viii 9
second letter to Queen of viii 497
speech, extract from Queen ix 107
orders seizures, Queen of ix 243
and China, relations of viii 441
and China, rupture between viii 619
from China, demands by ix 643
fails in duty to Elliot ix 255
demands reparation for insult ix 108
Douglas' view of - iii 304
Chinese books sold in v 282
letter to Kienlung, king of vi 23
communicates with China ix 219
is a tributary to China x 340
determines to have an island x 513
demands of China, what xi 511
inferior to emperor, king of xi 283
described by Sü Kiyü xx 183
put to treaty, great seal of xii 167
See *War*, *British*, *Commission*.
English appear in China ii 295
send Jenkinson to China iii 115
mate seized on the river iv 436
come to Archipelago - ii 403
trade stopped in 1834 iii 235,238
trade, reasons for stopping iii 326
trade reöpened - iii 349
described by Marjoribanks ii 539
relations in China important vi 244
errors respecting the xiii 28
trade cut off by Lin viii 495
must have a taipan - iii 344
to be everywhere attacked viii 264
deprived of food in Macao viii 216
thought to poison Chinese xiv 394
expelled from Macao xi 462
expedition, strength of the xi 596
need aid to recover debts vi 538
prisoners delivered up xii 345
appear in Japan - iii 210
try northern passage to China x 241
intercourse in Japan - x 168
traders and ships Japan vii 217,588
inspire terror by war xiii 27
factory at Ningpo - xiii 342
held in fear at Ningpo xiii 28
in China, review of the xii 8
and Chinese, difficulties between the - - viii 446,529
capture Palembang - iii 319
merchants, memorial of the viii 32
troops commit outrages - x 530
flag-struck at Canton xi 355
dishonored by Napier's death v 244
to be kept from Corea xv 457
killed at Hwáng-chuh-ki xvi 611
Chinese plead with the xvi 247
merchants expelled Canton xi 244
play many tricks x 534
language extensively used ii 1
alphabet, confusion in the xii 589
reputation for medical skill xvi 19
Envoys at Canton - vi 144,236
from England, mistakes of vi 18
Epitaphs on Chinese graves xviii 377
on Dr. Morrison's tomb iii 176
on J. R. Morrison's - xv 106
on Lieut. Fitzgerald's xi 50
to a Romish missionary vii 390
Erman's travels in Siberia xx 18
Ermine, account of the - iii 549
Essay, translation of a prize xiv 69
handed in at examinations iv 121
on opium trade - vii 173
on education in China, Biot xvii 57
by Dr. Harris, prize xii 210
Eternity, Budhist notion of xvii 538
Eunuchs have influence ii 115
numerous in palace - ii 498
elopement of two - iv 439
brought back - - ix 168
are severe, rules for the xii 68
conduct of Liú Kin, a ix 58
reasons for having xviii 356
Europeans described by Sü xx 180

Evans (Jno.) reaches Singapore ii 188
death of - - x 54
Everett (A. H.) appointed xiv 352
arrives - - xv 527
health of - - xv 158
reaches Canton - xvi 320
interview with Kiying xv 624
dies at Canton - xvi 367
Examinations, literary, the xviii 57
were instituteds when - x 148
how conducted - - iv 118
described by Semedo - i 482
details of the triennial ii 243
for official merit - v 576
report on by emperor - v 576
approved by emperor in 1837 vi 48
in 1846, rescript on an xv 276
for küjin at Ningpo xvi 62,67
at Canton in 1833 - ii 47
for küjin in 1834 - - iii 235
for küjin in 1839 - viii 328
for küjin in 1846 - xv 480,527
for küjin in 1849 - xviii 503
number of successful at xviii 609
for siútsái in 1835 - iii 488
for siútsái in 1847 - xvi 269
appointed in 1835, an extra iii 578
for tsinsz' at Peking - iv 104
for küjin in 1837 - vi 208,304
for siútsái in 1840 - ix 423
in 1851, gracious - xx 508
essays sold at an vi 352
in common schools - vi 237
feast to first küjin at the xv 575
misdemeanors in - vi 552
row at an - - x 527
themes given at ii 245; i 459
themes for siútsái in 1838 at vii 112
of undergraduates by chifú v 47,48
officers superintending the iv 281
one unsuccessful at an iii 118
and graduates, at Fuhchau xv 214
Hánlin can lose rank at iv 150
Examination, militarys - iv 125
supported by Ming xviii 77
at Canton in 1834 - iii 344
not to be attended by foreigners
at Canton - iv 296
for küjin in 1835 - iv 392
nature of the - xx 390
in 1851, a gracious - xx 509
of military in Hainan xviii 230
Examination, triennial, report on v 92
report, on - - v 576
emperor's remarks on - vi 48
in 1846, report on an - xv 276
Exchange on India, &c. iv 538
Excise, department of the iv 281
Executions, mode of Chinese xix 56
ground at Canton - ii 160
of pirates in 1834 - ii 192
of Chin Twán, joy at - ii 575
of 17 outlaws - - ii 48
of a village tyrant - - ii 336
of the Navigateur's pirates iv 375
of 17 banditti from Yingteh i 80
of incendiaries - - iv 46
of a Shunteh robber - iv 104
of 24 criminals - iv 391
at Canton in 1846 - xvi 115
numerous at Canton v 240
of a graduate, Li xviii 336
of 400 persons in 1849 xviii 672
of Chau and Chin - v 48
of Kwoh Siping at Macao vi 608
attempted before Factories vii 445
of Fung near Factories vii 552,606
of a son for parricide - ii 432
heartless reports of - i 291
of English in Formosa xii 247
in Canton, speedy - xiv 352
is called "finished" - xv 224
of 41 criminals - xvi 103
of 11 from Hwángchuh ki xvii 157
Exhibition in London, xix 404
Eye, Lord Napier, a barbarian iii 187
Eyes of the dead punctured xiv 198
beggar mutilates xx 158; xviii 509
Hobson on diseases of the xi 661
reason for diseases of x 459
of Chinese at Tientsin i 187
couching of a patient's vii 95
diseases of the - v 461
report of a patient on her v 37
of Japanese differ - iii 155
Fa Hian, a Budhist traveler ix 332
date of work of - xvii 576
Fa-ti or Flower-gardens ii 226
plants sold at - - iii 86
river leads to Fuhshan xviii 253
waters surveyed by Belcher xii 494
many plants at the - xvi 581
Factories at Canton, latitude of iii 89
number and names of ii 303
in Canton in 1750 i 211; xvi 137
burned in 1822 - iv 34
rifled in 1841, three of the x 343
burned in 1842, three - xi 687
hindered, rebuilding of xiii 277
burned, Danish and Spanish xii 560
in 1845, arrangement of xiv 347
nuisances about the vi 328; iv 43

vessels of war near the - xvi 115
number and plan of the - xv 372
limited area of the - xv 324
fall of a building in the - xv 280
rules for protecting the - xv 366
measures for defending - xv 534
guard placed by Kiying at - xv 575
correspondence respecting - xv 512
occupied by D'Agnilar - xvi 184
closed, Hoglane in the - xvi 320
robbery in Rawson's - xvii 650
pillaged by a mob - x 295
occupied by the British - x 182,184
walled up, back entrances of viii 23
visited by Lin - viii 168
landing-place near the - iv 44
described by Murray - vi 64
executions before the - vii 606
square before the - viii 23; vii 389
custom-house before the - viii 599
British marines guard - xi 70
too small for the residents - xv 280
guardhouse at the - iv 45
of the Dutch in Japan - vi 556
at Ningpo, English - xiii 342

Fables from Chinese - xx 94,122,194
of the night-fly - iii 154
of Æsop, - vii 334; xiii 98
of Sú Tungpo - xi 139
of the almond forest - xiv 458

Fairbrother, obituary of Mrs. xvi 178

Fairy and spirit, tricks of - xi 210
story of a - xx 228
(brig) mutiny in the - vi 201
search made for the - v 288
unsuccessful search for - v 336
looked for by the Raleigh - xi 253

Famines frequent in China - ix 77
in Honan not serious - xvi 567
common in 1833 - ii 191,527
in Peking from drought - i 234
in Chehkiáng - xi 19; i 31
in Hwuichau fú near Canton i 159
in Kiángsú - xix 113
at Shánghái in 1849 - xix 107,227
relieved in Shánghái - xx 159
at Shánghái decreasing - xix 390
sufferers from - xvii 488
in Szchuen in 1840 - xix 402
in India in 1837 - viii 518
Chú Hí's efforts to relieve xviii 192

Fan much used by Chinese xvii 203
laid up with autographs - ix 368
employed by Japanese - ix 300

Fankwei, explanation of - xi 325
Oranda is equivalent to - xix 81
in China noticed - vii 328
explained by the Quarterly iii 135
indicates bad feeling xv 60; iii 137
kwei-tsz' instead of - xvi 405
used beyond Canton - xviii 247

Farce, translation of a - vi 576

Faria, a Portuguese brigand iii 114

Fast ordered by the rulers, a xi 25
(Rev. C.) death of - xix 623

Fearon (S.) interpreter - vii 389
professor of Chinese - xvi 320
interpreter at Hongkong - x 479

Fees, Chú on receiving illegal i 384
scale of consular - xii 393

Feet of girls compressed - iii 536
suffer from pressing - ix 288
are lost in consequence - xvii 141
thought handsome, small - xii 139
compressed at Ningpo - xvii 244
compressed at different ages viii 586
of Manchus not bound - ix 168
bound at Fuhchau - xvi 514
all bound in Chusan, - x 462

Females in China, condition of ii 313
opinion of Confucius on - iii 100
education, notions on - ix 535
need Christian education - iii 42
Bingham's interview with xii 359
seldom educated - vi 241, 234
regarded as degraded - x 190
receive respect - ix 288
in Macassar, respect for - viii 307
in Japan, position of - ix 622
suffer from polygamy - vi 318
disallowed in Japan, foreign ix 297
to be imprisoned - ii 109
in China, condition of - xii 139
employments of - i 310
have their feet squeezed - iii 537
worshiping alone - x 173
poetess in Canton - vi 241
in ports, treaty allows - xii 35
must be industrious - xvii 590
warrior, a - ix 68
constancy illustrated - vi 568
and males, proportion of - vi 233
revenging father's murder xviii 400
biography of eminent - v 83
suicides of three - ii 190
a clever, Sú - x 663
crimes, instance of - ii 336
warrior in Cochinchina - vii 283
on 70th birthday, letter to xiii 535
receive titles - xiv 134
in Cochinchina - xvi 597
Christian tract for - i 77

with Dutch in Japan - ix 302
revenge of father's death viii 345
are not all bad - xi 484
disallowed in China, foreign x 45
entering China, foreign ii 162
of Parsees are not educated x 661
See *Girls*, *Wife*, *Woman*.
Ferghana or Kokand - v 269
Ferocity praised, a case of i 148
Festival of dragon-boats iii 39,95
of all-souls day - xiv 448
of lanterns - - xiii 140
among the Japanese ix 373,628
of and for old men - ix 258
at a birthday - - xiii 36
Feuds between clans - iv 564
sad results of - - iv 411
at Amoy, notice of - xv 623
Field (Mr.) killed by Chinese x 291
starts for Chusan - xii 85
Filial duty, treatise on - iv 345
inculcated by Kánghí i 301
mentioned in classics - iii 106
24 examples of - vi 190
in a son, Min Tsz'-kien xx 99
to be taught daughters ix 548
taught in Siáu Hioh - v 308
Chingtsz' on - - xv 338
Firando, a port in Japan vi 555
Dutch taken from - ix 301
Fire, penalty for causing ii 207
noticed by Arab, frequency of i 8
beacons for making - xv 195
regulations for preventing xvi 331
stopped by pulling down i 248
how to extinguish a - xv 409
official warning against v 288
governor's penalty for a ii 202
notice of the god of - xix 315
temple to the God of xii 278
caused by opium - i 208
in Honam temple - ii 527
in Honam suburb - - iv 486
in Carpenter's Square iv 581
inside walls of Canton iv 344,390
reported by Nánhái hien v 48,96
at Shameen in 1832 i 248,292
at Shameen in 1836 - v 336
three deaths by - iv 46
in Canton lazaretto - ix 54
in the Factories iv 34; xii 560,616
in Canton in 1822, effects of vi 594
at Canton in 1847 - xvi 568
at a theatre in 1845 xiv 304,335
in Hánkau in Húpeh ii 191
at Shánghái in 1845 xvi 567
in the Desert of Gobi viii 520
in Peking in 1834 - iii 144
at Ningpo in 1843 xvi 57
in the emperor's palace v 432
at Tingháí in 1840 ix 231; x 515
at Yedo in Japan - ix 492
put out by private zeal xviii 665
Fire-arms forbidden - iv 28
rude mode of using xviii 227
described - - v 166
allowed the fishermen x 528
accident from - xx 536
and other implements xi 488
Fire-crackers, reasons for using ix 435
Cantonese forbidden xviii 670
Fire-engines sent to Húnán v 288
Fire-insurance at Canton iv 30
Fire-ships, preparation of viii 429
Fire-wells in Sz'chuen xix 399
Fish caught by birds - xvi 576
modes of capturing - ix 637
reared by Chinese vi 68; iii 462
everywhere free by taken iii 122
are captured in many ways i 260
called the blenny - vi 411
described, gold - viii 89
many kinds of - iv 46
Fisher's I. notice of - x 270
one of the Pescadores ii 418
Fishmaws described - ii 460
Fitzgerald, tomb to lieut. xi 50
Flag rehoisted, two - xi 183
staff at Canton obnoxious xiii 276
among Manchus - xi 431
struck at Canton, foreign xi 355
Flag of truce fired upon ix 531
used by Kishen - xi 644
apology for firing on ix 645
used at last by Chinese xi 519
Chinese must learn the ix 221
Flint, treatment of Mr. v 128
reason for ill-using - xiii 347
Flints imported into Canton ii 460
Flogging, modes of - iv 367
often threatened - iv 579
with the bamboo - xii 246
Flora of China in Osbeck i 209
of Cochinchina, Loureiro's v 118
of Philippines, Blanco's vii 422
Folkstone Rock near Namoh xiv 260
Follet's speech on China war ix 246
Fontana, bishop of Sz'chuen i 377
Food distributed in Peking ii 192
at Canton, articles of iv 46
of the Chinese xiii 128; iii 460
with rattan - - iv 191

16

of people is vegetable ii 33; ix 409
of Chinese, Medhurst on ix 77
sent to superiors - xiii 42
at Shánghái, prices of xviii 109
to poor, foreigners give xix 228
Forbes (P. S.) letter upon riot xiv 487
receives letter from Kiying xiv 587
takes the down vane xiii 277
receives edict from Wú xiv 495
Cushing's letter to - xiv 525
calls a meeting - xv 369
Kiying replies to - xviii 277
Forcade at Lewchew - xix 19
Foreigners, address to - x 44
in Jan. 1837, list of - v 426
in Jan. 1841, list of - x 58
in Jan. 1842, list of - xi 54
in Jan. 1843, list of - xii 14
in Jan. 1844, list of - xiii 3
in Jan. 1845, list of - xiv 3
in Jan. 1847, list of - xvi 3
in Jan. 1848, list of - xvii 3
in Jan. 1849, list of - xviii 3
in Jan. 1850, list of - xix 3
in Jan. 1851, list of - xx 3
in Canton, four or five ix 167
in Canton in 1845, list of xiv 348
in Canton in 1848, list of xvii 419
in China are few - i 2
must not enter China - ii 98
treated in IXth century i 11
not to petition at gates xiv 157
are kindly regarded ii 277,537
letter about steamer Jardine iv 437
must leave Canton in summer ii 132
rules for protecting xvii 104
affected by homicide laws iii 38
linguists to go with the iii 191
allowed to go about Canton xiv 495
limited in trading-ports i 368
distance allowed to xvii 651
proceedings of early - xi 612
not to be aided in vice iii 391
indefensible, exclusion of iii 420
maligned by officials xi 193
suffer grievances - vi 530
suffer disabilities - iii 421
suffer six things in China v 247
in China ought to protected v 335
bad conduct of - vi 603
mostly engaged in opium vii 80
misunderstood at Canton vi 169
may do good in China vii 193
drill for self-defense xvi 187
at Canton, character of viii 6
to be expelled from Canton v 336
postponed, expelling of v 384,528
banishment of sixteen viii 15,31
edict expelling some xi 244; vi 296
leave Canton in 1839 xi 582 viii 57
requested by Elliot to leave x 294
have advantages in China viii 413
prohibited having intercourse with natives - viii 21
loses his cap in Canton, a xvi 52
supposed to know much i 129
do not assert their rights iii 396
must improve their relations v 242
might live in Lewchew vi 227
Chinese like the things of vii 29
must leave Elliot - viii 428
in Canton, durance of viii 450
reasons for the dislike of xii 70
did not resent insults xvi 69
ought to learn Chinese . xiii 392
soon to enter Canton xv 46
regulations for protecting xv 365
attacked near city xiv 150; xv 431
improved feeling towards xv 157
dehorted from eating beef xvii 260
have humbled themselves xi 279
passport to go to Macao, a viii 58
can not rent houses - xv 324
when shipwrecked, law for ii 512
referred to in Code - ii 17
address gov. Tang on tariff v 178
treated badly at St. Johns iii 479
speak jargon at Canton iv 428
degraded from jargon vii 200
at Canton in 1752, ladies of i 218
females not allowed ii 6,305
bad name in Japan - vii 594
Tsang on character of viii 561
disliked at Fuhchau xv 193
at Fuhchau, houses for xv 217
Mongol tribes called - v 9
called *I say* at Ningpo xiii 355
called Weitsz' or Japanese xiii 354
Society for relieving xv 432
See *Canton*, *Factories*, *Intercourse*.
Forgery of a prayer - xx 341
Formosa, account of - ii 408
divisions of - - - xi 654
population and trade of ii 48
described, coast of - vi 10
coast of - - - - i 37
visited by Benyowsky iii 496
reef on the North end of xvi 55
near Killon, coal in xviii 391
whence colonized - i 97
emigration to - - v 480
described by Valentyn vi 583

officers killed in - - i 342
insurrection in - i 380; xi 12
insurrection suppressed i 423,471
Luhchau's notes on rising in vi 418
internal troubles in - ii 95
causes of disturbances in ii 288
Dutch missions in - xx 541
Dutch occupation of xix 207
military placed over xx 373
rewards to troops in ii 180
grants made people in xv 476
brig Ann lost on - xii 113
transport Nerbudda lost xi 585,683
by Gully, notes upon xiv 299
described by Roope xii 235
incident of the war in - xii 72
prisoners executed on xi 682
rescript regarding execution xii 103
Iliáng's memorial on xii 501
officials degraded for execution
of prisoners in - xii 334
Larpent's crew on - xx 285
search for sailors in - xx 490
Forts, account of Chinese - v 167
Kishen's report on - x 237
built in 1835, Napier's - iv 536
near Canton & Wham. new xi 238
built to defend Canton, five xi 64
near River Min, Woga xii 409
Fortune-tellers numerous iv 45
Fortune's Wandering in China xvi 567
at Shánghái, Mr. xviii 386
Foundling-hospital at Canton ii 263
at Shánghái xiii 414; xix 228
annual report of - xiv 177
clothing distributed at v 47,95
in Tinghái - - xi 481
at Ningpo - - xiii 81
See *Benevolent*.
Fourmont, a Chinese scholar iii 10
conduct of - - x 673
Fox regarded as the devil iii 205
furs furnished by the iii 551
French settle early at Ningpo xiii 348
or Franks come i 251,369; xi 612
trade at Canton in 1832 ii 294
ships reach Archipelago ii 304
trade in 1836 - - vi 606
flag hoisted in Canton xi 11
flag rehoisted - - xi 183
consul receives Americans v 220
ship Navigateur plundered iv 371
relations with China - v 132
frigate Erigone at Whampoa xi 64
frigate Erigone at Chusan xi 397
frigate Erigone at Wusung xi 676
consul Challaye - ix 424
agent Jancigny - x 682
consulate in China, 1843 xii 8,400
consulate in 1844 xiii 9,112,168
consul Montigny - xvii 473
consul Ratti-Menton xii 503
Ratti-Menton has an audience
with Kiying xiii 270,336
minister Lagrené - xiii 447
treaty of Whampoa signed xiii 605
ships of war in China xiii 275
commercial treaty - xv 10
ambassy leaves China xv 158
legation in 1846 - xv 9
admiral Cecille at Annam xvi 310
envoy Forth-Rouen xvi 368; xvi 56
will help English - xi 647
study the Chinese iii 10; v 148
missionaries in Annam released
by the Heroine - xii 537
relations with Mongols xix 526
delegate Hedde at Súchau xiv 584
get land at Shánghái xviii 332
frigate l'Artemise vii 336,392
frigate l'Artemise - xi 307
ship at Sandwich Islands viii 372
ships lost on Corea - xvii 464
whaler Narwal lost - xx 500
king writes to Kánghí x 304
attacked by Attila - iii 219
Freshes at Canton, 1844 xiii 390
See *Inundation*.
Friend of China newspaper xi 184
joined to Hongkong Gazette xi 239
Friend of India commenced iv 246
upon war with China ix 254
upon misuse of words x 560
upon opium-trade - xvii 655
Friendship, Chinese ideas on i 65
Frontier of China on south vi 28
funds for defense of the, vi 552
Fruits of China - - i 259
abundance of - - viii 92
are of many sorts - iii 460
brought in ice - xv 224
abundant in China - ix 401
mangoes in Formosa xiv 302
found in Luconia - vii 429
of the Archipelago - vi 453
Fuyuen, or lieut.-governor iv 277
Ki Kung arrives - iii 47
at Canton, position of - ii 204
of Canton, Liáng Páucháng xii 333
of Canton, Ching Liuhtsai xii 328
Fuel difficult to procure ii 51
of grass - - viii 642

cow's dung used for xviii 247
Fuhchau visited by Lindsay ii 541
Gordon passes city of iv 86
visited by Capt. Quin xi 254
position of - - xi 655
Smith's description of xv 185
Johnson's account of xvi 483,513
Collinson's notices of xv 225
port regulations of - xiv 247
entrance by river to xiv 279
Rees' chart of river to vi 13
difficult, entrance up to xii 411
obstacles to trading at xiv 548
foreigners disliked at xiv 495
foreigners not to live in xix 459
indemnity for losses at xv 479
in 1846, trade at - xv 297
rents of houses at - xvi 56
earthquake at - xviii 56
in 1849, missions at xviii 54
in 1851, missions at xx 524
for health, Hickok leaves xviii 112
crew of brig Fairy at vi 207
bank bills at - xx 290
loss of life at - - xx 559
interview with Sü Kíyú at xx 247
Lay goes to - xiii 336
Fortune visits - - xvi 577
Alcock on riot at xvi 471
Fuh-hi, portraiture of - xi 173
an early monarch xx 94; x 124
doubts respecting - iii 57
confounded with Budha ii 73
Fuhkien, topography of xi 651
description of capital of xv 225
islands off coast of - xiv 249
description of towns in vi 9
boundaries of - - xiii 359
places on the coast of xiv 258
audacity of people of xvii 473,488
officers in 1836 in - iv 481
list of officers in 1845 xiv 91
Sun Urhchun, governor of i 32
Ching, gov. of - v 9, 11
emigration from - i 456
people numerous abroad i 151
marriages of people of x 66
people at Shánghái - xix 107
distress in 1832 in - ii 59
dialect of - - iv 173
orthography of the dialect of xi 28
Medhurst's dictionary of vi 142
disturbances at Chángchau xv 476
character of sailors from i 94
visit to Ankoi hills in iv 72
notice of Bohea hills in xv 577
trip to Bohea hills in iv 82
Nai-ngáu or Lae-ao harbor ii 22
garrisons in - - xx 372
navy appointed to - xx 379
infanticide in - - xii 540
See *Amoy, Min, Chángchau.*
Fuhshán or Fatshán, visit to xv 64
French notice of this visit xvi 512
second visit to - xvi 142,151
Belcher surveys passage to xii 494
sailors pass through xviii 253
officer stationed at - iv 55
volunteer, people of xviii 167
Fuhtú shan, notice of island x 257
Fuhyáu shan I. near Pihkwán xii 413
Funerals, met by Osbeck i 217
mode of conducting xviii 374
in Fuhkien - - ix 618
in Japan - - ix 632
preparations for a - iv 534
obstructions to a - iv 567
ceremonies at - xx 88,90
penalty for stopping xvii 475
food distributed at - xviii 233
of empress-dowager xix 281
of Dr. Morrison - iii 178
of Lord Napier - - iii 281
See *Dead, Graves, Ancestors.*
Funghwá, visit to city of xi 180
commotion at - - xvii 242
Fungming, a town in Shingking ii 23
Fur trade to China - iii 548
and skins imported - ii 470
required as tribute - xx 328
Furnace, god of the - xix 316
at Chapu, god of the - xi 429
Future state, dream respecting ii 343
notions on - xiv 516; i 373
Gabel depart't of government iv 281
Gagelin, martyrdom of viii 609
Galangal, uses of - - ii 461
Galunghko, a small state west of Tarbagatai - ix 129
Gambier, cultivation and use of ii 460
Gambling among women iv 342
with lottery tickets xviii 663
laws against - - i 512
is considered, how - iv 556
by quadrating cash - x 474
in palace - - v 10
on price of cash - xvii 592
very general - viii 586
forbidden at Macao - ix 56
among the Japanese ix 630
Milne's tract on - xvi 379
not allowed in Hongkong xiii 332

Gamboge, how obtained ii 461
Game laws unknown - iii 122
in Tartary - - ii 384
Gardens at Shánghái xiii 59
among the Japanese - x 285
at Ningpo, notice of the xiii 18
at Canton worth seeing xvi 581
of Yuenming Yuen - ii 496
at Peking - - ii 441,484
often made by Chinese iii 123
vegetables raised in - iii 459
Garrisons in Manchuria xx 60
where placed - - xx 323
Gartope, a mart in Ladak - v 210
Gates of China, meaning of i 11,37,252
of Shánghái, number of xvi 536
of Peking mentioned - ii 439
of cities to be closed - ii 97
Gates of Canton described ii 156
Astell's reception at xi 26
J. Q. Adams on visit to xi 287
Elliot and Gutzlaff visit the xi 124
a party petition at the iv 436
is undignified, going to the ii 358
Kiying's edict for entering xv 46, 61
were formerly entered i 219
debated, entrance to xiv 591
ought to be opened - xv 63
suspended, negotiations upon xv 110
soothing notice respecting xv 158
decision on entering xv 278
not open by treaty - xviii 277
to be entered in two years xvi 190
no petition presented at xiv 157
declaration respecting the xviii 217
to be defended - xviii 162
Gaubil, a Romish missionary iii 10
translates the Shú King viii 400
Gaudama, famous image of iv 177
tooth of - - ix 138,134
in Siam, foot of - - vii 547
Gazette, Peking, design of i 506
how valued by Quarterly iv 420
is compiled, how the iv 22
an index of government xiii 107
furnish valuable information v 44
erroneous translations of xiii 392
in 1846, extracts from xv 221
in March 1838, synopsis of vii 226
translation of an entire v 6
silent on many things - v 208
what may go in the v 95
errors in renderings from xiv 136
extracts and summaries of xv 273,
digest of the xv 321, 374, 473
or cash newspapers i 492

Gazetteer of depart's and districts
in China xiii 320,357,418,478,512
of towns not in provinces xiii 561
Genghis khan, conquest of ii 120
historical notice of - iii 443
character of - xix 527
rapid rise of - - vi 163
names Turkestan, son of v 273
conquers Prester John i 451
compared with Hungwú xiii 398
Gentry of Canton, rank of vi 190
of Canton issue placard xvi 196
of Honam, letter from xvi 300
of Canton write Bonham xviii 221
of Honam, reply from xvi 364
bad character of the - i 461
must restrain use of opium ix 560
spirit of the - - x 527
memorial of one of - x 531
oppress the Miáutsz' xvi 116
of Canton oppose change xv 60
execution of Li, one of the xviii 336
of Fuhchau oppose - xix 462
put a petition in Sü's sedan xx 162
Geography of China i 33,113,170
political divisions in - i 52,75
among the ancient Chinese iv 4
of China, divisions in iv 52
of the colonies - iv 57
of Ptolemy names China xiii 119
works on foreign - vi 337
of countries west of China xvii 575
of Sü Kiyü - - xx 169
small tract on - - xvi 382
survey by Jesuits xiii 545
of Ying Pingnán - ix 22
of Lin Tsehsü xvi 417; xix 135
gazetteer of towns, &c. in Chinese xiii 320, 357, 418, 478, 512
towns not in provincial xiii 561
of Tibet, notice of the xiii 505
of China, error in - x 306
native ideas on - - i 128
See *Hunán*, *Chihli*, &c.
Geology of Canton and vicinity iii 87
of Pearl river - xx 114
of Chusan - - x 425
of Central Asia - vi 272
of Java by Horner - viii 99
of Manipúr - - v 213
of Macao and Macassar vi 449
notice of Lyell's - iv 294
Geomancy or fung-shwui vi 190
much practiced - xx 90
power of - - xviii 372
people who practice xvii 537

Georgians, the character of the ii 184
Gerbillon's narrative of Russian treaty - - viii 417
a Romish missionary i 435; iii 10
Ghorkas, envoys to - vii 231
name for people of Nipál i 173
relations with China vi 489,494
See *Nipal*.
Ghost of chancellor Li seen ii 575
believed in Canton - iv 422
Malay belief in - vii 267
Gihon, stone tower near iii 108
Gilgit, state west of Ladak v 268
Ginger, how prepared - ii 461
Ginseng, consumption of ii 461
average of duty on - xii 632
is inferior, foreign - xvii 253
in Corea - - xv 455
change in the duties on xii 273
Girls in Malacca, education of iii 42
carried off - i 383; iv 536
native education of - ix 544
very often stolen - xviii 362
Glacier in Ili - - i 172
in Tibet, four - xiii 511
Glass, mode of cutting - x 104
Glynn goes to Japan - xviii 315
Goats in Manchuria - ii 25
Gobang, a boat of Burmese vii 126
Gobi, fire in desert of - viii 528
extent of desert of - - i 172
is a defense to China v 207
stages across - - v 272
unevenness of - xx 70
caravans across - xiii 279
extent of - - xiii 569
God, obedience to the word of i 102
not natural, belief in one i 330
anciently had knowledge of i 262
Chinese knew Shángtí as xii 77
is a jealous God - xvii 358
various terms to denote xvi 121
Kánghi's decision on word i 499
continued in the Committee, discussion on word for xvi 567
vote taken on word for xvii 53
not decided by Delegates, word for - - xix 544
Bowring's symbol for xviii 600
objections to symbol for xix 191,349
Jehovah, porper name for xviii 101
guide in rendering terms for xix 90
thoughts on terms for xix 185
perhaps use two terms for xix 280
known to early Chinese viii 400
meaning of word - xix 414
not a relative term xix 524
must first be defined, term xix 571
defined in Confessions xix 635
queries respecting the best term for - - - xiv 145
various words proposed for xv 163
quotations from Chinese illustrating words for - xv 311
X Y Z upon word for xv 464
Hebrew words for - xv 568
Lowrie's examination of word for - - xv 577
Morrison's view of word for xvi 99
native terms to express vii 314
Aloho, Mohammedans call xiii 33
or Allah called *Nganloh* xx 84
ancient Chinese term for xiv 101
American Bible Soc. report on the word for - xx 216
Romanists use *tien chú* for xiii 547
Romanists dispute on the word best for - i 434,438
consideration of terms for xx 216
Jesuits use *tien* for - xiii 546
tien, Jews call - xiv 317
Shángtí always means xvi 34
to be confounded, term xvii 22
Medhurst's inquiry for xvii 105,321
the name of a Being - xix 348
is the sovereign good x 647
See *Shin*, *Shángtí*, *Elohim*.
Gods of land and grain - ii 482
record of Chinese - x 87
in China very many - xv 41
many and lords many - xv 584
eaten, sacrifices to - xx 272
mythological notes of xix 312
promoted by emperor, one i 112
of wealth much worshiped xix 589
Confucius did not speak of ii 215
Confucius refused to pray to iii 107
very little cared for - i 147
of fire in Persia - xix 457,649
ridicule of worship of - iv 418
worshiped with great zeal iii 95
and genii, account of vii 505,553
aroused by bells - i 258
resemblance among - vii 316
birthday processions of xi 15
men made - - xvii 224
Chinese *shin* are spirits not xix 199
fables of origin of many xx 194
of the three sects - xvi 125
and demons compared x 50
Govindah in Manipúr - v 214
See *Idols*. *Mars*, *Kwányin*.

Goddard's Vocabulary of Tiechiu dialect - xviii 605
Goez goes overland to Peking i 42
Golownin seized by Japanese x 166
Gold, in bullion and leaf ii 445,462
abundant in China - x 248
not always value - ix 21
coins not received - iv 80
in Sambas in Borneo xii 175
Gonçalvez, (J. A.) books by iii 10, 12
list of works of vii 115; xviii 443
fables collected by - xx 94
explanation of *shin* xvii 293
death of - - xi 585
notice of the life of - xv 69
Gongs, kinds of - viii 49
Gordon (G. J.) visits Ankoi hills iv 72
goes up the Min - iv 89
is sent to get tea - v 100
Address relating to China iv 122
in Manipúr, Capt. - v 54,214
visit to Japan, Capt. vii 221,588
Gospel, defense of the - iii 161
promulgation of in China iii 428
not much progress in iii 244
Morrison's copying the - iv 252
translated by Dias - x 645
echo, the (a hymn) - i 375
Goths compared with Chinese, laws of the - iv 25
Gough (Sir H.) arrival x 184; xi 580
dispatch relating to Canton x 535
goes up to Canton - x 293
attacks Canton - x 340
general orders to attack x 390
publishes letter to army x 687
saves Chinese at Chinhái x 686
praises troops at Chusan x 622
orders respecting Tinghai xi 60
dispatch relating to Amoy xi 148
in 1842, force under - xi 293
orders on repulse of Chinese xi 236
orders respecting Chapú xi 343
dispatch respecting Tsz'ki xi 496
inspects the Cameronians xii 164
leaves China - xi 688
reply to Ilipú - xii 345
dispatch respecting Wúsung xii 341
dispatch from Nanking xii 469
letter to Lord Tweddale xii 475
Gough Passage near Chusan x 256
Governor of Canton, power of ii 201
Bentinck sends letter to xi 4
usual duties of a - iv 276
goes to fires - - vi 187
See *Lú*, *Lí*, *Kí Kung*, *Sü*.
Government of China, nature of iv 11
resembles Assyrian iv 20
malversations in - iv 21
structure of the - iv 135
divisions of the provincial iv 276
metropolitan part of the iv 181
religion in the - - iv 416
responsibility in - vi 504
mode of executive in the iv 361
intolerance of the - vi 442
exemplified in Kwángtung vi 593
impracticability of the v 178
officers in 1836, of - - iv 473
titles of provincial officers in iv 529
described by a Chinese xiv 506
work on the - xii 57
in 1843, members of xii 39
resident ministers to vi 5
requires triennial examination v 92
issues charities - v 93
requires idolatry - vi 51
characteristics of - - ix 9
character of officers in vii 227
oppressions of - viii 615
uphold mutual responsibility viii 475
gratuities to poor xiii 30; ii 425
duties of the heads of vi 185
principles of the - - i 297
will not permit documents v 95
emperors instruct in - x 596
should do, what a - ix 15
traits and policy of the xi 121
desires to keep the peace xi 78
principles of the - xi 278
humbled by the war xii 3
seclusive policy of the v 204
of Japan, structure of x 10
of Cochinchina - xvi 598
See *Officers*.
Goyer, a Dutch envoy - xiii 394
gets a letter from Kánghí iii 417
Graham (Sir J.) on China war ix 244
errors in speech of - ix 415
Grammars, notice of Gutzlaff's xi 317
dissertation in - - x 222
notice of Fourmont's x 673
remarks on - - ix 328
illustrations in - ix 518
on Chinese language xviii 402
of Morrison and others vii 114
of the Chinese language viii 347
of Egyptian language xii 337
of Manchu language xviii 646
of Siamese, Jones xii 281
Grain, transport of xvii 320
junks, sailors not to leave xviii 334

cultivated in China i 259; iii 458
effort to raise the price of xv 223
modes of grinding iv 192,407
transport of - vi 607
advances in price xix 108
not to be exported - xx 471
Granaries in Kwángtung vi 596
in Chusan Islands - x 488
established - - ix 287
in Peking - - ii 489
care for the - - vii 230
Grape not indigenous in China i 14
Grasscloth, manufacture of xvi 209
Rondot's notice of - xviii 209
fibre of - - xviii 554
Graves, positions chosen for xvii 537
penalty for opening - i 504
and cemetery at Ningpo xiii 337
at Fuhchau - - xvi 488
rifled at Canton - xix 679
in Shantung - - iv 407
of foreigners in Macao xi 49
of Magaillans at Peking x 612
among the Brunese - vii 134
in the Madjicosimah xiii 159
leveled in Macao - v 403
Chinese resent leveling of xviii 549
See *Funerals, Dead, Ancestors*.
Gray (W. F.) killed xix 675
Gribble, (H) capture of viii 440; xi 522
release of - - viii 496
notice defining port Amoy xii 631
Griffon, origin of the vii 48
Griswold, consul for Shanghai xvii 544
protests against French xviii 333
Grosier on population of China i 346
Guardhouse of the police iv 45
Guardsmen, a corps in army xx 257
described in Hwui Tien xii 68
Guest's court for envoys xiv 153
Gugé, part of Tibet xiii 509
Guitars, several kinds of viii 42
Gully's journal in Formosa xiv 298
beheaded in Formosa xi 684
See *Ann, Formosa*.
Gummi in Ilí, town of xii 236
Gunpowder of Chinese bad v 166
casualty by - xx 536
sailors injured by - xviii 508
Gunshot wound, case of ix 327
Gurhwal on borders of Ladak v 211
Gutzlaff's Voyages reviewed ii 529
journal in junk, i 16,45,81,122,180
journal in Lord Amherst i 377
journal in the Sylph - ii 20
name reported to Peking i 423
Chinese Magazine ii 93, 186, 234
becomes interpreter iii 475
China Opened, review of viii 84
China Opened, copy for ix 418
work in Japanese - vi 339
meeting at Kaulung xi 466
interprets at Nanking xiii 69
visit to gates of Canton xi 125
Residence in Siam xviii 16
medical operations - ii 280
translates from Su, a poet vii 106
at Chusan - - ix 231
a Chinese scholar - xi 158
death, notice of - xx 511
school at Macao of Mrs. vii 307
Gypsum used in food xi 326
Hafungah goes to Peking iv 248
Haifung, town on coast - xii 481
Hail falls at Canton - xvi 207
Háiling shán or Huiling v 344
Háiling's difficulties - xi 478
self-immolation - xi 678
Hailingah, death of Gen. i 30
Háinán I. description of v 340
sailing directions for xviii 613
prisoners in - xviii 225
whales caught near xii 608
position of - - i 37
descried by sailors - i 90
in Siam, people from - i 151
was settled, when - i 366
or Kiungchau fu - xiii 426
towns in - - xii 324
subject to tyfoons - viii 229
the Sunda wrecked on viii 478
Taylor loses his junk near xviii 611
Hair, dressing of the vii 331
Buraet mode of dressing xx 21
dressed in a tuft xiii 154
yew twigs tied to the xx 86
dressed with care - xiii 154
Haitán Peak near R. Min xii 407
Half-tide rock in Chusan x 253
Hall (Basil) errors respecting Lewchew - xix 20
account of attack on Bogue viii 588
Halls for public uses - x 563
Hami or Khamil, notice of ix 115
belongs to Chinsi fú i 171
position of town of - xiii 564
in the Desert - - v 270
distant from Great Wall xix 562
Han dynasty, emperors of x 138
personages of the - xx 130
drives the Huns west iii 214
near Caspian, wars of xviii 497

schools during the xviii 62
historians in and of the iii 60
religion during the - vii 553
story of a man in the x 557
scholars of the - ix 210
rebellion during the x 98
Kungming a, hero in the xii 126
Davis' play of Sorrows of vii 117
San Kwoh Chí relates to vii 234
dynasty, the After x 140, 150
times of the Later - vii 236
Hángchau fú in Chehkiáng xi 104
the ancient Canfú - iii 116
described by Magaillans x 643
preparations for defense of xi 290
must be defended - xi 63
left defenseless - xi 342
in danger from English x 677,685
pirates in bay of - xix 674
tides in the bay of xii 426
Serg. Campbell taken to xi 395
Hanlemuh, a town in Ilí ix 126
Hánlin, or Imperial Academy iv 150
imbecility of the - ii 114
founded by Hientsung xviii 67
examinations for - iv 124
assist in the Thesaurus xii 303
Happer (Rev. A. P.) married xvi 568
school under care of xx 521
Harashar, account of ix 122
position of - xiii 567
a town in Ilí - i 171
population of - v 271
Harbors in Cochinchina - xvi 591
Harris' Voyages, plan of ii 282
on Chusan, extract from ix 133
Harlow (Rev. E.) chaplain xx 288
Harpoon of the Chinese xii 609
Hartall or orpiment - ii 462
Hats used by lictors - iv 580
used with red tufts - xiii 19
Harvey killed on Tsungming ix 647
Islands, missions at the v 42
Hay (Capt) reports on pirates xviii 558
proceedings near Annam xviii 612
Heads exposed after execution i 80
reason for exposing - v 96
Indian mode of squeezing xii 492
dress of Buraets - xx 21
Heaven of the Burmese ii 556
used by emperor, imperial i 239
meaning of *tien* or - xix 436
and earth implored - xx 90
not the Supreme Being vi 51
Hungwú prays to - vii 380
notions respecting xiv 516
Chinese call on - xv 42
explained by Chú, *tien* or xix 375
prayer to return thanks to xvii 365
at Peking, altar to - xix 148
described by Chú Hi xviii 343
emperor's sacrifice to xvii 389
Hedde (I.) member of the French legation - xiii 447
visits Cochinchina - xv 113
account of mulberry xv 529
visits Chángchau fú xvi 75
trip to Macao - vii 423
goes to Súchau fú iv 584
describes weaving - x iii 215
Heerjeebhoy Rustomjee's donation to hospital - - x 479
error in name of - x 651
Hell, prisons are called ii 210; iii 423
dream of being in - ii 343
gods of - - x 187
Yen-lo-wang, judge in xx 202
representations of - xiii 83
making a covenant wirh xvii 538
meeting a friend in xx 210
Hemp, sorts of - xviii 209
description and cultivation xviii 554
plates illustrating - xvi 209
Hepburn opens hospital xiii 373
report for year 1845 xv 181
Hequa vaccinates at Canton ii 38,40
Herbert (Sir T.) report of taking forts - - x 548
Heterodoxy defined - i 103
arrested, adherents of ii 432
Christianity considered as vi 51
Christian tracts contain xvi 246
Hi-ngan sent to Húnán i 80
reprimanded - - iv 66
again rises - - iv 440
examines students - vi 448
superintends colonies vii 227
again disgraced - vii 280
rises into notice - xi 456
at Yuenming Yuen - xii 30
commander in Moukden xiv 86
accuses proceedings xv 474,475
Hiá dynasty, monarchs of x 126
notice of times of the - viii 390
See *Shun*, *Yú*.
Hiáki shán or Vernon I - x 258
Hiángshán or Hongshan, district of - - xii 315
edict from rulers of - iv 226
smugglers seized in - iv 48
islands in district of - xii 483
position of - xvii 430

18

banditti seize farmers in i 80
population of - - i 395
places and islands near v 345
Hienfung, accession of xix 165
inaugural proclamation xix 231,286
struggles at accession of xix 288
is seventh monarch xx 1
confers bounties - xx 508
policy of - - xix 394
Hienling at Nanking - xi 679
is to receive Tinghai xv 224
goes to Macao - xii 330
visits Hongkong - xii 275
denies insurrection in Ilí xvi 567
sees Alcock - xvii 405
communicates respecting Mr. Lowrie's murderers xvii 207
Hillier (C. B.) married - xv 328
appointed chief magistrate xvi 512
Himalaya Mts., direction of xx 74
in system, position of - vi 275
form boundary of Tibet vi 28
in Assam - - v 50
separates from India - v 210
peaks in the - - i 178
Himmaleh, voyage of the vi 305
at Borneo - - vii 121
voyage, Lay's account of viii 359
Hindoos, missions among i 74,71
formerly were sailors ix 364
spread religion in Assam v 102
regard Assamese as wizards v 97
Hindú Kush or Paropimasus vi 29
Hing-án ling, Khing-an, or Daourian Mts. - - i 34
Hingtái's bankruptcy - xi 297
efforts to arrange - vi 160
debts may be paid - vi 304
debts to be paid up vi 589
failure, cause of - viii 508
explained, mistake upon viii 597
liberation of - - iii 440
instalment paid on xi 354; vii 392
debts paid, instalments on xii 273
Hinka-nor in Manchuria i 116
Hi-shán group on coast - xi 418
Hissar, a state near Kunduz vi 120
History of Ming dynasty xi 592; ii 521
Chinese dynasties - iii 520
made a state affair - v 198
of Siam - vi 176,286,396
of Japan - - x 316
History of China, remarks on ii 74
native works on - iii 53
by Gutzlaff a new - ii 331
by Murray, review of vi 59
by Magaillans, notice of x 641
extracts from - - xii 75
review of native - ix 333
desirable to study x 1; iii 54
earliest - - - viii 392
by whom written - ix 210
by Sz'má Kwang - ix 278
by Ma Twanlin - - ix 143
early mythological - x 231
H'lassa, environs of - xix 667
position of - - xiii 573
residence of lama - xiii 508
temples near to - ix 39
H'lari, MM. Huc & Gabet at xix 670
Ho (Duke) or Hokwan, life of iii 241
duplicity of - - ii 345
of Amherst's ambassy xiv 162,165
Hobhouse (Sir J.) speech on Chinese affairs - ix 228
Hobson (B) arrival of - viii 626
medical report for 1840 x 465
medical report for 1844 xiii 377
proposes class of students xiii 372
report for 1841-42 - xi 659
report for 1847 - xvii 254
report of Kam-li-fau xx 160
book on astronomy - xx 478
treatise on physiology xx 538
death of Mrs. xvi 178; xv 224
Hoglane, shops in - iv 44
gutted by mob - - x 295
request to stop up - xvi 192
reasons for closing xvi 199
purchased, shops in xvi 320
shopmen to be secured viii 24
Holderness Rock - x 252
Holidays in each month x 70
Holland, ambassies from xiv 155
See *Dutch*.
Homer's notion of Theos xix 576
uses Theos improperly xix 196
must be held classical xix 602
Homicides in China, law on iii 38
are noticed in Code ii 103
rescript relating to - ii 431
grievance respecting v 247,249
opinion respecting - vi 330
of Lin Weihi - viii 168
legal definition of - viii 191
by gunner of Lady Hughes v 221
Honam, a suburb of Canton xv 59
joss-house at - - ii 257
fire in temple at ii 527; xi 23
grave of Antonio on vii 390
excited, people of - xi 681
foreigners stoned on xv 376,431,521

public notice from gentry of xvi 300
petition of Pwán family in xvi 305
reply to Davis from - xvi 364
negotiations for renting in xvi 368
see Kiying, gentry of xvi 416
Honán, topography of xx 546
boundaries of - xiii 363
famine in 1847 in - xvi 567
Jews at capital of - xiv 307
visit to Jews in - xx 436
provincial officers in xiv 93
Fuh-hi's capital in - x 124
troops placed in - xx 368
Honorary tablets at Canton xix 568
Hong-merchants, debts of the vi 536
first established - v 126
form themselves a guild vii 154
in fire of 1822, conduct of iv 37
political position of the vi 505
contribute to expenses of war ii 47
pay for war in Ili - xvi 115
manage embassies in rotation ii 144
asked for a gold washbasin ii 383
contribute to flood damage ii 288
debts settled with creditors vii 388
mercantile duties of the ii 302
ordered to go to Macao iii 188
main objects of the - iii 133
interview with Napier xi 26
informed of Napier's death iii 281
report Napier's death iii 348
not to connive at vice iii 391
cautioned by Napier iii 286
not to exhort for duties iii 392
are set to do, what the iii 189
liberation of Hingtái, a iii 440
appointed, new - - iv 248
Tungshun and Hang-ta-hung, two new - - xi 10
failure of Fatqua, a - iii 577
failure of Aming & Fungtai xvi 104
Fatqua's hong closed xi 128
Fatqua desires banishment iv 47
present petition from barbarian v 48
are medium of petitions xv 157
in 1837, list of - v 432
oppose all improvement xi 351
memorial respecting - vi 292
weakened by E. I. Co.'s stoppage, power of - vi 536
exactions made upon the vi 589
are bad mediators - vii 18
Kingqua's debts - vii 176
mode of liquidating them xii 615
peel off from foreigners iii 423
charges made on the iii 425
to assist as fire police iv 33
pay ransom of Canton x 349
go north as linguists xi 400
are sent back - xi 456
debts not to exceed a lack xi 353
debts liquidated by English xii 273
debts paid up - xii 447
amount of debts of - xii 515
instalment paid on debts xii 336
monopoly to be abolished xii 35
not responsible for debts xii 101
called upon to repay debts xiii 53
issue notice respecting duties x 234
levy taxes on trade - vii 157
admiral to get debts of vii 156
death of Mowqua, one of iv 47
death of Kingqua, one of vi 400
buy two foreign vessels xi 576
responsible for foreigners vii 615
detain foreigners in Canton vii 620
notes to Wetmore - viii 17
give orders respecting ships viii 37
letter to W. R. Talbot vii 438
buy two foreign ships xii 109
report on commence - v 385
Punhoyqua imprisoned vii 452
meet British merchants viii 324
add to real tariff - xii 96
attend trial of Terranova v 223
acknowledge claims on them vii 26
debts in French treaty xiv 43
petition to remodel - xix 406
See *Howqua, Consoo, Mowqua.*
Hongkong in 1839, affray at viii 180
ships driven from - viii 379
ceded to the English - x 63
taken possession of xii 492; xi 579
charter of colony of - xii 380
Caine is magistrate of x 240,286
Gazette published x 286; xi 581
plants found on - xvi 580
places near - - v 348
geography of - xii 435
towns in - - x 289
declared a free port x 350; xi 119
first sale of land in - x 351
second sale of lots in xiii 51
third sale in 1844 - xiii 391
in 1841, officers in - x 528
Chinese in 1841 at - x 592
regulations for shipping at x 287
committee to fix roads xi 184
Peel declines fixing tenure of xi 344
in 1842, officers of - xi 114
notice equalizing currency xi 296
in 1842–43, ships at xii 368,46,270

rules of practice in court xii 384
order in council for an admiralty court at - - xii 383
Pottinger is governor of xii 379
towns and population of xv 136
Legislative council in xii 445
people to carry lanterns in xii 280
described by a Chinese xii 362
in 1843, prisoners at xii 534
tenure of lands at - xii 445
robbery of Jamieson, How & Co's. go-down at - xiii 336
Tucker on diseases of xiv 445
described by Allom xiv 120
map and divisions of xiv 291
public works in - xiv 248
memorial of residents repecting land in - - xiv 397
prisoners liberated in xiv 247
diseases of foreigners in 1846 xv 124
Gladstone's reply on taxing xv 278
revenue, &c., in 1846 xvi 104
revenue, &c., in 1847 xvii 56
in 1849, expenditure of xviii 666
deaths among troops for five years - - xvi 512
during 1847, health of xvii 313
sickness of troops in 1848 xvii 376
general health in 1850 at xix 679
remarks on sickness of 1843 xii 610
in 1844, healthiness of xiii 359
arrival of Gen. Staveley at xvii 56
tenders for church at xv 376
in 1844, missionaries at xiii 40
in 1849, missions at xviii 51
in 1851, missions at - xx 522
attack on a junk at xviii 664
large fire in Dec. 1851 at xx 560
like a bonding warehouse xii 45
ordination of a Chinese at xv 526
in Jan. 1844, government of xiii 9
in „ 1845 „ xiv 13
in „ 1846 „ xv 8
in „ 1847 „ xvi 9
in „ 1848 „ xvii 8
in „ 1849 „ xviii 10
in „ 1850 „ xix 11
in „ 1851 „ xx 11
ordinance for police xiii 331
ordinance for troops xiii 327
ordinance upon cleanliness xiii 222
ordinance for British xiii 49
ordinance upon slavery xiii 109
ordinance for seamen xiii 109
ordinance for printing xiii 165
ordinance for consuls xiii 217
ordinance for deeds, &c. xiii 219
ordinance against spirits xiii 273
ordinance against gaming xiii 332
ordinance for Triad Soc. xiv 58
officers in 1843 - xii 383
See *War*, *Elliot*, *English*.
Hoppo, position of the - ii 205
mistake made in calling xiii 395
forbids going to gates xiv 157
in 1702, conduct of a v 125
Chung visits Factories iii 45
Chung's lady visits factories iii 47
Chung reports Napier iii 190
Pang arrives - - iii 192
domestics arrested, one of iii 488
Pang's family arrives iii 440
Pang soon to go to Peking iv 582
Pang proposes to visit hospital v 41
Pang issues regulations iii 191,579
Wan's decision on longcloths v 239
Wan orders the Hope to go vii 481
Wan ordered to remain vi 104
Yu threatens to make changes in tariff - vii 176
Yu orders foreigners to stay vii 620
Yu orders ship Hope to be moved away - - vii 480
Yu stops trade - vii 633
Yu issues a pass for Macao viii 58
Yu goes to Macao - viii 270
Yu's regulations for trade viii 77
Hornet's nest in a doctor's shop iv 244
Horns an article of trade ii 463
Horsburgh, (Capt.) obituary of v 381
meeting to honor - xi 194
memorial to - - xi 298
remarks on opium - v 570
lighthouse subscriptions for vi 544
lighthouse commenced xv 101
Horse, a day's journey on a ix 132
Chinese description of viii 87 ; vii 393
office of emperor's - xiv 83
name given to a - xv 376
archery on a - - xvi 62
eaten, flesh of the - iv 342
Hospital in Bangkok iv 461 ; v 444
at Whampoa for seamen v 273
British law upon seamen's iii 476
ship Hope to be moved v 400
ship Hope to be removed and broken up vii 56,151,480
Holgate in charge of xi 195
Colledge's plan for seamen iii 373
meeting to consider - iii 375
gratitude of patients at iii 367
for foundlings at Canton ii 263

for foundlings at Ningpo xiii 81
for foundlings at Shánghái xiv 177
open at Hongkong, seamen xii 442
donation for founding a x 479
trustees of seamen's - xv 159
for troops in Tinghái x 498
provisions of law for seamen's xi 127
burnt at Chusán - ix 641
at Shánghai - - xx 152
See *Ophthalmic, Medical Miss. Soc.*
Hot springs of Yungmak xviii 86
at Fuhchau, bath in xv 200
Houses of the Chinese dark ii 197
built of red brick - ii 280
in Káichau built of granite i 192
roofs of Chinese - iv 34
must not exceed temples ix 483
incantations when building xx 87
warmed by stoves - xx 28
are not symmetrical - xv 229
should be rented foreigners xvi 200
not to be rented at Canton xvii 595
at Shánghái vary - xvi 541
made at funerals, model xviii 371
in the Madjicosimah Is. xiii 157
and shops of the Japanese ix 369
of the Japanese - - iii 201
of Cochinchinese are poor xvi 597
on water at Bangkok - vi 57
of Buraets, altar in the xx 22
Houses, list of for. mercantile v 429
in 1841, list of - - x 60
in 1843, list of - xii 17
in 1844, list of - xiii 7
in 1845, list of - xiv 9
in 1846, list of - xv 3
See *Foreigners.*
Howe's captivity, story of xvii 366
Howqua's plan for stopping fire iv 391
accused of bribery - iv 268
confers with Elliot - xi 353
ordered to instruct Elliot xi 362
to act as midsman - xi 196
goes to Mr. Dent's house vii 623
appears in chains - xi 357
sees foreigners leave Canton viii 31
sent in to Gov. Tang vii 445
on steamer, letter to - iv 437
signs passport for Macao viii 58
statement to Gov. Lú iii 239
sends on behalf of Nánhái vii 585
interview with Colledge iii 283
at trial of Terranova v 227
interview with Napier xi 27
memorial against - xiii 504
death of - - xii 500
circumstances of death of xiii 301
son made a kújin - ii 96
son subscribes for out casts iv 200
son receives a title - ii 48
petition on tea warehouses xix 407
Hú Chau offers his services xi 454
Húchau in Chehkiáng xi 163
silk farms at - - xvi 235
Hú Lú, case of the peasant iii 459
Hü Náitsz' dismissed - xi 345
memorial on opium - v 138
Elliot's note on paper of xi 190
acts under Yuen Yuen xi 406
policy of - - ix 15
not afraid of new measures xvi 99
Huc's travels in Tibet xix 650
arrival in Canton - xv 528
letter upon Tartary from xviii 625
Hughes, missionary at Malacca i 26
Húki or Houke near Pei ho x 374
Hulagu khan, son of Genghis vi 163
conquers Persia - iii 445
Humanity of women, case of ii 161
character *jin* or - xv 329
Humboldt on geology of Asia vi 272
description of Gobi xx 70
Huns, account of inroads of iii 211
invade Turkestan - vi 162
Húnán, topography of - xix 156
boundaries of - xiii 365
in 1845, officers of - xiv 92
in 1836, high officers in iv 481
in 1826, inundation in xiv 160
poverty of people in xv 252
disturbances in - - iv 582
rebels put down in - i 111
banditti caught in - v 239
troops over - - xx 383
Hungwú, life of vii 353; ix 389
the energy of - - ii 121
establishes schools xviii 76
issues bank bills - xx 295
peace in time of - ix 57
incidents in life of - xi 592
anecdote of - - xx 147
a general of - - xx 154
Hunt's Merchant's Magazine xv 345
on British trade - xii 513
Húpeh, topography of - xix 97
boundaries of - xiii 365
provincial officers in 1845 xiv 92
in 1849, inundation in xx 461
disturbances in - xi 184
submerged, capital of ix 399
notes of cities in - ix 478
Rizzolati brought from xvii 159

Huron, voyage of the - iv 308
journal in voyage of iv 406
books circulated from the xi 131
Hurun-pir in Tsitsihár xiii 565
lake in - - i 115
Hwa To, a deified physician ii 275
Hwáng-chuh-ki, murder at xvi 611
execution at - - xvii 55
edict referring to - xvii 157
Hwáng Tsiohtsz' memorial vii 271
protests against dollars xi 21
Hwáng Ngantung is secretary xi 575
visits Hongkong - xii 274
appointed púching sz' xii 333
promoted - - xiii 502
appointed governor xiv 244
discourse to the people xiv 436
praised by emperor xv 276
exhorts to keep peace xv 370
gives a feast - - xv 575
degraded from office xvi 103
degradation, edict confirms xvi 151
Hwáng-pú river at Shánghái xvi 532
Hwángti, or Yellow Emperor xi 386
Hwui Tien, review of the xii 57
Hwuichau fú, divisions of xii 317
Hwuilái hien in - xii 480
Capt. Dicey wrecked in xi 632
Hymn in Chinese, a - xiv 485
I, foreigners called - iii 423
I Yin, the faithful minister x 128
makes a declaration xvii 29
Ibn Batuta's adventures iii 109
Ice formed in Canton xvi 103; i 344
houses at Tingbái - x 430
houses at Ningpo - xiii 130
houses at Shanghai xvii 191; xv 472
for the emperor's use ix 465
brought to Hongkong xiv 352
imported from America xv 224
can be obtained from Pei ho xx 434
Ides ambassy to Peking viii 520
Idol, new name given to an ii 328
first made by Wúyih x 130
made at Tientsin - - i 180
Queen of Earth, why made i 107
Queen of heaven, procession to the - - - xiv 543
Queen of Heaven's temple xiii 141
Kwányin, sketch of x 185
goddess of Mercy, account xv 351
Goddess of Mercy and the Virgin Mary - xii 525
image bestowed by emperor xv 474
god of Physicians, temple to xv 319
god of Wealth at Ningpo xvi 64
Kwánti or Mars - xiii 86
Kwánti adored by officers v 240
placed in the kitchen xi 429
God of the Kitchen - xiii 134
carried in procession to obtain good crops - xiii 279
procession to worship *tú ti* xvii 531
Hiuentien Shángti, native notice of the - - xviii 102
among the Dayaks - vi 100
god of rivers now named i 112
numerous among Chinese xv 41
connected with the element xix 312
stone used for an - viii 641
Yuh-hwáng Shángti, the x 305
Yuh-hwang is not God xiii 237
Mátsú-pú, notice of - x 84
Mátsú pú, Macao temple to ix 402
pilgrimage to Shantung xv 250
badly treated by worshiper iii 578
in Japan procession of ix 373
Romanists not to look at iii 300
allow patients to apply to foreign physician - - vii 412
three days to worship x 70
Portuguese misuse their iii 299
put out in the rain - xv 477
get cudgeled - xv 41
people fear their - xvi 105
near Kiakhta, cyclopean xx 37
near Tienpeh, huge xviii 245
invoked in fear of trouble xviii 162
are vague, ideas of - xvi 124
in Miyako, very large iii 148
god of War worshiped v 240
Govindah in Manipúr v 214
Dragon-god has new name xvii 655
god of Literature implored xvii 11
of Shánghái, tutelar xvi 554
with shade over eyes xvi 114
worshiped by the Japanese merchants - - iii 200
god of Fire honored xii 278
god of Yellow R. honored xiv 165
Idolatry, character of - i 68
nature and evils of - ii 166
of Wáng, President of the Board of Rites - - ii 432
in Canton, cost of - i 464
not the same as polytheism xix 193
seen in worship of lares xiv 335
required by Chinese laws vi 50,53
contained in Chinese rites vi 63
taught by parents - xvii 519
charms used in - xiv 229
of rulers in Canton - v 46,48

among Burmese - - ii 559
described by Bacon vii 5
is everywhere seen - vii 506
of the Shú King - viii 389
in a woman, instance of x 173
among the Buraets xx 22
in securing quiet - xiii 35
of Siamese - - xiii 170
is a great curse - v 297
at 12th new moon - xv 205
of the Chinese, universal xvi 205
seen in asking for rain xvi 106
in returning thanks xvi 58
has debased the Chinese xvi 325
taught to all in China xviii 258
must be everywhere opposed by
missionaries - xvii 20
in houses of Lewchewans xix 59
Faber on the founder of xix 423
in sacrificing to Tsing-hai ii 432
in opening S. gate of Canton iv 47
should be moderate - xi 15
in observing the weather i 103
of sailors at sea - i 58
of emperor and court vi 552
in worshiping Confucius xi 420
practices in - - xx 86
worship, ceremonies in xx 527
of the Bannermen - xx 272
at a prince's tomb - i 160
in crossing Yellow river xix 507
notions of a future state xiv 516
seen in burning the chair of
Táukwang - xix 676
ancient sacrifices in xvii 97
in worshiping the dead xviii 363
a means to allay epidemic xix 343
rites at year's end xiii 134,136
of municipality of Ningpo xiii 33
See *Mars, Gods.*
Ili, government of - i 170
description of - ix 117
military rule of - iv 58
three kinds of rule in iv 286
troops withdrawn from vii 229
population of - v 271
notices respecting - xii 236
divisions and bounds of xiii 566
and Russia, trade between xx 19
traders turned out of xi 146
garrison in - - xx 321
divisions and circuits of xx 66
Silápan, an officer from xii 329
officers throughout xiv 95
destroyed, resident of v 322
land cultivated in - xviii 668
Iliáng, fúyuen of Kwángtung vii 227
proclamation of - x 174
opens port to trade - x 182
governor of Fuhkien xii 333
memorial on Formosa xii 501
Ilipú praised by emperor vi 48
delivers prisoners to Gough xii 345
governor of Yunnán xiv 170
long a provincial officer vii 280
releases English prisoners x 202
takes Kishen's place vii 227
sends for hong-merchants xi 456
calls foreigners mermen xii 63
letter respecting tariff xii 96
Pottinger's letter to - xii 105
comes to Canton - xii 55
political life of - xii 329
ordered to defend coast ix 410
absolves people from taxation ix 643
trial and condemnation x 633
dies at Canton - xii 166
Illanun pirate in Borneo vii 122
Imbert killed, bishop of Corea xv 459
account of fire-wells xix 399
Imperial clan, government of xiv 130
rules and provision for xii 59
gradation in - - xiv 520
in 1843, officers of - xii 23
Mingteh, a member of xix 674
cruelty of a member of iv 27
trait of one of the - ii 378
disgrace of two of the vii 250
banished, one of the - ii 512
in 1836, officers of - iv 474
family protector, a god ii 491
kindred, court of - iv 184
See *Emperor.*
Imperial Commissioners, iv 282
edict relating to suite iv 583
to Canton, Shing and Sai iii 192
return of these two iii 285
Shing dies on his journey iii 344
sent to announce burial ii 383
Hi-ngan and Husungih i 80
powers of Lin as - vii 610
Yihshan and other - x 234
Imprisonment, punishment of iv 366
not considered - iv 337
Elliot's notice on - viii 28
Ince, death of Rev. Mr. iii 226
Indajan, small state near Kokan v 317
goods brought from - xii 237
India, early intercorse with i 365
British sovereignty in v 111
sends letter to Canton, gov.-
general of - xi 4

unsettled state of - vii 176
present condition of - ii 3
Mahmud invades - iii 258
Chinese go to ports in xviii 494
beyond the Ganges, Milne on iv 551
scientific bodies in - v 574
Budhist traveler in - ix 334
Chinese go overland to vii 560
India ink, how made - ii 463
Indian Archipelago, islands in ii 388
See *Archipelago*, *Borneo*, &c.
Indo-Chinese Gleaner, notice of ii 186
started by Milne - i 321
assisted by Morrison iv 22
languages - - v 71
Repository proposed v 149
Indus, source of the Ganga i 176,177
Infanticide at Fuhchau xvi 513
seen in Amoy - - x 639
essay against - xvii 11
noticed by Ripa - xvii 387
in Fuhkien - xii 532,540
case of supposed - iv 102
case at Amoy - - ii 540
in Fuhkien, Abeel on xi 507
reasons for - - ix 78
remarks on - - iii 416
edict relating to - vii 54
looeely spoken of - viii 95
in Kiaying chau - xx 92
instance of - xvii 530
Ingersoll's nautical observations vi 401
voyage to Japan - xi 255
Inglis remarks at Soc. D. U. K iv 358
at meeting of Med. Miss. Soc. vii 36
Innes, good lost by James - xi 187
Palmerston's remarks on xi 192
brings opium to Canton vii 438
leaves for Macao - vii 450
remarks at Soc. D. U. K. iv 357
death of James - - x 424
Inns in China - - ix 485
among the Tartars xviii 653
and eating houses plenty iii 468
at Sin-ngán, a large xviii 242
Inquest on a patient xi 355; vii 551
held at Shánghái - xx 155
Insanity among Chinese xix 303
notions regarding - xvii 191
punished, case of - xviii 671
Insurrections in Sz'chuen ii 48,144
again in Sz'chuen - iii 536
in Sz'chuen quelled - iv 104
in Sz'chuen - - vi 448
in Cháuchan fú - iv 487
in Húnán - - - v 46
in Kwángsi in 1836 - v 144
in Shensi - ix 62; v 145,44
in Shánsi - - iv 104
in Tsingyuen - xix 619,568
in Formosa - - ii 417
easily suppressed, why v 239
in Cochinchina in 1832 ii 189,240
Intendant of circuit, duties of iv 279
appointed to Macao vii 593
Intercourse with Christendom i 141
with officials at Canton iii 285
between English & Chinese iii 406
Chinese notices of foreign i 364
early foreign - iii 107
Elliot's opinion on official xi 265
with Chinese court - xiii 281
pamphlets on - - v 241
ambassy proposed to help vi 301
Glasgow memorial regarding v 334
with Eastern Asia - vi 390
Staunton, &c., on free iii 128
will slowly improve vii 168
is traitorous, when - iii 137
with China, thoughts on ii 253
changes desired in - vii 5
how to carry on - vii 17
should be Christian viii 7; v 253
Warren on - - ix 164
with Japanese officers ix 309
J. Q. Adams on national xi 275
with Rome from Seres xviii 490
See *Foreigners*, *Canton*.
Interest, sum to be lent on i 294
on money at Hongkong xiii 273
legal - - - ii 70
Interpreters in Chinese courts iv 335
needed by English forces xi 223
at Hongkong, fees to xvii 159
at Desima, many - ix 304
Inundations near Fuhkien ii 191
near Canton in 1833 xi 20; ii 143
on a man effects of - ii 164
charity commanded for the ii 378
near Canton, losses by ii 238
contributions to - - ii 288
in 1834, at Canton - iii 96
in 1834, effects of - iii 143
repair of damage by iii 488
in Kiángsú, Lin on - iii 144
in Formosa - ii 416
at Nanking - - xi 680
in 1831, in Húpeh xix 104
near Canton in 1844 - xiii 391
to be relieved in Kiángsú xviii 447
Iron imported, kinds of ii 463
shop of a worker in . x 437

Irrawadi thought to be the Yaru-
tsangbo - - i 176
runs through Assam v 100
tour on the - - v 286
Irrigation at Chusan - x 456
modes and extent of iii 125
contrivances for - xvi 109
with wheels - - xviii 245
Isaac, Ishak, khojeh of Cashgar v 366
allowed to remain at home v 240
betrays Jehanguir - v 352
salary of - - vi 552
See *Jehanguir*, *Abdallah*.
Iskardo, a state west of Ladak v 268
on the frontier - - vi 28
Islands on coast of Canton xii 477
to be taken, Young on xii 9
might be taken - v 250
decided to be taken - xi 513
Isolation of Chinese officials iii 19
Issim in Russia, steppe of vi 29
Ivory used by the Chinese ii 460
Jade stone in Yarkand ix 127; i 173
Jagatai, a name of Turkestan v 273
Jaggery or sugar from the palm iii 270
Jails, condition and number of iv 337
cruelty exercised in a xiv 301
at Hongkong prisoners in xiii 654
Jamabus, the tenets of the x 314
or Japanese monks iii 199; ii 324
Jambi, a town in Sumatra iii 319
James (Dr.) drowned - xvii 207
Jancigny (A. dB.) arrives x 688; xi 586
designation of - xiii 112
Japan, general account of iii 145
books written on - xviii 439
sketch of intercourse with iii 193
religious worship of the ii 318
history and sects found in x 309
Dutch factory in - ix 292
Nagasaki, a port in - ix 369
Yedo, the capital of - ix 489
domestic ritual in - ix 620
classes of people in - x 10
characteristics of people of x 72
foreign intercourse with x 160
language used in vii 496; x 205
features of language of vi 150
arts and manufactures in x 279
visited by the Morrison xi 255 vi 353
Portuguese and Spaniards in vi 460
Dutch intercourse with vi 552
observations made in seas of vi 401
scum in sea south of vi 414
sends ambassies to China i 365
relations with Philippines ii 403
and English Vocabulary i 109
smelting copper in - ix 86
English intercourse with vii 207
foreign ships visit - vii 588
embassy to Rome from viii 273
cruel to her own subjects viii 361
visited by the Manhattan xv 172
visited by the Mariner xix 509
visited by the Preble xviii 315
sailors of the Eamont in xx 112
Siebold's Fauna of iv 42
tea used in - - viii 156
paper money in - xx 295
Japanese sailors driven off x 171
sailors brought in Argyle x 120
sailors at Ningpo - xvi 120
brought by the Hopewell xii 56
brought in the Abigail-Sarah xii 109
early visit Ningpo xiii 353
at Ningpo, house for the xiii 338
sailor brought from Lima xiii 168
sailors at Lahaina - viii 600
sailors have a manifest vi 369
sailors from Luconia xi 400
at Canton from Hàinan v 480; xi 244
syllabary easily written vii 496
bosoms in dress of the viii 643
pirates attack Manila vii 290
at Lewchew - - xii 85
leave Siam - vii 546
character of the - x 72
or Tuchara at Lewchew xii 84
trample on cross xix 567,216
once widely known in East vii 68
expel foreigners, reason for vii 77
attack on China - xix 135
at Formosa, account of xix 206
influence at Lewchew xix 83
pirates on Chinese coast xi 598
Vocabulary, Medhurst's iii 206,250
Corean, and English, Vocabu-
lary, notice of a - iv 195
seize a galleon - vii 465
in Manila - - vii 536
Jardine (W.) testimony of ix 313
arranges respecting Napier iii 283
upbraided by Lin - vii 618
letter on the steamer - iv 437
Palmerston's note on steamer xi 189
Jargon spoken at Canton iv 428
degrades foreigners - vii 201
springs up at Chusan x 503
Jarrom, death of Mrs. xvii 160
Java, Abeel's note from i 152
call for missions in - i 203
missions in - - i 509

not a hard mission field ii 187
report of the mission in - ii 518
Medhurst's mission in iii 438
prohibited, immigration to vii 112
geology of - - viii 99
features of people in - ii 304
events in the annals of - ii 401
opium used in - - v 567
tea grown in - viii 162
called Kalapa by Chinese xiii 563
rice grown in - - iii 234
Jaxartes, head-waters of vi 29
course of the Syr or - vi 32
Jealousy of females - xi 549
Jehangu'r, rebellion of - v 316
termination of it - v 351
treatment of family of i 472
father of - - v 273
sketch of the khojeh xii 240
was divinely punished viii 428
banished, family of - iv 25
takes up arms, son of xvi 567
Jeh ho, or Zhehol, notice of xi 100
Macartney at - - ii 344
garrison at - - xx 317
Jehovah, modes of writing xix 97
Aloho used for - - i 44
in Chinese, name for ii 47
known to Jews in Honan xx 447
is often rendered Lord xv 571
should be written one way xviii 102
See *God*, *Shángti*, *Aloha*.
Jesuits, Sü's apology for xix 115
letter from Fontana, a - i 377
entry into China - i 430
entry into Peking - iii 300
go to Japan - - iii 202
character of writings of iv 20
send ambassy to Rome viii 273
in Tungking - viii 329
go to see Jews - xiv 307
try to find the Jews - iii 173
remarks on labors of xiii 550
Jesus Christ in Malay, name of xii 449
Chinese notice of - xviii 498
an offense to Chinese i 140
known to Kwán Yunchâng i 449
mixed up in legends vii 556
converts in India on - xiii 601
duties of followers of - i 150
early known in China xvi 159
ridiculed in an edict xix 566
Jews in China, notices of iii 172
at Canfu destroyed - i 8
mentioned by Morrison i 44; xx 446
at Káifung, visit to - xx 436
in Tibet - - ii 237
lost ten tribes of - ii 428
Finn's account of the xiv 305
reflections upon Finn's xiv 388
are known at Ningpo - xiii 79
came, when the - xiii 467
are few and scattered xv 43
should be missions to the xiii 225
mentioned by Sü Kiyü xix 648
perhaps found among Karens iii 139
in Yarkand, a trading xi 147
Jihon or Oxus river - vi 32
Jocelyn (Lord) Narrative of x 510
Johnston (A. R.) appointed governor
of Hongkong - x 351
appointed registrar - xii 383
secretary to Lord Nápier iii 143
instructed about opium xi 371
notes on delivery of opium xi 407
requested to detain "Larne" vii 606
writes about riot - xvi 382
Jones (J. T.) letter from ii 527
at Bangkok, labors of ii 478
left alone at Bangkok ii 95
starts for Siam - - iii 92
to go to Siam - - i 336
grammar of the Siamese xii 281
letter from - - iii 439
loses his manuscripts xx 111
See *Siam*, *Bangkok*.
Joss-sticks made of sawdust vii 333
Journal of the Bengal Asiatic Society - - ii 189; iv 40
of Indian Archipelago xvi 565
of Roy. As. Society - iv 194
Junks are owned, how - i 56
wickedness on board of i 67
seized by the English xi 119
at Hongkong attacked xviii 664
dismasted, many - - i 160
lost with 1600 persons, a vi 149
Ibn Batuta's notice of iii 109
of Japanese x 283; vi 220,356
to be made for English crew xii 83
and boats near Yedo vi 361
Kiying sails for Europe, the xv 624
at Shánghái - - ii 551
go to Bussora, Chinese i 10
timber wanted for - iv 561
have not improved in shape i 252
fired into at Macao, a viii 57
run down, a - - - xiv 592
described, a man-of-war v 173
and boats, models of xv 349
notice to convoys of xvii 318
carry grain to Peking xvii 533

Judea, the ancient Ta-tsin i 9
called Fuh-lin by Sü xix 458,648
Judge or ngánchah sz', duties iv 277
law pertaining to a - iv 336
in Canton, Wang, a - iv 295
tries cases, how a - v 47
receives relief, Wang, a vii 569
letter from Wáng, a - xi 389
proclaims upon vagabonds xvi 269
Juggler swallowing needles xv 282
feat of murder - xii 565
Ides account of Peking viii 525
and robbers in India - iv 194
Julian the Apostate - i 376
Julien (S.) appointed professor iii 10
on Chinese particles - x 222
notice of the countries west of China - - xvii 575
translates Mencius - x 328
list of works by - xviii 443
translations upon hemp xviii 212
translations by - vii 117
on movable types in China xix 249
Justice, Arabs on administering i 13
details of courts of - iv 335
in China is uncertain - ii 131
denied to the moneyless iv 14
administration of - iv 214
decision in manslaughter in ii 528
in Hiángshan - - i 159
decision in homicide of a ii 576
decisions given in courts of vii 229
delay of - - vii 56
Li proclaims his love of iv 224
in China, administration of x 249
unequally administered xvi 52
slow administration of iv 262
decisions in cases of xx 54
proceedings in cases of xiv 507
Just (L.) smuggling of xi 297
Kæmpfer's audience at Yedo ix 498
Kachár, people of - v 53
a dependency of Asam v 97,212
Káifung fú in Honán iii 523
early capital of Fuhhí x 124
visited to see Jews xx 436,466
Kagosima in Satzuma vi 365,371
Xavier reaches - viii 273
entrance to the bay of - vi 402
Kalgan, town near the Wall xiii 563
Ides reaches - viii 522
Kalkas, four khanates of i 118
position of the - xx 64
Kalmuks escort lama to Peking ix 29
tribes of the - v 269
in Ili and vicinity - xii 239
Kam, a missionary in Celebes i 242
notice of labors of Rev. J. ii 284
Kánghi's mode of hunting xvii 389
reason for not becoming a christian - - xvii 21
personal habits - xvii 395
studious character of xii 302
voluminous writings of x 599
audience with - - i 254
becomes emperor - i 434
superior character of ii 125
festival to old men - ix 258
makes war against Yáu-jin i 31
eulogy on Magaillans x 610
tolerated Romanists - i 436
declares *tien* means God i 499
receives Keyser & Goyer xiii 397
replies to Dutch envoy iii 417
brings peace to China iii 525
receives Ides - viii 524
allows Le Comte in China xiii 351
dealings with Romanists xiii 543
makes movable types xix 252
orders people to leave coast x x 539
last hours of - - i 378
Kánpú, the ancient Canfu xi 163
Kánsuh, topography of xix 554
in 1834, riots in - iii 579
appearance of country in xviii 621
officers in - vi 482; xiv 95
boundaries of - xiii 418
Huc travels across - xix 661
extends beyond the Desert v 270
troops in - - xx 385
course of rivers through xix 502
Kapshui mun, or Capsing moon v 348
firing ships in - ix 107
Kaplsz', Kiáhtsz, or Cupchee ii 21
Lindsay at - - ii 531
position of - - v 350
Kashgar, inhabitants of ix 128
an early seat of trade i 43
position of - - xiii 568
formerly chief city in Íli i 171
Isaac, the prince of - i 208
trade with Buriats at - i 457
population of - v 271
lies on the Aratumen vi 274
functionaries at - xi 147
notices of people in - xii 235
attacks made on - v 364
Karens, missions among ii 505
many baptized among ii 237
perhaps derived from Jews iii 139
found near Manipúr - v 216
Wade among the - iii 92

Kaulung position of - - v 349
or Cowloon, Elliot attacks xi 467
Lin's edict on attack of viii 269
remarks on attack of viii 467
rejoinder to these remarks viii 541
opposite to Hongkong xii 435
Kaucammali or Cape Comorin i 10
Káuchau fú, notice of - xviii 243
Kearney, Commodore, arrives xi 183
officers under - xi 238
goes to Whampoa - xi 329
object of this trip - xi 675
communicates with governor xi 576
letter upon Sherry - xiv 535
Keating (A. S.) claims upon xi 130
Khan, meaning of the term ix 131
number of - xii 26
Khanates in Mongolia xx 64
troops stationed in xx 337
bounds of the four - xiii 568
Khirgis near Lake Balkash vi 29
notice of the country of the vi 82
separated from Ili - i 170
to be kept out of China v 351
made a raid - v 363
Khiva, khanate of - vi 121
Khoten, description of ix 127
officers in - xiv 791
position of - xiii 565
in Turkestan - i 171
population of - v 271,353
a warm region - xx 76
towns in - xii 236
Budhists in - xiv 428
Ki Kung on infanticide vii 54
arrives as governor iii 47; xi 24
becomes shangshú - vii 227
reply on smuggling xii 272
death of - - xiii 390
Kiakhta, Russian trade at xiv 280
Chinese living at - v 207
Erman's visit to - xx 23
officer at - - iv 148
Kiáking arrests Duke Ho iii 242
character of - - ii 128
habits of - - xiv 523
death of brother Í - i 380
attacked in his palace x 97
examined by his father iv 124
described by his son - x 90
Kiángmun or Kongmún, town v 345
Kiángsi, topography of xi 374
boundaries of - xiii 422
wall at Fungching in xiii 278
relief of distress in xix 674
famine in - - xi 19
Kiángsú, topography of xi 210
boundaries of - xiii 422
in 1845, officers of - xiv 88
Kiáting or Cading in xvi 571
visit to Kiáting hien in xvii 463
excursion to Súchau in xiv 584
riot at Sungkiáng fú in xviii 333
attack at Tsingpú in xvii 151
military stations in xvii 526
military operations in xi 397
great inundation in - iii 144
troops placed in - xx 369
near Grand Canal, places in xx 440
delay in paying taxes in xviii 90
Kiáting, visit to and map of xvii 463
or Cading near Shanghai xvi 571
pawnbroker robbed at xix 231
Kiáying chau, men of iii 120
infanticide in - xx 92
Kienlung rule and life - ii 126
gives a banquet to aged ix 260
sketch of the reign of - i 470
audience with Macartney ii 345
invites grand lama - ix 29
seizes missionaries - - i 440
family of - - ix 451
Kidd (S.) professor of Chinese vii 113
Kidnapping, laws referring to ii 102
children in Peking - ii 528
children, soldiers - ii 95
children in Canton - i 383
is very common xx 92; iv 415
near Macao - - iv 536
of Chinese at Chusan xi 614
girls for wives - ix 285
a comprador in Hongkong xv 327
of Anstruther - ix 422
of Sergeant Campbell xi 395
of Chui Apo - - xx 164
Kiln for burning shells ix 367
Kilung or Killon in Formosa vi 586
position of - vi 10
Spaniards settle at vii 526
coal found near - xviii 392
Kindred, nine grades of i 302
degrees of - iv 159
court of imperial - iv 184
disgraced, imperial vii 280
grades of the imperial xii 59
King (C. W.) addresses Lin vii 637
notes upon Japan - viii 360
sees opium destroyed viii 70
pamphlet on Intercourse v 253
biographical notice of xv 346
Kingqua's death - vi 400
interest on debts of xii 615

Kintáng I. near Chusan ii 50
a quiet retreat - ix 134
island of - - x 267
Kircher's China Illustrata i 42
translation of inscription xiv 201
Kirrea, town in Khoten xii 237
Kirin, divisions of xx 61; i 114
Toochih or Yuchí in ii 124
garrisons in - - xx 327
bounds of - - xiii 567
rivers flowing through xix 293
cold in - - xv 456
Kishen praised for diligence vi 48
to examine the Peiho xi 17; i 512
memorial respecting sectary v 10
takes Changling's place vii 227
appointed cabinet minister vii 56
appointed commissioner ix 411
at Takú, conference with ix 421
notice of this meeting - x 517
reaches Canton - ix 532
will reform the English ix 645
appointed governor at Canton ix 413
memorial respecting Bogue x 108
advice to Ilipú - - x 502
afraid to fight - - xi 390
stopped, negotiations with xi 577
signs treaty with Elliot x 62
interview at Bogue with xi 579,644
deprecates emperor's ire x 235
opposed by Iliang - x 175
proceedings of - x 118
degraded and recalled x 184
charges brought against x 352
recital of trial of - x 590
returns to Peking - xi 580
political life - - xii 331
removed from the Cabinet x 290
disgraced - - x 111
wishes to build boats xviii 670
sends Huc out of Tibet xix 667
Kite, capture of the transport ix 422
account of wreck of the x 191
Kitto Point, Barrow's notice of ix 105
situation of - - x 256
appearance of - xvi 403
Kiying's official life - xii 331
head of Board of Revenue iv 476
appointed with Chú Sz'yen v 239
does not come to Canton v 384
appointed to Hángchau xi 471,675
ordered to go to Kiángsú xi 474
appointed in Ilipú's place xii 224
treats at Nanking - xi 515
informs Pottinger of memorial
respecting Formosa xii 55
at Canton and Hongkong xii 335
opens ports to all nations xii 443
signs Supplementary Treaty xii 556
letter limiting foreign ships xii 559
standing, rumors regarding xiii 608
leaves Canton in Dec. 1843 xii 632
appointed to treat with Mr.
Cushing xiii 275; xiv 375
appointment, copy of xiii 387
reaches Macao xiii 335; xiv 410
signs American treaty xiii 336
exchanges American treaty xiv 590
letter to Cushing on arrival xiv 41
letter respecting Namoh xiii 309
decision on Kúlángsú xiii 168
former official life - xiii 392
sends for medicine xiii 202; xiv 591
governor-general at Canton xiii 388
sees Ratti-Menton - xii 503
letter to Ratti Menton xiii 271
made a cabinet-minister xiv 244
going to Hongkong, the reasons
for - - xiv 547
proclamation respecting enter-
ing Canton - xv 46
edict exhorting to peace xv 62
note to Pottinger respecting en-
tering Canton - xv 64
reply to Forbes respecting en-
tering city - xviii 277
edict on suspension of negotia-
tion on entering Canton xv 110
sees A. H. Everett - xv 624
returns to Canton - xvi 53
letter respecting riot - xv 538
reply regarding turbulence of
mob - xvi 428,430
issues orders on an edict xv 563
orders peace to be kept xvi 191
visits Factories at Canton xvi 185
replies respecting Lowrie xvi 608
reply on guarding Factories xvi 479
replies to gentry of Honam xvi 416
has influence at court xvii 487
returns to Peking - xvii 104
has an audience at court xvii 373
sent to Chehkiang xviii 334
sent to Shánsi - xviii 670
degraded from Cabinet xx 49
reports fire in prefect's office xv 219
meets Davis at the Bogue xv 224
receives presents - xv 274
writes British consul xvi 384,389
reply on the riot in 1846 xvi 393
remarks are just - xvi 414
letter on Christianity- xiv 587

testimony to Christianity xx 49
proof for this testimony of xx 341
on worshiping God xvii 262
Klying junk sails for Europe xv 624
Klaproth's paper on Japan iii 147
origin of Japanese - iii 155
on Japanese language x 207
on paper money xx 292
account of Long White Mts. xx 296
Klings or people of India ii 396
Kokand, position of - v 269
account of - - vi 84
lieut. Wood goes through xi 146
called also Ferghana xiii 565
helps Jehangir, khan of v 317
Koko-nor, divisions of xiii 576
rivers passing through xix 500
political divisions of - xx 65
tribes in - - i 119
sacrifice to Tsing-hái in ii 432
tea not to be sent to - i 383
foreigners about - v 9
tribes in - - xx 338
Huc's travels in xviii 622; xix 663
depredations made from xiv 167
Koran shown to be erroneous iii 161
said to have been found at Amoy, translation of the - x 639
Kotau should not be made vii 386
required and might be made vii 151
nature and kinds of - ii 374
might be performed vi 301
performed by Russians viii 527
made by the Dutch xiii 403
left to Cushing's discretion xiv 421
English account of the xvii 223
Koxinga attacks Formosa ii 411
period of - - ii 405
life and acts of - - iii 65
secretly favored by Japanese vi 557
doings in Formosa - xix 207
overcomes Dutch - vi 587
sends envoy to Manila vii 537
kills Dutch ministers xx 541
defies the Chinese fleet v 173
tomb at Amoy - xvi 76
Krusenstern account of tyfoon viii 226
visit to Japan - x 163
Kublai khan, emperor of China iii 444
sends to survey Archipelago iii 115
sends ambassy to pope ii 120
not averse to foreigners v 204
first capital - - ix 131
founder of Yuen dynasty x 154
patronizes Budhists - xiv 427
successors driven out vi 164
Kúché or Koutchay, a town ix 123
position of - - xiii 569
town in Turkestan v 271; i 171
town and people of - xii 236
Kúlángsú taken by English xi 153
position and form of xi 154
harbor off - - xii 403
survey of harbor of xii 126
account of - - xi 504
English authorities at xi 115
in 1843, forces at - xii 19
in 1845, English authorities xiv 16
force to be left at - xi 626
not to be residence - xiii 168
evacuated by British xiv 150
Abeel on - - xii 266
Kumiss made from mare's milk vii 398
drank by Ides - viii 524
Kúnduz, situation of - vi 119
town on the river Jihon vi 33
ruler of - - v 268
power of - - - v 270
appearance of - xi 145
Kungming, a Chinese hero xii 126
Kungtung I. near Shántung x 373
Kuper attacked in the Alligator x 547
Kur-kara-úsú, province of i 170
limits of - - xiii 569
salary of resident of - v 271
Kurun, capital of Mongolia xii 277
latitude of - - xiii 569
officer at - iv 148; xiv 99
a lake in Tsitsihar xviii 291
Kutsu or Kú-tsz' I. near Chusan x 267
Kutuktu, lama high-priest i 175
Kwán Tienpei, (admiral) note xi 301
visits the "Wellesley" vii 232
writes admiral Maitland xi 306
at the battle of Chuenpí viii 490
at Canton - - ix 534
reports approach of English x 109
orders foreigners to submit viii 426
killed at the Bogue - x 177
family honored - x 687
Kwángtung, topography of xii 88
islands on coast of - xii 477
bounds of - - xiii 428
towns in - xii 310
towns in southwest of xviii 237
official catalogue for xii 505
list of officers in 1836 in iv 529
when named - ii 149
aspect of the coast of - ii 532
rivers in - - xx 113
insurgents in - xix 568
memorial respecting - vi 592

list of officers in 1845 xiv 98
high officers in 1851 xx 14
hot springs of Yungmak xviii 86
robbers at Tungkwán in xvi 368
rising in Tsingyuen in xviii 280
victory gained in - xix 568
in Shunteh, silk in xvii 246
trouble in Cháuchau fú xiv 244
village rased in Tungkwán viii 494
Lin's remarks on people of ix 270
Dicey at Hwuilái in xi 639
position of troops in - xx 54
troops in province of xx 374
navy belonging to - xx 377
law about land in - xviii 564
Shunteh, a town in xvii 423
an ancient name of - ii 149
See *Hiángshán, Cháuchau fú, &c.*
Kwángchau fú, the prefect of ii 207
placards against the ii 384
Yú visits Elliot - - x 179
issues edict respecting delivery
of opium - - vii 636
exhorts opium smokers ix 55
driven from the hall - x 527
ransoms Canton - x 345
burnt, office of the - xv 219
publishes treaty - xv 157
divisions of prefecture of xii 231
Kwángsi, topography of xiv 171
bounds of - - xiii 428
when named - ii 149
rivers in - - xx 106
in 1845, officers of - xiv 99
garrisons in - xx 374
insurgents in - xix 462
proceedings of insurgents xix 511
riot in Taiping fú in i 31
insurgents in - xx 111
petition of insurgents in xx 53
troops sent to subdue xx 224
progress of insurgents in xx 492
progress of troubles in xx 560
insurgents make head in xx 165
cost of war in - xx 287
Kwanlun or Koulkun Mts. i 121
features of the - vi 274
abode of genii - vii 520
position of the - xx 73
Kwányin or Goddess of Mercy ii 220
account of - x 185
temple to - - xx 117
Milne in a nunnery of xiii 39
Kweichau, topography of xviii 525
bounds of - - xiii 429
aborigines in - xiv 107
in 1845, officers of - xiv 100
towns in - - ix 476
troops placed in - xx 387
rewarded, troops in viii 848
Kwoh Potái or Apotsai iii 79
Kwohkü so, a town near Kitto x 256
Lacquered ware, kinds of ii 463
Japanese - - x 280
Ladak, ruler of - - v 267
informs emperor of English v 270
borders on Tibet - vi 28
called Maryul - - xiii 509
in Chinese is La-táh-keh xiii 570
on west of Ari - i 177
towns in - - xx 69
Lahore levies on Ladakh v 267
writes to Cabul, ruler of vi 256
Lakes of China - - i 39
in Manchuria - - i 116
Hurun, in Tsitsihar xix 291
in Tibet - i 177; xiii 510
of Koko-nor - i 120; ii 432
in Ilí or Turkestan - i 172
in Húpeh are many - xix 97
of Húnán - - xix 157
in Kánsuh - - xix 556
in Kiángsi, Poyang i 39; xi 386
artificial in Peking - ii 483
Balkash, position of vi 29
Sir-i-kol in Pamar vi 30; xi 143
Khawaresm, near the Caspian vi 33
Tungting - xiv 167; xix 157
Tungting, fable connected with
the - - xx 202
Tungtsien near Ningpo xvi 108
called Mei or Plum lake xvi 112
near Ningpo, two xvi 109; xiii 86
near Hángchau fú - xi 106
Lamas rule in Tibet - i 175
in Peking, temples for ii 483,490
lamazary or convents of xviii 622
visits Kienlung, the dalai ii 127
like Budhism, creed of vi 290
titles of the - - xii 26
found in Assam - v 102
respect paid to the xix 694
three sorts of - xv 43
notice of the grand x 27
pilgrims going to grand v 53
envoys to the grand viii 548
in Siberia - xx 34
upheld by Yungching xix 524
Lamock Is. position of xiv 262
Lampaçao occupied before Macao v 34
a Portuguese settlement i 400
Lamqua, paintings of - iv 291

Lamyit Is. position of the xii 406
anchorage near - xiv 276
shoal near the - - xiii 124
Land in China, tenure of xviii 561
tenure noticed in Code ii 66
in Chihli, waste - i 160
is all owned by emperor iii 121
interdicted in Chehkiang iv 488
bequeathed to a mosque xx 80
tenure in the Straits vi 157
Gov. Lú exhorts to settle on i 503
in Annam, plan to divide viii 614
measure, account of - x 652
measure, parts of - xvi 531
decision respecting xx 56
at Hongkong, notice about xii 445
at Hongkong, sales of xiii 56,391
memorial respecting xiv 397
Language, Hawaiian - v 77
children punished for abusive ii 106
Orpen on kinds of spoken xii 583
different sounds in - v 66
mixed with Chinese, English x 560
remarks on the Japanese vi 105
nature of the Japanese x 205
of Manchus taught - xi 429
of Siamese - - xii 283
Language, Chinese, written iii 14
extensive use of - iii 1
new analysis of - - vii 255
Du Ponceau on written vii 337
richness of the - xviii 653
difficult to learn - iii 431
should be learned vii 199; vi 7; ii 4
inquiries how to study vii 204
ought to be studied - x 48
plan proposed in study of viii 338
facilities for studying the vii 113
can now be learned xiv 150
foreigners rude at the iii 583
at Canton, on studying viii 55
neglect of the - ix 202
bad effects of not knowing ii 538
E. I. Co. promote study of v 128
foreigners confuse sounds xx 177
remarks on spelling - vi 144
students of the xiii 286; v 148
new orthography for - v 24
can not be applied to all v 481
objections to new orthography v 65
alterations proposed in orth. vi 479
remarks on system of orth. vii 490
desirableness of romanizing iv 167
objections to romanizing xx 472
confusion in writing words xv 135
nature of the tones of vi 579
sorts of tones in - vii 57
used at court or Peking xvi 236
has no article - xix 420
grammatical construction of viii 347
Premaré's work on grammar i 152
rules of, grammar of - ix 320
examples of grammar of ix 518
spoken - - - iii 480
traits of spoken - xii 582
kinds of symbols for - xii 253
mingling of dialects in xv 66
dialects numerous in the xiii 99
extent of dialects of xvii 92
works upon xiii 284; xviii 402
primitives of the ix 587; xiv 344
phonetic system of - xiv 138
Parisian type for printing xiv 124
respect for the xiii 36; xvii 417
punning in the - xiii 32
puns in - - vii 326,327
Medhurst's remarks on ix 81
has been long used - vi 60
similar to Egyptian - xii 337
spoken in Cochinchina xvi 601
used in Cochinchina - xi 451
English easier than xi 547
Lantao I. good to be occupied iv 548
position of - - v 348
Lanterns at Ningpo, feast of xiii 140
manufacture of - x 662
institution of feast of - x 148
Laos, books and customs of the i 47
ambassies from the - xiv 155
visited by Grandjean xvi 338
language like Siamese v 57
or Shan language - v 73
called Láuchwá by Chinese xiii 570
or Lolos in Yunnán xviii 599
Lassa or H'lassa in Tibet i 173
in 1836, resident at - v 47
his power over Leh v 267
from Burmah, trade with v 287
temples near to - ix 39
population of - xix 667
called Putala - xiii 573
Lassar, a Macao Armenian iv 252
Lavalette's dream - iii 516
Laws, execution of the ii 131
relating to new lands xviii 564
respecting slaves, various xviii 350
respecting the aged xvi 21
Staunton's translation of code ii 12
nature of Chinese - iii 421
penal and civil - ii 61
against magicians - xiv 73
remarks on - iv 24

exhortation to explain the i 309
perhaps no common - ii 133
of China, gradual rise vi 50
governor Lú's idea of - iii 188
cases illustrating the xx 54
in Japan, execution of iii 197; x 19
Lapa opposite to Macao ix 169
position of the - v 347
Lindsay attacked on the xi 12
Láutsz', founder of Tauism ii 83
mystical doctrines of - ii 215
mentioned in Sau Shin Ki x 309
sees Confucius - xi 415
fable respecting - xx 196
Lawyers and pettifoggers i 303
Lay goes in the Himmaleh viii 364
notices of natives in Archip. vi 305
remarks at Med. Miss. Soc. vii 457
notices of productions vi 449
assists in forming a Medical Society in London - x 21
remarks at the D. U. K. Soc. vii 406
on tones of Chinese language vi 579
analysis of Chinese language vii 255
on diplomatic agency vii 141
on doing good in China vii 193
notes on Chinese music viii 38
interpreter to special mission xi 114
on Chinese character xii 135
review of Soldier's Manual xi 487
remarks on the Manchus xi 425
review of Callery's Systema xii 253
appointed consul at Canton xii 392
goes to Fuhchau as consul xiii 336
visits Ningpo xiii 77
gets consulate removed xv 190
Layton to be consul at Amoy xv 55
warns respecting feuds xv 623
circular to merchants xvii 375
Le Comte's History of China i 249
reaches Ningpo - xiii 349
Lead, how used by Chinese ii 463
fused with copper - ix 92
Legates sent to China - i 443
Legends of the Rationalists xi 202
Legge (J.) reaches Malacca x 54
is principal of college - xi 159
school under care of x 575
Lexilogus, notice of - xi 389
goes to England - xiv 544
maintains Shángtí to be God xiv 570
Boone's strictures on xix 358
Looker On's strictures on xix 524
advocates Shángtí a relative xix 62
Letters, strictures on xix 632
preaches at Bethel - xix 168
Lema islands off Canton i 91
islands south of Lantao v 348
Leoo-leo Bay near Quemoy xii 404
Lepers at Fuhchau - xvi 494
at Canton, hospital for ii 264
about Canton - xi 663
Letters, modes of posting ix 636
system for forwarding xix 230
office for forwarding xvi 64
written by patients - iii 367
profession of - - iii 118
specimen of Chinese x 617
Lewchew, Pinto lands in iii 114
Chinese account of - vi 113
the Morrison's visit to vi 212
notes in natural history of vi 407
currents near - vi 401
death of envoy from x 688
who is liege lord of - x 13
dress of the people of viii 643
ambassies from - xiv 155
envoy at Peking from xii 331
wrecked on Chehkiang xii 278
visited by the Reynard xix 623
rule over Madjicosimah xiii 154
mission at - - xv 576
Bettleheim reaches xix 17
notices of people of xix 57
Bettelheim mission in xx 539
Indian Oak lost on - ix 423
particulars of Indian Oak x 516
treatment of wrecked in xii 78
English bark lost on xix 63
British bark lost near xviii 666
Leyden (Dr.) Malayan Annals v 553
Li Hiungpin gov'r-general of Kwangtung xi 11; i 247
goes to Lienchau - i 78
edict refusing to answer Lord Bentinck - - xi 4
proclaims his own goodness iv 224
forbids women appealing iv 267
reaches Peking - i 343
is reprimanded i 206
petitions for a short respite i 512
to be banished to Ili xi 12; i 423
sentence against - i 471
recalled from Ili iii 48
edict against searching xiv 159
memorial on opium trade xi 7
son takes opium to Peking i 159
Li Tsz'ching rebels - iii 523
takes Peking in 1644 xi 602
Liáng dynasty, monarchs of x 146
the After - - x 150
Millenary Classic written in iv 230

Liáng, fúyuen at Canton xii 333
begs to retire from office xviii 666
Liáng Afah, residence of xii 321
preaches - - xiv 461
Liáutung called Fungtien ii 115
queen of people of - i 108
island in the gulf of - ix 420
coast of - - x 378
boundaries of - xx 59
divisions of - - xiii 574
See *Manchuria*, *Tombs*.
Library at Peking vi 335; ii 442
of Chinese books in Paris iii 10
of E. I. Co. in China iv 96
a Chinese circulating - iv 196
of Chinese books in Europe iv 294
of Morrison Ed. Society vi 241
of Dr. Morrison x 35; vi 247
at Peking, catalogue of x 2
at Ningpo - - xiii 20,88
Lienchau, department of xii 326
rebellion in - i 29
rebellion proves thunder to be
ominous - - i 344
See *Rebellion*.
Lightning, death by - xv 223
name for - - x 50
spirit or god of - xix 312
Lighthouse recommended in honor
of Horsburgh - xi 298
on Cape Romania - xv 102
Lime, mode of burning - ix 366
kilns for burning - xviii 249
Lin fúyuen in 1836 - iv 480
memorializes upon the flood iii 144
sent as commissioner xi 350; vii 600
reaches Canton xi 355; vii 608
issues edict to deliver opium vii 610
issues orders to the hong-merchants - vii 615
gives four reasons for delivering
opium - - vii 628
reply to Mr. King - vii 637
orders to foreign consuls vii 639
orders to Elliot - vii 641
orders to Snow - vii 646
goes to the Bogue - vii 653
first letter to Queen Victoria viii 9
second letter of - viii 497
requires consuls to give bonds viii 12
orders making foreigners liable
to death - - viii 20
permits ships to enter port viii 26
orders foreigners to leave Canton - - viii 30
gives orders to destroy opium viii 36
appointed gov.-general of the
Liáng Kiáng - viii 35
enjoins ships to enter the port viii 61
at the Bogue, interview with viii 74
English proclamation viii 167
visits the foreign Factories viii 168
edict referring to Lin Weihi viii 213
deprives English of food viii 216
recites his demands - viii 224
intends to storm Macao xiii 239
sees crew of the Sunda viii 482
double dealing of - xi 522
orders people to arm viii 264
visit to Macao - viii 268
four propositions to Elliot viii 321
threatens English ships viii 379
demands the murderer of Lin
Weihi to be given up viii 380
manifesto respecting bond viii 433
summary of acts of viii 435
stops English trade viii 440,486
states time for opium-smokers
to reform - viii 396
succeeds as gov.-general of Liáng
Kwáng - xi 524; viii 552
advocates war - x 118
thinks of offering Stanton ix 647
refuses to hear reason x 683
reöpens trade of Macao viii 599
applies for medical relief viii 634
disbelieves foreigners - ix 3
and his master ignorant xi 673
on great use of opium ix 270
offers bounties for English ix 165
asks for punishment ix 536
to await Kishen's arrival ix 423
ordered to return to Peking ix 412
means of removing opium ix 560
goes to Chehkiáng - x 292
ordered to manage Yellow R. x 592
false report of death of xii 512
banished to Ilí - xi 584
improves land in Ilí xv 323
pardoned - - xiv 243
recalled from banishment xiv 591
puts weathercock on house xiii 280
receives gifts or bribes xiv 170
made governor of Kánsuh xv 55,274
zeal in Kánsuh - xv 473
publishes a Geography xiv 543
review of Geography of xvi 417
applies for a furlough xvi 115
makes an example xviii 665
reports two officers xviii 668
begs to resign office xviii 671
sent to Kwángsi xix 568

dies at Páuning hien xix 624
genealogy and offices xii 507
receives posthumous honors xx 52
Lin, constancy of a miss vi 573
Lin Weihi, murder of viii 180
Lin's edict relating to viii 212
Elliot's remarks on viii 322
Elliot details case of - xi 458
Elliot writes officers of xi 459
trial of murderers of xi 461
Elliot informs officers respecting
trial for - - xi 461
Lincoln I. description of vii 391
Lindsay, (H.H.) attacked xi 12
voyage in the "LordAmherst" ii 529
note from Egypt - iii 252
note to hong-merchants vii 444
chairman of Cham. of Com. vii 447
notice of Cupchee - v 350
Letter to Palmerston v 246
remembered at Ningpo xiii 348
toasts emperor of China xi 2
Linguists of Canton - ii 302
imprisoned, a - iii 576
appointed, a new - iv 248
Hopin banished, the - iv 48
in 1836, list of - - v 432
petition for relief - vii 500
case of a banished - ii 424
must go out with foreigners iii 191
demand remuneration xiii 109
wife saved from suicide xix 304
Lintin, latitude of - iii 89
detention of vessels at vi 329
ships anchored at - iv 197
to be annihilated, fleet at v 336
physician at - - v 275
island and bay of - v 347
Sir G. B. Robinson at xi 132
English power over ships at xi 188
is in the "outer seas" vi 474
ships gradually leaving vi 304
affair of the Topaze at iv 268
Lions of Canton, the eight vi 191
Lion account of the - vii 595
Lip cut out of smokers vii 392
Liquors, (see *Spirits*) xv 433
Lithography, cost of - iii 247
Lithotomy, operations for xix 257
successful cures in - xvii 544
Literature of China unalterable i 480
has some good features ii 253
of the Chinese varied vi 336
Premaré's researches in x 669
piracy in the - v 95
case of forgery in - xx 341
Literary chancellor, duties of the ii 206
must be from the Hánlin iv 277
Li hangs himself - ii 480
Li's remains carried home iii 48
Wáng reaches Canton iii 143
of Húnán dismissed - iv 582
of Shántung degraded i 511
Tsiuen at Canton in 1846 xv 574
in ancient times, duties of v 86
is not to receive fees - v 45
Tai Hi ordered to stay xv 273
at Fuhchau - - xv 214
See *Examinations*.
Literary Gazette on China v 283
Liú Yunko, gov. of Chehkiáng x 118
appointed to attack Chusan x 503
memorial upon defenses x 675
gives notes of Yúkien's death x 680
rescripts sent to - xi 61
reports for promotion xiii 278
reports building walls xv 321
Living among Chinese, cost of iii 469
cost of foreigners' - ii 304
Livingston (Dr.) letter on plants ii 226
encourages botany - iii 86
Ljungstedt, (Sir A.) prospectus iii 533
history of Macao - i 398
notice of Colledge's Hospital iii 564
notice of Portuguese in China i 425
notices of Romanists iii 289
death of - xi 131 ; v 334
Lloyd, death of Rev. John xvii 651
Loans made by government v 93
Loch's Closing Events xiii 57
Lockhart (W.) goes to Batavia viii 272
appointment by Med. Soc. vii 551
deposition respecting Moss viii 223
practice at Macao viii 625
hospital at Tinghái - ix 643
at Chusan, report of - x 453
report of hospital in 1846 xv 281
report of hospital in 1847 xvii 188
report of hospital in 1848 xviii 506
commences mission xviii 516
cures opium smokers xviii 518
report of hospital in 1849 xix 307
attacked at Tsingpú xvii 155
hospital in 1850 - xx 152
Locusts in Kwángsi xi 21 ; ii 191
come to Canton - ii 240
edict issued against the ii 285
ravages of the iv 152
Lolos, a race of Laos or Shans v 209
Lombock, disturbances in viii 161
opium prohibited at viii 381
war in - - vii 330

Loomis (Geo.) chaplain at Whampoa - - xvii 104
raises funds for Bethel xix 168
leaves China - xx 288
Lopp, a town in Khoten xii 236
Lord North's island, notices of iii 450
Lotteries, proclamation against xii 334
repealed by Nánhai hien xvii 663
Loureiro's Flora of Annam v 117
Lowrie (W. M.) death of xvi 462
death reported to Kiying xvi 607
seized, murderers of - xvi 567
murderers to be punished xvii 484
murderers not to be brought to Shánghai - xvii 206
murderers are found xvi 509
Memoir, notice of - xix 491
Lowder, death of Rev. J. xviii 560
Lowang, island of - x 255
Lú Kwan reaches Canton i 343
condemns 300 persons i 291
goes against the *yáu-jin* - i 30
household of - - iv 163
appoints a literary chancellor ii 527
tries seventeen criminals ii 48
assists people in tyfoon ii 232
requires rich to subscribe ii 378
edict relating to rice ii 90
permits rice to enter xi 17
visits the Factories - iii 45
issues commands to soldiers ii 129
reviews the military - iii 47
orders a fast - - iii 96
issues two edicts to hong-merchants - - iii 187
denies Lord Napier his rank iii 189
wishes to know his plans iii 190
desires Lord Napier to return to Macao - - iii 235
accused of falsifying facts iii 285
stops English trade iii 238
proclaims his leniency iii 286
summary of edicts from iii 326
memorial respecting the departure of Napier - iii 340
memorial upon the Imogene iii 325
does not wish another *eye* xi 74
ordered to seize opium boats iii 487
temporarily degraded iii 337
restored to his honors iii 342
applied to about the Argyle xi 123
edict against vice - iii 391
goes to Kwángsi - iii 577
returns from Kwángsi xi 130; iv 103
officiates as fúyuen - ii 286
pays a tall soldier - iii 48
ordered to examine hong-merchants - - xi 78
triennial report of himself iv 104
at Canton, death of - xi 131
posthumous honors to iv 392
official life of - - iv 69
Lú Yinfú retires - ii 144
Lucky days in the calendar xx 85
not made by all persons xv 44
Luhchau's Female Instructor ix 537
notice of life of - ix 540
instances of virtue - vi 568
recommends trade - v 433
extract from - - viii 345
on the Miautsz' - xiv 115
Lushington (Dr.) speech ix 247
bad reasoning of - ix 417
Lyee moon passage - v 348
Lyman (H.) killed - iii 307
Má Twanlin, a historian ix 143
on progress of education xviii 68
on eclipses - - iv 3
on music - - iv 5
Antiquarian Researches xx 281
Ma Yuen, a Chinese warrior xviii 497
Macao, settlement of - i 400
described, state of - i 402
population of - iv 292
started, Chronica de iii 536; v 152
English annoyed in - iii 351
Colledge's hospital at iii 364
in 1834, fire at - - iii 344
St. Paul's church burned at iii 485
church and relations of iii 289
no new houses to be built at ii 133
hospital at - viii 272; vii 411
position of peninsula of viii 553
meetings of British at viii 63
notes on the Hyacinth entering harbor of viii 543
liberality of governor of viii 168
in 1835, tyfoon at, viii 333; iv 199
form of Chinese pass for viii 58
British residents leave viii 223
Lin and Tang visit - viii 268
Chinese troops put near viii 328,648
series of events at - viii 435
Chinese killed by an Italian viii 474
Kwoh Sìping strangled at vi 608
Bilbaino burned near xi 469; viii 271
by Lin, Portuguese trade reöpened at viii 599; xi 524
gov. Pinto's resignation at xi 400
Matheson's donation to xi 181
gov. Pinto's successor at xii 553
with Chinese, disturbances at xii 555

idol temple at Makok in ix 402
row with gamblers in ix 56
deputy Chinese officer at iv 55
tsotang disallows sedans at ii 233
new tsotang at - - x 292
instructions sent to gov. of xi 191
Elliot writes gov. of xi 463
reason for ceding - iii 63
in 1836, newspapers at v 152
islands and towns near v 346
noticed by Murray - vi 64
emigrant robbed at vii 503
persons attacked near ix 169
Chinese leave - ix 239
medical labors in - x 465
in 1841, hospital at - xii 188
Chinese schools in - x 568
much gold brought to iii 208
Protestant graveyard in xvi 299
extract from Records of xix 216
plays at temples in xx 89
horseraces not to be at iv 226
new port regulations xiii 276
port opened to all ships xiii 656
customs regulations in 1845 xiv 151
attack on fastboats at xv 526
port regulations in 1846 xv 325
made a free port - xv 111
murder of Amaral at xviii 448
writes Sü, council of xix 50
traders to remove from xix 675
proceedings thereon in xviii 532
confession of murderers xvii 672
Keppel releases Summers from
prison in - - xviii 669
"Dona Maria" blown up at xix 630
gov. Da Cunha arrives xix 344
death of gov. Da Cunha in xix 404
gov. Cardoza reaches xx 49
Cardoza's proclamation in xx 110
Guimaraēs, governor of xx 560
list of officers in 1836 v 431
list of officers in 1841 x 57
list of officers in 1844 xiii 13
list of officers in 1845 xiv 18
list of officers in 1846 xv 10
list of officers in 1848 xvii 10
list of rulers in 1850 xix 13
list of officers in 1851 xx 15
Macartney's ambassy in 1793 ii 337
mistakes made in - v 522
remarks on viii 588; vi 19
reason of reception of - v 205
reason for ill success of i 175
goes through Kiángsi xi 380
J. Q. Adams' remarks on xi 282

22

Macassar, language of ii 88
natural productions of vi 449
people become Moslems ii 403
people of - - vi 311
made a free port - xvi 73
Macauley (T. B.) speech of ix 245
remarks on speech of - ix 416
Macdonald, capt. of the Argyle xi 81
Mace, where found - ii 464
money weight, value of the ii 444
Macgowan on medical missions xii 205
collects money for hospital xiii 503
opens hospital at Ningpo xiii 111
report on Ningpo hospital xv 342
report for 1847 - xvii 242
report for 1848 - xviii 509
report for 1851 - xx 532
on showers of dust xvii 521
notices of hemp by xviii 554
notice of a shower of sand xix 328
on coal in China - xix 387
notices of the tallow-tree xx 422
on modes of computing time xx 426
Philosophical Almanac of xx 284
Macgregor reply on protection xv 522
answer respecting nuisances xv 513
letter about arming xv 534
correspondence on riot xv 540
Mackenzie (K.S) Second Campaign,
notice of - xi 643
Madagascar steamer arrives ix 107
off the Pei ho - ix 419
steamer burnt - xi 364
queen of - - i 27
Madjicosimah Is. position of vi 212
near Lewchew - xiii 150
capt. Broughton at - x 160
Madras, native book society at i 74
observatory at - viii 245
Journal, notice of the - v 333
Madura, near Java, tracts in ii 509
Dutch kill prince of - ii 403
Magaillans, Life of Gabriel x 605
new history of China x 641
Magalhaens sent to Portugal i 428
Magazines, Penny and other i 508
errors of the Penny - v 154
published, number of Penny ii 329
the Chinese - ii 93, 186, 234
contents of the Chinese iii 185
a number of the Chinese v 575
printed at Singapore, Chinese v 512
under care of D. U. K. Soc. iv 356
Magellan's discoveries vi 171
killed - - ii 402
seized by the Portuguese ii 399

Magicians to be beheaded ii 101
prohibited - - xiv 609
law touching - ii 72
doings of - - vii 283
Maigrot decides against Kanghi i 438
Maimai-ching, no women at v 207
applied to marts - xiii 570
separate from Kiakhta xx 23
Maitland (Sir F.) arrives vii 174
goes up to the Bogue - vii 232
dispatch to Elliot - xi 298
writes Chinese admiral xi 302
doings of admiral - xi 304
duties devolving on - vii 148
leaves China vii 336; xi 306
Malacca, Tomlin in college at i 26
books distributed at - i 104
taken by the Portuguese ii 399
events at - - ii 401
schools at - ii 41,93
earthquake at - ii 479
emigrants at - - ii 180
associations among emigrant ii 231
population of - iv 207
report on the Institution at iv 389
Observer, notice of - iv 22
Observer, extract from v 147
character of schools in vi 241
Albuquerque takes - ii 402
Juvenile Instructor at v 477
S. R. Brown on schools in x 575
Xavier at - - xii 263
tracts, &c., printed at xvi 371
Malays, superstitions of vii 264
in Borneo, chiefs among vii 129
claims of the - viii 359
on Borneo - viii 283; iv 508
carry weapons - i 227
among the Siamese - i 46
found in Luconia - ii 351
voyaging in Borneo among v 231
and Chinese, intercourse between the - v 553
are bigoted and proud iii 161
destinies of lands of - vii 9,61
at Japan, wrecked - ix 308
described by Chinese ix 24
mentioned by Brooke xii 176
treachery of Bruncse xv 499
Malcolm, (G. A.) sec. of legation x 475
returns from England xii 167
letters respecting debts xii 273
(Rev. H.) work on Siam xviii 29
notices Burmese missions vi 319
Malte-Brun on population i 352
Man-ji or Man-i, who are the v 204
Manchuria, divisions of xx 59
bounds and divisions of i 113
near Kinchau, coast of i 190
incorrect, coast of - ii 24
political divisions of - iv 57
government of - iv 286
places in - - xiii 564
books upon - xviii 436,657
missions in - - xv 453
by Elliot, visit to - ix 420
rivers in - - xix 289
Kinchau and Káichau in i 191
Kinchau anchorage in vi 16
Long White Mts. in xx 296
garrisons in - xx 323
Verroles notes of - xv 454
Manchus, early history of the x 642
essay on language of xviii 642
and Chinese, of proportion ii 312
robberies among the - i 80
reasons for invading China iii 521
Code of the - - ii 10
officer at Kiakhta - xx 25
genealogical register of xiv 131
language, character of xiii 292
at Chápu, account of xi 425
at Fuhchau - - xv 196
notice of Holy Wars of the xix 242
in Canton make trouble xvi 152
eight generations of the xii 22
word for Spirit - xvii 352,307
visit the Hospital at Canton xix 276
one degraded for breach ii 335
emperors, character of ii 123
Bible in language of - ii 507
present dominions of i 33,113,170
in Canton, general of - v 96
discourses of emperors x 595
give trouble to Ming xi 599
in the Chinese army xx 256
Canton troops, Yihsiáng over xii 234
case of succession among xx 54
troops sent to Ilí - v 319,355
disliked by Chinese xviii 84
Mango tree and fruit - vi 453
Manifesto of people of Tinghái xi 646
Cantonese against English xi 630
rejoinder to the last - xi 685
of Tienming, a Manchu ii 125
of Elliot to people - viii 68
of Elliot respecting Lin ix 110
against going into Canton xv 49
to the English at Canton xvi 196
of Canton people - xvi 247
of La Place at Honolulu viii 372
on merits of ministers vi 47

Manila, massacre of Chinese in ii 403
Chinese harshly treated at ii 350
incorporated by Legaspi vi 267
earthquake at - vii 534
silver imported into viii 173
Chinese leave - viii 255
Manipúr, account of - v 212
British influence over v 49
position of - - - v 54
tea grows in - - v 100
Manis, description of the vii 49
Manners, view of Chinese ix 284,288
of Chinese, politeness in i 309
of the Japanese iii 200; ix 291,621
of the Tibetans - ix 43
of Chinese in visiting xiii 91
of the Chinese are formal xv 44
of Cochinchinese xvi 596
of Mongols - - xx 28
Manslaughter, law on - ii 513
by drowning, law on iv 228
Manufactures of Canton ii 305
of certain silks prohibited ii 109
should equal standard ii 70
of mats - - ii 464
of paper - - iii 265
of salt in Chusan - xii 354
among Burmese - vii 189
of the Dayaks - viii 299
economy of small - x 473
among the Japanese x 279
of Shánghái - - xvi 560
of grasscloth - xviii 215
of types by clay molds xix 247
of compasses - xx 30
Manure, collection of iii 124
Map of China by Allen iv 49
are very inaccurate, native xx 172
appearance of a native - i 34
of Eastern Asia - ix 424
of Kwángtung, a - xii 309
of Formosa - - ii 408
of city of Peking - ii 499
of city of Canton - ii 160
of Pearl River - iii 89
of Hongkong - xiv 292
obtained from Japanese xv 177
Marco Polo's paper money xx 294
notes on Moslems coming to China - - i 42
account of Christians xvi 165
refers to Yunnan - xviii 596
account of Sha-chau xix 564
on war with Burmah ix 135
holds office in China - ii 120
notice of Hangchau fú xi 106
Marjoribanks (C.) leaves China xi 6
gives a parting dinner xi 1
letter to Sir C. Grant iii 132
Markets, very numerous ix 486
laborers standing in iv 198; viii 643
Marriage, ceremonies of x 65
among the English - xx 185
Arab notice of Chinese i 15
ill effects of early - i 293
laws relating to - xviii 358
Semedo's notice of - i 478
condition of wives by vi 52
at Singapore - - iv 568
of Chinese with English ix 641
general among the Chinese xi 485
usages among Japanese iii 198
of E. C. Bridgman - xiv 352
of T. McClatchie - xv 328
of C. B. Hillier - xv 328
of A. P. Happer - xvi 568
Mars, the Chinese - xx 137
story respecting - xviii 281
temple to - - xiii 86
story of - - - xiii 32
officers often worship v 240
appears for the emperor v 357
origin of Kwánti or xviii 496
Marshman (J.) death of Mrs. xvi 271
obituary notice of Mrs. xvi 297
dissertation of Chinese ix 587
mode of translating iv 253
Clavis Sinica - vii 115
system, remarks on - xii 255
Marten, account of the pine iii 550
Martin (R. M.) arrives xiii 266
attacked near Canton xiv 150
tries to have Chusan kept xiv 546
resigns his office - xiv 352
Matheson (J.) calls a meeting iii 475
remarks of - - v 274
superintends Napier's tablet xi 127
donation to Macao - xi 181
letter respecting Moss xi 462
pamphlet on China - v 243
Harbor - xiv 274; vi 12
Mats, manufacture of - ii 464
Matsoo-shan I. near the Min xii 411
at Macao, temple to - ix 402
Mausoleum, empress buried in ii 383
for priests in Púto - ii 57
tree planted at - vi 496
emperors visits - vii 56
number of the - xx 318
guards for the - - xx 328
Mawer-al-nehar, country of v 268
Maxwell's attack on Bogue viii 588

McBryde (T.) goes to Amoy xi 506
Meadows (T. T.) on land xviii 561
Desultory Notes - xvii 90
essay on Manchu xviii 642
critique on Gabelentz xviii 658
on two Mongolian letters xix 526
proposes to get ice - xx 434
attacked on the river xviii 665
punished, men who attack xviii 666
(J. A. T.) Commercial Reporter, issue of - xvi 104
prospectus of - xvi 129
discontinued - xvi 271
Measures are to be furnished xiv 34
of length and weight ii 446
Chinese long - x 652
in Cochinchina - xv 122
a standard of - viii 46
of a fathom in Siam v 57
used at Shánghái - xvi 531
of an acre or *mau* xviii 564
Medals, Chinese military xi 328
for British soldiers - xv 159
Medhurst visits coast of Malacca i 226
informs of Lyman's death iii 308
report of mission in 1833 ii 518
report of mission in 1834 iii 438
voyage in the Huron iv 308
resides at Penang iii 226
Dictionary of the Hokkien vi 142
report of Orphan Asylum v 88
notes in Huron's voyage iv 406
Corean and Chinese Vocab. i 509
Japanese and English Vocab. i 109
Jap. Vocab., extract from iii 206
sermon on a late fire - iv 391
goes to England - v 91
brings medical missionaries vi 301
daughter, death of - v 284
daughter, marriage of xv 328
report of school in 1840 xi 231
Chinese and English Dictionary, notice of - xii 496
on name of Jesus in Malay xii 449
Chinese Dialogues - xiv 395
translation of Nanking treaty xiv 26
note respecting toleration xiv 540
chairman of committee xii 551
circular to the Committee of Delegates - xv 109
chapel at Shánghái - xv 476
Theology of the Chinese xvii 414
view of Confucianism xvii 39
note on Shángti being God xvi 34
Boone's strictures upon this note of xix 468
list of tracts by xvi 373
attacked at Tsingpu xvii 151
remarks on note of Z. Z. xvii 459
Inquiry into word for God xvii 105
reply to Boone's Essay xvii 489
quotes Pye Smith - xvii 545
on *shin* not being used for God - - xvii 601
definition of word *God* xvii 639
on true meaning of *Shin* xviii 609
"China, State," &c., on Shin, extract from - xix 365
China, State and Prospects, review of - ix 74
letter to Ed. of the Repository with a translation xix 445
Inquiry into word for *ruach* xix 478
proposes a compromise xix 598
animadverts on Philo's explanation of word *fung* xix 486
letter to Protestant Missionaries Jan. 30th, 1850 - xix 95
prints by lithography xi 317
withdraws from Committee xix 221
letter on new version xx 485
definitions of *shin* xvii 58
translation of Shú King, extract from - - xvii 28
account of worship of *kwei* xviii 382
note to Bp. Boone - xix 354
See *Missions, Batavia.*
Medical Board at Peking iv 184
Board, members of the xiv 84
college in Peking xii 67; ii 488
practice in Siam - vi 128
practice in China - x 22
practice in Burmah - ii 563
practice of Gutzlaff ii 539
practice of Loureiro - v 120
practice in Japan - x 216
missionaries are desirable iv 386
missions in Bangkok v 236
practice a means of good vii 202
missionaries,qualifications for iv 575
notions of Chinese - viii 633
science and authors ix 485
practice in cholera-morbus xv 39
books on opium - v 139
knowledge is considerable vii 457
skill of English prized xvi 19
work of Li Shíchin - v 139
science of Chinese wrong vii 41
description of a disease vii 394
Philanthropic Society x 21
missions benefits of - xx 159
labors a part of missions xiii 649

Medical Missionary Society formed
in Canton - vii 32
suggestions towards a iv 386
Lay's remarks at formation vii 457
first subscriptions to xi 251
hospital at Macao in 1838 vii 411
appoint Lockhart at Macao vii 551
meeting and report of viii 624
First Annual Report of vii 419
Second Annual Report of x 448
Third Annual meeting of xi 520
report of Hobson to - xi 659
hospitals under the - xi 335
hospital opened at Hongkong xii 441
report and history of the xii 188
in 1844, proceedings of xiii 369
in 1844, Hobson's report to xiii 377
rules for the Hongkong hospital
of the - - xiii 603
report of Amoy hospital to xvii 250
Hepburn's report to - xv 181
report at Shánghái for 1845 xv 281
report at Shánghái for 1847 xvii 188
Macgowan's report to xv 342
report from Ningpo for 1847 xvii 242
annnual meetings in 1848 xviii 55
for 1848, report of - xviii 505
for 1849, reports of xix 253
meeting of the - x 52
report at Shánghái for 1844 xiii 408
Hobson's last report to xvii 254
Medico-Chirurgical Society formed
at Hongkong - xiv 245
Tucker's address before xiv 445
report to the - xv 124
Mei-ling opened A. D. 705 i 41
pass, town near the - xx 114
pass, coolies at the - xii 331
Meichau near Hinghwá fú ii 563
temple upon island of ii 220
position of - - xiv 274
Meinam, the river of Siam vi 55
trip on the - - xvi 335
Melbourne, (Lord) speech ix 252
answers respecting war ix 242
Menangkabu in Sumatra iii 317
Mencius, life and character of x 320
Magaillans' opinion of x 648
sayings of - - iii 101
imitates Confucius - ii 84
writings of - - iii 101
early education of - iv 113
advice of - - vi 188
on human nature xv 331; ii 311
on a good man - xv 578
Menezes, Portuguese ambassador i 429
Merchants, great aim of the vii 31
who are the outside - ii 303
edict against the outside iii 344
release of an outside iii 536
are objectionable pioneers vii 14
not fair judges - - ii 476
responsible for their trade vii 24
have great responsibilities viii 7
Merguen in Tsitsi-har xiii 571
Meshan and Lanjett Island x 254
Metempsychosis, ideas common i 102
Budhists undergo many i 373
notions upon - xiv 517
among the Siamese - xiii 184
is generally believed xv 42
Meteorological notices and averages
of climate of Macao - i 494
notices of Macassar - vi 450
notices of tyfoons - viii 232
notices taken at Ningpo xviii 514
of climate at Ningpo xvii 247
observations at Tinghái x 354
of temperature taken at Shánghái - - xvii 189,203
averages at Shánghái xvii 527
tables at Shánghái xv 282; xix 310
table kept at Shánghái xviii 514
notice of hail in Canton xvi 207
notices at Bangkok xiv 337
notices of climate of Siam vi 124
incident at Canton - xv 280
storms and hail in Canton xv 223
heat in Canton - ii 144
dry weather in Canton ii 288
weather and sickness ii 48
Mezzabarba, a papal legate i 445
proceedings of - xiii 548
Miautsu, To-ki one of the ix 420
a group of islands - x 375
Miáutsz', Du Halde's meaning of i 32
in Sz'chuen - - i 38
brave resistance of the xviii 531
divisions in tribes of xiv 105
dealings with the - xiv 115
cities of the - - x 644
military over the - xx 389
troops wanted against the v 171
Middlemist, deposition of xiv 300
Mildenhall sent to India in 1599 ii 295
Mile in China, length of x 651
Military force in Canton ii 209
rewards in Formosa - ii 179
reviews at Canton - iii 47,344
reviews, foreigners not to see iv 296
school at Canton - i 511
parade ground at Peking ii 484

government, officers in iv 277 282
examinations at Ningpo xvi 69
exercises at Ningpo xiii 20
preparations against English viii 599
operations of Chinese army ix 468
Important Instructions to xii 69
of China, Kishen's idea of x 238
are unused to war, the xi 393
skill of the Chinese - v 165
laws of the Code - - ii 97
changes among the - vii 228
resources made known xii 3
achievements of Manchus xix 241
implements, a shield xii 334
uniform of the - xv 45
matchlocks used by the xiv 300
parade in Háinán - xviii 230
hero, notice of Chin, a xiii 247
posts in the Desert - v 272
in Kwángtung are inefficient vi 598
enlistment of the - ix 167
and feudal duty in Japan x 14
art of the Japanese - xix 152
attainments of the Japanese xix 154
See *Army*.
Militia at Canton enlisted x 592
new levies of the - xi 64
disbanding of the - xi 576
attack the English - x 540
no longer to be levied xii 107
Milky way, legend of the xx 212
Millet used in Shántung i 126
grown in Lewchew - vi 407
Mills for grinding grain iv 192
in Shantung turned by asses iv 407
used in Chusan - x 431
Milne, life of the Rev. Dr. i 316
arrives in China - xiii 643
translation of Sacred Edict i 297
Sacred Edict, extract from xvii 588
translations by - iv 260
notice of the Triad Society xiv 59
Chinese tracts by - xvi 373
tract called Dialogue between
Two Friends - ii 288
notice of Moluccas mission i 204
associated with Morrison iii 183
faithfulness of - i 410
on character of the Chinese i 326
on printing in Chinese i 414
Milne (W. C.) on cholera xii 485
goes to Ningpo to reside xiii 14
account of city of Ningpo xiii 77
journal at Ningpo xiii 127,337
residence at Ningpo xvi 14,57,105
crosses to Canton xiii 47
returns from England xv 480
note respecting withdrawal xx 221
Min, mouth of the river ii 546,541
Maclay's trip on the xviii 446
excursion up the - iv 92
scenery on the - xv 191,225
is like the Hudson river xvi 484
sailing direction for entering
the - xiii 124; xii 409
navigation of the - xv 230
correction to entering the xiv 279
Mindanao, commerce of vi 316
Mindoro, conquest of - viii 101
Minerals and metals found i 41
in Turkestan - - i 173
in Japan - - iii 153
Mines in Yunnan, copper vi 448
in China not increased ix 160
in Luconia - - viii 261
of copper in Japan - ix 89
may perhaps be worked x 685
in Tibet - - xiii 511
Ming dynasty succeeds Yuen ii 117
Hungwú, founder of ix 389; vii 361
dynasty, emperors of the x 156
Chang and Li, two rebels to iii 525
histories of the - iii 59,61
rambles of Chingteh of the ix 57
history of the - xi 592
Japanese invade China in xix 136
Mink, account of the - iii 550
Mint, management of the iv 143
Mir's Bay, position of - v 349
pirates destroyed in xix 163
Miscellanea Sinica - ii 46,92
Missions, hostility to - i 497
in China, obstacles &c., to iii 428
measures to extend - iii 559
controversy must attend iii 140
theory of Christian xv 481
Peet's plea in behalf of xvi 321
Smith' sermon on - xv 234
principles of modern iii 294
instructions respecting v 284
should be commensurate i 333
encouragements to - iii 245
Protestant and Romish i 268
the only antidote - vii 225
edicts and laws against vi 49
benefits of Christian xii 211
extended by war - xii 294
to be successful in China xiii 113
assisted by merchants v 253
might learn heathen languages
at home - - vii 72
must face bad laws vii 65

wanted in Eastern Asia vii 63
office of medical - xvii 256
queries relating to - vii 210
are to preach the gospel i 62
efforts for - - ii 428
prophecy respecting - ir 176
at Cape of Good Hope i 27
in Neyoor, Bombay, Kaira, i 71
in Ceylon - ii 379; iii 40
in Burmah in 1832 - iii 439
in Celebes - - ii 284
in Bombay and Singapore v 91
in Batavia iii 438; xi 231
at Batavia in 1836 - v 91,88
arrive in the Straits - ii 189
in Manipúr, favorable for v 215
in Assam by Rae - v 103
among Tibetans - ix 45
prospering among Buraets xii 142
among the Buraets - xx 22
at Lewchew; progress of xix 17,57
to the Dayaks by Mr. Arms vi 99
voyage to Borneo, Monton's v 231
to the Archipelago - ii 286
among Dayaks - - xii 187
schools at Penang - vii 549
in Bangkok in 1836 - v 235
premises in Siàm burnt xx 111
in South Seas, remarks on i 100
at Sandwich Islands ii 379; iii 569
in Polynesia - - vi 430
in Hervey Islands - v 43
medical department of xvi 19; vii 37
position of Protestant xx 514
church organized by Dean xii 440
services at Kúlang sú xii 267
in China, Protestant xii 222
in China in 1844 - xiii 44
in China by Jews xiii 466
in China, Protestant xiii 644
extending in China xiv 248
in 1845, movements of xiv 200,352
deaths and changes in xiv 494
departures from - xiv 544
in China in 1845 - xiv 56
in China in 1846 - xv 110
prospering at Amoy xv 355
at Canton, field for - xv 67
arrival of several - xvi 416
report of condition of xvi 147
in China, early - xvi 153
arrival of Muirhead to join xvi 464
at Fuhchau - - xvi 524
Christian Knowledge Society
at Hongkong to assist xvii 55
in China, Protestant xvii 101
attacked at Tsingpu, three xvii 151
among hospital patients xvii 148,200
at Hongkong - xiii 503
Protestants in China 1849 xviii 48
engaged at revising SS. xviii 388
church at Amoy xviii 444
position of medical xviii 505
at Shánghái in 1849 xviii 575
stations at Shánghái xix 330
churches at Shanghai xix 109
arrivals & movements of xix 232,408
preaching in hospital xix 275,302
Fast killed near Fuhchau xix 623
arrival and departures of xx 288
in Dec. 1851, survey of xx 513
at Shánghái in favor - xi 476
stationed at Fuhchau xv 217
ordination of two - xv 328,526
at five ports in 1847 xvi 56
in China, list of - xvi 12
Missions Roman Catholic i 430
under the Portuguese iii 300
do not all learn Chinese xiv 393
at Penang and Asylum v 147
in Corea - - vi 287
in Corea, notice of - viii 567
Verroles' letter from Corea xv 453
in Japan, doings of - vi 462
converts banished vii 112,175
priests suffer death - vii 530
in Guam - - vii 539
among the Tungkinese viii 329
Medhurst's summary of ix 82
opposed by government ix 18
books made by the - x 644
in China, resumé of - xii 222
Xavier's mode for xii 262
Sidoti goes to Japan iii 202
result of Sidoti's trial vi 473
veil Christian truth xviii 501
expelled from China xiii 549
in China, number of xiii 595
in China, account of xiii 476
under Ricci, &c. - xiii 537
in China, mode of - xiii 578
Count Besi's mandamus xiv 199
Besi's report of mission xi 250
Besi's proclamation xvi 246,508
Besi to return - xvi 464
Rameaux drowned xiv 400
Rizzolati sent to Macao xvii 159
Rizzolati's letter on xv 39
in 1845, position of xv 298
Perocheau's letter on xv 400
mission at Fuhchau xv 203
tolerated, & houses restored xv 155

Huc reaches Canton xv 528
in Mongolia noted by Huc xviii 617
Huc's travels in Mongolia xix 652
missionary sent to Canton xvi 53
Bruguiere's notes on Siam xiii 169
Grandjean in Siam xvi 335
in Cochinchina freed xii 537
mission in Cochinchina xvi 604
in Cochinchina, visit to xv 117
Ripa's account of - xvii 386
living near Shánghái xvii 477
uses of *shin* by - xvii 345
used Tien-chú for God xvii 21
harshness to Stanton xvii 376
two sent from Peking xiv 167
at Shanghai & elsewhere xviii 574
reach Ningpo - xiii 348
Paul Sü's apology for xix 118
Kiáying chau denounces xix 566
native priests arrive to xv 328
converts, prohibitions to xx 85
many lost by wrecks x 297
disturbed by superiors viii 104
Mohammedan cities, the eight i 171
travelers in A.D. 920 i 6,42
in China, when first - xx 79
in Kansuh revolt - ii 127
common in China in 1330 iii 110
dies in Canton for eating pork iv 296
colonies, no general name for v 273
at Peking not involved v 357
the White-capped - v 352
in Ili, number of - v 271
power, rise and decline of v 529
in Acheen, Padries a sect of the - viii 575; iii 320
buildings beyond Canton xv 320
at Fuhchau - - xv 217
chieftain in Yunnan xv 322
nakodah inquires upon Gospel ii 95
mosque at Hongkong xii 549
mosque at Ningpo - xiii 31
settled at Canton - xii 12
changed the name Jesus xii 453
rebellion in Ili - xiv 160
one met at Ningpo - xiii 24
countries west of China ix 113
mosque at Canton - xix 542
Chinese return from Mecca ii 96
interpreter in Siam - i 46
conquered India from gain v 112
in Bruni, Chinese - vii 125
officer, Wang, a Chinese viii 72
in Ili, character of - ix 132
term Hwui-hwui for xx 82
signs over the shops of xx 449
in Hami - - xx 338
hate Chinese rule - v 363
extirpate Christianity xvi 167
call *shin* spirits - xvii 301
use Allah for God xviii 603
begs, court for receiving iv 148
Mohammedanism of Malays vii 190
in Eastern Asia - iii 161
established in Java - ii 401
observed in China - xv 43
Moluccas, mission in - i 204
letter from one in - i 510
Europeans first visit vi 171
Money paper at Fuhchau xv 210
taken at Hongkong, rate of xi 240
in times of Mongols iii 110; xx 295
at Peking - - ii 512
weights used by Chinese ii 444
changers in streets - viii 643
nature of - - ix 21
swords made of copper xiv 229
Mongha, troops at - ix 237
or Wanghia, near Macao viii 504
Am. treaty signed at xiii 336
Mongolia, account of - i 117
divisions of - - iv 57
bounds of - - xiii 571
political divisions of xx 62
officer sent to - vi 552
courts of law in - iv 366
language, extent of - i 243
feudatories in - xx 330
Mongols, conquests of - iii 441
character of the - iii 110
Chinese few histories of iii 59
early character of the vi 162
vaccination among xiii 280
people and language of xviii 618
khans of the - - xii 26
khans at Peking - xii 277
works on the - xviii 436,657
emperors issue bills xx 294
translation of letters of xix 526
Huc travels among the xix 651
dress of the - - xx 24
names among the - iv 474
in Tibet, the Tam - i 174
Wanfú a commissioner to v 45
envoy sent to clan of vi 552
and Túrks in Central Asia vi 166
make inroads on others vii 355
corps among the - xx 337
Monopoly unnatural - vii 26
Monte Video I. north of Chusan xii 422
Montigny (C. de) goes to Corea xx 500
beats off pirates - xix 674

Monton, journal of Lucas ii 569
goes to Borneo - v 233
Moon, cards sent at new full vi 188
fancy names of the 12 x 219
Morals important, female ix 545
duties in life, ten - iv 116
of the Chinese, Le Comte on i 261
drunkenness and bad i 314
good for a heathen people i 476
to be reformed by judge iv 295
to be observed in family v 311
exhortation to improve xix 233
lying thought to be no great breach of - ii 133
of the Sacred Edict - i 297
maxims in Chinese - ix 6
of a servant, bad - - xi 508
Morrison (R.) sketch of life of iii 177
reaches China - xiii 642
notice of the Memoir of x 25
sermon on board ship ii 45
regret felt for loss of - iii 271
on folly of Confucianists xviii 379
on state religion iii 49; xix 380
on Taukwáng's accession x 89
on Chinese laws - iii 421
translates the Bible iv 256
on movable types, note from i 414
remarks on Christianity vi 50
gives date for fire-arms v 166
on appointing a judge viii 615
Chinese library of - vi 247
Evangelist, a newspaper by ii 46
printing stopped at Macao ii 92
remarks on biography xvi 168
works of vii 114; xviii 444
remarks on Romish missions xiv 393
not allowed to interpret v 223
cost of Dictionary of xi 388
orthography objectionable v 22
translation of *theos* xvii 305
on word for God xvi 125; vii 314
uses many terms for God xvii 342
to be procured, painting of xv 56
notes on China by - xiv 157
holds chapel services at Macao i 150
list of tracts by - xvi 371
Dictionary on *shin* xvii 58,302
Chinese epitaph to xv 105
views of right word for God xix 341
note on female education vi 241
on Romanizing Chinese iii 386
Du Ponceau's critique on vii 341
sends a letter to the Jews xx 446
grave of Mrs. - xi 48
obituary of Mrs. - xvi 298
Morrison (J. R.) account of charms and appendages xiv 229
edict forged in name of xii 279
Commercial Guide - iii 386
on cause of war - viii 619
Pottinger's letter to xii 94
encourages Callery - xii 372
encourages missions xiii 652
reward offered for - x 175
at Macao, death of - xii 448
sermon on death of - xii 456
Chinese epitaph to - xv 106
reminiscences of - xvii 528
to be made, bust of - xv 56
Morrison Education Society, formation of - v 238; xi 191
proceedings at formation of v 373
danger of short duration of vi 98
First annual Report of vi 229
library belonging to - vi 241
teacher arrives for - vii 550
Second Annual Report of vii 301
Third Annual Report of x 564
operations of - - - x 52
Fourth Annual Report of xi 541
annual meeting of - xi 520
examination of school of xi 337
themes by pupils of xiii 383; xii 362
Fifth Annual Report of xii 617
Sixth Annual Report of xiii 619
annual meeting in 1844 xiii 503
catalogue of books of xiv 288
Seventh Annual Report of xiv 465
Eighth Annual Report of xv 601
themes by scholars in xiv 504
permanent fund for the xv 56
Mr. Brown leaves the xvi 54
annual meeting of - xvi 568
Tenth Annual Report of xviii 33
annual meeting of xvii 596
in 1850, annual meeting of xix 675
Morrison (W.) medical report xvii 313
Morss escapes from Factories x 295
account of attack on - x 416
account, Kiying changes xiv 535
Mosque in Peking - ii 491
in Canton is ancient - i 6
near Canton, noticed xx 77
at Hongkong - - xii 549
Mother applies to have her son corrected - - i 511
Mother-of-pearl shell ii 464
windows made of - i 220
Moukden, the port of - i 191
the capital of Manchuria i 114
officers at - - xiv 86

24

Mountains in China - i 40
of Mongolia - - i 120
in Manchuria xx 296; i 116
and hills in Fuhchau xv 197
of Soungaria - i 172
of Tibet - - xx 74; i 178
range of Belur-tagh - vi 28
ranges in Asia xx 71; vi 272
of Sz'chuen - xix 318
of Cochinchina - xvi 588
in Kwángtung xviii 245,248
in Assam - v 50,210
in Kánsuh - xix 555
in Koko-nor - - xix 664
of Lü in Kiángsí - xi 380
notice of the Long White xx 296
the Five Yoh or - xiii 83
Myenmo of Burmese - ii 556
Kentaisse in Tibet - i 176
in Peking, an artificial ii 483
in Manipúr - - v 213
of Kini-balu in Borneo vii 186
in Ilí and around - ix 118
Fusi in Japan - ix 387
effects of ascending - xi 144
Mowqua, death of xi 130; iv 47
interview with Jardine iii 283
visits Lord Napier - xi 28
Muhchangah third in cabinet iv 200
place in the cabinet iv 475
political life of - xx 49
has great power - xii 29
respecting duties - xii 632
offices held by - xiv 78
praised by emperor xv 276
gets a jacket - - xv 376
Mulberry trees destroyed by war i 9
in Cochinchina - xv 115
in Manila - - xv 529
near Canton - xvii 428
Munson (S.) murder of iii 311
Murder of a grandson xvii 480
acquittal of a - iii 95
of Lin Weihi - viii 180,212
of officers by smugglers viii 496
explanation of this viii 552
recital of details of this viii 598
of a Chinese by a sailor viii 494
substitutes in case of iv 413
of a woman hushed up ii 424
definition of - - viii 191
of six Englishmen xvi 611
cases of - - xx 55
punishment of Sharpe's xiii 52
Sü Amun's death not a xiv 53
arrest of Lowrie's - xvi 567
Muscat, visited by Chinese i 10
letter to Sultan of - vi 432
Roberts at - - vii 171
Museum, notice of Peter's xv 347
notice of Dunn's Chinese xii 561
Wines' account of - viii 584
Music of the Chinese - viii 38
Board of - - iv 143
among ancient Chinese iv 4
teaching of sacrificial vi 154
instruments in Japan ix 630
in Budhist temples - xx 34
Musk rat, account of the iii 552
Musk, where obtained ii 464
seed, nature of - ii 465
Myrrh, uses of - - ii 465
Mythology of the Chinese xv 41
in history, era of - iii 55
notice of work on - vii 505
work on early - x 231
fables in Chinese - xx 194
Nagasaki in Japan - ix 296
environs of - - ix 369
rulers of - - x 16
Spanish ship at - iii 209
Nai-ngán or Lai-ao harbor in Fuhkien - - ii 22
Names among the Chinese iv 153
of emperor's family xii 21; iv 474
different sorts of - i 494
given to a Chinese - xii 506
among Siamese explained v 541
of Tartars only one word iv 67
changed among Japanese ix 625
given to emperors - ix 390
changed by Howqua, Napier's xi 27
among the Parsees - x 661
in SS., transferring of xiv 103
Namoh or Nan-áu, island of ii 532
description of - xiv 263
length of the island of vi 9
visited by Fortune - xvi 580
foreigners warned from xiii 333
Kiying's note respecting xiii 390
harbor of - - i 93
aspect of - - xii 477
Nanhái or Namhoi, villages in vi 233
magistrate of - - ii 207
holds an inquest - vii 551
receives medical relief - vii 585
prisons in district xii 604; ix 423
bonnds of - - xii 313
replies to French consul, the v 136
forbids residence at Canton xv 561
orders quiet to be had xv 370
Nankeens, various kinds of ii 465

Nanking made the capital ii 121
position of - - xiii 422
porcelain tower at - xiii 261
notices of the city of xi 214
operations before - xi 519
in 1842, operations before xii 469
Loch's account of - xiii 67
visited by the "Espiegle" steamer - xvii 310,413
violence near - xix 229
Nanting I. near Amoy xii 402
Napier (Lord) arrival of iii 144; xi 25
limits of authority of iii 186
visited by Chinese officers iii192,237
reply to these officers xi 69
Notice to Chinese people iii 237
effects of Notice by - iii 326
remarks on Govr.'s edict iii 285
said not to be a taipan iii 343
remarks on duties of v 251
sends letter to city-gates xi 26
letter respecting word *pin* xi 66
letter on going to Peking xi 67
moves up the two frigates xi 70
unhappy position of - iii 397
letter to Mr. Boyd - iii 339
corresponds through Boyd xi 71
leaves Canton - xi 74
to form an Asiatic Soc. xvi 54
sermon on death of - iii 270
J. Q. Adams' remarks on xi 287
course, remarks on - iii 350
notices of death of - iii 281
monument to - xi 127
departure of Lady - iii 360
Napier's Fort on river xi 188,580
Natural History of China iii 83
to be written by Remusat i 470
Fortune's collections in xiv 592
of fabulous animals - vii 212
metaphors drawn from vii 321
of plants on East Coast xvi 569
of bamboo and palm - iii 261
Guzlaff's errors in - viii 86
of fur animals - - iii 550
tutenague in Yunnan xiv 166
bamboo in Formosa xiv 301
Hibiscus at Súchau - xiv 584
mulberry in Manila,&c. xv 529,115
stags in Manchuria - xv 454
ginseng in Corea - xv 455
mulberry near Canton xvii 428
of Lewchew - - vi 406
of Macassar - vi 449
of tapir and ant-eater vii 44
of bat and flying-squirrel vii 90
of elephant, tapir, &c. vii 136
of horse, ass, and mule vii 393
of bee and wasp - vii 485
of the cormorant - vii 541
of feline animals - vii 595
of the Philippine Is. vii 422
of the sago palm - vii 126
of the hemp - xviii 209,554
cranes at Ningpo - xiii 88
salt in Shensi - xviii 620
gold in Sambas - xii 175
salt in Chusan - xii 354
of Japan extensive iii 153
of Chusan - - x 434
marble hills near Turon xv 114
monkeys in Cochinchina xv 116
condor in Manchuria xv 455
monkeys picking tea xvi 23
rocks near Yángchun xviii 248
Nautical notices in Japan Sea vi 402
of Red Rover's shoal xvii 320
of shoal near Pelew Is. xvii 264
of St. Andrews shoal iv 584
of Lincoln's I. - vii 391
of rock off Formosa xvi 55
of shoal near Pagoda I. xvii 207
of shoals in Hainan Sts. xviii 613
See *Sailing Directions.*
Navarette on Chinese sects xiii 131
opposes worship of dead i 437
Navy to be improved - xii 108
of China, organization of xx 377
promotions in - xiii 278
a burlesque - - v 172
stationed at Chapú - xi 432
is altogether inadequate iv 561
cowardice of - - ii 543
emperor's account of - ii 421
grade of officers in the iv 284
a mere farce - - ii 278
of China easily destroyed v 247
Nayenching's political life iv 67
commissioner to Koko-nor i 383
Yung-ngan, a son of - v 365
Nemesis steamer fired at xi 579
goes up to Yüyáu - x 636
at Bogue forts - x 178
goes through Inner passage x 180
execution made by the x 42
Neptune of the Chinese xix 313
Nerbudda transport lost xi 585
put to death, crew of xi 683
Nestorians came to China xix 648
came, when the - xiii 471
in China - - xvi 159
at Shachau in Kansuh xix 564

enter China - - x 148
follow in caravans - v 204
succeed temporarily iv 273
have converts in A.D. 700 ii 113
modern missions among ii 185
oppose Romanists - iii 112
summary of inscription of i 44
inscription is genuine - i 449
translation of inscription xiv 201
errors in text of inscription xix 552
Neumann's translations iii 73,76
Shaman Catechism of i 285
New Testament in Siamese i 233
notice for revising - xvi 104
revised by Delegates xvi 208
suspension of revision of xvi 567
reasons for suspending xvii 53
rules observed in revising xviii 387
progress of revising xvii 432
completion of the revision of
the - xix 340,464,544
comparisons of a verse of xiv 54
at Batavia for one rupee v 88
translated by Corvino xviii 477
in Manchu - xvii 308,352
See *Bible, Scriptures.*
New Zealand, notice of Earle's i 507
missions in - ii 139
inhabitants of - ii 332
cruelties at - - vii 224
New-year officially notified i 424
festival closed - xiv 168
sentences put up at xx 87
effort to change day of xix 165
passes quietly in Canton xvi 150
feast at Kiakhta - xx 26
day very still - - iv 581
prospects of the - xvi 1
ceremonies attending xiii 133
idolatrous rites on - v 155
custom of siogoun at - iii 194
at Peking - - viii 525
return of the - - vii 441
name for the - xi 435
Newsmongers reprehended v 95
Newspapers beyond the Ganges v 145
Matheson starts the first xi 181
moved to Macao - viii 168
at Macao - v 154; xii 110
Friend of India begun iv 246
Telescope, a Chinese xii 111
Eastern Globe commenced xii 336
Meadows' Reporter xvi 104,129,271
Chronica de Macao iii 536
Evangelist commenced ii 46
Boletim Official - vii 335
Hongkong Gazette - x 286
Seminario Filipino - xii 111
China Mail commenced xiv 135
Canton Press commenced iv 246
North China Herald begun xix 462
See *Magazine, Canton Register.*
Newton (Sir I.) on word God xix 633
Scholium, remark on xix 430
Ngánhwui, topography of xi 307
bounds of - - xiii 481
in 1845, officers of - xiv 89
Nigban or eternal sleep iv 180
or Nirvana - - ii 216
Nine Islands near Chusan x 269
Ningpo, an emporium - i 124
Portuguese at - - i 400
Lindsay at - - ii 546
memorials relating to capture xi 61
topography of - - xi 163
British attacked at - xi 233
British leave - - xi 342
documents on taking xi 470
cholera at - - xii 407
entrance up to - xii 429
Milne's visit to - xiii 14,47
dealings with people of xiii 127
historical notices of xiii 337
Macgowan's hospital at xiii 503
benevolent objects at xvi 14
examinations at - xvi 57
is a pleasant residence xiv 200
environs of - - xvi 105
mission at xx 530; xviii 54
temple near - xvi 117,576
bridge of boats at - xix 464
in 1845, trade of - xv 297
in 1849, trade of - xix 523
dialect to be romanized xx 475
drought at - - xv 476
procession of boats at xviii 370
in 1845, report of hospital at xv 342
hospital report for 1847 at xvii 242
opium-smokers at - xviii 509
reached by Pinto - iii 113
to be defended - x 291
taken by the British - x 588
details of capture of x 630
not to be razed - x 636
memorial on fall of - x 676
released, prisoners at x 120
Kite's crew brought to x 197
Ninguta in Manchuria xx 297
position of - - xiii 572
on the Hurha river xix 293
Nipál, position of - v 52
British war with ix 328; vi 486

demands passage for troops viii 551
relations with China of v 211
declines having a resident vii 176
revolution in - xiv 104
Nipchu, negotiations at viii 417
position of - - xiii 572
Niú Kien's letter to Pottinger xi 569
degraded to be tried xi 681
signs treaty of Nanking xi 574
indecision - - xi 472
degradation of - xii 329
letter to Sir H. Gough xii 470
Nobility, orders of titular xii 27
in China, twelve grades of xiv 132
meaning of titles of xix 137
privileges of the iv 16
Noble (Mrs.) capture of ix 422
prisoner at Ningpo ix 643
released from prison x 119
returns to England x 424
Nomen on opium - viii 113
Novels and stories, Chinese vi 445
and stories from Pavié xx 225
translated from Chinese vii 117
of Dreams in Red Chamber xi 266
Nuits, a Dutch governor vi 555
taken by the Japanese vi 586
Nuns, character of Chinese iv 44
notes respecting - xiii 92
dedicated to Kwányin xiii 39
Nutmegs, where found - ii 465
Nutria skin, account of iii 551
Oar of Chinese boats - i 260
Oath of a Chinese - ix 510
taken by Triad Society xviii 284
required in Admiralty court viii 186
of justices at Hongkong xii 382
Obelisk in Peking - ii 492,483
Observatory in Peking - ii 489
Ocean, a Turkish work - iv 41
Ockseu I. above Amoy xii 406
position of - - xiv 275
Oderic visits China - iii 112
Odes for children, translation of
the - - iv 287
character of the Book of iii 104
influence of the Book of viii 390
of Sú Hwui - - x 663
to Deity from the Russian xix 245
Office, arrangement of an xviii 230
purchase of - - iv 199
edict detailing sale of xviii 207
appearance of an - x 487
mode of buying - xii 505
instance of the sale of xx 56
mode of rising in - xix 677
Officers attending on superiors i 423
in government in 1845 xiv 77,234
in government in 1843 xii 25
in government in 1835 iv 474
meritorious examination of xv 276
the proportion of Manchu and
Chinese - - ii 312
extortion of provincial iv 223
malversation of metropolitan iv 217
of the inferior magistracy iv 214
of the superior magistracy iv 160
not to leave their stations ii 62
changes in provincial ii 286
list of, in Canton in 1842 xi 53
catalogue of Canton xii 505
foreigners not to see xi 76
punished, lower - xii 275
salaries of Chinese - iv 163
pay of Manchu - xi 432
confession required of iv 165
unfaithfulness of Chinese viii 5
must be forty years old i 13
official life of several xii 328
must remunerate themselves iii 133
delinquencies of - ii 384
must not take bribes ii 106; iii 578
emperor's exhortation to his v 92
in debt to government v 93
notified to change caps v 336
will not search for criminals v 93
appoint many deputies v 7
must be reimbursed - vi 529
care little for the people vi 593
degraded for inefficiency vii 229
emperor calls for opinion of vii 279
in yamun responsible ix 562
in a *hien* or district - x 329
will not receive letters iii 188
very dilatory - xx 55
of army, pay of - - xx 404
retinue of - xvii 531
proverbs relating to xvii 355
stationed in Shánghái xvi 543
kindly disposed now xvi 108
punished, many of war xii 276
procession of city xiii 33
greatly oppress the people xv 475
praised by emperor - xv 276
coolie insults an - xv 219
forgery practiced to become xvi 108
try to force taxes - xix 229
called grandmother, one of vi 253
See *Government.*
Offices, number of metropolitan iv 181
to be sold to carry on war x 684
list of the general - iv 135

Ohosaka in Japan - ix 502
Oksu in 1826, victory at xiv 161,164
district of - - v 271
money sent to - vi 552
notice of - - ix 125
people at - - xii 235
position of - xiii 562
war involves the town of v 321
Old Testament, delegates on xix 544
Oldshailu, sultan of Persia xix 533
Olea Fragrans miscellany ii 426
Olibanum, how obtained ii 466
Olopan mentioned in inscription i 45
came to China A.D. 635 xiii 472
an early missionary xvi 106
Olyphant, obituary of D.W.C. xx 509
& Co. send the Morrison vi 210
Ophir in Malacca or Ind Arch. ii 385
Ophthalmia, causes of - ii 51
native account of - v 37
in Siam, cases of - v 452
unknown, operations in vii 38
Ophthalmic Hospital in Macao ii 270
account of Colledge's iii 364
at Canton, 1st report of iv 461
2d quarterly report of v 32
3d quarterly report of v 185
4th quarterly report of v 323
5th quarterly report of v 456
6th quarterly report of vi 34
7th quarterly report of vi 433
in 1838, 8th report of vii 92
9th quarterly report of vii 569
for 1839, 10th report of viii 628
for 1840, 11th report of xiii 239
in 1844, 12th report of xiii 301
in 1845, 13th report of xiv 449
in 1846, 14th report of xvii 133
operations at - - xvii 372
lithotomy operated for at xvii 544
See *Parker, Med. Miss. Society*.
Opium, kinds of - - ii 467
method of preparing - vi 197
traffic, history of - v 546
consumption in China of vi 302
details of mode of trade in xi 7
trade can hardly be called smuggling - - xi 187
fraud in - - i 159
angelic remedy for - i 295
brokers seized in 1834 iii 142
brokers' property sold - iv 103
prices rated too high iii 136
smoked among sailors i 82
smokers attack Gutzlaff i 94
smoking kills emperor's son i 186
smoking causes fire i 208
in the army of Canton i 31
considered bad by Chinese ii 473
smokers, nest of - iv 342
hong-merchants to stop xi 6
carried by officials - iii 487
in 1835, edict against iii 487
burned at Canton xi 127; iii 488
trade proves official weakness iii 133
mania, case of - v 36
trade causes loss of silver xi 244
seized from Mr. Just xi 297
death by smoking - iv 248
Hü Náitsz' suggest to legalize v 138
Lú's memorial concerning v 259
Hwáng Tsiohtsz' memorial vii 271
Chú Tsun's counter memorial v 390
Elliot on memorial on xi 190
Elliot expects legalizing xi 191
works out some good v 206
excuses expulsion - v 253
trade, Archdeacon Dealtry on v 297
trade, reply to Dealtry on v 367
trade, V. P. M. on - v 413
rejoinder of Another Reader v 407
trade, Another Reader on v 560
Reader on trade in - v 524
trade, Another Reader on vi 92
trade, premium offered on v 573
essays on, time for receiving vii 173
regulations of trade in v 262
traders, inquiries for foreign v 462
trade, memorial on - vi 473
British revenue from vi 193
death by smoking - vi 352
edict issued against vi 208
five edicts against - vi 341
shop in Canton searched for xi 241
exercises great fascination vii 85
patients, reason for few vii 587
morphia to be substituted for vi 66
law against sellers of vi 608
Chamber of Commerce on vi 331
seized on the "Swift" vi 448
burned by officers vi 400,552
trade to be stopped for vi 352
defense of acts against vi 513
accounted for, love for vii 81
connected with British name vii 162
smokers have lips cut off vii 392
sellers seized, twenty vii 336
taken from Innes - vii 438
trade ought to be let alone vii 194
causes suspension of all trade xi 346
extended, essay on, time viii 425
a virulent poison vii 107

discussion respecting dealing with - - vii 280
succeed, party opposed to vii 456
edict from Gov. Tang on vii 498
dealer executed at Factories vii 605
Lin edict respecting stopping vii 599
trade nearly suspended vii 552
traffic, crisis in - vii 609
traffic, remarks on crisis in viii 1
De Quincey's confessions on ix 425
Coleridge's account of using vii 164
trade, essay by Allen on xx 479
Meadows' plan for stopping xvii 95
Gully's note of effects of xiv 302
trade noticed by Lord Jocelyn x 412
Bullock's mistakes on ix 314
Warren and other writers on ix 160
traffic, Thelwall on Iniquities of the - - viii 310
opinions on abuse of viii 506
compared with alcohol ix 147
and tea compared - xx 555
smokers everywhere seized viii 112
tendered by Chamber of Commerce - vii 622; xi 356
foreigners pledged not to deal in - - xi 360
surrenders 20,283 chests of xi 366
when seized, price of xi 408
compensation to British for xiii 54
Nomen on indemnity for viii 113
letter to Queen Victoria on viii 9
bond to be given to stop viii 12
to be destroyed by Lin xi 457
manner of destroying viii 70
indemnity, China to pay xi 344
Elliot's remarks on trade in xi 401
vessels, Elliot orders off viii 270
are sincere, edicts against viii 447
trade must be stopped viii 485
time short to reform from viii 496
price per chest of - viii 597
is not smoked by foreigners ix 271
Lin's ten regulations for removing - - ix 560
soon to rule new law against ix 404
mercenary views urge to stop ix 13
smokers to be cured in cells ix 55
smoking, cases of - ix 289
trade begun on coast xi 128
trade spoils woolen trade xii 168
can not enter by the tariff xii 446
trade discussed at Nanking xiii 68
seized found to be mud xiii 448
grown in India increases xiii 560
sent from Calcutta to 1845 xiv 544
encouraged by E. I. Co. xvii 655
objections to trading in xvi 39
reasons for trafficking in xvi 97
consumed in 1847 - xvi 179
remedy for smoking xvii 246
imported at Wúsung xix 521
smokers cured in medical hospitals xviii 509,518; xix 304,308
used by suicides - xvii 191
on smokers, effect of xx 529
patients cured at Ningpo xx 157
smokers, mode of curing xx 534
imported in 1846 - xv 397
farm at Hongkong xv 279,376
at Amoy, $5000 daily sale of xvi 77
publicly sold at Shanghai xix 108
new discussions regarding xix 393
Chinese killed for selling xx 49
used in Fuchau - xv 209
disastrous to people of Fuhchau - - xvi 494
used in Borneo - viii 292
among the Malays - iv 556
Smith on mode of smoking xi 587
injures prince of Siam i 19
forbidden in Siam - viii 125
used much in Siam xiii 215
Opotai or Kwoh Potai, pirate iii 79
Oregon, resources of - xv 84
custom of pressing heads in xii 492
Organs among the Laos i 48
Oriental Translation Fund ii 517
Oroumtsi, position of - xiii 577
in 1850, expenses of xix 674
presidency of - - v 270
description of - ix 118
belongs to Kansuh i 117,160
called Teh-hwa chau xix 559
troops at - - xx 321
college at - - vii 175
Orpen on language - xii 583
Orphan Asylum at Parapattan vii 110
See *Medhurst*, *Parapattan*.
Orthography, confusion in xv 147
for Chinese, Morrison's iii 24
of Chinese sounds difficult iii 5
many kinds of - ix 205
of Thom imperfect - ix 206
new system of - xi 28
confusion in Siamese - v 61
proposed system for - v 22
remarks on - - - v 66
objections to system of v 481
objections to new system of vii 490
for Hawaiian language v 16,80
of Siamese words - v 56

Ortous, country of the xix 661
live in a miserable waste xviii 619
seven banners of the xx 63
Osbeck's Journey - i 209
notices of natural history iii 85
extracts from voyage of xvi 136
Oswamong I. or Black rock x 259
Otter, account of the sea iii 553
Ottoman empire, events of v 529
Ouigours, a race of Túrks i 170
Oxus, Wood's journey to the xi 142
valley of the - - v 268
course of the Jihon or vi 118
Packnam in Siam - i 230
canal near - - v 105
Padries in Sumatra - iii 320
religion of the - viii 575
Pagodas near Canton - xix 535
in city of Canton, two i 6; ii 263
at Nanking - i 257; xiii 261
at Nanking injured - xi 680
repairs wanted in - vi 189
at Ningpo - - xiii 84
in Háinan I. - xviii 232
supposed uses of - i 221
differ from temples - i 167
built for good luck ix 484
Paintings on leaves - xvii 594
by Lamqua and Tingqua xvi 209
illustrating opium smoking v 571
among the Japanese x 279
near the custom-house iv 580
by Chinese - - ix 516
and likenesses - iv 291
in Budhist temples - xx 37
Palace, laws respecting the ii 97
buildings the in - ii 440
of Yuenming Yuen - ii 496
custody of the - vii 56
of the king of Siam - xiii 208
Pali not often understood xiii 178
a dialect of Sanscrit xix 550
Palm, uses and account of iii 267
in Luconia - - vii 433
Palmerston speech on China ix 249
on sending in papers - xi 252
writes Davis on riot - xvi 387
reply concerning Compton xvi 443
replies respecting ships xvi 468,473
replies on a doorkeeper xvi 475
orders respecting convoys xviii 669
letter to the emperor xix 393
sends a "communication" ix 219
instructions to Napier xi 22
remarks on word *petition* xi 189
respecting ships of war xi 255
Pamar, situation of plain of xi 143
Kirghis live on plain of v 268
road lies across plain of vi 30
Pán Hwui-pán, a female writer ii 314
on female education - ix 546
Pangeran, a Malay nobleman vi 309
among the Brunese - vi 99
Pangolin or ant-eater vii 49
Paper, mode of making iii 265
collecting written - x 104
desecration of printed xvii 417
made of mulberry in Japan x 281
burned at worship, gilt xx 86
invention of, when - x 138
regard for written xiii 36
money in China - xx 289
money used at Fuhchau xv 210
money in Peking - xx 56
Papua or New Guinea, race in ii 394
unite to expel Portuguese ii 402
Parapattan, school at - xi 231
report of Asylum at - v 88
Asylum in 1837 - vi 101
report of Asylum in 1838 vii 110
Parental coercion, case of i 511
Parents called two divinities i 308
duties of children to - v 306
screen given to - xiii 535
Pardon, how applied - ii 14
Parke's translation of Mendoza x 241
Parker (P.) goes to Japan x 162
vaccinates at Napa - vi 223
opens hospital at Canton iv 461
sails for New York - ix 167
remarks at a meeting iv 359
proceedings abroad xii 191
lives in Canton with family xiii 46
sends agent to Formosa xx 490
letter on smuggling xx 469
on assault on Cunningham xx 161
held in regard - xvi 196
sermon on Mrs. Sword xiv 377
abused in a placard xvi 425
writes Kiying on Lowrie xvi 608
to Sü respecting Lowrie xvii 484
operations at hospital xvii 544,372
receives scrolls - xvii 138
obtains liberty of Roman Catholic missionaries - xvii 159
on warehouses, reply to xix 408
See *Ophthalmic Hospital.*
Parker (Sir W.) arrives xi 584; x 475
dispatch respecting Amoy xi 142
dispatch of repulse of Chinese at Chinhai - xi 301
dispatch respecting Wúsung xii 287

dispatch about Chinkiang xii 464
investiture of - xii 279
notice to British ships xii 615
leaves China - xiii 51
Parricide, case of - ii 384
Parsees, tenets of the - x 653
chronological era of the xix 2; xviii 1
early came to China - i 8
in China, graves of - xi 51
Passage I. on coast - xiv 272
to Europe viâ Egypt . iii 252
Passage-boats, law respecting vii 442
Elliot gives passports for x 235
Poppy released - vii 143
report to gov't on the xi 252; vi 103
seizure of a - - vi 496
number of - - vii 112
Bombay fired on - vii 231
stopped, several - vii 176
violent doings of the - xi 263
at Macao - - vii 56
edict allowing vii 500
licensed, seven - vii 552
Snipe seized - vii 608,620
Black Joke attacked viii 222
allowed to run - viii 17
Paradox sunk - xvii 207
See *Ships*.
Patahecock I. - - x 252
Patani visited by Medhurst i 227
reduced by the Siamese v 59
noticed by a Chinese writer ix 24
Patience, ode on - ix 46
Patrons among official - i 423
Páuhing, a cabinet minister xviii 668
Páushan, batteries at - xii 288
Pawnbrokers in Canton ii 288
must diminish interest i 384
shops very numerous ii 70
robbed at Kiáting - xix 231
shop at Tinghái ix 332
collude with officials ix 283
Pe-shan, an island - xii 416
Peace, obstacles to universal iii 516
declared by Pottinger xi 514
Chinese phrase for - i 68
Dr. Bogue on universal i 280
procession to secure xiii 35
societies in Europe - ii 510
Peacock's feather given Howqua ii 47
Pearl (lieut.) rescues Chinese vi 149
Pearl river or Chú kiáng xx 105
course through Kwangtung xx 113
scenery of the - xvi 581
to mouth, places on - ii 145
obstructed at Howqua's folly xi 586
pagodas on banks of xix 537
stopped, blocking up of x 530
See *Bogue*.
Peel (Sir R.) speech on China ix 248
questions Lord Melbourne ix 241
Pegu war with Siam - v 160
in Siam, Mons or people from i 45
Talieng or language of ii 504
Pei ho, course of the river xi 92
mouth of the river - vi 46
ships at mouth of ix 419; x 376
English leave the - ix 642
Gutzlaff at mouth of - i 132
English reported at - xi 399
Peking, general account of ii 433
gates of and buildings in ii 481
food distributed at - ii 192
occurrences at - vii 336
extensive fire at - iii 144
described by Burmese ix 451,461
in 1832, scarcity at - i 234
coachmen at court of i 160
population of - - i 256
Burman envoy dies at iii 48
local courts of - iv 182
European astronomers sent from - - xiv 161,163
in 1845, officers of - xiv 85
in 1843, officers at - xii 20
altars at - - xix 148
police at - - . xiii 279
occurrences at - vii 336
Dutch ambassy of Goyer to xiii 398
Davis' notices of - xi 86
Baikov, a Russian at xx 32
entrance up to - xi 92
I les leaves - - viii 528
Baujin, Usbeck name for v 351
ministers ought to live in vi 5
Russian school at viii 407
paper money at - xx 56
corps stationed in - xx 262
See *Gazette*.
Pemberton report on Butan viii 548
finds manuscript - v 73
report on Manipur - v 212
Penang, account of - iii 221
position of - - iv 208
why so called - ii 387
Chinese boarding-school at vii 549
Stronach's schools at xi 176
newspapers at - - v 146
Davies, a missionary at v 88
missions at - - i 283
low education at - - vi 240
witch or plassay in vii 268

26

temperance society at vi 101
opium smoking at - xi 587
People in Fuhchau - xvi 491
league together to aid Sü xviii 218
intend to defend Canton xviii 164
combine for security xvii 361
at Canton inimical xii 5
to be enrolled - - ii 65
mentioned in edicts, &c. i 382
classes of - - vi 233
no castes among the iv 14
in Japan, classes of - x 17
encouraged to arm - x 529
not to meet seditiously xi 686
petition for an officer xiii 142
pleased to see foreigners xvi 113
public opinion among vi 3
patriotism of this - vii 170
Pepper, where produced ii 467
Peres (Thom) dies at Canton i 426
Perestrello reaches China i 399
Periodicals in Canton in 1833 ii 6
and newspapers in the East v 145
literature in China - v 2
miscellany at Malacca v 477,150
in Chinese, a - xi 19
See *Newspapers, Magazine.*
Perit, lines on death of James xiv 242
Peritsol, an Italian Jew iii 172
Persecution by a church i 100
of the Romanists - i 435
in Cochinchina - ii 479
in Japan, former - ix 306
See *Missions.*
Persians, language of ancient x 660
Smith and Dwight among ii 181
called Tau-shi - iii 108
monthly paper among the vi 256
called Fuhlin, country of xx 428
Persimmon, account of the vii 425
Pescadore Is. survey of the xiv 249
resort of pirates - ii 408
position of - - vi 10
Petition to William IV. iii 354
disallowed, word *pin* for xi 264
pin still can be used in xi 348
Elliot uses word *pin* or xi 307
not to be used by Elliot xi 189
of Americans to governor ix 53
from Honam elders - xvi 305
presented by hong-merchants v 48
foreigners not to - xiv 157
Napier's rejected as not a iii 186
See *Memorial.*
Petuné or Pedne in Kirin xiii 572
name for - - xx 61
Phalaris, the Chinese xx 146
Phaulkon (C.) a Greek in Siam i 58
rise and death of - xx 344
Philippines, people of - ii 350
incidents in history of ii 403
address of gov. Torres of iii 573
geographical position of ii 392
discovery of the - vi 171
are settled by Spanish vi 266
in 1573, history of - vii 290
Flora of the - - vii 422
in 1600, history of vii 462
to 1677, history of - vii 525
to 1724, history of viii 101
to 1745, history of - viii 169
since 1749, governors of viii 246
See *Manila, Spanish.*
Philosophy, ten writers on vii 233
Chú Hí's paper on xiii 552,609
should be known, Chinese xviii 43
Chú Hí's writings on xviii 183
notions on cosmogony xviii 342
of Tauists, materialistic xi 202
of the Yih King's diagrams xix 362
Phœnix or fung hwáng vii 250
Phra-klang in Siam - i 19
goes to the the wars v 161
Phrases in state papers i 511
Physicians in China no skill i 261
in Canton, a fashionable i 343,381
law respecting - - ii 104
esteemed by the Chinese ii 275
Wa To, a deified - xx 134
temple to good - xv 319
learn nothing truly - xvii 256
Gutzlaff visited as a - i 191
Pidjan or Pechen, city of ix 121
a Mohammedan city - i 171
position of - - xiii 573
Pigeon carries a theme xvi 69
Pigou's opinion in 1761 v 128
Pih-kwán in Chehkiáng ii 22
the Wellesley at - x 522
island and harbor of xii 414
Pihsiáng group of islands xii 413
Pilots denied to ships viii 25
not to guide ships of war viii 269
notification regarding xii 444
duties of - - ii 301
must induce ships to enter ix 328
must have licenses - iii 581
to be taken at Ningpo xii 614
banished for Napier iv 48
in treaty, rules laid down for xiv 44
Pinto (Mendez) reaches Japan iii 113
adventures of - vi 461

Pinto, (Gov.) reaches Macao xi 244
correspondence with Smith viii 543
note to James Matheson xi 181
reply to Elliot on neutrality xi 464
induced to resume office xi 400
farewell address - xii 554
Pirates, account of Chinese iii 62
government dealings with iv 561
destroyed in Mir's Bay xix 163
put down in Chehkiáng xix 674
exhorted to return to duty xix 679
rob the brig Good Success xix 679
in the Pacific and China Sea iv 518
captured at Shánghái xvii 651
in the Indian Archipelago vii 188
destroy a lorcha - xvii 544
attack and rob the Emma xviii 668
attack the Mayflower xviii 671
taken near Lema I. xviii 668
captured in Byas Bay xviii 558
are attacked near Hainán xviii 611
in numbers near Hainan xviii 231
take the lorcha Enterprise xii 56
destroyed by the Pylades xii 355
kill Orense - xviii 667
near Hiángshan in 1848 xvii 372
attack Manila - vii 290
trouble the Spaniards vii 528
off Tsungming I. - xvi 509
go in new kinds of boats i 159
become bold in Kwangtung i 248
delude a doctor Chin i 381
take the Privateer and a boat xv 326
executed from Nine Is. v 384
at Chimmo Bay - xvi 208
character of Illanun vii 123
in Hangchau Bay - xvi 462
increase during war x 291
numerous in the Min R. xvi 514
executed by the Chinese xi 184
destroyed by Pylades x 516
no measures taken against xiv 549
ever on Chinese coast v 338
hold grain junks at bay xvii 320
attack the coast, Japanese xix 138
of the Navigateur - iv 380
Placards upon Amaral xviii 552
upon death of Sü Amun xiii 334
on entering Canton xviii 163,217
not to be pasted up - xvi 20
exciting to riot - xv 48
used to gratify pique xx 92
Plantain garden at Peking ii 484
Plenipotentiary, policy of new x 476
demands of British - xi 512
should be, what a iii 403
Ploegman, a Dutch minister ii 573
Ploughing, ministers to attend the annual - ii 96
Ploughman, an island - x 254
Plowden (W.C.) returns to China xi 11
Plum I. or Mei shan - x 257
Poetry, essay of Davis on ii 44
Rémusat's translations of viii 402
fragment of a ballad - i 493
on death of J. D. Perit xiv 242
Bowring's translation of Ode to Deity - xix 245
Sú Hwui's ode - x 663
ballad on tea-picking viii 195
the Gospel Echo - i 375
Chú's farewell address ii 325
mother requests her babe xiv 25
translated into Chinese xiv 485
of the Japanese - x 214
Má on his eyes being cured v 190
character of Chinese iii 44
rest for thee in Heaven iv 305
ode to Patience - ix 46
readings in Chinese xvi 454
odes for children - iv 287
Sacred Edict, extract from i 245
Julien's dictionary for i 470
on Sir W. Scott - v 31
of the Hawaiians - v 19
Yuen Yuen's sonnets xi 327
by Bowring - xx 299,433
readings in Chinese xvi 454
Pohlman (W. J.) tour viii 283
excursion to Chángchau xvi 77
notice of J. Lloyd xvii 651
questions to converts xv 359
account of church xviii 444
death of - - xviii 57
obituary of Mrs. xiv 494; xvi 168
Poisoning springs, Elliot's placard on - - xi 464
Police, cruelty of the - vi 436
of British superintendents xi 354
oppression of, instance of xx 287
of Chinese government iv 214
of Canton - - ii 210
at Honkong, Chinese xiii 331
officers to note arrests ii 107
of Kiungchau in Hainan xviii 232
regulations of night - ii 98
fighting with Tartars iii 578
negligence of the - vi 594
Polygamy, bad effects of ix 558
Polynesian language, origin of v 12
Polypi very common - v 39
Pontianak in Borneo - viii 308

Poor, jackets distributed to the i 381
food given to the xix 107; ii 192
rice given to the - ii 426
are urged to occupy lands i 503
made by inundation - ii 96
among the Chinese - ix 285
asylum for the - - xvi 24
deaths among the - xvi 103
Pope like the emperor iii 137
Innocent sends envoys iii 110
sends legates - - i 443
Gregory receives two Japanes envoys - iii 201; vii 279
like the dairi - - iii 195
in Chinese, title of the xviii 576
Poppy, can be grown - v 266
in Yunnan, cultivation of i 511
mode of growing the - v 470
effects in India of the viii 509
Population of China, writers on i 345
of towns in Illi - v 271
considered, doubts on - i 385
during Ming dynasty x 156
Semedo's note on the i 477
enrolling to ascertain the ii 65
reasons for crediting the ii 32
Medhurst on the - ix 75
is known, way in which the ix 75,77
of Peking, Le Comte on i 256
of Canton, note on - i 166
of Canton, who compose the ii 307
of Sz' chuen, &c. - ix 399
of Kwangchau fu - vi 232
of Japan - - x 16
of Tinghái - - ix 334
of Cochinchina - xvi 593
of Amoy island - xv 363
of Fuhchau - - xvi 488
of Shánghái xix 105; xvi 564
of Ultra-Malayan Asia vii 11
Porcelain, materials for xi 171
of the Japanese - x 281
site of manufacture of xi 380
Portraits of emperors - iv 185
of some ancient Chinese emperors xi 47, 111,174,323,616
Ports should be open again vi 5
of China were all once open to foreigners ii 126,373; i 456
charges on ships entering ii 302
of Canton, regulations of ii 302
of Canton ships at - iii 579
regulations, Lin's new viii 77
Lin wishes ships to enter viii 61
business small at the five xiii 277
position and lat. of the five xvi 401
Portuguese in China - iii 289
in Indian Archipelago ii 402
settlements and trade i 398
in Siam - - i 22
in Japan - iii 207; vi 460
gov't instructions to xi 191
attack the pirates - iii 78
circumnavigator Cano vi 177
students of Chinese - iii 10
double Cape of Good Hope i 7
troops go to Peking xi 601
at Ningpo - - xiii 339
trade reöpened by Lin viii 599
discover Indian Archipelago ii 399
maintain neutrality ix 239
are called Siyáng - xiii 574
have the loan of Macao x 531
trade to Canton - ii 294
Pinto discovers Japan iii 114
lorcha destroyed - xvii 544
resent Amaral's murder xviii 536
wrecked in Japan - ix 308
forbidden to use sedans ii 233
frigate blown up - xix 680
senate protest to Smith viii 545
See *Macao*.
Post office to be established xi 66
men in China - - xvi 64
plan of private - ix 636
master-generals - xix 230
delay in and attendants of v 479
among the Japanese x 283
object of the official - ii 99
Yarkand to Peking, time of v 272
difficulty in getting a vii 386
in the army - - xx 312
delays of - - xvi 64
office in Hongkong vii 386; xi 240
office charges to England xv 620
office at Canton - xix 282
Poltinger (Sir H.) arrives xi 584, x 475
commission and notice of x 476
notice of capture of Amoy x 524
circular on capturing Chusan x 625
proclamation to people of Tinghai - - x 625
notice of taking Chinhai x 630
returns from Ningpo xi 64
declares Tinghái a free port xi 119
circular of capture of Yuyau xi 179
notification respecting land xi 184
circular of repulse at Ningpo xi 233
notifies repulse at Tsz' ki xi 234
appoints land committee xi 239
notice of rate of legal coins at Hongkong - xi 240,296

announces attack on Chapú xi 342
notifies capture of Wúsung xi 397
informs people of his views xi 510
notifies battle of Chinkiáng xi 512
announces treaty of peace xi 514
restricts ships to Canton xi 626
proclamation on Formosa xi 682
notice concerning the Ann xi 683
note to Sir Hugh Gough xii 473
reply to Kiying upon vessels xii 613
restricts vessels to five ports xii 558
is governor of Hongkong xii 378
opinion on opium traffic xvi 44
notifies Morrison's death xii 448
sends no troops to Canton xvi 478
should have settled opium xvi 98
leaves China - xiii 336
Pratt commands at Chuenpi x 38
disperses armed mob x 541
Prayer for rain - - i 236
meeting, subjects for xiii 45
at the tombs - - i 202
by machines - xx 38
a perspicuous form of xvii 365
an unintelligible Budhist viii 640
in time of a storm - i 331
by Kiying - - xx 44
by machines in Japan iii 205
tract on the Lord's - xvi 378
Preaching to the Chinese xvii 148
how received - - xx 425
an object of missionaries xiii 646
of the Sacred Edict - i 299
Prémare, notices of life of x 668
views of the word *tien* xvii 39,37
remarks on *shin* - xvii 294
Notitia Lingua Sinica i 152
Notitia, translation of xvi 266
Notitia should be studied vii 114
proverbs taken from xv 140
Notitia, error respecting xiii 596
Presses in Canton in 1833 ii 6
in China are expensive v 158
in China in 1834 - iii 43
interdicted at Macao, Albion ii 45
connected with the Malacca mission - - i 106
at Canton, newspaper v 11
laws for the native - v 95
See *Newspaper*, *Magazine*.
Prester John conquered by Genghis khan - ii 120; i 451
protects Nestorians - ii 185
forgotten in 1200 - iii 111
who was - - xiii 474
origin of the name - xvi 165

Pride of man - - ii 376
Priests, murder of a Budhist i 160
at Peking, emasculated ii 485
at Tungting temple xvi 118
among the Mongols xviii 636
of the state religion - iii 51
described by Le Comte i 262
of Táu described - i 306
tries to bring rain, a - iv 46
hired to say masses xx 86
of Táu arraigned for magic iv 440
at Tientsin turn beggars i 187
at Bangkok numerous i 232
in Siamese wats - xiii 176
have nothing to do with state ii 71
decapitated for marriage iv 199
expelled Macao, Romish xi 21
in Tibet, a dheba, a high i 174
in Borneo - vii 184,125
in Kiángsú in 1200 - vii 361
character of - - viii 586
Primary Lessons, translation of the v 81,305; vi 185,393,562
Printing a book, cost of i 421
by metallic type - xiii 651
comparison of modes of iii 246
ordinance on - -. xiii 164
in Chinese, experiment of iii 528
among Chinese, mode of i 414
office at Peking - ii 486
invention of - ii 115; v 153
from blocks large - xiv 129
See *Type*.
Prisoners at Ningpo - x 520
taken from Cambojans v 59
number of - - xii 604
liberation of nineteen xiv 247
in Nanhái hien - ix 423
cruel mode of carrying xviii 237
of Portugal sent to Macao i 404
released from Madagascar xi 642
Prisons, treatment in xx 3; ii 180
in Canton, deaths in xvi 103
treatment of men in xiv 301
dreadful condition of - iv 337
name for - - ii 211
at Hongkong - - xii 534
in Hongkong, record of xiii 654
in Formosa - - xii 240
Semedo put in - - i 486
in Japan - - x 21
See *Jail*.
Processions among Chinese i 14
must not be noisy - ii 72
among Japanese - ix 373
to Queen of Heaven - xiv 543

Proclamations sent about on boards
by Lin - - viii 221
upon infanticide vii 54
to war against English x 683
See *Elliot, Edict, Pottinger.*
Property, laws of inheriting ii 66
registration of - xiii 219
not very secure - i 332
Prophecy of land of Sinim ii 177
against Mohammedanism iii 169
Prophet, term for - xv 164
Proverbs taken from Prémare xv 140
referring to officials xvii 355
and mottoes on seals xvii 593
drawn from nature - vii 321
from the Kú Sz' - x 49
from Mirror of the Mind xvi 410
Provinces in Chinese empire i 36
arrangement of the - iv 52
division into eighteen xi 44
gazetteer of towns, departments
in xiii 320, 357,418,478,512
in 1845, officers in - xiv 87
chief officers in a iv 276; ii 201
garrisons in the - xx 319
See each province, as *Honán*, &c.
Pruths or Pú-lú-tih, tribe of ix 129
detected in smuggling v 362
Ptolemy describes the Sinæ iii 108
Pukur or Bukur, town in Ili ix 123
Pulo Nias, mission to - v 147
Condore or Kwan-lun i 88
Punctuation, mode of - x 8
and capitalizing - iii 50
Punishments, kinds of v 316; i 264
very common, light - i 485
to be avoided - i 309
hanging up heads after v 96
of rebels to be severe ii 336
instruments of - - ii 12
torture and other - iv 361
of criminals at Tsingpú xvii 411
of men from Hwángchuhki xvii 54
of a literary graduate xviii 336
with bamboo - - xii 246
reported, several - v 192
of Sharpe's murderers xiii 52
of pirates - - xviii 672
of English prisoners xii 246
for depraved doctrines vi 53
of Kwoh Siping - vi 607
can be compromised ii 14
among Burmese Budhists ii 557
in schools in China - vi 237
among the Brunese vii 133
redemption from - vii 229
among Japanese - x 19
in the army - - xx 400
case of severe - xix 308
See *Board, Prison.*
Puppet-shows in the streets iv 191
Pulchuck, a medicine - ii 468
Puto I. visited by Gutzlaff ii 53
island of - - x 266
temples at - - ii 220
visited by Medhurst iv 409
noticed by Stevens - iv 333
Kwányin worshiped on x 190
Pwán Sz'shing father, death of vii 673
to go to Peking - xvi 398
appointed Yen-yun sz' xvi 207
subscribes to poor - iv 200
death of mother of - xiii 309
Pwankequa in Manila - ii 350
Pwánkú, meaning of word x 49
what became of - iii 56
time of reign of - x 123
traditions of - - x 232
notice of - - xi 47
Pwányu, district of - ii 149
magistrate of - - ii 207
bounds of - - xii 313
Quails used for fighting i 220
Quarreling, penalties for ii 105
Quarterly, the American i 105
Quarterly Review on Terranova iv 293
on Chinese affairs - iii 134
on missionaries - - i 268
makes mistakes about China v 281
on press in China - v 11
on war with China - ix 321
Queen of Earth, name of an empress - - i 108
Queen of England, Lin's letters
to the - viii 9,497
speech, extract from ix 107
authorizes reprisals - ix 243
Str. takes up Pottinger, the x 523
Queen of Heaven or Má-tsú-pu i 122
at Macao, temple to - ix 402
not worshiped in Siam ii 218
account of - - x 84
worshiped at Shánghái xvi 553
at Ningpo, temple to xiii 141
temple to be built to xii 278
at Meichau, temple to ii 563
worshiped at Canion - xiv 543
worshiped in junks - i 58
offerings for - - i 89,135
lady worshiping the viii 484
and the Virgin xiii 601; xii 525
accident at, shows to xi 668

Queen-dowager's birthday xv 160
See *Empress-dowager*.
Quelpart visited by Montigny xx 500
Pylades at - - xii 358
Nimrod goes to - - ix 534
Quemoy or Kinmun, island of ii 60
position of - - vi 12
Queson or Kiúshan Is. - x 251
Quicksilver used by Chinese ii 468
Quin (Capt.) sent to Fuhchau xi 253
in Raleigh meets a tyfoon iv 198
notes of this tyfoon - viii 232
returns to Macao - xi 130
comes from the Benins vi 255
at Lewchew - vi 219,224,229
Quoin or Kiúu-shan - x 374
Radicals of Chinese language iii 32
Rae, a missionary in Asam v 103
Rain, gods of - - xix 313
storm at Canton - v 528; ii 192
imperial prayer for - i 236
Budhist prays for iii 577; iv 46
governor prays to stop v 576
Rainbow, Chinese name of x 50
Raffles (Sir S.) on opium viii 517
journey to Sumatra iii 320
trade to Japan - - vii 221
minute on Sing. Institution iv 525
settles Singapore - ii 407
enlightened policy in Java ii 188
sends ship to Japan x 168
Rájáh of China and Malays v 553
Raleigh, Capt. Quin, arrives iv 103
See *Quin*.
Rank, nine degrees of - iv 16
four degrees of literary i 305
Rape, punishment for - ii 107
Rationalists or Táuists on *ti* xvii 209
temples of the - xiii 25
tables of the - vii 510
Liáu Chai, stories of the xi 202
worship of the - xvi 22
story of Chwangtsz' a xx 195
See *Láutsz'*.
Rats sold in the streets iv 101
Rattans, where obtained ii 468
Ratti-Menton sees Kiying xi 503
See *France*.
Razors, mode of sharpening xi 326
Read (Commodore) arrives viii 56
Readers among the Chinese ii 252
proportion of vi 234; xv 345
Real estate, lease of - xviii 561
Rebellion defined in the Code ii 13
in Lienchau breaks out i 29
to be subdued by money i 78
in borders of Húnán - i 111
imperial rescript on - i 158
subdued in Lienchau i 206
results of the - xi 6; i 246
in Lienchau, revival of i 291
is nominally pacified - i 470
planned by Lily Sect iv 419
among Mohammedans xiv 160
in Formosa in 1788 - ii 416
in Formosa - i 342,471
in Formosa in 1722 - vi 421
of Yellow caps - x 98
See *Insurrection, Kwángsí*.
Redfield's chart of tyfoons viii 235
Reed (Rev. A.) in Siam, obituary
notice of - - vi 548
(Dr. And'w) preface to China
Opened - - viii 96
(Col.) on hurricanes viii 231
Rees' Rock near Min - xii 409
Rock and Rees' Pass xiv 266
Reeves (J.) attention to botany ii 226
Regulations for foreigners iv 199
made by Pwankequa ii 350
proposed, eight new - iii 580
for foreigners, origin of xi 128
in Macao, custom-house xiv 151
recited, old - - iii 191
about opium, Lin's - ix 560
Religion, influence of - i 147
indifference of Chinese to iv 271
laws against strange - i 306
of my fathers - - i 452
of the Japanese - x 309; ii 318
of the Burmans - ii 55
native tract on - ii 426
lies in ancestral rites - i 499
precepts of our - ix 8
very vague among Chinese xvi 124
Chinese have confused ideas
of - - xvi 100
in China has no altars xvi 203
of China, the state xix 380; iii 49
seen in the family - v 313
sacrifices in Chinese vi 50
attended to by the emperor vi 552
taught by officials - vi 253
of Budha and Confucius ii 265
early taught children xvii 591
of Confucianists, error in viii 586
sacrifices, nature of xvii 559
of ancient emperors xvii 174
described in the Shú King xvii 97
observances of Kanghi xvii 389
native Romanists ignorant of
their own - - xiii 586

conduct when sick xiii 233
sects combined in one xiii 131
Medhurst's Theology or xvii 414
a cause of national greatness ii 9
Bacon's view of - vii 5
of Yáu and Shun - viii 389
and idolatry, book on vii 505,553
to be observed by Christians i 240
beyond India, kinds of iv 551
in China, Rizzolati's letter xv 39
seen in plays - - xx 89
of Chinese, treatise on xvii 414
admonition to attend to i 411
of Chinese inane - i 409
seen in processions xiv 543
usage of words in - iii 142
of Chinese is cheerless v 284
advanced slow in England vi 4
of the Battaks - viii 575
like its people - ix 402
not allowed the Dutch ix 305
of the Parsees - - x 656
of Budha spreads quickly xiv 432
obedience the end of state iv 416
Rémusat's translations viii 402
on Chinese politics - i 297
tract on Shamans - i 75
death and writings of - i 470
works on Chinese - iii 10
two Mongolian letters xix 529
on Manchu language xiii 293
on Chinese words - x 223
work on Budhism - ix 334
Grammar - - vii 115
list of works by vii 117; xviii 444
Du Ponceau on - vii 340
on grammar - - ix 330
notice of Sz'má Kwang - ix 274
on Hungwú - - ix 389
on Má Twánlin - ix 143
on Sz'má Tsien - ix 210
Republicanism among Chinese iv 412
in citizens - - xv 57
Residents in China in 1841 x 58
See *Foreigners, Canton.*
Responsibility, plan of mutual viii 475
distroys efficiency - iv 136
in Chinese government iv 11
of neighborhoods - xiv 72
Retainers in courts - iv 219
Revenge for a father's murder viii 345
of Sháng, a girl - xviii 400
Revenue amount of - xviii 95
increased by selling office xiv 158
collected at custom-houses xiv 522
organization of Board of iv 140
code of Board of - xx 251
Chú Tsun's memorial on xvi 273
Ngoh Shun-gán memorial xvi 293
lost by provincial debts xiii, 279
is collected, how - i 12
sell office to furnish xviii 207
plans to increase - ii 430
laws in the Code - ii 69
in Shantung, surplus vi 552
deficits in the i 159; vii 230
constant deficit in the xiv 104
sent to Manchuria - v 207
increased by selling office xviii 666
sent in kind as *kung* xix 208
Reviews, carelessness in v 45
at Canton - - v 47,336
military - - vi 496
in the provinces - vii 228
Gov. Tang goes to - vii 336
Gov. Lú returns from iv 103
foreigners not to go to iv 296
Rewards offered for British ships x 174
offered by Lin for British x, 120
given in schools - vi 237
given by emperor xiii 277
Reynard Str. carries a letter xix 392
visits the Great Wall xix 677
goes to the Pei ho xix 344
edict respecting - xix 679
returns to Hongkong xix 403
attacks pirates - xix 676
lost on Pratas shoal xx 286
Reynvaan, attack on Mr. xix 112
and Vaucher attacked xvi 467
Rhenius (C.) letter from ii 141
Rhinoceros or si - vii 136
horns, cups from - xvi 461
Rhode Island, Sü's notice of xx 173
Rhubarb, where found ii 468
proposal to restrict - vii 311
Ricci (M.) missionary labors of i 266
and his colleague Ruggiero i 430
still known among Chinese ii 123
details of labors of - xiii 538
thinks Judea is Ta Tsin i 9
sees the Jews xiv 307; iii 173
respect of Chinese for x 645
Rice, cultivation of - iii 231
put in mouth of dead xx 88
ships support charities ii 165
ships, use of duties from ii 264
ships, charges on - ii 303
importation encouraged xi 17
ships to have no other cargo xi 20
prices of kinds of - ii 469
hoarding up - - ii 90

ships, duties on - vi 330
consumption of - xiii 26
remitted, duty on - xiii 280
carried from fields xvi 341
rewards given for bringing i 456
the name for a meal - iii 467
among Dayaks, gods of viii 291
Richards (W.L.) leaves xx 288
obituary of - - xx 529
Richardson meets caravan v 208
Riot at Canton in 1846, xv 46,51
at Canton in July, 1846 xv 364
causes of this - - xv 544
depositions about xvi 382,425,465
at Canton in 1842 xii 106
near Factories, 1838 xi 307; vii 445
in Kansuh in 1833 iii 579
and burning of Factories xi 687
with Manchus in Canton xvi 152
in Sz'chuen and Shánsi iv 48,164
Ripa's memoirs, notice of xvii 377
school furnishes interpreter i 458
Ritter, the geographer, writings of - - viii 401
Rivers of China - i 37
of Manchuria - i 115; xix 289
of Mongolia - - i 119
of Soungaria - - - i 171
of Tibet - - - i 176
scenery on the Min xv 225; xvi 484
open the way into China v 207
running through China ii 316
in Cochinchina - xvi 587
in Kweichau - xviii 526
in Yunnán xx 106; xviii 589
in Shensi - - xix 221
in Sz'chuen - xix 319
in Kánsuh - - xix 555
Wúsung and Hwangpú xvi 532
Ural and Syr, the two vi 31
Meinam in Siam vi 55; i 84,230
Meinam rises in Koko-nor i 38
Oxus, valley of the - vi 118
Ta-hia at Ningpo xii 429; xiii 14
legend of the Black xx 129
in Chehkiáng - - xi 168
Dihong in Asam - v 51
at Bruni - - vii 135
through Burmah & Yunnan ix 169
in Honán province - xx 547
in Kwángtung - xx 113
in Kwángsi - - xx 106
superintendent of the xx 370
near Chángchau fú - xii 524
flowing in and near Asam v 209
See *Min*, *Pearl*, *Yellow*, *Pei*, &c.
Roads in China are good i 256
appropriated to emperor ii 97
in Hongkong, committee on xi 240
for the military - ix 485
in Japan - - ix 384
from Ava to Peking ix 472
or routes to China - x 310
marked with mile stones xviii 239
Robbery of the imperial stores i 82
punishment for - ii 102
by feigned policemen xiv 159
by organized bands - ix 617
a gang, punishment of xvii 320
seizure of a man for xix 680
men caught at Chusan for kidnapping and - xi 615
execution of Akien for vi 448
depredations of - vi 594
is increasing - - viii 328
of a shop, afraid to stop the ii 431
after capture of Amoy xi 150
Sung, a man famous for xii 74
promise kept to a - xx 132
of Morrison Ed. School xii 364
Lin Wáng accused of vii 56
reward for ferreting out xiii 277
at Hongkong - xiii 336
at Macao and death vii 503
of Rawson's house xvii 650
in Japan, detection of a x 82
price given for capture of xv 157
by feigned officers - xiv 159
Robert's Passage near Chusan x 256
Roberts (I. J.) attacked xvi 320
petition, reply to - xviii 279
Roberts (E.) dies at Macao v 226
ambassy to Siam - xviii 28
Am. diplomatic agent vii 171
Robinson (Sir G.) is third superintendent - - iii 143
reported as a *devil* - iii 190
chief superintendent iii 475; xi 80
sends letters to Gov. Ld xi 122
letter on extension of British commerce - xi 128
on extent of his powers xi 129
instance of small powers xi 130
position is difficult - xi 132
predicts hostilities - xi 185
on flourishing opium trade xi 187
superseded by Elliot - xi 189
opinion on living at Canton xi 191
note at retirement - xi 195
See *Commission*.
Rocks with inscriptions viii 644
astrological characters on ix 404

28

Roman Catholics sent to China x 301
policy contracted - i 61
expelled from Macao ii 383
missions, Portuguese - i 430
church in Peking - ii 491
ignorant of Christianity xiii 602
do not prevail in China iv 273
in Shántung and Húnán xv 252
released from Cochinchina xii 537
use *wei* and *ti* for Trinity xix 477
live near Shánghái xvii 477
missions at Shánghái xviii 574
missions in China xiii 476,537
missions in Siam - xiii 190
in Fuhchau - xv 203
church at Hongkong xii 336
letter from Fontana, a - i 377
forbid Protestant tracts xvi 246,506
letter from Grandjean, a xvi 335
not worship Virgin as God xix 592
controversy on name for God xvii 21
Visdelou upon first principle xvii 37
Huc's letter from Sivan xviii 618
acts of Xavier, a - xii 258
letter from Besi, a - xv 250
proclamation of Besi, a xiv 199
Lefevre in Cochinchina xv 117
Verreles in Corea - xv 453
in Sz'chuen, Perocheau, a xv 400
Rizzolati on Chinese religion xv 39
See *Missions*.
Romanism in China, name for i 308
in Manchuria, fear of ii 25
introduced in Japan - iii 201
in Ultragangetic India iv 553
tolerated in China - xiv 540
denounced in Code xiv 57
is like Budhism - ii 217
wherein resembles Budhism xx 36
confounded with idolatry xiii 601
data in progress of - xiv 154
Romanizing Chinese language xx 472
Indian languages iv 39; iii 385
system in India - v 73
Rondot's account of hemp xviii 209
a delegate on commerce xiii 447
Roof of houses - iv 34; ii 199
have no ceiling - vii 323
of the World in Pamar xi 153
Roope's narrative in Formosa xii 114
life in prison - - xii 235
Rose-maloes, uses of - ii 469
Rötger (H.) is to go to China ii 188
Ruach to be translated *shin* xix 478
Rubies in Turkestan - i 173
and lapis-lazuli on the Oxus xi 145
Rubruquis, ambassy of - iii 111
mission of - - xvi 165
sent to the Grand Khan v 203
Rumors not to be spread xviii 162
Runjit Singh, position of v 268
Russia sends Ismaloff to Peking iii 419
position of school - ii 481
church in Peking - ii 488
Kienlung's rupture with ii 127
has influence eastward v 211
school, nature of - viii 407
ambassadors from viii 417
diplomacy of - viii 523
occupation of scholars in ix 112
doubt about frontier of ix 131
discovery of - - x 245
intercourse with Japan x 162
missions among Buriats in xii 143
ship at Shánghái - xvii 487
branches of Sagalien in xix 290
trade at Kiakhta xx 23; xiv 280
sends a force to Khiva ix 112
examination of translators in iv 126
discussion on bounds of v 208
patronizes Chinese studies vii 121
sends agents to Tibet viii 551
ambassy to Peking - xx 32
advances on China - v 268
Sabbath irksome to scholars iii 227
inquired about by Chinese i 28
salute on the - - xv 159
should be observed x 49
common name for - xv 165
or 7th day in Yih King xviii 156
obligation of the - i 289
cargo not deliverable on vi 330
influence from keeping vii 198
should be better kept vii 6
reasons for observing xii 439
has effect on people xiii 140
Sable, account of the - iii 549
Sacred Edict, review of i 297
manner of reading xvi 505; xvii 586
read, governor hears the v 47
written in rhyme - i 244
good for beginners - vii 117
must be read more iv 424
extract from the - iv 418
Sleeve Gem, a tract - i 422
Sacrifices of human victims ii 151
to heaven, altars for - ii 293
used in state worship. iii 52
presented at Kiakhta xx 27
forbidden to people - ii 71
of emperor - - vi 51
character of xvii 97,558

paid to *ti* - - xvii 174
to heaven by emperor xvii 389
See *Religion, Shin, Shángti.*
Sacrificial Court at Peking iv 182
Court, officers of the iv 478; xiv 83
ritual in 13 vols. - ii 236
rites, lessons in - - vi 253
rites, grades of - v 313
Sacrilege defined in Code ii 13
Saddle I. near Shánghái xii 424
Sadiya in Asam, district of v 52
Sagalien river, course of the xix 289
island of - - i 55,115
I. included in Sánsing xiii 573
I., nomads of - xx 327
Sages, book of portraits of ii 236
Sago tree described - vii 126
collected in Borneo viii 306
Saigon or Luknooi in Camboja i 53,88
governor of - - ii 189
Sailing directions to Chapú xii 424
for Chusan Archipelago x 251
for coast, notes in - x 371
for Yangtsz' kiáng - x 383
between Amoy and Yangtsz' xii 401
errata in - - xii 476
up the river to Ningpo xii 429
for coast, addenda to xiii 123
for North part of Chusan xii 422
from Chusan to Shánghái xii 427
for the Madjicosimah xiii 162
for coast of Fuhkien xiv 258
for the Pescadores - xiv 249
for the river Min - xv 230
for Min, corrections in xvi 55
near Min, Hay's error in xvii 207
for Hainán straits, Hay's xviii 613
to enter port of Shanghái xix 621
and notes for coast of Japan vi 401
See *Coast, Collinson.*
Sailing letters for Eng. lorchas xii 615
Sairim called Hanlemuh. xiii 573
and Pai, two towns - ix 126
Saishangah praised by emperor xv 276
commissioner at Canton iii 192
involved for conduct - iv 47
tútung of the Yellow Banner xiv 85
becomes prime-minister xx 553
Salary of governor-general ii 203
of Chinese officers - iv 163
of military officers - xx 404
of American consuls vi 74
of Manchús - - xi 432
of emperor - - xii 69
of princes of blood - xiv 520
of British Commission ix 515
Salt stacked up on Pei ho i 136
made along the coast v 343,350
a monopoly in China - ii 69
obtained in Kwángtung vi 600
made at Namoh - ii 532
pits in Sz'chuen - xix 325
smuggled in Chehkiáng xviii 334
manufacture of - xii 354
department in Kwangtung vi 607
commissioner - iv 281; ii 206
bankrupt merchant in v 95
Saltpetre, where found - ii 469
sent to Ili - - i 173
was formerly forbidden xv 267
Saliveen river called Nú i 38
notice of the - ix 169
Samarcand now declining vi 87
reduced by Alexander vi 162
travel through i 43
latitude of - - xiii 573
Samqua becomes táutái xvii 206,373
catches pirates - xvii 488
goes to Tsungming xvii 544
edict appointing - xvii 311
Samshoo, a deleterious spirit ii 423
Sand at Ningpo, shower of xix 328
Sandal-wood, kinds of - ii 469
Sandals of the Japanese ix 300
Sandon (Lord) speech on China ix 247
Sandwich Islands, missions at i 283
seamen's chaplain at ii 286
High School at - ii 379
civilization at the - ii 522
code of laws for the iii 569
frigate L'Artemise at viii 372
English treaty with - v 478
school at Lahaina in iv 484
language, vocabulary of v 77
Institute - - vii 110
pirates take ships from iv 519
Hawaiian Spectator at vi 427
trouble from French at viii 600
missionaries allowed at viii 645
Sapan-wood, uses of - ii 469
Sarah Galley Passage, the x 259
Schaal (A.) proceedings xiii 398
reforms calendar ii 125; i 435
Schoedde's report to Gough xii 352
Schools at Penang xi 176; iii 227
for Chinese girls at Malacca iii 42
at Malacca v 88; ii 41; i 104; x 575
for Chinese needed - iii 564
at Singapore - v 237; iii 387
for Chinese at Naples founded
by Ripa - i 458; xvii 398
form a part of missions xiii 648

books wanted for - xi 548
numerous in China - ix 286
books wanted in English x 577
for Chinese in the Straits x 575
encouraged in Formosa vi 426
by Tomlin - - iv 389
in Canton, native - ii 251
among Chinese are poor v 147
management of - - vi 234
in Hongkong - - xii 440
under Mrs. Gutzlaff vii 306
in Hongkong, mission xiii 503
Schooners, two Chinese viii 648
built on European models xi 525
Scott, lines on Sir W. - v 31
Scriptures proof of the - iii 163
should be translated, how iii 141
illustrations of viii 639; xvii 537
Lessons published - i 77
illustration of a text in - ii 90
not published by Romanists viii 112
illustration of - - x 472
worship illustrating - xx 528
found in Kaifung fú - xx 436
explanation of Is. xlix. 12 xiii 113
mode for proper names in xiv 103
explained, a Romish work xviii 577
See *Bible*, *New Testament*.
Scull in boats - - i 260
Scythian tribes visit China ii 82
of ancient times - vi 162
Seals of Chinese officers, description of - - xix 530
of the emperor - ii 441
collected from edicts ix 367
and mottoes used - xvii 593
Seamen in Canton vii 388; ii 422
in China, hospital for iii 373
must not be left behind iii 475
on Lord North's I. - iii 457
to be brought back xiv 50
Friend's Association formed at Canton - vii 478; xi 350
quarterly report of S. F. A. viii 120
ingenuity of a Japanese x 82
Calcutta Home for - vii 111
badly used at Canton xv 576
in a lorcha misused xvi 269
drowned going to Whampoa xi 355
ship Hope a hospital for vii 480
chaplain at Whampoa i 296
at Whampoa, Bird's notice to xix 54
kills a Chinese in Macao viii 494
Elliot sentences five ix 193
in Macao, death of a ix 328
chaplains for xx 218
hospital in Hongkong xv 159; xii 4
ordinance regarding xiii 165
wrecked on Háinán xviii 225
Seashells at Canton - - ii 469
Seaweed used for food - ii 470
along coast of Japan vi 414
in Luconia - - vii 436
Sectaries denounced in Code xiv 71
Sects in China, the Tea xiv 75
of the Green Water Lily xv 274
in China, three principal xvi 125
decapitated, leader of a new i 294
of the Water Lily - ii 528
noticed in Sacred Edict i 306
extracts from writings of ii 426
among Japanese - x 309
Security the hongs give vi 537
See *Hong-merchants*.
Sedans, price for hiring - i 219
used by foreigners in 1750 i 218
disallowed to foreigners ii 233
or *kago* in Japan - ix 382
at Fuhchau, rate for xvi 487
Semedo's History of China i 473
makes a dictionary - x 646
reckons many persecutions xiii 538
Senhouse (Sir F.) dispatch of x 545
death of - x 352; xi 583
Seres of ancient days iii 108
lived in Shensi - xiii 470
Sermon on Lord Napier iii 274
on J. R. Morrison - xii 456
on Mrs. Sword - xiv 377
on Theory of Missions xv 481
on missions by Smith xv 234
by L. B. Peet - xvi 321
on board the ship Morrison ii 45
Serpent, bite of a - vii 579
would be called a dragon vii 254
Serra's notice of Kánghí i 379
notices of Peking - xiv 519
Servants leave the Factories vii 627
leave the English at Macao viii 221
called *sháwan* - iii 582
help at the fire in 1822 iv 37
are to be limited - viii 14
disallowed at Macao - ii 233
of the Dutch in Japan ix 302
Seven Sisters, group of the xii 425
Sexes in China, proportion of vi 233
Sha-lui-tien in Gulf of Chihli x 377
Pylades at - - ix 421
Shamans, catechism of the i 285
among the Mongols - ii 218
in Peking - - ix 29
See *Lamas*.

Sháng dynasty, emperors in x 128
notice of the - - ii 81
Chausin, last of the - xv 433
personages of the - xx 96
Shang táchin I. - xii 418
Shánghái visited by Gutzlaff i 124
visited by Lindsay - ii 549
is a large emporium ii 29
visited by Medhurst - iv 329
attacked by the English xi 397
taken possession of - xi 675
particulars of taking xii 343
fleet advances on - xii 291
latitude of city of - vi 14
notes on attack of - xiii 58
Chinese account of xiii 252
limits of the port of - xii 631
a hero who fell at - xiii 247
foundling-hospital at xiv 177
edict from the táutái at xiv 540
S. De Mas's notices of xv 466
cleaning of the ditch in xix 392
rules for ships at - xvi 361
port regulations of xv 566
new port regulations of xx 559
is a favorable port - xix 463
healthiness of - - xix 307
temperature of - - xv 282
gaseous well near - xix 310
directions for sailing to xix 621
harvests at - - xix 390
trade in 1845 at - xv 296
tables of trade in 1846 at xvi 356
in 1849, trade at - xix 518
description of - xvi 529
fertility of plains near xvi 570
meeting to erect church at xvi 271
list of residents at - xvi 412
cold weather at - xvii 651
walks about city of xvii 469,530
limits for excursions from xvii 432
foreigners visit towns near xvii 651
shower of dust at - xvii 521
in 1849, prices of food at xviii 109
early settlement of xviii 18
visit to the Hills near xviii 181
population of - xix 105
chapel opened at - xviii 373
freshes in 1849 at xviii 447
What I have seen in xviii 384
missions at xviii 515; xix 330
Medhurst's chapel opened xv 476
Romish missions at xviii 574
various famines at xix 113
hospital report at - xx 152
mission at - - xx 537
light ship for port of xx 99
medical hospital built at xviii 506
Shángti, Milne's views of vii 315
how used in classics xiv 101
Medhurst's views on xvi 34
visited by all the *shin* xix 198
is not God proprié - xix 367
confounded with idols xix 456,472
character ascribed to xvii 162
corresponds to God - xix 626
questions to those who use xvii 357
explanation of questions xviii 98
of the Sombre Heavens xviii 102
adored by Kuh - xii 77
worshiped at Ningpo xiii 135
preferred by Doty - xix 186
Jesuits dispute about i 434
referred to in Shú King viii 394
Yuhtí and Tien-tí - x 190
Chuenhiuh worships xi 617
defined by Sü Kiyü xx 247
rejected by Bible Society xx 217
classics quoted on - xv 311
qualities ascribed to xv 589
is adored, Du Halde says xvi 204
foreign & natives worship xvii 262
Chinese essayist on - xvi 128
Shans are same as Siamese v 71
Christian soldiers of the xiii 190
or Laos - - i 20
Shánsí, topography of - xi 617
in 1845, officers of - xiv 94
bounds of - - xiii 489
lamaxary in - - xix 657
the court was early held in ii 81
troops in - - xx 367
Shántung, topography of xi 557
the Huron's voyage to iv 308
promontory, Leto on the i 125
promontory of - - vi 15
has few harbors - i 36
famous mountains in xv 250
in 1845, officers of - xiv 93
in 1836, rulers in - iv 480
boundaries of - xiii 480
Kiying's note of vessels in xii 559
British ships not to go to xii 613
Capt. Elliot stops in xii 356
navigators in grain junks xvii 533
navigators attack English xvii 151
navigators seized - xvii 401
promontory, places on - x 373
atrocities in - - ii 287
wreckers on the coast of i 384
Káuchau, a port in - i 131
Ta-shih-tau, a harbor in - i 194

surplus in the revenue of vi 552
troops placed over - xx 367
a god new named in xvii 655
Japanese rovers attack xix 143
Shark's fins used for food ii 470
considered a delicacy iii 464
Shàuhàu, portrait of - xi 453
an ancient monarch - x 124
Shayur, a town in Ili - ix 124
Shedden (Capt.) at Lewchew xix 76
Shensi, topography of xix 220
bounds of - - xiii 491
Huc in north of - xix 661
salt deposit in - xviii 620
officers of - vi 482; xiv 95
monument found in Singán
fú in - xiii 472; xiv 401
rivers in - xix 504
Sheppy I. in Chusan Archipel. x 279
Sherry, loss of the boy - x 419
Kiying replies upon xiv 533
Shigatze in Tibet - xiii 506
scene at court of - vi 489
Shih-kiá, name of Budha ii 268
Shigemune among Buraets xx 34
or Syaka in Japanese ii 322
Shihlung, vagabonds seized at xix 674
Shihluh mun near Chusan x 265
Shin, meanings given by Medhurst
to - - xix 481
uses of the word - xvi 35
defined in Medhursts Theo. xvii 415
answers to *daimon* xix 203
objections to - xvii 68
Medhurst's meanings of xviii 609
Boone's remarks on - 24,100
uses of and meanings xvii 266,500
eight objections to - xix 95
Doty's ojections to xix 189
does not render a version
contemptible - xix 456
proven to be name for gods xix 591
used for God - vii 314
adopted by Bible Society xx 217
used by Kiying - xx 45
and *Tienshin* differ xx 248
a generic term in classics xv 315
ought not to be used for God xv 464
various meanings of xv 582
Chinese exhort to worship xviii 100
Shingking or Liáutung xiii 574
Gutzlaff on coast of - ii 24
in 1845, officers of xiv 86
capital of - - i 114
Fungtien fú in - xiii 564
See *Liáutung, Manchuria*.
Shinnung, portrait of xi 323
time of - - x 124
or the Chinese Ceres xx 94
Ships in China to be registered ii 70
acting as convoys - xvii 318
on temperance rule - v 256
of war can go to any port xiv 49
fines can be levied on xiv 44
not to go beyond Shánghái xii 615
charges on - - vii 387
charges on rice - xi 18
in 1845, tonnage dues on xv 150
tonnage dues in 1846 on xvi 316
measured at Macao viii 26
officers to watch the viii 81
urged to enter by Lin viii 66
to deliver manifests - ix 54
in Hongkong, regulations for x 287
of war to go to China xi 255
to be sent away from Lintin,
receiving - xi 259; vi 475
to be dived under - viii 565
among the Japanese xix 155
built by Ki Kung - xiii 390
built by the Siamese - v 235
in China in 1833 - ii 46
in Canton in 1845 - xv 165
in Canton in 1751 - xvi 59
in Canton in 1846 xvi 314
in China in 1834 - iii 376
in China very few - ix 328
at Canton and Shánghái xviii 303
at Shánghái in 1846 xvi 356
in Whampoa in 1841 - x 61
at Hongkong xii 46,368; xiii 70
lost in tyfoon of 1841 x 423,168
lost in tyfoon of 1848 xvii 542
lost on Formosa - xx 492
lost in 1836 - - v 191,238
Albert mutiny in xix 510,680
Ann lost on Formosa xii 113
Argyle, mishap to - iii 479
Audax & Mazeppa in gale xvii 594
Autumnus' boat fired on xi 183
Black Joke attacked viii 222
Bombay fired into - xi 300
Bombay, reasons for firing vii 231
Caçador wrecked - viii 440
Cambridge purchased viii 648
Cambridge blown up x 179
Chesapeake burned - xii 360
Castle Huntly lost - xiv 592
Claremont foundered vii 280
Conqueror lost - vii 280
Coote brings E I Co. dispatches xi 9
Coquette, voyage of the xvi 402

Coquette lost xviii 671
Danske Konge confiscated viii 552
Dido, notice respecting the xviii 669
Eamont lost on Japan xx 112
Earl of Clare's shoal xvii 264
Eliza in Japan - x 161
Elizabeth Anislie burned xix 677
Emma taken by Chinese xviii 668
Enterprise, mutiny in the xii 56
Fairy Queen, edict upon iv 436
Galathea at Canton xv 461
Gallant, mutiny in the xviii 672
Good Success robbed xix 679
Hellas attacked xi 525; ix 106
Indian Oak lost x 516; ix 423
Indiana rescues Chinese vi 149
Jamesina in Formosa vi 10
La Gloire & Victorieuse lost xvi 464
Lady Mary Wood arrives xiv 400
Larpent lost - - xx 341
Lawrence lost near Japan xviii 328
Lord Amherst sailed - xi 7
Louisa lost - - x 407
Manhattan goes to Japan xv 172
Maria lost and plundered x 528
Mary Bannatyne's sailors xv 576
Midas arrives - xiv 248
Morrison's boat fired on x 419
Morrison, sermon on board of ii 45
Morrison goes to Japan vi 209
Morrison returns to Macao vi 255
Narwal lost on Corea xx 500
Omega lost near Breaker P. xviii 51
Paradox sunk - xvii 207
Pluto and Siewa in tyfoon xv 446
Sarah, first Eng. free trader xi 24
Sunda lost on Háinán viii 478
Sylph, voyage of the - ii 20
Thomas Coutts enters viii 327
Victoria's sad voyage vi 177
Victory taken by mutiny xx 560
Virginia and Bilbaino viii 271
Wanderer in a tyfoon xii 504
See *Ann, Bilbaino, British, French, United States, Himmaleh, Huron, Passage, Reynard, Steamer.*
Shipwrecked Chinese rescued ii 28
Chinese reported by Elliot xi 247
Chinese in Singapore vi 447
foreigners, law for - ii 512
Chinese plundered - i 384
Chinese rescued vii 280; vi 149
Shoal, the St. Andrew's iv 584
Earl of Clare's - xvii 264
See *Nautical.*
Shrines of the Manchus xi 429
Shuck's Portfolio Chinensis ix 267
builds chapel in Hongkong xi 456
member of Committee xix 464
gives the cost of chapel xii 550
death of Mrs. - xiii 603
obituary of Mrs. - xiv 19
returns from the U. S. xvi 416
joins mission at Shánghái xviii 523
Shun, an ancient chieftain ii 74
gives orders - - v 85
conduct of - - vi 130
stories of - - vii 517
sacrifices to the high Ruler xvii 97
Shunchi, first Manchu emperor ii 10
ascended the throne young ii 125
writings of - - x 596
favors Romish mission xiii 541
Shuntien fú, topography of xi 444
Siak, a town in Sumatra iii 318
Siam, Gutzlaff's residence in i 16,45
missionaries going to - i 336
by Tomlin, voyage to - i 224
Abeel at - - i 412,466
missionaries in iii 390; ii 45,95
missionary work in ii 478,527
up to Siamese year 809, history of the rulers of - v 55
history from 813 to 899 v 105
history in year 905 - v 160
history from 906 to 911 v 537
history from 912 to 918 vi 179
history from 913 to 926 vi 268
history from 927 to 944 vi 321
history from 945 to 948 vi 396
history from 949 to 951 vii 50
history from 952 to 999 vii 543
summary of history of xx 345
visits Penang, bishop of v 147
calls himself brother to emperor, the king of - v 128
man from Amoy, king of ii 535
ship "Conqueror" from vi 256
mission premises burned xx 111
mission labors in - xv 80
missionary dispensary in v 444
issues edict against opium viii 125
Spanish treaty with viii 107
in 1725, ships built in viii 259
inoculation succeeds in viii 384
era used in xix 1; v 55; xviii 1
ambassies from - xiv 155
travels in - - xvi 335
list of works on - xviii 23
cholera in - xviii 504
climate of - xiv 339
rising among Chinese in xvii 373

Siamese do not worship Queen of heaven - - ii 218
New Testament in i 233,467
romance - - iii 505
tribute-bearers iii 192; iv 103
envoys in Canton, house of iv 190
character of the - i 76,466
nobles building ships - v 235
general view of the xiii 169
type in preparation for v 91
tribute-bearers in 1837 vi 208
medical skill among the vi 128
education among the vii 308
language, Jones' grammar of xii 281
laws respecting idols xix 548
habits and dwellings of vi 55
American treaty with vi 391,387
year answering to 1851 xx 1
See *Bangkok, Meinam, Bradley.*
Siberia, Erman's travels in xx 18
Swan and Yuille in - i 243
Sickness allowed to officials v 96
and epidemic in Canton xiii 280
Siebold (Dr.) writings of ix 293
Sigarilhos made by Chinese ix 638
Sign manual of Chinese iii 489
Signboards not to be in English viii 42
Sikhs on west of China - v 211
incroach on Ladak - v 267
Silhet, town of - - v 53,97
Silk exported in 1845 xv 386,400
growth and manufacture of xvi 224
made at Súchau - xiv 586
exported in 1845 - xv 386,400
in Shunteh near Canton xvii 428
rearing worms for xviii 303
worm, discoverer of the ii 485
Arabs trade in - i 9
accident to a weaver in v 40
proposal to restrict - vii 312
mercer at Yedo, rich ix 490
weavers in Canton - xx 506
exported, amount of raw xiv 401
Silver mines near Peking xiv 169
exportation of - vi 304
in Japan - - vi 558
present value of - vii 272
imported into Manila viii 173
transported on asses xx 443
sent to China from U. S. xii 517
increasing in value - v 398
Sinæ mentioned by Ptolemy iii 108
Singapore, founding of ii 401,407
seek books, Chinese at i 107
population of ii 45; iv 206
schools at - - iii 387
position and harbor of - iv 206
Institution, Raffles on iv 524
newspapers at - - v 151
schools at, report of v 237
Agricultural Society vi 159
Institution a failure - vi 97
schools, report for 1836 of vi 102
Bornese visit - - iii 388
courts in - - vi 153
Tract and Book Society vii 111
examined, schools at vii 548
missionaries at - - v 91
Institution, report of x 34,53
Brown on schools in - x 575
called Sih-lah - xiii 574
lighthouse to be near xv 102
secret societies at - xv 400
Singkong or Chiu-kiáng x 266
Singphos in Assam - v 99
tea in the country of the v 210
lie east of Sadiya - v 52
mode of curing tea by viii 155
Singkamong or Sinkia mun ii 58
survey of - - x 264
Sinim, meaning of the word ii 177
probably means China xiii 113
Sinologues in China - xi 158
in Europe - - viii 55
names of - - v 148
Sintoo worship in Japan ii 320
extensively followed iii 202
Siogoun of Japan - ii 319
power of - - x 11
called the *kobu sama* ix 305
usurps power in Japan iii 195
Skins and furs brought ii 470
Skottowe, conduct of Mr v 129
Slavery, Biot's essay on xviii 347
officer condemned to - i 159
women sold into - i 292
persons can be redeemed from i 344
parents selling children to ii 48
and slaves in Formosa v 480
recognized by law - vi 52
in Hongkong forbidden xiii 109
Slaves in Siam - xiii 169
of Russians in Khiva ix 112
called Páu-i - - iv 185
in Borneo - - vii 187
Tartars called xiv 162; x 235
among the Japanese - iii 194
way English freed their xx 191
Small-pox raging in Canton ii 37
modified by vaccination ii 39
at Shánghái - xix 392
in Siam - - v 60

Smalts brought to China ii 470
Smith (G.) sermon on missions xv 234
notices of Fuhchau xv 185
goes to Shanghái - xv 248
appointed Bishop - xix 56
returns Bishop of Victoria xix 232
goes to Lewchew - xix 623
interview with Sü Kiyü xx 247
sends agent to Jews xx 437
(Capt. H.) attacks Barrier ix 237
notes respecting Hyacinth viii 543
in command at Amoy xi 295
catches pirates - xi 585
notice to blockade port viii 270
notice suspending blockade viii 271
fights at Chuenpe - viii 490
two notices on blockade viii 496
receives Mr. Abeel - xi 505
(G.H.) on opium smoking xi 587
(E.) and Dwight in Armenia ii 118
Smuggled goods half forfeited ii 69
opium and smugglers caught iii 487
boats when to be examined iv 28
Smuggling, remarks on vi 508
official report to prove vi 103
memorial on - - vi 473
opium, case of - iv 28
Pottinger's letter upon xii 271
forbidden by Pottinger xii 224
stigmatized by Pottinger xiii 52
Elliot's account of action on xi 263
Lay's note on - - vii 143
Parker's note on - xx 469
Lü's seizure and order on iii 487
regulation against - iii 580
on frontier of Ili - v 361
no excuse now for - xiv 43
seizure in Macao for ix 111
Ki Kung's reply upon xii 272
and lotteries forbidden xii 334
rewards for seizing - iv 48
Smugglers, seizure of - xi 239
killed at Whampoa - xi 183
proceedings of - viii 496
rewards for seizing - iv 48
capture of - v 47,384,432
Snow in Canton xi 187; iv 487,581
praying in Peking xiv 199; iv 582
notion respecting - x 50
comes in answer to prayer xv 222
Snow (P.W.) boat stopped viii 648
remarks on conduct of viii 458
conduct canvased - viii 461
defense of conduct of viii 538
leaves for United States ix 328
Soap, substitute for - ix 335
Societies in China, secret i 31
tract on three religious xvi 381
sending missionaries xx 513
trouble Chin. gov't, secret vi 157
Society for Diffusion of Useful Knowledge, books of ii 329
in China, formation of iii 378
in China, 1st report of iv 354
in China, 2d report of v 507
in China, 3d report of vi 334
in China, 4th report of vii 399
in China wants funds x 53
transferred, funds of xv 56
Sodomy punished capitally ii 107
instance of - - iv 104
condemned by all - xx 92
common among officials ix 321
Sogdiana called Kángkü xiii 567
Soldiers, rations of common xx 54
in Philippines, wages of viii 246
Kánghí's opinion of - i 264
not to go to another province i 312
in Canton, a tall - iii 48
at Chápú, Gutzlaff sees ii 31
condition of - - ix 130
taken from Factories viii 18
enlisting of volunteer ix 167
a brave - - - - x 41
character of Chinese x 514
near Canton, patriot - x 350
are of little use - xi 390
outrages of foreign - xii 70
Manual for - - xi 487
savage and undisciplined xii 3
held in little respect xvii 27
a review of the - xviii 231
pay and allowances of xx 414
receives Stevens, guard of iv 320
Sorcery among Malays vii 268
forbidden in the Code ii 101
Soul in Chinese, name for xix 611
is material and mortal ii 112
man has three - xv 42
anomalies respecting the xviii 379
is not called *shin* xix 116
goes out of the roof - ix 618
South Seas, U. S. Expedition vi 546
Southwell, (B.) arrival of xvi 464
notice of death of - xix 333
Soy described - - ii 470
Spalding (P.) arrival of xvi 464
obituary of - - xii 334
Spanish trade to Macao - i 403
ships can go to Amoy - ii 294
possessions in the East ii 350
discover Lucoma - vi 171

30

settle in Formosa - ii 404
governor, colonies of and vi 257
rule kindly - - ii 400
legation, members of xviii 12
ambassy to Timur - iii 113
and Dutch altercations vii 77
go to Japan - iii 208; vi 460
governors in Luconia vii 290
conquests meditated vii 463
colonial history to 1677 vii 525
governors at Manila viii 101
make treaty with Zebu vi 178
envoy S. De Mas - xiii 56
legation to China - xvii 373
trade to Acapulco · viii 171
interference in Súlú viii 247
envoy Halcon viii 496
ships to be limited - ix 54
See *Manila, Philippines.*
Speer, arrival of W. - xv 624
death of Mrs. - xvi 208
death of the daughter of xvi 415
Spelter brought to China ii 470
not to be exported - xi 12
Spider I. size of - - xii 412
Spies in Japan - - x 15
Spirit (Holy), term for xiv 102; xvi 30
Spirit, proper word for - xv 163
inquiry as to best word for xvi 351
Manchu word for - xvii 307
Inquiry into word for xix 478
queries on term for - xiv 145
Spirits, the disbeliever in xx 140
and genii, ideas respecting xvii 285
of believers in heaven iii 279
and genii believed in xi 202
not gods, Chinese shin are xix 197
of the dead, fate of - xx 88
of a man in hades - xx 210
Spirits, ardent, forbidden xv 433
invented by I Yin - x 126
recommended to be imported vi 66
used among the Tartars xviii 631
drunkards from - xvii 475
found at Chusan - x 501
much used in Siam - xiii 215
denounced, use of - xv 434
not to be made at Hongko. xiii 273
cause broils - - i 314
Chinese description of xiii 106
among the Japanese ix 294
or samshoo - - ii 423
constituents of ardent v 289
not in ships - - v 256
when discovered viii 397; vii 85
compared with opium ix 147
Spring, festival of meeting the xiii 138
pasted up, word - xx 87
Spring hot at Yungmak xviii 86
at Fuhchau - xv 200
Square I. on way to Shánghái xii 427
Squirrel, flying - - vii 91
St. George's I. on coast xii 421
St. John's I. position of v 344
Xavier dies at i 430; xii 264
Argyle crew land near iii 478
Portuguese land at - i 399
St. Joseph's college at Macao i 403
St. Paul's church burned xi 81
notice of the church of iii 485
St. Thomas, Le Comte speaks of i 265
reported travels of xviii 485; i 448
came to China - x 303
not in China - - xiii 470
went to Malabar - xvi 154
Stanhope, speech of lord ix 251
Stanton (V.) seized by Chinese xi 527
in prison - - - ix 337
proceedings respecting seizure of - - ix 234
merchant's apply to release ix 532
Kishen liberates xi 528; ix 646
visits sick in Hongkong xvii 376
returns to China xiii 46
attacked near Canton xiv 150
Starboard Jack near Kewsan x 253
Star-fish described - vi 410
Stars, genii in the - vii 510
worshiped by Chinese xx 90
deified and worshiped xiv 233
names for the five xiv 64
in the milky way xx 212
Statesmen in China, life of xi 610
notices of several - xii 328
career of many - iv 59
in command of troops xi 293
retirement of Chin Johlin i 32
Lú Yinfú, cabinet-minister ii 144
Anming of Board of Rites iv 488
death of four high - iii 578
Pihchang degraded, the ii 335
Tohtsin, death of - iv 487
Sung allowed to retire iii 96
Sung restored to rank i 208
Sung worshiped in Ilí iv 488
Fútsiun a cabinet-minister iii 96
Juh-láng-ah, a general i 511
Shing Sz'pun degraded i 511
in cabinet in 1835 iv 200,475
Oshunan degraded - v 46
Yang Mingyang dismissed v 480
Pihchang in Ili - v 363

Yang Yuchun, eulogy on vi 255
Tsang Wangyen's memorial viii 561
Hú Chau offers his services xi 454
Teh-i-shin degraded xi 681
Wáng on English war xi 389
Kungming an ancient xii 126
Chin Chungmin, acts of xiii 247
Chuh's idolatry - xv 474
Shú, prefect of Ningpo xiii 16
degradation of Shú, a xiii 29
Luh, a tautái at Ningpo xiii 132
Luhning, a martial xiv 168
Niú Kien's degradation xii 329,470
Páuhing's retirement xviii 668
See *Chángling*, *Kiying*, *Lin*, *Ching*, *Tang*, *Yuen Yuen*, *Kishen*, *Sü*.
Staunton (Sir G.) translation of Code by - - ii 10
remarks in parliament iii 130
sees Kienlung - - ii 347
on Chinese and Manchu xiii 291
extracts from translations of xiv 71
ambassy to the Tourgouths iv 420
on population of China i 349
translates *shin* as spirit xvii 299
on war with China - ix 247
remarks on the speech of ix 417
favors medical missions xii 201
on word for God - xviii 607
Boone's remarks on xix 349
remarks on trade - v 248
on infanticide - - vii 55
on opium trade - - xx 483
notice of presents - vi 21
account of Chusan - ix 102
Staunton (Sir L.) Ambassy to Peking - - ii 337
account of throne - xvii 228
Staveley (Gen.) returns xx 110
arrives at Hongkong xvii 56
Stead, death of Capt. x 291,182
death, village burnt for x 638
Steamer Jardine in China iv 436
to China, meeting for vii 335
Midas arrives - xiv 248
Lady M. Wood brings mail xiv 400
Queen, Pottinger goes in x 523
Queen fired on - xi 528
running on Canton river xv 278
building by Chinese xvi 104
Canton arrives - xviii 112
between Ceylon and China, monthly line of - xv 619
arrive, war - - ix 221
Chinese describe a - x 520
of the P. & O. Nav Co. xv 621
Chinese lose the war because they have no - xi 455
Steel imported into China ii 471
Stevens (E.) seamen's chaplain i 243
preaches at Whampoa - i 296
goes up the Min - iv 82
voyage in the Huron iv 308
obituary notice of - v 513
Stockfish brought to Canton ii 471
Stone for building at Canton ii 196
used in furniture - xv 472
used for flagging - iii 88
cases of operation for the xiv 542
removal of several xvii 134,544
Storehouses of Japanese ix 370
Storm cup explained - xvi 461
Strangulation or silken twist vi 53
of a woman - - i 159
description of a - vi 608
Streets, charms put up in the xx 86
flagged with bricks xviii 242
combining for safety xvii 360
of Shánghái - xvi 540
in Canton - - ii 158
in Peking - - ii 436
in Canton, two - iv 45
well filled with things x 473
in Chángchau - xii 529
at Maimaichin - xx 23
in Fuhchau - xv 188
guarded at night - xvi 61
Stronach, obituary of Mrs. xvi 177
report of schools by xi 176
Study, rules for - - iv 117
of Chinese, plans for viii 338
Sü Amun shot at Canton xiii 334
circumstances of death of xiv 487
depositions respecting xiv 526
provision for family of xv 306
Sü Kiyü judge in Canton xii 328
Geography, a review of xx 169
on *shin*, extract from xix 457
authority on use of *shin* xix 596
on Syrian monument xix 458,648
stanzas to Bowring - xx 169
on *shin* - - xx 247
made judge in Fuhkien xii 333
sees respecting residences xiii 168
in advance of countrymen xv 216
Sü Kwángtsin at Canton xvi 207,268
replies to Hoglane shopmen xvi 258
praises the levy of troops xvi 258
forbids petitions to be put in his chair - - xvi 268
succeeds Kiying as gov.-gen. of Two Kwáng - xvii 373

note on transit duties xvii 264
memorial respecting cassia xvii 652
sees J. W. Davis xvii 543,596
visits U.S.S. Plymouth xviii 110
proposed tablet to xviii 334
note to Bonham on entering Canton - - - xviii 220
praised by the people xviii 168
honorary portal to - xix 568
memorial upon the banditti xix 619
notes to Macao council xviii 535
reply to Macao council xix 50
requested to remove traders xix 675
made a viscount - xviii 280
letter to Bonham on Medea xix 164
ordered to remain in Canton xix 343
reply on warehousing tea xix 407
to appoint an intendant xix 674
approves defending Canton xix 220
meets Bonham at Bogue xviii 112
reports victories - xx 287
letter to Dr. Parker xx 161
receives a remonstrance xx 165
letter on smuggling xx 470
extolled by the Cantonese xviii 168
See *Canton.*
Sü (Paul) Apology for Jesuits xix 118
and his daughter Candida xiii 539
Sú Tungpo, works of - xi 132
extract from - - vii 106
story of the sister of xx 206
distorted genius, case of x 554
Subscriptions, how levied xv 415
emperor pleased to take ii 47
people make - - vii 230
returned by officers, two xix 391
Substitutes for murderers iv 413
several cases of - xx 56
Succession, curious case of xx 54
regulated in the Code ii 61
to the throne - iv 13
in Japan, case explaining x 78
laws relating to - xviii 351
Súchau fú, statistics of - xi 216
Shánghái is the port of ii 551
Fortune's visit to - xvi 572
visited by I. Hedde xiv 584
soldiers in and near xi 475
Sugar extensively used ii 471
exported from Cháuchau ii 532
not to pay double duty xviii 662
grown in Ankoi kills iv 77
Sui dynasty, time of the x 144,146
Suicides of a cottager - i 80
of a son from revenge i 511
of chancellor Le ii 480,569,575
of a woman at Peking iv 220
of four girls - - ii 190
of a mother and daughter ii 528
means of recovering a xvii 191
by swallowing salt & water xiii 409
by opium at Shánghái xiii 413
of Wáng Ting reported xi 456
of two dissolute persons i 291
of a literary examiner vi 352
attempted - - viii 496
among the Japanese - x 72
of Yükien - - x 588,680
the lovely - - xx 128
people are not to commit xviii 668
among the Chinese xx 156
of soldiers - - xiii 66
at Ningpo - xv 344
at Fuhchau, cases of xvi 514
Sükiá Hwui, Romanists at xvii 477
Sulphur obtained in Japan iii 153
voyage of the ship - xii 498
Súlú, Alimudin prince of viii 247
Sumatra in Indian Archipelago ii 390
notices of - - iii 307
James I. sends to Acheen in ii 404
English attacked in - ii 406
nations in - - - iii 315
notice of the Battaks in viii 575
traits of the Battaks in v 333
Lajabalus, a place near i 11
Summers (J.) at Macao xviii 603
Sundials of the Chinese xx 30
Sung accompanies Macartney iv 61
worshiped in Ili - - iv 488
restored to rank - i 208
allowed to retire - iii 96
Sung dynasty, emperors of x 155
build up Canton in the ii 151
Twantsung, last of the ii 116
literature flourished in the iii 59
history of the Southern xi 529
Jews came in the - xx 457
patronize education xviii 69
Chú Hí, a scholar of the xviii 187
personages of the - xx 149
Sungaria, now called Ilí i 117,170
government of - iv 286
a colony of China - v 207
borders of - - vi 29
Sungkiáng, disturbances at xviii 333
Sunshing imprisoned - iii 331
See *Hingtai*, *Hong-merchdnts.*
Supremacy of China denied xii 105
a cause of war, asserting viii 623
Adams' remarks on - xi 280
absurd claim of - xii 2

Pottinger's note on - xii 105
exhibited in an edict xi 261
arrogated by emperor iii 359
Superstition and idolatry ii 327
respecting spirits xvii 289; xv 477
respecting madness xvii 191
respecting a triplet birth i 208
about black lines in Canton iii 576
respecting an arrow on the flagstaff - - xiii 503
about church at Amoy xviii 445
and delusions, waning of i 408
about Gov. Amaral xviii 540
of seamen - - i 91
about personal charms xiv 230
respecting ghost of Li ii 575
respecting emperor's uncle ii 380
of Hindus about Asam v 97
prohibited in Code - vi 53
of the Malays - - vii 265
respecting epilepsy viii 632
and a Budhist prophesying viii 263
and sorcery of Táuists xi 203
of the Chinese, Thoms on xx 85
respecting a dead hero xiii 257
See *Idolatry, Idols.*
Surgical operations at Canton xvii 372
knowledge of Chinese small vii 38
See *Ophthalmic, Med. Miss. Soc.*
Surveys of coast - - x 686
by the Jesuits - xiii 545
See *Sailing, Collinson.*
Surveillance of Chinese gov't iv 11
is everywhere felt - iv 136
Swanpan or abacus of Chinese ii 446
Swedish trade to China ii 295
ships few at Whampoa i 211
traveler, Osbeck a - xvi 136
commissioner Liljevalch xv 10
Swindling, case of - xx 287
Sword, Parker's sermon on the death of Mrs. - xiv 377
Swords made of cash xiv 229,231
Sycee, edict respecting - vi 208
discussion on law regarding ii 383
seized by Gov. Tang vi 208
is estimated, how value of ii 445
in 1837, export of - vi 304
compared with dollars xv 471
is high in price - vii 280
officers alarmed at loss of xi 259
forbidden to be exported xi 21
exchanged with silver xii 397
memorial respecting - vi 474
Sydney Directory, notice of iii 185
Syle's teacher, mistake of xix 473
Syrian monument at Si-ngán i 44
finding of the - - xvi 160
translation of the - xiv 202
corrections in the text of xix 252
comments by Sü Kiyü xix 458,648
referred to in an edict xix 567
description of the - xiii 471
chronicles on missions xvi 154
See *Nestorian, Monument.*
Sz'chuen, topography of xix 319
towns in - xix 394,672
bounds of - - xiii 499
in 1836, officers of - iv 482
in 1845, officers of - xiv 98
in 1833, insurgents in xi 17; ii 48
troubles with tribes in ii 144
rivers running through ii 317
military operations in ii 432
riots in - iv 48; xi 128
barbarians in - ix 168
trouble in - vii 230; vi 448
road through - - ix 36
troops placed in - xx 380
meaning of the name iv 53
Romish missions in xiii 581
horrible massacre in - x 607
Sz'má Tsien, a historian iv 117; iii 60
and his father Sz'má Tán ix 210
time of - - - x 138
Sz'má Kwáng, notice of life of ix 274
time of - - x 152
Ta Tsin thought to be Egypt by some - - i 9,45,450
supposed to be Judea xix 458
is the Roman empire xix 650
Taberd's Annamese Dictionary, notice of - - viii 513
Tablets of imperial family xiv 131
an ancestral - xviii 381
Taichow group of islands xii 417
Tai-shan, island of - x 270
Táishán I. near Chusan x 270
Tajiks or aborigines - v 268
where dwell the - vi 88,120
Tákú, village on the Pei ho i 134
Gutzlaff's detention at i 190
not on the seashore - xi 94
Kishen sees Elliot at ix 419
Talbot (W. R.) letter to Gov. Tang respecting ship vii 439
reiterates his statement vii 451
Tallow tree, Le Comte on i 259
description of the - v 439
Gutzlaff's remarks on the viii 91
found at Chusan x 430
quantity made from the xx 422

31

Tang Tingching arrives as governor-general - xi 187
memorial on Elliot's request xi 242
to hong merchants on opium vii 345
pasquinade against - x 173
sent into banishment x 424
reports the fall of Amoy x 443
emperor's opinion of vi 48
is nominally degraded vi 208
reply to Elliot's application xi 197
will not receive letters xi 248
makes half advances xi 250
still orders Elliot through the hong-merchants - xi 251
wishes Elliot to send off ships xi 257
injunctions upon opium ships xi 259
reply respecting execution vii 449
proclamation on opium vii 498
superseded by Lin - viii 552
goes to review troops vii 336
reöpens his office - v 3
reäppointed to office xiv 244
was bribed, what if - v 130
replies concerning tariff v 180
Tang Shun's paper on war x 531
Tang Tingtsai, prefect of Ningpo - - - - x 685
defends the city - x 676
Táng dynasty is famous ii 113
personages during the xx 143
slavery during the xviii 349
favors education - xviii 66
list of the emperors of x 148
empress Wú of the - iii 543
with Tibet, relations of the i 174
histories of the - iii 61
founder of the After - xi 529
bank bills of the - xx 293
Nestorians come in the xiv 226
Tangnú-Urianghai tribes xiii 576
belong to Uliásutai - xx 65
tribes are under Kúrun xx 320
tribes, divisions in - xx 336
Tangut, a name for Tibet i 173
once a large kingdom xix 565
Tankia or Tanka boats - ii 307
Tapir of China - vii 46
Tarakai or Sagalien I. xix 296
little known of - xii 278
Tarbagatai, bounds of xiii 575
forms a part of Ili - i 170
notice of - - ix 120
expenses of - xix 674
depends on Yarkand iv 200
chief town of - xx 67
troops over tribes in xx 322
Tariff, the new English xii 393
correspondence respecting xii 35
proceedings connected with xii 95
duty on ginseng in the xii 632
and transit duties, communication on - - xiii 52
of transit duties at Shauchau viii 146
for United States goods xv 262
on cottons correspondence on v 181
altercations respecting the v 128
altered in American treaty xiv 555
not to be altered - xiv 42
must be carefully studied iv 448
a matter of arrangement vi 530
can not be ascertained iii 425
Tarim river in Ili - i 171
Tartars drive out the Sung iii 59
Yoh, a foe of the - xx 150
pope sends friars to the iii 110
a chieftain of the - xviii 630
described, inn of the xix 653
whence originated - vi 166
travels among the Manchu vi 290
discouraged, learning among vii 175
cost of military rule of v 144
called Kitans - - vii 357
punished, two nobles of the ii 384
do not use family names xii 21
general of Canton - ii 205
battles with the - vii 383
college of the - iv 124
or Ta-tsi in Kirin - i 115
cheese of the - ix 506
make inroads upon Sung xi 532
tribes and leagues of xx 62, 336
See *Mongols, Manchus*.
Tartary, towns in Chinese xii 233
often changed, names in xx 175
name given to - xiii 575
misapplied, the name - i 113
Nestorians have converts in ii 114
Táukwang, birth of - xvi 104
coronation of - - x 87
date of ascending throne ii 128
the title of the emperor i 205
for rain, prayer of - i 236
personal appearance of xiv 167
cause of the nomination of xiv 519
remits debts due - xiv 492
did not go to Moukden xi 296
notes on Chuenpi battle viii 486
obsequies of - - xix 676
son dies from opium i 186; iii 133
reign not prosperous iv 295
name held sacred - iv 474
observed, birthday of v 210

death of cousin of - v 432
approaches 60 years vii 392
letter to king of Ava ix 456
rescript on Imogene's attack iii 336
rescript on Imogene's retiring iii337
mandate against opium iii 487
assents to treaty of Nanking xi 629
makes his son a nephew xv 222
Yihtsung, a son of - xv 322
two sons of - iv 584
uncle dies - - i 380
brother disgraced - vii 280
son Yihhin born to - xi 16
sons of - - v 576
family written in register xiv 131
family of - - xii 23,27
death of - - xix 165
last will of - - xix 283
See *Emperor, Imperial.*
Taverns numerous, - iii 468
poor, accommodations of ix 485
or inn of Mongols - xix 653
Taxes should be paid up i 312
Arab travelers account of i 12
to be remitted in 1835 iv 344
paid in kind and in money ii 68
abolished by Kanghi, poll i 355
asked, delay in collecting xviii 90
mode of estimating xix 106
on land - iii 121 ; ii 66,67
levied on trade through the
hong-merchants - vii 157
in Canton paid in money vi 596
remarks of officers on vi 594
arrears of - - vii 230
made in Cochinchina xvi 593
Nánhai chihien calls for xviii 664
frequently remitted - xix 114
unavailing attempt to force xix 229
Tchahars of Chihli - xviii 657
Tchinsinna I., position of xii 423
Tea mentioned by Arabs i 12
description and culture of viii 132
carried through Kansuh i 383
mentioned by Le Comte i 259
described by Semedo i 477
shrub, Osbeck loses his i 223
shrub grown in Honam iv 189
hill in Ankoi, visit to iv 73
described in China Opened viii 91
ode on picking - viii 195
different sorts of - viii 149
with China, trade in v 288
export to England of - v 158
found in Asam vii 176 ; v 102,210
the ordinary drink in China ix 101
cultivated in Assam ix 112
duty first levied on - x 148
houses in Nagasaki - ix 372
carried over the mountains xiv 200
collected by monkeys xvi 23
plant, only one kind of xvi 583
Chinese account of xviii 13
grown at Fuhchau - xiv 304
in Assam cured in baskets v 102
exported in 1836-38 ix 191
in 1845, export of - xiv 401
in 1846, export of - xv 386
cultivated in United States xix 511
Cha King, a Memoir on vii 44
expenses of transporting iii 131
estimated, damages on vi 332
not to be sold freely - vii 313
chemical analysis of xx 466
compared with opium xx 555
in Russia, brick viii 155 ; xx 19
sect, edict against the xiv 75
from Kiakhta, export of xiv 283
and rhubarb smuggled from Ili v 361
manner of packing xvi 139
plan to have warehouses for xix 406
trade in Russia - xx 19
Teachers, wages of - vi 237
any person can be a ix 287
See *Schools, Education.*
Telegraph explained - xx 284
Telescope, a Chinese paper xii 111
Temperance not fashionable vii 84
arguments for - v 289
ships becoming common v 256
Temples differ from pagodas i 221
sometimes confunded with
pagodas - xix 535
numerous in Siam - xvi 343
in Canton - - ii 254
in Canton, worship at a viii 484
many in Peking - ii 483
foreigners may visit Honam iii 583
at Meichau to Tienhau ii 563
on Kokram I. - - i 86
in Peking, fine - ii 402
at Shánghái - - xvi 550
of Polo near Whampoa xviii 162
at Changchau, an old xii 528
to be built at Hongkong xii 549
rebuilt at Canton - xii 278
at Ningpo to Tungyoh xiii 82
called joss-houses - i 221
residence in a - xiii 33
near Ningpo - xvi 576,118
at Lewchew - xix 31
of Peace in Peking - ii 189

at Tinghái, various - x 489
at Miako, a large - iii 204
of Ma-tsú pú at Macao ix 402
among Japanese - ix 371
in China, form of - ix 484
at Kiakhta - - xx 27
of the Nestorians - xix 642
near Canton, Jling - xv 319
in Siam of the Budhists xiii 177
or wats in Siam - vi 57
Tengkiri Mts. the eastern part of the Tien shan - i 172
lake in Tibet - - i 177
Ternate, Javanese go to ii 401
inhabitants of - - vi 307
De Britto settles in - ii 399
Spaniards at - - vi 262
Terranova put to death in 1821 ii 423
circumstances of trial of v 223
Teshu-h'lumbu in Tibet ix 28
or Chashi-lounboo - i 173
Theatre burnt at Canton xiv 335
performance at Ningpo xiii 37
play performed on a xviii 113
farce performed in - vi 576
actors in Peking at a viii 525
of the Japanese - - ix 503
at Kiakhta - - xx 25
in Macao, cost of plays at a xx 89
Theology of the Classics ii 311
Romish school of - viii 331
of the Chinese, Medhurst's xvii 414
given in the Santsz' king iv 107,111
Theos, meanings of the word xvii 107
used in Homer - xix 196,602
objects to be had in view when rendering - - xix 90
thoughts on term proper for xix 185
Thieves reported as caught i 79
carry off a great seal v 239
to be expelled houses i 295
arrested by an Englishman i 215
See *Robbers, Banditti.*
Thinæ, Arrian's notice of iii 107
in the middle of the earth xx 74
Thom, (R.) obituary notice of xvi 242
Chin. and Eng. Vocabulary xiii 98
Esop's Fables - - ix 201
sent to have a parley x 538
Resentment of Miss Kiáu viii 54
goes into Canton - viii 436
account of visiting Amoy ix 222
report on assay of coins xiv 246
letter to Besi - xv 261
distributes rice - - xvi 26
assists Julien - xvii 576
Thoms on Chinese vases xx 489
on Chinese customs xx 85
Thread, gold and silver ii 471
Throne at Yuenming Yuen ii 497
called the dragon throne iv 406
succession to the - iv 13
appearance of the - viii 524
Thunberg on smelting copper ix 100
Thunder in 10th moon is bad i 344
and lightning, storm of v 528
temple to god of - viii 229
account of god of - xix 312
See *Ty foon, Meteorology.*
Tí or emperor, definition of ii 309
list of beings called xvii 213
does not refer to nature xix 639
and *shin* differ, how xix 631
objections to answer to xvii 231
meanings and titles of xvii 78
reasons for not employing xvii 73
what it is generic of xix 92
reasons for using - xix 186
not a generic of god xvii 60
Chinese do not worship xviii 101
is to be defined by note xix 432
Am. Bible Society on xx 217
Tiáuchau mun near Chusan x 257
Tiáuhwá shán, an island x 259
Tibet, the Chinese rule in iv 286
general divisions of xx 68 ; i 173
tribute bearer from - iv 200
divisions of - ix 132; iv 58
Dictionary, Csoma do Körös iii 185
envoy from - - iii 144
Csoma's Grammar of the iv 40
notice of Balti or Little vi 28
statistical notice of - vi 494
residents changed in v 47
with Butan, relations of viii 548
Chinese work on - ix 26
geographical notice of xiii 505
bounds and towns of xiii 574
from Ladak, road to xii 238
Huc travels to - xviii 624
Huc's travels in - xix 665
envoy to Nipal goes through vii 231
access through Burmah to v 286
Rohemah, town in - v 53
scene at Shigatze in - vi 489
height of the plateau of xx 75
troops in - - xx 340
commissary at H lari in xix 674
Mayuen fights tribes in xviii 498
lamas go to Peking from xviii 663
Tiéchiú dialect, Lessons in xi 389
See *Cháuchau fu.*

Tien synonymous with *ti* xvii 122
called on in trouble xv 42
formation of the word xvii 629
or heaven, material or no xviii 344
who is the being called xix 352
same as Shángti - xvi 101
Kánghí on meaning of i 438
quarrel on meaning of i 434
and *ti* worshiped by Chinese xix 436
See *Heaven*, *Shin*, *Ti*.
Tien Kishih's opinion iii 304
Tienchú, remarks on word vii 315
may be used for God xvi 86
Tienhau or Queen of Heaven ii 218
mythology of - - x 84
Tienming, a Manchu chieftain ii 124
first Manchu sovereign x 595
manifesto of - - iii 521
Tienpeh or Tinpák, position of xii 322
coast near - - v 343
sailing directions near xviii 613
visited by seamen xviii 244
Tienshán or Celestial Mts. i 172
position of the - - xx 72
range of the - - vi 273
Tienshin proposed for God xx 248
used for angels - xiv 148
Tientsin on the Pei ho - i 180
to have a naval captain i 512
Macartney at - - ii 344
towns in the prefecture of xi 446
opium purchased at - xi 8
Lord Amherst at - xi 83
defenses at city of - xi 63
forts set in order at - xi 296
situation of - - xi 97
trade between Canton and xiv 162
position of town of - ix 325
between seashore and xi 95
Kishen waiting near ix 419
Kishen receives English near ix 411
defenses at - - x 686
Tientsz' or son of heaven ii 309
is *tensi* in Japanese - iii 157
Tiger, account of the - vii 596
the emperor compared to a ii 98
follows the fox - vii 322
attacks a boy - - xi 205
is much feared - viii 87
Tiles, manufactory of Peking ii 494
Time, legal divisions of ii 19
machines for reckoning xvi 62
divisions of year - xvi 16
Chinese modes of reckoning xx 426
among Japanese, divisions of x 216
clock for dividing - x 221
Timkowski's account of Peking ii 490
on Russian school - viii 408
notice of Manchu - xiii 291
Timur or Tamerlane - iii 447
career and conquests of vi 164
contemporary with Hungwú ix 397
arrested in his course ii 121
Tin, where found - - ii 471
Tinghái, map of the town of x 332
by Bremer, capture of ix 229
harbor and appearance of ix 101
Burrell made governor of ix 422
Cameronians die at xii 160
walls and streets of - x 489
is difficult, harbor of - x 260
latitude of suburbs of x 263
details of the capture of x 484
Jocelyn's notes of capture x 514
evidences of trade in - x 430
notices in meteorology at x 353
retaken by Gough - x 623
fire in suburbs of - x 515
made a free port - xi 119
Gough's notice of capture xi 60
manifesto of the people of xi 646
to Ningpo, distance from xiii 14
Bay near the Sea Dogs xiii 124
Bay, position of - vi 13
Tingqua made a kiijin, a son of ii 96
operated on for polypus v 39
death of - - vii 673
case of a relative of xix 254
sketches of - - xvi 209
paintings by - - ix 516
Tinker's, an island called the x 254
apparatus, economy of the iv 37
Tithing system in villages i 313
system and responsibility i 382
duties connected with i 389
system falls into disuse iv 222
Titles of emperors - ii 309
of reigns and monarchs ix 390
cannot easily be rendered iv 137
difficult to translate official ii 17
explanation of imperial iv 12
of the imperial family iv 184
conferred by emperor ii 432
of emperors used - x 138
Tobacco introduced into Java ii 403
manufacture of - ix 638
used by Siamese - xiii 215
early grown in China i 259
Toddy from the palm iii 270
Tohtsin, eulogy on - iv 487
political life of - - iv 61
To-ki I. and villages - x 373

Tolon-nor, a city in Chihli xix 655
belongs to Kaupeh tán xiii 449
position of - - xviii 618
Tombs, worship at the - i 201
care of the imperial - vi 496
near Canton - - i 217
usages when at the - i 499
ancestral worship at - xx 91
prayers at the - xviii 378
season for sweeping the xvi 59
near Canton, Moslem xx 77
See *Mausolea, Graves, Ancestors*.
Tomlin (J.) at Siam - i 26
journal of a voyage of i 224
and Abeel at Siam i 333, 466
school at Malacca - iii 138
report of school of - iv 389
Journal and Letters xviii 26
Tomlinson, death of col. xii 250
Tones, four sorts of iii 27; v 76
in Chinese, mode of marking xi 44
marked in all dialects xii 499
in Chinese, Thom on the ix 209
nice differences in the vii 57
and consonants utterable xii 598
in Siamese, something like xii 282
not easy to mark - xv 147
of word *ching* changed xiii 437
learner to disregard xvi 237
observed at Fuhchau xvi 519
in Fuhkien, sorts of - iv 174
marks to denote the v 29; vi 485
in the Fuhkien dialect vi 146
to be marked, seven - v 485
of characters are changed viii 355
confounded by foreigners xx 177
or cantus, nature of vi 579
in the Burmese, three ii 503
in Burmese and Shan v 74
Tongsan harbor a good one xiv 264
Tonnage dues, amount of xiv 44
on ships, rate of - xii 398
Tonsure was imposed, why the i 475
Topography of China - xi 44
of extra-provincial China xx 57
See *Geography, Provinces*.
Tortoise account of the - vii 255
shell, uses of - - ii 471
Torture is not allowed, when ii 108
is used to extort money ii 162
instances of - - iv 361
among the Japanese iii 198
each other, prisoners xii 605
in a yámun - - xvi 66
applied to Magaillans x 609
and punishment in Siam xiii 214
Tourgouths, ambassador to the iv 21
reference to the - - vi 2
of Edsinei - - xiii 571
I-yih-luh, or ambassy to the vii 118
Tournon's acts in China xiii 547
disputes with the Jesuits i 438
visited by Ripa - xvii 384
visites Manila - - viii 105
Tower-hill passage - x 261
Toy-book, notice of a - x 613
of stories, a - - vi 445
Tracts made by Romanists x 303
and books of Protestants xx 538
account of two - i 77
effects of distributing xi 190
translation of a Chinese xix 233
on Nourishing the Spirit xix 450
well received at Penang iii 228
list and synopsis of - xvi 369
distributed in Canton ii 286
of the Romanists - i 504
distributed in the Huron xi 131
distributed in Madura ii 571
are eagerly received - i 457
printed at Malacca - v 91
issued by Budhists - ix 506
distributed by Budhists xvi 65
distributed in Java, number iii 439
effects of giving away ii 23
Society notice of Am. xvii 649
distributed in Straits vii 111; v 287
synopsis of Milne's Two Friends, a - ii 283; xvi 380
distributed on the coast iii 244
joyfully received by Hing i 233
people seek for new - iii 249
Tracy (I.) notes at Singapore iii 387
and others at Singapore v 91
Trade with China valuable iv 523
with Canton, domestic ii 290
of Canton in 1752 - xvi 140
at Ningpo in old times xiii 355
with China, Thompson on iv 537
at Canton, errors respecting i 168
with China has dangers ii 473
at Canton, early - - i 366
on coast of China, early xi 279
once free with China i 456,253
of Canton, flags in the ii 294
people are desirous of ii 544
will not be allowed by rulers ii 547
with China, English free ii 355
consequences of free - v 157
in rice - - - - xi 18
with Asia, Lay on - vi 381
Gutzlaff's treatise on - viii 646

queries on - - vii 209
in the East, American vii 23
of E. I. Co. is viewed, how viii 615
suspended in 1834, British iii 192
of English stopped in 1833 iii 238
reasons for stopping English iii 326
regulations regarding the iii 191
eight restrictions upon the iii 579
suspended in 1838 - vii 437
reöpened in 1839 - vii 456
of foreigners stopped by Lin vii 633
reöpened by Lin - viii 15
new regulations of foreign viii 78
to be carried on outside viii 324
of British cut off by Lin viii 379
at Canton interrupted x 292
Pottinger threatens to stop xi 182
with China, on the British xii 513
act regulating British xiii 48
correspondence upon xii 33,94
regulations for the British xii 397
opened at five ports - xii 443
of Macao - xii 555; i 404
is really balanced, how the xvi 44
at Fuhchau, native - xv 210
at Fuhchau, sorts of xvi 522
in opium from India xx 481
affected by opium - xx 544
at Hongkong - viii 457
at Canton, articles of the ii 447
summary of foreign - ii 301
with China in 1834, total iii 130
tables for 1836–37 - vi 280
for 1844 and '45, English xiv 402
for 1847 and '48, English xviii 295
of exports in 1845–46 xv 386
of exports for 1849 xix 513
at five ports in 1845 xv 292
at five ports for 1846 xvi 314,356
at Canton in 1846, cotton xvi 47
dues paid on British ships xv 150
of Chusan Archipelago x 429
of Turkestan - xii 237
at Kiakhta - xiv 280
with the Indian Archipelago v 433
with Siam, obstacles to xiii 215
Singapore favorable for v 237
at Borneo, Brooke opens xii 185
to Japan from Shánghái xviii 327
in Japan by Dutch ix 304; vi 558
in Japan, internal - x 282
See *Opium*, *Commerce*.
Traitors, who are regarded as iii 137
Translation, principles of x 30
Marshman's way of - iv 251
remarks on modes of - iii 141
Morrison's style of - iv 299
difficulties in making a iv 302
style good for a - iv 396
of the Scriptures, committee on the - - xii 448; xviii 387
of some terms in the SS. xv 163
of Chinese books useful xviii 44
of Scriptures, principles of xx 486
from the Chinese by foreigners, list of - vii 114; xviii 409
of a tea ballad - - viii 196
of stories of girls vi 568; viii 345
of stories from Tsz' Puh Yú vi 445
of letter to Colledge - ii 274
of the San-tsz' King, or Trimetrical Classic - - iv 105
of the Tsien-tsz' Wan or Millenary Classic - - iv 229
of the Yú-hioh Shi-tieh or Odes for Children - - iv 287
of Hiáu King, or Filial Duty iv 345
of the Siáu Hioh or Primary Lessons v 81,305; vi 185,393,562
of a farce - - vi 576
of remonstrance on opium vii 391
of the Ko Doli Dzu Roko on Smelting Copper - ix 86
of instructions to soldiers xii 69
of Kiying's prayer - xx 43
of Chin Chungmin's memoir xiii 247
of a longevity screen - xiii 535
of the English treaties xiii 437,449
of the report of a Foundling-hospital - - xiv 177
of Kiying's memorial on Christianity - xiv 195,540
of an essay on illegal bands xiv 69
of Gov. Hwáng on life - xiv 436
of proclamation to foreigners xiv 495
of Kiying's letter to Forbes xiv 588
of Kiying's toleration edict xv 155
of Morrisons' epitaphs - xv 105
of a triennial report - xv 276
of a Budhistic print - xv 351
of a Confucian tract - xv 377
of prohibitions to foreigners xv 561
of Bp. Besi's warning xvi 246,506
of an edict in favor of Besi xvii 478
of proclamation not to misuse foreigners - - xvi 198
of essay against infanticide xvii 11
of Paul Sü's apology - xix 118
of the account of Japan from the Hai Kwoh Chi Tú xix 135,207
from the Siú Shin Ki on Gods of the elements - - xix 312

of passages from Chú Hi xix 373
of a tract called Nourishing the Spirit - - xix 450
of a prayer for rain - i 236
of Chú's exhortation - i 461
of Sing Shi Páu yen, a tract xix 233
of a tract on the mulberry xviii 303
of an exhortation to study the Siáu Hioh - xvi 510
of edicts of Lewchewans xix 72
Transoxiana, state of - v 268
taken by Genghis - ii 120
or Paradise of Moslems vi 162
Transport of grain to capital xvii 320
junks engaged in - xvii 534
Travancore, toleration in i 71
Travelers to China, early xvi 165
account of two Arab - i 6,42
in India, Fáh Hian - - ix 334
Sié, a Chinese - ix 22
Treachery of Chinese officers x 292
and lying of Chinese xi 508
shown in rebuilding forts x 527
of Yihshán respecting river xi 183
shown at Canton - x 119
Treason, definition of high ii 100
ten acts of - - ii 13
Treasurer or púching sz' ii 206
duties of the - - iv 279
proclamation of a - xii 448
Treasuries at Peking, five iv 185
care of the - - iv 552
Treaties with foreign nations published - - xiv 543
are to be attainable, how iv 547
with China desirable - iv 441
must one day be made v 520
China makes no ii 349
of commerce, Lord Napier on xi 67
Chinese said not to keep xii 9
China must make - ix 2
must be made at Peking vii 17
remarks on the - xiv 55
are observed, how the xiv 547
ought not to set limits xviii 386
disregard of the - xvi 264
do not give a right to enter the cities - - xviii 276
prescribe limits xvii 313,317
not broken at Fuhchau xix 462
between Burmah and China ix 188
between France and Hawaii viii 375
between U. S. and Siam vi 387
between Elliot and Kishen x 63
with Elliot broken - xi 579
between Russia and China viii 422
Treaty of Bogue, abstract of xii 556
in Eng. and Chinese, articles of the - - xiii 449
translation of Chinese of xiii 143
announced by Pottinger xii 391
Davis' remarks on the xv 63
Treaty of Nanking in English and Chinese - - xiii 437
circumstances of signing xi 519
exchanged at Hongkong xii 335
approved by emperor xi 629
Kiying's memorial on xi 571
particulars of signing the xi 573
three articles of the xii 35
ratified by Queen Victoria xii 167
translation of Chinese of xiv 26
discussion of terms of xiii 67
not fulfilled, stipulations of xiv 591
money paid according to xv 55
violated by Englishmen xvii 318
Treaty of Wánghiá, articles of xiv 30
in Chinese and English, articles of the - - xiv 555
notice of signing the xiii 336
date of signing, and remarks on the - - xiii 386
emperor ratifies the xiii 500
letter from Pres. Tyler on xiv 542
remarks on the phrase for United States in the - xiv 55,418
ratified at Washington xiv 247
exchanged at Canton xiv 590
act of Congress upon xvii 597
correspondence relating to xiv 353
Cushing's letters on the xiv 410
provisions of - - xx 162
two articles of the - xx 470
Treaty of Whampoa, articles of xiv 41
in French and Chinese xv 10
signing of the - xiii 604
exchanged at the Bogue xiv 400
Triad Society oppress emigrants ii 230
Milne's account of the xiv 59
notice of origin of - xviii 281
Hongkong ordnance against xiv 56
oppose the Siamese gov't i 24
emperor's note on the - i 30
instance of oppression by the ii 161
cause riot in Singapore xv 300
disturbances in China by xii 332
cause trouble in Cháuchau xiv 244
principles of banding in v 309
had a branch in Macao v 94
supposed to have fired the foreign Factories - - xii 332
See *Associations*.

Trial, outlines of the mode of ii 108
of sailors at Hongkong viii 181
announced to prefect xi 461
are simple, forms of - ii 211
Tribute from Corea - viii 575
English boats bear - vi 27
Davis' remarks on - xi 83
protected, bearers of xiv 154
Tringano on Malacca Peninsula i 226
Trinity church at Shanghái xix 464
opened for service xvii 373,487
Triumphal arches, what are i 167
put up by Sü, six - xix 568
Troops and ships in Expedition ix 221
in 1843, stations of the xii 18
in 1844, stations of Eng. xiii 10
near Canton in 1841 - x 240
review of juvenile - v 336
defending Canton in 1841 x 421
sick at Hongkong, English x 618
See *Army*, *Review*.
Troughton, piracy on bark iv 151
money recovered from the iv 248
seized, one who robbed the iv 295
aggravated piracy of the iv 522
no one punished for robbing v 131
Truce fired on, flag of - ix 221
of Admiral Elliot - ix 531
Trumball I. and anchorage x 263
Trusses sent for by Lin viii 636
Truth not observed by Chinese iii 527
Táukwáng sums up duty in v 192
to be seen in Gazettes xv 375
Tsáng Wángyen's proposal viii 560
letter to - - xi 389
Tsáu Tsau, famous acts of vii 235
the Napoleon of China i 107
Tseigh Is. number of - xii 415
Tsi dynasty, emperors of the x 144
a man of the - - xx 100,102
Tsi-tsi-har, part of Manchuria i 115
visited by Ides - viii 521
towns and divisions of xx 61
troops in - - xx 327
bounds of - xiii 564,576
Tsienshán or Casa Branca, troops at - - viii 505
Tsientáng, notice of the river xi 170
Tsin dynasty is a short one x 137
freak of the founder of - xi 437
destroyed feudality - i 327
gave name to China xiii 120
character of founder of ii 84
burns books, monarch of iii 5
legend connected with xx 197
the Eastern and After x 143,150
Tsing (or Ta-tsing) *dynasty* ii 122
emperors of the - - x 158
possessions of the i 32,112,170
laws of the - - ii 10
policy of the - xi 283
on the decline - - xvi 51
the Holy Wars of the xix 241
character of kings of - ii 356
instructions of emperors of x 393
copy schools of the Ming xviii 78
See *Kánghí*, *Kienlung*, *Táukwáng*.
Tsingpú, English attacked at xvii 151
trial of criminals from xvii 411
Lí replies on affair at xvii 310
Sámqua's note regarding xvii 319
Tsiompa or Cambodia - i 89
Tsiuenchau or Chinchew xi 656
Tsoling, meaning of office of xx 257
Tsoláng, duties of a - iv 280
Tsungjin fú, office of the iv 184
officers of the iv 478; xiv 77
who compose the - xii 24,59
account of the - xiv 130
See *Clan*, *Imperial*.
Tsungling or Onion Mts. v 268
called Karakorum - vi 28
Tsungming, piracy near xvii 487
notice of the island - xi 221
Harvey killed on - ix 640
prayer of people on xvii 365
Tsz'kí, skirmishing at - xi 496
visited by Gough - xi 180
attacked by British - xi 234
situation and capture of xi 498
accident at - - xix 464
Tú-sz' or feudal townships i 173
found throughout Ili xx 322
Tucker's address on diseases xiv 445
remarks on opium - xx 483
Tumors, removal of large vii 99
removed, several - xix 271
a Chinese cuts off a - xvii 143
Tung Yung peak on coast xii 412
Tung-ngán hien in Fuhkien xi 506
or Tong-on, sailors from i 23
northwest of Amoy - vi 12
Tungcha shan in Chusan x 372
Tungchau near Peking xi 87
Tungking, naval forces go to xx 378
missions in - - viii 329
or Tonquin, kings of viii 205
persecuted, college in viii 607
Kienlung interferes in ii 127
places on coast of - v 340
a name for Liáutung - xiii 577
See *Cochinchina*.

Tungkú, position of v 348
or Toonkoo, removal to viii 379
the anchorage of viii 328
men roasted at ix 648
near Tientsin xi 94
Tungkwán, district of xii 314
destroyed, village in viii 494
disturbances in vi 496
conduct of gentry in xx 164
robberies in xvi 368
14 murderers brought from v 48
Tungtsz' kau near Great Wall x 378
Turfan, notice of region of xii 236
belongs to Barkoul i 171,173
position of xiii 576
trouble in tribes of vii 230
is called Ho chau, part of xiii 565
Turkestan, prince Isaac of v 240
two states constituting v 268
government of iv 286
is the land of Nod i 413
also called Mogulistan i 42
called Sin Kiáng i 171
proposed name Jagatai for v 273
ten cities in xx 68
rebellion and misrule in v 363
Turks, origin and history of iii 256
are unlike Persians ii 182
settled in Peking ii 491
in Kokan v 269
Chinese name for xiii 577
rise of empire of the v 530
or Túrki, tribes of the vi 88
inhabit Túrkmania vi 123
Turmeric, a dye ii 472
Turnabout I near the Min xii 407
Turner's Sacred History i 342
upon old men in China ix 259
captivity among pirates iii 69
contest with a Chinese xii 360
Turon in Cochinchina xv 114
Tutenague, uses of ii 472
brought from Yunnan xiv 165
Tyfoons, Redfield's notice of viii 225
of August 3, 1832 xi 10; i 156
noticed by Le Comte i 252
of Aug. 4th, 1835 xi 130; iv 197
of July 26th, 1841 x 421
of Str. Nemesis in 1841 xv 452
at Hervey Islands v 43
on Japanese coast ix 294
at Lewchew iv 215
damage by the July x 620
pass over Macao xi 583
at Hongkong in 1845 xiv 495
of Str. Pluto in 1846 xv 445
at Chusan in 1843 xii 504
at Hongkong in 1848 xvii 540
on Tsungming, loss of life xvii 487
of Oct. 1848 on the coast xvii 594
at Shánghái in 1848 xvii 432
conduct of governor in a i 232
noticed in Court Circular v 192
described by Downing vii 331
Types, comparative cost of iii 248
used by Marshman iv 255
attempt to make Chinese iii 228
in Paris, Chinese iii 528
Dyer's proposal for ii 477
Dyer progressing with v 88
in Peking, movable ii 486
advantages of metallic i 414
Le Grand of Paris makes iv 42
made by Chinese, movable xix 247
specimens of movable xiv 125
font of divisible xiii 656
for printing Siamese v 91
made in 1278 x 154
Cole's Chinese metallic xx 281
Tyrant, Yeh Mingchi, a village i 247
execution of a village xi 21; ii 336
dream of the village i 343
Chinese government like a viii 616
Ubi or yam applied to islands ii 387
Uliasútai, a dependancy of Ili i 119
means Grove of Poplars xiii 577
divisions of xx 65
troops in xx 336
Yihsiáng, general at xii 234
Ultra-Malayan Asia vii 9
American influence in vii 61,207
Milne's view of iv 537
Unicorn or kilin, a charm xiv 231
account of the vii 212
seen by Confucius' mother xviii 341
solicited at marriages xx 87
United States Congress, act of xvii 597
consular directions of viii 459
consuls at Canton v 218
consular system for vi 69
division of consuls vi 77
consuls ought to do, what vi 497
expedition to South Seas vi 546
laws upon ships viii 458
Congress, resolution of ix 109
Senate, Tyler's note to xiv 354
writes to the Emperor, President of the xiv 542
consul, Wolcott appointed xv 224
duty of representative of vii 18
ought to evangelize China vii 63
claims on merchants of vii 157

unprotected, commerce of vii 172
in Chinese, terms for xiv 55
at Canton, two merchants of ix 240
See *Trade, American.*
United States Legation, formation of the - - xiii 167
in 1846, members of - xv 396
in 1847, members of xvi 11,415
in 1848, members of xvii 432
in 1849, members of xviii 12
in 1850, members of xix 16
in 1851, members - xx 16
United States' ships of war, treaty on - xiii 275; ix 240
Potomac arrives - xi 9
Peacock arrives - xi 11
Peacock at Lintin - i 296
Vincennes arrives - xi 185
Vincennes ordered away iv 438
Vincennes not receive orders v 155
Peacock arrives - v 44
Peacock and Enterprise ordered off and edicts to v 228,229
Columbia, officers of the viii 56
John Adams, officers of the viii 56
Columbia and J. Adams go viii 221
Constellation & Boston come xi 183
Constellation goes up to Whampoa - - xi 329
Constellation leaves xii 224
Constellation, officers of the xi 238
Boston, officers of the xi 238
Boston leaves China xi 576
Constellation visits Amoy xii 279
Brandywine, officers of the xiii 112
Constitution, officers of the xiv 352
Columbus, officers of the xiv 590
Plymouth and Preble, officers of the - - xvii 488
Plymouth visited by Sü xviii 110
Preble visits Japan xviii 224
Preble at Lewchew xix 67
Dolphin goes to Formosa xviii 391
Vincennes salutes - xv 159
St. Mary's, officers of the xix 55
Urh, a rich Chinese, acts of i 383
Urh Yá, an ancient book vii 45
account of the - xviii 170
Uriangkai tribes in Cobdo xx 65
troops and tribute - xx 336
called Tangnu-Uriankai xiii 576
See *Tángnú.*
Urmston's pamphlet on China iii 131
harbor - - - v 348
Usbecks invade Turkestan vi 165
Turkestan, name of - vi 29
character of the - vi 89
rule in Kúnduz - v 268
derivation of word - - i 413
in Kundúz - - xi 145
Useful Knowledge Society in China, formation of the - iii 378
See *Society.*
Ushi, a Mohammedan city i 173
position of - - xiii 578
population of - - v 271
funds required for - vi 552
conduct of resident at v 317
Vaccination by Dr. Pearson i 334
introduction of - ii 35
at Shánghái - - xv 285
among the Mongols xiii 280
attempted at Lewchew vi 223
practiced by natives xvi 27
not much regarded xviii 509
at Hángchau fú - xx 534
by Hiqua at Canton xi 24; iii 45
Vagabonds are to be seized xvi 269
numerous in Canton - xvi 103
Valentyn, extracts from vi 583
on Formosan missions xx 541
Valignani's advice to Ricci i 431
sends Japanese to Rome viii 276
goes as envoy to India viii 282
Van Basel (S.J.) notice from viii 168
leaves China - viii 440
Van Diemen's Land, missions in i 335
temperance society in - i 413
Varnish tree in Sz'chuen xix 306
effect of working in xiii 408
Vasco de Gama's voyage viii 557
Vases, Thoms article on Chinese iv 194
of Sháng dynasty, Thoms on xx 489
Vaucher killed by pirates xvi 463
Vegetables in Bangkok - vi 56
Verbiest obtains favors - i 253
becomes Schaal's assistant i 434
corrects the calendar xiii 543
death in 1688 - - i 254
Vermilion, uses of - ii 472
Vernon I. near Lowang x 258
Vessels of Japanese x 283; vi 220
Victoria, speech of Queen x 290
speech on China - ix 107
Lin's letters to - viii 9,497
birthday, accident on viii 57
has no desire of conquest vii 165
visits Dunn's collection xii 562
restores peace in Asia xv 159
birthday at Hongkong xiv 248
in Hongkong made a city xx 56,675
named by Pottinger xii 379

appoints Pottinger chief sup. x 476
limits British ships - xii 446
appoints Davis governor xii 381
Bay in gulf of Pechele x 379,380
Villages among the Chinese ii 280
tyrant, instances of a vii 56; i 249
destroyed in Tungkwan viii 494
in vicinity of Ningpo xvi 115
Villalobos and his fleet vi 262
Vine in China - - i 44
Virtue in females - ix 547,553
Visdelou's opinion of Shangti xix 362
respecting *Tai-kih*, &c. xvii 38
note on Chinese history xix 379
says there are 5 Shángti xv 591
ideas on term *shin* - xvii 61
upon the Yih King xvii 297
on physical *kwei-shin* xvii 567
on the name China - xiii 120
Visiting among Japanese ix 628
Vocabulary, Indo-Chinese v 71
of Japanese and English i 109
Chinese, Corean and Japanese i 509
published, Chi. Cor. and Jap. iv 195
Chinese and English xiii 102
English and Chinese xv 145
Volcano in Java - - ii 403
in the Tien-shán vi 275; xx 72
not far from Oksu xii 239
ashes from a - xvii 521
in Japan, many - iii 150
in Japan - - ix 379
in Fuhkien, ashes from iv. 103
in Luconia - - vii 532
near Peking, signs of a viii 264
Vowels in the Chinese v 25,68,75,483
in human language - xii 595
See *Orthography*.
Vunglam in Cochinchina v 543
Wade appointed assistant Chinese
secretary - xvi 208
on Chinese Army xx 250,300,363
on politics of Kokan v 317
Wakhan in Central Asia v 268
people of - - xi 143
Wall, Great, forms a boundary i 114
builder of the - x 136; ii 84
condition of the - xviii 621
visited by Str. Reynard xix 677
description of the - viii 523
eastern terminus of the xi 93
is broken down - - vi 289
visited by Elliot - ix 421
Jocelyn's notes upon x 519
passes in the - - xi 448
western end of the xix 563
Wallace, schools of Miss ii 42
efforts, good from Miss iii 42
Walls, mode of making - x 172
of Canton, walk on - iv 536
of Ningpo - - - - xiii 21
Wan Wáng, the sage king xx 96
son Chau kung - xvii 30
of the Chau dynasty x 132
sayings of - - - xv 436
praises sung by youth v 84
ode respecting - xvi 456
Wáng's doings among the gamblers,
judge - - iv 295
death of judge - - vii 280
memorial against Lin ix 534
letter to Tsang - xi 389
Wáng Ting, death of xi 399,456
made cabinet minister iv 200
praised - - - vi 48
voice is for war - - xii 29
Wángshi killed by Terranova iii 545
Wánlih, emperor of Ming xi 599
a man of ability - ii 122
period of the reign of - x 156
War in Siam, effects of v 59
an awful prerogative xvi 264
with Jehangir - v 316,351
grievances may not cause a v 248
with China, a second xvi 545
between China and Japan xix 137
with China and Burmah ix 134,169
with England, real cause of viii 633
articles of rules of - ii 129
in China, have been many iii 517
with England, pamphlets on ix 156
Chinese not afraid of xi 521
Adams' lecture on - xi 281
prospects and continuance of ix 4
position of armies in the xi 289
effects of the late - xv 65
seems to be unavoidable viii 441
expected by Lin - viii 444
debates in parliament on ix 414
emperor will carry on the x 688
emperor willing to close xi 629
in China, sad effects of ix 130
with China unavoidable ix 321
weapons of - - v 171
not common, implements of i 186
with Nipal and India vi 486
ideas in England on the ix 219
papers illustrating the x 529
lies of Chinese about the x 480
commissioners to settle xi 515
hostile feelings after the xii 279
See *Board*, *English*, *Army*.

Warehouses for storing tea xix 406
in Macao refused - xi 522
much needed - xvi 263
Warren (S) pamphlet on China ix 165
official letter from Capt. x 549
Washington cited by Sü xx 188,283
Wasps and bees, notice of vii 488
Wat, meaning of a - v 56
description of a - xiii 177
Watchmen in cities - xvi 61
Watchtowers in Fuhchau xv 194
in Ningpo - - xvi 15
Water-lily sect - - ii 528
sect of the Green - xv 264
described by Gutzlaff viii 93
Water-spout, Chinese notion of iv 406
Waterwheel used in irrigation v 494
Wathen on Jehangir's war v 351
on troops at Yarkand v 272
notices of towns - xii 224
Wax from insects - xx 424
obtained from a fig vii 431
Way, Pulo, an island near Siam i 87
Webster on Our country iii 305
letter to Cushing - xiv 419
on religious instruction xiv 498
Wedding at Singapore, Chinese iv 568
observances at a - x 70
of a Japanese - ix 625
observances at a - xx 87
of an officer's daughter xviii 235
Weddell's conduct in China ii 296
goes to Japan - - vii 218
gets a patent for trade v 125
Weights in Cochinchina xv 120
and measures in China ii 445
in Shánghái - - xv 471
to be settled by treaty xii 339
called fuang, a Siamese v 60
Weihái wei in Shántung ii 553
brig Huron at - - iv 308
Well near Shanghai, gaseous xix 308
in Szchuen, fire - x.x 399
Wellington, speech of - ix 253
memorandum on cost of commission - - ix 514
Welton's hospital at Fuhchau xix 459
Westminister Review on China iii 135
Whale fishery off Hainán xii 608
description of a - vi 411
fishery needs protection vii 172
Whampoa, Osbeck at - i 211
falling into the river at i 220
in 1751, ships at - xv 59
islands for goods at - i 222
preaching at - ii 45; i 296
in 1832, ships at - i 243
smuggler killed at - x 183
burying-ground at - xiv 242
Bethel to be built for xviii 50
trustees appointed to the Bethel at - - xviii 670
Bethel dedicated at xix 168
homicide at - - ii 422
change in chaplains at xx 288
pagoda, notice of vi 191; xix 540
ships measured at - viii 79
regulations by Bird at xix 54
Láushú hill near - iv 536
hospital ship at - - v 276
ships must anchor at v 288
no intercourse with - vii 627
affray at - viii 599; vii 280
two American ships at ix 327
British ships at - x 687
ships go up to - vi 65
ships not yet to go to x 181
Whangees or bamboo canes ii 472
Whelps, a group of islands x 253
Whilden, arrival of Rev. B. xviii 666
death of Mrs. - xix 112
Whip used in punishments iv 367
hung in a custom-house iv 580
applied only to Tartars ii 14
Whipping an attendant to death i 248
considered no indignity i 485
Whirlwind, tyfoon called iron viii 230
Chinese name for - x 50
White Deer Vale of Chú Hí xi 383
White Dog group near R. Min xii 408
Wiclif, Le Bas' life of - i 341
Widows relieved at Shanghái xv 402
at Ningpo, asylum for xvi 24
fund at Canton - i 383
unwilling to marry - ix 551
Wife, how viewed by moralists vi 394
only one - - vi 52
serving her husband ix 547
letter to her husband x 617
first seen by her husband x 68
honored with husband xi 434
man prays to cure his xv 208
marriage of the secondary xviii 351
gives her husband three sons xi 10
killed by her husband i 149
See *Woman, Females.*
Williams (S.W.) trip to Japan vi 353
visit to Lewchew - vi 209
Easy Lessons in Chinese, notice of - xi 389; xiv 339
Eng. and Chi. Vocabulary xv 145
completes Medhurst's Dict. vi 143

Wilson (Bp.) on Lord's day i 289
farewell admonition - i 411
(J.) sermon by - v 111
(H.H.) review of Fuh Kwoh ix 334
Wines' account of Dunn's museum in the U. S. - viii 581
Woga fort on the R. Min. xii 409
Wolfe, death of Rev. Samuel vi 315
Wolff (J.) coming into China i 243
on people of Bokhara i 413
seeks after lost ten tribes ii 428
Woman, bravery in a - xvii 402
not to appeal to government iv 267
among the Madjicosimah Is. xiii 157
four easy things for xvi 411
in China, position of xii 139
are kind to prisoners xiv 301
among the Brunese vii 131
Bingham's meeting with xii 359
not to come Canton, foreign iii 191
case of humanity of - ii 161
small feet of Chinese viii 586
Liú's Memoirs of - x 138
among the Bugis - viii 375
among the Japanese ix 372,621
influence of - - ix 544
sold at Ningpo, milk of xiii 129
among Siamese - xiii 198
See *Females, Girls, Wife.*
Wongmakok, murder at xviii 666
Wood (J.) visits the Oxus xi 142
Woolens used by Chinese ii 472
introduced through Russia xvi 281
Woosnam, assistant surgeon x 475
secretary of meeting xii 41
Workmen, economy of Chinese x 473
Worship, unlicensed forms of ii 72
of the dead xviii 363; i 499
of officials for rain xvi 106
at the tombs - - i 201
and worshiper - - x 173
See *Religion, Idolatry, Idols.*
Wright's Views of China xiv 118
Writing, implements used in i 495
legal cases to be in - i 13
apparatus, portable - x 667
different modes of - xi 175
in China, mode of - iii 37
origin of Chinese - iii 15
Wú Sán-kwei calls in Manchus ii 122
opposes the Manchus. ii 124
Wú Tsihtien, an empress iii 543
Wú-wáng, the martial king ii 82
maxims of - viii 399
boys to rehearse odes of v 84
Wúcháng fú, capital of Húpeh xix 101
Wuseu I. in Amoy harbor xii 402
Wusung anchorage, notice of xii 429
capture of town of - xii 287
custom-house register xii 144
Gough's dispatch from xii 342
hero of - - - xiii 247
Sylph at mouth of the - ii 27
Pottinger notice of attack on xi 397
events at the taking of xi 676
notice of river - xvi 533
river, Kellet's survey of xii 293
Wylie, obituary of Mrs. xix 332
arrival of Mr. - - xv 464
Xavier, Bohur's life of xii 258
comes to China - xiii 537
acts, Le Comte on - i 265
contemplates an ambassy i 427
first missionary to China i 430
a man of high energy ii 123
saves Malacca - ii 402
at Kagosima - viii 273
labors in Japan - vi 461
Xylography or block printing iii 247
Yamorouk or Palti lake i 177
called Yarbrokyu ts'ho xiii 510
Yáng drives away *yin* - xv 487
Yáng and yin, notions on the xix 370
produce heaven xviii 343; iii 55
in the Yih King - iii 104
employed in creation x 49
Chú Hi respecting the xiii 609
Yángtsz' kiáng, course of the ii 316
in Hunán, branches of xix 156
navigation of entrance of xv 99
passage of fleet up the xii 465
Huc crosses head of the xix 665
meaning of the name i 37
at Wúcháng, size of the xix 101
survey of mouth of - x 383
flows through Kiángsi xi 374
travel on the - x 648
points of defense on - xi 478
Shanghái at mouth of i 124
blockaded by the English xi 526
squadron on - - xi 517
overflow of the - xx 461
brings trade to Shánghái xv 469
Yarkand, foreign traders at iii 144
now seat of resident v 270; i 171
traders resort to - v 211
officers at - - - xiv 96
on the western frontier vi 29
distances from - - vi 170
description of - - ix 126
population of - - v 271
distances of towns from v 273

police of - - xi 147
towns and ruler of xii 233
position of - - xiii 578
Yaru-tsangbu river in Tibet i 176
is the Dihong of Asam v 51
Yáu, character of the ancient viii 388
worthy to be imitated ii 74
lived, it is doubtful when ii 80
famous doings of - iii 57
promotes social duties v 85
worthy of imitation - ii 269
Chinese have bettered since ii 326
orders astronomers - ix 578
Yáu-jin or aborigines - i 29
king of the - - i 41
Year, last day of the - xiii 134
attempted change of new xix 165
difference in various xix 1
twenty-four divisions of xvi 16
Yeates' Indian Church History i 447
on missions to China - xvi 153
Yedo, the bay of - vi 356
conduct of court at - vi 363
account of the city of iii 149
Gordon visits bay of vii 221,588
Dutch journey to - ix 379
visit to city of - ix 489
Manhattan in the bay of xv 175
Mariner visits the bay of xix 509
Biddle's visit to bay of xviii 326
Yellow caps, rebellion of the x 98
Yellow river or Hwang ho xix 499
difficult to cross - xix 660
called Family-ruin xiv 167
length of the - - i 37
grants for repairing - v 94
officers rewarded for restraining
the waters of the - v 480
rewarded, gods of xviii 669; vi 448
fables respecting the ix 122,131
fancy respecting - xi 434
inundations of the i 39; xi 606
road along banks of the xx 461
size and depth of - xx 442
to have worship paid it xix 676
Yen Pihtau reports losses x 590
governor of Fuhkien x 639
Yengi-hissar, position of xiii 578
a Mohammedan city - i 171
besieged by Pihchang v 364
people of - - xii 235
Yihking stays in Chehkiang xi 474
appointed generalissimo x 683
serves under Kiying xii 30
resident at Yarkand xiv 96
to be restored xv 375
Yihshán, memorial from x 480
interview with - xi 183
degraded - - xi 685
reaches Canton - x 234
memorial respecting Canton x 346
defends Canton - x 402
tortuous policy of - x 528
reprimanded - - v 10
sent to Mongolia - vii 176
publishes memorial - x 683
avails of popular ire - x 530
resident of Khoten - xiv 97
petitions for Dragon King xviii 065
Yingteh, a district in Sháuchau xii 317
executed, banditti from i 80
banditti rise in - xx 118
Young (W.) missionary at Java ii 518
(W. C.) English in China xii 8
Yü, times of the Great x 126
salutary maxims of - viii 390
praises of - - v 84
drains off the waters iv 4
valued time - xi 437
the Chinese Deucalion xx 95
Yü-kien's memorial on war x 438
at the capture of Chinhái x 588
report on death of - x 680
detained by people ix 642
opposes Ilipú - xii 329
commits suicide - xi 63
Yü Páushun, prefect of Canton x 527
Yü Púyun, general in Chehkiáng x 676
sentenced to death - xii 330
tries to get transports x 503
instructions to soldiers xii 69
leaves for Fuhkien - ix 642
effect of beheading xiii 141
Yúchi or Joochih in Kirin ii 142
Yuen dynasty of Mongols x 154
do not change Chinese ii 117
Yuen Yuen, member of cabinet iv 71
made cabinet minister xi 20
has an audience - iv 440
political life of - - ii 192
death of the wife of - ii 48
illness of - - vii 175
retires from service vii 280
sonnets by - - xi 327
patronizes learning - i 34
rises in the cabinet - iv 200
not mentioned in edict v 576
opinion on *tea-reins* - v 210
a man of wisdom - xi 406
posthumous honors to xix 675
Yuenming yuen, notice of ii 496
in 1836, fire at - v 132

Yungching succeeds Kanghi i 378
gives audience to Menezes i 429
reigns peacefully - ii 126
usurps the throne - xiv 524
character and writings of x 603
notes on Shing Yu xvi 503; i 300
opposes Christianity xiii 549
edict on *kweishin* - xvii 299
Yungmak, hot springs at xviii 86
Yunnán, topography of xviii 588
bounds of - - xiii 532
in 1836, officers of - iv 483
in 1845, officers of xiv 100
earthquake in xi 21; ii 336
Mohammedans taken in xv 322
traders in Burmah to v 208
deficit in copper from vi 448
nearly borders on Assam v 50
Shans numerous in - v 103
go to Meaday, traders from v 286
Burmese at capital of ix 575
troops in - - xx 388
towns on rivers in - xx 106
with Canton, trade of ii 292
with Burmese, battle in ix 135
Yuthia in Siam founded v 56
Yüyáu in Chehkiáng - x 688
visited by English - xi 189
Zabalburu in Philippines viii 104
Zaitun, town in Fuhkien iii 110,112
Zamboanga in Mindanao vi 307
appearance of - vi 314
Spaniards settle at vii 528
Zebuans treat with Magellan vi 174
Zerezo, a Spanish governor vii 528
Zhehol in Chihli, English at ii 344
See *Jeh-ho.*
Zodiac, signs of the Chinese ix 586
among the Siamese xiii 205
animals answering to xvi 16
Zoroaster, doctrines of x 658
rules ancient Bactria vi 161

中国第一份英文刊物

《中国丛报》

已由广西师范大学出版社出版

◎ **作者**：张西平 主编　　顾钧 杨慧玲 整理

◎ **书号**：ISBN978-7-5633-7029-0

◎ **开本**：16开 精装

◎ **册数**：21册

◎ **定价**：16900.00元

◎ **出版时间**：2008年06月

◎ **中图法分类**：Z62

《中国丛报》创办人美国传教士裨治文

本书为广西师范大学出版社《“中国研究”外文报刊汇刊》丛书中的一种，全文影印西方人在中国创办的第一份主要以中国为报道、研究对象的英文刊物《中国丛报》（*Chinese Repository*）。

《中国丛报》是美国传教士裨治文（Elijah Coleman Bridgman，1801—1861）在广州创办、向西方读者介绍中国的第一份英文刊物。它创刊于1832年5月，停办于1851年12月，共20卷232期，每卷约600余页。该报所刊文章涉及的范围包括中国政治、经济、地理、历史、法律、博物、贸易、语言等方方面面，且详细记录了第一次鸦片战争前后中国的政治、经济、文化、宗教和社会生活等内容。这些记录均来自早期传教士的耳闻目睹，为珍贵的第一手史料，对研究19世纪上半叶的中国史和中外关系史具有极其重要的价值。

本书除全文影印该刊20卷之外，还制作篇名目录及篇名分类索引单独成卷，将所有的英文篇名目录全部译成中文，每篇撰有中文内容提要，以方便研究者使用。